中共三门峡市委
三门峡市人民政府 主办

2017

（总第十七卷）

三门峡年鉴

SANMENXIA YEARBOOK

中共三门峡市委党史地方史志办公室 编

"史志崤函"微信二维码

方志出版社
Publishing House of Local Records

图书在版编目(CIP)数据

三门峡年鉴. 2017 / 中共三门峡市委党史地方史志办公室编. -- 北京 : 方志出版社, 2017.12
ISBN 978-7-5144-2874-2

Ⅰ. ①三… Ⅱ. ①中… Ⅲ. ①三门峡—2017—年鉴
Ⅳ. ①Z526.13

中国版本图书馆 CIP 数据核字(2017)第 321383 号

三门峡年鉴(2017)

编　　者:	中共三门峡市委党史地方史志办公室
责任编辑:	丛　珺
出 版 人:	冀祥德
出 版 者:	方志出版社
	地址　北京市朝阳区潘家园东里 9 号 (国家方志馆 4 层)
	邮编　100021
	网址　http://www.fzph.org
发　　行:	方志出版社图书经销中心
	电话 (010) 67110500
经　　销:	各地新华书店
印　　刷:	洛阳市森美印刷有限公司
开　　本:	889×1194　　1/16
印　　张:	23.25
字　　数:	940 千字
版　　次:	2017 年 12 月第 1 版　2017 年 12 月第 1 次印刷
印　　数:	0001～1500 册

ISBN 978-7-5144-2874-2　　定价: 268.00 元

编 辑 说 明

一、《三门峡年鉴》宗旨是向三门峡市、河南省乃至国内外，全面、系统、翔实地介绍三门峡市上一年度经济、政治、文化、社会和生态等方面的基本情况，为各级领导科学决策服务，为社会各界了解三门峡、研究三门峡、发展三门峡服务，并为续修《三门峡市志》积累资料。

二、《三门峡年鉴》由中共三门峡市委党史地方史志办公室组织编纂，各县（市、区）、市直各单位、驻三门峡部队、国务院部属和省属直管单位等供稿。

三、《三门峡年鉴(2017)》以马克思列宁主义、毛泽东思想、邓小平理论、"三个代表"重要思想、科学发展观、习近平新时代中国特色社会主义思想为指导，深入贯彻落实中共十八届七中全会精神和十九大精神，运用辩证唯物主义和历史唯物主义的立场、观点、方法，全面记述三门峡市2016年度国民经济和社会发展的基本情况和变化，为推动三门峡经济社会转型发展、提前全面建成小康社会服务。

四、《三门峡年鉴（2017）》记载时限从2016年1月1日起至12月31日止（除个别内容外）。年鉴采取分类编辑法，设类目、分目、条目3个层次。本卷共设28个类目：特载、大事记、三门峡概貌、政治、社会团体、军事、法治、经济综合管理、农业、工业、城乡建设·环境保护、交通运输、信息产业、经济协作与开发、商贸·市场、旅游业、财政·税务、银行·保险·证券、黄河三门峡水利枢纽工程、科技、教育、文化、卫生·体育、精神文明创建活动、社会生活、县（市、区）概貌、人物、附录。

五、为查阅方便，主体内容后编排有索引，中文目录之后编排英文目录。

六、《三门峡年鉴(2017)》所用统计数据，均经各供稿单位审核。统计资料由市统计局提供。

SANMENXIA YEARBOOK

《三门峡年鉴》编纂委员会

《三门峡年鉴》编辑部

《三门峡年鉴(2017)》供稿员名单

陈　静	李韶林	王笑雨	高军政	师长胜	韩　霞
王惠娟	张怡杰	王　卓	侯俊晓	王　静	王聪敏
高　峰	寇晓辉	李湉雨	李武艳	王晓晖	负益峰
赵经纬	陈天栋	晁媛媛	薛　丹	王　超	孙世伟
张应洲	王　蕾	季　鑫	孙春红	何宇鹏	王　颖
赵小静	屈超峰	李　龙	段　晶	焦新祥	李文一
李淇淇	陈　莹	刁冬冬	李卫国	范雨志	姜　开
周　杰	李　猛	李海涛	姜　培	郭　英	田金管
尤　洋	刘　青	宋　文	王改凤	李二平	刘　迪
茹志琼	周应平	王欧阳	孙　玉	王玲玲	王　莹
岳　格	杨世理	程　晟	崔丰会	王宏雅	刘昌民
张东兴	刘一虹	赵艳丽	杨俊峰	杨玉莉	李　鹏
李小刚	白　云	苏鹏飞	姚宗华	陈黎明	韩　博
周贯红	费巧玲	任　飞	李　娟	靳晓燕	张新成
曹东静	杨鹤颖	王象炜	曲园园	吴丽群	周玉乐
李书坡	宁宝宝	王鹏松	石安娜	黄松涛	周　颖
王　毅	史海平	侯金成	侯文凯	李　琪	王　丽
李少民	张莎莎	孙秋亮	王　萌	何干国	杨亚琼
徐　静	龚　震	段红涛	李文阁	刘瑞莉	张　玫
朱春江	李　娜	宋粉霞	黄旭东	董江辉	范艳红
孙淑兰	贾美平	杨　洁	詹　顺	赵汉卿	冯　燕
武云景	张　彩	周付民	赵志娜	马海英	李　婧
裴泽涛	姜兴乾	刘　涛	李选林	熊浩琦	吕雪雅
杨占江	茹　蔚	阴岩峰	张　秋	王　燕	何雪峰
薛珺晓	王　瑜	冯　燕	张文青	张　睿	金小燕
王群旺	王　琦	刘媛媛	赵慧利	张　彩	马红丽
史书现	张丽敏	张素娥	任晓莎	李少茹	常琳静
王欢欢					

目　录

特　载

大事记

三门峡概貌

政　治

军　事

法　治

交通运输

信息产业

经济协作与开发

商贸·市场

旅游业

财政·税务

银行·保险·证券

黄河三门峡水利枢纽工程

科　技

教　育

文　化

卫生·体育

精神文明创建活动

社会生活

县(市、区)概貌

· 渑池县 ·

· 湖滨区 ·

人　物

附　录

索　引

CONTENTS

MILITARY

RULE OF LAW

ECONOMIC COMPREHENSIVE ADMINISTRATION

AGRICULTURE

INDUSTRY

URBAN CONSTRUCTION AND ENVIRONMENTAL PROTECTION

TRANSPORTATION AND POSTAL SERVICE

INFORMATION INDUSTRY

ECONOMIC COOPERATION AND EXPLOITATION

COMMERCIAL TRADE AND MARKET

TOURIST INDUSTRY

FINANCE AND TAX

BANKING, INSURANCE AND SECURITIES

SANMENXIA KEY WATER CONTROL PROJECT OF YELLOW RIVER

SCIENCE AND TECHNOLOGY

EDUCATION

CULTURE

HYGIENE AND SPORTS

ACTIVITIES IN SPIRITUAL CIVILIZATION CONSTRUCTION IMPROVEMENT

SOCIAL LIFE

SURVEY OF COUNTY(CITY) DISTRICT

FIGURES

APPENDIX

INDEX

三门峡市地图

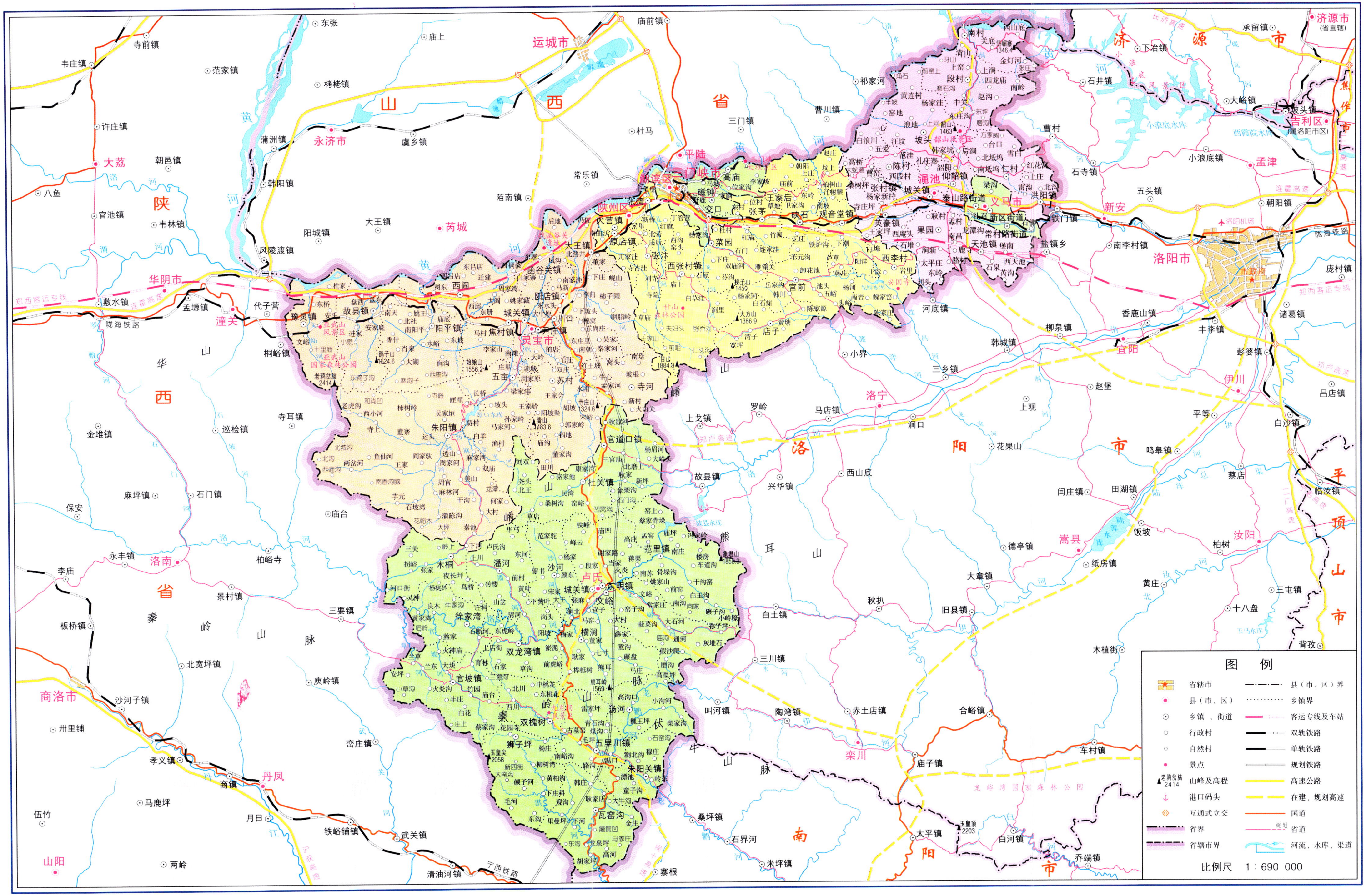
山西省
运城市
永济市
芮城
平陆
陕州区
湖滨区
三门峡市
渑池
义马市
灵宝市
卢氏
济源市
孟津
新安
洛阳市
宜阳
伊川
洛宁
洛阳市
嵩县
汝阳
栾川
南阳市
平顶山市
陕西省
华阴市
潼关
洛南
商洛市
丹凤
山阳
华山
秦岭山脉
崤山
熊耳山
伏牛山脉
老鸦岔脑
2414
玉皇尖
2058
亚武山国家森林公园
甘山国家森林公园
吉利区
大荔
朝邑镇
韦庄镇
寺前镇
范家镇
东张
庙上
庙前镇
蒲洲镇
韩阳镇
虞乡镇
杜马
三门镇
曹川镇
祁家河
常乐镇
陌南镇
大王镇
阳城镇
风陵渡镇
代子营
敷水镇
孟塬镇
桐峪镇
寺耳镇
巡检镇
金堆镇
麻坪镇
石门镇
庙台
保安
永丰镇
李庙
景村镇
柏峪寺
三要镇
板桥镇
北宽坪镇
庾岭镇
沙河子镇
卅里铺
孝义镇
商镇
马鹿坪
伍竹
月日
铁峪铺镇
武关镇
两岭
清油河镇
杏庄镇
大营镇
原店镇
张汴
西张村镇
菜园
宫前
张茅
观音堂镇
英豪镇
西李村
果园
天池镇
千秋路街道
常村路街道
城关镇
故县镇
阳平镇
焦村镇
朱阳镇
五亩
苏村
寺河
官道口镇
杜关镇
范里镇
东明镇
文峪
横涧
沙河
潘河
木桶
徐家湾
双龙湾镇
官坡镇
双槐树
狮子坪
五里川镇
朱阳关镇
瓦窑沟
汤河
小界
三乡镇
上戈镇
罗岭
马店镇
洞口
花果山
赵堡
上观
故县镇
西山底
兴华镇
大章镇
纸房镇
德亭镇
秋扒
旧县镇
白土镇
三川镇
叫河镇
陶湾镇
赤土店镇
合峪镇
庙子镇
桑坪镇
石界河
米坪镇
寨根
太平镇
白河镇
乔端镇
车村镇
木植街
背孜
十八盘
三屯镇
黄庄
柏树
饭坡
田湖镇
闫庄镇
蔡店
鸣皋镇
平等
白沙镇
临汝镇
吕店镇
彭婆镇
诸葛镇
丰李镇
庞村镇
香鹿山镇
柳泉镇
韩城镇
河底镇
南李村镇
盐镇乡
铁门镇
五头镇
朝阳镇
小浪底镇
石寺镇
曹村
石井镇
下冶镇
大峪镇
承留镇
坡头镇
小浪底水库
龙峪湾国家森林公园
陇海铁路
郑西客运专线
宁西铁路
图　例
省辖市
县（市、区）
乡镇、街道
行政村
自然村
景点
山峰及高程
港口码头
互通式立交
省界
省辖市界
县（市、区）界
乡镇界
客运专线及车站
双轨铁路
单轨铁路
规划铁路
高速公路
在建、规划高速
国道
省道
河流、水库、渠道
比例尺　1：690 000

映像三门峡

“半城绿树半城楼，水清岸绿景宜人。”这里有国家级城市湿地公园，这里有全省最高的森林覆盖率，三门峡是伴随着大坝的兴建而崛起的一座新兴城市，是国家“一带一路”和黄河旅游带上的重要节点城市，是中国优秀旅游城市、国家园林城市、国家森林城市、中国大天鹅之乡，被誉为黄河明珠、文化圣地、天鹅之城。

贯彻全面从严治党

◎2016年，中国共产党三门峡市委员会坚持抓好党建是最大政绩、推动发展是第一要务，把方向、管大局、重统筹、抓落实，统筹推进“五位一体”总体布局和协调推进“四个全面”战略布局，深入开展“两学一做”学习教育，全市党员干部的政治意识、大局意识、核心意识、看齐意识不断增强，领导班子建设和干部队伍建设取得新进展。党的建设全面加强，全面从严治党“两个责任”不断压实，风清气正的政治生态逐步形成。全市广大干部群众干事创业的热情不断激发、转型发展的动力不断增强、决胜全面小康的势能不断聚集，实现了“十三五”良好开局。

2016年6月30日，三门峡市庆祝中国共产党成立95周年大会召开　（刘　洋/摄）

2016年4月22日，全市“两学一做”学习教育工作会议召开　（刘　洋/摄）

2016年4月7日至9日，三门峡市党性教育专题培训班在信阳大别山干部学院举办　（刘　洋/摄）

切实加强党的建设

2016年9月25日，中国共产党三门峡市第七次代表大会开幕　　（孙　猛　张朝峰/摄）

2016年1月7日，全市百村示范千村提升活动动员会举行　　（刘　洋/摄）

2016年12月21日，三门峡市举行党规党纪知识电视竞赛决赛　　（市纪委提供）

打造省际中心城市　提升综合竞争实力

◎2016年，三门峡市以提高城市综合竞争力为目标，拉大框架，做优服务，做强功能，做旺人气，围绕建设省际中心城市目标，提升区域核心竞争力，让三门峡焕发城市成长的活力。

2016年5月26日，黄河旅游目的地城市共建启动仪式举行

三门峡市商务中心区　（杜　杰/摄）

2016年1月6日，三门峡市陕州区揭牌仪式举行。区划调整后，三门峡市面积增至1840平方千米，人口增至65万　（陕州区提供）

2016年4月8日，三门峡市重点项目签约仪式举行，现场签约15个经济合作项目，总金额达71.75亿元　（市商务局提供）

加快产业转型升级
实现持续健康发展

◎2016年，三门峡市坚持“做大增量、优化存量、主动减量”的转型根本路径，科学把握增量与存量的关系，加快新旧动能转换，强化传统优势产业升级、接续替代产业培育双轮驱动，走出一条有质量、有效益、可持续的三门峡转型发展新路子。全市生产总值完成1325.86亿元，同比增长7.5%；规模以上工业增加值完成616亿元，增长7.3%；财政一般公共预算收入完成100.1亿元，增长7.8%；全社会固定资产投资完成1782.97亿元，增长15.1%；社会消费品零售总额完成441.1亿元，增长11.2%。

2016年9月1日，三门峡市政府与国开行河南省分行国道310项目合作协议签约仪式举行　　（苏　慧/摄）

2016年4月29日，陕州区2016年第一批重点项目暨产业集聚区集中供热项目集中开工　　（陕州区提供）

2016年3月26日，全国食用菌创新发展大会暨卢氏羊肚菌推介会在三门峡召开

2016年12月29日，三门峡电子商务产业园开园仪式

2016年5月26日至29日，三门峡黄河文化旅游节暨投资贸易洽谈会、第四届特色商品博览交易会经济合作项目签约仪式举行　　（市商务局提供）

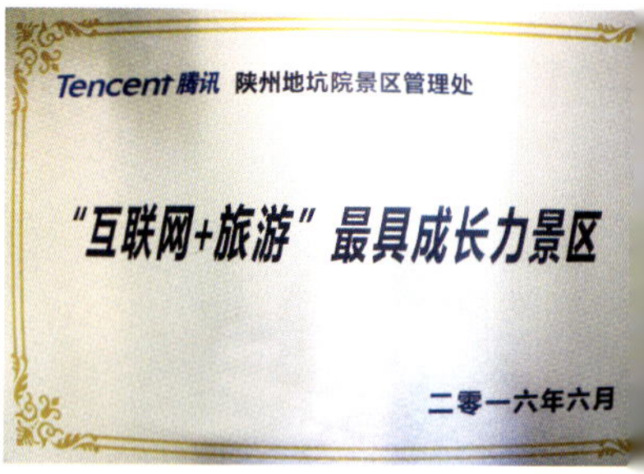

2016年6月16日，在北京举办的2016中国“互联网+”峰会上，陕州地坑院景区荣获中国“互联网+旅游”最具成长力景区奖　　（陕州区提供）

2016年6月22日，晋陕豫黄河金三角旅游区域联合推介会在成都市举行

2016年4月27日，黄河金三角西安推广活动启动仪式举行

2016年5月27日，晋陕豫黄河金三角“互联网+特色农产品”采购对接会在三门峡举办

2016年8月31日，第二届中国果业品牌大会在西安举行，“灵宝苹果”入选品牌十强

2016年3月8日，由市妇联组织的巾帼电商发展创业创新研讨交流会举办　　　　（市妇联提供）

2016年3月25日，渑池县农业局执法人员在农资经营门市审核登记农资审批证号

2016年11月7日，2016中国（郑州）产业转移系列对接活动签约仪式举行，三门峡代表团签约21个项目，共78.82亿元

2016年7月20日，灵宝市豫灵产业园区河南万达矿业有限责任公司，工人在加工花岗岩

（孙　猛/摄）

2016年7月9日，卢氏县横涧乡畜牧村党支部书记雷章有向农民传授扦插种植连翘技术　（曾华翔/摄）

2016年7月28日，湖滨区磁钟乡寺庄村金菇园，技术人员在对栽培灵芝进行管理（李　杰　贾俊春/摄）

推进文化阵地建设　丰富群众文化生活

◎2016年，三门峡市大力弘扬社会主义核心价值观，着力推进“项目、品牌、产业、课题”四大带动工程，强化现代公共文化服务体系建设。加强文化市场监管，文化阵地建设得到巩固提升，公共文化示范带动作用进一步加强；加大文化体制机制改革创新力度，以灵宝函谷关文化产业园、仰韶文化产业园、虢国文化产业园等园区建设为抓手，推动文化产业带动工程；鼓励人民群众开展各式各样的社会文化活动，不断提升文明素质，丰富文化生活，为华夏文明传承创新区建设和打造“文化高地”奠定扎实的基础。

①2016年5月29日，第二届三门峡罗曼彩虹跑举行

②2016年5月27日，“中流砥柱”中国（三门峡）黄河大合唱在三河广场举办

③2016年5月28日，第五届万人帐篷房车音乐节举行

2016年12月25日，内地与港澳文化青年艺术采风团在三门峡市演出　（市文广新局提供）

2016年8月8日，百城千村健身气功交流展示

2016年7月30日，“千架古筝颂黄河”活动在陕州地坑院举办　（陕州区提供）

2016年12月30日，2016“感动天鹅城”十大人物暨第九届三门峡市道德模范授奖仪式举行　　（市文明办提供）

2016年5月6日，庙底沟遗址公园设计方案论证会召开　　（市文广新局提供）

2016年11月18日，中国流动科技馆湖滨区站启动仪式

2016年5月16日，三门峡市文明校园创建活动启动仪式　　（市文明办提供）

2016年5月24日，中国（郑州）国际旅游城市市长论坛“三门峡之夜”专场活动

推动改革开放创新 着力保障改善民生

◎2016年，三门峡市坚持把改革开放创新作为经济社会发展的动力之源、活力之本，以改革的推动力破解新难题。持续深化医药卫生、财税金融、工商登记等重要领域和关键环节改革；深入开展“效能革命”，提高行政效能，提升服务质量，优化服务环境，大力推进治理能力现代化。牢牢坚持以人民为中心的发展思想，着力做好保障和改善民生工作。切实抓好民生实事落实，持续推进“十项重点民生工程”，努力提高人民群众的获得感、幸福感、满意感。着力推进脱贫攻坚，坚持把脱贫攻坚作为第一民生工程、头等大事，坚决打赢脱贫攻坚战。

2016年7月12日，湖滨区上村佳苑项目（上村拆迁安置保障性住房）在加紧施工
（张朝峰/摄）

2016年3月18日，三门峡市召开首部地方性法规《三门峡市城市环境卫生管理条例（草案）》立法研讨会
（市政府法制办）

2016年7月20日，三门峡社科知识“大篷车”专题讲座举办
（郭思远/摄）

2016年9月1日，三门峡市民政局协同市慈善总会、市福彩中心、郑大医附院、三门峡市康复医院等单位在湖滨广场开展《慈善法》专题宣传活动
（赵慧利/摄）

2016年6月13日，三门峡市食品安全宣传周启动仪式现场

2016年2月2日，市民政局和市福利彩票发行中心共同举行2016年“福彩公益金温暖助困迎新春”公益活动，向全市50户困难家庭发放助困金共计5万元，每户1000元

（赵慧利/摄）

2016年12月9日，由市文明办、市城管局发起，市直各部门积极参与而设置的45个“环卫工人爱心休息站”正式启用（市城管局提供）

2016年10月17日，三门峡市在市区湖滨广场举办农村贫困家庭劳动力转移就业脱贫专项招聘会

（市扶贫办提供）

2016年11月5日，三门峡市第六届中小学生爱心义卖活动举行，活动共募集到义卖款25231.4元，用于为贫困儿童购买“6+1”温暖包　　（市扶贫办提供）

2016年12月29日，市政府引进重点教育项目——民办清华园学校奠基　　（市教育局提供）

2016年3月31日，全市对外开放暨推进农民工返乡创业工作会议召开　　（苏　慧/摄）

2016年10月17日，卢氏县在卢园广场举行“转移就业招聘暨扶贫募捐活动启动仪式”，活动共筹集善款达200余万元　　（市扶贫办提供）

2016年12月26日，三门峡职业技术学院举行青年教师魅力课堂大赛　　（三门峡市职业技术学院提供）

推进生态文明建设

◎2016年，三门峡市持续实施蓝天碧水乡村清洁工程和城市河流清洁行动计划，守护好“青山绿水好空气”，叫响“黄河三门峡·美丽天鹅城”品牌。持续加强林业生态建设，全市森林覆盖率达到50.72%，保持全省第一；积极推进“一核（三门峡都市区）两翼（渑池——义马产业发展翼、卢氏生态发展翼）三带（沿黄河生态带、崤山-小浪底生态带、伏牛山——熊耳山生态带）多点（豫灵镇、观音堂镇、西张村镇等7个重点镇）”城镇体系建设，加快美丽乡村建设；在全市形成“保护湿地、留住天鹅”的浓厚氛围，三门峡成为全国最大、最好的白天鹅栖息观赏地；不断完善城市功能、提高城镇化水平，推动三门峡真正成为近悦远来的宜居宜业宜游城市。

天鹅湖湿地公园迎祥阁

陕州区甘山红叶

三门峡大坝

打造生态宜居之城

老子著经地函谷关

渑池黄河丹峡

陕州区王家后乡赵里河村桃花谷

天鹅湖国家城市湿地公园

◎国家AAAA级景区。位于三门峡市东西城区之间的生态区，管理面积810公顷。每年，数千只白天鹅到此越冬，成为黄河流域白天鹅最为集中的观赏地。

翩翩起舞　（曹晓春/摄）

一家亲　（张天理/摄）

破晓欢歌　（曹晓春/摄）

荷塘诗话　（张天理/摄）

腾飞　（张天理/摄）

深入开展“效能革命”坚决破除官僚主义 为发力“三次创业”、加快转型创新发展提供强有力的作风保证

——在全市领导干部党课暨警示教育大会上的讲话

（2017年6月29日）

中共三门峡市委书记 刘南昌

今天，我们抽出专门时间举办这次全市党员领导干部党课，以此方式，隆重庆祝中国共产党成立96周年。同时，这也是推进“两学一做”学习教育常态化制度化，坚持领导干部带头上党课的一次具体行动。在新一届市委、市人大、市政府、市政协班子换届工作相继完成之后，我市的转型创新发展进入了一个新的阶段，新的伟大任务对广大党员干部的能力、素质、作风提出了更高的要求，需要我们不忘初心，牢记宗旨，深入开展“效能革命”，坚决破除官僚主义，以崭新的精神面貌和扎实的工作作风，投身到发力“三次创业”、决胜全面小康的生动实践中来。

从去年8月至今，转眼我到三门峡已经快一年时间了。对三门峡了解、熟悉的越多，就越不由自主地爱上这片古老而又神奇的沃土。大禹在此斧劈三门，为解万民水患之苦，“三过家门而不入”；召公在甘棠树下断讼决狱、问事桑梓，“宁劳一身而不劳百姓”……在这些古圣先贤身上体现出来的为民爱民情怀、勤政高效精神，至今广为传诵，在潜移默化中成为三门峡传统优秀文化的重要内涵。

三门峡刚刚成立的“一次创业”时期，全国各地水利精英和建设者响应党中央号召，天当被子地做床，化了冰凌当水喝，一个窝头作口粮，仅仅用了4年时间，就建起了“万里黄河第一坝”，创造出了人间奇迹。三门峡区域规划调整以来的“二次创业”时期，地市分家，另起炉灶，当时的三门峡被戏称为“三条马路一岗楼、一个警察看两头”，广大机关干部过的是“吃饭没锅、睡觉没窝、办公没桌”的艰苦生活,但大家有的是创业的激情、高昂的斗志,随着资源型经济的快速发展,三门峡主要经济指标增速长期位居全省第一方阵,甚至一度稳居全省第一,短短10余年时间,实现了从豫西边陲小镇向有“黄河明珠、天鹅之城”之誉的现代化城市的华丽转身。可以说,速度快、效率高、质量优,已成为三门峡这座城市发展的节奏,为民服务、勤政高效始终是三门峡人血脉深处的基因。在我们发力“三次创业”的今天,同样需要我们进一步大力弘扬时不我待、只争朝夕的精神,塑造立说立行、雷厉风行的作风,始终保持全速奔跑、奋力赶超的状态,不断破解发展难题,厚植发展优势,再铸新辉煌,谱写新篇章。在此,我就围绕深入开展“效能革命”、坚决破除官僚主义,为发力“三次创业”、加快转型创新发展提供强有力的作风保证,谈谈自己的一些思考和体会,与同志们交流,和同志们共勉。

一、把握内涵,深刻理解“效能革命”的重大意义

“效能”一词,目前我们发现的比较早的出处是成书于战国时期的《尹文子·大道上》,文中说“庆赏刑罚,君事也;守职效能,臣业也。”这里“效能”的意思是效力、贡献才能。长期以来,“效能”大多同“效率”混用;本世纪初,“效能”在公共管理领域被赋予了新的含义,内容上包括“效率提升”和“能力提高”,评判标准上包括“办事效率”和“社会效益”。

党中央、国务院始终高度重视各级党政机关效能建设,先后作出了“推进国家治理体系和治理能力现代化”“持续推进简政放权、放管结合、优化服务,不断提高政府效能”等重大决策部署。全市上下要深刻理解和准确把握效能的科学内涵,进一步提高认识,真正把思想行动统一到“效能革命”的要求上来,把智慧力量凝聚到“打造中西部地区审批环节最优、办事效率最高城市”的目标上来。

(一)提高效能是执政所需。提高效能、转变作风,是全心全意为人民服务的内在要求,是解放和发展生产力的客观需要,是党和人民对党员领导干部的基本要求,也是巩固和加强党的执政地位的现实基础。

效能是共产党人的奋斗目标。马克思、恩格斯在《共产党宣言》中宣告“过去的一切运动都是少数人的或者为少数人谋利益的运动。无产阶级的运动是绝大多数人的、为绝大多数人谋利益的运动。”马克思在《法兰西内战》中指出“公社实现了…廉价政府的口号”;并进一步指出无产阶级专政的真正秘密“是工人阶级的政府…是终于发现的、可以使劳动在经济上得到解放的政治形式”。列宁在《关于苏维埃政权的当前任务的报告》中指出“无产阶级专政是要保证建立秩序、纪律,提高劳动生产率”;《在全俄水运工人第三次代表大会上的讲话》指出“要竭力做到:管理工作上花费人力最少,管理人员个个都有能力”;《在改革人民委员会、劳动国防委员会、和小人民工作委员会的工作问题》中指出“当前的首要任务,是建立个人对所做工作负责的制度”,等等。无产阶级革命导师的论述,深刻揭示了无产阶级政权必须以切实维护群众的根本利益、提供高效廉洁的政府服务为价值取向。一切向前走,都不能忘记走过的路;走得再远、走到再光辉的未来,也不能忘记走过的过去,不能忘记为什么出发。作为马克思主义政党,我们无论到什么时候都不能忘记无产阶级专政为民服务、高效勤政的“初心”。

效能是向习总书记看齐的具体体现。栗战书同志发表在《秘书工作》中的一篇文章中提到,“习近平总书记要求我们干工作要‘案无积卷、事不过夜’。总书记自己也是这么做的。他的工作作风非常严谨,工作节奏很快。报送给总书记的请示,不管多晚,即使到了夜里12点,第二天早上都能收到他的批示。”向总书记看齐离不开日复一日的实践修炼。我们有些同志在私下里觉得中央的要求太严、总书记的标杆太高,看齐太难,一个重要的原因就是你没有按照总书记的工作标准去做工作。没有实践怎么有认识?你“掉了树叶怕砸破头”“当一天和尚撞一天钟”、懒懒散散、不讲效能,怎么能体会到为民高效工作的幸福感?怎么能体会到推进“放管服”、不断提高政府效能的责任感?怎么能体会到“把人民放在心中最高位置”的使命感?只有在日常的工作中践行总书记的为民意识、工作效能,才能在日复一日的实践中强化认识、加深理解、升华感悟,才能更加自觉地增强自己的党性修养、工作能力,才能真正在思想上、政治上、行动上同以习近平同志为核心的党中央保持高度一致。

效能是提高核心竞争力的时代要求。市场经济讲究的是效能,哪里效能高,哪里就会成投资的高地;而效能低下的地方,往往处处被动、事事受阻。我就举一个例子,今年5月我市大气污染防治工作被通报,主要是我们的政府效能没有赶上省里的要求,一些重要工作、节点任务没能及时完成,以至于全市上下整治环境所付出的努力和代价几乎毁于一旦。随着网络的发展和手机、电脑的普及,地方出现的问题会第一时间被互联网、自媒体快速传播、放大,一些问题应对得不及时或者不科学,就会造成广泛而持续地负面舆论炒作,正所谓“真相还没穿上靴子,谣言已经跑遍了世界”,由此让地区形象受损,让上级党委和人民群众怀疑地方领导适应时代和掌控全局的能力。

(二)提高效能是发展所急。发力三次创业,必须通过提高效能、转变作风来激发各种生产要素活力,通过提高全要素生产率来实现以提高质量和效益为中心的发展。

效能是财富源泉。从现代经济增长函数的完整形式来看,财富是由土地、劳动、资本、技术进步、制度五大财富源泉共同作用的结果。在一、二次创业中,我们依托三门峡水利枢纽工程等国家重点项目和“黄”“白”“黑”等优势资源,建立了比较完备的工业基础,实现了经济的高速发展,这是依靠土地、劳动、资本等要素实现财富增长。但是在经济新常态下,我们的发展不能再像以前单纯拼资源、拼规模,而是要按照习近平总书记的要求,深化供给侧结构性改革,把着力点放在全要素生产率上,向新的财富源泉要发展。什么是全要素生产率哪,通俗来讲,就是既要重视规模效益,更要重视技术创新、制度创新、流程优化。效能和创新一样,都是全要素生产率的重要内容,必须把这个财富源泉抓牢、用好,不断提高我们的发展质量。需要强调的是,科技创新有一个过程,并且需要方方面面的配合;而提高制度效能,只要我们从今天开始做,就能取得立竿见影的效果。因此,我们要把抓提高制度效能放在和抓创新同等甚至更加重要的位置,通过提高制度效能来实现财富优质而持久地增长。

效能是发展动力。一个高效勤政的政府,是推动经济社会持续健康发展的有力支撑,一个地方的效能高,经济发展就有活力、有后劲。浙江就是依靠提高政府效能保持了强劲的发展动力。浙江人多地少,自然资源相对匮乏,历史上不少人为了讨生活,背井离乡、辗转飘零。从上世纪80年代开始,浙江各级党委、政府把提高政府效能,作为一项打基础、抓长远的工作,优化工作流程、实施“最多跑一次”工程,持续提高行政效率、改进政府效能,促进了民营经济高速发展。2015年,中国500强的民营企业中,浙江省占了138个,连续17年居全国首位;民营经济为浙江贡献了60%的税收、70%的GDP、80%的出口和90%的就业。浙江从而也成为我国经济最活跃的省份之一,2016年,浙江GDP达4.6万亿元,人均GDP 1.26万美元,达到了中等发达国家水平;民营经济集中的杭州跃升成为北、上、广、深之外的新的一线城市。

效能是竞争优势。没有一个良好的公共服务环境,没有优质高效的办事效率,就难以吸引资本、人才、科技资源,汇聚竞争优势。从总体上看,我市的公共服务环境不优、办事效率不高的问题还比较突出,个别县(市、区),用各种优惠政策吸引企业投资,等企业资金到位、开始工程建设后,曾许诺的承诺就不见了,让企业家苦不堪言,最后不得不伤心离去,需要资本的地区反而被资本抛弃。在市场经济体制下,人才总是寻找最能发挥自己价值的地方,资本总是流向最适宜增值的地方。人才和资本的流动,实际上就是使用人才、资本的环境和体制间的竞争,如果体制不畅,人才和资本就会“用脚投票”,用“退出”来表示对效能低下的不满。

(三)提高效能是民心所向。“勤政为民”是人民群众对党委、政府和党员干部的殷切期待。习近平总书记曾提醒全党要注意“塔西佗陷阱”,实际上反映的就是关于政权是否得民心的重大思考。能不能勤政高效、为民服务,关乎民心向背、民生福祉。

效能得民心。高效就能赢得人民群众的褒奖。今年年初,市工商局、市安监局主动服务企业,为义煤综能公司如期试车创造了条件,就收到了义煤集团的感谢信,赢得了企业的赞许。相反,遇事拖沓、为官不为,人民群众必定深恶痛绝。纪晓岚的《阅微草堂笔记》中有这样一则故事:一名县令死后去见阎王,称所到之处只饮一杯水,不收一文钱,自认无愧。不料,阎王却训斥他:“不要钱就是好官么,县衙大堂上坐个木偶,一杯水都不喝,是不是比你更强?”官员辩解说:“我虽然不干事、没什么功劳,但是也没贪赃枉法、犯什么错啊。”阎王说:“你一生处处保全自身,某个案件为了避嫌疑推脱不审,不是有负老百姓么?某件要事,怕任务繁重而推脱不干,不是有负国家么?你在这个职位上无功便是过,该下地狱!”勤政为民,不为如贪。花着纳税人的血汗钱,得过且过、推诿扯皮,这种“低能官”比“贪官”还要可恨。一则民间小故事,借阎王之口把人民群众对庸碌低效官员的鄙夷和痛恨表现得淋漓尽致。不勤政高效、为民服务,百姓怎么信服你、尊重你、拥护你?

效能聚民力。一次创业时期,时任三门峡工程局副局长的谢辉,把行李搬到坝头,吃住在工地,无论白天晚上,都与施工人员在一起现场解决问题,深得干部职工信赖。在黄河截流的关键时刻,先后遇到了“进占中塌方”和截龙材料不足等问题,作为现场主要指挥者的谢辉与治黄多年的“老黄河”、技术工人一起反复试验,创造性地用“安全排”和“葡萄串”等办法解决了上述难题。经过8个昼夜的连续奋战,在超过设计流量一倍的情况下,三门峡截流顺利完成,创造了世界截流史上的奇迹。高效能的领导者带头,人民群众就有安全感、信赖感,整支队伍就有凝聚力、战斗力,他们会觉得跟着这样的领导,定能战胜艰难险阻,取得成功。

效能解民忧。前段时间热播的反腐大剧《人民的名义》里面,李达康的表妹兼保姆杏枝原来在企业幼儿园工作,她从幼儿园老师的岗位上退休，按照政策可以享受事业单位退休的待遇，但是一直没有享受到，所以多次到信访局上访。在信访局，她的问题不但没有得到解决，反而每次去都需要半跪着跟工作人员交谈，仰望他们过后，便是腰酸背疼。区信访局提高信访效率的措施，不是认真解决群众反映问题，而是通过让群众吃苦头“知难而退”，令人啼笑皆非之余又格外扎心。这虽是电视剧中反映的问题，但是现实生活中也有同类的事情发生。相当一部分民生问题解决不了，不是政策不允许，也不是难度有多大，卡就卡在工作人员缺乏责任心、效能低下上。如果办事人员能够真正把办事的群众当自己的家人、把群众要办的事当自己的家事，那么这些问题早早就可以妥善解决。前不久，我批了一个信访件，反映的是市交通局快速解决了下属公司职工郭洪恩被拖欠12年之久的解困费问题，郭洪恩给市委和市交通局都写了感谢信。这说明群众是讲道理、懂感恩的，也充分说明，提高效能就能真正把以人民为中心的发展思想落实到工作中，以实际行动赢得人民群众的信任和支持。

(四)提高效能是立身所依。效能体现能力作风、彰显责任担当、反映道德品格，人生要在提高效能中完善自我、获得尊重、实现价值。

效能关乎自身素质。左宗棠科场失意，不得已之下只能以幕宾身份开始了仕途。做幕僚时，他不畏艰辛，焦思竭虑，日夜策划，无论是参谋军略、安排军需还是谋划内政，都能及时高效地完成，展示出了极高的个人素质，以幕僚之身得“天下不可一日无湖南，湖南不可一日无左宗棠”之誉。一个人的素质和地位没有必然的联系，和工作效能却息息相关。工作效能高的人，必定作风硬朗、勇于担当，具有逢山开路、遇水搭桥的拼劲，只为落实想办法、不为困难找借口；效能低下的人，必定缺乏担当、怨天尤人，接到任务必定强调困难、推三阻四。

效能关乎人际关系。《庄子·外物》上讲了一个寓言，说庄子在走路的时候，遇到车辙里的一条鱼向他求救说：我快渴死了，您能给我一桶水，救救我吗?庄子回答的很豪爽：好啊，你先在这里等着，我去找人帮忙修条水渠，引南方的滔滔江水救你。鱼听了大怒：我只要有一桶水就可以救活，你却大费周折、凿渠引水。您要是这么说，到那时，你恐怕只有到干鱼店里来找我！人之交往，贵在真诚。一个效能低下、没有责任心、官僚主义作风严重的人，爱说大话、开空头支票，行动推三阻四、拖拖拉拉、不办实事，带给人的总是负能量，这样的做派，真诚的人不会同你交往，同你交往的人也不会与你真诚相待。

效能关乎成长进步。雍正时期，直隶吴桥县令常三乐在例行考核中得到了这样两句评语：“操守廉洁，懦弱不振”。意思是说常县令虽是个清官，可惜作风软、效能低，工作打不开局面。对此，有官员认为不过是小毛病，提醒一下也就罢了，但雍正皇帝看了，朱笔一挥：撤职！作为一个领导干部，组织和人民把权力交给你，需要你切切实实为组织分忧、为群众造福，如果作风软、效率低，那就是失职渎职、误国负民，这样的人谁敢压担子、谁会培养使用。

二、坚持问题导向，深入查摆和剖析工作效能方面的突出症结

党的十八大以来，以习近平同志为核心的党中央把全面从严治党纳入“四个全面”战略布局，坚持以党的建设新的伟大工程推动中国特色社会主义伟大事业。在推进全面从严治党过程中，党中央把抓作风建设作为“先手棋”，采取了一系列重大举措部署，使管党治党真正从宽松软走向严紧硬，确保我们党始终成为中国特色社会主义事业的坚强领导核心，为实现“两个一百年”奋斗目标和中华民族伟大复兴的“中国梦”提供最坚强的政治保证。近年来，我市认真贯彻落实全面从严治党各项要求，大力修复政治生态，扎实推进作风建设，深入开展“效能革命”，全市党风政风为之一新，社情民心为之一振。但是，我们必须清醒地看到，我们的作风建设还不到位，我们的行政效能还有一些不为群众满意、甚至是诟病的地方，距离“中西部地区审批环节最优、办事效率最高的城市”这个目标还有不小的差距。仔细梳理，我们效能低下主要表现有九种情形。具体如下：

一是“守摊子”。时下，我市一些干部对工作缺乏积极性和主动性，不担当、不作为。有的感到规矩多了、纪律严了，认为“当官不易”，抱着“多干易惹事、不干准没错”的心态“守摊子、熬日子”，该跑的项目不跑、该抓的工作不抓、该干的事情不干，致使很多工作久拖不决、进展缓慢；有的干部认为处于“清水衙门”、二三线部门，难有建树，不如浑浑噩噩过舒坦日子；有的干部认为船到码头车到站，升迁无望，何必再劳心劳力，为下任领导做嫁衣，干脆坐等退休；还有的干部心思不在工作上，缺乏热情和责任心，沉湎于“清茶报纸二郎腿，闲聊旁观混光阴”。这些人的身上有一个共同点，那就是满足于不找事、不惹事，只求过得去、不求过得硬，“当一天和尚撞一天钟”甚至“只当和尚不撞钟”。他们得过且过、敷衍塞责，染上一身“慵懒病”“逍遥病”，甘当“守摊干部”“维持会长”，将“守”字进行到底，将“混”字发挥到极致。这样的官员，等你

去见马克思的时候，不知你何颜以对。

二是“收发室”。当前，有的同志贯彻中央和上级指示精神时，习惯以文件落实文件、会议落实会议，似乎只要开了会、发了文，就可以万事大吉、心安理得。安排部署工作缺乏针对性，不能结合实际把工作措施具体化，“上下一般粗”“左右一个样”，几乎成为上级指示要求的“复印机”、“传声筒”和“中转站”，至于工作是否能够高标准、高质量地完成，则全然不闻不问，只做上篇文章、忽视下篇文章，“程序化”“模式化”倾向极为严重，难以有效推动工作。会后各部门可以认真查一查自己的发文和会议情况，认真看看有多少文件是可发可不发的、有多少会议是可开可不开的。

三是“冷漠症”。一些领导干部重官轻民、对上热对下冷，只干领导看得见的事、不干群众最期盼的事。有的领导干部口号响当当、服务冷冰冰，把服务承诺、工作流程、行为规范写在纸上、贴在墙上、显示在电子屏幕上，只是装点门面；有的搪塞群众，常以材料不全、没有政策依据、没有领导指示、没有惯例为由，推三阻四、百般拖延；有的办事流程不公开，告知事项留半句，让群众来回折腾、处处受难，跑断了腿、说破了嘴、伤透了心，逼着群众到处找门路、托人情；还有的对群众不热情、不耐烦，门难进、脸难看、事难办，让普通群众办事身心俱疲。比如，我在调研中了解到，南关村回迁户的安置问题好几年都没有得到解决，致使60余位老人到临终都没有迁到新居，客死在出租房内，令人痛心疾首！

四是“小山头”。当前，我们工作效能低下的一个重要原因是部门之间各自为政、缺乏合力。有的领导干部缺乏大局意识和全局观念，地区利益、部门利益至上，想问题、作决策、办事情都是“各家自扫门前雪、不管他人瓦上霜”。比如，在我们的城市管理当中，工作被切分的七零八落，管公路的把垃圾扫到绿化带，管园林的再把垃圾清到公路上，导致重复劳动、低效工作。有的领导干部趋利倾向严重，强调部门、小团体利益，好打“小九九”、盘算“一亩三分地”，于己有益的“抢滩登陆”、于己无益的“高高挂起”，对上级决策部署合意的就执行，不合意的就打折扣、搞变通，甚至发牢骚、唱反调、说风凉话，致使上级的决策部署在贯彻中严重走样；有的领导干部搞阳奉阴违，改革口号喊得山响，实际上“按兵不动”，审批事项放小不放大、明放暗不放，或者以备案之名行审批之实，坚决不动自己的“奶酪”。

五是“明星相”。我们的干部队伍中，存在这样一些领导干部，做事追求光环、行为自带“美颜”，其行为浮夸、作风浮漂，虚头巴脑、状如明星。有的热衷于在媒体上抛头露面，追求报上有名、电视有影、广播有声，缺乏扎扎实实的调查研究和为老百姓办实事的敬业精神；有的高高在上，偶尔到群众中走一走，却一定要装足样子，追求曝光率，根本无意解决群众中存在的实际困难和问题；有的徒有唱功、爱鼓虚劲，花花点子层出不穷，热衷于打着更新观念、解放思想的旗号，提新口号、定新指标，图虚名、争彩头，干打雷、不下雨，追求表面上的轰轰烈烈、花团锦簇，工作一阵风，结果一场空；有的弄虚作假、自欺欺人，为炫耀所谓“政绩”，不惜采用各种掩人耳目、瞒天过海的手法，包装事迹、掩盖问题，欺骗领导、欺骗群众、欺骗自己；有的善于察言观色、研究领导心理，致力于吸引领导眼球，以博取赏识和重用；有的急功近利、哗众取宠，一门心思树“个人形象”、搞“面子工程”、造“轰动效应”，结果自然是忙而无功，甚至劳民伤财。比如，我市一些地方，每年都上报数亿甚至数十亿的投资项目，但是这些项目说了很多年，一直没有动工，一直停留在计划阶段。在这里重申一下，下半年再次观摩项目，一定按照转型攻坚大会上的要求，只看新上项目，坚决不看这些“只闻其声不见其影”的项目。

六是“拖延症”。明日复明日，明日何其多。世人若被明日累，春去秋来老将至。一首《明日歌》，道出了做事拖延磨蹭的贻害无穷，不能不令我们警醒。有些领导干部他们不刁难办事群众，也没有不良想法，就是办事拖拉、行动迟缓。有的是整个人没有精气神，工作缺乏激情，按部就班干着、舒舒服服躺着，习惯于在自己最惬意的做事状态下工作；有的是“重度拖延症患者”，不到点不交工，能拖一天是一天，规定几个工作日办结就必然是在第几个工作日办结，群众“急切切”，动作“声声慢”，任你心急如焚，我自岿然不动，决不努力为任何人赶工期；有的律己不严，工作状态懒散、颓废，总对着自己说“反正不急，还有时间，先玩会儿手机再说”，每次都有完美的理由说服自己先娱乐再工作，等到火烧眉毛，只好把原本能做得更好的事情草草了结。在《人民网》网民留言版上，仅反映我市房产证办理问题的就有数十条，很多人反映，房产证拖了好几年都办不下来。下一步，要开展一次集中治理活动，争取能解决的尽快解决，一时解决不了的也要给出一个限期。

七是“低能儿”。能力有限也是效能低下的重要原因之一。早在1939年的延安时期，毛主席就非常明确地指出：“我们队伍里边有一种恐慌，不是经济恐慌，也不是政治恐慌，而是本领恐慌。”去年，人民日报刊发了《从严治吏：山西19个月调整139名不胜任现职的领导干部》一文，值得注意的是，这些官员被摘“官帽”，与违纪违法、到龄退休等无关，而是因为他们不能有效履行职责，所以才被免职或改任非领导职务。目前，我市因工作能力不足而被调整的领导干部尚数少数，这是不是说明我们的领导干部都是称职的？答案很显然是否定的！我们的领导干部中，能力低下者同样为数不少！有的领导干部满足现状，不勤于学习、不善于学习，能力水平与发展形势不合拍、不相宜，跟不上时代要求，思想僵化保守，知识陈旧老套，习惯于“吃老本”，用旧思维、老经验办事，结果不是不对路子，就是事与愿违，甚至南辕北辙。他们新办法不会用，老办法不管用，硬办法不能用，软办法不顶用，工作推不动、局面打不开。还有一些领导干部不善于用人，不能将优秀人才合理配置，难以做到人尽其才、才尽其用，导致人岗相适率低、执行力不强。有一次，我和一位县级领导谈金融问题，他嘴上说“中、中、中，好、好、好”，脸上却一脸茫然，我想如果我再继续跟他聊深入一点，估计他就更懵了。

八是“死脑筋”。郑人买履，宁可相信量好的尺码，也不相信自己的脚。伯乐的儿子严格对照父亲《相马经》里描述的“额头隆起、眼睛明亮、有四个大蹄子”的标准去找良驹，结果找到一只癞蛤蟆。两个成语故事对头脑僵化、死搬教条的人进行了绝妙的讽刺，我们也应该从中汲取教训。时下，我们常听到这样一句话“上级怎么要求就怎么干”。乍一听似乎合情合理，细一品却是“照本宣科”。一些领导干部思想保守、唯上唯书，遇事不动脑筋，不想办法，书上没有讲的不能动、上级没有指示的不能干，生搬硬套、机械执行上级决定，拿上级讲话当“万能钥匙”，不“消化”、不“加工”“一个方案用多家”“一张药方治百病”，看起来“不走样、不变形、不变通”，实际上却是用一般号召代替分类指导，用共性问题代替个性问题，将落实工作任务表面化、简单化、绝对化，导致上级决策部署悬在空中、不能落实，或者好事办不好，甚至好心办坏事。

九是“馋嘴猫”。时至今日，一些领导干部仍然没有绷紧廉政之弦，玩弄权术，搞权力寻租，不给好处，就推三阻四、拖拖拉拉。有的领导干部变相敛财，以各种名义收取不合理费用，乱收费、乱罚款、乱摊派，或者指定中介垄断经营、高额收费，搞借权营生，甚至直接收回扣、拿红包。渑池县教体局原局长李遂来利用职务之便，为他人在项目建设、人事安排等方面谋取利益，收受贿赂138万元；卢氏县政协原副主席曹旭东为他人在项目建设方面谋取利益，收受贿赂51万元，都付出了沉重代价。希望每一个同志，都能认真对照，及时“体检”、及早治疗。

效能低下的表现形式林林总总、花样繁多，之所以积重难返、久治不愈，原因是多方面的。究其主要方面来讲，主要有以下五点：

一是理想信念动摇。穿衣服扣纽扣时，如果第一颗纽扣对不准、扣不好，其他的纽扣就会依次出错。对于党员干部为官从政来说，“第一颗纽扣”就是理想信念。理想信念就是共产党人精神上的“钙”，没有理想信念，理想信念不坚定，精神上就会“缺钙”，就会得“软骨病”。理想信念“纽扣”扣得对不对，直接决定着干部的为官之道、从政之志。习近平总书记说：“四风”问题归根结底是理想信念出现动摇所致。同样，我们干部队伍的作风出现问题，服务群众水平不高、行政效能低下，追根溯源也是理想信念这个“第一颗扣”出错了。党员干部一旦理想信念缺失，就不能抵御住各种错误思想的侵袭，就会从根本上失去了对崇高事业的追求，从而价值虚无、底线失守、责任缺失，必然不同程度存在个人主义、分散主义、自由主义、本位主义等错误倾向，势必影响上级决策部署的贯彻落实和本职责任的履行。个别领导干部不信马列信鬼神、不信真理信菩萨，解决问题不是建立在科学调研、认真分析的基础上，而是听信算命先生等，如果这样能把事情干好就真是天方夜谭了。因此，可以说，理想信念动摇是效能低下的罪魁祸首。

二是宗旨观念淡漠。为人民服务，本是领导干部的本职工作、分内之事，但有些人却把个人升迁与荣辱得失放在至高无上的位置，逐渐忘记了“我是谁”“为了谁”“依靠谁”，与百姓鱼水相依的亲情逐渐“贫血”、与群众血肉相连的心灵日渐冷漠，这样必然导致为人民群众服务缺乏热情，甚至欺骗群众、糊弄群众，只重视把事情办得“漂亮”，不择手段追求个人名利，而不注重解决群众的实际问题、根本问题、长远问题。

三是官僚思想严重。一些党员领导干部“官本位”思想严重，将“官”的特权无限延伸扩张，将“民”的权利拼命压缩剥夺，干事不干事全凭自己好恶决定，把为群众服务作为对群众的恩惠、施舍。认知错位，就会动作变形。这些官僚主义者以趋利行为代替党性原则，以功利之心取代宗旨观念，脱离群众、脱离实际，百姓疾苦他们不管，群众难事他们不问，这样一来，还有什么行政效能？

四是进取意识消退。进取意识不强，干事热度不足，必然导致效能低下。一些领导干部缺乏远大的志向、建功立业意识不强，工作中宁肯算“减法”，不愿做“加法”，因而在干事创业上也就缺乏动力；一些领导干部安于现状、不思进取，小富即安、小进则满，沾沾自喜于一时一地一域的小成功、小成绩，不能把我市的发展放在全省、全国的发展大格局和新的历史使命中去定位、去审视，固步自封、裹足不前，不立新目标、缺乏新动力，在提升效能、加快发展速度上没有紧迫感；一些领导干部不务正业、玩物丧志；少数干部贪图享乐，事情多做一点觉得吃亏，待遇稍差一点满腹牢骚，信奉“今朝有酒今朝醉”“人生得意须尽欢”，沉湎花天酒地、热衷灯红酒绿、纵情声色犬马，思想空虚、萎靡恍惚，精神风貌令人骇然，这样的党员领导干部效能低下就不足为奇了。

五是体制机制积弊。除了领导干部主观上的原因外，当前，我们在体制机制等方面存在的客观因素，对于效能提升的制约也不容忽视。首先，是制度的问题。近年来，我们深化行政审批制度改革方面下了很大功夫，也取得了一定的成效，但是不得不承认，我们的简政放权还不到位，放管服各项工作还有很长的路要走。同时，政策打架、制度交叉、规定相悖等情况也不时存在，导致一些手续在办理过程中相互掣肘、步履维艰。其次，是用人的问题。能上能下的干部使用机制运用不够，没有真正形成凭干事论英雄、视实绩用干部、比贡献定位次的良好用人导向。我们的一些激励机制流于形式，各种考核名义上说要兑现奖惩、与干部的升迁进退挂钩，但是由于种种原因，落实不到位，许多时候存在“干多干少一个样、多干少干一个样、干好干坏一个样”的现象，挫伤了一些肯拼肯干同志的积极性，导致这些同志的作风逐渐向不良方向发展。再者，是执行的问题。问责是保障执行力的最有效手段之一。但是，当前一些地方和部门问责力度不够，存在打招呼、留情面等现象，导致那些作风不良的领导干部没有真正受到警示与压力，虽然三令五申，但是依然故我，等待观望、阳奉阴违、推诿扯皮等恶习没有实质性改观，严重影响了执行力。

三、强化举措，全力推进“效能革命”深入开展

开展“效能革命”，是今后一个时期我市加快转型创新发展的必由之路，事关全市经济社会发展大局。我们必须抓住关键、突出重点，切实解决存在的突出问题，努力提高行政效能和服务质量，营造让企业满意、让群众满意的发展软环境。

(一)用一心为民的精神引领“效能革命”。一心为民是广大党员干部最珍贵的精神品质，也是推进党和人民事业发展不可缺少的精神力量。我们开展效能革命，就是要把为民谋利作为根本出发点和落脚点，主动转变服务观念，不断提升服务能力，切实增强工作的针对性和实效性，真正做到情为民所系、权为民所用、利为民所谋。

一要坚守为党为民的情怀，做到谦逊包容、服务至上。“立党为公，执政为民”是我们共产党人的情怀，而谦逊包容、服务至上就是共产党人情怀的直接表现。我们各级党员干部，都要自觉践行宗旨意识，甘当问需于民、主动排忧解难的“服务员”，自觉为人民服务、为人民造福，努力做出无愧于时代的业绩。

二要提升服务群众的本领，做到得心应手、游刃有余。领导干部要“干一行，爱一行，专一行”，把工作当事业，扎根平凡岗位，默默坚持，孜孜以求。当前，我市处于转型创新发展的关键时期，广大党员干部要以时不我待的精神认真学习业务本领、学习政策知识，努力成为行业系统的“行家里手”，为扎实完成各项工作打下坚实的基础。同时，要注重实践，深入到基层、深入到一线、深入到群众，在解决群众的实际问题中，不断提高为民服务的专业水平，切实把党的路线、方针、政策，把市委决策部署转化为服务群众的自觉行动，为三门峡转型创新发展提供持久动力。

三要树立敢于担当的意识，做到脚踏实地、积极作为。有一个事例我多次讲过，就是市外国语小学改扩建工程，几年下来都办不了手续，学生入学时就看到要盖房子，眼看快毕业了，房子还没影呢。在这件事情上，我们的干部有担当么？有作为么？这件事深深地刺痛了我们，也教育我们要敢于担当、积极作为，绝不能做舒舒服服的“太平官”、庸碌无为的“混事官”。对于群众和企业反映的问题，要积极想办法解决，真正做到有事就办、办就办好。

(二)用改革创新的方法推动“效能革命”。改革创新出生产力，也出执行力。我们要向改革创新要效能，就必须创新工作思路，围绕各项工作中的难点、重点、热点问题，用新视角、新思路去分析问题，用新方法、新举措去解决问题。

一要围绕“不开空头支票”，大力提升政府执行力。服务承诺是提高机关效能的一项重要工作，关系到广大企业和人民群众的切身利益。服务承诺也是各级机关、部门为基层、为群众、为纳税人服务的一种态度，关系到党和政府机关的诚信形象。承诺是一种信誉、一种约束，不能说在嘴上、写在纸上、挂在墙上，必须予以落实。我们开展“效能革命”，要以推行服务承诺为切入点，凡服务承诺上规定的事情，要认真兑现，切实做到一诺千金，绝不允许拿着百姓的俸禄不干事，绝不允许坐在位置上睡大觉，绝不允许在抓落实上“挂空挡”“磨洋工”“掉链子”。今年，市委、市政府向社会公开承诺办好的十件民生实事，各单位要及早对表对账，确保按节点抓实抓好，否则市委、市政府主要领导将在电视上向全市人民公开检讨，相关单位负责人也将被问责！

二要围绕"最多跑一次",大力提升行政效率。把简单的事情弄复杂是找事,把复杂的事情弄简单是本事。"最多跑一次"的意义不仅限于其内容本身,更是从服务、政策、制度、环境多方面优化政府供给,提升行政效能的直接体现。为此,我们要深化简政放权,实行放管结合,进一步深化"放管服"改革,砍掉阻碍发展的各种条条框框,不断提高行政效率,破除老百姓办事的各种"障碍",有效打通服务群众的"最后一公里",努力为老百姓提供最大便利。在前几天召开的全市转型发展攻坚推进会议上,我们印发了《推进实施"最多跑一趟"改革实施方案》,各级各部门特别是各职能部门要认真研究,结合自身实际,提出切实可行的意见建议,以便修改完善后正式出台,使之真正成为受到群众欢迎的德政工程、民心工程。

三要围绕"亲清"政商关系,大力优化企业发展环境。稳定企业运营是效能革命的一项中心任务。政商交往有道,厘清政商关系,归根结底是厘清"政府与市场"的关系。只有真正做到"亲"与"清",把握好公私界限,不断加强和提升对企业的服务,我们才能把更多好的企业引进来,把更多现有企业稳定住,才能激发新时期政府、企业同心同德开拓经济发展的新境界,才能激发新时期政府的效能。今年以来,在经济下行压力加大的情况下,全市经济发展平稳上升,社会消费稳中向好、经济结构持续优化、经济质量稳步上升。同时,我们也要看到企业生产经营仍面临不少困难,全市经济增长仍面临较大压力。为此,广大领导干部要迎难而上,担当有为,树立亲商、爱商、重商意识,在政商交往中亲清结合、平等相处,坚持等距离交往,实行无差别服务,切实帮扶企业解困克难,全力以赴稳定经济增长。特别在为企业服务的过程中,不要轻易说"不行""不能办",而要积极借鉴先进地区的经验做法,要研究"怎么行""怎么办",着力解决企业发展不畅通的梗阻问题,为企业发展营造良好的经济社会环境。我市的首席服务员制度就很好,希望大家持续深化提升,创新出更多、更好的做法。

(三)用动真碰硬的力度深化"效能革命"。效能革命,要义就在"革命"二字,必须有壮士断腕的勇气、刀刃向内的自觉,用动真碰硬的力度深化效能革命。

一要创新督查方式方法。开展督导检查,方法得当就能事半功倍,收效明显;反之则会事倍功半,影响效果。企业管理中有一个重要方法叫"PDCA循环工作法",就是把要做的一件事情分为四个阶段,计划、实施、控制、处理。其中,在控制阶段要对所安排的事情进行过程控制和检查,通过检查再不断修正计划,以达到效果最优,这和我们党委、政府的督查本质上是一致的,但更为细致和科学,值得我们在推动工作时认真学习借鉴。在实际工作中,一项工作安排布置下去以后,要会督导、敢督导、善督导,寓督导工作于帮助服务之中,做到到位不越位、督导不包办、问题不掩盖,确保"效能革命"不走过场,不做无用功。

二要强化执纪问责力度。问责不是目的,却是抓效能建设的有力手段。今年以来,西安市委提出在全市范围内开展"行政效能革命",其中严格执纪问责就是一大亮点。比如,1月3日,西安电视台《每日聚焦》栏目报道了该市工商局高新分局、曲江分局南湖工商所和长安分局12315投诉举报中心等服务窗口工作人员,在接待群众时服务态度不好、工作纪律差的问题,在社会上造成了不良影响。西安市委获悉情况后,当即决定对市工商局对相关责任人进行了追责,对负有领导责任的党员干部予以问责,对具体责任人予以免职。我们开展"效能革命"要借鉴西安的成熟经验,在效能建设过程中,特别要做到严格执纪问责。我们不愿意看到哪位干部因为违反规定受到处理,但是谁要是去碰这个"带电的高压线",就要严肃处理。有的同志重视政治纪律、廉洁纪律,轻视工作纪律,在这里我要着重强调,凡是群众有投诉的,一律要追查;凡是查证属实的,一律要追究;凡是对本单位效能建设抓得不力、问题严重的,一律要追究部门领导的责任,绝不姑息。

三要树立正确的用人导向。效能革命能不能取得成功,主要在人,关键在于是否能够调动广大党员干部的积极性。只有充分调动起广大党员的积极性,发挥党员的先锋模范作用,效能建设才能从整体上更好更快地推进。为此,我们要大力倡树正确用人导向,让吃苦者吃香、让有为者有位;对于不作为、不称职、不适宜担任现职领导干部能"下"必"下",让"下"的人服气、"庸"的人警醒,推动形成能者上、庸者下、劣者汰的用人导向和从政环境。最近,市委研究了一批干部,各单位主要领导一定要把公心放在首位,推荐干部必须要对市委负责、对工作负责,要讲能力、讲党性,不要搞平衡照顾、不要讲资历资格、不要图四平八稳,要善用人、会用人,确保提拔上来的同志真正能够推动工作、推动发展。

(四)用求实求效的标准检验"效能革命"。开展"效能革命"务求抓好落实、抓出成效,这既是加快发展的现实需要,更是长远发展的永恒追求。

一要强化绩效关,确保抓出经济发展高效益。检验"效能革命"是否取得实效,最终要看工作效率是否提高,要看经济发展速度是否加快、质量和效益是否上了一个台阶,要看招商引资是否增多了、外来投资者是否满意了。温州市委、市政府大力推进"效能革命",为支持和保护民营经济创造了必要的发展环境,这才有温州民营经济举世瞩目,才能让现在的"温州模式""温州现象"成为美谈。我们要借鉴温州经验,在推进"效能革命"的过程中,高度重视绩效,着眼提高工作效率、发展质量和效益,不断优化发展环境,既支持和保护本地企业快速发展,更要吸引更多优质客商来三门峡投资兴业,切实把环境优势转化为实实在在的经济效益。

二要增强获得感,确保人民群众真正受益。"革命"一词,语出《尚书》:承天命而革新。天,就是人民群众。"效能革命"的目标是提高工作效率,但终极目的还是让人民群众受益得实惠。"五一"期间,一条"三门峡被国务院点名表扬"的微信刷爆了朋友圈。三门峡因为什么事情引起国务院的关注,而且受到点名表扬了呢?答案是:商事制度改革。三门峡市工商局推动工商注册制度便利化工作及时到位、落实事中事后监管等相关政策措施社会反映好。具体表现是:企业的注册资本由实缴登记制改为了认缴登记制、由现行的先证后照改为了先照后证、由企业原来的年检改为了年报公示制度。这样好的制度简化了办事手续,优化了监管形式,极大地方便了个体商户和企业,让老百姓得到了实实在在的好处。现在山西正在进行试点,将审批制改为承诺制,除个别领域其他审批一律取消,切实加强事中、事后监管。我们要探索选择部分地区进行试点,只要不是关系国计民生、群众安全,都可以取消。因此,我们开展效能革命,就是要以满足人民群众需要为导向,坚持重点突破、整体推进,抓住关键环节和重点领域,促进机关行政效能提高,让广大群众切身感受到效能建设带来的新变化、新气象,不断增强人民群众对改革发展成果的获得感。

三要注重长效性,确保效能建设经得起历史检验。要牢固树立长期作战思想,真正做到持之以恒、常抓不懈、久久为功。要强化制度建设,对效能建设中好的经验做法,要及时以制度形式固化下来、坚持下去,实现以制度管人、管事、管长远、管根本。要坚持把群众参与、群众监督和群众评判,贯穿于效能建设的全过程,确保活动不作秀、不走过场、不半途而废。

开展"效能革命"、优化经济发展环境关系我市发展大局,意义重大、影响深远。全市上下要迅速行动起来,主动把自己摆进去,点燃激情敢担当,提升效能快落实,切实把三门峡建设成为中西部地区审批环节最优、办事效率最高的城市。在今天的党课结束之际,我送大家一副对联,与大家共勉:

来自平民,还自平民,不为民此身何托?

勤也一日,惰也一日,混时日今生枉活!

三门峡市区一角

政府工作报告

——在三门峡市第七届人民代表大会第一次会议上

(2017年6月11日)

中共三门峡市委副书记、市长　安　伟

一、本届政府及2016年工作回顾

2012年本届政府任期以来,在省委、省政府和市委的坚强领导下,在市人大、市政协的监督支持下,面对一波三折的宏观经济形势,面对稳增长、调结构的双重压力,我们主动适应经济发展新常态,培育新动力,谋求新作为,拓展新空间,迈出了全面建成小康社会的坚实步伐。

五年来,我们扭住发展主线,稳增长备后劲,综合实力迈上新台阶。全市生产总值突破千亿大关,财政一般公共预算收入突破百亿,分别是2011年的1.3倍、1.7倍,年均增长8.2%、11.9%;全社会固定资产投资是2011年的2.3倍,年均增长17.8%;社会消费品零售总额是2011年的1.8倍,年均增长13%,综合经济实力实现了新跨越。

五年来,我们坚持产业为基,调结构增效益,转型升级实现新突破。三次产业结构由2011年的7.9:68.1:24优化至9.1:57.4:33.5,经济结构更趋合理。第一产业增加值年均增长4.7%,走在全省前列;规上工业增加值年均增长9%;第三产业增加值占GDP比重比2011年提高9.5个百分点,成为稳增长、扩就业的生力军。

五年来,我们狠抓基础建设,强载体建平台,发展支撑得到新增强。三淅高速、郑卢高速等一批高速公路项目建成,蒙华铁路等一批铁路项目加快推进,区域性交通枢纽初步形成。三门峡海关、出入境检验检疫局、国家铝及铝制品质检中心、国家果品及果蔬汁检测重点实验室、省黄金贵金属产品质检中心等通关检测机构建成。全市7个产业集聚区累计完成投资3031亿元,年均增长29%,成为推动全市经济增长的主阵地。服务业"两区"建成区面积5.82平方公里,入驻企业1014个,从业人员5.7万人,成为服务业扩量提质的新引擎。

五年来,我们聚焦城乡统筹,拉框架提功能,城乡建设掀开新篇章。《三门峡市城市总体规划(2013—2030)》编制完成,陕州区正式挂牌,中心城区建成区面积71平方公里,人口达到65万,城市功能更加完善,承载能力明显增强;义渑一体化步伐加快,灵宝市、卢氏县城区框架拉大,带动力持续增强;一批重点城镇快速发展,打造美丽乡村示范村204个,初步形成了中心城区、县城、中心镇、美丽乡村协调发展的新型城镇化格局。全市城镇化率53.1%,高于全省4.6个百分点。

五年来,我们加快动能转换,抓改革促开放,经济发展注入新动力。"放管服"改革、经济体制改革、农村改革等重点领域改革稳步推进,国有企业、政府机构、医药卫生等改革取得阶段性成效。抢抓国家"一带一路"战略和晋陕豫黄河金三角区域合作上升为国家战略机遇,持续扩大开放合作,累计引进省外资金1454亿元,年均增长16.1%;实际利用外资46.5亿美元,年均增长11%。深入实施创新驱动战略,全市高新技术企业达到45家,科技型中小企业达到111家,建成省级院士工作站16家,省市级研究中心71家,科技进步对经济增长的贡献率达到53.9%。

五年来,我们注重以人为本,办实事惠民生,群众获得感得到新提升。城乡居民人均可支配收入分别达到25254元和

11982元，年均增长8.6%和11.3%，是2011年的1.5倍和1.7倍，农村居民人均可支配收入增速连年位居全省前列。脱贫攻坚深入推进，累计实现16.9万贫困人口稳定脱贫，完成易地搬迁40665人，实施整村推进140个，贫困地区基础设施和公共服务水平大幅提升。城镇新增就业28万人，城镇登记失业率连年控制在3%以下。社会保障制度不断完善，企业退休人员养老金稳步增长，城乡低保标准分别提高53.8%、90.6%。社会事业全面进步，崤函古道成功"申遗"，本科教育实现"零"突破，市中心医院、市中医院晋升"三甲"。生态文明建设成效显著，社会大局和谐稳定。

各位代表！五年来的艰辛奋斗，我们深深感到，做好政府工作：必须坚持党的领导，始终在思想上政治上行动上同以习近平同志为核心的党中央保持高度一致，同省委、市委保持高度一致，坚定正确的政治方向。必须坚持以人为本，牢固树立以人民为中心的发展思想，始终做到发展为了人民，发展依靠人民，发展成果由人民共享。必须坚持发展为要，把发展作为解决一切问题的关键，加快发展，提升发展，扩大总量，壮大实力。必须坚持依法行政，强化法治理念和法治思维，坚持法无授权不可为，法定职责必须为，重大决策事项及时向人大及其常委会报告，依法规范权力运行，努力建设法治政府。必须坚持改革创新，把破除体制机制障碍作为加快发展的根本动力，在改革创新中集聚动能、释放活力。这些实践经验，我们将长期坚持并发扬光大。

2016年，是本届政府最后冲刺的收官之年，也是承上启下、开创局面的关键之年。我们认真落实省委、省政府和市委各项决策部署，全力以赴稳增长、调结构、促改革、惠民生，全市经济全面企稳回升，底线构筑更加坚实，重大项目全面发力，干成了一批打基础利长远的大事要事，取得了系列具有标志意义的突破，实现了"十三五"良好开局。全市生产总值完成1348.6亿元，同比增长7.7%；财政一般公共预算收入完成100.1亿元，增长7.8%；规上工业增加值完成616亿元，增长7.3%；全社会固定资产投资完成1783亿元，增长15.1%；社会消费品零售总额完成441.1亿元，增长11.2%。

2017年一季度，全市经济持续回升，多项指标跃居全省前列，实现了首季"开门红"。生产总值增长8.5%，居全省第5位，其中第一产业增加值增长4.2%，居全省第1位；规上工业增加值增长9.1%，居全省第2位；财政一般公共预算收入增长12.8%，居全省第8位；进出口总值增长77.8%，居全省第2位。

（一）重大项目和重点工作实现新突破。坚持重点带动，一批事关全局的大事要事取得重要突破。"三大战役"扎实顺利推进。脱贫攻坚首战告捷，全市精准脱贫34075人，超额完成省定目标，易地搬迁19484人，35个贫困村退出，荣获全省脱贫工作成效考核第1名；大气污染防治有力有效，PM2.5指标超额完成省定目标，空气质量明显改善，优良天数大幅增加；国企改革不断深化，"三供一业"剥离移交等工作稳步推进。重大项目建设实现重要突破。全市七批共69个项目争取国家专项基金67.3亿元，居全省第3位；20个省重点项目和242个市重点项目分别完成投资147.1亿元、652.7亿元，占年度目标的122.2%和118.9%，为经济发展积蓄了巨大后劲。

速达纯电动汽车项目获得国家发改委核准，全国首批、全省首家新能源汽车牌照落户三门峡。投资116亿元的国道310南移项目全线开工，是我市建市以来投资最大的项目。蒙华铁路、垣渑高速等项目进展顺利，陇海铁路取直改线、运三高铁、三洋铁路等项目取得重要突破，使我市朝着高铁、高速"双高中心"和客运、货运中心迈出了实质步伐。央地合作迈出重大步伐。与中国兵器集团等12家央企签订19个项目合作协议，总投资333.2亿元，为经济发展拓展了新空间。高等教育实现历史突破。三门峡社会管理职业学院、三门峡技师学院一次性获得省政府批准，三年内将形成聚集4万人的高等职教园区，成为助推新型城镇化建设，加快产业转型升级新动能。重大改革创新取得重要进展。深化投融资体制改革，整合成立市投资集团公司，初步建成了融资能力近期超千亿、远期超5000亿元的融资平台。新型智慧城市建设全面启动。

（二）供给侧结构性改革不断深化。持续推进种养业、制造业和服务业供给侧结构性改革，三次产业协调发展。特色农业持续壮大。第一产业增加值增长4.7%，增速居全省第1位。果品、食用菌、烟叶等特色产业持续提升，省市农业产业化集群达到39个，规模以上农业龙头企业达到218家，运行良好的农民专业合作社达到1400家，"三品一标"农产品数量达138个，"二仙坡"荣获"中国驰名商标"。涉农电商突破2100家，农产品电商交易额突破10亿元，全省农业电子商务发展现场会在我市召开。工业经济提质增效。实施亿元以上工业转型升级项目53个，完成投资272.8亿元，骏通车辆多功能起重举升专用车、义腾新能源动力锂电池隔膜、宝鑫电子专用铜箔等项目进展顺利，德道电子汽车电子产品等项目建成投产，为加快先进制造业发展奠定了坚实基础。服务业扩量提质。第三产业增加值增长9.1%，占GDP的比重达到33.5%,比上年提高1.2个百分点。三门峡电商产业园、跨境电商产业园投入运营,全市电商主体达到4522家,交易额突破42亿元。成功举办第22届旅游节暨第4届特博会,成功举办中国(三门峡)白天鹅·野生动物国际摄影大展,天鹅湖湿地公园、陕州地坑院受到中央主流媒体广泛关注,“天鹅之城”品牌更亮、人气更旺。全市接待海内外游客3028万人次,旅游总收入258.2亿元,分别增长12.7%和14.5%。

(三)“去降补”工作成效显著。坚定不移去产能。化解煤炭行业过剩产能36万吨,涉及矿井已关停到位。综合施策去库存,全市商品房库存面积229.6万平方米,比年初减少77.7万平方米。服务企业降成本,实施降成本专项行动,9家企业进入省电力交易平台,为企业降低用电成本1540万元;建立市县两级信用担保服务体系,6家政策性担保机构注册资本达到3.6亿元。因地制宜补短板,持续强化基础设施、创新能力、人力资源等方面建设,大石涧水库等一批重大基础设施项目进展顺利,市级以上科技创新平台达到136个,引进培养中高级人才4113人。

(四)区域中心城市建设加快。以新型智慧城市建设为总抓手,拉大框架,做优服务,做强功能,做旺人气,区域中心城市建设取得新进展。新型智慧城市建设全面启动。顶层设计初步完成,运营公司注册成立,“一平台、两中心、三应用”项目有序推进,朝着“管理一块屏,服务一张网,决策一组数”新型智慧城市建设迈出了新步伐。城市空间布局更加优化。陕州区撤县设区,三门峡进入“一城两区”时代;商务中心区完成投资75亿元,“五纵五横”道路框架基本形成,城市新中心形象初显;城乡一体化示范区和三门峡产业集聚区套合完成,管理体制更加规范。湖滨区、陕州区、商务中心区、城乡一体化示范区联动发展格局初步形成。城市功能品位持续提升。大岭北路、崤山路等11条道路打通和提升工程完工,新增城市供热面积50万平方米,黄河公园与陕州公园连接带、青龙涧河景观带改造提升项目建成。洁城行动稳步推进,城市环境和秩序明显改善,通过省级卫生城市复审。旧城区和城中村改造进展顺利。

(五)发展活力不断增强。坚持全面深化改革开放,激发转型发展动力活力。重点领域改革深入推进。扎实推进“放管服”改革,行政审批事项精简幅度居全省前列;营改增试点进展顺利,预算管理制度改革不断深化;土地确权登记颁证等农村改革持续推进;商事制度改革成绩突出,受到国务院表彰,“智慧工商”大数据经验在全省推广。经济发达试点镇、医疗卫生、机关事业单位养老、城乡居民医保整合、公务用车等领域改革取得新进展。开放合作不断扩大。突出培育优势产业,围绕打造黄金产业链、铝及铝精深加工、旅游业、现代物流、电子商务、地区性交通枢纽深化招商,签约招商项目142个,总投资607.1亿元。实际利用外资10.6亿美元,增长5.4%;实际到位省外资金352.2亿元,增长7.6%。进出口逆势上扬,增长155.8%,增速居全省第1位。黄河金三角区域合作迈出新步伐,省级协调机制和市级推进机制初步建立,基础设施、产业发展和公共服务等领域合作不断深化,三门峡市与运城市平陆县城际公交专线顺利开通。政银企合作成效显著。先后与省农发行、国开行、建行签订总金额1500亿元的战略合作协议,协调金融机构为121个项目贷款321亿元,金融对实体经济的支持力度进一步增强。

(六)群众生活持续改善。坚持把保障改善民生作为政府工作的出发点和落脚点。民生投入不断加大。“十项重点民生工程”持续推进,全市财政民生支出137.5亿元,占一般预算支出的73.6%。就业创业扎实推进。深入实施大众创业万众创新,认真落实稳岗扶持政策,全市城镇新增就业6万人,失业人员再就业2.3万人,城镇登记失业率2.82%。社会保障稳步提升。城乡低保年补助标准分别上调600元和450元,城镇居民医保年人均补助标准提高到420元,城镇居民大病保险制度、农村居民重大疾病保障机制进一步完善。企业和机关事业单位退休人员基本养老金调整到位。社会事业不断进步。“全面改薄”、城镇义务教育资源扩充计划扎实推进,第二期学前教育三年行动计划全面完成,引进江苏教育集团清华园学校项目开工。城市公立医院综合改革进展顺利,妇幼保健院和儿童医院开工建设,全面二孩政策稳妥实施。《文化三门峡》丛书初稿编撰完成,“2016中国·三门峡横渡母亲河”活动被授予中国“体育旅游精品赛事”称号。精神文明成果丰硕。黄河公园、湖滨区涧南社区、灵宝河西村入选河南省首批社会主义核心价值观建设示范点,未成年人思想道德建设、志愿者服务和农村精神文明创建活动扎实开展。社会大局保持平稳。预防和化解社会矛盾,全面排查处置非法集资风险,信访形势总体平稳。持续加强安全生产和食品安全监管,平安三门峡、法治三门峡建设扎实推进,群众安全感持续提升。

扎实开展“两学一做”学习教育,驰而不息纠正“四风”,政府自身建设不断加强。主动接受市人大及其常委会监督,支持市政协履行职能,认真办理人大代表建议184件、政协委员提案230件。双拥共建再创佳绩,荣获全国双拥模范城“五连冠”,军民融合有效推进,军政军民团结更加巩固。统计、审计、外侨、民族宗教、对台、史志、人防、气象、防震减灾、无线电、黄河河务、妇女儿童、残疾人、老龄、慈善等工作取得新成绩。

各位代表！市政府各项成绩的取得，是省委省政府和市委正确领导的结果，是市人大、市政协大力支持的结果，是全市人民团结拼搏的结果。在此，我代表市人民政府，向全市各行各业的建设者，向各位人大代表、政协委员、各民主党派，向驻峡解放军、武警官兵、公安民警，向广大客商以及关心支持三门峡发展的各界人士，致以崇高的敬意和衷心的感谢！

在看到成绩的同时，我们也清醒地认识到，目前经济社会发展仍存在不少矛盾和问题：经济发展水平不高的基本市情还没有根本改变，总量不大，综合实力不够强；传统产业占比偏高，新兴产业培育不快，结构不优，特色优势不明显，区域竞争力不够强；农村贫困人口量多面广，脱贫攻坚任务依然艰巨，生态建设、环境保护、安全生产等方面仍存在薄弱环节，转型发展攻坚任务较重；城乡公共服务和基础设施保障等方面欠账较多，与群众期望仍有差距，民生改善任务较重；政府依法行政水平和政务服务效能有待进一步提高，少数公务员懒政怠政等问题仍然存在，优化发展环境任务较重等。对此，我们将在新一届政府任期内，采取有效措施，切实加以解决，决不辜负全市人民的重托！

二、今后五年政府工作的总体要求和奋斗目标

未来五年，是我市全面建成小康社会的决胜期，是实现经济社会转型发展的攻坚期，也是加快建设省际中心城市的机遇期。从外部环境看，国内宏观经济总体平稳的大环境没有改变，国家"一带一路"战略、河南省"三区一群"和晋陕豫黄河金三角区域合作战略的深入实施，将为我们加快转型发展提供强有力的政策叠加机遇。从自身条件看，多年发展打下的基础扎实，项目支撑有力，未来转型发展的方向明确、目标清晰，特别是全市上下人心思稳、人心思干、人心思进的局面正在形成，敢于担当、干事创业的合力加速凝聚，为我们加快发展提供了坚实的产业基础、群众基础和思想基础。机遇承载使命，责任考验担当。只要我们坚定信心、团结拼搏，经过不懈奋斗，就一定能够开创转型发展新局面！

今后五年工作的总体要求是：高举中国特色社会主义伟大旗帜，以邓小平理论、"三个代表"重要思想和科学发展观为指导，深入贯彻落实习近平总书记系列重要讲话精神，按照"五位一体"总体布局和"四个全面"战略布局，落实新发展理念，紧紧围绕建设省际中心城市这一目标，围绕提升区域核心竞争力这一根本，加快转型创新发展，加快推进"四个大市"建设，以"三次创业"凝聚人心士气，以"效能革命"激发动力活力，推动经济持续健康发展和社会和谐稳定，决战决胜打赢脱贫攻坚战，奋力夺取全面建成小康社会伟大胜利。

今后五年的发展目标是：

全面建成小康社会目标圆满完成。在提高发展质量效益的基础上，主要经济指标增速高于全省和黄河金三角地区平均水平。地区生产总值年均增长8%以上；全社会固定资产投资年均增长、财政一般公共预算收入年均增长均超过全省平均水平，人均指标继续走在全省前列。农村贫困人口全部脱贫，贫困村全部退出，卢氏县摘帽脱贫。物质文明、精神文明、政治文明和生态文明共同进步。

转型创新发展实现重大突破。经济结构战略性调整取得显著成效，特色农业持续壮大，新型工业化加速推进，现代服务业扩量提质，网络经济快速发展，努力建设新型工业化城市、高成长性服务业先进市、特色农业强市、网络经济大市，初步实现新型工业化、新型城镇化建设的历史任务。

省际中心城市建设取得实质性进展。"双百战略" 深入实施，城市框架显著拉大，传统优势产业和战略新兴产业不断壮大，初步建成"三地五中心"，即中西部地区重要的先进制造业基地、全国重要的大宗商品物流基地、全国知名的旅游目的地和全国有影响的行业数据中心、大健康中心，中西部地区重要的黄金珠宝加工交易中心，黄河金三角地区客运中心和高等职业教育中心。城市的集聚、辐射、带动功能不断增强，在黄河金三角地区的引领作用进一步凸显。

区域核心竞争力全面增强。传统产业改造升级加快，新产业、新动能持续凝聚，产业实现链条由"价值链低端"向"价值链中高端"转变，产业竞争力持续增强；文化资源深度开发，文化产业创新发展，基本建成华夏历史文明传承创新区重要板块，文化竞争力持续增强；生态文明建设迈上新台阶，天更蓝、水更清、地更绿、城市更宜居，生态竞争力持续增强；努力营造公平竞争的市场环境、安全放心的消费环境、守法诚信的发展环境和廉洁高效的政务环境，新型智慧城市建成运营，服务竞争力持续增强，全面增强区域核心竞争力。

人民生活水平显著提升。基本公共服务均等化水平稳步提高，公共服务体系更加健全，社会保障体系进一步完善，人民健康水平持续提升，教育事业全面进步。收入分配制度不断完善，城乡居民收入普遍较快增长，城乡收入差距逐步缩小。人民群众精神文化生活更加丰富，创造活力进一步激发。改革发展成果更多更公平地惠及全市人民，社会治理能力和水平

进一步提高,人民群众的安全感、获得感、幸福感明显增强。

三、2017年政府工作的主要目标和任务

今年是实施"十三五"规划的关键之年,是推进供给侧结构性改革的深化之年,也是全面落实省十次党代会、市七次党代会各项部署的开局之年。做好今年政府工作,对于巩固发展良好态势,全面推进各项事业,维护社会大局稳定至关重要。

根据市委经济工作会议部署,今年经济社会发展的主要预期目标是:生产总值增长8%以上,财政一般公共预算收入增长8%,全社会固定资产投资增长12%左右,社会消费品零售总额增长11%左右,进出口总值保持稳定,城乡居民人均可支配收入分别增长8%和9%左右;节能减排、环境保护等约束性指标完成省定任务,发展质量和效益明显提高,供给侧结构性改革取得实质性进展。

重点抓好八个方面工作:

(一)加大招商引资力度,强化项目建设,促进经济稳定增长。紧紧围绕发展壮大优势产业,以大招商引进大项目,以大项目带动大发展。

强化招商引资扩增量。围绕发展和壮大优势产业,重点打造以铝精深加工和新能源汽车为主的装备制造产业园、黄金珠宝首饰加工产业园、铜精深加工产业园、大数据产业园、物流产业园,紧紧盯住重点央企、大型民企、新兴市场主体,招引一批科技含量高、市场前景好、产业带动强的项目。积极适应招商形势变化,强化协会招商、网络招商、以商招商,提高招商实效。压实工作责任,加强落地项目服务,重点项目实行"五个一"推进机制,切实提高签约项目"三率"。

抓好项目建设强基础。坚持以项目建设为抓手,着力扩大有效投资,重点抓好240个省、市重点项目,年度完成投资580亿元以上。持续推进速达纯电动汽车项目建设,确保按时顺利通过工信部生产准入,加快建设500亿级新能源汽车产业集群。加快推进同人铝业铝合金铸造及深加工、戴卡轮毂铝合金汽车轮毂项目,力争早日投产;抓好凯斯曼(三门峡)汽车零部件项目前期工作,争取早日开工。深入落实国家和省一系列鼓励民间投资的支持政策,顺应国家有序放开配电网、电信、市政、社会服务等领域市场准入,谋划研究一批符合民间资本和各类产业基金"胃口"的好项目,吸引更多民间资本进入。

稳定经济运行保基本。加强经济运行调控,建立土地、资金等重点要素与外部市场联动调节机制。突出抓好企业服务,完善市领导分包、"首席服务员"等制度,持续搞好产销、银企、用工、产学研"四项对接",加大对黄金、电解铝、煤化工、装备制造等困难行业的政策和信贷支持力度,实现主导产业经济运行平稳。切实防范风险隐患,妥善应对不良资产、企业互保等风险,严厉打击和处置非法集资,有效防控金融市场风险;引导企业强化风险意识,加强财务管控,优化债务结构,降低企业杠杆,稳健有序发展,有效防控企业经营风险;推动政府融资机制规范化、透明化和法制化,有效防控债务风险。

(二)加快结构转型升级,提高供给体系质量和效率。加大供给侧结构性改革力度,努力走出一条结构优、效益佳、活力足、后劲强的发展路子。

持续加快"去降补"任务落地。把"三去一降一补"作为供给侧结构性改革的硬任务和转型发展的着力点持续推进。去产能,合理安排产能退出时序和进度,做好14个煤矿的退出工作,妥善处置"僵尸企业",用市场、法治的办法做好去产能工作。去库存,因城施策、分类指导调控房地产市场,通过加大棚户区改造货币化安置、鼓励农民进城购房、扩大公积金受益覆盖面等措施,消化房地产库存。去杠杆,把降低企业特别是国有企业杠杆率作为重中之重,盘活企业存量资产,提高直接融资比例,探索不良资产收益权转让试点,通过债转股、资产重组、上市融资等方式实施债务重组,优化负债结构。降成本,深入落实国务院降成本工作方案和省定50条措施,积极推动减税、降费、降要素成本,同时推动企业"眼睛向内"降本增效。补短板,重点抓好投资100亿元的国家储备林基地建设、投资122亿元的城中村和棚户区改造、投资65亿元的城市生态水系工程等薄弱领域的重大项目,补齐经济社会发展短板。

持续推进供给侧结构性改革。加快产业结构调整,不断提升产业核心竞争力。强化工业经济"双轮驱动",围绕提升中高端加工、迈向中高端水平这一目标,强化传统优势产业升级、接续替代产业培育"双轮驱动",一手抓黄金、铝、煤化工等传统产业提升发展,着力激活传统动能,一手抓新能源汽车、装备制造、铜精深加工、特种机器人、食品、生物医药等战略性新兴产业创新发展,着力打造经济增长新引擎。加快现代服务业提质转型,重点抓好现代物流、黄金珠宝加工交易、金融保险、信息服务、文化旅游和健康养老等六大主导产业发展,深入推进农业电子商务发展三年行动计划,促进电子商务持续发展。增加特色农产品优质供给,加强地理标志保护产品开发、保护和利用,生产更多具有生态属性的中高端农产品。以苹果为突破,打造农业生产物联网,完善农产品标准质量体系。加快推进农村一、二、三产业融合发展,以

寺河山万亩果园、二仙坡苹果基地为龙头，促进观光农业、加工农业、体验农业、乡村旅游有机融合发展。

持续加强科学发展载体建设。坚持产业集聚区发展定位，突出壮大主导产业集群优势，着力破解产业配套、融资支持、人力资源、土地保障、管理体制等瓶颈制约，持续推进产业集聚区“三上一提高”。全市产业集聚区实现规上工业增加值增长10%左右，主营业务收入增长10%左右，固定资产投资增长13.5%以上。持续推进商务中心区扩容提质，年内完成投资100亿元以上，促进与陕州区、湖滨区及相关区域有机融合，实现联动发展；加快招商项目建设、盘活问题项目，推动各类优质教育、医疗资源汇集，培育打造生产性服务业集聚中心。加快推进特色商业区设施完善和产业提升，重点抓好高阳山国际温泉度假区、万洋国际商贸博览城等一批龙头项目，打造优势服务业产业集群。加快城乡一体化示范区建设，完成总体规划评审，先行启动一批基础设施和产业项目。

(三)着力建设“三地五中心”，培育转型发展新优势。依托区位交通、自然资源、文化旅游等方面的比较优势，着力打造“三地五中心”，为建设省际中心城市提供有力支撑。在先进制造业基地建设上，依托现有产业基础，重点打造汽车、黄金、铝工业、煤及煤化工四大全产业链，着力打造装备制造产业园、珠宝首饰加工产业园、铜精深加工产业园、节能环保产业园、大数据产业园、中加科技产业园、中国—以色列光电产业园，加快培育先进装备制造业，改造提升水工机械、化工机械、矿山机械等传统制造业，积极发展量仪、白刚玉等制造业配套产业，努力打造中西部地区重要的先进制造业基地。在物流基地建设上，依托陇海、蒙华、三洋三大国家干线铁路交会优势和金精粉、铜精矿大进大出实际，深化与杭州锦江集团等大企业合作，加快推进大宗商品物流产业园项目，建设“物流云”和物流行业数据中心，积极推动冷链、保税、电子商务等行业物流园区建设，努力建设全国重要的大宗商品物流基地。在旅游目的地建设上，依托旅游资源优势，积极与深圳华侨城、旅游百事通等国内大型旅游集团合作，着力引爆天鹅湖、地坑院、三门峡大坝、豫西大峡谷、函谷关等核心景点，打造精品线路，发展智慧旅游，形成“点、线、面”有机结合的全域旅游发展新格局，努力建设全国知名的旅游目的地城市。在行业数据中心建设上，依托气候凉爽、地质稳定、电力充足等适宜数据机房建设的优势，与国内外知名互联网企业进行深度合作，加快谋划建设区域性大数据中心，努力打造全国有影响的特色农产品、黄金行业数据中心。积极培育发展智能装备、信息感知、移动终端、新型显示、智能应用等大数据端产品产业，以大数据引领业态创新和产业升级。在黄金珠宝加工交易中心建设上，依托黄金资源和精炼金产能优势，整合小秦岭等区域黄金资源，加快金源矿业、灵宝黄金股份等黄金企业改造升级，加快建设三门峡黄金珠宝交易中心、加工中心，打造特色黄金小镇，推动黄金珠宝、黄金工业品加工、黄金交易等后续产业发展，打造黄金全产业链，建设中西部地区重要的黄金珠宝加工交易中心。在大健康中心建设上，依托森林覆盖率高、负氧离子多、温泉品质好等自然资源优势和道家养生文化等文化资源优势，着力推动陕州高阳山、翡翠丽池温泉扩大规模、提升层次，增强陕州地坑院品牌影响力，逐步把品质独特的自然、文化优势发挥出来，努力打造全省乃至全国有影响的休闲度假中心。推动市中心医院、黄河医院、中医院做优做强重点专科，积极推动与郑大一附院、省中医药大学等合作，建设集医疗、康复、保健、度假、养老为一体的新型医养中心。加快妇幼保健院和儿童医院建设，推动与互联网医疗公司合作，建设高水平的智慧医院和互联网医院，努力打造黄河金三角地区医疗服务中心。在客运中心建设上，积极推进运十高铁、运三高速、垣渑高速、栾卢高速等项目建设，加快形成高铁、高速“双高”交会格局；抢抓国家低空空域开放机遇，谋划推进三门峡通用机场、通用航空产业园等项目，努力打造黄河金三角地区客运中心。在高等职教中心建设上，依托三门峡职业技术学院，积极创建国家优质高职院校，加快独立设置本科院校建设，全面启动职业技术学院新校区建设；进一步扩大河南科技大学应用工程学院招生规模，力争今年突破400人；积极抓好三门峡社会管理职业学院、三门峡技师学院招生工作；深化与中国黄金集团合作，推动黄金工业学校升格为三门峡黄金学院，推动建设一所本科、四所大专的高等职业教育格局，尽快形成聚集4万人左右的职教园区，努力打造黄河金三角地区高等职业教育中心。

(四)科学推进新型城镇化，初步建成新型智慧城市。顺应我省推进国家大数据综合试验区建设趋势，抢抓从IT(信息技术)时代转向DT(大数据)时代契机，全面贯彻落实国家、省新型城镇化相关部署，统筹规划，一体建设，在线管理，不断加快推进新型智慧城市建设，努力实现“一年打基础、两年出形象、三年成先进”的目标。年内建成运行“一平台、两中心、三应用”，即云计算平台，城市运营指挥中心、大数据中心，移动协同办公系统、智慧城管、互联网+政务，形成新型智慧城市的基本框架。

统筹规划。以政用、民用、商用为主线，以“优政、惠民、兴业"为目标谋划好新型智慧城市建设,不断推动互联网与政府治理深度融合,与便民服务深度融合,与实体经济深度融合,与城市规划建设深度融合,全面提升城市治理现代化和人性化水平。政用方面,建设完成移动协同办公系统、智慧城管和人口库、法人库、宏观经济库等重要数据库,做到用数据说话、用数据决策、用数据管理、用数据创新、用数据发展,推进政府决策科学化、社会治理精准化、公共服务高效化。民用方面,建设完成互联网+政务服务,推动重点公共区域免费无线 WiFi 全覆盖,推进医疗、教育、社保等智慧服务建设,让数据多跑路,让群众少跑腿,提升人民群众的幸福感。商用方面,围绕企业对数据的需求,大力推进数据资源汇聚共享开放,构建大数据产业发展生态,激发市场主体活力,鼓励和支持社会力量参与大数据基础设施建设和大数据创新应用,促进大数据专业化、市场化发展,推动政府、企业、社会共采"数据金矿",实现多方共赢发展。

一体建设。坚持地下地上一体推进,线上线下一体推进,智慧城市建设和大数据产业培育一体推进,实践探索和制度创新一体推进,不断加大投入力度,积极推进相关职能整合、项目整合和数据整合,统筹实施新型智慧城市建设"四个一"工程,即全市联通"一张网",数字空间"一张图",数据产业"一个园",建设运营"一套制度体系",形成软硬结合、远近结合、四位一体、系统完备的新型智慧城市建设体系。"一张网",就是推动互联网、专网、物联网建设,加快建设全市云平台和大数据中心,推广县(市)城区光纤接入,积极开展 4G+技术普及应用,推动区域互联、万物互联、人人互联,拓展网上空间,建设"网上三门峡"。"一张图",就是地下加快推进海绵城市、综合管廊、人防工程建设,地上持续完善提升城市基础设施水平,扎实推进五原中路等 12 条城市道路、商务中心区供热管网等基础设施项目,尽快开工城市生态水系、青龙谷公园等重点工程,同步部署和采集相关数据信息,实时收集相关数据,着力打造城市地上地下空间数据库,形成"图上三门峡"。"一个园",就是建设大数据产业园,坚持以特色农业大数据、物流大数据、黄金大数据等行业数据中心建设和大数据应用为基本方向,注重政府与市场协同发力,与华为、中兴、浪潮、启明星辰等国内知名互联网企业深度合作,积极开展大数据深度挖掘和创新应用,引进和培育一批具有行业领先地位的大数据企业,形成一批具有自主知识产权的大数据产品,建成一批有较强辐射带动力的大数据关联业态,努力打造全省一流的大数据产业中心、大数据应用先导区、大数据企业集聚区和制度创新先行区,为全市转型发展提供新动能。"一套制度体系",就是坚持自主可控可持续的新型智慧城市建设道路,积极开展体制机制创新。在领导体制上,加快组建大数据局,整合相关部门信息化职能,与新组建的国有控股三门峡崤云信息股份有限公司一同构成全市智慧城市建设的领导主体和实施主体,全面掌控新型智慧城市建设进程;在政策机制上,加强新型智慧城市建设和大数据产业发展相关政策研究,形成一整套制度体系,为新型智慧城市建设和大数据产业发展提供完善的制度保障。

在线管理。充分发挥信息化在城市管理、民生服务、应急管理和政务管理等方面的巨大作用,切实做到"三门峡在线"。实现城市日常管理在线,加快推进智慧城管、智慧交通、智慧水务、智慧社区建设,让城市运行更顺畅,反应更迅速,管理更高效,处置更精准。实现民生服务在线,建好"12345"市民热线平台,实现便民话务服务"一号通";建设移动终端便民 APP,实现便民查询、办理"一点通";建设财政惠民资金支付系统,实现社保、医保等便捷结算"一卡通",让群众更好地享受到舒适与便捷。实现应急管理处置在线,加快城市运营指挥中心建设,提升消防、森林防火、防汛抗旱、地质灾害、群体事件等突发事件的智慧化监控和综合处置水平,使突发事件第一时间反应,第一时间处置。实现政务管理监督在线,加快推进移动协同办公系统、互联网+政务建设,让公务员履职尽责时刻在线、步步留痕,把权力关进"数据铁笼",推动效能革命深入开展,使政务更公开、更阳光、更透明。

(五)持续强化开放带动,不断扩展发展空间。牢固树立开放、竞合、共赢的发展理念,持续扩大对内对外开放,拓展发展新空间。

深入推进央地合作。加强合作意向的跟踪对接,组织专人专班开展服务,建立周报制度,定期集中办公,推动一批合作项目尽快签约落地,加快陕州区航科总部经济基地等项目进度,为全市转型发展提供新的动力和支撑。

持续扩大开放合作。主动融入"一带一路",持续完善通关体系,加快建设国家级黄金贵金属质检中心,积极与洛阳、西安等丝路沿线城市开展区域合作对接,实现借力发展、错位发展、联动发展。深入推进黄河金三角区域合作,促进产业分工协作,加强生态环境共保共治,推动基本公共服务共建共享。结合产业匹配实际,积极推动与中科院、中南大学等高校和科研院所合作,联合开展技术攻关,推动科技创新实现新突破。

大力发展外经外贸。用好跨境电商综合试验区试点城市机遇，扩大跨境电商产业园规模。积极推进铁路口岸建设，争取年内建成铜精矿进口指定口岸。稳步提升食用菌、鲜果、轮毂等传统出口产品市场份额，组织开展三门峡名优产品丝路行活动，带动更多终端消费品开拓国际市场。鼓励引导优势企业"走出去"，支持中原黄金冶炼厂香港贸易公司发展，进一步扩展外贸合作。

不断优化开放环境。强化"客商第一、服务至上"理念，为项目提供"保姆式"服务，着力营造务实高效的政务环境、公开透明的法治环境、有诺必践的诚信环境、和谐平安的发展环境、尊商富商安商的社会环境。

（六）大力推进改革创新，增强经济发展动能。围绕破解经济社会发展深层次矛盾和问题，深化重要领域和关键环节改革，进一步激发市场活力和社会创造力。

深入推进转型发展攻坚。坚持高端化、绿色化、智能化、融合化，结合实际制定转型攻坚五年行动计划，力争今年在一些重点领域实现实质性突破。

深入推进投融资体制改革。加快市级投融资平台财务整合，推动市投资集团做大做强，力争年内融资100亿元。发挥好各类产业投资基金作用，谋划建立智慧城市、文化旅游、特色农业、黄金珠宝加工、节能环保、城市基础设施等基金，以市场化手段带动社会投资稳步增长。

深入推进国企改革攻坚。进一步完善国有资产管理制度，加快推进政企分开、政事分开，开展国有企业领导选聘工作试点，确保资产保值增值。着力推动功能类、公益类国有企业改革向纵深发展。

深入推进"放管服"改革。优化营商环境，持续降低制度交易成本，继续精简行政审批事项，全面推行权力、责任和效率清单，清理规范中介服务，开展减证便民专项行动。继续深化商事制度改革，实现"双随机、一公开"监管全覆盖。完善"互联网+政务服务"网络，推动行政审批和公共服务事项向网上办事大厅延伸。

深入推进财税金融体制改革。健全县级财政保障机制，继续深化各项预算管理制度改革。抓好税收征管体制改革综合试点工作，建立完善社会保险费征管新机制。依托湖滨农商行和陕州农商行，谋划发展地方金融机构，更好地服务经济发展。

深入推进农村改革。尽快完成"三块地"确权登记发证工作，落实承包土地"三权分置"办法，继续深化水利、林业、供销等改革。

深入推进教育体制改革。落实义务教育县级政府主体责任，进一步整合中心城区教育资源、理顺管理体制，发挥义务教育的基础保障作用。鼓励社会资本投入教育领域，支持民办教育发展。持续推进资源管理、医药卫生、金融、科技、电力、价格、司法等领域改革。

（七）着力改善生态环境，加快推进绿色发展。牢固树立"绿水青山就是金山银山"的理念，加强生态文明建设，努力实现更高质量、更有效率、更加公平、更可持续的发展。

打好环境污染防治攻坚战。继续开展大气治理攻坚，聚焦重点源头、重点行业、重点区域，深入推进科学治污、依法治污、全民治污，全面完成省空气质量改善终期考核目标任务。打响水污染治理攻坚战，严格落实"河长制"，一河一策、水陆统筹，系统推进水污染防治、水生态保护和水资源管理，确保省控断面水质达标。积极推进土壤污染防治，启动土壤污染状况详查，加强土壤污染治理与修复，推进重点地区重金属污染物防治，严格危险废物环境监管。

加快生态环境建设。划定生态保护红线，突出抓好森林、湿地、流域、农田、城市"五大生态"建设，积极争取国家山水林田湖生态保护修复试点城市。继续深入开展小秦岭、黄河湿地生态环境整治，加快实施高铁、高速、国道两侧通道绿化提升工程。完成造林35万亩，森林抚育和改造31万亩。

加大节能减排力度。实施能源消费、水资源消耗总量和强度控制，开展重点行业能效提升工程，实施绿色制造标准化提升行动，推进公共机构建筑节能改造。建立控制污染物排放许可制度，开展低碳试点示范。推进大宗固废综合利用和园区循环化改造，加快传统产业绿色化改造。

（八）始终坚持以人民为中心，切实保障改善民生。集中力量办好省市"十项重点民生工程"等民生实事，让人民群众有更多获得感。

深入推进脱贫攻坚。坚持把脱贫攻坚作为第一民生工程、重大政治任务和头等大事，对照精准扶贫、精准脱贫基本方略，拿出"绣花"功夫，以建立产业扶贫基地（车间）为抓手，以提高贫困户致富技能为根本，综合实施一批产业扶贫、转移就业、易地搬迁、生态补偿、旅游扶贫、电商扶贫、光伏扶贫工程，层层压实责任，激发内生动力，创新方式方法，严格考核奖惩，确保按时完成5万人脱贫、3.9万人易地搬迁脱贫、91个贫困村退出的年度目标，坚决打赢脱贫攻坚战。

统筹解决城建遗留问题。结合去库存，综合运用经济、法律、行政手段，盘活相关房地产项目。采取多种形式，鼓励社会资本参与城市基础设施建设，持续增加城市供暖面积、提高供暖质量，切实解决入学难、如厕难、停车难等与居民生活息息相关的问题,让我们的家园更温暖、更方便、更舒适。

扎实促进就业创业。完善就业创业服务体系,加快创业孵化园和创业基地建设,鼓励大众创业创新,重点支持农民工返乡创业。持续推进全民技能振兴工程,加强劳动技能培训,确保城镇新增就业3.6万人以上。

持续完善社会保障。全面完成机关事业单位养老保险制度改革,加快城乡居民基本医疗保险整合,提高基本养老金标准,提高城乡低保、城乡居民医保财政补助标准,完善医疗、失业、工伤、生育保险市级统筹。加强农村低保与扶贫政策有效衔接,落实特困人员供养制度和残疾人两项补贴,切实兜住困难群体民生底线,使困难群众心里有温暖、生活有奔头。

积极发展社会事业。扎实推进第三期学前教育行动计划和"全面改薄"工作,加快清华园学校、外国语小学改扩建等项目建设。推进健康三门峡建设,深化医疗、医保、医药"三医联动",深入推进城市公立医院综合改革和县域综合医改,有序开展分级诊疗和家庭医生健康签约服务试点,落实困难群众大病补充保险制度,落实好计划生育家庭奖励优惠政策。加快"五馆一中心"等公共文化服务体系建设,尽快开工建设庙底沟遗址公园,积极推进重大文化工程,发展壮大文化产业,努力打造文化高地。加强公共体育服务体系建设,积极开展全民健身活动,办好市第八届运动会。

不断推进社会治理创新。深入推进企业安全生产标准化建设,确保安全生产形势平稳。坚持源头控制、产管并重、重典治乱,坚决把好人民群众饮食用药安全的每一道关口。完善信访工作机制,健全完善矛盾纠纷排查化解制度,做好重大项目社会稳定风险评估,加强网络舆情管理,确保社会大局和谐稳定。持续推进平安三门峡建设,大力推行治安防控社会化,深化"一村一警"建设,不断提升群众的安全感。深入践行社会主义核心价值观,抓好群众性精神文明创建,培育社会文明新风。

加强国防教育和国防后备力量建设,支持国防和军队改革,支持驻三门峡解放军、武警部队、预备役部队、民兵和人民防空建设,扎实推进军民融合,深入开展双拥共建,让军政军民团结之树根深、枝繁、叶茂!支持工会、共青团、妇联等人民团体更好发挥桥梁纽带作用。继续做好统计、审计、外侨、对台、史志、档案、地震、民族宗教、防灾减灾等工作。

四、加强政府自身建设

复杂多变的经济形势,艰巨繁重的发展任务,对政府工作提出了新的更高要求。我们将按照推进国家治理体系和治理能力现代化的要求,以新精神新理念引领政府改革建设,总揽政府职能转变、贯穿政府各项工作,努力建设人民满意政府。

增强"四个意识",坚决维护中央权威。始终在思想上政治上行动上同以习近平同志为核心的党中央保持高度一致,切实增强政治意识、大局意识、核心意识、看齐意识。自觉坚持党的基本路线,自觉贯彻党的方针政策,严守政治纪律,恪守政治规矩,保持政治定力,始终做到忠诚、干净、担当,坚决把党中央国务院、省委省政府和市委的决策部署落到实处。

推进依法行政,加快建设法治政府。全面贯彻法治政府建设实施纲要,尊崇法治、敬畏法律、依法办事。坚持公正文明执法,加强执法监督,依法履行职能,把政府活动全面纳入法治轨道。依法接受人大法律监督和工作监督,自觉接受政协民主监督,主动接受社会和舆论监督,严格执行市人大及其常委会的决议、决定,认真听取人大代表、政协委员、民主党派、工商联、无党派人士和各人民团体的意见、建议,所有工作都要体现人民意愿、维护人民利益、接受人民监督。

开展效能革命,大力弘扬"三干"作风。扎实开展 "效能革命",不断强化政府系统的企业精神和竞争意识,大力倡导干事、干练、干净的务实作风,建立科学高效的工作机制。健全政府工作落实首问负责制、办文办事限时制,进一步压缩会议、精简文件,突出干字当头,真抓实干、埋头苦干,以雷厉风行的实劲、一抓到底的狠劲、锲而不舍的韧劲成就事业、造福人民。强化担当尽责,改进绩效考核办法,完善工作督查制度,健全激励约束机制,鼓励干事,鼓励担当,鼓励奉献,与人民群众同心协力,以实干推动发展,以实干赢得未来!

加强廉政建设,始终保持廉洁本色。认真落实全面从严治党要求,把党风廉政建设和反腐败工作不断引向深入。坚决贯彻落实中央八项规定和省市实施意见,一以贯之纠正"四风"。聚焦重点领域,加强行政监察和审计监督,严肃查处侵害群众利益的不正之风和腐败问题,保持惩治腐败高压态势,持续优化政治生态。

使命重在担当,实干铸就辉煌。让我们更加紧密地团结在以习近平同志为核心的党中央周围,团结带领全市人民,同心同德,拼搏进取,奋力开创三门峡转型发展新局面,以优异成绩迎接党的十九大胜利召开!

“两学一做”学习教育

2016年4月22日，三门峡市召开“两学一做”(学党章党规、学系列讲话，做合格党员)学习教育工作会议，对全市“两学一做”学习教育工作进行安排。全市参加“两学一做”学习教育共有6601个基层党组织(党委309个、党总支361个、支部5931个)，其中乡(镇)党委62个、农村党支部1361个；党员157530人，其中农村党员55950人。“两学一做”学习教育中，三门峡市委高度重视，结合实际制定实施方案，明确牵头组织和成员单位，抽调专人成立工作机构，层层召开“两学一做”学习教育工作会议，对基层党支部书记进行普遍培训，对全市各党支部进行全面深入动员，迅速在全市掀起“两学一做”学习教育热潮；认真开展党内组织生活，每个季度进行一次专题学习讨论，重点对县级以上领导班子和领导干部集中开展为期一个月的党风党纪专题教育，组织开好两个民主生活会，梳理列出问题清单，限时销号抓好整改；在农村基层开展“百村示范千村提升”工程，在机关事业单位开展“效能革命”活动，促进全市“两学一做”学习教育扎实有效开展；综合运用报刊、电视、网络、手机等媒体，全方位、多角度对全市“两学一做”学习教育进行宣传，《人民日报》、中央电视台《新闻联播》对三门峡市“两学一做”学习教育经验做法进行了报道，取得较好的社会反响，有力推动全市“两学一做”学习教育继续向常态化制度化延伸。

三门峡市坚持理论武装，知行合一，问题导向，深度融合，以夯实“学”的基础，把握“做”的关键，突出“改”的重点，务求“促”的实效，扎实推进“两学一做”学习教育。

(一)坚持理论武装，夯实“学”的基础。一是把握重点内容“学”。全市各级党组织和广大党员系统学习和掌握党章内容，深入学习《关于新形势下党内政治生活的若干准则》《中国共产党党内监督条例》《中国共产党廉洁自律准则》《中国共产党纪律处分条例》《中国共产党问责条例》等党内重要法规，认真研读《习近平谈治国理政》《习近平总书记系列重要讲话读本》《习近平总书记重要讲话文章选编》等基本教材，深刻领会习近平总书记系列重要讲话精神和治国理政新理念新思想新战略，尤其是学习好习近平总书记“七一”重要讲话，把握好“不忘初心，继续前进”的主题主旨。二是落实制度经常学。各级党员领导干部带头落实讲党课、领导干部联系点、双重组织生活等制度，让领导干部先学一步、深学一层，率先垂范、以上率下成为推动“两学一做”学习教育的主动力；市、县两级党委(党组)以中心组形式定期开展专题学习研讨，提前制定学习计划，每月确立一个主题，至少集中学习一次；各乡(镇)每月举办一期“党性教育大讲堂”，开展重温入党誓词、观看模范人物事迹、讲党课、集中学唱向上向善歌曲等四个课程，对乡、村两级干部进行集中培训；机关党支部严格落实“三会一课”制度，做到时间、人员、内容和效果四到位；农村党支部每月开展“党员活动日”，组织党员重温入党誓词、观看先进典型事迹、学党章党规和系列讲话、听党课、党员积分评定、村内重要事项商议、解决群众困难和参加义务劳动，形成农村党员经常受教育的长效机制。三是借鉴典型对照学。引导干部学习先进找差距。组织党员领导干部赴兰考县焦裕禄纪念园、大别山干部学院接受红色教育，组织农村党员每月观看《八女投江》《马本斋》等先进典型事迹专题片，组织机关干部观看豫剧现代戏《焦裕禄》和央视专题片《榜样》，举行全市“七一”表彰大会，选树和宣传身边先进典型，营造学先进、争先进、做先进的良好氛围。教育干部对照反面促警醒。通过组织学习《全省深化“两学一做”党风党纪专题教育学习材料》、参观三门峡监狱警示教育基地、观看《永远在路上》反腐警示片等方式，筑牢领导干部思想防线。四是创新形式分类学。紧贴党员干部思想和工作实际，因地制宜开展“两学一做”学习教育，针对农村党员队伍特点，在农村创新开设乡(镇)“党性教育大讲堂”和村“党员活动日”，打造“泥土味”“接地气”的学习平台；针对机关干部队伍特点，在机关事业单位开展“四对照四反思”和“践行先锋标准、岗位建功立业”等主题实践活动，提升“学”和“做”的针对性实效性。针对社区、非公企业中流动党员多、人员组织难等问题，利用互联网和远程教育，实现线上线下联动学习；针对年老体衰、行动不便党员群体，组织党员志愿服务队送学上门，努力实现“两学一做”学习教育全覆盖。

(二)坚持知行合一，把握“做”的关键。一是加强党性，服务好群众。通过深入实施农村党员积分管理，促进农村党员为群众做实事好事50.6万项，人均9件以上；建立“民生问题台账”17.1万个，涉及群众住房、出行、饮水等民生问题20296个，市、县、乡、村四级联动，化解群众困难，办结一件销号一件，年底已解决17229个；落实“四必到四必访”制度，基层干部在群众有不满情绪必到、有突发事件必到、有矛盾纠纷必到、有喜事丧事必到，对村里的困难家庭必访、危重病人家庭必访、空巢老人及留守儿童家庭必访、信访户必访；为全市行政村(涉农社区)建立每村不少于1万元的“困难群众关爱基金”，突出“小面额、广覆盖、便群众、勤走访”特色，全年慰问困难群众12420户。至年底，全市基金总额已达1493万元。二是改变惰性，服务好企业。把改变惯性思维作为“两学一做”学习教育的一个重点，机关事业单位党员立足岗位作贡献，窗口单位和服务行业党员开展“三亮三比三评”，帮助企业解决发展中的困难和问题，促进招商引资、项目建设、旅游发展等工作开展。三是克服惰性，服务好基层。抓住农村基层党建这个重点难点，开展“百村示范千村提升”工程，围绕“标准化提升、项目化推进、系统化保障”的工作思路，出台“1+9”系列文件，明确提出通过村党支部“五星争创”，利用

3年至5年时间，建设100个左右基层党建工作示范村，带动全市行政村(涉农社区)基层党建水平整体提升。

(三)坚持问题导向，突出“改”的重点。一是召开民主生活会、组织生活会认真改。各级党委(党组)及成员围绕“严守党规党纪、做忠诚干净担当合格党员”主题和学习贯彻党的十八届六中全会精神主题，分别在年中和年底召开两次民主生活会，严肃认真开展批评与自我批评，经过会后梳理总结，形成问题清单，制定相应整改措施，做到立行立改。市委常委班子查出10个方面突出问题，梳理班子成员问题70条，制定整改措施53条，并在此基础上研究制定《加强新一届市委班子思想政治建设的十项规定(暂行)》，带头守纪律、讲规矩、作表率，打造坚强领导集体。同时，全市各党支部按照要求召开“两学一做”专题组织生活会和民主评议党员，全市共有12万名党员参与，查出问题11782个，制定整改措施13433条。二是开展“五查五促”活动集中改。针对个别单位存在开展“五查五促”工作不积极、不认真、不规范等问题，对主要目标进行细化分解，明确5个方面51项具体内容，逐项落实牵头领导和责任单位；通过听取汇报、专题调研、交流座谈、明察暗访等形式加强督导；健全重点项目“首席服务官”制，“周督查、月通报、季排名、半年观摩、年终考核”推进机制，合力推进，全程服务。全市安全生产形势全年保持平稳，社会大局和谐稳定，持续成为全省唯一获全国社会治安综合治理最高荣誉“长安杯”的省辖市。三是开展专项巡察及时改。针对懒政怠政为官不为行为、侵害群众利益不正之风、“四风”隐形变异等问题，开展两轮常规巡察，共巡察17家单位，并对2015年6家被巡察单位开展巡察“回头看”，保证巡察出的问题整改到位；对县(市、区)脱贫攻坚情况进行专项巡察，查处脱贫攻坚工作中不作为、慢作为、怕担责、不担当等问题，以“效能革命”促整改效率提升，推动脱贫攻坚工作上台阶。

(四)坚持深度融合，务求“促”的实效。一是与转型发展深度融合。全力做大增量。在优化产业链、促进产业集聚上下功夫，加快培育壮大生物医药、新材料等新兴产业，引进一批大企业、大项目落户三门峡，形成带动发展的新动能。着力优化存量，鼓励企业加大技改投入，提高企业自主创新和研发能力，加快转型升级步伐，推动产业向产业链前端和价值链高端延伸。积极主动减量，落实中央“三去一降一补”(去产能、去库存、去杠杆，降成本，补短板)五大任务，抓好节能减排和环境保护，把单位产值能耗、污染物排放减下来，把成本、库存、杠杆降下来。二是与脱贫攻坚深度融合。选优配强班子，在县、乡党委换届工作中，把带头落实五大发展理念、熟悉“三农”(农村、农业、农民)工作作为县、乡党政正职的重要任职条件。对38个脱贫攻坚任务重的乡(镇)配备1名专职抓扶贫的党委副书记，对其他乡(镇)配备1名副科级扶贫专干。组织市派62名驻村第一书记和所在村党支部书记到新乡先进群体教育基地进行培训；开办3期脱贫攻坚专题培训班，共培训乡村干部1700余人。建立健全领导干部定点帮扶、驻村帮扶、人才服务基层等机制，形成“1+4+20”的脱贫攻坚政策体系，推进各项措施和目标任务落实。市政府每年拿出600万元，专门用作奖励脱贫攻坚任务完成较好的县(市、区)和乡(镇)。三是与民生事业深度融合。按照“群众出题目、党委把方向、政府抓落实、各方齐监督”的原则，扎实办好民生实事。加大教育改革力度，优化配置教育资源，鼓励优势学校组建龙头教育集团，提高整体教育质量，促进教育公平。不断扩大群众就业，以实施“崤函人才计划”促进人才集聚，以深化“崤函创业扶持行动”实现充分就业，实现“人尽其才”“劳有所得”。加强基层医疗卫生人才队伍建设和医疗保障服务，构建多元化养老服务体系，建设“健康三门峡”。集中办好省、市“重点民生工程”，重视群众诉求，注意倾听民声、善用民智、引导民意，以服务群众的新成效凝聚加快发展的正能量。

在全市基层党组织和全体党员的共同努力下，“两学一做”学习教育取得明显成效，党员党性观念明显增强，农村基层基础更加稳固，经济社会转型取得实效。

(一)在思想作风上，党员党性观念明显增强。通过开展“两学一做”学习教育，有效教育引导广大党员用党章党规和习近平总书记系列重要讲话精神武装头脑、指导实践、推动工作、规范行为，为全市发力三次创业、决胜全面小康凝聚了强大力量。在机关，党内政治生活正在形成常态，党员的政治意识、大局意识、核心意识、看齐意识以及党员意识、组织意识、纪律意识、学习意识有所提升，戴党徽、亮身份、树形象逐渐成为自觉行动，在工作、学习和社会生活中形成比优赶先的良好氛围；在农村党员党性意识正在加强，纪律观念明显转变，奉献精神日渐凸显，涌现出“全国先进基层党组织”原店镇郭家村党支部、“全省优秀共产党员”赵三场等一批先进集体和个人。

(二)在组织建设上，农村基层基础更加稳固。通过全面部署实施农村基层党建“百村示范千村提升”工程，并将其作为推进农村“两学一做”学习教育的创新载体和有力抓手，带动全市基层党建水平整体提升。通过开办乡(镇)“党性教育大讲堂”和村“党员活动日”，严肃组织生活，加强党性教育，规范村务运行，强化党员管理；对村党支部书记实行“三定两考一挂钩”(定职责、定目标、定奖惩，考核工作任务完成情况、党风廉政建设情况，工作绩效与报酬挂钩)管理，建立退出机制，育好带头人队伍“领头羊”；持续整顿软弱涣散党组织，选好配强班子队伍，落实村干部轮流值班制度，筑牢基层党组织“强核心”；增加村干部补贴和村级组织经费，健全以财政投入为主的稳定的经费保障制度，开展村级组织活动场所达标升级工作，夯实基层基础“硬保障”。

(三)在促进发展上，经济社会转型取得实效。市委坚持把“两学一做”学习教育同做好改革发展稳定各项工作结合起来，同全年目标任务结合起来，注重“两学一做”学习教育与转型发展、脱贫攻坚和民生事业的深度融合，用好“五查五促”活动这个载体和抓手，以“两学一做”学习教育的成效推动各项工作，以工作成效检验“两学一做”学习教育成果。全年，有力落实中央“三去一降一补”五大任务，加快转型升级步伐，全力做大增量，着力优化存量，积极主动减量，形成带动发展的新动能。

(李韶林　邓飞)

·编辑　张怡杰　王惠娟·

大事记

1 月

1 日　三门峡市正式实施全面两孩生育政策，规范全市两孩生育服务证发放，取消二孩生育审批制度，实施生育服务登记。

是日　市游泳协会在天鹅湖国家城市湿地公园三河广场举办迎接“2016 年全国冬泳日”暨“三门峡冬泳队成立十周年”活动。

5 日　三门峡市区崤山路公交车专用车道（崤山中路虢国公园东门至三门峡市电子城路段）启用。规定所有在崤山中路行驶的公交车辆一律进入专用车道行驶；禁止除公交车以外的所有车辆进入公交车专用车道行驶；严禁一切车辆在公交车专用车道内违法停车。

是日　三门峡市教育局发出《关于启动中小学、幼儿园重污染天气应急响应措施通知》，要求全市中小学、幼儿园等暂停学生户外活动以减少雾霾对学生健康的影响。

6 日　三门峡市陕州区正式挂牌，陕县撤县设区后，三门峡市区面积由 219 平方公里增大到 1840 平方公里，人口由 30 万人增加到 65 万人。

7 日　三门峡市农村基层党建“百村示范千村提升”工程动员大会举行，为推动全市农村基层党建水平，中共三门峡市委计划用 3 年至 5 年时间，建设 100 余个基层党建工作示范村，带动全市 1363 个村（含涉农社区）基层党建水平整体提升。

是日　三门峡市召开城市建设和管理“金点子”征集活动座谈会，对 2015 年“金点子”征集活动开展情况进行总结，并部署活动成果的运用工作。

是日至 17 日　黄河金三角第二届三门峡年货会在三门峡国际文博城会展中心举办，观展群众达 24.12 万人次，现场销售额达 2400 余万元。

10 日　市公安局在市区湖滨广场开展“110 宣传日”集中宣传活动，主题为“群众的 110，你我的 30 年”。活动共悬挂宣传横幅 30 余条，展出“110”相关展板 60 余块，发放宣传资料 3 万余份。

11 日　三门峡市六届人大常委会召开第 29 次会议，会议表决通过了补选许甘露、安伟为河南省第十二届人民代表大会代表。

12 日　中国共产党三门峡市第六届委员会第九次全体会议在三门峡国际文博城会展中心举行。全会提出三门峡市“十三五”发展的指导思想，要求争取提前一年实现全面建成小康社会奋斗目标。

是日　“德耀崤函——第八届三门峡市道德模范颁奖仪式”在三门峡广播电视台演播厅举行，共 20 名三门峡市“道德模范”、68 名“三门峡好人”受到表彰。

是日至 15 日　三门峡军分区采取摩托化机动和徒步行军相结合的方式，组织全体官兵开展冬季野营拉练，拉练里程达 500 余公里。

14 日　三门峡市召开加强燃放烟花爆竹管理听证会，听取社会各界人士对在三门峡市城区全面禁止燃放烟花爆竹的意见和建议，寻求减少雾霾天气的解决途径。22 日，三门峡市人民政府发布《关于禁止燃放烟花爆竹的通告》，决定在全市中心城区范围内全面禁止燃放烟花爆竹。通告自发布之日起施行。

是日　2015 年度全市党政目标年终考核检查动员会召开，共成立 6 个考核组，于 1 月 16 日至 27 日，对各县（市、区）和市直各单位 2015 年度党政目标完成情况进行年终考核。

15 日　三门峡市举行 2016 年党规党纪知识考试。考试内容为《中国共产党章程》《中国共产党廉洁自律准则》《中国共产党纪律处分条例》等。全市共有 1252 名县级干部和 954 名正科级干部参加考试。

是日 陕州化工产业集聚区承接京津冀产业转移对接恳谈会在天津市召开，陕州化工产业集聚区共与4家企业签约,总投资达22.5亿元。

16日 三门峡市2016年“全民健身行·幸福三门峡”徒步健身活动在市区青龙涧河两岸举行。市领导和机关干部、市民从三门峡国际文博城会展中心出发,最终到达双拥广场,全程徒步5公里。

17日 “网聚中国梦 美丽天鹅城”三门峡首届网络春晚在三门峡国际文博城大剧院举行。中国三门峡网对晚会全程进行图文直播,线上线下互动模式开创三门峡市网络春晚的先河。

18日 新乡市委书记舒庆，市委副书记、市长王小平率新乡市考察团到三门峡市考察经济社会发展情况。新乡市考察团一行先后到三门峡商务中心区、中金黄金产业园、骏通车辆有限公司等地参观考察。

是日 三门峡市重点项目推介会暨郑州市三门峡商会揭牌仪式举行。浦发银行郑州分行与郑州市三门峡商会签订合作协议。

19日 灵宝市窄口水库纪念馆正式开馆。纪念馆集中展现20世纪50年代至80年代，灵宝人民改造自然、兴修窄口水库的艰苦历程。

21日 2016“清风中原·廉洁双节”三门峡市廉政党课在三门峡国际文博城大剧院举行。省纪委常委魏治功就贯彻落实十八届中央纪委六次全会精神作重要讲话。与会的1000余人共同观看《蜕变——“一把手”违纪违法警示》廉政教育片。

22日 河南省人民政府下发《关于公布河南省第七批文物保护单位名单的通知》，三门峡市共有19处文物古迹入选第七批省级文物保护单位，其中近现代重要史迹及代表性建筑2处、古建筑12处、古遗址3处、古墓葬2处。

是日 三门峡市交通旅游投资集团交投出租车有限公司新车投放仪式举行，首批130辆车身喷涂着白天鹅图案、车型为大众宝来的“天鹅”出租车投入运营。至6月,全市会再添200辆“天鹅”出租车。被淘汰的旧出租车按相关标准进行报废处理。

是日至25日 三门峡全市出现强降温、大风天气过程,系2015年入冬以来三门峡市最强的一次冷空气过程,也是2011年以来最强的一次冷空气活动。

24日 2016年春运启动,三门峡市公安、交通运输、安检等部门做好各项准备工作，确保春运期间道路交通安全、有序、畅通。2016年春运从1月24日开始,至3月3日结束。

25日 三门峡市2016年春节期间双拥活动启动仪式现场会在陕州区大营镇辛店村召开。

是日至31日 三门峡市代表团在郑州参加河南省第十二届人民代表大会第五次会议。29日,省委副书记、省长谢伏瞻参加省十二届人大五次会议三门峡代表团审议。

26日 市区青龙涧河九孔桥附近水域发现一只亚成体白天鹅（离开父母独立生活但未达到性成熟的白天鹅),这是涧河里首次出现白天鹅。

28日 三门峡市首个书法村授牌仪式在三门峡产业集聚区大营村文体中心院内举行。村中书法习练者280余人,书法爱好者1000余人,被市文联批准为“三门峡市书法村”。

2 月

1日 海关总署署长、党组书记于广洲等人到卢氏县走访慰问，并向卢氏县捐赠200万元慰问金。海关总署自1997年对卢氏县开展定点扶贫工作以来，先后派驻扶贫干部20余人，投入扶持资金2600余万元,共计实施九大类900余个扶贫项目。

是日 中共河南省第九届纪律检查委员会第六次全体会议在郑州召开，省委书记郭庚茂出席会议并作重要讲话。市领导在三门峡分会场集中收听收看会议。

是日 文明和谐天鹅城——2016三门峡春节电视文艺晚会在三门峡国际文博城大剧院举行。三门峡手机台对晚会进行直播，三门峡广播电视台新闻频道并机直播。

是日 陕州区在城区甘棠公园举办大型灯展活动,灯展共设置12组大型花灯、5000只红灯笼。灯展历时一个月,吸引约30万人次前来观赏。

是日 三门峡市2016年兵役登记工作全面展开，登记时间为2月1日至6月30日。

2日 三门峡大学生“情系故土回报家乡”新年音乐会在三门峡国际文博城举行。来自中央音乐学院、中国音乐学院、沈阳音乐学院、西安音乐学院等院校的三门峡籍大学生进行了演出。

是日 三门峡市在天鹅湖国家城市湿地公园举办“湿地与未来——可持续的生计”“世界湿地日”主题宣传活动。

是日 市民政局和市福利彩票发行中心共同举行2016年“福彩公益金温暖助困迎新春”公益活动,向全市50户困难家庭发放助困金共计5万元，每户1000元。

3日 三门峡市22个项目入选河南省新PPP（政府和社会资本合作模式)项目库清单,涉及文化、医疗、交通、水利、保障性安居等方面,总投资311.78亿元。

4日 中国共产党三门峡市第六届纪律检查委员会第六次全体会议举行。会议学习贯彻十八届中央纪委六次全会、九届省纪委六次全会精神,回顾总结2015年全市党风廉政建设和反腐败工作,部署2016年任务。

是日 三门峡市公安局情报信息合成作战指挥中心、反恐行动指挥中心、打击处置虚假信息诈骗中心举行揭牌仪式，成为河南省第一家信息合成作战指挥中心。旨在推动全市公安警务实战模式的大数据共享，为推动各警种“兵团作战”搭建良好平台。

5日 《三门峡市人民政府关于支持农民进城购房促进住房消费的实施意见》开始施行。规定到2016年12月31日，针对农民进城购房可申请财政购房补贴，补贴标准为：购买首套普通住房（包括二手房）每平方米补贴150元，对第二套改善性住房每平方米补贴100元。

6日 中国三门峡网“禁燃”志愿者守望美丽天鹅城行动在市区湖滨广场举行。500余名身着红马甲、戴着“禁燃”袖标的志愿者，向过往行人发放1月22日市政府出台的《关于禁止燃放烟花爆竹的通告》的宣传单，开展“禁燃”宣传。

13日 人民日报微信以《中国最神奇的村庄！见树不见村，进村不见房，闻声不见人》为标题报道三门峡市陕州地坑院，以图文并茂的方式介绍陕州地坑院独特的民俗文化活动。

14日至17日 河南省万村千乡农民篮球赛陕州区比赛在西张村镇石原村举行，共邀请山西省及三门峡市区、渑池县、陕州区等地6支球队参与。

18日 2016年“就业帮扶、真情相助”下岗失业人员再就业大型招聘会在三门峡市人力资源市场举行。60余家企业提供了4000多个岗位，吸引900余人前来应聘。现场共有600余名求职者与用工单位达成就业意向。

22日（农历正月十五） 三门峡市2016年元宵节社火表演活动在三门峡国际文博城举行。共有17个表演方阵、2000余名群众表演了传统社火节目。

是日 三门峡市2016年元宵节首届黄河灯谜会在黄河公园芦荡烟雨湖畔举行，共有500个灯谜供市民竞猜。

23日 一批7.7吨、货值100万元的干制香菇经三门峡出入境检验检疫局检验合格放行，出口到墨西哥。这是三门峡市特色农业产品首次出口到拉美地区。

24日 中国新闻摄影学会“国家级摄影创作基地”揭牌仪式在三门峡天鹅湖国家城市湿地公园举行，这是中国新闻摄影学会在全国创建的首个以“天鹅”为主题的国家级摄影创作基地。

25日 灵宝市青年薛庆歌在陕西省西安市第四军医大学唐都医院捐献150毫升造血干细胞，用于挽救北京市一名10岁白血病患者的生命。薛庆歌成为全国第5479位造血干细胞志愿捐献者。

是日 三门峡市纪委官方微信公众号“清风三门峡”（smxsjwwx）正式上线首发。“清风三门峡”是三门峡市纪委监察局预防腐败局官方公众平台，内容涉及权威发布、政策解读、特别关注、廉政要闻、曝光台、监督哨、廉政文化、集思广益等板块。

是日 三门峡日报金三角视觉文化传播有限公司成立。“金三角视觉”是三门峡日报社、三门峡国际文博城、三门峡市新闻摄影学会联合打造的一家集摄影创作、摄影交流、影像输出、影像网站及图片数据库等多种功能为一体的专业摄影服务平台。

是日 三门峡市2016年“春风行动”专场招聘会在市人力资源市场举行。共有81家本地企业和6家外地企业参加招聘，提供5000多个岗位，吸引1100余人前来应聘，现场达成就业意向800余人。

是日 市政府召开市区虢国路等部分路段绿化带拆移工作听证会。市公安局、市林业园林局等单位代表，10余名专家学者，以及26名市民代表参加听证。

26日 市检察院组织干警到三门峡市第五初级中学参加开学典礼，并为学生进行法制讲座，开展送法进校园活动。

28日 陕州区张家坡、池芦水库抗旱水源工程主体开工，标志着全市抗旱水源工程正式进入全面建设阶段。张家坡水库批复投资15702.45万元，总库容516.5万立方米；池芦水库批复投资7399.1万元，总库容284.4万立方米。

是日 由三门峡市人才交流中心举办的2016年春季人力资源招聘大会举行。共有90家本地企业前来招聘，提供就业岗位2100余个，吸引1.5万余人前往应聘，初步达成就业意向2400余人。

是月 三门峡市在全市各乡镇开设农村党支部书记“党性教育大讲堂”，提升农村党支部书记整体素质。同时，在全市农村开展“五星争创”活动，提升基层党建工作水平。并于每年底对村党支部工作进行全面考核。

3 月

1日 市委政法委、市妇联联合召开“我为三门峡发展作贡献 巾帼在行动”政法系统先进典型表彰大会，开展庆“三八”活动，表彰政法系统“巾帼文明岗”“十佳巾帼标兵”“十佳巾帼岗位能手”“巾帼岗位标兵”等60名先进典型。

是日 三门峡市中心医院职工陈兆国在河南省人民医院顺利捐献造血干细胞193毫升，用于救助北京一名患白血病的12岁女孩。陈兆国是三门峡市第16位造血干细胞捐献者。

2日 卢氏县召开脱贫攻坚誓师大会，着眼于2019年全县脱贫摘帽，打赢脱贫攻坚战。卢氏县四大班子领导出席会议，各乡镇向县政府递交脱贫攻坚目标责任书。

3日 三门峡市完成2016年春运期间道路旅客运输工作。全市道路运输共投放运力39540个班次，发送旅客490.64万人次；水上交通累计运送旅客7460人次；公共交通投入班次8520次，运送旅客712.2万人次；市区出租汽车投入运力600辆，运送旅客360万人次。

是日 市人力资源社会保障局、市妇联在三门峡市人力资源市场联合举办2016年“春风送岗位”女工专场招聘会，共有60家用工单位提供4000多个岗位，吸引1300余名女性入场咨询、应聘，共有860余人达成就业意向。

4日 全市庆“三八”职工全健排舞大赛在三门峡国际文博城大剧院举行。活动共有16支代表队约500名女职工参加比赛，三门峡供电公司、中国水利水电第十一工程局等单位代表队获得大赛金奖。

5日 凌晨4时，市委副书记、代市长安伟带领有关部门负责人对市区环境空气污染防治工作开展情况进行现场检查和督导，到中国水利水电第十一工程局技工学校、上村嘉苑、商务中心区等建筑施工工地和建设路、黄河路、开发区等重点区域部署重污染天气应急应对工作。

是日 三门峡市首届“青年志愿服务市长奖”颁奖典礼举行。10位“青年志愿服务市长奖”个人、3个“青年志愿服务市长奖”团队、50名“青年志愿服务市长奖”星级青年志愿服务者、5个“青年志愿服务市长奖”星级青年志愿服务队获得表彰。

7日 许昌市委书记王树山、市长武国定率许昌市党政考察团到三门峡市考察。党政考察团一行先后到中金集团中原黄金冶炼厂、宏鑫有色金属有限公司、河南骏通车辆有限公司、市商务中心区等地考察。

是日 “中国流动科技馆”河南巡展三门峡·卢氏站巡展活动启动仪式在卢氏一高新校区举行。巡展主题是“体验科学·启迪创新”。巡展全程免费对公众开放，展出时间为3月7日至5月22日。

10日 陕西省渭南市委副书记、市长李明远，市委常委、市政府副市长王晓军率领渭南市党政考察团到三门峡市考察。党政考察团一行先后考察了市商务中心区，陕州区高阳山温泉度假区、地坑院文化产业园，天鹅湖国家城市湿地公园等企业和城市建设重点项目。

是日 三门峡市教育督导委员会成立暨市第七届政府督学聘任工作会议召开，部署全市“十三五”时期和2016年的教育督导工作。

11日 陕西省安康市政府副市长孙矿玲、市政协副主席吴平率安康市党政考察团到三门峡市考察。考察团一行先后参观了中金集团中原黄金冶炼厂整体搬迁升级改造项目、三门峡产业集聚区、戴卡轮毂制造有限公司等。

是日 三门峡市城市管理服务热线12319正式开通运行，原有的城市管理服务热线停止使用，城管部门设专人24小时接听热线，热线主要受理全市范围内的城市管理行政执法、环境卫生管理等方面的举报投诉、咨询和建议。

12日 黄河金三角乒乓球邀请赛在三门峡市举行，来自山西省运城市、临汾市、陕西省渭南市、河南省三门峡市的约180名乒乓球爱好者参加比赛。

14日 泰国孔敬大学及泰国泰华教育协会访问团一行6人到三门峡职业技术学院进行友好访问。三门峡职业技术学院院长吴勇军陪同参观。双方就开展实质性的教师交流进修、学生互访学习等项目的合作进行了商讨，并达成初步合作意向。

15日 三门峡市“3·15”国际消费者权益日广场宣传活动在市区湖滨广场举行。

16日 三门峡市支持农民进城购房财政补贴发放启动仪式在市商务中心区举行，首批进城购房的20户农民获得购房财政补贴。

17日(农历二月初九) 灵宝市在阳平镇黄帝铸鼎原举行丙申年荆山黄帝铸鼎原祭祖大典，追思先圣伟业，弘扬民族精神。

是日 三门峡市举办2016年春季退役士兵就业专场招聘会。30余家企业参加招聘会，共为退役士兵提供800余个就业岗位，参加应聘的320余名退役士兵中，有126名与用人单位达成就业意向。

18日 卢氏县举行2016年一季度重点项目集中开工仪式，总投资7.35亿元的4个项目集中开工，分别是：三门峡莘原制药中药物流园项目、横涧乡梅苑新村异地扶贫搬迁项目、凤凰山猕猴桃农业生态观光园项目、潘河乡海鑫铜板厂项目。

19日至23日 中国人民政治协商会议三门峡市第六届委员会第五次会议召开。大会提出2016年市政协工作的总体要求。23日，市政协六届五次会议举行第二次大会。大会补选政协三门峡市第六届委员会主席1人、副主席1人，秘书长1人、常务委员3人。

21日至24日 三门峡市第六届人民代表大会第六次会议召开。大会选举安伟为市人民政府市长，宋万轩为市六届人大常委会副主任，康健民为市人民检察院检察长，王战方为市六届人大常委会秘书长。会议表决通过市六届人大六次会议关于政府工作报告的决议、关于三门峡市“十三五”规划纲要的决议等决议内容。

22日 三门峡市开展2016年世界水日和中国水周纪念宣传活动，主题分别为“水与就业”和“落实五大发展理念，推进最严格水资源管理”。三门峡市水利等部门开展宣传纪念活动。

23日 全国绿化委员会下发《关于表彰全国绿化模范单位和颁发全国绿化奖章的决定》，三门峡职业技术学院被授予“全国绿化模范单位”荣誉称号，是三门峡市唯一获表彰单位。

是日（农历二月十五） 灵宝市在函谷关历史文化旅游区举办纪念老子诞辰2587周年暨《道德经》问世2507周年纪念活动。

25日 黄河天鹅湖湿地旅游度假区、青龙涧河景观带和7条城市道路（市区向青路、会纺路、仓库路、六峰路南延、六峰北路、大岭北路、北环路二期）等城市建设重大项目开工建设。

是日 湖滨区涧河街道办事处劳动保障所女职工卢丽萍前往郑州捐献造血干细胞，用于救助在中国人民解放军第三零七医院接受治疗的一位白血病患者。卢丽萍成为三门峡市第17位造血干细胞捐献者，也是三门峡市第3位女性捐献者。

26日至27日 全国食用菌创新发展大会暨卢氏羊肚菌推介会在三门峡市召开。27日上午，与会人员到卢氏县实地参观河南九龙农业科技股份有限公司羊肚菌种植基地。

29日 三门峡市市直单位非保留公务用车首场拍卖会在三门峡国际文博城举行。共110辆非保留公务用车现场参与首批拍卖，吸引500余人参与竞拍，成交价总额达340.92万元。

30日 全市工业大会召开，大会落实《中国制造2025河南行动纲要》，部署三门峡市工业重点工作。市委副书记、市长安伟出席会议并讲话。会议同时表彰三门峡市2015年度“十强”和“十快”工业企业。

是日 国家新闻出版广电总局公布第二届全国“书香之家”推荐活动入选家庭名单，三门峡市湖滨区张随学家庭、义马市李纪从家庭被评为第二届全国“书香之家”。

31日 三门峡市举行庙底沟遗址公园建设专家研讨会。与会专家就庙底沟遗址公园初步设计思路及方案进行研讨。庙底沟遗址位于三门峡市区青龙涧河南岸、韩庄村以北，是三门峡市重要的史前文化遗址，2001年6月被国务院公布为第五批全国重点文物保护单位。

是日 市行政服务中心开设“农民进城购房财政补贴窗口”。窗口实行“一口受理、资源共享、快速分办、协同办理”的工作机制，为购房的农民提供购房补贴、契税补贴、子女就学等“一站式”服务，支持农民进城购房。

是月 三门峡市正式启用事业单位统一社会信用代码，全市事业单位法人证书换发工作于2016年底前结束。

4 月

7日 中国联通三门峡市分公司与中国电信三门峡公司签署深度合作（框架）协议。协议包括传送网、LTE基站、室内分布系统的建设、维护领域、市场深度合作等方面内容。双方在2016年共同承建551个农村4G网络LTE基站，其中联通三门峡公司建设276个，电信三门峡公司建设275个。

是日 郑州大学第一附属医院专家教授团到陕州区第一人民医院举行大型义诊活动。郑州大学第一附属医院将每月26日定为该院专家团“坐诊日”，开展坐诊、查房、手术等一系惠民举措。

是日 市妇联在陕州区工会礼堂举行《反家庭暴力法》集中宣讲月活动启动仪式，并举行首场讲座。来自陕州区各乡镇、社区的420余名基层妇联干部和妇女代表参加活动。

8日至10日 三门峡市参加第十届中国（河南）国际投洽会，现场签约15个经济合作项目，签约项目总金额71.75亿元，其中外资项目2个，签约金额6.3亿元。

10日至11日 省委副书记、省长陈润儿到卢氏县实地调研脱贫攻坚工作，并召开座谈会，听取三门峡市、卢氏县脱贫攻坚的进展情况、基层代表的意见建议。

14日 市政府出台《三门峡市机关事业单位养老保险制度改革实施方案》，标志着三门峡市机关事业单位养老保险制度改革工作全面进入实施阶段。

15日 市统计局发布《2015年三门峡市国民经济和社会发展统计公报》。2015年全市生产总值1260.55亿元，比2014年增长3.5%。全年居民消费价格总水平比2014年上涨1.5%。全年城镇新增就业人员6.1万人，失业人员再就业2.37万人。

是日至18日 省委书记、省人大常委会主任谢伏瞻率全省重点项目暨产业集聚区建设观摩组到三门峡市观摩。在18日的全省产业集聚区建设工作会议上，三门峡产业集聚区被评为“2015年度全省先进产业集聚区”，湖滨区特色商业区被评为“2015年度全省十强服务业‘两区’”。

20日至21日 全国政协常委、提案委员会副主任、九三学社中央副主席赖明率九三学社中央调研组到三门峡市，专题调研晋陕豫黄河金三角区域合作发展和城市抗震避险设施建设情况。

21日 三门峡市举办侵权盗版及非法出版物集中销毁活动，发放“扫黄打非”法律法规宣传材料，现场销毁一批盗版制品10230余件。

是日 卢氏县与河南水利投资集团签订战略合作协议，双方会在鸡湾水库项目、洛河城区段水体景观治理、城市水务、旅游资源开发等方面进行合作。其中洛河城区段水体景观治理、水务、旅游等项目采用PPP合作模式或卢氏县参股模式进行运营。

是日 三门峡经济开发区管委会与赛伯乐投资集团众创大厦项目成功签约。签订的众创大厦项目，计划在开发区开展科技孵化、创新创业大学、跨境电子商务和创新基金四大合作。

是日 三门峡市第三十五届“爱鸟周”宣传活动在天鹅湖国家城市湿地公园三河广场举行，活动主题为“依法保护鸟类，建设美丽家园”，活动现场开展了“千人爱鸟护鸟”签名活动。

河南省的“爱鸟周”活动时间为每年的4月21日至27日。

22日 美国轮椅基金会、河南省残疾人福利基金会免费轮椅捐赠仪式在陕州区举行，共向三门峡市残联捐赠轮椅520辆，其中向陕州区捐赠轮椅300辆。

是日至25日 以“关爱农民·关注民生”为主题的三门峡市农民进城购房专场会暨2016年房地产展示交易会在三门峡国际文博城会展中心举行。房展会共推出3600多套新房源，成交房屋277套，面积29085平方米，金额1.16亿元；

24日 越南国家话剧院一行25人到三门峡市进行文化交流演出，表演了话剧《沙楼阁》。500多名观众一起观看演出。

是日 三门峡市在市区湖滨广场举行第三个捐献造血干细胞志愿日活动。三门峡市于2003年开始开展造血干细胞捐献工作，自2014年起将每年4月的最后一个周日确定为“捐献造血干细胞志愿日”，鼓励市民参加无偿献血和造血干细胞血样采集。

24日、29日 三门峡市召开两期脱贫攻坚工作专题培训会。全市255个省级贫困村的第一书记和党支部书记，贫困村所在乡镇的主要负责人等共1541人参加脱贫攻坚精准培训。

25日至27日 三门峡市2016年春季门球比赛在市重阳健身园门球场举办。来自各县(市、区)18只代表队参加比赛，最终决出优胜奖11名、优秀奖9名。

27日 第五期“三门峡学习讲坛”开讲，南开大学环境科学与工程学院教授冯银厂以《绿色发展与雾霾天气应对》为题作讲座。市直各单位领导、基层党支部书记和企业负责人共900余人参加学习讲坛。

是日 国网河南省电力公司三门峡市陕州供电公司团委荣获全国“五四红旗团委”称号。

是日 省政协副主席史济春到三门峡市，就贯彻落实省委政协工作会议精神和《中共河南省委关于进一步加强人民政协工作的意见》情况进行调研。

是日至28日 省人大常委会副主任王保存到三门峡市调研现代农业及土地确权等工作。

28日 河南省远程医学中心三门峡市分中心揭牌仪式暨黄河金三角远程医疗高端论坛在三门峡市中心医院举行。

是日 市六届人大常委会第31次会议举行。

是日 由中国国土经济学会主持调研评价的“2016·全国百佳深呼吸小城”榜单发布。卢氏县入选2016百佳深呼吸小城，排名第80位。

29日 庆祝“五一”国际劳动节暨全国五一劳动奖表彰大会在北京举行，三门峡市3个集体、1名个人荣获2016年全国五一劳动奖。

是日 陕州区2016年第一批重点项目暨产业集聚区集中供热项目集中开工。开工的重点项目共有6个，总投资12亿元，年计划投资7.3亿元。

是日 2016年三门峡市庆祝“五一”国际劳动节表彰大会举行，会议表彰2015年度三门峡市职业道德建设“十佳单位”“十佳职工”“先进单位”“先进个人”，以及授予12名职工三门峡市劳动模范(先进工作者)荣誉称号。

5 月

1日 全国范围内全面推开营业税改征增值税，三门峡市“营改增”税制转换平稳实施。

4日 青年的力量——三门峡市纪念“五四运动”97周年暨三门峡共青团“两学一做”情景课堂举行。会上，市委政法委、团市委联合对在第九届“三门峡市青年卫士”“青少年维权岗”评选活动中当选的10名“三门峡市杰出青年卫士”、10名“三门峡市优秀青年卫士”、10个“三门峡市青少年维权岗”进行表彰。

是日 三门峡市在市区湖滨广场举行“牢记火灾教训，共建平安家园”消防宣传月活动启动仪式。

是日 三门峡市供销社系统5家单位受到全国供销总社表彰。

5日至6日 省政府副省长王铁到三门峡市调研农业电子商务和脱贫攻坚工作。王铁一行先后到卢氏县东明镇江渠村，卢氏马氏蜂业、香盛轩核桃、百瑞蚕茶等电商店铺，卢氏大众电商创业园等地调研。

6日 三门峡庙底沟遗址公园暨庙底沟博物馆设计方案论证会在北京河南大厦举行。论证会介绍了庙底沟遗址发掘和钻探等情况，与会专家对庙底沟遗址公园及庙底沟博物馆设计方案进行深入论证。

10日 全市庆祝“5·12”国际护士节表彰大会在崤山礼堂举行。会议为在护理战线表现突出的先进单位和先进个人进行颁奖，大会还进行了护理技能展示、授帽仪式和文艺表演。

是日 为纪念大唐贤相姚崇诞辰1365周年，三门峡市在市群艺馆举办大唐贤相姚崇生平展与唐姚崇家族碑志拓片展。

11日至12日 省政协副主席李英杰带领省政协调研组一行到三门峡市，调研“互联网+现代农业”发展情况。调研组先后到三门峡市商务中心区，灵宝市河南振宇食品有限公司、五亩庄园、昌盛农业专业合作社、河南远山自然农业有限公司等地调研。

是日 三门峡市首场“智慧企业”推进会在灵宝市举行，灵宝市50余家中小企业参加活动。市工信委计划2016年在全市认定120家“智慧企业”，三年内实现360家“智慧企业”的创建和认定。

12日 三门峡市在三门峡国际文博城开展防灾减灾专题集中宣传活动。活动主题是“减少灾害风险 建设安全城市”，活动展出各类宣传板面110块，发放图册1.3万余册。

是日　三门峡市举办道德讲堂暨第三届“最美家庭”颁奖典礼，表彰30户“最美家庭”、20户“最美家庭”提名奖和36位“最美家庭之星”。

13日　三门峡市检验检疫无纸化报检系统正式上线运行，标志着三门峡市进出口企业可通过互联网直接报检。

是日　三灵快速通道弘农涧河特大桥段正式通车，标志着三灵快速通道正式建成。通道于2011年3月17日开工建设，是连接三门峡市区、陕州区、灵宝市的一条城际快速通道，全长17千米，设计时速80千米/小时

是日至17日　义马市第八届大樱桃文化活动周在东区办事处河口社区举行。活动周期间，还举办了豫西青年户外徒步赛、大樱桃风情采摘、黄河奇石巡展、河南自行车越野赛等活动。

15日　全国妇联在北京召开2016全国最美家庭揭晓暨第十届全国五好文明家庭表彰大会。三门峡市陕州区李瑞茂家庭荣获全国最美家庭、全国五好文明家庭两项称号，卢氏县横涧乡王顶门家庭荣获全国五好文明家庭称号。

17日　灵宝市人民检察院被最高人民检察院授予第六届“全国先进基层检察院”荣誉称号。

19日　河南省优秀廉政戏剧《九品巡检——暴式昭》巡演三门峡专场在三门峡国际文博城大剧院举行。

21日至23日　首届中国考古学大会在郑州举行。三门峡市文化广电新闻出版局在会上荣获金镈奖（公共考古奖）。

23日　陕州地坑院民俗文化园开园仪式举行。马崾驿(陕州)百味巷开业仪式、腾讯中国首个智慧乡村游上线仪式同时举行。陕州地坑院民俗文化园项目于2013年5月动工建设，一期工程已建设完工。

24日　2016中国(郑州)国际旅游城市市长论坛“三门峡之夜”专场活动在郑州举行。联合国世界旅游组织、世界旅游业理事会、亚太旅游协会等国际旅游组织的代表，国内外旅游城市市长，部分省(市、区)旅游局局长，国际旅行商和中外媒体记者等参加活动。

25日　“黄河三门峡·美丽天鹅城”系列书画摄影作品展开展仪式在三门峡国际文博城科技馆举行。作品展共包括5个主题展览，展出作品700余幅，展览持续至6月10日。

是日　大黄鸭亮相三门峡活动启动仪式在三门峡国际文博城文化公园举行。大黄鸭由荷兰艺术家霍夫曼设计创作并风靡全世界，是现代化城市文明的标志。活动自25日开始为期一个月。

是日　河南省2016年“中原文化大舞台”观摩演出在三门峡国际文博城体育中心举行，共2万多名观众观看演出。“中原文化大舞台”是由省委宣传部、省文明办、省文化厅、省新闻出版广电局等部门联合推出的文化惠民活动。

26日　第二十二届三门峡黄河文化旅游节暨投资贸易洽谈会、第四届特色商品博览交易会在三门峡国际文博城开幕，共2000余人参加开幕式。

是日　百名客商三门峡行暨经济合作项目签约仪式在三门峡国际文博城举行。三门峡市共集中签约经济合作项目78个，投资总额375.59亿元。

是日　黄河旅游目的地城市共建启动仪式在三门峡国际文博城会议中心举行。仪式上，运城、临汾、渭南、三门峡四市与旅游百事通签订“九省联动、十万游客游黄河”共建旅游目的地合作协议，沿黄九省(区)30多个黄河旅游目的地城市共同发布《黄河旅游目的地城市共建宣言》，就推动区域旅游交流、树立区域旅游形象达成合作共识。

27日　“中流砥柱”第三届中国(三门峡)黄河大合唱艺术节在三门峡天鹅湖国家城市湿地公园三河广场举行。来自沿黄九省(区)及三门峡本地的25支合唱团的1000余名合唱团成员参加演出，并最终评选出“黄河杯”“中流砥柱杯”“天鹅杯”等奖项。

是日　晋陕豫黄河金三角“互联网+特色农产品”采购对接会在三门峡国际文博城举办。来自全国各地的153家电商参加对接会。黄河金三角三省四市(运城市、临汾市、渭南市、三门峡市)60家农业产业化龙头企业和农民专业合作社453个单品参加对接。最终，采购商与参展商达成47份采购销意向框架协议书，合同金额6.8亿元。

是日　锦江集团大宗商品物流产业园项目在三门峡产业集聚区开工建设，标志着三门峡市铝工业全产业链项目正式拉开帷幕。项目总投资80亿元，计划2017年建成投入运营。

是日　首届“魅力仰韶行”活动启动仪式在渑池县仰韶文化博物馆举行。活动以“品味仰韶文化、相约魅力渑池”为主题，主要内容包括摩托车骑行表演、书法交流展、仰韶文化摄影展、仰韶文化趣味有奖问答等。

是日　“中国·意大利文化艺术交流演唱会”在三门峡国际文博城大剧院举行。由意大利萨莱诺音乐学院院长卡戴罗·德·马尔蒂诺带领的艺术交流访问团，与三门峡职业技术学院师生进行了交流演出。

28日　2016三门峡黄河水上嘉年华项目启航仪式在天鹅湖国家城市湿地公园三河广场举行，上千名观众一起观看水上飞行器、摩托艇、水上飞龙、帆船等表演项目。三门峡市成为黄河流域第一个举办大型水上游乐表演活动的城市。

是日　“陕州地坑院”杯全国山地自行车邀请赛在陕州区举办，来自全国各地的1091名骑手参加比赛。赛道起点设在陕州区陕塬路与陕州路交叉口，经高阳山温泉国际度假区、陕州地坑院景区、西张村镇庙上村，到达终点甘山国家森林公园护林站，全程28千米。

是日　2016中国(三门峡)万人帐

篷节暨歌伦贝尔房车音乐节狂欢夜活动在三门峡职业技术学院举行，共有来自全国10余个省市的8000多名“驴友”参与活动。

是日　三门峡市第四届青少年动漫节在三门峡职业技术学院举行。动漫节以“追梦动漫·创新无限”为主题，共展出2148件动漫作品和职业技术学院师生的创意作品、科技制作作品等，参观人数近3.5万人次。

29日　2016中国·三门峡横渡母亲河活动在天鹅湖国家城市湿地公园黄河水域举办，活动主题为“全民游泳健身，共享幸福生活”。来自全国29个省(自治区、直辖市)93个城市133支代表队和澳大利亚、韩国等国家共计3500多名游泳爱好者畅游黄河。

是日　2016三门峡罗曼彩虹跑活动在市商务中心区举办，活动起点为市商务中心区明珠广场，沿金谷东路跑向三门峡南站，又折返终点明珠广场，全程约5千米。

是日　第十届全国双胞胎漂流大赛在卢氏县豫西大峡谷风景区举行，来自全国10多个省市的130余对双胞胎选手参加比赛。最终，来自山西省临汾市的双胞胎兄弟郭臻锴、郭臻镔获得漂流大赛一等奖。

是日　由中国散文学会、中国诗赋学会、中共卢氏县委宣传部联合主办的清清卢氏“靖华杯”全国征文大赛启动。大赛面向全国征稿，2017年5月29日截稿。

31日至6月1日　由全国人大代表、省人大常委会副主任、党组书记刘春良率领的驻豫全国人大代表调研组深入三门峡市卢氏县，就精准扶贫、精准脱贫工作进行实地调研。

是月　灵宝市女作家郑毅的散文集《秦淮水骨》荣获第二届杜甫文学奖，这是三门峡作家首次获此殊荣。

6　月

1日至2日　省政协副主席钱国玉带领省政协调研组到三门峡市卢氏县，就推进贫困地区生态保护扶贫情况进行专题调研。钱国玉一行先后到卢氏县范里镇骨垛沟村、狮子坪乡下庄科村、玉皇山景区实地调研。

3日　三门峡市第六届“爱心送考”大型公益活动启动仪式在三门峡国际文博城举行。2016年高考期间，全市共有1000多辆车参加“爱心送考”公益活动，免费为考生送考。

5日　河南省2016年度100个特许经营示范项目名单公布，三门峡市共8个项目入选。

是日　为庆祝第45个世界环境日，三门峡市开展世界环境日系列纪念活动，主题是“改善环境质量，推动绿色发展”。

7日　中国共产党三门峡市第六届委员会第十次全体会议召开。全会审议通过《关于召开中国共产党三门峡市第七次代表大会的决议》，决定中国共产党三门峡市第七次代表大会定于2016年8月在三门峡市召开。

是日至8日　2016年普通高等学校招生全国统一考试举行。三门峡市设有6个考区、12个考点、528个考场，共报考17405人。

12日　三门峡市举行“抵制传销、净化校园、共创和谐”大学生万人签名活动。

13日　陕州区电子商务产业园暨阿里巴巴农村淘宝陕州区服务中心、京东商城陕州区服务中心开园运营仪式举行。

是日　三门峡市2016年食品安全宣传周启动仪式暨第三届食品安全与发展论坛举行。活动主题是“尚德守法，共治共享食品安全”，活动至6月27日结束。

是日至15日　2016年中国(河南)非公有制经济发展论坛在郑州举行。三门峡市签约6个项目，总投资额达69亿元。

14日　三门峡市开展“节能低碳体验日”，主题是“节能领跑绿色发展”。

是日　市妇联、市扶贫办出台《关于实施“巧媳妇”创业就业工程推动“巾帼脱贫攻坚行动”的意见》，以建档立卡户中的贫困妇女为重点对象，促进贫困妇女灵活就业，脱贫致富。

15日　河南省社会科学院发布《河南城市发展报告(2016)》，计划打造8个市域副中心城市，与市域中心城市共同承担带动和辐射区域发展的职能，灵宝市名列其中。

是日　卢氏县城市公交正式投运，10辆公交车全部采用低碳环保节能的电动车，开通运营线路2条，基本满足群众出行需要。

16日　2016中国“互联网+”峰会在北京举办，陕州地坑院景区荣获中国“互联网+旅游”最具成长力景区奖，成为全国唯一一个获得这项荣誉的景区。

是日　2016“印象·天鹅城”消夏音乐季启动仪式在三门峡国际文博城文化公园举行，上万名观众一起观看演出。消夏音乐季自6月16日起至9月底，每周五、周六晚在三门峡国际文博城文化公园演出，共演出30余场。

是日　三门峡市在市区开展“安全生产月宣传咨询日”活动，宣传主题是“强化安全发展观念、提升全民安全素质”。活动共展出各类宣传板面392块，悬挂横幅107条，发放资料图册2.3万余册，咨询人数360余人，吸引了上万名群众参与。

17日　湖滨机电制造业园区基础设施建设项目(PPP模式)签约仪式举行。这是全市第一个正式签约落地的PPP项目。项目采用由湖滨区政府公开招标，将项目投资、融资、建设、运营维护等交由社会资本方实施的运作方式。

是日　省人大常委会副主任储亚平带领调研督导组到三门峡市，就三门峡市贯彻落实中央、省委加强县乡人大工作和建设决策部署情况进行调研督导。调研督导组一行到渑池县果园乡进行实地调研。

18日　三门峡职业技术学院教育学院揭牌仪式在市教师进修学校举行。

21日　三门峡市举行黄河滩区迁安救护演练。演练模拟黄河三门峡段出现大洪水，湖滨区会兴黄河滩区发生漫滩危险，急需对滩区258名群众进行安全撤离。共100余人参加演练，演习撤离人员258人。

23日　三门峡市启动"树清廉家风　创最美家庭"主题活动。活动持续到12月底，通过家庭助廉教育、家风宣讲、优秀家庭书画作品征集等系列活动，推进全市家庭文明建设创新发展。

是日　河南省人民医院与三门峡市中心医院互联智慧分级诊疗合作签约仪式举行。双方依托互联智慧分级诊疗协同平台，可开展远程医疗、双向转诊、远程教育、学科联合、质量控制等工作。依靠互联网，患者在三门峡当地就能享受省级专家服务。

24日　省政协副主席龚立群一行到三门峡市调研崤函古道石壕段遗址和陕州地坑院。

是日　国家防总抽查组到三门峡市检查指导防洪风险隐患排查工作，抽查组一行到黄河三门峡大坝进行检查指导。

是日至26日　2016年三门峡市老年人健身球操比赛在市老年体育活动中心举办。来自全市各县（市、区）的11支健身球操代表队130余人参加比赛。

25日至26日　2016年全省普通高中招生考试举行。三门峡市1.8万余名考生参加考试。全市共设6个考区13个考点、631个考场。

26日　三门峡市在市区湖滨广场举办"6·26"国际禁毒日宣传公益活动。

28日　三门峡市市直机关庆"七一"颂歌献给党表彰大会举行。共有48个先进基层党组织、54名优秀党员、30名优秀党务工作者、19名优秀党支部书记受到市直工委表彰。

29日　三门峡市集中收听收看河南省庆祝中国共产党成立95周年大会实况直播。会上同时对全省优秀共产党员、优秀党务工作者和先进基层党组织进行表彰。三门峡市共有12人、13个党组织受到表彰。

30日　中央文明办发布6月"中国好人榜"名单，三门峡市自费拍摄《寻找最美老兵》公益纪录片的渑池县仰韶镇礼庄寨村人张东波荣登"中国好人榜"，被评为"诚实守信好人"。

是日　三门峡市庆祝中国共产党成立95周年大会在三门峡国际文博城大剧院召开。会上，中共三门峡市委对三门峡市50名优秀共产党员、10名优秀党务工作者、50个先进基层党组织、10名优秀村党支部书记、5名优秀乡镇党委书记进行表彰。

7　月

1日　三门峡市副市级以上领导在三门峡国际文博城集中收听收看庆祝中国共产党成立95周年大会实况直播。

是日　三门峡市陕州区原店镇郭家村党支部被中共中央授予"全国先进基层党组织"荣誉称号。

2日　"九省联动，十万游客看黄河"首批五千人大团暨幸运游客欢迎活动在陕州地坑院景区举行。

5日　市人大常委会组织检查组开展2016年"三门峡环保世纪行"宣传检查活动，主题是"实施环保法律、聚焦水气土壤、建设美丽三门峡"。

6日　河南省人民政府办公厅公布《河南省农业产业化集群名单》，确定207个河南省农业产业化集群。其中，三门峡市8个农业产业化集群入选。

7日　三门峡党员干部警示教育基地揭牌，基地总建筑面积860多平方米，内设1个大厅、2个展室、2个展廊和1个报告厅。

是日至8日　省政府副省长王艳玲到三门峡市检查指导防汛工作，王艳玲一行先后到卢氏县文峪乡大石河村山洪灾害防御监测点、文峪乡防汛抗旱指挥部、洛河大桥等地察看有关防汛工作，到卢氏县中医院检查指导工作。

8日　《崤函子弟在军营》征兵宣传专题片正式开播，该片以三门峡籍现役解放军、武警战士为宣传对象，市辖6个县（市、区）各宣传1人，展现崤函儿女立足军营、建功立业的风采。

是日至11日　2016年全国青年跆拳道锦标赛在内蒙古自治区鄂尔多斯市举行，三门峡市运动员李佳荣获全国跆拳道冠军。

10日　渑池县南村乡历史文化展览馆正式开馆，这是三门峡市首个乡镇历史文化展览馆，也是利津民俗文化园的组成部分，总投资370万元，占地面积560平方米，展现了南村的历史文化、黄河漕运文化、移民文化和民俗风情。

14日　《光明日报》1版刊发《河南三门峡："智慧乡村"唤醒千年地下民宅》一文，报道三门峡市"互联网+"智慧乡村游。

16日　三门峡市第九届全民健身节在文博城运动公园开幕。健身节共有18支篮球队、13支足球队和50人的网球单项比赛，共计500人参加比赛。

18日　三门峡市区新设两处餐饮夜市市场：李家窑夜市广场、南山夜市广场。这两处场地2016年免收经营商户场地费用。

20日至21日　全市重点项目暨产业集聚区、商务中心区和特色商业区（以下简称"三区"）建设观摩团，深入各县（市、区）和三门峡经济开发区、三门峡产业集聚区、三门峡商务中心区，开展重点项目暨"三区"建设观摩点评活动。观摩结束后随即召开了点评会议。

22日　三门峡市大石涧水库工程开工建设。工程概算总投资3.54亿元,建成后可解决陕州区店子、宫前、观音堂、西李村等乡镇的10万亩田地灌溉问题,并为3.3万名居民提供生活水源。

是日　渑池县环境保护执法监察大队正式成立,这是三门峡市首家集公安、环保、城管、住建、国土等20个单位职能于一体的环保综合执法监察大队。

是日　渑池县人民政府与中国交能集团成功签约渑池县静脉产业园项目。项目总投资5.3亿元,旨在解决渑池县域发展中的生活垃圾、工业垃圾、电子垃圾和污泥等固体废弃物处理问题。

是日　三门峡银监分局召开2016年上半年全市银行业监督管理工作暨经济金融形势分析会议。会议通报,上半年三门峡市银行业新增资金31.97亿元,全市银行业服务实体经济能力进一步提升。

23日　义马市上榜2016全国县域经济百强县市,排名第88位。

25日　三门峡市举行"双拥杯"军(红)歌大赛。16支代表队参加比赛,《我爱祖国的蓝天》《给家人捎个话》《人民需要我》三支歌曲演唱队获得一等奖。

27日　三门峡市政府印发《2016年三门峡市十项重点民生工程工作方案》,内容涉及脱贫攻坚、宜居安置、小型灌溉、供暖扩容、休闲城市、城市畅通等多个领域。

28日　法电大唐集中供热项目在三门峡产业集聚区开工,项目总投资6.7亿元,一期投资4.5亿元,可于2016年建成供热管线12公里,实现供热面积约100万平方米。

29日　湖滨区王官引黄提水工程"进村入户"开通仪式举行,该工程可保障湖滨区城东产业集聚区发展用水,解决磁钟、会兴、交口3个乡镇2万名居民吃水问题。

是日　全国双拥模范城(县)命名暨双拥模范单位和个人表彰大会在北京召开,三门峡市再次荣获"全国双拥模范城"称号,实现"五连冠"。

30日　2016三门峡"暑期游学欢乐汇"启动仪式暨"千架古筝颂黄河"大型主题旅游活动在陕州地坑院民俗文化园举行。来自陕西、山西、河北、河南等地的近百家古筝艺术学校的1078名青少年在陕州地坑院民俗文化园广场齐奏民乐名曲《金蛇狂舞》。

是日　三门峡至禹州铁路获国家发改委核准批复,该铁路是三洋铁路(三门峡—禹州—亳州—江苏洋口港)通道的一部分,建成后可为三门峡市增添一条出海运输通道。

是月　市工商局发布《三门峡市2015年市场主体发展情况分析报告》。《报告》显示:至2015年12月底,全市实有各类市场主体8.43万户,同比增长12.86%,个体工商户保持平稳快速发展态势。

8　月

6日　垣渑高速公路绿地南村黄河大桥开工建设,是河南、山西两省境内首座以社会投资方名义冠名的黄河大桥,总投资7.7亿元,全长1757米,宽33米,为双向六车道。

是日　三门峡市重点项目推介暨第三届全国三门峡商会(西安)联谊交流会在陕西省西安市举行。三门峡市共推介先进制造业、现代服务业、特色农业等领域重点招商项目115个。

7日　中国(三门峡)光电产业研讨会暨高光谱卫星数据应用中心项目签约仪式举行。中科数遥高光谱卫星数据应用中心、北京航科融盛科技发展有限公司与三门峡产业集聚区就高光谱卫星数据应用产业基地项目签约。

8日　2016三门峡"全民健身日"暨百城千村健身气功交流展示活动在三门峡体育馆举行。

9日　三门峡市黄标车、老旧车集中拆解仪式举行,市有关部门对300辆黄标车、老旧车进行集中拆解报废。

是日　三门峡市与河南科技大学签订合作框架协议,双方将在人才培养、经济技术、特色农业、电子商务、本科教育、医疗卫生等六大领域开展全方位合作。

是日　省卫计委调研组到三门峡市调研督导城市公立医院综合改革工作。2016年5月10日,三门峡市被确定为第四批公立医院改革国家联系试点城市。

11日　三门峡市38个村被列入全国乡村旅游扶贫重点村名单,充分发挥乡村旅游在精准扶贫、精准脱贫中的重要作用。

12日　由三门峡日报社主办的黄河金三角地区主流媒体新媒体协作会第三次会议召开。三门峡、运城、临汾的主流媒体就媒体融合趋势,新媒体市场化运作等内容进行探讨。

13日至20日　2016年全国竞技空手道锦标赛举行,代表河南省参赛的三门峡市运动员陈昊、史玉萍分别获得各自级别金、银牌。

17日至18日　三门峡市六届人大常委会第33次会议召开,市委副书记、市长安伟作2016年上半年国民经济和社会发展计划执行情况的报告。

18日　郑州大学第一附属医院与黄河三门峡医院协作医院揭牌仪式在黄河三门峡医院举行。

是日　陕州区2016年第二批9个重点项目集中开工。9个项目总投资28.8亿元,年计划投资9.7亿元,项目涉及工业、第三产业、社会事业、农林水、城镇基础设施等领域。

19日　三门峡市召开国道310

南移工程申建表彰会暨“一节一会”总结表彰会，确保国道310南移工程扎实推进，推动三门峡市办节办会水平提升。

是日 河南省慈善总会在卢氏县举行扶贫助学金发放仪式，为卢氏县100名考入高等院校的贫困新生每人发放5000元助学金。

是日 三门峡市5个村落入选第四批河南省传统村落名录，加上前三批入选的33个村落，全市共有38个村落入选河南省传统村落。

22日至23日 省人大调研组到三门峡市专题调研全民阅读情况。调研组一行先后到市图书馆、书香三门峡阅读基地、市育才中学、市区德馨苑社区书屋、陕州区图书馆等地察看。

23日 义煤公司千秋煤矿职工万宝午在河南省人民医院完成造血干细胞捐献，用于挽救江苏省常州市第一人民医院的一位白血病患者。万宝午是三门峡市第18位造血干细胞捐献者。

是日 河南省住房和城乡建设厅在全省首批筛选出30个县市先行启动百城建设提质工程，义马市、灵宝市入选河南省首批启动百城建设提质工程县(市)。

24日 中共三门峡市委召开全市领导干部会议，宣布刘南昌任中共三门峡市委委员、常委、书记。

是日 三门峡市2016年十项重点民生工程之一，小型农田水利建设项目水利工程全面开工建设。工程建成后，可新增灌溉面积2826.67公顷，新增供水能力468.5万立方米，新增节水能力185.88万立方米，项目区受益人口7.32万人。

是日至26日 第四届黄河金三角投资合作交流大会在陕西省渭南市大荔县举行。三门峡代表团共签约5个项目，签约总金额13.5亿元，项目投资涉及机械、食品加工、物流、工业、农业养殖等领域。

25日 三门峡市“政策落实进万企”活动首场宣讲会举行，活动至12月底结束。市企业服务活动领导小组成员单位进行了政策宣讲。全市工信系统54名首席服务员对口联系市级60家重点企业，推动活动深入开展。

是日至26日 三门峡市第三次全国农业普查试点入户登记工作完成。全国农业普查每10年开展一次，国务院定于2016年开展第三次全国农业普查。

26日 渑池县洪阳镇柳庄村被命名为“全国生态文化村”。

29日 灵宝市入围2016年中国工业百强县(市)，名列第64位。

31日 市残联举行2016年残疾人大学生资助仪式，为全市2016年被高等院校录取的18名残疾人大学生发放了8万元助学金。

是日至9月1日 第二届中国果业品牌大会在陕西省西安市举行，三门峡市“灵宝苹果”品牌入选“2016中国果品区域公用品牌价值榜”十强，名列第四。

是月 三门峡市区六峰游园、大岭游园改造提升工程建设基本竣工，此次改造融入生态园林、海绵城市等建设理念，植入铁艺剪纸、成语石刻等多种文化元素，引进植物新品种，增添适宜老人小孩休闲娱乐的设施器材，更好地满足市民及游客的需求。

9 月

1日 三门峡市龙湖小学揭牌仪式暨开学典礼举行。龙湖小学设24个班共1080名学生，2016年仅招收一年级新生。

是日 《中华人民共和国慈善法》正式实施，三门峡市在市区湖滨广场开展《慈善法》专题宣传活动。

2日 山西省运城市市委书记王宇燕带领运城市党政考察团到三门峡市考察，就加快经济社会发展和推进晋陕豫黄河金三角区域合作进行深入对接。

是日至5日 2016中国体育文化·体育旅游博览会举办，2016中国·三门峡横渡母亲河活动在博览会上被评为中国体育旅游精品赛事。

7日 卢氏县2016级“思源·佑华教育移民班”开班，“思源教育移民计划”旨在通过教育扶贫和移民扶贫相结合，帮助偏远山区品学兼优、家庭贫困的学生接受完整的基础教育，实现农村人口的移民就业和脱贫致富。

9日 三门峡市召开庆祝第三十二个教师节暨表彰大会。

是日 《经济日报》、河南电视台等多家媒体报道三门峡市对外贸易工作成效，至2016年7月底，三门峡市完成进出口6.35亿美元，同比增长233%，进出口增速均排河南首位。

是日 三门峡市预防出生缺陷集中宣传月活动在市区湖滨游园启动。市中心医院、黄河医院、市中医院、湖滨区妇联、湖滨区妇幼保健院等10余家单位参与活动，并为近千名群众提供咨询义诊服务。

11日 三门峡市2016年新兵入伍欢送仪式在三门峡火车站广场举行。290名新兵踏上奔赴军营的征途。

是日 三门峡市在市区湖滨广场开展“加强无线电管理 维护空中电波秩序”主题宣传活动。

是日至14日 三门峡市代表团参加第13届中国——东盟博览会，三门峡市签约招商引资项目1个、贸易合同3个，共计2034万美元。

13日 三门峡市“戏曲进校园”活动启动仪式在市教师进修学校举行。三门峡市是河南省“戏曲进校园”活动试点市之一。

14日 国务院发布《国务院关于同意新增部分县(市、区、旗)纳入国家重点生态功能区的批复》，卢氏县被纳入国家重点生态功能区。

18日 上午10时至10时30分，

三门峡市在全市69个警报点同时开展防空警报试鸣活动，进一步增强全民国防观念和人防意识。

19日 三门峡市在北京举行纪念红二十五军长征卢氏突围采访座谈会，红二十五军老战士后代受邀参加座谈会。

20日 市总工会在三门峡国际文博城举办“中国梦·劳动美·大工匠”主题职工摄影展。共展出作品226幅，集中展现全市劳动者的风采。

是日 “中国梦·劳动美——颂歌献给党”职工合唱比赛在三门峡国际文博城大剧院举行。

是日 市委书记刘南昌会见参加中央主流媒体走进“天鹅之城”集中采访活动的媒体记者一行。到三门峡市开展“天鹅之城”集中采访活动的有《人民日报》《人民日报海外版》《经济日报》、人民网、光明网、中国经济网等11家中央主流媒体。

21日 中国共产党三门峡市第六届委员会第十二次全体会议召开。市委书记刘南昌主持会议。会议审议通过了六届市委工作报告（讨论稿）、市纪委工作报告(讨论稿)；审议通过了七届市委委员、候补委员、市纪委委员候选人建议名单。

24日至25日 三门峡市共472人参加2016年国家司法考试。

25日至27日 中国共产党三门峡市第七次代表大会召开。全市409名市七次党代会代表参加会议。大会选举产生中国共产党三门峡市第七届委员会委员（55名）、候补委员(11名)、中国共产党三门峡市第七届纪律检查委员会委员(35名)、三门峡市出席中国共产党河南省第十次代表大会代表(26名)。

27日 中国共产党三门峡市第七届委员会第一次全体会议举行，刘南昌当选市委书记，安伟当选市委副书记。

是日 中国共产党三门峡市第七届纪律检查委员会第一次全体会议举行，吴云(女)当选市纪委书记。

28日 国务院研究室调研组到三门峡市调研小麦托市收储体制改革情况。三门峡市严格执行小麦托市收购政策，2016年夏粮收购小麦3亿千克，其中托市粮收购1.92亿千克。

29日 三门峡市“12349”智慧养老服务平台正式启动，平台主要以老年人为服务对象。老人只需按下平台终端(一部老人手机)的按键，就能获得及时的服务或救助。

30日 三门峡市2016年烈士纪念日公祭活动在陕州烈士陵园举行。市领导刘南昌、安伟、王建勋、赵予辉、吴云、杨骁、易树学、高战荣、范付中等参加公祭活动。公祭活动结束后，全体人员参观陕州烈士陵园纪念馆。

是日 卢氏县郭鹏辉荣登“中国好人榜”，被评为“助人为乐好人”。

是日 2016年三门峡市陕州地坑院杯“文明旅游我先行”导游员(讲解员)电视大赛举办，黄河公园的讲解员秦晨雪荣获一等奖。

是月 三门峡市社会主义核心价值观主题公园在市区虢国公园建成，园内共设置7处大型宣传栏，77块路灯公益广告牌，进行“图说我们的价值观”宣教活动，展示核心价值观和中国梦。

是月 三门峡市完成企业退休人员基本养老金调整工作，共为全市符合调待政策的72788名企业退休人员补发养老金10622万元，标志着养老金“双轨制”终结。

10 月

1日 三门峡市区不动产登记工作正式启动，群众可到市行政服务中心三楼市不动产登记中心窗口办理业务。全面实施不动产统一登记后，房地产登记将由不动产登记替代。

是日 三门峡市开展扬尘污染督导“零点行动”。凌晨，市委副书记、市长安伟带领市环保、城管、住建、公安等有关部门负责人，对建设工地施工扬尘污染、渣土运输等行为进行突击检查。

4日 焦国纪念碑揭碑仪式在三门峡天鹅湖国家城市湿地公园月季园广场举行，全国300多名焦氏宗亲参加活动。3000年前，三门峡地区曾是焦国先民生活的地方。

6日 中央电视台新闻频道《新闻直播间》以“陕州地坑院：地平线下古村落”为题，对三门峡市陕州地坑院景区国庆节期间游客爆满的场景进行报道，并对景区作了全面介绍，多个栏目跟进播出。

8日 “五证合一、一照一码”登记制度在三门峡市正式实施。“五证”即工商营业执照、组织机构代码证、税务登记证、社会保险登记证、统计登记证。“一照一码”指只发放记载统一社会信用代码的营业执照。

9日 三门峡二仙坡第一届孝贤节在陕州区二仙坡果业基地举办。主要活动有：抬起百位老人、让爱奔跑计时赛，唱敬老孝亲歌曲，讲身边、自己的敬老孝亲故事，诵读敬老孝亲诗歌，名词名句文艺演出，九九重阳“情浓于血”篝火晚会等。

10日至12日 “春天城杯”2016“美丽三门峡”之乐韵崤函器乐大赛举办。大赛分为五个专场，来自三门峡市7个赛区的65支代表队参加比赛。

13日 三门峡市3个示范点入选河南省首批社会主义核心价值观建设示范点，分别为：湖滨区涧河街道涧南社区居委会、灵宝市故县镇河西村、三门峡市黄河公园。

是日至15日 “长征路上奔小康”大型主题采访活动走进三门峡市。在红军长征胜利80周年之际，30余家媒体记者组成采访团，到6个省辖市的革命老区基层一线采访。在三门峡市期间，采访团一行先后到卢氏县双龙湾镇、官坡镇、朱阳关镇，陕州区陕州地坑院景区、渑池县段村乡等地。

15日至18日　由中央文献研究室和江苏电视台联合组成的文献纪录片《榜样》摄制组到三门峡市陕州区和大营村采访拍摄。采访拍摄内容为1958年4月周恩来总理视察大营农业社的相关史实。

17日　三门峡市黄河湿地王官重点保护区迎来首批两只越冬白天鹅。

是日　三门峡市举办农村贫困家庭劳动力转移就业脱贫专项招聘会。全市近400家企业参与，提供用工岗位25000多个，共8016人达成就业意向。

18日　大型豫剧现代戏《焦裕禄》全省首场巡演活动出在三门峡大剧院举行，全市共700余名干部一同观看演出。

19日　中央电视台《新闻直播间》分别以《生态园里看科技　技术扶贫到果农》和《生态园里看科技　苹果开始论个卖》为题，两次报道三门峡市陕州区大营镇二仙坡苹果生态园的景象。

21日　市政府与中铁辰邦（北京）科技有限公司签署战略合作框架协议，双方将在总投资额约378亿元，涉及交通、地下管廊、海绵城市、智慧城市等方面的9个PPP项目开展合作。

是日　三门峡万达广场开业。项目总投资40亿元，开业运营后可新增就业岗位4500余个，全年营业额超过8亿元，上交各类税费超过5000万元。

是日　纪念红军长征胜利80周年大会在人民大会堂举行，三门峡市社会各界收听收看纪念红军长征胜利80周年大会。

22日　《中国工农红军长征胜利八十周年》纪念邮票在三门峡市首发。邮票一套六枚，分别为“长征出发”“遵义会议”“四渡赤水”“过雪山草地”“胜利会师”“缅怀先烈、不忘初心、走好新的长征路”。

24日　省政府副省长张维宁率领调研组到三门峡市调研剥离国有企业办社会职能工作。

25日　三门峡市庆祝河南省第十九届环卫工人节暨表彰大会在三门峡国际文博城大剧院召开。大会对义马市市容环境卫生管理处等10个先进集体和王福北等60名先进个人进行表彰。

26日　“法治进校园”巡讲活动在市教师进修学校举办。从9月开始，三门峡市已在全市中小学校先后开展9场“法治进校园”巡讲活动，加强青少年法治教育。

27日　三门峡市18个乡村入选河南省2017年美丽乡村建设试点项目名单。

是日　市高级技工学校入驻市职教园区新校区。市高级技工学校在市职教园区的新校区分三期建设，已完成一期工程，建筑面积9万余平方米。

28日　河南省苹果产业技术创新战略联盟在三门峡市成立，这是三门峡市组建的第一个省级产业联盟。

31日　三门峡黄河湿地发现5只国家一级重点保护动物大鸨，这是巡护人员连续5年在三门峡境内的黄河湿地观测到此种珍稀鸟类。

是日至11月4日　中国共产党河南省第十次代表大会在郑州举行。三门峡市代表团26名代表出席大会。

11　月

1日至6日　中央电视台《新闻直播间》《2016候鸟迁徙特别报道》大型直播节目，在三门峡库区黄河湿地进行为期6天的现场直播，报道白天鹅的生活习性，展现三门峡的生态自然环境。

4日　第十五届达摩祖师纪念大典暨文化活动开幕式在陕州区熊耳山空相寺举行。

5日　市人大、农工党三门峡市委到卢氏县东明镇江渠村开展扶贫义诊活动，共接诊群众600余人，免费发放各类药品40余种、价值4500多元。

是日　三门峡市银行业机构集中开展防范非法集资宣传活动。参加宣传的金融机构共有10家、34个网点，分别在植物园小区、文博城广场、职业技术学院、万达广场等28个地点开展宣传。

是日　《人民日报》第五版以《河南陕州地坑院——民居活化石》为题报道陕州地坑院。这是《人民日报》2016年第六次深入报道陕州地坑院。

是日　三门峡市第六届中小学生爱心义卖活动在市区湖滨广场举行，全市3000余名学生及儿童参与义卖活动。活动共募集到义卖款25231.4元，用于为贫困儿童购买“爱心6+1”温暖包。

是日至8日　第十四届中国国际农产品交易会在云南省昆明市举办，三门峡市组织26家企业62种产品参展，达成销售意向560万元。会上，“灵宝苹果”被授予2016年全国名优果品区域公用品牌，居10家苹果类公用品牌第四名。

7日　2016中国（郑州）产业转移系列对接活动举行，三门峡代表团共完成签约项目21个，签约总金额78.82亿元。

是日　三门峡市组织收听收看十八届六中全会精神宣讲报告会，省委书记、省人大常委会主任谢伏瞻主持会议。

是日　灵宝市连续第四年上榜中国最具投资潜力中小城市百强县市，排名第44位。

是日至8日　省委副书记、省长陈润儿到卢氏县调研脱贫攻坚工作。

8日　三门峡市“消除火灾隐患　共建平安社区”消防宣传月活动启动仪式在市区湖滨广场举行，同时举行消防安全宣传展，逃生面罩、防火服等10余种消防器材展示等。

10日　国家义务教育均衡发展评估认定组到三门峡市陕州区，对其创建“全国义务教育发展基本均衡区”工作进行评估认定。

11日 国务院安委会第五巡查组到三门峡市巡查安全生产工作。

是日 三门峡市面向社会开展“效能革命”合理化建议征集活动。征集时间至12月31日,内容要求围绕“提升依法履职水平”“优化流程”“建立容错机制”“整治庸懒”四个主题建言献策。

是日至15日 2016黄河金三角首届文化产业博览会在三门峡国际文博城会展中心举行,共有150余家文化企业的3000余种特色文化产品参加展会,吸引2.6万余人次前来参观,现场交易额130余万元。

12日 三门峡市于23时发布重污染天气Ⅲ级预警(黄色),同时启动Ⅲ级应急响应,采取最严格措施控制污染排放,降低污染程度。

15日 《中共三门峡历史(第三卷)》编撰工作正式启动,并计划于2021年建党100周年前完成编撰出版工作。

是日 三门峡市组织收听收看中央环保督察河南省情况反馈会。

16日 三门峡市主城区实施机动车单双号限行及部分路段大货车禁行。限行时间为:2016年11月19日零时至2016年12月31日24时。

是日 国家食品药品监管总局调研三门峡市白酒、调味面制品等食品安全监管工作。调研组一行到河南仰韶酒业集团有限公司、渑池县津津有味食品公司等地开展调研。

是日 庙底沟文化旅游产业园一期工程开工建设。一期工程包括大门广场及雕塑、镜面水池、儿童活动区、运动体验区、停车场等,投资2000余万元。

17日 三门峡市第一部地方性法规《三门峡市城市环境卫生管理条例》出台,于2017年1月1日起施行。《条例》共五章四十六条,明确了实行城市环境卫生管理的区域范围,规定了城市环境卫生管理责任制,细化了责任区域、责任主体和责任内容。

18日 三门峡市举办以“同住天鹅城 共筑天鹅梦”为主题的第三届“保护白天鹅宣传日”活动。

是日 中国流动科技馆河南巡展三门峡·湖滨站启动仪式在三门峡国际文博城举行。

20日 三门峡市文明交通安全月活动启动仪式在三门峡国际文博城广场举行。

21日 三门峡市普降暴雪,市区降雪量达到20.8毫米,雪深19厘米。市气象局接连发布暴雪黄色、橙色、红色预警和道路结冰黄色预警信号。23日,全市直属各中小学(幼儿园)临时放假一天,各部门全力应对保畅通。

23日 三门峡市51家企业获批河南省第二批综合诚信承诺企业。加上2015年入选河南省首批综合诚信承诺企业的59家企业,全市共有110家企业获评省综合诚信承诺企业。

是日 2016年全省旅游系统服务型行政执法现场观摩暨法治工作推进会在三门峡市召开。

是日至24日 三门峡天鹅栖息地保护恢复项目评审会召开,专家一致通过了由首都师范大学承担的“三门峡市大天鹅招引生态工程项目研究与示范”项目中期考核。

25日 省纪委书记任正晓到三门峡市就深入推进全面从严治党、加强党风廉洁建设和反腐败工作情况进行调研。

26日 三门峡黄河公铁两用桥公路南引桥及引线工程开工建设,项目是沟通山西省运城市与三门峡市的第4条重要通道,计划于2020年12月31日前建成通车。

27日 全国供销总社到三门峡市调研供销社综合改革工作,一行人实地察看了灵宝市阳平镇永兴果品专业合作社经营运作情况。

是日 人民网首页头条报道《河南三门峡:老子著经地,生态开新篇》,同时配发一组4篇报道,对三门峡生态、文化、经济、社会等方面进行全景式展现。

30日 河南省林业科技创新大会在许昌市鄢陵县召开,灵宝市荣获河南省林业科技先进集体称号,是全省唯一获此殊荣的县级市。

是日 三门峡市中心医院、市中医院、市第二人民医院、黄河三门峡医院等8所城市公立医院正式实施药品零差率销售,标志着三门峡市城市公立医院综合改革全面启动。

是月 三门峡市第一次全国可移动文物普查工作结束。普查工作历时三年,累计投入普查资金170余万元,共完成48863件(套)文物信息登记工作,其中珍贵文物7751件(套)。

12 月

1日 三门峡市个体工商户“两证整合”工作全面实施。即由工商行政管理部门核发一个营业执照,个体工商户不再单独办理税务登记证。“两证整合”是“五证合一”登记制度改革向个体工商户的延伸。

是日 市政协召开第六届常委会第33次会议。

是日 三门峡职业技术学院“绿动天鹅城”志愿服务项目获第三届中国青年志愿服务项目大赛银奖、河南青年志愿服务项目大赛金奖。

是日 河南新闻广播特别策划《河南再出发》系列直播节目第二站走进陕州地坑院,讲述地坑院4000年来的变迁,节目时长45分钟。

2日 三门峡市在市区湖滨广场举行“全国交通安全日”主题宣传活动。包括交通安全文艺演出、交通安全宣传板面展出、文明出行签名活动等。

3日至4日 省委书记、省人大常委会主任谢伏瞻到三门峡市调研脱贫攻坚、产业升级、环境保护等工作。

4日　2016三门峡白天鹅旅游季启动。为期3个月，吸引5万余名游客到三门峡进行冬季旅游。

是日　卢氏县纪念红军长征胜利80周年暨重走红军长征路活动启动，卢氏县100余名志愿者和红军老战士后代一起到龙驹村、双龙湾、官坡兰草红军广场、铁索关等地，开展联谊演出。

是日　2016年三门峡市志愿服务"四个一批"表彰暨"唱红歌、看天鹅、圆梦想"志愿者交流展演活动举行，并为荣获最美志愿者、最佳志愿服务组织、最佳志愿者服务项目、最美志愿服务社区的个人和单位颁奖。

5日　陕州区吕占群荣获"全国先进个体工商户"，成为三门峡市唯一获此荣誉的工商户。

7日　首届中国(三门峡)白天鹅·野生动物国际摄影大展在三门峡市举办，展会主题为"蓝色地球　温馨家园——母亲河·天鹅湖"，共展出3000余幅作品。

8日　三门峡市6家单位被认定为三门峡市工程技术研究中心。

9日　三门峡市首批45个环卫工人爱心休息站正式启用，以供环卫工人临时休息、饮水、如厕等。之后会在市区陆续增设15个环卫工人爱心休息站，惠及更多的环卫工人。

是日　渑池县张村镇成为全市首个被赋予部分县级经济社会管理权限的经济发达镇，下放至张村镇的事权涉及住建、水利、教育体育、农牧、文化广电、食品药品监督、民族宗教、旅游等8个部门31项行政权力，首批放权事项于2017年1月1日起执行。

12日　北京举行"2016年中国品牌价值评价信息发布会"。会上发布的信息显示："灵宝苹果"品牌价值升至183.40亿元，品牌强度系数859，居初级农产品类第九位、全国县级第一位。

是日　三门峡天鹅湖国家城市湿地公园管理处获"全国旅游系统先进集体"荣誉称号。

是日至16日　市委书记刘南昌率队赴北京，走访了中国黄金集团公司、国家开发投资公司等央企和有关国家部委，就推进三门峡市与央企合作发展，特别是推进重点项目建设，进行深入沟通对接。

15日　市检察院举办以"服务大局保障民生""加强侦查监督，维护司法公正"为主题的检察开放日活动。

16日　由灵宝市黄金股份集团公司牵头成立的河南省黄金产业技术创新战略联盟成立，对提高河南省黄金核心竞争力、促进产业创收增效发挥重要作用。

19日　三门峡市受严重雾霾天气污染，自17日零时起，启动重污染天气二级橙色应急管控；20日，市教育局发出临时停课通知。各部门紧急部署本轮雾霾天气应急应对工作。

21日　2016年全市党规党纪知识电视竞赛(决赛)在三门峡国际文博城大剧院举行。灵宝市代表队荣获竞赛一等奖；董兴连、徐红梅、张宪法荣获优秀选手奖。

是日　河南卫视《脱贫大决战》公益扶贫节目之《扶贫先扶志　攻坚看卢氏》首播。

22日　"黄河金三角·第三届三门峡年货会"在三门峡国际文博城会展中心举办。年货会为期12天，总参观人数达24.82万人次，总销售额达2793.6万元。

23日　三门峡市农村土地承包经营权证发证仪式在陕州区举行。全市农村土地承包经营权确权颁证登记工作超额完成省定目标，99%行政村签订承包合同，2016年年底前证书全部发放到位。

24日　三门峡市集中开展消防安全夜查统一行动，全市共检查单位467家，消除火灾隐患542处，临时查封单位1家。

25日　三门峡市城乡一体化示范区暨三门峡市投资集团有限公司揭牌成立。

是日至27日　"河南文艺采风行——2016内地与港澳文化青年艺术交流活动"在三门峡市举行。活动行程涉及郑州、洛阳、三门峡等地。

27日　三门峡青年王伟的故事入选2016中国青年好网民优秀故事。

28日　三门峡市部署2017年春运工作，春运工作从2017年1月13日起至2月21日结束，共计40天。

是日　市六届人大常委会第36次会议召开。

是日　卢氏县瓦窑沟乡村民杨树春被评为"2016河南十大年度扶贫人物"。杨树春身残志坚，发展袋料香菇和黑猪养殖，主动寻求脱贫之路，为贫困群众脱贫致富树立榜样。

29日　2016年全市党规党纪暨廉政法规知识任职资格考试举行。

是日　三门峡清华园学校项目建设正式开工。项目投资1.2亿元，建成后有小学部、初中部共计54个班级，是一所封闭式管理、全寄宿的品牌特色民办学校。

是日　三门峡电子商务产业园(跨境电商产业园)开园。园区于2015年12月23日正式签约，完成一期1万平方米办公场地的建设装修，吸引30余家本地电商企业入驻，意向入驻企业55家。

30日　河南省黄金贵金属产品质量监督检验中心在三门峡市揭牌，心是中国中西部地区唯一从事黄金及有色金属、珠宝玉器质量检验、仲裁检验、标准制定、科学研究、技术咨询的省级第三方检验技术机构。

是日　2016"感动天鹅城"十大人物暨第九届三门峡市道德模范授奖仪式举行，20名三门峡市第九届道德模范、40名"三门峡好人"受到表彰。

·编辑　杨灵子·

基本情况

【位置面积】 三门峡市位于河南省西部，豫晋陕三省交界处，东连洛阳，南接南阳，西与陕西省接壤，北隔黄河与山西省相望。介于北纬33°31′24″~35°05′48″，东经110°21′42″~112°01′24″之间，东西长153.2千米，南北宽132千米，总面积10496平方千米，占全省面积的6%。处于秦岭山脉东延与伏牛山、熊耳山、崤山交会地带，地貌以山地、丘陵和黄土塬为主，大部分地区在海拔300米~1500米，位于灵宝市的小秦岭老鸦岔垴主峰海拔2413.8米，是河南省的最高峰。三门峡市区坐落在黄河南岸阶地上，一面临青龙涧河，两面临三门峡水库，是一座"四面环山三面水"的湖滨城市。市区规划面积185平方千米，城市建成区面积60.9平方千米。

【气候】 三门峡市地处中纬度内陆区，大部分地区属暖温带大陆性季风气候。历年平均气温13.8℃，年平均日照2261.7小时，无霜期216天，年均降水量580毫米~680毫米。由于地貌特征复杂，形成了具有暖温带、温带和寒温带的多元气候。2016年，年平均气温偏高，年降水量正常，年日照时数异常偏少。冬季，季平均气温正常，季总降水量偏少，日照正常；春季，季平均气温偏高，季总降水量偏少，日照时数偏少；夏季，季平均气温偏高，季总降水量偏多，日照时数偏少；秋季，季平均气温偏高，季总降水量偏多，日照时数偏少；12月平均气温偏高，降水量偏少，日照时数偏少。全年气候适宜，降水量充沛，对冬小麦、夏玉米等农作物生长十分有利。年降水量554.2毫米~664.5毫米；年平均气温13.5℃~14.9℃，较常年同期偏高0.5℃~1.4℃；年日照时数1775.2小时~2135.7小时，较常年同期偏少41.1小时~359.1小时。年内主要气候事件有：低温、局地暴雨、冰雹、大风、暴雪、雾和霾等天气，给人们生产生活和健康等均带来一定影响。

【土地资源】 三门峡市土地总面积99.3573万公顷，其中耕地17.67万公顷，占全市土地总面积的17.78%；园地5.22万公顷，占土地总面积的5.25%；林地53.64万公顷，占53.99%；草地10.99万公顷，占土地总面积的11.06%；城镇村及工矿用地5.64万公顷，占土地总面积的5.68%；交通运输用地1.49万公顷，占土地总面积的1.50%；水域及水利设施用地2.06万公顷，占土地总面积的2.07%；其他土地2.65万公顷，占土地总面积的2.67%。

【矿产资源】 三门峡市矿产资源丰富，已发现矿产地413处，其中大型矿床27处，中型矿床56处，小型矿及以下矿床320处。发现矿产66种，提交资源储量的50种，主要有贵金属、黑色、有色、稀有(散)、放射性等金属矿产以及冶金辅助原料、燃料、化工原料等非金属矿产。"黄(黄金)、白(铝土矿)、黑(煤炭)"是三门峡市的三大优势矿产。至2016年底，全市主要矿产资源累计查明和保有情况：黄金，共发现岩金矿区52处，查明金资源量605.42吨，保有226.96吨。伴生金矿区10处，查明金资源量4.304吨，保有4.304吨。累计查明金资源量609.72吨，保有231.26吨，位居河南省第二位。灵宝市小秦岭金矿田是三门峡市的金矿集中区，也是国家和河南省的重要黄金工业基地。铝土矿，主要分布于渑池县、陕州区境内，发现矿产地44处，累计查明矿石量4.79亿吨，保有4.4亿吨，居全省第一位，是河南省及全国重要的铝土矿石供应基地之一。煤炭，主要分布于义马市、陕州区境内，已查明陕渑、义马两大煤田，矿区28处。累计查明资源储量14.87亿吨，保有资源储量为10.41亿万吨，居全省第十位。铁矿，有矿产地54处。累计查明矿石量12002.50万吨，保有10131.94万吨，主要分布在卢氏县八宝山、曲里一带，居全省第六位。钼矿，有矿产地10处，主要分布于卢氏、灵宝市境内。累计查明钼金属量26.52万吨，保有 26.23 万吨，居全省第三位。银矿，分布在灵宝市小秦岭金矿区及卢氏县杜关锰矿区和陕州金矿区。发现银矿床 15 处，伴生矿 48 处，累计查明银金属 2134.65 吨，保有 1686.02 吨，居全省第四位。

硫铁矿，累计查明硫铁矿矿石量 10028 万吨，保有 6800 万吨，居全省第三位。铅锌矿，多与金、银、铁、铜伴生。累计查明铅金属量 114.18 吨，保有 65.32 吨，锌金属量 67.6 万吨，保有 59.9 万吨，分别居全省第三位、第二位。锑矿，是河南省内发现的稀缺矿种，分布在卢氏县五里川、官坡乡、双槐树乡一带。累计查明资源储量锑金属 15554.62 吨，保有 83978.13 吨，居全省第一位。除以上优势矿种外，锰、镓、镉、铌、钽、铍、锂、铷、铯、重晶石、铸型用石英砂岩是三门峡市重要的特色矿产。

【水文水资源】 三门峡市辖区处豫西山地，溪流较多。全市共有大小河流 3000 余条，分属黄河、长江两大水系，以黄河流域面积最大。长江水系主要是卢氏县南部和东南部的老灌河、淇河及其支流，流域面积 1120 平方千米，占总面积的 10.7%，流域海拔高度在 1000 米~2057 米，降水量较丰富。多年平均降水量在 800 毫米以上，因而河水流量大，为辖区水资源丰富地区。黄河干流由陕西省潼关县东入灵宝市境，流经灵宝、陕县、湖滨、渑池 4 个县（市、区）的 16 个乡镇，全长 225 千米，历史上最大洪峰流量达 3.6 万立方米/秒（1843 年）。总出境水量 383.17 亿立方米，扣除过境水量 377.3 亿立方米，实际出境的水量只有 5.87 亿立方米。虽然过境水量丰富，但因受地形和提水设施发展水平的限制，利用量尚少。除黄河干流外，境内流域面积 100 平方千米以上的河流共 33 条，其中卢氏县境内 14 条，灵宝市境内 11 条，陕县境内 5 条，渑池县境内 3 条。其多年平均径流量及径流深，卢氏县为全市最大，径流量 10.66 亿立方米，径流深 218.1 毫米；灵宝市次之，径流量 6.76 亿立方米，径流深 152.7 毫米；陕县的径流量 1.77 亿立方米，径流深 135.5 毫米；渑池县的径流量为全市最少，仅 1.12 亿立方米，径流深为 136.7 毫米。全市地表水多年平均径流量 16.18 亿立方米，径流深 157.9 毫米，径流系数 0.23；地下水多年平均值量 5.45 亿立方米。总计全市水资源多年平均总量为 21.63 亿立方米，扣除重复量 4.2 亿立方米，实际全市水资源总量是 17.43 亿立方米，人均占有 780 立方米，为全省人均占有量 440 立方米的近 2 倍，耕地每公顷占有量 10826.1 立方米。按照国家规定标准，三门峡市属于过渡带，但从历年径流量的变化上看，呈递减趋势，一些地区的多年平均径流深已接近过渡带的下边缘，不少年份的径流深处于少水带。同时，随着工农业生产和社会经济的发展，地下水人工开采量不断增加，使三门峡市辖区的地下水已形成面积达 24 平方千米、中心水位埋深 92.5 米的落降漏斗（泄水期）。所以，节约水资源、合理开发利用水资源已迫在眉睫。

【动植物资源】 三门峡市辖区处于暖温带和亚热带交界地带，同时又为豫西山地，基本上是全国植物区系划分的南北分界线。植物种类繁多，资源丰富，且产量大，经济价值高，特别是有许多重要的工业原料、药用淀粉、纤维和木本粮油植物。全境域内维管束植物 144 科 780 多属 2100 余种（不含农作物，以及城镇绿化、公园、学校、企事业单位、植物园、苗圃等引进的植物种类）。辖区的伏牛山、小秦岭等山地不但植物种类极其丰富，而且有不少珍贵的稀有树种，主要有领春木（Euptelea pleiosperma Hook.f. et Thoms.）、望春花（Magnolia biondii Pamp.）、铁杉（Tsuga chinensis Pritz.）、连香树（Cercidiphyllum japonicum Sieb.et Zucc.）、暖木（Meliosam veitchiorum Hemsl.）、红豆杉（Taxus chinensis Pilger Rehd.）、糯米椴（Tilia henryana var.subglabra）、龙须木（Meliosam cuneifolia Franch.）、水曲柳（Fraxinus mandshurica Rupr.）等。

三门峡市的动物在全国动物区划的分类中，属于《中国动物地理区划》的华北区；在河南动物区划中，属于“伏牛山地及南坡丘陵”和“崤山山地及黄土丘陵平川”2 个 3 级区内。因而动物特征是南北混杂的过渡性所表现出的多样化。加之山川地貌、地形的复杂，动物也呈垂直分布。市辖区内除家养动物外，仅野生的陆栖脊椎动物达 140 多种。其中，爬行类动物 20 多种，鸟类 70 多种，哺乳类动物 42 种，两栖类动物 8 种。主要动物和珍贵动物有：金钱豹（Panthera pardus），是辖区内唯一一种国际保护动物。苏门羚（Capricornis sumatraensis）又称鬣羚、山驴子、羚羊，为国家一级保护动物。国家二级保护动物有大鲵（Andrias davidianus）俗称娃娃鱼，天鹅（Cygnus spp.），豆雁（Anser Fabalis），环颈雉（Phasianus colchicus）俗称雉鸡、野鸡、山鸡，鸳鸯（Aix galericulata），麝（Moschus spp）又称香獐子、獐子，水獭（Lutra lutra）别称水狗、獭子等。

【生态资源】 三门峡市由于地貌特征复杂，形成了具有暖温带、温带和寒温带的多元气候。全市有林地面积 47.31 万公顷，森林覆盖率 50.72%，生态环境良好，境内有亚武山国家森林公园、甘山国家森林公园、玉皇山国家森林公园、河南黄河湿地国家级自然保护区、卢氏大鲵自然保护区等生态环境保护区，总面积达 326.2 平方千米，占总面积的 3.1%。

【旅游资源】 三门峡的历史文化源远流长。早在五六十万年以前，华夏民族的祖先就在这里刀耕火种，繁衍生息。举世闻名的仰韶文化首先在三门峡渑池县的仰韶村被发现，并以该村的村名命名；同时，在灵宝荆山铸鼎原周围发掘探明了全国最大的仰韶文化遗址群，经专家初步考证，中华民族的人文初祖——轩辕黄帝曾在这里铸鼎祭天、奠定政权。三门峡是黄帝时期政治、经济、文化的中心区域和“中华古祭坛”的所在地。大禹治水，斧劈三门，古代传说中大禹留下的镇河石柱——中流砥柱至今仍巍然屹立在三门峡大坝下游的黄河峡谷之中，被誉为中华民族不屈精神的象征。函谷关是中国古代著名的雄关要塞之一，紫气东来、鸡鸣狗盗、公孙白马、玄宗改元等成语典故和许多改变中国历史进程的战争均发生于此。老子西出函谷时,在这里写下哲学名著《道德经》,太初圣宫由此成为道家之源。函谷关也因名人、名关、名著而饮誉海内外。位于市区北部的虢国遗址博物馆是全国规模最大、出土文物最多、保存最完整的西周大型邦国墓葬群,1996年被国务院公布为全国重点文物保护单位,2001年被国家文物局评定为20世纪中国100项重大考古发现之一;在李家窑遗址新近发掘的古代城市供水管网,更加确定了三门峡市区就是虢国的国都所在地。此外,宝轮寺塔(中国古代四大回音建筑之一)、秦赵会盟台、义马鸿庆寺石窟、杜甫《石壕吏》遗址、空相寺遗址、甘棠苑(钟鼓楼)等名胜古迹处处昭示着三门峡悠久灿烂的古代文明。至2016年底,全市有世界文化遗产1处,全国重点文物保护单位10处、省级文物保护单位55处、市级文物保护单位102处。

三门峡的名山秀水比比皆是。从地理位置上讲,三门峡地处秦岭山脉、黄土高原、黄河中下游平原的交会处,黄河由西向东横贯全境,长达200千米,山水形胜,钟秀汇聚。豫西大峡谷飞瀑流泉,自然天成,是度假养生、漂流拓展的好去处。黄河丹峡碧水红崖、奇峰林立。汉山风景区险峻奇崛,其主峰海拔2413.8米,为河南最高峰。双龙湾绿水环绕,步移景换。甘山国家森林公园丹枫流霞,峰回路转。燕子山秀峰林立,净潭棋布,古木参天。黄河公园芦荡烟雨,杨柳绕堤,曲径通幽。亚武山群峰翠微,奇秀双绝。玉皇山郁郁葱葱,气象万千。陕县温泉、卢氏汤河温泉水质极佳,是疗养保健的好去处。每年10月至次年6月三门峡库区蓄水期,三门峡水库碧水连天,波平如镜,良好的生态环境、滩涂水域及丰富的饵料,使三门峡库区成为候鸟迁徙和越冬的天堂。每年入冬后到次年初春这段风寒雪飘的季节,总会有数以万计的白天鹅从遥远的西伯利亚飞临这里越冬。在这里,人与白天鹅和谐相处,成为冬春季节黄河上一道最美最壮丽的风景,三门峡亦因此被誉为"天鹅之城"。

【土特名产】 三门峡特产可分为干鲜果品、农产品、中药材、蔬菜、食品名吃、矿产品、珍稀动物、名特树种等类近百种。干鲜果品类有享誉全国的灵宝苹果、大枣,渑池仰韶黄杏、牛心柿,卢氏猕猴桃、板栗、核桃、函谷红茶;农产品类有"贡米"之称的渑池坻坞小米,有著名的"灵宝421"黄豆、棉花、三门峡烟叶,豫西著名的肉牛、伏牛白山羊、豫西脂尾羊等;中药材类有丹参、天麻、苍术、连翘、九节菖蒲、紫贝母、卷叶贝母、山茱萸、柏麦、穿地龙等;蔬菜类有畅销国内外的卢氏黑木耳、猴头菌、香菇,有藕断丝不连、质脆而味甘的阌莲;食品名吃类有荣获世界名酒金奖的仰韶酒,有富于地方风味的观音堂五香牛肉、水花佛手糖糕、湖滨果汁等;矿产品类有著名的"黄、白、黑"(即黄金、铝矾土和煤炭);珍稀动物类有国家级2类保护动物大鲵,还有鼋鱼、香獐等;名特树种类有国家级稀有树种漆树、油桐、乌柏、银杏、水杉、侧柏、金丝楸。在众多土特名产中,渑池的牛心柿饼、坻坞小米、仰韶黄杏等在古代为皇家贡品。灵宝的苹果、大枣、杜仲,渑池的牛心柿饼、坻坞小米、仰韶黄杏和仰韶酒,卢氏的连翘、黑木耳、卢氏鸡、核桃等相继被认证为国家地理标志产品。2012年灵宝苹果、卢氏黑木耳获得国家质监总局生态原产地保护认证。

【历史文化】 三门峡市是华夏文明的发祥地之一,早在旧石器时代,这里就留下了人类祖先的足迹,活动地点分布在陕县的三岔沟、侯家坡,灵宝市的邢家庄、孟村、朱阳、营里、卫家磨,渑池县的南村和卢氏县的雷家村,及湖滨区青龙涧河一带。进入新石器时代,人类活动范围更广泛,遗址在辖区内广为分布。距今6000年以前,出现了较大的文化群落,伴生着原始农业、畜牧业及制陶和编织等原始手工业,人类开始定居下来。约在公元前21世纪,这里是夏商王朝统治的中心区域。周灭商后,周武王封神农之后于焦(今陕县),继封周文王之弟虢仲于虢(今陕县),焦国、虢国都城均在今湖滨区境内。这两个诸侯国的封建,对建都镐京的西周王朝起到了屏藩的作用。周成王时,姬奭为三宰相之一,与周公姬旦分陕而治,"自陕以东,周公主之;自陕以西,召公主之"(出自《史记·燕召公》)。春秋时,先属虢,后属晋,战国时天下大乱,诸侯国之间互相攻伐,战事频仍,留下了"假虞灭虢""唇亡齿寒""鸡鸣狗盗"等著名历史典故。秦统一中国后,置三川郡,辖区属之。西汉属河南府,汉武帝时置弘农郡。北魏置陕州,一直延续到明清。民国元年(1912)设豫西观察使,不久改为道尹,市辖区属河洛道。民国21年(1932),设河南省第十一行政督察专员公署,管理陕县、灵宝县、卢氏县、阌乡县、渑池县等7县。1945年1月,建立中国共产党领导下的河南(豫西)第二专员公署,公署下辖有渑池县、陕县等5个县抗日民主政府。1945年9月、10月撤销。1946年7月,豫鄂陕第四专员公署成立,辖有卢灵洛县、卢嵩县、卢灵县、卢洛灵县、栾川县等县政府。12月,卢灵洛县政府改为卢灵洛中心县政府,辖卢嵩(嵩县)、卢灵(灵宝)、卢洛(洛宁)和栾川 (1947年1月后)4个县政府。四专署隶属豫鄂陕行政公署。1947年9月,豫陕鄂第一行政督察专员公署成立,下辖陕县、灵宝县、卢氏县和阌乡县4个县政府。专署隶属豫陕鄂边区行政公署。1948年6月,豫陕鄂第一行政督察专员公署改称陕南一专署,下辖卢氏县、灵宝县、阌乡县、栾川县4个县政府,专署隶属陕南行政公署。1948年7月,陕南一专署更名为豫西七专署。1949年2月,又更名为豫西三专署。均属豫西行政公署领导,下辖卢氏县、灵宝县、阌乡县、陕县等5个县政府。1949年3月,豫西三专署改称陕州专员公署,隶属中原临时人民政府;5月,河南省人民政府成立,专署隶属河南省人民政府。专署辖卢氏县、灵宝县、阌乡县、陕县、渑池县等7个县政府。1952年4月,陕州专员公署与洛阳专员公署合并,称洛阳专员公署。1957年3月,经国务院批准成立省辖市三门峡市。1961年改为县级市。1986年1月,重新调整为地级市,实行市管县体制。2016年底,辖2个县(渑池县、卢氏县)、代管2市(义马市、灵宝市)、2

个区(湖滨区、陕州区)和1个省级产业集聚区(三门峡经济开发区)、1个工业园区(三门峡产业集聚区)。全市总面积10496平方千米,共有76个乡镇和街道办事处、1474个村(居)委会,总人口229.50万人。

三门峡市国民经济和社会发展综述

【概况】 2016年,面对严峻复杂的宏观经济环境和艰巨繁重的转型发展任务,全市上下深入贯彻落实中央、省、市各项决策部署,主动适应经济发展新常态,扎实推进供给侧结构改革,统筹推进稳增长、促改革、调结构、强基础、惠民生、防风险各项工作,经济发展呈现出稳中回升、稳中加快、稳中向好的运行态势,民生继续得到改善,各项社会事业取得显著进步,实现了“十三五”良好开局。当年全市生产总值1348.55亿元,按可比价格计算,比2015年增长7.7%。其中:第一产业增加值123.50亿元,增长4.7%;第二产业增加值773.64亿元,增长7.3%;第三产业增加值451.41亿元,增长9.1%。三次产业结构由2015年的9.5:58.2:32.3变化为9.1:57.4:33.5。全市人均生产总值为59901元,比2015年增长7.5%。与2015年相比,生产总值增速提高4.4个百分点,第三产业比重提高1.2个百分点,人均生产总值提高4220元。全年居民消费价格总水平比2015年上涨1.3%,其中食品烟酒类价格上涨2.7%。在食品烟酒类中,鲜菜价格上涨10.8%,畜肉价格上涨10.0%。全年城镇新增就业人员6.02万人,失业人员再就业2.33万人,其中就业困难人员再就业1.04万人。年末城镇登记失业率为2.82%,控制在省定4.5%的目标之内。至年底,全市有省级产业集聚区7个,区内企业1536个,从业人员18.90万人;商务“两区”7个(商务中心区1个,特色商业区6个),区内企业1014个,从业人员2.23万人。

【农业】 2016年,全市粮食总产量66.79万吨,比2015年下降6.7%,其中夏粮33.15万吨,下降10.4%,秋粮33.64万吨,下降2.7%;烤烟产量4.36万吨,增长4.7%,棉花产量0.14万吨,增长27.5%,油料产量3.52万吨,下降2.6%;肉类总产量11.31万吨,增长4.6%,禽蛋产量5.52万吨,下降2.7%,牛奶产量4.54万吨,下降6.4%。农业特色产业稳步发展。2016年,全市果、牧、菌、菜、烟等八大特色产业产值达184.46亿元,占全市农林牧渔业总产值的比重达85.9%,比2015年提高0.4个百分点。其中:水果产值71.32亿元,按可比价格计算(下同)增长5.2%;牧业产值43.13亿元,增长3.8%;食用菌产值26.74亿元,增长13.3%;蔬菜产值22.64亿元,增长0.8%;烟叶产值11.01亿元,增长4.7%。

【工业和建筑业】 2016年,全市全部工业增加值700.87亿元,比2015年增长7.1%,增速比2015年提高5.1个百分点。其中,规模以上工业增加值616.00亿元,增长7.3%,增速比2015年上升5.5个百分点。规模以上工业中,轻工业增加值增长11.8%,重工业增加值增长6.9%,轻、重工业比例为7.9:92.1。全年规模以上工业产品销售率为98.2%。全市规模以上工业涉及的35个行业大类中,增加值规模居前6位的行业及其增速分别为:有色金属矿采选业完成工业增加值251.71亿元,比2015年增长9.9%;有色金属冶炼和压延加工业完成67.11亿元,增长12.1%;非金属矿物制品业完成55.09亿元,增长6.8%;煤炭开采和洗选业完成35.85亿元,下降7.6%;化学原料和化学制品制造业完成28.87亿元,增长6.4%;电力、热力生产和供应业完成26.88亿元,增长2.7%。工业高新技术产业和高成长性产业领先增长。2016年,全市高新技术产业共完成工业增加值104.62亿元,比2015年增长9.3%,增速高于全部规模以上工业平均增速2个百分点,拉动全市规模以上工业增长1.6个百分点,占全部规模以上工业增加值的比重为17.0 %。高成长性产业(指电子信息产业、装备制造业、汽车及零部件产业、食品产业、现代家居产业、服装服饰等)共完成工业增加值91.84亿元,增长13.1%,增速高于全部规模以上工业平均增速5.8个百分点,拉动全市规模以上工业增长1.9个百分点,占全部规模以上工业增加值的比重为14.9%,比2015年提高0.6个百分点。全市主要工业产品中,全年生产量增长的产品占67%,主要有:锂离子电池增长45.2倍,电解铜增长2.5倍,硫酸增长125.4%,白银增长59.8%,软饮料增长20.3%,精甲醇增长18.9%,磨具增长16.4%,铅增长15.4%,白酒增长9.2%,磨料增长8.6%,耐火材料制品增长8.2%,汽车配件增长5.8%,氧化铝增长5.3%,改装汽车增长4.2%,水泥增长0.7%。产量下降的产品主要有:黄金下降30.3%,电解铝下降18.8%,原煤下降17.6%,发电量下降7.0%,铝材下降2%,量仪下降0.7%。全年全市规模以上工业企业实现主营业务收入3696.06亿元,比2015年增长6.0%;实现利润总额211.34亿元,下降1.2%。主营业务收入超百亿元的行业分别为:有色金属矿采选业实现主营业务收入1447.4亿元,增长15.5%;有色金属冶炼和压延加工业实现主营业务收入816.35亿元,增长3.5%;煤炭开采和洗选业实现主营业务收入318.12亿元,下降8.9%;非金属矿物制品业实现主营业务收入218.83亿元,增长5.3%;化学原料和化学制品制造业实现主营业务收入177.62亿元,增长7.5%。全年全市产业集聚区规模以上工业实现主营业务收入1959.42亿元,比2015年增长4.5%;产业集聚区规模以上工业利润总额39.54亿元,下降0.6%。全年全市建筑业完成增加值73.42亿元,比2015年增长10.0%。

【固定资产投资】 2016年,全市固定资产投资(不含农户,下同)完成1773.12亿元,比2015年增长15.2%,其中国有及国有控股单位完成508.06亿元,增长29.6%;民间投资1227.50亿元,增长7.8%。分三次产业看,第一产业投资116.49亿元,下降22.3%;第二产业投资990.19亿元,增长28.4%;第三产业投资666.44亿元,增长

7.8%。全年房地产开发投资完成114.63亿元，比2015年增长7.4%，其中住宅投资66.54亿元，增长25.4%。商品房施工面积893.54万平方米，增长11.2%，其中住宅施工面积606.81万平方米，增长12.5%。商品房竣工面积91.16万平方米，下降13.0%，其中住宅竣工面积71.36万平方米，下降11.2%。商品房销售面积211.78万平方米，增长33.6%；商品房销售额72.03亿元，增长22.0%。全年全市产业集聚区完成固定资产投资788.01亿元，比2015年增长12.5%，占全市固定资产投资的比重为44.4%，比2015年降低1.1个百分点。其中，产业集聚区工业投资647.98亿元，增长22.6%，占全市工业投资的比重为65.2%，比2015年降低3.2个百分点。产业集聚区固定资产投资增长对全市固定资产投资增长的贡献率为39.6%。

【国内贸易】 2016年，全市社会消费品零售总额完成441.13亿元，比2015年增长11.2%。分销售地区看，城镇消费品零售额367.97亿元，增长10.8%；乡村消费品零售额73.16亿元，增长12.9%。分行业看，批发业零售额19.53亿元，增长7.0%；零售业零售额365.10亿元，增长11.0%；住宿业零售额4.32亿元，增长9.8%；餐饮业零售额52.18亿元，增长14.4%。全年全市批零贸易、住宿餐饮业共实现销售额(营业收入)1068.43亿元，比2015年增长13.6%。其中：批发业销售额466.78亿元，增长13.8%；零售业销售额511.97亿元，增长13.2%；住宿业营业额19.48亿元，增长12.4%；餐饮业营业额70.19亿元，增长15.2%。

【对外经济】 2016年，全市对外贸易进出口总额10.92亿美元，比2015年增长155.8%。其中：出口总额2.63亿美元，增长49.5%；进口总额8.30亿美元，增长230.1%。全年全市新签利用外资合同5个，合同利用外资金额1.05亿美元，比2015年下降64.6%；实际利用外资10.63亿美元，增长5.4%。

【交通、邮电和旅游】 2016年，全市交通运输、仓储和邮政业增加值102.59亿元，比2015年增长4.6%。全年全社会公路货运量5014万吨，比2015年增长10.0%；公路旅客运输量2335万人，增长0.1%；公路货运周转量151.38亿吨公里，增长6.8%；公路旅客周转量11.68亿人公里，增长0.9%。全年全市邮电业务总量47.98亿元，比2015年增长60.1%。其中：邮政业务总量3.4亿元，增长54.9%；电信业务总量44.6亿元，增长60.6%。年末固定电话用户12.4万户，比2015年减少8.7万户；移动电话用户202.9万户，普及率为88.4部/百人，比2015年增加9.2部/百人。2016年年末，全市共有国际旅行社和国内旅行社55家；旅游景区（点）27处，其中A级旅游景区（点）19处，AAAA级及以上景区12处；旅游星级饭店17家。全年全市共接待海内外游客3028.3万人次，其中：接待入境游客102765人次，接待国内游客3018.02万人次。全年旅游总收入258.2亿元。

【财政、金融】 2016年，全市财政总收入128.98亿元，比2015年下降0.2%；一般公共预算收入100.12亿元，增长7.8%，其中税收收入68.39亿元，增长12.1%。在主要税种中，营业税比2015年增长73.8%，资源税增长2.2%；国内增值税、企业所得税、个人所得税、城市维护建设税和房产税分别比2015年下降11.8%、23.6%、3.4%、15.4%、6.4%。全年全市一般公共预算支出完成187.11亿元，比2015年增长8.0%。各级财政着力保障改善民生，持续加大对社会保障、污染防治、扶贫工作等方面的投入，全年社会保障与就业、污染防治、扶贫等支出分别比上年增长15.9%、29.2%和364.1%。年末全市金融机构各项存款余额1143.23亿元，比年初增加105.63亿元，其中住户存款余额738.40亿元，比年初增加83.09亿元；各项贷款余额701.12亿元，比年初增加29.36亿元，其中，短期贷款余额388.72亿元，比年初增加10.77亿元，中长期贷款余额283.51亿元，比年初增加23.96亿元。

【教育和科学技术】 2016年年末全市高等职业教育在校学生1.4万人，中等职业学校在校学生1.62万人，普通高中在校学生4.4万人，普通初中在校学生7.27万人，小学在校学生14.95万人。全年组织实施各类科技计划项目111个，其中省级以上科技项目16个，专项资金1119万元。年内12家企业被认定为高新技术企业，8家科技型中小企业通过省级备案，2家企业被确定为省瞪羚企业[注]；新增省创新型试点企业1家，1家企业认定为省国际科技合作基地，苹果、黄金省级产业技术创新战略联盟顺利通过省科技厅验收并正式成立运行。全年有20项科技成果获得市级科技进步奖，其中一等奖3项，二等奖8项，三等奖9项；15项科技成果通过市级鉴定，其中达到国际先进水平1项，国内领先水平2项，国内先进水平6项，省内领先水平4项，省内先进水平2项；共申请专利752件，获得授权439件。年末全市质量技术监督系统共有产品质量检验机构9个。全年监督检验工业产品15种264批次，完成计量合格确认1家，完成锅炉定检140台，电梯定检2301台，压力容器定检1203台，强制检定计量器具总体受检率达95%以上。年末全市共有国家级气象观测站4个，雷达站1个，高空气象站1个，卫星云图接收站6个，气象信息电话自动答讯服务系统1套，电视气象服务系统1套，多要素自动气象站43个，单要素自动气象站67个，农村气象灾害预警信息发布大喇叭1006个，特色作物气象科技服务示范园6个，气象电子显示屏51个，乡村气象信息服务站42个，土壤水分自动监测系统9套。全年发布气象灾害预警信号140次，适时进行人工增雨、增雪、消雹防雹作业184门次。

【文化、卫生和体育】 2016年年末，全市共有艺术表演团体6个，文化馆7个，公共图书馆7个，博物馆7个，全国重点文物保护单位10处，入选国家级非物质文化遗产名录4个，入选省级非物质文化遗产名录33个，入选市级非物质文化遗产名录87个。全市所有的文化馆、图书馆全部免费向公众开放，7个博物馆中有6个博物馆实现了免费向公众开放。年末全市有市级广播电视台1座，县级广播电视台5座。年末广播人口综合覆盖率97.33%，电视人口综合覆盖率97.85%。年末全市共有卫生机构453个，其中医院、卫生院128个，妇幼保健院、所、站5个，疾病预防控制中心(防疫站)7个，卫生监督检验所7个。卫生机构病床床位13653张，其中医院、卫生院12624张。卫生技术人员14330人，其中，执业医师和执业助理医师5428人，注册护士5534人，疾病预防控制中心(防疫站)卫生技术人员232人。农村乡(镇)卫生院75个，床位2440张，卫生技术人员2016人。全年全市共组织各级各类体育竞赛和健身活动1700余场次，涉及20余个健身项目，直接和间接参与体育活动人数达100余万人次；组队参加河南省“2016年全民健身幸福中原系列活动”10余项。成功举办“2016中国·三门峡横渡母亲河活动”，来自全国27个省、自治区、直辖市和台湾地区的133支代表队、3000余名游泳爱好者参加活动，河南电视台新闻频道进行了全程直播，该活动被中国体育文化和旅游博览会授予“精品旅游体育赛事”。成功举办2016年环中原自行车比赛，来自全国各地1200余名选手参赛。投资150余万元建成三门峡市国民体质监测中心，投资50余万元在市文博城建成三门峡市国民体质监测站1处。争取国家体育彩票专项扶持资金500余万元，在全市实施新型农民体育健身工程184个，乡镇体育健身工程2个，全民健身路径20条，可拆装式游泳池1个，户外全民健身活动中心1个，多功能运动场5个。义马东区小学、灵宝市第二小学被河南省体育局、河南省教育厅命名为河南省武术特色学校。全年审批国家二级运动员10人。全年全市运动员在世界比赛中获得金牌1枚、铜牌1枚；在全国比赛中获金牌3枚、银牌2枚、铜牌2枚，1个第八名；在省级比赛中获金牌42枚、银牌32枚、铜牌38枚。全年全市体育彩票销售额2.60亿元，比2015年增加0.21亿元。

【人口、人民生活和社会保障】 2016年年末全市总人口229.50万人，常住人口225.61万人，城镇化率达到53.11%，比2015年提高1.5个百分点。全年全市人口出生率为10.81‰，死亡率为5.69‰，自然增长率为5.12‰。全年全市居民人均可支配收入18343元，比2015年增长7.0%，扣除价格因素，实际增长5.6%；居民人均消费支出13392元，增长8.5%，扣除价格因素，实际增长7.1%。按常住地分，城镇居民人均可支配收入25254元，增长6.0%，扣除价格因素，实际增长4.5%；城镇居民人均消费支出18556元，增长9.5%，扣除价格因素，实际增长8.0%。农村居民人均可支配收入11982元，增长8.1%，扣除价格因素，实际增长6.9%；农村居民人均消费支出8639元，增长8.7%，扣除价格因素，实际增长7.5%。全年共为7.9万名企业退休人员发放基本养老保险金18.56亿元，按时足额发放率达100%。年末参加城镇职工社会养老保险人数32.80万人，参加城镇基本医疗保险人数59.96万人，参加社会失业保险人数23.06万人。全市共发放城市居民最低生活保障金8766.3万元，年末有城市低保对象24632人。全年发放农村居民最低生活保障金13046.1万元，年末有农村低保对象76594人。全年医疗救助资金总支出3723.3万元，其中资助参加基本医疗保险人数82345人，支出资金839.7万元；直接医疗救助21231人次，支出资金2601.1万元；优抚对象享受医疗补助人数6223人，补助资金282.5万元。年末全市拥有各类收养性社会福利单位25家(其中民政部门登记养老服务机构20家)，福利单位床位2455张，收养1534人。其中，社会福利院2家，床位310张，年末收养178人。社会福利医院及光荣院各1家。城镇建立各种社区服务设施124个，其中社区养老机构69个，社区服务站39个，社区服务中心6个。社区养老机构拥有留宿收养床位4117张，年末留宿收养2763人。全年全市销售福利彩票1.81亿元，比上年增加0.2亿元。

【资源、环境与安全生产】 2016年全年全市万元生产总值能耗比2015年下降10.8%，超额完成省下达的万元生产总值能耗下降目标。全年全市共创建省级生态乡镇5个、省级生态村9个、市级生态村58个。全年全市饮用水源地取水水质累计达标率保持100%。全市17个监测断面中，水质符合Ⅰ~Ⅲ类标准的断面有9个，占52.9%，比上年上升19.6个百分点；符合Ⅳ类标准的断面4个，占23.5%，比上年下降20.9个百分点；水质为Ⅴ类的断面1个，占5.9%，比上年上升5.9个百分点；水质为劣Ⅴ类的断面有3个，占17.6%，比上年下降4.6个百分点。城市环境空气质量方面，与2015年相比，可吸入颗粒物、细颗粒物、二氧化硫、二氧化氮年均值分别下降5.2%、12.0%、29.8%、7.1%，一氧化碳24小时平均值第95百分位数、臭氧日最大8小时滑动平均值第90百分位数均上升，分别上升7.1%、11.0%。全年城市环境空气质量优良天数为199天。涧河渑池吴庄断面达标率为66.7%。年末全市共有自然保护区3个，其中国家级自然保护区2个，省级自然保护区1个。全年共完成人工造林面积39.87万亩，其中国家及省级项目造林17.67万亩，发展特色经济林22.2万亩；森林抚育和改造30.44万亩，林业育苗2.33万亩，完成义务植树920.3万株。至2016年底，三门峡市区建成区绿地面积1260公顷，绿地率42%；绿化覆盖面积1410公顷，绿化覆盖率46.7%；公园绿地面积446公顷，人均公园绿地面积14.87平方米。2016年，全市共发生各类生产经营性伤亡事故52起，死亡42人。

组织机构及领导成员
（截至2016年12月底）

中国共产党三门峡市委员会

书　记　刘南昌(8月任)
　　　　赵海燕(女，7月离任)
副书记　安　伟

郭绍伟(9月离任)
常　委　吴　云(女)
赵予辉(3月离任)
赵中生(3月离任)
杨　骁　易树学
张建峰(9月离任)
吕挺琳　孟　斌
高战荣
范付中(9月任)
秘书长　高战荣
常务副秘书长　魏志选
副　秘　书　长　魏志选
郝建让
张占海(2月离任)
胡志权
乔继明(4月任)

中国共产党三门峡市委员会工作部门

中共三门峡市委办公室

主　任　高战荣
副主任　秦菊慧(女)
秦飞鹏
乔继明(4月离任)

中共三门峡市委政策研究室

主　任　胡志权(7月任)
副主任　胡红勤(4月任)

中共三门峡市委组织部

部　长　赵予辉(9月离任)
范付中(9月任)
常务副部长　庆志英(女)
副部长、老干部局局长　范世谋
副部长　王云波
贾　辉
正县级组织员　王耀文(2月任)
副县级组织员　郝建伟
范海燕(女,2月任)
副县级组织员、机关党总支书记
李宝松
干部监督室主任　殷　丽(女)
电教中心主任　张　燕(女)
市委人才办主任　范海燕(女,2月离任)
吴　刚(2月任)

中共三门峡市委宣传部

部　长　吕挺琳
常务副部长　张欣照
副　部　长　刘玉森　任战洲
张广杰　雷恒军
杨鸿星(7月任)

中共三门峡市委统一战线工作部

张建峰(9月不再担任市委常委,转任市人大常委会党组成员)
常务副部长　张保军(6月任)
李献民(2月离任)
副部长、市工商联党组书记　刘彦斌
副部长、市民宗委主任
段孝廷(2月任)
薛建峡(2月离任)
副部长、市委台办主任
李保民(4月任)
副部长　段荣武(6月任)
杨鸿星(6月离任)
张炳彦

中共三门峡市委台湾工作办公室(三门峡市人民政府台湾事务办公室)

主　任　李保民(4月任)
毋慧芳(女,2月离任)
副主任　李永辉

中共三门峡市委政法委员会三门峡市社会治安综合治理委员会办公室中共三门峡市委维护稳定工作领导小组办公室(合署办公)

书记、创新办主任、法学会会长
易树学
常务副书记　赵冶钧(2月离任)
李灵法(2月任)
副书记、维稳办主任　苗万青
副书记　翟万寿
副书记、综治办主任、创新办副主任
汤立明
综治办副主任、市政法纪工委副书记
李　黎
创新办副主任　鲁　锋
维稳办副主任　朱国斌
法学会秘书长　张志飞
政治部主任　王　磊

中共三门峡市委群众工作部(三门峡市人民政府信访局)

部　长　易树学
常务副部长(局长)、党组书记
严锦华(6月离任)
冯俊珍(女,6月任)
正县级信访督查专员、党组成员
骆雪峰
副部长(副局长)、党组成员
刘少君
马　萍(女,6月离任)
向　勇
张红涛(6月任)
副县级信访督查专员、党组成员
李永伟

三门峡市精神文明建设指导委员会办公室

主　任　任战洲(2月任)
宋惠学(2月离任)
副主任　王文辉

中共三门峡市委市直机关工作委员会

书　记　刘小英(女)
副书记、市直纪工委书记　张献东
副书记　王成新
市直工会主席　姚军歌
副县级专职委员　马灵强

中共三门峡市委农村工作办公室

主　任　李立明
副主任　吴　林
郑　鋆(女)
南　明

中共三门峡市委老干部局

局　长　范世谋
副局长　聂树杰
姚景华

中共三门峡市委保密委员会办公室(三门峡市国家保密局)

主　任(局　长)　郑宝梅(女)
副主任(副局长)　郭秀云(女)
总工程师　吴国欣

中共三门峡市委党史地方史志办公室(中共三门峡市委党史研究室、三门峡市人民政府地方史志办公室)

主　任　杨献珺
副主任　张安滨(女)
周　箐(女)

三门峡市机构编制委员会办公室

主　任　韩迎春(女)
副主任　孙宏发　王宏伟
事业单位登记管理局局长　王立州

中共三门峡市委党校(三门峡行政学院、三门峡社会主义学院)

常务副校(院)长、党委书记　许胜高
党委委员、副校(院)长　张振平
党委委员、纪委书记　周利平
党委委员、副校(院)长　赵光宇
党委委员、副校(院)长　曹丽华(女)
办公室主任　戴江琴(女)
教务处处长　陈芳芳(女)

科研处处长　郭来法
后勤处处长　王田玉
人事处处长　黄克成
纪检监察室主任　丁应晓(女)
图书信息中心主任　晋　一
学历教育中心主任　杨献省
基础理论教研部主任　刘全刚
党史党建教研部主任　黄会杰

三门峡日报社

社长、党委书记　李万泉
党委副书记、纪委书记　王素梅(女)
副总编辑　王亚敏
　　刘建设
　　焦森森(女)
　　张玉琮
　　刘书芳

三门峡市档案局

局　长　韩　芳(女)
副局长　杨乘东

中共三门峡市纪律检查委员会、三门峡市监察局、三门峡市预防腐败局(合署办公)

书　记　吴　云(女)
副书记　张志鹏(兼监察局局长)
　　金校卫
　　宋中岳
常　委　段荣武(9月离任,兼预防腐败局局长〈6月离任〉、监察局副局长〈6月离任〉)
　　余秋华(9月离任)
　　茹蔚雯(女)
　　崔晓战(9月任)
　　姜玉良(9月任)
　　楚松涛(9月任,兼监察局副局长)
　　倪爱武(女,9月任,兼办公室主任)
监察局副局长　张增固
预防腐败局副局长
　　何　宏(6月任,兼纪检监察干部监督室主任)
　　冯相儒(6月任,兼宣传部部长)

办公室

主　任　倪爱武

组织部

部　长　汪海欧

宣传部

部　长　冯相儒

调研法规室

主　任　张文世

党风政风监督室(市政府纠正行业不正之风办公室)

主　任　李玉林(6月离任)

信访室

主　任　刘小旺(2月任)

案件监督管理室

主　任　赵俊成

第一纪检监察室

主　任　郭占忠(6月离任)

第二纪检监察室

主　任　王金玲(女)

第三纪检监察室

主　任　张　阳

第四纪检监察室

主　任　贺红民

第五纪检监察室

主　任　(空缺)

第六纪检监察室

主　任　张鹏飞(7月离任)

第七纪检监察室

主　任　孙秋君

第八纪检监察室

主　任　(空缺)

案件审理室

主　任　(空缺)

纪检监察干部监督室

主　任　何　宏

预防腐败室(市惩治和预防腐败体系建设领导小组办公室)

主　任　张建武

电教信息网络管理室

主　任　(空缺)

派驻机构管理室

主　任　代军友

机关党委

专职副书记　杨永红(女)

派驻第一纪检监察组

组　长　褚建国(12月离任)
副组长　何　丽(女)

派驻第二纪检监察组

组　长　冯聪敏(12月离任)
副组长　王保仓(10月离任)

派驻第三纪检监察组

组　长　秦海棠(女,12月离任)
副组长　孙玉生

派驻第四纪检监察组

组　长　尚铁仓
副组长　李彩云(女)

派驻第五纪检监察组

组　长　徐典军(4月任)
　　周　钢(4月离任)
副组长　侯玉林

派驻第六纪检监察组

组　长　张鹏飞(7月任)
　　李　涛(2月离任)

派驻第七纪检监察组

组　长　王东林
副组长　靳葆青

派驻第八纪检监察组

组　长　雷雨川
副组长　韩清雅(女)

派驻第九纪检监察组

组　长　徐延彬

派驻第十纪检监察组

组　长　贺新安
副组长　卫丰收

市委巡察办

主　任　张邦年
副主任　马焕春
　　李　磊

市委第一巡察组

组　长　张元伟

市委第二巡察组

组　长　兀少侠

市委第三巡察组

组　长　曲振群

市委第四巡察组

组　长　牛孟林

市委第五巡察组

组　长　王永胜

市委巡察组

副组长　徐书卿
　　结峥峥
　　邓慧兰(女)
　　王　星(女)
　　许俊刚

市委巡察组副县级巡察专员

　　赵新辉
　　赵民刚
　　付　强
　　郭海琴(女)
　　翟宝华

三门峡市人民代表大会常务委员会

主　任、党组书记　王建勋

副主任、党组副书记　孙宗会
副主任、党组成员　宋万轩(3月任)
副主任　肖群兰(女)
副主任、党组成员
张朝红
吕均平
裴富平
张松林
秘书长、党组成员　杨治安(2月离任)
王战方(2月任)
副秘书长　杨国谦(3月任)
宋中魁(2月离任)
朱振华(6月任)

三门峡市人民代表大会常务委员会工作机构

办公室
主　任　杨国谦(3月任)
副主任　梁洪有
杨国谦(3月离任)

机关党委
书　记　杨治安(2月离任)
王战方(4月任)
副书记　李广庆

调查研究室
主　任　上官卿(5月离任)
赵　勇(6月任)
副主任　李　毅(女)

信访办公室
主　任　宋中魁(2月离任)
副主任　任社祥

财政经济工作委员会
主　任　卢夏慧
副主任　周　琛(女)
张素玲(女)

教育科学文化卫生工作委员会
主　任　杜宗文(2月离任)
李献民(2月任)
副主任　郭凤霞(女)
南振民
张虎森

农村工作委员会
主　任　靳跃军

选举任免代表联络工作委员会
主　任　王永利
副主任　王茂启

内务司法工作委员会
主　任　任振廷(3月离任)
杨少敏(6月任)
副主任　张　晓(10月离任)

环境与资源保护工作委员会
主　任　钱随章
副主任　严　渊

预算工作委员会
主　任　李怀国
副主任　张淑春(女)

民族侨务外事工作委员会
主　任　赵节跃
副主任　杨爱琴(女)

法制工作委员会
主　任　张根星
副主任　赵占方

三门峡市人民政府

市　长　安　伟(3月任)
常务副市长　赵中生(4月离任)
副市长　杨　骁
李　琳
牛兰英(女)
王振清
李庆红(女)
市政府党组成员　宋　跃
水选民
王　峰
刘廷福
张志鹏
侯　鑫
秘书长　刘廷福
副秘书长　张武民
李晓波
张建军(2月离任)
吕大伟
王明智
陈　鹏(12月离任)
张鲁豫(2月任)
王森涛(2月任)
王东春(4月任)

三门峡市人民政府工作部门

三门峡市人民政府办公室
主　任　刘廷福
副主任　郭旭昌(2月离任)
张红谱
封泽孝
韩际东
王东春(4月离任)
强鹏起(6月任)

三门峡市人民政府法制办公室
主　任、党组书记　崔晓战
副主任、党组成员　员三喜　张廷文

三门峡市人民政府金融服务办公室
主任、党组书记　康平森
副主任、党组成员　张建康(9月离任)
刘瑞锋　段保明

三门峡市人民政府外事侨务办公室
主　任　张武民
副主任　李　刚

三门峡市市直机关事务管理局
局长、党组书记
王志超(6月离任)
杨海让(6月任,8月免)
郭忠义(10月任)
副局长、党组成员
李竹园
付新红(女,6月离任)
吴志明
党组成员、文博城管理处主任
赵　倩(女)

河南省工业和信息化厅三门峡无线电管理局
局长、党组书记　刘孝贞
副局长　刘　欣　王为民

三门峡市人民防空办公室
主　任　段孝廷(4月离任)
孙天成(4月任)
副主任　曹兴华　卫迎宾　邵国震

三门峡市财政局
局长、党组书记　宋　东(兼任市投资集团有限公司董事长、党委书记)
副局长、党组成员　李安顺
副局长、党组成员　翟海燕(兼任市投资集团有限公司副总经理、党委委员,市财经投资公司总经理)
副局长、党组成员　刘泽夏
副局长、党组成员　刘玉侠(兼任市投资集团有限公司监事会主席、党委委员)

副局长、党组成员
秦建斌(兼任市投资集团有限公司副总经理、党委委员,挂职)
副局长、党组成员 冯 铎
市非税收入管理局局长、党组成员
刘灿烽

市财政国库集中支付(会计核算)
中心主任、党组成员 张世军
党组成员 李军民(兼任市投资集有限公司副总经理、党委委员)

三门峡市人力资源和社会保障局
党组书记、局长 毕立东
党组成员、副局长 张宪法
武东发
孙建堃(女)
党组成员 冯聪珍(女)
史明学
张少锋
汪忠义
赵章锁(12月离任)
党组成员、劳动就业培训中心主任
徐新华
就业促进办主任 王玉贤
市社会医疗保险中心主任 张武峰
市公务员局局长 张红旭
市社会养老保险中心主任 何增立

三门峡市行政服务中心
党组书记、主 任 叶国明
党组成员、副主任 杨伟兵
杨海军

三门峡市审计局
局 长、党组书记 范社民
副局长、党组成员
刘树军(9月离任)
侯功亮
白提高
张 楠(女,2月离任)
王永生(2月任)

三门峡市统计局
局长、党组书记 权振国(4月任)
张庆云(4月离任)
副局长、党组成员 赵葡萄(女)
副局长 李 玉
张亚珂(女)

三门峡市科学技术局
局 长 卢群召
副局长、党组书记 王松安
副局长、党组成员 王俊汝
彭增康
刘 涛
知识产权局局长 董文生

三门峡市公安局
市政府党组成员、公安局长、党委书记
王 峰
党委副书记、常务副局长
杨宗义
党委委员、副局长
张长廷(正县级干部)
党委委员、副局长
陈沛林(正县级侦察员)
党委委员、副局长 王继勇(7月离任)
党委委员、副局长 李正民
党委委员、副局长 夏东亚
党委委员、副局长 宋中奎
党委委员、政治部主任 焦露阳
党委委员、副局长 段连才
党委委员、纪委书记 尚定固
党委委员、武警三门峡支队支队长
代练兵

三门峡市公安局警令部
主 任 叶 桢

三门峡市公安局交通管理支队
支队长 石 军
政 委 周西汉

三门峡市公安局特殊警务支队
支队长 杜社伟
政 委 王成峡

三门峡市公安局犯罪侦查支队
支队长 孙永民
政 委 彭 岩

三门峡市公安局国内安全保卫和反恐怖支队
支队长 李化坤
政 委 李 力

三门峡市司法局
局长、党委书记 张龙治
副局长、党委委员 杨 峰
纪检书记 杨素霞(女)
副局长、党委委员 黄 凯
张 虎 孙江涛

三门峡市民族宗教局
局长、党组书记
薛建峡(1月离任)
副局长、党组成员
刘云鹏(正县级)
申春升(2月离任)
杨 柳(女)

三门峡市民族宗教事务委员会
党组书记、主任
段孝廷(1月任)
党组成员、副主任
刘云鹏(正县级,2月任)
杨 柳(女)

三门峡市商务局
局长、党组书记 周长青(6月任)
张翼飞(6月离任)
副局长、党组成员 李军方
黄秋丽(女)
张 涛
陈 一
开放办主任 王孝宽
贸促会会长 刘爱伟

三门峡市供销合作社
党委书记、理事会主任
张庆云(4月任)
王保炜(3月离任)
党委委员、理事会副主任
焦文婷(女)
郭建设
纪委书记 高 阳

三门峡市粮食局
局 长、党委书记 魏 玮
纪委书记、党委委员 戚咏梅(女)
副局长、党委委员 雷乙声
李瑞华(女)
何 飞

三门峡市商业物资总公司
总经理、党委书记 杨军歪
副总经理 张秀梅(女)
张家明
纪委书记 赵军生

三门峡市医药总公司
总 经 理 薛 飞
纪委书记 赵 峰

三门峡市旅游局
局长、党组书记 毋慧芳(女)
党组副书记、市旅游协调办主任
王保仁
副局长、党组成员 邓伟华
许 艳(女)
胡中州
卢文斌
市旅游协调办专职副主任
张秀丽(女)

三门峡市安全生产监督管理局
局　长　周　钢
副局长　张菊霞(女)
　　刘向东
　　党　峰
　　王永全
煤监办主任　王灵超
执法监察支队支队长　邵　青(女)

三门峡市工业和信息化委员会
党委书记、主任　王晓东
党委委员、副主任　樊俊华
　　杜会强
纪委书记　绳靖富
副主任　郭喜宏
党委委员、中小企业服务局局长
　　韩海民
党委委员、市煤炭办主任　王灵超
黄金办主任　孙连峰
信息化办主任　薛付立
市担保公司总经理　苏书芳

三门峡市教育局
市教育局党委书记、局长　聂红超
副局长、党委委员　金　锐(女)
　　杨伟建
　　许彦卿
　　段晋中
纪委书记　刘云仙(女)
副局长、党委委员　高超杰

三门峡职业技术学院
党委书记　郑建英
党委副书记、院长　吴勇军
党委专职副书记　乔长青(6月任)
党委委员、常务副院长　李久昌
纪委书记、工会主席　宋六锁
副院长　李　勤(女)
党委委员、副院长　马旭东
党委委员　袁文山
　　张雪冰(女)

三门峡市体育局
局　　长　张景林
党组书记　孔　辉
副 局 长　武如仓
党组成员、副局长　刘晓宇
党组成员、体校书记　张　睿
体校校长　贾满坡

三门峡市文化广电新闻出版局
(三门峡市文物局)
局　　长　梅良川
党委书记　梅良川
副局长、党委委员　张书超
纪委书记　许建平
副局长　许海星
副局长、党委委员
　　宁会振
　　王冠衡(10月任)

三门峡广播电视台
台长、党委书记　雷恒军(4月任)
　　任战洲(4月离任)
总编辑、党委委员　雷晓东(女)
副书记　杨殿法
副台长、党委委员　聂建英

三门峡市文化市场综合执法支队
支队长　姜一新

三门峡市卫生和计划生育委员会
党委书记、主任　任晓云(女)
党委副书记、副主任　张占海
党委委员、市中心医院党委书记
　　齐秋安
党委委员、纪委书记　张杰生
副主任　韩绍卿
党委委员、副主任　刘存棣
　　邹　杰

三门峡市住房和城乡建设局
党委书记、局长、市商务中心区建设指挥部办公室主任
　　杨青黑(2月离任)
　　王保炜(2月任)
党委委员　王道明(正县级)
党委委员、市住房公积金管理中心主任
　　何耀武
党委委员、副局长
　　何　军(6月离任)
　　董清华
　　段敬民(9月离任)
　　赵和平(9月离任)
　　陈鸿钧
　　李泳均(9月离任副局长)
党委委员、纪委书记　张银良
党委委员、副局长　邱成峰
市商务中心区建设指挥部办公室常务副主任
　　何　军(6月离任)
　　李泳均(9月任)

三门峡市规划和城市管理综合执法局
局长、党组副书记　李保民(2月离任)
党组书记、副局长　赵瑞平(2月离任)
党组成员　刘国泰(正县级,2月离任)
　　石旭民(正县级,2月离任)
　　赵文杰(副县级,2月离任)
党组成员、副局长　刘振国(2月离任)
　　周秋良(2月离任)

三门峡市城乡规划局
党组书记、局长　赵瑞平(2月任)
党组成员、副局长　李海龙(6月任)
　　段敬民(9月任)

三门峡市环境保护局
局长、党组书记　杨少敏(4月离任)
　　董树良(4月任)
副局长、党组成员　孔京周
　　卢华朝
　　鲜　玉(女)
党组成员　张中良(正县级)
　　李光宏(正县级)
　　张铁道(正县级)
副局长　鲁雪生(9月离任)
党组成员、环境监察支队队长
　　沈建民(副县级)
党组成员、环境监测站站长
　　郭建伟(副县级)

三门峡市国土资源局
局长、党组书记　朱豫锋
党组成员　阴旭阳
　　徐建立
副　局　长　王西鹏
　　上官勤学
　　张寿西
土地总督察　乔娟芳(女)

三门峡市扶贫开发办公室
主　任、党组书记　蔡伟成(6月离任)
　　王耀文(6月任)
副主任、党组成员　秦　炜
　　韩海军(6月任)
党组成员　韩钢锋(4月退休)

三门峡市农业局
党组书记、局长　王耀文(2月离任)
党组成员、副局长
　　张建业(兼,正县,2月离任)
党组成员　张建林(兼,正县,2月离任)
党组副书记、副局长
　　王晓福(兼,正县,2月离任)
副局长、党组成员　唐向志(2月离任)
　　李安昌(2月离任)
　　宋速快(2月离任)
副局长　陈林海(2月离任)

三门峡市畜牧局
党组书记、局长　张建业(2月离任)
副局长　彭　博(2月离任)

党组成员、副局长　盛显秋(2月离任)
李建强(2月离任)
刘小旺(2月离任)

三门峡市农业畜牧局

党组书记、局长　张建业(2月任)
副局长、党组成员　唐向志(2月任)
盛显秋(2月任)
李建强(2月任)
党组成员、副局长,三门峡市农业产业化办公室主任　李安昌(2月任)
党组成员、副局长,三门峡市农业机械化管理办公室主任
宋速快(2月任)
副局长　彭　博(2月任)
党组成员　张建林(2月任)
茹华峰(2月任)

三门峡市农业科学研究院

党支部书记　王晓福(2月离任)
茹华峰(2月任)
院长、党支部副书记
张建林
副院长　景　尚
涂永华(2月任)
翟玉洛

三门峡市农业机械化管理办公室

主　任　王富宇(2月离任)

三门峡市农业产业化办公室

主　任　涂永华(2月离任)
三门峡市园艺工作总站站长　李明雷

三门峡市林业和园林局

党组书记、局长　水贤礼(2月离任)
张建军(2月任)
党组成员、副局长　柴仁俊
李茂军
周文亮
周松坤
党组成员、河南小秦岭国家级自然保护区管理局(河西林场)局长　韩保健
党组成员、河南小秦岭国家级自然保护区管理局(河西林场)党委书记　刘汉良
党组成员　李　健(副县级,2月离任)

三门峡市天鹅湖国家城市湿地公园

管理处主任　李云锋(副县级)
三门峡市森林公安局政委
李同侠(副县级)

三门峡市水利局

党组书记、局长　段建民
党组成员、副局长　李国祥(正县级)
党组成员　黄更臣(正县级)
乔铁牛(正县级,12月离任)
党组成员、副局长、窄口水务局局长
卫　伟
党组成员、副局长　赵新生
李定慈
李　平
市防汛抗旱指挥部办公室主任
李清君
水资源管理处党总支书记、处长
裴宗杰
水资源管理处副处长　王军峰
李春丰

三门峡市民政局

局　长、党委书记　常天朝
副局长、党委委员　张增盈
王明刚　王宏军
李　勇　赵国选
纪委书记　宁转果(女)

三门峡市发展和改革委员会

市城乡一体化示范区主任,市发展改革委主任、党组书记　刘会林
副主任、党组成员(正县级)　索亚荣
副主任、党组成员,区域协作办主任(正县级)　张项学
副主任、党组成员　赵　宇
左军英
副主任、党组成员,兼任区域协作办副主任　李晓玲(女)
党组成员　陈克己
物价办主任　苗朝霞(女)
市重点项目建设领导小组办公室主任
兰正军
市建设投资公司经理　郭项斌

三门峡市交通运输局

党委书记、局长　李隽瑜(2月任)
副局长　李春来　郑建锋
贾　利(女)
任江源(12月任)
党委委员　赵翠玲(女)
党委委员、纪委书记、副局长　郭社良
副局长、邮政管理局局长　李宝林
党委委员　尚柏仁

三门峡市公路局

局长、党委副书记　李春来
党委书记　赵翠玲(女)
党委副书记　许德华
纪委书记　曹利力(女)
副局长(副县级)　周建通
常见辰　建则军

三门峡市工商行政管理局

局长、党组书记　郭　群(3月离任)
赵治钧(3月任)
副局长、党组成员
李保民
王均平(10月离任)
李贵标
纪检组长、党组成员　张　辉

三门峡市质量技术监督局

党组书记、局　长　索继军
党组成员、副局长　莫瑞庄
孔维玲(女)
谢贵强
刘国强(1月任)
稽查支队支队长　任艺峰
市质量检验检测中心主任　乌新平

三门峡市食品药品监督管理局
(市政府食品安全委员会办公室)

市政府食安办主任,市食品药品监督管理局党组书记、局长　曹成建
副局长　何　耿(2月离任)
苗泉清
稽查支队支队长　王宏伟
市政府食安办副主任　史　瑜
副局长　曲洪波(女,2月离任)
陈少华(女,2月任)

三门峡市黄河河务局

党组书记、局长　卫保元
党组成员、副局长　张景芳(9月离任)
姚艳伟(女)
王泉钧
党组成员　卢多敏(正县级)

三门峡市地震局

局　长　姚　龙
副局长、党组成员　郑　垚　韩浩然
党组成员　雷战龙

三门峡市盐业管理局

局　长　黄松涛
党委书记　高清傲

三门峡经济开发区管理委员会

党工委书记、管委会副主任
王志超(6月任)
李宏伟(6月离任)
党工委副书记、纪工委书记　姚发挥
党工委委员、管委会副主任　杨　峰
王振江
马占方
路进良
杨文龙

刘　益

三门峡产业集聚区管理委员会

主　任　朱　强
党工委书记　张光辉(4月任)
　赵松勤(4月离任)
副主任、党工委副书记
　狄治涛
副主任、党工委委员
　王甲森(9月离任)
　崔文泽　荆栓民
　周　童　王彦超
党工委委员、纪工委书记　董项虎
副主任、党工委委员、公安分局
　朱俊军
副主任　孙德厂(9月离任)
党工委委员　孟兴林(副县级待遇)
　荆柏松

中国人民政治协商会议三门峡市委员会

主席、党组书记　郭秀荣(女,3月离任)
　赵予辉(3月任)
副主席、党组副书记
　高从民(3月离任副主席,6月离任党组副书记)
　李俊江(6月任党组副书记)
副主席、党组成员　张礼堂
　庆志英(女)
　高永瑞(3月任)
副主席　马仰峡　姚　龙
　孙继伟　张景林
　卢群召
秘书长、党组成员　王平灿(2月离任)
　杨青黑(2月任)
党组成员、机关党委书记
　杨青黑(4月任)
　王平灿(2月离任)
副秘书长　何　盈
　王朝周(2月离任)
　杨素仙(女)
　钱　程
　李发军

中国人民政治协商会议三门峡市委员会工作机构

办公室

主　任　何　盈
副主任　李明安
　段燕红(女)

提案委员会

主　任　蔡中有(2月离任)
　薛青池(2月任)
副主任　席国峰

经济科技委员会

主　任　蔡水文
副主任　张广武

文教体卫委员会

主　任　郭振平

港澳台侨和民族宗教委员会

主　任　薛建峡

学习文史资料委员会

主　任　杨顺发(2月离任)
　石　耘(7月任)
副主任　许瑞平(女)

社会和法制委员会

主　任　宋惠学
副主任　王建强

机关党委

书　记　王平灿(2月离任)
　杨青黑(4月任)

人口资源环境委员会

主　任　武少峰

三门峡市国防　审判　检察机构

三门峡军分区

司令员　叶　勇
政治委员　孟　斌
副司令员　张善富　张洪标
参谋长　赵小强
政治部主任　陈俭富
后勤部部长　任江源(4月离任)

中国人民武装警察部队三门峡市支队

支队长　代练兵
第一政治委员　王　峰
政治委员　陈黎平
副支队长　石红狮　李振国
副政治委员　张　良　杨祚松
参谋长　刘春江
政治处主任　李新科
后勤处处长　杨　坚

中国人民武装警察部队三门峡市消防支队

政治委员　仰文祥
支队长　江俊伟
副支队长　马　雷　牛　杰
司令部参谋长　贺国波
政治处主任　武泽成
后勤处处长　彭　伟
防火监督处处长　赵立勋

三门峡市中级人民法院

院长、党组书记　梁　维
常务副院长、党组副书记　李主臣
副院长、党组成员　刘胜利
　李红伟
　孙本立
党组成员、纪检组长　陈三奇
党组成员、政治部主任　王利荣(女)
党组成员、执行局长　贾巧梅(女)
党组成员　任睿妮(女)
　李建敏　薛保良
专职审委会委员　张俊叶(女)

三门峡市人民检察院

检察长　康健民(3月任)
　邱　恺(3月离任)
党组副书记、常务副检察长　司玉新
党组成员、副检察长　匡江丽(女)
　杨镜炜
　杨红岩
　张江波
党组成员、纪检组长　张俊合
党组成员、政治部主任　任高卿
党组成员、反贪局局长　水宝泉
党组成员、检察长助理　杨　森

三门峡市民主党派　工商联　社会团体

中国民主同盟三门峡市委员会

主　委　马仰峡
副主委　何建刚
　李述勇
　许海星
秘书长　李述勇(兼)

中国民主建国会三门峡市委员会

主　委　张景林
副主委　卫超民
　朱振华

中国农工民主党三门峡市委员会

主　委　肖群兰(女)
副主委　赵光煊
　陈天栋

九三学社三门峡市委员会

主　委　姚　龙(5月离任)
　李发军(5月任)
副主委　杭海龙

李发军(5月离任)
秘书长 楼晓红

三门峡市工商业联合会(总商会)

主 席 孙继伟
党组书记、副主席 刘彦斌
副主席 王 锋
副主席、党组成员 刘谋奎
秘书长、党组成员 盛 兵

三门峡市总工会

主 席 孙宗会
副主席、党组书记 武跃峰
副主席、党组成员 路敏茹(女)
张秀云(女)
赵 敏
党组成员 任民良
李万新
经审会主任 贾 林

中国共产主义青年团三门峡市委员会

书 记 李瑞霞(女,6月离任)
副书记 杨 军
曲 晓

三门峡市妇女联合会

主席、党组书记 崔飞飞(女)
副主席、党组成员
李 珣(女)
史锁茹(女)

三门峡市科学技术协会

主 席 马仰峡
副主席、党组书记 郭亚娟(女)
副主席 郭 宏
王春凌(女)

三门峡市文学艺术界联合会

主席、党组书记 孟国栋
党组成员、创联部主任 戢彩玲

三门峡市社会科学界联合会

主席、党组书记 刘佰洋(4月任)
党组成员、副主席 黄 辉

三门峡市归国华侨联合会

主 席 闫正伟

三门峡市残疾人联合会

理 事 长 白拴鱼(女)
副理事长 张建廷 纪亚宇

国务院部属 省属直管单位

三门峡市国家税务局

局 长、党组书记 郭长霖
副局长、党组成员 王 伟
程书华(女)
万广卿
胡继宏
党组成员、纪检组长 王亚平
党组成员、总会计师 刘淑娟(女)
党组成员、总经济师 王中华

三门峡市地方税务局

局长、党组书记 王彦朝(1月任)
霍 涛(1月离任)
副局长、党组成员 卫苏伟
陈 路
王宗贤
纪检组长 刘维平
党组成员、总经济师 翟鹏戈
党组成员、稽查局长 崔 军

三门峡市烟草专卖局(河南省烟草公司三门峡市分公司)

局长、经理、党组书记
韩华猷(8月任)
蒋笃彪(8月离任)
纪检组长 崔永才
党组成员、副经理 乔超伦
党组成员、工会主席 赵遂生

河南省电力公司三门峡供电公司

总 经 理 胡 刚
党委书记 孙文光
副总经理 阴孝平
高 亮
张富刚
纪委书记兼工会主席 毛克民

三门峡市气象局

局长、党组书记 武小明
副局长、党组成员 宋建予
副局长 黄克磊(8月援藏)
纪检组长 汤新海

中国邮政集团公司三门峡市分公司

党委书记、总经理 张大海
党委委员、副总经理 刘亚芳
王海峰
杨 强

中国联合网络通信有限公司三门峡市分公司

总经理、党委书记 吴振魁
副总经理 卫 娟(女)
康 健
张 林
汪 洋(10月任)

中国移动通信集团河南移动公司三门峡分公司

党委书记、总经理 闫志刚(10月任)
赵保君(10月离任)
纪检书记、工会主席、副总经理
张朝阳
副总经理 王节友
解奋一
刁旭川

中国电信集团河南省三门峡市电信分公司

总 经 理 公怀予
副总经理 董党伟 崔 杰
常海成

中国人民银行三门峡市中心支行

党委书记、行长 白崇建
党委副书记、副行长 徐庆炜(9月任)
党委委员、副行长 乔青峰
党委委员、纪委书记 孟宏杰
党委委员、副行长 赵春燕(女)
党委委员、工会主任 许社敏
党委委员、副行长
刘社芳(女,3月任)
姚 彤(2月离任)

中国银行业监督管理委员会三门峡监管分局

局 长 蒋红华
党委委员、副局长 程铁军(1月任)
党委委员、纪委书记
薛长山(1月任)
董社义(1月离任)
党委委员、副局长 姚东辉(4月任)

中国农业发展银行三门峡市分行

党委书记、行长 程书贞
党委委员、副行长、纪委书记 段红伟
党委委员、副行长、工会主任 白玉琪
党委委员、副行长 李鹏杰

河南省农村信用社联合社三门峡市办公室

主 任、党组书记 刘安强(7月离任)
调研员、党组成员 杨长法
副主任、党组成员
李怀林(7月主持工作)

中原银行股份有限公司三门峡分行

党委书记、行长 焦启民(2月离任)
王愿生(2月任党委书记、11月任分行行长)
党委副书记、纪委书记 昝红宇
党委委员、副行长
曹 兵(3月任党委委员、11月任分行副行长)

郑治军
范春晖
张成军(10月离任)
张　毅
党委委员　关晓兵(8月任)

中国工商银行股份有限公司三门峡分行
行长、党委书记　贺春朝(11月离任)
王志刚(11月任)
副行长、党委委员　李铁生
杜振洪
吕　凡
姚辉元
资深经理　赵英民
高级经理　乔卫靖
常卢颜
高级客户经理　茹云中
行长助理　刘道宇(12月任)

中国农业银行股份有限公司三门峡分行
党委书记、行长　张建新
党委委员、副行长、纪委书记　吴振华
党委委员、副行长　刘艳菊(女)
党委委员、副行长　赵鹏飞

中国建设银行股份有限公司三门峡分行
行　长、党委书记　李刚军
副行长、党委副书记、纪委书记
张　健
副行长、党委委员　王东平
副行长、党委委员　崔　瑜
副行长、党委委员　刁海民
纪委书记、党委委员
张　健(7月离任)
周越江(7月任,12月离任)

中国银行股份有限公司三门峡分行
行　长、党委书记　张世波
副行长、党委委员
王银川(12月离任)
副行长兼财务总监　李惠敏(女)
副行长、党委委员　朱经波
纪委书记、党委委员
陈文峰(11月离任)
王银川(12月任)

中国邮政储蓄银行三门峡市分行
党委书记、行长　张　俭
党委委员、副行长　王月红(女)
党委委员、纪委书记、工会主席
张文武
党委委员、副行长　姚文华(女)
党委委员、副行长　员春义(6月任)

中国人民财产保险股份有限公司三门峡市分公司
副总经理、党委副书记　韩建丽(女)
副总经理、党委委员　张　震(女)
纪委书记　张　震(女)

中国人寿保险股份有限公司三门峡分公司
总经理、党委书记　孙鸿雁
党委委员、总经理助理
侯俊水
谷中立(3月离任)
韩勇军(1月离任)
贺少伟(3月任)
刘卫东(11月任)

中原证券股份有限公司黄河金三角示范区分公司
总　经　理　杜洪涛
副总经理　牛晶峰

三门峡黄河明珠(集团)有限公司(三门峡水利枢纽管理局)
党委书记、董事长(局长)
李明堂(8月任)
张保平(5月离任)
副董事长、总经理、党委副书记
陈印刚(9月任)
董事、副总经理(副局长)、党委委员
王通战　牛锐锋
党委副书记、纪委书记、监事会主席
赵国民
党委委员、总工程师、董事会秘书
薛敬平
党委委员、工会主席、董事　高建民

三门峡库区水文水资源局
党委书记、局长　和晓应
党委委员、副局长　孙章顺(6月离任)
党委委员、纪委书记　丁宪宝
党委委员、工会主席　杨保松
党委委员、副局长　王生雄　屠新武
王德芳(6月任)
总工程师　屠新武(9月离任)
孙世雷(9月任)

三门峡库区水文水资源勘测局
局　长　贺亚平

西峰水文水资源勘测局
局　长　张积玉

天水水文水资源勘测局
局　长　蔡世林

三门峡库区测绘大队
队　长　李启高

中国石油化工股份有限公司河南三门峡石油分公司
总　经　理、党委书记　郭景超
党委副书记　李宗宏
副　总　经　理　夏世宏
孙晓旭

河南高速公路发展有限责任公司三门峡公司
总经理　夏　磊
党委书记　李柏盛
党委副书记　吴卫军
副经理　李本志　翟书伟
平瑞峰　刘文亮

三门峡出入境检验检疫局
局　长　赵　奇(5月离任)
张曙宇(5月任)
副局长　杨兴富
巩卫东

三门峡海关
关　长　申志强
副关长　胡　华

三门峡火车站
站　长　李红敏

三门峡南站
站　长　刘予庆
书　记　王宏伟
副站长　张晓伟
魏雪玲(女)

三门峡市各县(市、区)工作机构

中国共产党湖滨区委员会
书　记　王清华(2月离任)
亢哲楠(2月任)
副书记　亢哲楠(2月离任)
李　涛(2月任)
杨跃民(6月离任)
薛蒲生(6月任)
常　委　段青菊(女,6月离任)
薛蒲生
宋双作
吴全乐
董兴连(6月离任)
徐典军(6月离任)
刘万增(6月离任)
王秀良
李志彬(6月任)

马宗玉(6月任)
张志刚(6月任)
宋黎静(女,6月任)
刘宽海(6月任)

湖滨区人民代表大会常务委员会

主　任　方留聚
副主任　郭永和(3月离任)
吕志江
贾建强
刘霞青(女)
姚盈亮

湖滨区人民政府

区　长　亢哲楠(2月离任)
李　涛(2月任)
副区长　薛蒲生(6月离任)
杭海龙
贺转峡(6月离任)
师生林(6月离任)
徐红梅(女,6月离任)
张志刚(6月任)
赵铁安(6月任)
程明波(6月任)

中国人民政治协商会议湖滨区委员会

主　席　杨会通(2月离任)
水贤礼(2月任)
副主席　张予宝(6月离任)
王志荣(女)
郑百群
相海平(女)
潘东生

中国共产党义马市委员会

书　记　张保军(6月离任)
杨　彤(6月任)
副书记　李隽瑜(4月离任)
谢喜来(6月离任)
李瑞霞(女,6月任)
常　委　张保军(6月离任)
杨　彤(6月任)
李隽瑜(4月离任)
冯　勇(4月任)
谢喜来(6月离任)
李瑞霞(女,6月任)
方建超
崔飞飞(女,4月离任)
吕良涛(6月离任)
董兴连(6月任)
陈　军
刘文祥(6月离任)
刘万增(6月任)
杜爱民(女)
张世林(6月离任)
王彦凯(6月任)
马宗玉(6月离任)
张坤士(6月离任)
李　岩(6月离任)
詹建民(6月任)
正县级干部　陈军武
尚志军
享受正县级生活待遇　尚会敏
组织部长　吕良涛(6月离任)
董兴连(6月任)
宣传部长　杜爱民(女)
统战部长　李　岩(6月离任)
詹建民(6月任)

义马市人民代表大会常务委员会

主　任　焦爱民(2月离任)
吕根友(4月任)
党组书记　焦爱民(2月离任)
吕根友(3月任)
党组副书记　许万群
副主任　许万群
杨长富
邱明涛
李拴军

义马市人民政府

市　长　李隽瑜(4月离任)
冯　勇(4月任)
党组书记　李隽瑜(4月离任)
冯　勇(4月任)
副市长　刘文祥(6月离任)
刘万增(6月任)
吴鹏斐
程相渠
张晓红(女,6月离任)
毛海港
邹晓东(6月任)

中国人民政治协商会议义马市委员会

主　席　王卢生
副主席　陈守炯
闫新华(女,2月离任)
贺宝军
刘　彧

中共渑池县委员会

书　记　张松林(6月离任)
杨跃民(6月任)
副书记　杨跃民(2月任,6月离任)
周建文(6月任)
刘小亭(6月离任)
张行军(6月任)
常　委　张松林(6月离任)
杨跃民(2月任)
周建文(6月任)
刘小亭(6月离任)
姜玉良(6月离任)
郭艳华(女,6月离任)
王晓东(4月离任)
张行军
李志彬(6月离任)
王跃峰(6月离任)
单守江
宋黎静(女,6月离任)
狄玉华(6月离任)
张世林(6月任)
李　岩(6月任)
吴　波(6月任)
张晓红(女,6月任)
郭占忠(6月任)
贺转峡(6月任)
师生林(6月任)
正县级干部　茹　鹏

渑池县人民代表大会常务委员会

主　任　崔优才
党组书记　崔优才
党组副书记　袁成学
刘小亭(6月任)
副主任　袁成学
刘建华(女)
范群才
石美丽(女)
党组成员(副县级)　刘建华(女)
范群才
张赞民

渑池县人民政府

县　长　杨跃民(4月任)
县委副书记、副县长　周建文(6月任)
常务副县长　王晓东(6月离任)
吴　波(6月任)
副县长　石线伟
周增顺(6月离任)
吴武岳
赵铁安(6月离任)
赵　睿(6月任,8月离任)
党组成员(副县级)
赵　睿(8月任)
张耀军
姬宪伟
黄世民

张光明(7月离任)
周来拴
倪建军
王　飞(6月离任)

中国人民政治协商会议渑池县委员会

主　席　底长胜
副主席　李若松
侯铁军
杨　航
张发梅(女)
党组书记　底长胜
党组副书记　郭艳华(女,6月任)
党组成员(副县级)
张　芳(6月离任)
李若松
侯铁军

中国共产党陕州区委员会

书　记　高永瑞
副书记　赵　勇(6月离任)
骆玉峰(6月任)
冯勇(4月离任)
谢喜来(6月任)
常　委　吴自力
张天生
吕良涛(6月任)
宋广军
杨玉秋(女)
狄玉华(6月任)
葛海水(6月任)
李　军(6月任)
董树良(4月离任)
刘佰洋(4月离任)
冯俊珍(女,4月离任)
王彦凯(6月离任)
童志明(下派干部)

陕州区人民代表大会常务委员会

主任、党组书记　李　蓓(女,2月离任主任,3月离任党组书记)
骆玉峰(3月任,6月离任)
副主任　焦雪丽(女)
满向阳
介建新
高金庄

陕州区人民政府

区　长　赵　勇(6月离任)
代区长　骆玉峰(6月任)
副区长　张天生(6月任)
刘晓宇(6月任)
刘威雷(6月任)
王海燕(6月任)
冯俊珍(女,4月离任)
葛海水(6月离任)
李海霞(女,4月离任)
苏占云(6月离任)
李　军(6月离任)

中国人民政治协商会议陕州区委员会

主席、党组书记
曹海生(3月任)
骆玉峰(2月离任主席,3月离任党组书记)
副主席　王贯新
李建通
任文东
赵卫明(女)

中国共产党灵宝市委员会

书　记　乔长青(6月离任)
李宏伟(6月任)
副书记　杨　彤(6月离任)
何　军(9月任)
杨海让(6月离任)
张　华(女,6月任)
常　委　乔长青(6月离任)
李宏伟(6月任)
杨　彤(6月离)
何　军(9月任)
杨海让(6月离任)
张　华(女)
卫　光(6月任)
侯乐见
吕根友(3月离任)
胡家群
李万征(女,6月离任)
王高风(6月任)
赵　龙(6月任)
林学彬
吴英民(6月离任)
李玉林(6月任)
吴　波(6月离任)
王跃峰(6月任)
李赞鹏(6月离任)
徐红梅(女,6月任)
刘付周(4月离任)

灵宝市人民代表大会常务委员会

党组书记、主任　张社平
党组副书记、副主任　杨世强
李东风
党组成员、副主任　方建民(2月离任)
贺锁立
李玉宝(4月任)
党组成员　李万征(女,6月任)
李赞鹏(6月任)
吴英民(6月任)

灵宝市人民政府

市长、党组书记　杨　彤(6月离任)
何　军(9月任)
党组副书记、市产业集聚区管委会主任　侯乐见
常务副市长、党组副书记
吕根友(3月离任)
胡家群(6月任)
市长级干部　徐端业
副市长　朱振华(6月离任)
王高风(6月离任)
赵　龙(6月离任)
孙会方(6月离任)
周增顺(6月任)
郭仙朋(女,7月任)
杜元恒(8月任)
莫极端(8月任)
副市长级干部　杨社军
党组成员　张少波
杭建民(3月离任)
吴　昱(12月任)
卫铁峡
张　磊
彭占玉
赵　睿(7月离任)
杜继英(9月任)

中国人民政治协商会议灵宝市委员会

主席、党组书记　张成宝
党组副书记　侯乐见(6月任)
徐红梅(女,6月任)
李赞鹏(6月离任)
副主席　马保民(3月离任)
李俊伟
杭建民(3月任)
黑素妮(女)
党组成员　马保民(3月离任)
杭建民(3月任)
王建国
许岩峰

中国共产党卢氏县委员会

书　记　王战方(2月离任)
王清华(2月任)
副书记　张晓燕(女)

乔建厚
常　委　卫　光(6月离任)
丹宝民(6月离任)
周建文(6月离任)
张志刚(6月离任)
赵伟民(6月离任)
狄　罡
陈　钧
赵永丰
付新红(女,6月任)
吴文峡(6月任)
孙会方(6月任)
苏占云(6月任)
郭军文(6月任)
岳爱华(6月任,挂职)

卢氏县人民代表大会常务委员会

主　　任　王清华(2月任)
党组书记　丹宝民(6月任)
党组副书记　郭英辉
副 主 任　郭英辉
郭焕民
王贵生
王爱霞
常金科

卢氏县人民政府

县　长　张晓燕(女)
副县长　周建文(6月离任)
孙会方(6月任)
吴文峡(6月离任)
梁信志(6月离任)
张坤士(6月离任)
张　勇(10月离任,挂职)
王玺光
李　芊(女,挂职)
张光明(6月任)
陈　伟(6月任)
刘瑞刚(11月任,挂职)

中国人民政治协商会议卢氏县委员会

主　　席　张新民
党组书记　张新民
党组副书记　郭军文(6月任)
张君治
副 主 席　张君治
杨文山

三门峡市区一角

·编辑　周　箐·

政　治

中国共产党三门峡市委员会

【概况】 2016年，中国共产党三门峡市委员会团结带领全市广大干部群众，认真落实党的十八大和十八大以来历次中央全会精神，深入贯彻省委各项决策部署，坚持抓好党建是最大政绩、推动发展是第一要务，把方向、管大局、重统筹、抓落实，统筹推进“五位一体”总体布局和协调推进“四个全面”战略布局，认真践行创新、协调、绿色、开放、共享的发展理念，以壮士断腕的决心推进转型发展，以舍我其谁的勇气建设省际中心城市，以敢于担当的责任感推动脱贫攻坚，以驰而不息的精神推动作风转变，全市经济社会保持平稳健康发展。全市生产总值完成1348.6亿元，同比增长7.7%，较2015年提高4.4个百分点，从全省垫底拉升到正常水平。财政一般公共预算收入完成100.1亿元，增长7.8%；固定资产投资完成1773.1亿元，增长15.2%；城镇居民人均可支配收入25254元，农村居民人均可支配收入11982元，分别增长6%、8.1%。各项社会事业不断进步，人民群众安居乐业，社会大局和谐稳定，党的建设全面加强，全面从严治党“两个责任”不断压实，风清气正的政治生态逐步形成。全市上下干事创业的热情不断激发、转型发展的动力不断增强、决胜全面小康的势能不断聚集，实现了“十三五”良好开局。

深入开展“两学一做”学习教育。坚持理论武装，夯实“学”的基础。认真学习习近平总书记系列重要讲话，系统学习掌握党章党规，创新学习制度和学习载体，促使学习融入经常、覆盖全面，引导广大党员坚定理想信念，不断增强“四个意识”特别是核心意识、看齐意识。坚持以知促行，把握“做”的关键。把全面实施农村基层党建“百村示范千村提升”工程作为推进“两学一做”学习教育的重要抓手，全市基层党建水平整体提升。坚持问题导向，突出“改”的重点。领导班子及成员以身作则、率先垂范，市委常委班子围绕党风党纪主题深入查摆6个方面70余条问题，制定整改措施53条。运用好巡察这把利剑，推动各级党委及成员认真整改、立行立改。坚持深度融合，务求“促”的实效。上下联动、条块结合，扎实开展“五查五促”（查“十三五”规划重大工程启动推进情况，促转型提质增效；查深化改革重点任务完成情况，促体制机制创新；查精准扶贫措施落实情况，促打赢脱贫攻坚战；查重点民生工程实施情况，促社会和谐稳定；查联系群众服务群众情况，促作风建设常态长效），推动学习教育与转型发展、改善民生等重点工作两手抓、两不误、两促进。

严肃认真做好省委第十巡视组巡视反馈意见整改落实工作。2015年12月17日，省委第十巡视组向三门峡市被巡视单位义马市、渑池县、湖滨区、陕州区和灵宝市反馈意见。市委将抓好反馈意见整改落实工作作为一项重大政治任务，作为推动党风廉政建设和反腐败斗争的重要抓手，对巡视组反馈意见诚恳接受、积极整改。及时召开常委会会议、协调会、推进会进行专题研究部署，成立市委整改落实工作领导小组，针对巡视组反馈的12大类117个具体问题，建立整改责任清单，明确责任单位、责任领导，限定责任范围和整改期限。加强督促检查，安排有关部门及时跟进、全面督查，对发现的问题及时进行通报处理。强化责任担当，剑指薄弱环节，要求有关负责人切实承担“第一责任人”责任。巡视组反馈的117个具体问题，104个整改完毕，其余13个正在整改，整改完成率88.9%；巡视组移交市、县纪委办理的1091件（不含转办交办件）问题线索，已办结1075件，其余16件正在办理，办结率98.5%。

召开市第七次党代会。市委常委会坚决贯彻省委要求，围绕起草一个好报告、选出一个好班子、形成一个好风气、营造一个好氛围，精心做好各项筹备和大会组织工作，确保大会圆满成功。市七次党代会深入贯彻落实习近平总书记系列重要讲话精神，按照“五位一体”总体布局和“四个全面”战略布局，以转型为主线发展经济，以人民为中心改善民生，以队伍建设为重点全面从严治党，提出“坚定不移加快转型发展，为决胜全面小康而努力奋斗”的战略任务，明确全面建成小康社会圆满完成、转型发展实现重大突破、省际中心城市建设取得实质性进展、人民生活水平显著提升、政治生态得到明显优化奋斗目标，提出“三量并举、三管齐下、三力联动”路径选择，选出务实精干的新一届市委领导班子，对加快转型发展、如期全面建成小康社会，具有十分重大而深远的意义。

加快产业转型升级步伐。坚持“做大增量、优化存量、主动减量”这一转型根本路径，科学把握增量与存量的关系，加快新旧动能转换，强化传统优势产业升级、接续替代产业培育双轮驱动，走出一条有质量、有效益、可持续的三门峡转型发展新路子。全力做大增量。围绕特色做文章，着力增加优势品种、提升产品品质、打造名优品牌，持续壮大特色农业规模、突出特色农业优势，巩固一产。坚持工业主导地位，着力培育战略性新兴产业，做大做强装备制造、铜精深加工、食品、生物医药等新兴工业集群，做强二产。坚持生产性服务业与生活性服务业并重、现代服务业与传统服务业并举，大力发展旅游、商贸、物流等服务业，提升三产。着力优化存量。依托现有产业基础，综合运用链条延伸、技术改造、企业服务、品牌打造等手段，对传统产业进行改造提升，强力推进质量强市战略，持续提升产业层次，不断推动产业结构优化升级，促使产业链向终端延伸、价值链向高端攀升，进一步增强整体影响力和竞争力。积极主动减量。牢固树立绿色发展理念，深入落实供给侧结构性改革各项工作任务，坚持“减量化、再利用、可循环”原则，大力发展绿色经济、循环经济、低碳经济，加快淘汰落后产能，依法化解低效和过剩产能，妥善处置“僵尸企业”，促进生产要素向新兴产业转移。

加快打造省际中心城市。坚持打造“区域交通枢纽”“商贸物流中心”“生态宜居城市”三管齐下，推动人流、物流、资金流、信息流加速聚集，不断增强对区域发展的辐射力、带动力、影响力。加快打造快捷高效的枢纽之城。围绕建设全国性综合交通枢纽，积极做好三门峡至洋口港铁路、运城至三门峡至十堰高速铁路前期工作，扎实推进蒙华铁路三门峡段、黄河公铁两用桥建设，加快推进陇海线改道取直工程、三门峡通用机场、通用航空产业园，努力形成双高铁十字交汇布局和衔接顺畅、便捷高效的现代综合交通体系。加快打造商贸繁荣的流通之城。依托金精粉等大宗商品大进大出的实际，努力打造全国有影响的大宗商品物流中心、黄金非标准金全国性交易中心和区域性特色农产品物流交易中心。大力发展大宗商品物流、冷链物流、保税物流、电商物流，吸引万达、恒大、碧桂园等多家知名地产企业入驻，不断完善服务业“两区”，加快构建主体多元、业态多样、布局合理、运作有序的现代商贸发展格局。加快打造功能齐全的宜居之城。大力推进生态文明建设，加快大气、水体、土壤等污染治理，强力实施“蓝天碧水”工程，确保人民群众喝上干净的水、呼吸上新鲜的空气。积极推进“一核(三门峡都市区)两翼(渑池—义马产业发展翼、卢氏生态发展翼)三带(沿黄河生态带、崤山—小浪底生态带、伏牛山—熊耳山生态带)多点(豫灵镇、观音堂镇、西张村镇等7个重点镇)”城镇体系建设，加快美丽乡村建设，不断完善城市功能、提高城镇化水平，推动三门峡真正成为近悦远来的宜居宜业宜游城市。

加快实现发展动力转换。坚持把改革开放创新作为经济社会发展的动力之源、活力之本，依靠改革的推动力、开放的带动力、创新的驱动力“三力联动”，形成三门峡市转型创新发展的强大引擎。以改革的推动力破解新难题。持续深化医药卫生、财税金融、工商登记等重要领域和关键环节改革，非行政许可审批事项全面取消，机构改革稳步推进，公车改革成效明显，以推动工商注册便利化、提高服务企业水平为主的商事制度改革得到国务院表彰。深入开展“效能革命”，提高行政效能，提升服务质量，优化服务环境，大力推进治理能力现代化，努力将三门峡打造成中西部地区审批环节最优、办事效率最高的城市。以开放的带动力增创新优势。积极对接河南省“五大国家战略规划”，充分发挥三门峡海关、三门峡出入境检验检疫局、国家铝及铝制品检验中心、国家果品与果蔬汁检测重点实验室四大“国字号”通关机构优势，申建综合保税区和铁路口岸，争取设立郑新欧国际班列停靠站，有效融入“一带一路”国家战略。举办央企与三门峡市改革发展座谈会，与中国兵器集团、国家开发投资公司、华侨城集团公司等20余家央企签订战略合作协议。以创新的驱动力打造新动能。深入实施创新驱动发展战略，加快新产业新业态培育，努力打造一批规模效应突出、产业特色鲜明、科技水平领先的创新型产业集群。创新发展模式，加快组建市投资集团，为产业转型升级和城市建设提供有力的资金保障；举办院士暨中科院专家三门峡市创新创业座谈会，进一步深化与科研院所、高科院校的合作，科技创新对经济社会发展的引领作用不断增强。

着力做好保障和改善民生工作。牢牢坚持以人民为中心的发展思想，把人民群众“满意不满意、高兴不高兴、答应不答应”作为工作的出发点和检验成效的标准，把人民群众对美好生活的向往作为奋斗目标，加倍努力工作、服务群众，努力提高人民群众的获得感、幸福感、满意感，让全市人民生活得更加幸福美好。着力惠民生增福祉。按照“群众出题目、党委把方向、政府抓落实、各方齐监督”的思路，从解决群众最关心最直接最现实的利益问题入手，坚持抓好民生实事落实，持续推进“十项重点民生工程”。民生投入不断扩大，全市财政民生支出137.7亿元，占财政支出的73.6%以上，同比增长10%。着力推进脱贫攻坚。坚持把脱贫攻坚作为第一民生工程、头等大事，坚决打赢脱贫攻坚战。市委常委会定期专题研究脱贫攻坚，要求所有市级领导干部定点帮扶贫困乡镇，定期深入贫困地区调研指导。积极传导压力,层层狠抓落实,签订市、县、乡、村四级责任书,努力压实脱贫攻坚责任。建立“1+4+20”脱贫攻坚政策体系,落实好“扶、转、搬、保、救”等扶贫措施,实施好“五个一批”工程。全年全市精准脱贫退出贫困人口34075人,超额完成省定的33220人脱贫目标任务,如期实现省定的19484人易地扶贫搬迁目标,三门峡产业集聚区整体脱贫。三门峡市脱贫攻坚的做法和成效得到中央、省委的充分肯定。着力推进生态文明建设。落实环保督察工作要求,及时办结中央第五环保督察组交办的群众反映举报的环保问题线索,因环境问题问责136人。持续加强林业生态建设,全市森林覆盖率达到50.72%,保持全省第一。全面落实《河南省湿地保护条例》和《三门峡市白天鹅保护区管理办法》,在全市形成“保护湿地、留住天鹅”的浓厚氛围,三门峡成为全国最大、最好的白天鹅栖息观赏地。坚持融入自然,依托沿黄生态带、崤山—小浪底生态带、伏牛山—熊耳山生态带,打造城市生态走廊。坚持治、防、管一体抓,持续实施蓝天碧水乡村清洁工程和城市河流清洁行动计划,守护好“青山绿水好空气”,叫响“黄河三门峡·美丽天鹅城”品牌。着力加强和创新社会治理。坚持深化“平安三门峡”建设,巩固“长安杯”创建成果,把三门峡打造成最具安全感的城市之一。落实稳定风险评估机制,加快健全公共安全体系,提高对自然灾害、事故灾难和公共卫生、社会安全等事件的预防、应急处置能力。健全社会治安防控体系,深入排查、认真解决非法集资、征地拆迁等影响社会稳定的因素,有力维护全市金融安全和广大群众的切身利益。坚决守住安全生产底线,加强食品药品安全治理,确保人民群众生命财产安全。健全矛盾纠纷化解机制,完善市县乡村四级矛盾纠纷排查化解网络,构建“访、信、网、电、视频”五位一体综合平台,从源头上预防和减少了信访问题。针对烂尾楼、房产证办理、没有集中供暖的住宅小区等长期以来的“老大难”问题,敢于触及矛盾,动真碰硬,有效解决了一批群众意见较大的历史遗留问题。

推进全面从严治党向纵深发展。坚定不移推进全面从严治党,自觉担负起全面从严治党的主体责任和监督责任,把党要管党、从严治党落到实处。抓好市县乡党委换届。坚持以《中国共产党地方工作条例》《党政领导干部选拔任用工作条例》为遵循,严把换届人选的资格条件关,对153名县(市、区)在职县级干部个人有关事项报告进行核实、对1300余名县级干部档案进行专项审核,发挥有关职能部门作用,最大限度防止干部“带病提名”“带病提拔”。严肃换届纪律,加强换届风气巡回督查,对市县乡换届中说情打招呼、跑官要官的30名干部进行严肃处理。努力打造忠诚干净担当干部队伍。坚持党管干部原则,认真落实《干部任用条例》各项规定,把公道正派贯穿选人用人始终。着重从改革一线和基层一线选拔干部,大力选拔敢抓敢管的“狮子型”干部、埋头苦干的“老黄牛型”干部,坚决不用跑官要官、投机钻营、懒政怠政等问题型干部,倡树选人用人正确导向。坚持从严管理监督干部;对随机抽取的119名和重点核实的443名领导干部个人有关事项进行核查处理。着力强化基层基础。落实基层党建工作责任制,完善党委抓基层党建、书记抓基层党建的领导机制,落实市、县、乡党委书记抓基层党建述职考核评议工作,组织市直单位党委(党组)抓基层党建述职评议考核,层层压实党建主体责任。研究制定关于全面从严加强基层干部队伍建设的意见“1+9”系统文件,在乡镇设立“党性教育大讲堂”,在农村建立“党员活动日”制度,推进党建制度创新,形成抓基层党建的合力。探索构建“党建+电商+扶贫”模式,在卢氏县3个乡镇、15个村开展首批试点工作,基层党组织创新发展新机制初步形成。

坚定不移推进党风廉政建设和反腐败斗争。开展党委(党组)述责述廉接受质询评议工作,市委主要领导约谈6个县(市、区)和12个市直单位一把手,以上率下,压实责任。全年全市共有96名党政领导干部因履行“两个责任”不力被问责,其中党政纪处分32人。保持反腐败高压态势,全年全市纪检监察机关共受理信访举报1815件,立案773件,结案776件,党政纪处分767人。坚持挺纪在前,积极践行“四种形态”,共谈话函询292人,组织处理146人,给予纪律轻处分624人、纪律重处分143人。加大纠治“四风”力度,新一届市委制定《关于进一步改进作风的若干规定》,开展发生在群众身边的不正之风和腐败问题、懒政怠政为官不为、党员干部出入隐蔽会所违规吃喝、领导干部违规在学会协会等社团组织兼职取酬等问题的专项治理工作。全市共查处违反中央八项规定精神问题139起155人,党政纪处分103人(县处级14人)。开展效能革命,深化懒政怠政为官不为问题专项整治,查处懒政怠政为官不为问题294个,处理409人(县处级6人),党政纪处分113人。加强基层监管,维护群众切身利益,组织开展侵害群众利益的不正之风和腐败问题专项治理,查处问题线索97件,给予党政纪处分144人,移送司法机关9人。充分发挥巡察利剑作用,推动巡察监督向基层延伸。市本级完成3轮对23个单位的巡察,完成1轮脱贫攻坚专项巡察,完成2轮对6个单位的“回头看”,发现并反馈“六项纪律”方面问题653个,巡察监督的威力进一步凸显。

【市委六届九次全会召开】 2016年1月12日,市委六届九次全会在三门峡国际文博城会展中心举行。全会贯彻落实党的十八届五中全会精神、中央经济工作会议和省委九届十一次全会精神,认真谋划三门峡未来五年发展,动员全市上下全面实施转型发展战略,主动作为、敢于创新、善抓落实,走出一条具有三门峡特色的转型发展路子,努力实现提前一年全面建成小康社会的奋斗目标。全会讨论了《市委常委会2015年工作报告》和《三门峡市国民经济和社会发展第十三个五年规划纲要(讨论稿)》,审议通过《中国共产党三门峡市第六届委员会第九次全体会议决议》。

【中国共产党三门峡市第七次代表大会召开】 2016年9月25日至27日,

中国共产党三门峡市第七次代表大会在三门峡市召开。全市409名市七次党代会代表参加会议。刘南昌代表中国共产党三门峡市第六届委员会向大会作题为《坚定不移加快转型发展为决胜全面小康而努力奋斗》的报告。报告共分五个部分：一、过去五年的工作回顾；二、今后五年工作的总体要求和奋斗目标；三、以转型为主线，主动适应和引领经济新常态；四、以人民为中心，大力发展社会事业增进民生福祉；五、以队伍建设为重点，推进全面从严治党。中国共产党三门峡市第六届纪律检查委员会向大会作了书面报告。大会选举产生中国共产党三门峡市第七届委员会委员（55名）、候补委员（11名）；选举产生中国共产党三门峡市第七届纪律检查委员会委员（35名）；选举产生三门峡市出席中国共产党河南省第十次代表大会代表（26名）。会议表决通过《中国共产党三门峡市第七次代表大会关于中共三门峡市第六届委员会报告的决议》《中国共产党三门峡市第七次代表大会关于中共三门峡市纪律检查委员会工作报告的决议》。

【中国共产党三门峡市第七届委员会第一次全体会议举行】　2016年9月27日下午，中国共产党三门峡市第七届委员会第一次全体会议举行。会议选举产生七届市委常委、书记和副书记，通过市纪委七届一次全会选举结果的报告。新当选的市委书记刘南昌在会上作讲话。省委换届指导督导组组长王新展等对会议进行全程督导指导。七届市委委员、候补委员出席会议。市纪委委员列席会议部分议程。选举分两步进行。先差额选举中共三门峡市第七届委员会常务委员会委员，然后在当选的常务委员会委员中等额选举书记、副书记。选举采用无记名投票的方式进行。刘南昌、安伟、吴云（女）、杨骁、易树学、吕挺琳、孟斌、高战荣、范付中当选为中国共产党三门峡市第七届委员会常委。刘南昌当选为中国共产党三门峡市第七届委员会书记，安伟当选为中国共产党三门峡市第七届委员会副书记。全会通过关于中国共产党三门峡市第七届纪律检查委员会第一次全体会议选举结果的报告。就加强市委班子建设，刘南昌讲了六点意见。第一，要对党忠诚，建设政治坚定的领导集体。第二，要敢于担当，建设奋发有为的领导集体。第三，要心系人民，建设一心为民的领导集体。第四，要改进作风，建设务实重干的领导集体。第五，要同心同德，建设团结进取的领导集体。第六，要严格自律，建设清正廉洁的领导集体。

【省委书记、省人大常委会主任谢伏瞻率全省重点项目暨产业集聚区建设观摩点评第一观摩组到三门峡市】　2016年4月15日，省委书记、省人大常委会主任谢伏瞻率2016年全省重点项目暨产业集聚区建设观摩点评活动第一观摩组到三门峡市，实地观摩察看重点项目和产业集聚区、商务中心区、特色商业区、城乡一体化示范区建设情况。谢伏瞻要求，三门峡要充分发挥资源优势、产业优势和区位优势，在挖掘自身潜力的同时充分利用外省资源，重点推进转型发展，打造省际中心城市，打好脱贫攻坚战，树立正确用人导向，持续加强作风建设，抓好基层党建工作，为推动转型发展提供坚强保证。

【省委书记、省人大常委会主任谢伏瞻到三门峡市调研】　2016年12月3日至4日，省委书记、省人大常委会主任谢伏瞻到三门峡市调研，深入贫困山区、企业车间、项目工地，考察脱贫攻坚、产业升级、环境保护等，指导经济社会发展。谢伏瞻强调，三门峡要坚定对未来的发展信心，振奋精神、改进作风、凝神聚力，切实把三门峡各项工作融入到全省发展大局中来，谋划好、发展好，再创新的业绩。

【市委书记刘南昌率团赴北京洽谈项目合作】　2016年12月12日至16日，市委书记刘南昌率领市直有关部门和产业集聚区主要负责人赴北京，走访中国黄金集团公司、中国国新控股有限责任公司、国家开发投资公司、中国兵器工业集团、中国电建集团、中国储备粮管理总公司、中国铝业公司、中国国旅集团、中国节能环保集团、中国医药健康产业股份有限公司、中国诚通控股集团有限公司等央企和有关国家部委，就推进三门峡市与央企合作发展、实现互利共赢，特别是推进重点项目建设，进行深入沟通对接，在多个方面达成共识，取得丰硕成果。

【运城市考察团到三门峡市考察】　2016年9月2日，由运城市委书记王宇燕，市委副书记、代市长陈振亮带领的运城市党政考察团到三门峡市考察，就加快经济社会发展和推进晋陕豫黄河金三角区域合作进行深入对接。运城市党政考察团先后考察了中金产业园、河南骏通车辆有限公司、陕州地坑院民俗文化园、三门峡商务中心区等处。每到一处，考察团一行都认真听取介绍，详细了解情况。在随后召开的座谈会上，两市就加强晋陕豫黄河金三角区域合作进行深入交流，研究讨论运三铁路建设、果业发展、城市公共交通、医保跨省合作等方面问题。

（陈　静）

组织工作

【概况】　2016年，三门峡市委组织部以深入学习贯彻党的十八届三中、四中、五中、六中全会精神和省市党代会精神，进一步落实全面从严治党要求为主线，突出抓好“两学一做”学习教育、市县乡党委换届、基层组织建设等七项重点工作，不断提升人才队伍建设和组织部门自身建设水平，为全市经济社会持续健康协调发展提供坚强组织保证。至年底，全市共有中共党员158525名，其中女党员38427名，占24.24%；发展新党员3359名，其中女党员1083名，占32.24%；共有基层党组织6904个，其中党委310个、总支部337个、支部6257个。

【市县乡党委换届工作】　2016年，三门峡市开展市县乡党委换届工作。加强组织领导。成立县乡党委换届工作领导小组，召开全市县乡领导班子换届工作会议及换届培训会；成立换届工作小组,定期召开会议,加强对换届工作的领导和指导;换届前期开展专题调研,通过走访谈心,掌握干部思想状况,为换届工作顺利开展提供强大组织保证。严格考察程序。制作县(市、区)换届工作手册,明确具体任务、职数及结构设置、提名年龄、方法步骤;开展考察人员专题培训,要求持证开展考察工作;突出"从严导向、基层导向、实绩导向",向基层倾斜;提前核实153名县(市、区)在职县级干部个人有关事项报告、专项审核1300余名县级干部档案,有针对性地提前征求纪检、信访等有关部门意见,最大限度防止干部"带病提名""带病提拔";选人用人方面广泛听取各方面的意见建议,特别是听取基层群众、考察对象下属单位及服务对象意见;采取纵横对比方法,搞好实绩分析,做到考察评价准确;积极推进干部能上能下,加大调整不适宜担任现职干部的力度。严肃换届纪律。严格落实"四必看""四必谈"要求,共组织学习观看"一片一书"158批次8570人次,开展谈心谈话148批次4112人次;组织各级领导干部、参与换届的工作人员签订严肃换届纪律承诺书,共签订承诺书3600余份;组建换届风气巡回督查组19个,对换届中执行换届政策法规、严肃换届纪律情况进行巡回督查;依托各类媒体平台,对换届政策、纪律规定进行深入教育宣传,发放"九个严禁、九个一律"换届纪律宣传卡1.5万余份,发送各类宣传信息2万余条;向社会公布违反换届纪律问题专用举报电话和举报邮箱,实行24小时值班制度,对反映违反换届纪律的问题,实行立项专办,快速查核。优化班子配备。坚持老中青相结合的梯次配备,统筹把握领导班子中不同年龄层次干部配备比例,乡镇党委书记以40周岁至50周岁的干部为主体,领导班子中35周岁左右的干部不低于该领导班子干部总数的30%;加大从乡镇事业编制人员、优秀村干部、大学生村官中选拔乡镇领导班子成员力度,全市62个乡镇共选配"三类人员"进班子86人;加大脱贫攻坚支持力度,明确38个脱贫攻坚任务重的乡镇可增设一名主抓扶贫工作的专职副书记,其余乡镇明确一名科级扶贫专干。指导各县(市、区)严格程序、把握节点,圆满完成县级党委换届工作,全市6个县(市、区)均选出新一届党委班子和纪委班子。按照省委统一部署,精心组织,严格程序,扎实做好市委换届工作,9月24日至27日召开市七次党代会,选出市委委员55人、候补委员11人,市纪委委员35人,省十次党代会代表26人。

【干部教育培训工作】 2016年,三门峡市共培训干部56242人次。市委组织部共调训88名干部参加上级培训,其中厅级干部17名。发挥党校干部教育培训的主渠道、主阵地作用,全年共举办培训班53班次,培训干部5695人次。市委组织部在大别山干部学院举办"两学一做"党性教育专题培训班、组织《干部教育培训工作条例》专题培训班。市委组织部联合市直工委、市委政研室等在同济大学、北京大学、西北大学等高等院校举办专题培训班,培训党员干部700余人。

【干部队伍管理工作】 2016年,市委组织部配合做好省委厅级干部推荐考察及后备干部专题调研工作,推荐考察2名正厅级、1名副厅级领导干部和23名后备干部;先后提请市委常委会研究调整县级干部16批次422人;制定整改实施方案、整改工作台账,做好中央巡视"回头看"及中组部选人用人检查反馈交办事项整改工作;做好干部人事档案专项审核工作,共审核干部档案14227本;完成全市党群系统县以下机关公务员职级晋升工作,晋升职级285人;开展全市领导干部违规社团兼职自查自纠工作,整理审核全市100余家单位1.6万余名在职及离退休干部信息;做好被追究刑事责任的国家工作人员排查清理及公职人员参股企业、开矿及参股金融信息情况专项清查工作,共清查593人。同时,做好县级干部到龄退休、科级干部审核备案、因公出国(境)、干部调转任、公务员考录、选调、统计、工资、干部信息等工作。

【干部监督工作】 2016年,市委组织部加强对领导干部的监督。录入上报45名省管干部和10名县(市、区)委书记、县(市、区)长个人有关事项报告,审核录入1169名县处级干部个人有关事项报告;对随机抽取的119名和重点核实的443名领导干部的个人有关事项进行核查处理;委托市审计局对71名领导干部进行经济责任审计;落实干部监督工作联席会议制度,收集通报干部监督信息141条。强化选人用人监督。在6个县(市、区)和有用人权的市直单位开展2015年度干部选拔任用工作"一报告两评议";按照省委组织部要求,全面完成超职数配备干部整改消化工作。做好举报受理。完成市县两级举报电话语音提示直拨,组建"12380"综合举报受理平台;坚持"12380"举报电话24小时专人值守制度,全年受理举报26件。

【青年干部、女干部和非党干部工作】 2016年,市委组织部抓好选调生的管理服务工作,新录用省选调生1名,安排1名省选调生参加第13期省选调生培训班,推荐5名优秀省选调生参加中央机关遴选工作;对19名市直机关下派挂职期满干部进行考核鉴定;确定2016年度市直单位7名年轻干部到基层挂职锻炼,推荐1名年轻干部到省直单位挂职锻炼;配合做好国开、农发系统8名干部到地方挂职工作;做好市直单位女干部、少数民族干部、非党干部三类干部工作,安排3人参加2016年中青班、青干班培训,推荐1名副县级女领导干部参加省委组织部、省妇联举办的专题培训班;加强对后备干部和青年干部的管理服务,做好非党干部、少数民族干部、女干部的培养选拔工作。

【基层党建工作】 2016年,三门峡市加强领导,构建基层党建大格局。市委常委会5次专题研究谋划基层党建工作,市委书记刘南昌带头深入6个县(市、区)调研基层党建工作,建立市委常委党建联系点制度,市委书记与各县(市、区)委书记,市委常委、组织部长与各县(市、区)委常委、组织部长分别签订基层党建工作重点任务责任书。建立基层党建重点任务落实台账和"三个一"督导机制,成立督查组专项督促检查,推动工作落实。狠抓党建责任制落实,开展市、县、乡党委书记抓党建述职评议工作,将11月定为"基层党建重点任务落实月",列为市委重点督查项目,每周一次听取进展情况汇报。突出重点,推进党组织"两个覆盖"。开展农村党支部"五星争创"活动,全市农村争创"五星"支部319个;运用"六步工作法",完成137个农村软弱涣散基层党组织整顿工作;建立"两新"组织党建工作协调推进机制,市县乡三级联合实施"大排查、大建账、大覆盖"行动,建立"两新"组织党组织1298个,派驻党建指导员1367名;推进社区区域化党建,全市10个街道全部建立"大工委",42个城市社区组建"大党委";从市县乡机关选派1382名优秀党员干部担任农村党建指导员指导工作开展;督促43个未按期换届的基层党组织完成换届任务;指导市属高校三门峡职业技术学院完成党委换届工作。严格管理,加强基层干部队伍建设。建立村党支部书记目标管理考评机制和退出机制,实行"三定两考一挂钩",促进村党支部书记认真履职、服务群众;持续开展农村党员积分管理,全年共申报31.1万个积分事项;完善驻村第一书记选派管理、岗位履职、请销假、召回调整等机制,落实市派驻村第一书记每天70元生活补贴、每年3000元的工作经费;通过采取招录事业单位人员、设立特岗、推介到企业工作、帮助创业等途径,转岗发展大学生村干部78名;强化对"两代表一委员"的管理、教育、培训,全年共清理排查各级党代表108人、各级人大代表116人、各级政协委员12人。创新制度,提升党建工作科学化水平。探索出台《关于全面从严加强基层干部队伍建设的意见》《关于在乡镇开设农村党支部书记"党性教育大讲堂"的意见》《关于建立村级"困难群众关爱基金"的意见》《关于进一步丰富农村精神文化活动的意见》,实行村干部轮流值班制度,规范"四议两公开"议事规则和程序,为基层工作提供有效遵循。全年举办"党性教育大讲堂"824期,参加党员干部92920人次;开展农村"党员活动日"活动16148场次;运用"四议两公开"工作法决策村级事务4838项。加大投入,提升基层党建保障水平。全市投资2400多万元,新建36个村级组织活动场所,改扩建97个;落实村干部报酬和工作经费增长机制,村党支部书记平均月工作报酬达到1390元以上,最高达到1767元,全市平均每个村的村干部报酬、办公经费和服务群众经费达到12.5万元以上;充实基层党务干部队伍,在全市62个乡镇全部成立基层组织建设办公室,确保每个乡镇至少有3名专职人员抓基层党建。健全制度,强化驻村工作队管理。对255个省级贫困村分别派驻驻村扶贫工作队,出台《三门峡市驻村扶贫工作队管理办法(试行)》,举办各类脱贫攻坚培训班263期,培训干部29031人次;6名市委常委分包6个县(市、区),所有市级领导干部定点帮扶55个贫困乡镇;各县(市、区)党委、政府分别与市脱贫攻坚领导小组签订脱贫责任状;压实市县部门的帮扶责任,形成"队员当代表、单位做后盾、领导负总责"的工作机制;加强督导检查,每季度进行一次考核,每年进行一次评比,通报表彰考核优秀的,坚决调整更换考核不合格的。积极探索,开展"党建+电商+扶贫"试点工作。在深入调研的基础上,制定印发试点工作方案,召开动员会议,在卢氏县横涧乡和双龙湾镇开展首批试点工作,逐步由点到面,提质增量,示范带动,通过试点培育、成果推广、发展壮大三个阶段,到2019年,在全市建设一批优秀党支部、培育一批电商能人、孵化一批电商网店、销售一批特色物产、打造一批电商品牌、带动一批贫困户增收脱贫,形成基层党组织通过电商引领贫困户脱贫增收的创新发展新机制。至年底,建成电子商务门店18个,累计销售特色农产品价值200余万元。

【党员管理服务工作】 2016年,市委组织部做好庆祝建党95周年工作。做好中央、省委"两优一先"表彰推荐工作,陕州区原店镇郭家村党支部被中组部授予"全国先进基层党组织"称号,中组部、省委组织部表彰6名优秀共产党员、6名优秀党务工作者和14个先进基层党组织;组织召开全市农村党支部书记代表座谈会及纪念建党95周年表彰大会。做好党员管理工作。举办市派第一书记和派驻村党组织书记示范培训班、全市党员信息库建设培训班、党内统计培训班等,培训学员1000余名;做好党员发展工作,全市发展党员3350名;开展党代表和党员违纪违法未给予相应处理排查清理工作;开展党费收缴、使用和管理专项整治工作;开展党员组织关系集中排查,全市共排查出失联党员1117名,对54名失联党员按照自行脱党予以处置;做好党员信息库建设和农村党员档案规范整理工作。做好党员服务工作。发放新中国成立前入党的农村老党员和未享受离退休待遇的城镇老党员生活补贴6.24万元;为6444名50年以上党龄老党员发放"中原先锋"纪念章;开展老党员、困难党员慰问和救助工作,下拨救助慰问经费154.63万元,全市各级党组织共走访慰问3675人;办理因私出国(境)手续62人次;接转组织关系1144人次;利用12371党员咨询服务热线平台,接待、受理党员咨询83人次。

【远程教育工作】 2016年,市委组织部抓重点,积极服务大局。组织党员群众开展党的十八届六中全会、省市党代会、"两学一做"等专题学习6000余场;累计发布基层党建、脱贫攻坚、党委换届等工作宣传信息400余条;发掘基层共产党员先进事迹,组织拍摄"身边的榜样"电视系列片18个;围绕党建中心工作,上传政教、科教等课件88部;组织开展《榜样》专题节目学习,累计收看7.8万人次;组织开展各类技能培训300余场,为群众提供文化、务工、村务公开、电子商务等多方面信息;组织收看《农事早知道》50期,收看党员群众40万余人。抓落实,有效拓宽渠道。持续推进"智慧党建"工作,新发展"智慧党建"试点287个,开展现场教学培训2000余场;建立"三门峡党建”微信公众平台，开通4个子版面，推送各类信息82期，关注人数达5100余人；做好三门峡党建网建设工作，更新各类信息840条，发放学习计划12期；推广“共产党员”电视点播栏目，举办专题培训讲座16场，开通《共产党员》基础包1100余户；丰富党建节目电视内容，播放《党建之窗》34期；组织举办远程教育课件制作人员培训班、农民专业合作社理事长培训班，培训学员200余人次。抓管理，提升学用效果。将党员干部现代远程教育工作纳入党建目标考评体系，制定印发《三门峡市党员干部远程教育管理工作规定》，明确分工，落实责任；建立科学的量化考核机制，对终端站点光纤升级改造等5项工作量化分解，设计制定工作进度表，进行有效督促管理；建立经常性督查机制，开展4次现场督查，共查看终端站点170余个，收集意见建议40余条，现场解决站点运行问题70余个；通过多种途径为村室更换高清电视、投影仪等设备，提升站点硬件设施，推动远程教育转型升级；加强终端站点日常维护管理，完成光纤线路升级改造1197个。

【人才工作】　2016年，三门峡市市县联动，人才引进工作扎实开展。以关键行业、重点领域为重点，市县联动，有效发挥职能部门作用，充分调动县（市、区）积极性，形成工作合力，通过发布人才需求公告、组织各类招聘会、引导用人单位对接洽谈等方式，大力开展人才引进。全市共引进各类人才2129名，其中博士研究生27名、硕士研究生217名、本科生1160名，高级职称26名、中级职称95名。统筹安排，人才培养稳步推进。开展“百名专家服务进基层”活动，52名优秀专家深入基层开展农业技术指导、决策咨询等服务项目，直接受益群众1.2万人次；开展第三批“双百双千”人才评选工作，初步评选高层次企业经营管理人才50名、优秀高技能人才200名、农村优秀实用人才260名；指导各县（市、区）培训农村实用人才、经营管理人才、高技能人才近7000名；获“全国技术能手”荣誉称号1人，实现行业人才培养新突破。突出重点，人才服务持续优化。创新服务平台，联合运城、临汾、渭南3市签订《晋陕豫黄河金三角区域公共就业和人才合作协议》，加强区域人才合作；建成三门峡崤函人才网，创建市级拔尖人才微信群，提升人才服务效率和水平；打造具有区域特色的科技大市场，促进科技成果的增长、集聚和转化；争取2名省博士服务团成员到卢氏县挂职；做好2015年引进的11名专项人才的管理和服务工作；为72名市级拔尖人才、146名“双百”人才发放津贴；组织市级拔尖人才体检。完善机制，工作基础不断夯实。推进人才发展体制机制改革，采取多种形式集中开展一个月专项调研，梳理问题建议96项，按照单位职能明确牵头部门21个，组织召开座谈会研究制定改进完善办法；确定人才工作重点任务65项，通过季度例会、定期通报、科室分工负责等方式，督促工作落实，组织开展完成情况评估；开展“优秀人才风采录”宣传活动，强化优秀人才典型的宣传。

【组工宣传、信息及调研工作】　2016年，市委组织部围绕中心抓宣传。围绕组织工作特色亮点，撰写《实行农村党员积分管理　激发先锋模范作用发挥》《三门峡加强基层组织服务群众载体建设》等材料10余篇，在全省组织部长会议、《河南组工信息》《河南组工通讯》《改革动态》等交流、刊登，宣传介绍三门峡及三门峡工作。加大组工调研力度。围绕服务转型发展脱贫攻坚、市县乡党委换届、防止干部“带病提拔”等市委中心工作和组织工作重点任务，形成调研成果11项，为领导决策提供参考，其中《关于防止干部“带病提拔”问题研究》被评为全市优秀调研报告一等奖。做好信息工作。编发《三门峡组工信息》50期，在省组工信息刊发稿件20余篇，其中《三门峡制定加强市委班子思想政治建设意见努力建设政治可靠清正廉洁的领导班子》在第66期专期刊发，得到市委书记刘南昌批示肯定。

【设立“困难群众关爱基金”】　从2016年开始，三门峡市在全市1363个行政村、涉农社区，村村设立不少于1万元的“困难群众关爱基金”，在使用上以小面额为主，尽量广覆盖，村干部勤走访、勤了解，当群众遇到突发灾害、重大疾病等急难事情时，党支部要及时上门进行慰问，帮助解决实际困难，做到“四必到四必访”，以真心赢得民心。基金总额达到1487万元，慰问关爱群众70465户。

【开展“党建+电商+扶贫”试点工作】　2016年，市委组织部印发工作方案，在卢氏县开展试点工作，探索将“党建+电商+扶贫”试点培育成基层党建和精准扶贫有效融合的新模式。突出党建引领，建强基层组织。成立领导小组，明确职责，层层压实责任；增强农村党支部的政治功能和服务功能，发挥脱贫攻坚坚强领导核心作用；实行村干部联系电商全覆盖，鼓励有条件的党员先行先试发展电商，注重吸收电商中骨干人员入党。强化电商支撑，盘活农村经济。优化产业布局，形成一批与电商配套的产业基地；培育造就一批头脑灵活、会经营管理的电商人才，对急需专业人才，开辟“绿色通道”；创新电商发展模式，打通销售渠道，提升销量和效益。服务脱贫攻坚，助力贫困户增收。对有条件的贫困户，重点服务培育孵化，直接创业增收；组织扶持贫困户调整产业结构，引导电商优先收购贫困户农产品，优先吸纳贫困群众务工，帮助贫困群众参与产业链实现增收；引导电商经营主体面向贫困户布局产业，实现贫困户“资源变资产、资金变股金”，通过资源资产股份分红增收。自11月开展试点工作，卢氏县2个乡镇建成电商门店12个，辐射带动56个贫困户，累计销售特色农产品价值206万元。

【拍摄《身边的榜样》系列微视频】　2016年，市委组织部积极探索“互联网+”时代下党员教育新载体，以“身边的榜样”为主题，将镜头对准基层，组织摄制党员干部先进事迹的微视频，将传统的党员教育专题片变为微视频这一新的艺术表现形式，生动展示了新时期共产党员的精神风貌和优秀品质。在内容选择上，坚持贴近基层、贴近群众、贴近生活，聚焦先进典型，弘扬主旋律，汇聚正能量，深入发掘基层共产党员坚守理想信念、切实转变作风、密切联系服务群众的先进事迹。在摄制方式上，市委组织部对微视频的总体协调、策划、组织和拍摄等工作进行周密部署，改变以往“访谈类”“传记类”拍摄手法，以基层党员的典型事例为原型进行艺术加工和改编，用十几分钟的时间，刻画出基层共产党员干事创业、为民谋利、发挥党员先锋模范作用的鲜活形象。全市共拍摄完成《女执行法官》等6部微视频，为“两学一做”学习教育提供了生动的教材。

【开展“百名专家服务进基层”活动】 2016年，市委组织部通过摸底对接基层需求，开展“百名专家服务进基层”活动，加大对基层的人才智力支持，助推基层发展，服务脱贫攻坚。“量体裁衣”解难题。围绕人才服务农业技术、医疗卫生、教育教学等主线，收集基层帮扶需求400余项，在全市高层次专业人才中选派专家108名，精准对接，“对症下药”，提出合理化建议200余项，帮助基层解决技术难题390项，直接受益1.7万余人。“授之以渔”育人才。既向基层“输血”，更帮基层“造血”。专家到基层，实现人才、智力、技术向基层延伸，同时通过传帮带，提升基层人才素质。选派专家以田间指导、技术示范、集中授课等形式开展培训157个班次，同时与基层人才建立长期合作指导关系，通过“师带徒”结对，“手把手”培养一大批基层骨干人才，为基层产业发展、脱贫攻坚注入新活力。成果转化谋共赢。基层是实践的平台，更是创新的沃土。通过专家服务基层，在解决基层难题的同时，促进了一批科研成果的诞生、转化和推广。专家服务基层活动中，在农业、科技、教育等领域共产生国家级、省级成果奖项15个，转化科技成果50余项，推广新品种、新技术、新工艺120余个。 （李韶林）

宣传思想文化工作

【概况】 2016年，三门峡市宣传思想文化工作以深入学习宣传贯彻习近平总书记系列重要讲话精神、党的十八届五中和六中全会精神、省十次党代会精神为主线，紧扣作风建设与转型发展、文明河南建设、“黄河三门峡·美丽天鹅城”城市品牌宣传三大任务，着力加强思想理论建设，着力提高舆论引导能力，着力培育践行社会主义核心价值观，着力加强网络建设及管理，着力推动文化改革发展，着力加强基层基础工作和队伍建设，整体工作导向正确、格调鲜明、成效显著，巩固发展了积极健康向上的良好态势，有力服务了全市工作大局。

【理论武装工作】 2016年，全市意识形态工作稳步推进。建立三门峡市意识形态工作联席会议制度，印发《关于建立三门峡市意识形态工作联席会议制度的通知》，召开全市意识形态工作座谈会，推动常委会两次听取和研究意识形态工作，初步形成党委统一领导、党政齐抓共管、宣传部门组织协调、有关部门分工负责的工作格局，健全舆情收集、上报机制，完善情况分析和通报制度。加强意识形态阵地管理，市委宣传部制定严格审查报备制度，做到对社科研究机构、各种学会协会、高校课堂、讲座论坛、报告会、研讨会等所有意识形态阵地可管可控。全年共接受报告会备案10余份。县处级以上党委(党组)中心组理论学习水平不断提升。坚持以党委(党组)中心组学习为抓手，下发《关于2016年度县处级以上党委(党组)中心组分专题集体学习的安排意见》，为市委中心组成员配发《习近平总书记系列重要讲话读本》(2016版）及习近平总书记在庆祝中国共产党成立95周年大会上的讲话单行本、《胡锦涛文选》等学习资料。市委中心组集中学习13次。对2015年度中心组学习22个优秀单位和222名优秀个人进行通报表扬，对连续两年述学考核优秀的15个单位和15名个人以市委名义进行表彰。理论宣传工作持续创新。先后开展“两学一做”学习教育、市七次党代会、党的十八届六中全会和省十次党代会集中宣讲活动，持续推进“百姓宣讲直通车”进基层宣讲巡演活动及“大学生宣讲团”基层巡演活动。全市共开展各类集中宣讲500余场，并在全市范围内筛选出50个条件较好的演出地点作为固定巡演点，上报省委宣传部。省委宣传部创建“大豫讲坛”，并把三门峡市列为全省4个“大豫讲坛”宣讲基地之一。市委宣传部建立全市县级党委中心组学习秘书飞信群及工作交流微信群，交流工作经验，共享学习资源。基层党校建设再上新台阶。坚持把基层党校作为开展干部党员教育的主阵地，以创建省级、市级基层党校为抓手，不断推进全市基层党校的规范化建设。全市共有十所基层党校被评为省级先进基层党校，同时还评选表彰23所市级先进基层党校。全市基层党校达到1492所，其中省级先进156所、市级先进109所。

【新闻宣传工作】 2016年，全市重大发展战略和重大主题宣传效果不断提升。市委宣传部紧紧围绕市七次党代会、绿色发展、“效能革命”、脱贫攻坚、“两学一做”学习教育、电子商务发展、洁城行动、“一节一会”、庆祝中国共产党成立95周年、农村基层党组织建设等市委、市政府重大工作部署，集中组织开展20余次重大宣传战役，共编发、刊播系列解读和评论文章400余篇，刊发相关稿件3200余篇，为三门峡转型发展营造浓厚社会氛围。做大新闻头题战略，扩大三门峡市的美誉度和影响力。组织开展“中央主流媒体走进天鹅之城”“河南日报全媒体走进三门峡”“中央电视台‘候鸟迁徙’直播组走进天鹅城”等集中采访活动，全年共接待省级以上主流媒体记者120余批次600余名，刊发头版头题、专版、专题140余个，在中央及省主流媒体发稿4000余篇。其中，《人民日报》《光明日报》《经济日报》等主流媒体刊发《河南陕州地坑院　居民活化石》《河南三门峡：兴特色产业　助外贸腾飞》《三门峡：绿色发展正逢其时》《三门峡：外贸逆势上扬，进出口增速全省第一》等400余篇(条)重头稿件。进入10月后，三门峡白天鹅6次“飞上”央视《新闻直播间》，陕州地坑院6次亮相《人民日报》。11月27日，人民网在首页头条重磅报道三门峡，推出《河南三门峡：老子著经地，生态开新篇》，同时配发一组4篇报道，分别以《三门峡：天鹅之城　冬日迎仙客》《三门峡陕州区：地坑院里游人醉》《四龙庙村：扶贫路上党徽闪烁　穷山村人富了》《美丽乡村柳庄：激活致富“引擎”　开出幸福花》为题，以文字通讯、图片(航拍)、视频等方式，对三门峡生态、文化、经济、社会等方面进行全景式展现，当天即被国内几十家主流媒体网站转发，生动鲜活地展现了多姿多彩三门峡的崭新面貌。做精“天鹅之城”形象宣传。不断创新方式方法，积极开展对外宣传活动，全力叫响三门峡“天鹅之城”城市品牌。充分借助“一节一会”，组织策划“中央主流新闻媒体走进天鹅之城”集中采访活动，邀请180余名媒体记者参加“一节一会”的宣传报道活动。制作完成新版《天鹅之城》城市形象画册，投入巨资拍摄纪录片《天鹅》。12月7日至11日，举办首届中国(三门峡)白天鹅·野生动物国际摄影大展，使这一“国字号”摄影大展永久落户三门峡市，成为三门峡在全国有影响的标志性品牌。新闻舆论的宏观管理不断加强。组织全市新闻单位不断深入学习贯彻习近平总书记“2·19”“4·19”重要讲话精神。在全市新闻宣传战线深入开展“三对照三检查”主题教育实践活动，评选2016年度全市优秀新闻工作者。改进新闻报道等各项工作制度，在新闻线索搜集整理上报，遇到重大、突发或特殊事件处置等方面进一步加强宏观管理，先后组织召开新闻舆论工作座谈会、全市重大舆情防范与处置工作会议，对各新闻单位、各重点工作部门进一步规范工作要求。全年共召开新闻通气会40余次，接收转发通知省委宣传部各类新闻宣传报道通知信息600余份。

【互联网建设工作】　2016年，市委宣传部加强互联网建设工作。做好正面宣传。做好以习近平同志为核心的党中央治国理政新理念新思想新战略重大主题宣传。发布612篇(条)，官方微博粉丝12万，官方微信粉丝2.48万。在主流网络媒体刊发全市“两会”、旅游节、“黄河三门峡·美丽天鹅城”大型采风活动、“两学一做”学习教育网络新闻稿件2545篇，网上点击转载量达600余万次。运用官方微信公众号“天鹅之城三门峡”承办三门峡市“百名书记讲党课，党员人人上讲台”网络微党课比赛，近10万人次参与投票，社会反响良好。《黄河金三角时报》发起成立晋陕豫黄河金三角新媒体微信联盟，粉丝达100万，有效扩大新闻宣传覆盖面。三门峡日报社微信公众号多次进入河南省纸媒公号排行榜前十。为进一步探索新媒体宣传平台，扩大地区网络影响力，市网管办申请注册腾讯旗下自媒体平台——“企鹅号”，进一步挖掘新媒体宣传和舆论引导潜力。组建强大网军。组建网评员队伍，积极培养自己的网上“意见领袖”，建立“网上统一战线”，与三门峡市本地内论坛、贴吧的管理员或吧主、网络大V建立良好关系，教育感动转化一批灰色地带人物。提升网络专题宣传活动水平。组织开展第二届网络作品“七个一工程”推荐活动，实施“四有”中国好网民工程，深化拓展“我为正能量代言”主题活动，共有5类29件作品入选。组织参加由中央网信办、共青团中央联合开展的“共筑中国梦——网界青年的责任与担当”五四主题宣教网络图文征集活动中，报送的作品《我是文艺范的互联网传媒人》进入初选并参与网络投票。组织策划“美丽天鹅城”网上网下互动、“主流网络媒体和知名网站走进三门峡”主题采访活动，微信新媒体和微博大V开展“陕州地坑院”“甘山红叶”“韶山峡采风”“美丽乡村”柳庄行、“我的城市我的家”等集中采访活动，制作的视频《陕州地坑院风情》和《中国首个“互联网+智慧乡村游”上线》点击总量达到410万人次，全网总曝光量近2亿人次。加强网络管理，有效净化网络空间。扎实开展“清朗”专项工程，深入整治网络新闻传播“四乱”工作，联合公安网监等相关部门对全市涉及的新闻、博客、论坛、贴吧、微博、微信、群组等环节进行重点监控，共封堵删除违规信息190余条，举报有害类信息2743条，其中涉及网站8个，举报政治谣言7512条，对于长期违规发布新闻信息、监督类信息依法关停，关停微信公众账号“三门峡头一条”和“灵宝生活网”；开展网上涉电信诈骗有害信息集中整治工作，对三门峡生活网、三门峡头条网、精彩资讯网、三门峡微事等52家网站和微信公众账号进行检查，未发现相关涉骗信息；针对跟帖评论中“违法违规有害信息”“网络戾气、散布污言秽语”“利用多种形式扰乱跟帖评论秩序”三类问题开展集中整治，有效净化网络评论空间。加强网上舆情管控。创新舆情管控和引导办法，除下发舆情预警函外，重大舆情由市委主要领导和宣传部部长直接督办。全年共发现各类重大舆情14个，都在短时期内快速化解。

【文化体制改革工作】　2016年，全市文化体制改革有序推进。深化文化市场综合行政执法改革、制定全市公共文化服务绩效考核办法、组织实施公共文化服务体系建设绩效考核、制定政府向社会力量购买公共文化服务工作的实施意见、全面推进基层综合性文化服务中心建设等改革事项完成，其他改革工作稳步推进。公共文化服务体系建设不断完善，形成覆盖全市城乡的市、县、乡、村四级公共文化服务网络。义马市、渑池县、灵宝市、陕州区被文化部授予“全国文化先进县(市)”称号，湖滨区被省文化厅授予“全省文化先进区”称号，创建的数量和质量均位居全省前列。全市图书馆、文化馆、博物馆、文化站全部实现免费开放。文化产业发展取得新成效。调整充实《三门峡市文化产业招商项目库》，39个项目入选2016年三门峡市文化产业项目库。庙底沟文化遗址考古公园暨博物馆（庙底沟文化产业园)、仰韶文化遗址公园、西坡遗址公园进入国家“十三五”项目盘子，庙底沟文化遗址考古公园暨博物馆开工建设。研究制定《三门峡市文化产业总体发展规划》，与深圳大学文化产业研究院达成初步意向。组织文化企业参加中国(深圳)文博会、中原(鹤壁)文博会等招商活动,虢州石砚、银杏毛笔、仰韶彩陶、陕州剪纸、黄河澄泥砚、灵宝金石等一批具有鲜明三门峡地方特色的精品在文博会上大量展出。加大支持文化产业发展的力度,首次使用300万元的市文化产业发展扶持资金,争取省文化产业扶持资金400万元,重点扶持5家文化企业,并筛选出3个符合政策、发展势头好、市场潜力大的产业项目,为其申报2017年度河南省省级高成长服务业专项引导资金;引导国有及社会资本新注册成立三门峡日报新媒体发展有限公司等3家新兴文化企业,扩建灵宝市罗门婚纱摄影有限责任公司等5家文化企业,增添文化产业发展后劲。文化产业与网络经济有机融合迈出新步伐,陕州地坑院景区是国内第一家与腾讯公司合作的"互联网+"智慧乡村游景区,被评为2016年最具成长力景区。群众文化活动接地气、有特色。以节庆文化活动、群众文化活动为载体,坚持系列化、特色化、公益化的原则,深入挖掘整合全市文化艺术资源,打磨群众文化活动,组织开展庆"双节"文艺演出、"中原文化大舞台"观摩演出(三门峡主场)、"黄河三门峡·美丽天鹅城"系列书画摄影作品展、"中流砥柱" 中国(三门峡)黄河大合唱、"印象·天鹅城"消夏音乐季品牌群众文艺活动、"舞台艺术送农民"等活动共900余场。深入开展"戏曲进校园"活动,组织戏曲进校园活动20余场次。强化文艺人才培养,文艺精品推陈出新。组织开展各类培训班2000余期,培训5万人次。推动市委出台《关于繁荣发展社会主义文艺的实施意见》,鼓励文艺工作者深入基层、深入生活、扎根人民,创作一批弘扬社会主义核心价值观、彰显正能量的优秀文艺作品。创作剧本《甘棠遗爱》《荆条沟的女人》等,拍摄四集纪录片《巾帼宰相〈上官婉儿〉》,制作系列电视艺术风光片《秀美三门峡》、3集系列电视纪录片《大天鹅》等。7集专题片《候鸟迁徙之白天鹅》连续在中央电视台播出。原创歌舞《感悟道德经》参加全国百台春晚展播,获"特色节目"奖。《沁园春·大河之南》《中华一家亲》获河南省"文明河南建设"歌曲评选一等奖。出版散文集《聚散两依依》、长篇小说《布谷催春》等。编辑《文化三门峡》丛书。 (王笑雨)

统战工作

【概况】 2016年,三门峡市委统战部狠抓《中国共产党统一战线工作条例(试行)》落实和问题整改。协助成立市委统一战线工作领导小组,制定《中共三门峡市委统战工作领导小组工作规则》,加强对统一战线重大问题的研究。受市委委托,迎接省委统战工作领导小组到三门峡市调研检查,针对调研组反馈的问题,牵头制定《中共三门峡市委贯彻落实统一战线重大决策部署问题整改工作的责任分工》,协调落实包括市人大、市政协配备党外副秘书长,加强县级民族宗教部门建设等多项刚性整改任务要求。

深化统一战线各领域改革。充分发挥推进完善协商民主制度改革牵头单位作用,紧紧围绕中央、省委和市委改革部署,坚定不移推进统一战线各领域改革,进一步完善协商民主制度建设。对照2016年工作要点和台账,全面落实各民主党派三门峡市委直接向中共三门峡市委提出意见建议制度和意见建议落实反馈制度,制定《关于加强政党协商的实施意见》,协调民政部门制定《关于加强城乡社区协商的实施意见》。

推动统一战线参政建言。组织各民主党派围绕全市转型发展和社会热点难点问题开展专题调研,凸显资政建言优势。全国政协常委、民建中央副主席周汉民,全国政协常委、九三学社中央副主席赖明等党派中央领导先后到三门峡市调研指导工作。九三学社三门峡市委向九三学社中央撰写提交《晋陕豫黄河金三角区域合作规划落实中存在的问题和建议》报告,引起国务院领导的关注重视,有力促进了晋陕豫黄河金三角区域合作规划的落实。省、市"两会"期间,全市统一战线撰写提案、议案225件,其中集体提案25件,多项建言被省、市党委、政府采纳并转化为工作成果。

推进统一战线"凝聚力建设行动"。牵头策划"百名客商三门峡行",被市委、市政府纳入2016年统揽全市招商引资工作主题活动,由市政府和省工商联携手举办。以市委统战系统干部为主,在全市抽调9名县级干部为联络员,对口联系6个县(市、区)和三门峡经济开发区、三门峡产业集聚区,借助第二十二届黄河文化旅游节暨投资贸易洽谈会和第四届特博会"一节一会"平台叠加推进,促成全市签约经济合作项目108个、总投资473.8亿元。

维护民族宗教领域和谐稳定。妥善应对处置"匿名网友"在人民网河南省委书记留言板《三门峡某公司非法强迫员工信仰基督教》舆情,第一时间召开专门会议协调部署,督促相关单位迅速查清实情,主动约谈企业负责人,并及时向市委、省委报告,省委书记谢伏瞻专门作出重要批示。积极解决民族宗教领域重点难点问题,全年妥善处理涉及民族因素的矛盾纠纷案(事)件7起,开展宗教领域安全工作专项检查4次,纠正安全隐患40余处,依法取缔基督教私设聚会点4处,纳入管理8处,查处并取缔违规设置功德箱20处。全年没有发生因民族宗教问题影响经济社会发展和大局稳定的事件。

发挥优势服务民生改善。聚焦脱贫攻坚第一民生工程,深入推进"百企帮百村"精准扶贫计划,助力全市脱贫攻坚。引导全市60家民营企业与62个贫困村结对帮扶,实施帮扶项目86个,投资总额1.39亿元,帮扶贫困人口9846人。争取海外慈善援助,澳大利亚华侨魏基成"天籁列车"为听障老人和特殊学校捐赠助听器133台、教学机5台;英籍台商、海联会名誉会长董淑贞捐助贫困中学生50名。推进同心实践基地建设,抽调党外医疗专家为市级同心实践基地9个行政村设立健康顾问。组织各民主党派、工商联、无党派人士开展集中社会化服务活动,全年累计捐款捐物价值200余万元,直接服务群众2万余人次。

开展台侨海外统战工作。举办老

子诞辰纪念、郭氏宗亲清明祭祖大典、美国美西河南商会参访、加拿大加中现代艺术协会交流、台湾特色商品展、台胞横渡母亲河等系列特色活动，扩大海内外交流交往。全年接待港澳台海外参访交流团组10余个200余人次。函谷关景区成功申报成为“河南省对台交流基地”。特邀中央台办综合局副局长、海协会副秘书长王小兵到三门峡市举行台海形势报告会，组织市、县两级台办负责人赴京参加中央台办对台工作培训班，涉台宣传教育持续加强。充分发挥侨联、海外联谊会联通世界“亲情网”优势，一批海外有影响的杰出华人华侨与三门峡市建立密切联系，三门峡郭氏祖源地在海内外的影响不断扩大。

推进各民主党派、工商联换届工作。成立协助各民主党派市级组织做好换届工作领导小组，明确《协助民主党派做好市级组织换届人事工作流程》和换届纪律，按照上级统一部署安排，有序推进市级民主党派换届工作；严明程序和纪律，精心组织实施，牵头做好市、县两级工商联换届工作。

探索做好党外知识分子工作。加强摸底调研，协助省委统战部开展新的社会阶层人士、新媒体从业人员调研工作，组织开展全市国有企业党外知识分子调研工作。加强工作平台建设，发挥市级党外知识分子工作联谊会作用，推进县级党外知识分子工作联谊会建设。义马市、灵宝市分别成立知联会、网联会。完善工作机制，市海外留学人员暨家属联谊会、归国留学人员联谊会、侨商联谊会进一步规范运行。

【台湾中华文化总会会长刘兆玄到三门峡市参访】 2016年4月10日至11日，台湾中华文化总会会长刘兆玄到三门峡市参访。省台办副巡视员鲁笑茵，市委常委、统战部部长张建峰陪同。刘兆玄先后到仰韶文化博物馆、虢国博物馆、函谷关历史文化旅游区、黄河公园、三门峡大坝、陕州地坑院景区等地，深入了解三门峡市历史文化发展等情况。

【省委统战工作领导小组调研组到三门峡市调研检查】 2016年5月3日至5日，省委办公厅副巡视员王荣耀率省委统战工作领导小组调研组到三门峡市，就贯彻落实中央、省委关于统一战线一系列重大决策部署进行调研检查。调研组先后召开党委、政府有关部门参加的座谈会和民主党派、工商联、无党派代表人士参加的党外人士座谈会，突出《中国共产党统一战线工作条例（试行）》和《中共河南省委关于加强新形势下统一战线工作的意见》的刚性要求，逐条对照听取三门峡市情况汇报，了解工作中的难点问题以及意见建议。调研组还认真查阅相关文件资料，赴陕州区、灵宝市实地调研，核实有关情况，深入了解贯彻落实情况。在调研检查意见反馈会上，调研组充分肯定三门峡市贯彻落实情况和自查工作，对统战部门自身力量建设、党外代表人士培养选拔工作、社会主义学院正规化建设等方面存在的问题进行反馈。调研组要求，一要加强领导，落实责任；二要健全机制，夯实保障；三要分类施策，抓紧整改；四要加强宣传，营造氛围，确保在中央督导组到河南省调研检查前完成各项整改工作。

【举办百名客商三门峡行暨经济合作项目签约仪式】 2016年5月26日，百名客商三门峡行暨经济合作项目签约仪式在三门峡国际文博城举行。出席签约仪式的领导和嘉宾有：省政协副主席、省工商联主席梁静，原总装备部科学技术委员会常委简仕龙，原总装备部装备指挥技术学院教授赵新国，省商务厅党组成员、省贸促会会长谢增福，新加坡欧美集团董事长王汉杰，北京航科融盛科技发展有限公司总经理林翔，河南省江苏商会会长、河南今日集团董事长黄苏涛，河南省浙江商会会长、浙江蜜蜂集团董事长朱剑峰，河南省福建商会会长、香港锦艺集团董事长陈锦焰，河南省广东商会会长、中房联合集团中南房地产开发有限公司董事长黄就成等。市领导安伟、郭绍伟、王建勋、张建峰、裴富平、李庆红、孙继伟、张礼堂，三门峡职业技术学院院长吴勇军，市城乡一体化示范区管委会主任、市发改委主任刘会林和市政府秘书长刘廷福出席签约仪式。活动分为两个阶段。第一阶段是项目推介暨客商交流大会，由市政协副主席、市工商联主席孙继伟主持，市商务局推介三门峡市重点产业和招商项目，三门峡市代表推介招商项目，客商代表介绍关注投资领域。第二阶段举行经济合作项目签约仪式，由副市长李庆红主持，集中签约经济合作项目78个，投资总额375.59亿元。客商代表，三门峡各县（市、区）和市直有关部门的负责人，三门峡市部分企业和项目单位负责人等参加签约仪式，并观看《黄河三门峡·美丽天鹅城》市情宣传片。

【举行台海形势报告会】 2016年6月28日，三门峡市举行台海形势报告会。中央台办巡视员兼综合局副局长、海协会副秘书长王小兵应邀进行专题报告。市委常委、统战部部长张建峰主持会议，市政协副主席姚龙、张景林、卢群召、张礼堂出席会议。报告会上，王小兵从社会主义现代化建设大局下正确看待台湾问题、坚持“一个中国原则”和“九二共识”问题、近年台湾社情民意的新变化及未来几年两岸关系走向等三个方面对当前对台工作形势进行分析，对中央对台方针政策进行解读和阐述。市委对台工作领导小组成员单位负责人，市、县两级政协及统战系统有关人员，部分市政协委员，市直有关单位负责人，各乡（镇、街道）分管对台工作负责人350余人参加报告会。

【民进河南省委五届十九次常委（扩大）会议在三门峡市召开】 2016年8月23日，民进河南省委五届十九次常委（扩大）会议在三门峡市召开，省科技厅厅长、民进河南省委主委张震宇主持会议并讲话。民进三门峡支部相关人员列席会议。张震宇指出，一要学习贯彻中共十八届五中全会精神，将坚持和发展中国特色社会主义学习实践活动推向深入。二要认真贯彻落实民进省委关于换届工作的部署要求，高质量、高标准完成省、市级组织换届任务。三要认真履行参政议政党职能，为全省脱贫攻坚作出积极贡献。会议审议通过《民进河南省委关于做好省、市级组织换届工作的意见》(草案)、《中国民主促进会河南省第六次代表大会代表名额及代表产生办法》(草案)。

【台湾中华两岸和平发展联合会一行到三门峡市参访】 2016年8月26日至27日，台湾中华两岸和平发展联合会一行29人，在联合会主席蓝博洲带领下到三门峡市参访。市委常委、统战部部长张建峰，副市长王振清会见参访团一行。参访团一行先后到卢氏县朱阳关镇原国民党省政府旧址和陕州地坑院民俗文化园参访，对三门峡市自然景色、人文景观、民俗文化等留下深刻印象并大加赞赏，表示回台湾后要更多地宣传、推介三门峡，介绍更多台湾同胞到三门峡市观光旅游、投资兴业、共谋发展，为推动两地经济社会发展贡献力量。

【中华郭氏网成立十周年庆典暨首届中华郭氏十大祠堂颁奖典礼在三门峡市举行】 2016年11月6日，中华郭氏网成立十周年庆典暨首届中华郭氏十大祠堂颁奖典礼在三门峡市举行，来自全国26个省市的300余名郭姓族人参加庆典。在庆典的“姓氏文化与家风传承”论坛上，来自河南、山西等地的3名嘉宾分别以《弘扬家风 正在途中》《遵循祖训 规范家风》《姓氏与家风》为题与到场嘉宾进行交流与分享。庆典回顾中华郭氏网成立以来的十年历程，举行首届中华郭氏文化人物颁授典礼、首届中华郭氏祠堂颁授典礼，并于当晚举行庆典晚会。

(高军政)

政策研究工作

【概况】 2016年，中共三门峡市委政策研究室(以下简称市委政研室)紧紧围绕省、市工作重点，积极谋划，超前工作，确保为领导当好参谋、搞好服务。加强政策研究。坚持围绕全市改革发展稳定大局和经济社会发展中的重大问题开展工作。服务中心工作。紧紧围绕中央和省委确定的大政方针，着眼于三门峡市确定的发展战略和发展目标等重大问题，特别是对经济转型发展、“一带一路”建设等重大战略问题进行专题研究。坚持以文辅政。办好市委机关刊物《三门峡工作》和室刊《领导参阅》，让市委、市政府领导和有关部门及时了解市情动态与调研成果。先后印发《领导参阅》24期，对各单位贯彻市委工作部署的做法、经验以及全市的优秀调研报告进行刊发交流。共编印《三门峡工作》6期，刊登文章100余篇50余万字。深入调研，服务决策。坚持围绕全市改革发展稳定大局和党委、政府中心工作抓调研，着重研究经济和社会发展中的重大问题，突出宏观性、战略性、综合性、政策性和预见性。抓好课题研究。年初研究下发全市55个重点调研课题，充分发挥牵头抓总的职能作用，搞好课题协作和工作协调，对每个课题都明确责任单位和具体责任人，对课题目标、方法步骤、完成时间等提出明确要求，并积极到基层调研指导。至年底，55个重点调研课题基本完成。开展专题调研。重点围绕全市经济社会发展全局的重大战略问题，精心开展调查研究。3月，配合省委政研室开展公车改革和农村电子商务发展专题调研。5月，组织并配合省委政研室开展产业转移调研。8月，配合省委政研室开展省十次党代会报告起草调研。11月，配合省委政研室开展省委十届二次全会和省委经济工作会议报告起草调研。

【全面深化改革工作】 2016年，市委改革办推进全市全面深化改革工作，取得阶段性成效。9月2日和11月17日，分别筹备召开市委全面深化改革领导小组第六次和第七次会议，贯彻落实中央和省委全面深化改革的决策部署，研究谋划三门峡市全面深化改革工作。审议通过《关于理顺城乡一体化示范区管理体制的意见》《关于深化农村改革的实施意见》《关于深化供销合作社综合改革的实施意见》等改革文件和方案。健全机构制度。印发《市委全面深化改革领导小组专项小组及专题小组调整方案》，将44个专题小组调整为50个专题小组，分别明确工作职责、组成人员和牵头单位。明确改革任务。根据中央和省委全面深化改革领导小组工作要点，研究制定《市委全面深化改革领导小组2016年工作要点》，进一步明确6个方面28项重点改革任务，并进行详细的责任分工，逐项明确到责任单位和市直牵头部门，确保各项改革任务落到实处。加强台账管理。对2016年的28项重点改革任务和省委督察反馈的9项整改任务，进一步细化，建立包含6大类、36项、105件改革事项的全面深化改革台账，实行动态管理、对账盘点、专人跟踪，要求各单位每月3日前上报上月改革台账。市委改革办不定期开展督促检查，并对改革推进落实情况每月进行一次通报，推动各项改革任务有序推进。开展专项督察。市委全面深化改革领导小组办公室、市委督促检查领导小组办公室分别于3月22日至25日和8月10日至19日深入9个专项小组、6个县(市、区)和产业集聚区、开发区，通过召开座谈会听取各地全面深化改革领导小组及相关部门工作汇报和当地骨干企业、人大代表、政协委员、基层群众代表对全面深化改革工作的建议。同时查阅文件资料，按照《三门峡市全面深化改革考核评分细则》，对各单位落实《市委全面深化改革领导小组近期工作重点》《三门峡市全面深化改革工作台账》等情况实行逐项打分。针对全市普遍存在的思想认识不到位、推进机制不协调、探索创新不明显、机构设置不健全、改革落实不深入等5个方面的主要问题，向市委全面深化改革领导小组提出具体的对策建议。对督察中发现的具体问题，共向各专项小组和各县(市、区)下发督察通知17期，对68项问题提出具体的整改要求。实行目标管理。年初，将三门峡市全面深化改革工作纳入市委、市政府年度共同目标考核体系，各单位“加强改革领导”“抓好改革落实”“总结改革经验”等考核内容列入全市共同目标。加强沟通协调。办好《改革专报》《改革动态》《改革简报》三种改革信息。上报的《一村培育一品　一品叫响一店　一店致富一片——三门峡市积极推动农村电商发展》等在省委改革简报上专项刊发,《三门峡市以改革督察推进任务落实》等在省委《改革动态》上刊发。组织培训考察。为了解外地全面深化改革工作进展情况,11月18日至23日,在上海同济大学举办全市全面深化改革培训班。12月14日至15日,市委改革办组织人员先后赴新乡、济源等市进行学习考察,为推动三门峡市全面深化改革工作提供重要依据和参考。(师长胜)

党史地方史志工作

【概况】2016年,中共三门峡市委党史地方史志办公室(以下简称市委党史方志办)围绕中心,服务大局,扎实推进党史研究、乡镇志编纂、宣传教育、队伍建设等工作,实现"十三五"党史地方史志工作的良好开局,一些重点工作位居全省乃至全国前列。《中国共产党三门峡历史(第二卷)》获全国党史优秀成果著作类二等奖,是河南省唯一一部受表彰的省辖市级党史基本著作,也是三门峡市党史研究成果首次获国家级大奖。三门峡市先后4次被推荐参加中国地方志指导小组在广东、四川、广西、江西召开的全国地方志工作会议,重点介绍三门峡市党史方志馆建设、乡镇志编纂、基层基础工作等经验做法。编制三门峡市党史地方史志"十三五"发展规划,以"两办"文件印发实施。

党史研究工作取得显著成效。按照中央和省委党史研究室的部署,坚持"一突出、两跟进"(突出中国特色社会主义时间段历史研究,不断跟进党中央的步伐,不断跟进历史前进的脚步),全面推进开创和发展中国特色社会主义时间段历史研究,不断深化新民主主义革命、社会主义革命和建设时期党史研究。按照市委部署,启动《中共三门峡历史(第三卷)》编写工作,市委办印发编撰工作规划和篇目大纲,成立编审委员会。《文化三门峡》系列丛书分册《红色文化》完成书稿编写,全书20万字、120余幅照片。改革开放新时期党史专题研究工作深入推进、富有成效,三门峡市被推选参加全省党史专题编研会议并作典型经验交流,撰写的《三门峡农业信息化道路的创新与探索》被中央党史研究室收入《中国改革开放实录》(第一辑)。全面深化社会主义革命和建设时期党史研究工作,圆满完成《党和国家领导人与河南》《河南抗美援朝》《河南"三线"建设》3篇三门峡专题的撰写上报任务。党史资料征集工作扎实开展,市本级完成三门峡党史大事月记年编11万字,县(市、区)完成党史大事月记50余万字。卢氏县编纂出版《卢氏县党史人物传》。

乡镇志、部门志、专业志编纂工作扎实推进。坚持把乡镇志编纂作为加快城镇化建设、推进转型发展、留存乡村文化的一项重大战略任务,统筹谋划,加强督导,扎实推进,取得阶段性成效。至年底,全市已编纂出版《陕州区西李村乡志》《灵宝市朱阳镇志》等6部志书。同时,认真履行地方志监管职责,加强部门志、专业志编纂指导工作,全年市、县两级指导编纂专业志、部门志9部,其中《黄河三门峡水利枢纽志》《陕县军事志》出版。全省首部县级通志——《灵宝简明通志》完成初稿20余万字。卢氏县编印行政村志10部。

"三刊一网"(《三门峡年鉴》《三门峡大事月报》《三门峡史志》,崤函网)、"三库一馆"(大事月报视频数字库、党史方志文献资料库、三门峡地情数据库,市党史方志馆)信息化建设亮点纷呈。《三门峡年鉴(2016)》12月出版,以服务经济社会转型发展为重点,着力凸显年度特色、时代特色和地域特色。《三门峡大事月报》编发12期40万字,有效服务了领导决策和经济社会发展。《三门峡史志》出版4期共50万字,发挥了以史为鉴、指导工作、服务现实的作用。崤函网成为黄河金三角最具权威的党史地情网站,点击率突破80万人次。大事月报视频数字库收录政治、经济、文化、社会、生态等视频资料3.6万余条(部),填补了"重图文、轻视频"的空白。党史方志文献资料库收藏各类文献资料5800余种10万余册,数字化率达75%。三门峡地情数据库录入各类史志资料6800余万字,数字化率达95.6%。市党史方志馆坚持免费向社会开放,及时更新、充实展板内容,已接待国内外嘉宾和社会各界参观者680余批次13.8万余人次,受到公众广泛好评。

党史地情宣传教育工作实现新突破。采取多种形式搞好重大党史事件纪念活动。在纪念中国共产党成立95周年和红军长征胜利80周年之际,市本级与三门峡日报社合作,先后在《三门峡日报》推出"热血春秋　光辉历程"和"峥嵘岁月　红色记忆"党史专栏,收到良好社会反响。卢氏县委党史办配合河南电视台、三门峡日报社等媒体开展"重走红军长征路"采访活动,沿当年红二十五军在卢氏长征的路线进行17批次70余人的实地采访报道。陕州区、渑池县、湖滨区等采取出版图书、举办报告会、图片展览等多种方式,开展纪念活动。围绕"一节一会"提供地情咨询服务。在中国(三门峡)国际黄河文化旅游节暨投资贸易洽谈会、中国特色商品博览交易会前夕,市本级为《三门峡日报》"路,城市的文化符号"系列报道提供市区道路历史文化资料,为市政府职能部门提供重点工程建设勘探、撰写资政报告地情资料60余万字。发挥革命历史文化遗产教育功能。市本级为全市首批中共党史教育基地——陕州烈士陵园提供历史资料,并撰写展陈文案和讲解词,该园被市委、市政府列为全市9·30烈士纪念日公祭活动举办地。

(韩　霞　王惠娟)

【《中国共产党三门峡历史(第二卷)》获全国党史部门党史优秀成果著作类二等奖】2016年2月,中央党史研究室对2012年11月以来的全国党史部门党史优秀成果予以表彰,市委党史研究室编著的《中国共产党三门峡历史(第二卷)》获全国党史部门党史优秀成果著作类二等奖,是此次受表彰中全省唯一一部地市级党史基本著作。该书2013年6月由中共党史出版社出版,记述了1949年10月中华人民共和国成立至1978年12月中共十一届三中全会召开的29年间,中共三门峡地方党组织带领广大人民群众进行社会主义革命、开展社会主义的建设的历程，展现了三门峡各级党组织加强自身建设、经受各种考验而不断发展壮大的历史，初步总结了三门峡社会主义革命和建设正反两方面的经验教训。

【开展纪念中国共产党成立95周年和红军长征胜利80周年系列活动】 2016年7月至9月，为纪念中国共产党成立95周年和红军长征胜利80周年，市委党史方志办与三门峡日报社合作,先后在《三门峡日报》推出“热血春秋 光辉历程”和“峥嵘岁月 红色记忆”两个党史专栏,紧紧围绕中国共产党成立以来三门峡地区的重大党史事件、辉煌成就和各个时期三门峡党史英烈的英雄事迹，进行党史宣传教育和党史知识普及，共刊载文章16篇。同时在崤函网和《三门峡史志》开辟纪念专栏,刊发党史专题文章20余篇。10月28日,在《三门峡日报》刊发专题文章《传播革命火种 建立红色根据地——红二十五军长征途经卢氏纪实》。

【《中共三门峡历史(第三卷)》编撰工作启动】 2016年11月15日,经市委同意,市委办下发《<中共三门峡历史(第三卷)>编撰工作规划》,《中共三门峡历史(第三卷)》编审委员会同时成立。《规划》明确了三门峡党史三卷编写工作的指导思想、目标要求、主要内容、组织领导、工作安排和保障措施。《规划》提出,三卷编撰工作要将党性与科学性、政治性与学术性有机结合起来,用科学的思想和正确的方法,客观真实地记述历史进程，实事求是地反映历史本来面貌，从中揭示出历史发展的本质。《规划》要求各级各部门对这项政治性强、涉及面广的浩繁工程高度重视、大力支持、密切配合,力争于2021年中国共产党成立100周年前夕完成编撰出版工作。

【在全省改革开放新时期党史工作推进会上作典型发言】 2016年12月2日，在郑州市召开的全省改革开放新时期党史工作推进会议上，市委党史研究室以《创新选题,突出特色,扎实推进改革开放实录编研工作》为题作典型发言,介绍三门峡市《改革开放实录》编研工作的做法和经验。《改革开放实录》课题研究是开创和发展中国特色社会主义时间段历史研究的重要内容,是党史工作落实“一突出、两跟进”要求的一项重点工程。2013年以来,三门峡市按照省委党史研究室关于改革开放实录课题研究的要求,周密组织,强化责任,先后上报省委党史研究室专题4篇，全部入选《河南改革开放实录》，其中2篇同时入选中央党史研究室编辑出版的《改革开放实录》。 (韩 霞)

【乡镇志编纂工作稳步推进】 2016年，市委党史方志办先后两次深入乡镇现场督查调研指导，详细了解乡镇地情、志书编纂工作开展情况、推动乡镇志编纂工作的具体做法、存在问题,现场释疑解惑;每季度在《三门峡大事月报》通报乡镇志编纂情况;对《西张村镇志》《仰韶镇志》《崖底街道志》《王家后乡志》共计200余万字的志稿进行评审,并提出修改意见;加强对乡镇(街道）志书编纂质量的规范化管理,制定《关于三门峡市乡镇(街道)志书审查验收的规定》《三门峡市乡镇（街道）志封皮排版规范》《三门峡市乡镇(街道)志内文排版规范》,编印《三门峡市乡镇志出版规范》彩色手册。11月18日,三门峡市乡镇志编纂工作现场会在渑池县召开,学习贯彻全省乡镇志编纂工作(周口)现场会和全省乡镇志编纂业务培训班精神,总结交流三门峡市乡镇志编纂工作经验做法,对下一步全市乡镇志工作作出安排,并通过对渑池县《仰韶镇志》的现场评审,以案说法,以评代训,进一步研究探讨乡镇志编纂的有效方法和途径。各县(市、区)地方志部门根据辖区乡镇志编纂进展情况,采取多种措施，加强对编纂人员的培训、指导。至年底,全市有13个乡镇完成初稿,9个乡镇正在编纂初稿,24个乡镇正在收集资料。

【地情咨询服务】 2016年，市委党史方志办充分利用地情资源优势，服务全市经济社会转型发展。在第二十二届中国(三门峡)国际黄河文化旅游节前夕,为《三门峡日报》“路,城市的文化符号”系列报道提供市区黄河路、崤山路、虢国路、甘棠路、陕州大道等道路名称来历及历史故事资料；先后为市政府撰写政研报告，市住房和城乡建设局撰写论文，市工业和信息化委员会煤炭办编写《三门峡市煤炭志》,市民族宗教局编写《三门峡市宗教文化》,以及市水利局重点项目建设勘探提供地情资料60万余字。 (王惠娟)

【《三门峡年鉴(2016)》出版发行】 2016年12月,《三门峡年鉴(2016)》出版发行。全书共29个类目、1000余个条目、91万字,随文附彩色图片近150幅、黑白图片20余幅。《三门峡年鉴(2016)》注重发扬时代性、创新性、开放性、前瞻性的特质,全面反映市委、市政府提出的战略决策及成绩经验。在年鉴正文中,以图文并茂的形式,集中展示2015年度市委、市政府团结带领全市人民推进转型创新发展取得的巨大成就,资料翔实,内容生动,彰显浓郁的时代特色和地方特色，是社会各界了解三门峡、研究三门峡的一个良好窗口。 (张怡杰)

【《三门峡大事月报》出版12期】 2016年,《三门峡大事月报》编辑部累计收集资料200余万字,编辑出版《三门峡大事月报》12期（总第121期—132期)34万字,其中设置栏目18个,收录大事1161条,配发照片46幅;上报《河南大事月报》159条大事3.73万字,被《河南大事月报》采用9条2000余字。《三门峡大事月报》视频资料数字库新收集反映全市经济社会发展的大事要事重点视频资料60余部,总时长160分钟,容量约13GB。《三门峡大事月报》始终围绕市委、市政府中心工作,贴近民生、贴近现实,适时开设特色栏目，及时记录反映全市市情民意的大事要闻。2016年第5期《三门峡大事月报》设置“旅游节暨特博会”专栏,翔实记录第二十二届中国(三门峡)国际黄河文化旅游节暨投资贸易洽谈会、第四届特色商品博览交易会召开的盛况。为及时记录三门峡市全面打赢脱贫攻坚战的重大举措与进展,《三门峡大事月报》自2016年第5期起增设"脱贫攻坚"专栏,同步记录每月发生在全市脱贫攻坚战线的大事要事,突出精准识贫、精准扶贫、精准脱贫,为全市如期全面完成脱贫攻坚任务提供有益参考。 (王　卓)

档案工作

【概况】 2016年,三门峡市档案部门共接收各类档案4549卷47602件;接待查阅利用者10833人次,调阅档案资料17665卷(件),电子调阅1202人次,复印档案资料10469页。创建河南省社会主义新农村建设档案工作示范乡(镇、街道办事处)8个,示范村(社区、居委会)20个。全市7个国家综合档案馆编纂各种编研资料20余种。全市完成馆藏档案数字化扫描107.1万页。全市15个机关企事业单位档案室通过河南省规范化管理认证,其中省特级义马市1个,省一级卢氏县1个,灵宝市4个,省二级渑池县2个,省三级湖滨区7个。全市档案部门共组织档案工作监督检查7次,对1000余个单位的档案工作进行监督检查。全市档案系统基础设施改造共投资136万余元。市委、市政府将档案工作列入市委共同目标考核体系,为档案事业的发展提供了有力保障。市档案局编制《三门峡市档案事业发展"十三五"规划》,从指导思想、发展目标、主要任务、实施项目、保障措施等方面勾画了"十三五"期间全市档案事业发展蓝图。

【开展中办、国办《关于加强和改进新形势下档案工作的意见》和省、市两办《实施意见》落实年活动】 2016年,市档案局开展贯彻中办、国办《关于加强和改进新形势下档案工作的意见》和省、市两办《实施意见》落实年活动,要求各县(市、区)对照《意见》和《实施意见》要求,以问题为导向,厘清哪些是党委、政府的主体责任,哪些是档案部门的职责,结合本地实际,列出责任清单,建好问题台账,明确每项任务完成时间表,抓好落实。10月,按照市委督查室安排,市档案局对全市《意见》和《实施意见》的落实情况进行自查。12月,市档案局针对自查中发现的问题和薄弱环节,制定整改措施,使《意见》和《实施意见》真正落到实处、见到实效,推动全市档案事业持续、全面、均衡发展。

【档案资源建设】 2016年,全市档案部门共接收各类档案4549卷47602件。其中,市档案馆接收10个全宗1592卷15645件;湖滨区档案馆接收文书档案和婚姻档案7230件;灵宝市档案馆接收文书、专业档案1636卷5345件;渑池县档案馆接收2015年度全县婚姻档案和4个单位文书档案共113卷5206件;义马市档案馆接收市民政局婚姻登记档案792卷382件;卢氏县档案馆接收416卷4030件;陕州区档案馆接收9764件,其中撤并单位档案1749件、婚姻档案8015件。

【档案开发编研】 2016年,市档案馆与陕州区档案馆为纪念中国工农红军长征胜利80周年,联合编纂出版《红星照崤函》。灵宝市抢救性拍摄《灵宝红色记忆》档案专题片一部,配合中央电视台科教频道《中国影像志》栏目组制作"灵境宝地"节目。义马市档案局参与编纂出版《义马市土地志》《义马年鉴》《政协文史资料》等书籍。卢氏县档案局配合《对话中原》栏目和湖南卫视《县委大院》专题片拍摄,编辑出版《卢氏年鉴(2013~2014)》《卢氏大事月报》12期。陕州区档案馆制作《血洒辽西的英雄团长葛同勋》电视专题片,出版《红色文化——献给中国共产党成立九十五周年》。

【档案信息化建设】 2016年,全市7个国家综合档案馆都开展原生电子档案接收工作,共接收原生电子档案369个单位63193件196张光盘,达到当年计划接收原生电子档案的61%。加快档案信息资源数字化步伐,全市共完成馆藏纸质档案数字化扫描107.1万页。

【档案法制宣传】 2016年,市档案局利用"6·9国际档案日",在湖滨广场举办以"档案与民生"为主题的展览活动,悬挂宣传横幅4条,展出档案法律法规、农村土地确权登记档案、家庭档案、婚姻档案等展板28块,向群众发放《三门峡市档案局(馆)抗战史料征集启事》《三门峡市档案馆开放时间》《三门峡市档案馆爱国主义教育基地开放日》等宣传彩页2000余份,接受群众咨询500余人次。开展档案行政执法监督检查工作。对市直106个单位进行执法检查,制作检查笔录99份,发放合格证84份,下发整改通知书3份。11月,根据检查和整改情况,印发检查通报。利用档案信息网平台做好档案宣传工作,全年全市共更新信息5000余条。在报刊上公开发表有关档案方面的文章13篇。三门峡档案信息网点击率排名保持在全省前列。

【农业农村档案工作】 2016年,市档案局做好农村土地承包经营权确权登记颁证相关文件材料的归档和管理工作。安排业务指导人员全程参与指导农村土地经营权确权登记颁证档案的收集整理归档工作,确保确权登记全过程档案资料的完整、准确、规范和有效利用。做好新农村建设档案工作示范乡、村创建工作。创建河南省社会主义新农村建设档案工作示范乡(镇、街道办事处)8个,示范村(社区、居委会)20个。做好精准扶贫档案工作。与市扶贫办联合成立精准扶贫档案工作领导小组,印发《关于做好精准扶贫开发档案工作的通知》,进一步明确精准扶贫档案整理规范和标准,使精准扶贫档案更加标准化、规范化;采取"以会代训"的方式,召开精准扶贫建档工作培训会,详细讲解精准扶贫档案整理基本要求,现场一对一指导乡镇、贫困村建档。全市累计举办培训会6场,培训人员300余人次。 (侯俊晓)

市直工委工作

【概况】 2016年年底,中共三门峡市委市直机关工作委员会(以下简称市直工委)有下属党委72个(部门党委

33个、机关党委24个、二级党委15个)、党总支63个(其中直属党总支25个)、党支部887个(其中直属支部20个),党员总数18281名,其中在岗党员12022名、女性党员5972名、机关干部党员4375名。全年到期已换届的基层党组织14个,发展新党员237名,预备党员转正230名,培训入党积极分子和新党员380名。

强化机关党建服务功能。市直工委把围绕中心、服务大局作为机关党的工作的出发点和落脚点,动员和组织各级机关党组织积极助推脱贫攻坚和主题实践活动,扎实开展驻村帮扶工作。春节和"七一"前后,集中慰问救助特困党员、困难党员、困难职工和困难群众。持续开展群众文化活动、大型群体活动和志愿服务活动,引领市直窗口服务单位深入开展文明服务和敬业行动,践行核心价值观,推进文明河南建设。

夯实机关党建基础工作。市直工委认真贯彻落实全面从严治党要求,加强基层组织建设和党员队伍管理。集中开展党员组织关系排查工作,为做好失联党员处置工作提供基础和依据。举办党员信息库建设专题培训,建立完善党组织及党员信息库。对不按期换届的基层党组织下发督促换届函,对换届进行督促指导严格把关。开展党费收缴基数核查、党费账目专项检查和党费收缴、使用、管理专项整治工作,督导基层党组织全方位自查自纠。

突出机关党建重点工作。市直工委坚持把开展"两学一做"学习教育作为深化党内教育的重要实践,开展系列学习教育活动,为市直机关全体党员配发《党章》、党徽、党员证,分批举办党务和群团干部培训班,开展知识竞赛和案例征集活动。加强机关党建阵地建设,总结宣传推广基层党建工作的好经验、好做法。有力服务市七次党代会,召开市直机关庆"七一"颂歌献给党表彰大会,召开现场交流座谈会,推动机关党建"三级联动"。

深化机关作风建设。市直工委开展党规党纪知识考试和党规党纪学习宣传活动,重要节假日前夕发送廉政提醒,举办《九品巡检——暴式昭》巡演,开展警示教育月活动,发放《清风中原大讲堂论中华民族的文化自信》电教光盘,组织观看廉政电影《第一大案》,开展贯彻全会精神、学习党规党纪活动和知识竞赛,规范市直机关案件查办工作,对市直机关党员违纪违法处理情况进行集中排查,开展党纪处分决定执行情况专项检查。

凸显机关党建亮点工作。市直工委坚持把改革创新作为发力点,推动机关党建工作亮点频现。深化党建目标积分管理和党员目标积分管理,建立党建目标积分管理工作台账,季考、季评、季公示和年底考评相结合。继续推行机关"党建第一责任人"述党建制度,组织市直各党委(党组)书记在"七一"前夕和年底进行大会述职、接受评议。和市委宣传部联合开展"百名书记讲党课,党员人人上讲堂"网络微党课比赛活动,向省机关党建研究会上报调研论文50余篇,18篇获奖。

当年,市直工委共获得集体荣誉11项、个人荣誉8人19项,连续六年被省直工委授予"河南省先进市委市直工委"称号,四次参加全国机关党建工作座谈会并介绍经验,获得全国"两学一做"学习教育优秀案例奖。一大批基层单位、基层党组织、优秀党员受到省委、市委表彰。三门峡市机关党的工作先进经验材料多次在《中直党建》《紫光阁》杂志及网站,省直工委刊物及网站登载。

【服务市第七次党代会】 2016年,市直工委严把构成比例,严格推选程序,在基层推荐、组织考察、各级党组织反复酝酿的基础上,确定出席市第七次党代会代表候选人预备人选94名。9月,召开市直机关党代表会议选举产生党代表77名,其中领导干部65名、专业技术人员8名、先进模范人物4名。召集市直第二组13家单位推荐七届市委委员候选人初步人选4名。市第七次党代会期间,做好市直代表团会务安排和服务保障等工作。

【推行机关党建和党员目标积分管理】 2016年初,在全市机关党的工作会议上,市直工委下发《机关党建目标积分管理考评办法》,全面安排部署,合理设置党建目标管理项目和内容,继续推行党员目标积分管理。9月、10月,三门峡市直工委创新目标积分管理的经验做法分别在全省机关党建理论研讨会、全国城市机关党建工作经验交流会上作大会交流。《创新目标积分管理,抓实机关党建工作》在中直党建第8期刊登,同时获中央国家机关工委及《紫光阁》组织的"两学一做"学习教育优秀案例奖。

【推行机关党建述职评议】 2016年1月,市直工委召开市直机关党委书记党建述职评议会议,6个机关党委书记进行大会述职,18个机关党委书记进行书面述职,推动机关党建工作全面提升。召开2016年度机关党建述职评议会,市委书记刘南昌作重要讲话。向省直工委报送的机关党建述职评议专项报告获得省直工委书记李恩东批示,并号召全省向三门峡市学习,省直工委印发专题简报。

【举办"三门峡学习讲坛"】 2016年,市直工委采取联合办学形式推进"学习讲坛"定期举行,有效提升党员干部的能力素质。分别于2月、3月、4月、7月、10月联合举办"第三期三门峡学习讲坛暨第二十一期三门峡经济发展报告会""现代女性大讲堂"——健康养生讲座、"绿色发展与雾霾天气应对""互联网+政务:探索与前瞻"和"中原疾控行"健康教育等5期专题报告,市四大班子领导、市直机关党员干部5000余人次聆听报告。

【开展慰问救助活动】 2016年春节前,市直工委从党费和工会经费中拿出15万元,集中走访慰问389名困难党员、32名困难职工和帮扶村20户困难群众。5月,组织开展"党员活动日"捐款活动,为定点帮扶村发生严重车祸的村民捐款6000余元。"七一"前后,对市直单位慰问老党员和困难党员进行全面安排部署,督促各级党组织以实际行动践行"两学一做"。全年使用党内关爱基金1.8万元,对7名特困党员进行慰问救助。

【加强干部教育培训】　2016年5月17日至19日,市直工委举办市直机关第30期党的基本知识培训班,市直76个单位262名入党积极分子和118名新党员参加培训。6月2日至6日,市直工委组织市直单位及各县(市、区)工委党务工作者参加全省机关党建研究骨干培训班。6月15日至7月6日,市直工委与市总工会联合举办陈氏太极拳辅导员培训班,市直69个单位120名群团干部参加培训。11月1日至5日,市直工委与市委组织部、中央国家机关党校《紫光阁》杂志社联合举办全市机关党务干部专题培训班,市直机关和各县(市、区)92名党务干部参加培训。

【推动机关党的工作市、县联动】　2016年,市直工委强化对县(市、区)直工委的工作指导,与市直单位党建工作同部署、同检查、同考核,做好督促引领。11月,召开三门峡市县机关学习贯彻党的十八届六中全会精神,推进机关党建"三级联动"现场交流座谈会,对"两学一做"学习教育的30个典型案例进行表彰,对8个典型案例代表进行颁奖。12月,陕州区直工委在全省第二十四次机关党的工作座谈会上首次作为县级工委代表作大会发言、介绍经验。

【开展群团活动和志愿服务活动】　2016年,市直工委在春节、黄河旅游节、投资贸易洽谈会暨第四届特博会等大型节会和重要节日期间,先后联合市文明办、市体育局等单位开展"文明服务·暖暖新年"活动、"全民健身行,幸福三门峡"徒步健身活动、百城千村健身气功交流展示活动、"美丽三门峡"之乐韵崤函器乐大赛、"中国梦·劳动美——颂歌献给党"合唱比赛、陈氏太极拳兴趣爱好培训等大型群体活动和"做志愿表率,为党旗增辉"主题集中志愿服务月、文明交通、"洁城行动"、白天鹅·野生动物摄影展启动仪式等志愿服务活动,拓宽工作领域,扩大对外影响,社会反响良好。　(王　静)

农村工作

【概况】　2016年,中共三门峡市委农村工作办公室(以下简称市委农办)坚持把农民主体地位、增进农民福祉作为农村一切工作的出发点和落脚点,以建设特色农业强市为总目标,以稳中求进、转型发展为主基调,以建设美丽乡村为统领,以深化农村改革为动力,以"提质增效转方式、增收增美可持续"为主线,大力推进农业发展方式转变,大力改善农村生产生活生态条件,着力补齐农业农村发展短板,奋力加快农民奔小康步伐。全市第一产业增加值123.5亿元,同比增长4.7%;农村居民人均可支配收入11982元,增长8.1%。市委农办先后获省级文明单位、全省党委农办系统省辖市信息宣传工作量化考核第二名、全市目标管理工作先进单位、全市"五一"劳动奖章等荣誉。

【美丽乡村建设】　2016年,三门峡市将改善农村人居环境、建设美丽乡村列入市级十大重点民生工程,把工作纳入目标考核体系。2月,市委农办组织召开全市整合涉农项目资金支持美丽乡村建设专题座谈会。发改、财政、环保、规划、住房和城乡建设等19家相关市直单位参加会议。4月8日,市委农办组织召开全市改善农村人居环境建设美丽乡村工作会议。制定出台《三门峡市改善农村人居环境五年行动计划(2016—2020年)》。全年全市建设美丽乡村示范村66个。以示范村为节点,以国道、省道、县道为轴线,打造6条美丽乡村示范带。全市95%行政村实现"三无一规范一眼净"(村内及周边无垃圾堆放、无污水横流、无杂物挡道,日常生产生活物品堆放规范有序,主次干道两侧环境干净),辖区内国道、省道、县道周边实现"一眼净"。市级财政投入美丽乡村建设资金共计1200万元。县级财政投入美丽乡村建设资金共计1.47亿元。3月、7月、10月、12月,市委农办与市委督查室、市财政局、市住房和城乡建设局等有关单位成立联合督查组,对各县(市、区)春季农村环境综合整治情况、上半年改善农村人居环境建设美丽乡村工作和全年改善农村人居环境建设美丽乡村工作进行检查。

【新型农村社区遗留问题整改】　2016年11月14日,市委农办组织召开各县(市、区)农办主任会议,传达贯彻全省会议精神,并联合市发改委、市财政局、市国土局、市住建局等部门,深入各县(市、区)对新型农村社区遗留问题进行调查摸底。12月11日,市委农办组织召开全市新型农村社区遗留问题整改工作会议,安排部署整改工作。制定下发《关于新型农村社区遗留问题的整改实施方案》,明确整改内容、指导思想、总体思路、整改目标、整改措施和责任分工。全市确定135个新型农村社区遗留问题整改任务。

【引导支持农民专业合作社发展】　2016年,市委农办以大力培育农民专业合作社为抓手,加快推进新型农村经营主体发展,按季度摸清全市农民专业合作社登记注册情况,对合作社注册资金规模、行业类型、入社户数等进行分类统计。11月15日至11月18日,对全市重点农民合作社理事长进行培训。至年底,全市运行良好的农民专业合作社达到1400家。

【开展"三农"调查研究】　2016年,市委农办撰写的《一村培育一品　一品叫响一店　一店致富一片——三门峡积极推动农业电商发展》一文被省委改革办简报采用。深入开展全市农民专业合作社发展情况调查研究,撰写的《三门峡市农民专业合作社发展情况的调研报告》得到市主要领导批示。为了解掌握全市农村村级集体经济现实状况,总结新经验,探索新途径,深入各县(市、区)选取具有代表性的不同类型的农村,采取走访座谈、查看资料、现场观摩等形式,对集体经济发展现状进行实地摸底调研,撰写《全市农村集体经济发展情况调研报告》。

【深入推进农村改革】　2016年,三门峡市农村改革专项小组统筹协调12

项改革任务,分别是:完善定点扶贫机制;健全精准扶贫工作机制,对建档立卡贫困村、贫困户和贫困人口进行全面核查;建立年度脱贫攻坚报告和逐级督查制度;创新扶贫资金使用机制,支持连片特困地区县、国家和省扶贫开发工作重点县把专项扶贫资金、相关涉农资金和社会帮扶资金捆绑集中使用;加大对扶贫开发及易地扶贫搬迁地区城乡建设用地增减挂钩指标支持;建设农村产权流转交易中心试点;农村土地承包经营权确权登记颁证,宅基地使用权和农村集体建设用地使用权确权登记发证;农村集体经济组织股份制改革试点股份制改革;试点开展土地托管工作;加快推进水利综合改革,重点抓好水利投融资、农业水价、农田水利设施运行管护、水行政审批等改革;国有林场、集体林权改革;供销社综合改革。将12项改革任务细化分解到市农业畜牧局、市国土资源局、市水利局等8个农村改革成员单位,建立工作台账,明确责任单位、完成时限、推进措施。编发农村改革专刊2期,进行书面督查7次,召开汇报工作会议3次。市农村改革专项小组坚持把跟踪问效、督导推进作为农村改革的有力抓手,承担的12项改革任务全面完成。出台《三门峡市关于深化农村改革的实施意见》。 (王聪敏)

编制管理工作

【概况】 2016年,三门峡市机构编制委员会办公室(以下简称市编办)紧紧围绕市委、市政府中心工作大局,不断深化行政审批领域效能革命,积极开展政府机构改革,稳步推进事业单位分类改革,进一步加强和完善机构编制管理,为服务和助力全市转型发展提供了强有力的体制机制保障。

【行政审批领域效能革命】 2016年,三门峡市深入开展行政审批领域效能革命。权责清单制度全面推行。全面建立“政府权力清单”“政府内部管理事项清单”和“行政公共服务事项清单”三张清单(编印成册后共计18册5000余页200余万字),并对应建立责任事项清单和运行流程图。各县(市、区)于一季度完成权责清单编制工作。推进政府各部门“公开晒权、阳光行权”。召开全市推进政府权责清单制度新闻发布会,出台《三门峡市政府权责清单信息公开办法》,在市政府及政府各部门网站统一设置“权责清单专栏”,按照信息内容、格式、时限公开“三统一”的原则公开权责清单相关信息,解决政府各部门信息公开内容不完整、形式不统一、时间滞后等问题。推进权责清单落地生效。出台《三门峡市政府权力清单和责任清单管理暂行办法》,从政府权责清单的编制和公布、运行、动态调整、监督检查、责任追究及相关职能部门责任分工等方面进行详细规范。对全市28个单位、145项列入清单的职权事项进行动态调整。行政审批事项不断压减。市编办组织市政府相关部门对照国务院取消的214项中央指定地方实施的行政审批事项进行梳理,取消中央指定地方实施行政审批事项21项。市政府各部门行政许可事项精减至129项,全部为依法设定。行政审批中介服务和各类证明得到清理规范。三门峡市在全省率先开展集中清理规范行政审批中介服务和各类证明工作,目标锁定在各部门中介服务事项和社会反响强烈的各类证明(“不必要的证明”“无法证明的证明”“重复证明”或“循环证明”“奇葩证明”等)上,着力解决企业、群众办事“程序多、手续繁”等问题。共排查中介服务机构116家,梳理前置条件3194项,审核中介服务事项98项、各类证明事项208项。11月,经报市政府常务会议研究同意,第一批取消调整行政审批中介服务事项17项、各类证明31项,涉及14个部门,涵盖固定资产投资项目节能评估和审查、矿产资源储量核实报告等经济发展领域和无犯罪记录证明、首套房证明等民生事项。行政审批标准化试点工作扎实推进。市编办组织开展行政审批标准化试点工作,明确由各级行政审批制度改革领导小组全面负责创建工作,建立由审改办(设在编办)牵头、各相关部门密切配合的工作工作机制,在权力要素、项目进厅、审批流程、审批条件、审批时限、动态管理、信息公开、服务行为、大厅建设、窗口管理、效能监察、网络建设等12个方面进行标准化建设。同时,在市行政服务中心、灵宝市、义马市推行行政审批标准化试点工作,依托部门权责清单,编制审批办事指南、明白卡,在各审批窗口绘制简单清晰明了的服务流程图,力求每一个审批事项、每一个审批环节、每一个时限节点都有标准可依。

【重点领域行政体制和机构改革】 2016年,三门峡市稳步推进重点领域行政体制和机构改革。经济发达镇改革试点工作有序推进。细化责任分工。召开工作推进会,印发改革试点工作实施意见,明确试点镇改革的主要内容、部门责任和工作要求。建立改革项目库。细化改革项目4大类40余项,建立项目库管理制度。各县(市、区)也逐项细化和完善具体落实意见,建立健全项目推进机制,确保各项改革内容科学、稳妥、有序推进。形成下放权限事项清单。涉及发达镇试点的4个县(市、区)第一批下放权限286项,其中灵宝市53项、卢氏县35项、陕州区167项、渑池县31项。城乡一体化示范区管理体制改革取得突破性进展。12月25日,市城乡一体化示范区挂牌成立。在机构人员配置上,除上级批复的“一办五局”外,还根据示范区经济社会发展需要,成立农业农村办公室(农林水局)、教育文化局、交通分局等机构,切实增强示范区社会管理和公共服务职能。产业集聚区套合全面完成。9月,按照区镇套合设置要求,义马市、渑池县、卢氏县、灵宝市、陕州区编办分别调整各自产业集聚区的机构编制事项,各县(市、区)产业集聚区领导干部均调整任命到位。政府机构改革成果进一步巩固。完成机构合并和人员移交。根据政府机构改革要求,组织市卫计委、农牧局、工信委、安监局等部门依据职责划转和机构调整设置规定,签订安监局煤监办、农机总公司、煤炭总公司等单位人员移交备忘录,确保人员、职责移交到位。拟定超编人员等改革遗留问题的处理意见。针对因政府机构改革引起的超编人员正常经费保障和个人待遇等问题,提请市编委研究作出机构改革遗留问题处理意见,确保改革的平稳过渡。调整机构编制事项。修订印发市政府办、市发改委(粮食局)“三定”规定,为市有关重要部门调剂增加行政编制,确保了全市中心工作和重点工作的顺利开展。行业体制改革统筹推进。开展全市中小学专题调研,拟定全市城乡中小学教职工编制核定方案。协调落实人社、财政、卫生等相关部门的公立医院员额制改革任务,探索创新公立医院人员编制管理。整合城乡居民基本医疗保险机构,充实养老保险经办机构人员力量,加快推进全市城乡居民基本医疗保险制度改革和机关事业单位养老保险制度改革进程。统一组建卫生计生监督机构,推动卫生计生综合执法改革。开展环保执法机构编制调研和上报数据统计,做好环保执法机构体制改革相关工作。优化充实市扶贫机构和工作力量,决战脱贫攻坚、全面小康社会第一线。加强市政府发展研究中心工作力量,服务政府科学决策。摸清分散在质监、药监、农业、卫生等部门的检验监测局(所)现状,探索推进检验检测认证机构整合。明确小秦岭国家级自然保护区管理局主要职责和生态公益定位,为保护区矿山环境保护整治提供机制保证。组建市工业企业安全生产执法监察支队,加强工业企业安全生产监管。事业单位改革稳步推进。根据中央和省统一部署,做好承担行政职能的事业单位改革有关工作。结合政府机构改革,对全市事业单位进行梳理,区别部分承担行政职能和完全承担行政职能的事业单位。对部分承担行政职能的事业单位,逐步剥离行政职能,将其行政职能交给机关。对在上轮政府机构改革中剥离行政职能后设立的市煤炭总公司、农机总公司、物资总公司3个过渡性公司,根据工作需要和单位实际运行情况进行撤并。

【机构编制管理】 2016年,三门峡市持续提升机构编制管理水平。事业机构编制总量控制成效显著。严格控制。按照“严控总量、盘活存量、增减平衡、分级负责”的思路,通过加强监督管理、强化部门协作、深化改革创新等办法,最大限度减少和控制增量,不该增的编制坚决不增。对职能未作大的调整、工作任务没有大幅度增加、内部有空编的事业单位,原则上不受理机构编制申请。确需新成立事业机构的,按照“撤一建一”或“撤多建一”的原则在现有机构编制限额内解决。盘活存量。撤并机构,对全市事业单位进行再清理规范,对长期空编较多且划分为生产经营类的事业单位进行收编,将收回的编制用于设立龙湖小学、大石涧水库管理局等公益类事业单位,支持新增公益事业发展。创新管理。在全市园林系统事业单位实行人员“只出不进”,在编人员自然减员后,逐步核减单位编制。对工作任务增加、需要增加编制且适用政府购买服务的单位,采用政府购买服务岗位补充,节约编制资源。机构编制实名制管理有效落实。严格规范入编审核。严格执行机关事业单位进(出)人员编制审核工作规范、人员入(出)编内部运转流程、县(市、区)和乡镇机关事业单位进人市级备案等制度,严禁超编进人。全年市直共办理机关事业单位进人用编审核事项77件,入编审核事项85件,出编审核事项214件。进一步建立健全机构编制与组织、人事、财政等部门相互配套协调的约束机制。根据机构编制和人员变动情况,及时做好信息系统的修改和完善,同步更新单机版和网络版实名制数据库。加强与组织、人力资源和社会保障、财政等部门的沟通协调作用,通过多部门联合开展的养老保险制度改革和公务用车改革等专项机构编制审核统计工作,实现编制数、实有人员数、财政供养数相对应的实名制管理模式。全面完成构编制统计和网上名称管理工作。完成机构编制统计年报,对全市各级行政执法机构现状情况进行专项统计上报。做好网上名称管理工作,全市中文域名缴费工作全面完成,全市机关事业单位注册域名2969个,注册率达100%。机构编制监督检查扎实开展。至12月底,全市各项机构编制均在控制省定限额数内。重点推进中小学教职工“吃空饷”占用编制问题专项治理工作,全市共核减收回“吃空饷”人员各类编制12名。深化完善机构编制审计。把机构编制管理情况纳入领导干部经济责任审计的重要内容,把审计结果作为加强机构编制管理的重要依据。机构编制法规政策进课堂工作常态化。做好市县党校主体班次对各级领导干部进行机构编制政策法规培训工作,举办第4期全市机构编制法规政策培训班。严肃查处机构编制违规违纪问题。做好日常机构编制监督检查举报专线“12310”工作,保障专线电话全天24小时畅通,办理2起省编办和市纪委移交的机构编制举报事项。事业单位登记管理水平持续提高。稳步推进全市统一社会信用代码制度改革。市直事业单位法人证、组织机构代码证、税务登记证统一更换为统一社会信用代码证,已完成公示358家。市直党政群机关已完成赋码工作24家。持续提升事业单位登记管理水平。全市新设立登记12家,变更登记432家,注销登记5家,在市机构编制网站上发布公告3期,对74家事业单位的登记、变更、注销登记事项进行公示。开展事业单位法人公示信息抽查工作。抽取三门峡国际文博城管理处等12家市直事业单位的公示信息(登记事项、年度报告)进行抽查,各县(市、区)共抽查62家。完成事业单位法定代表人培训。举办第18期全市事业单位法定代表人培训班,对全市91家事业单位法定代表人进行系统培训。开展事业单位法人治理结构试点和事业单位绩效考核试点。持续跟踪问效全市14家事业单位法人治理结构试点单位和教育、文广新系统的69家事业单位绩效考核试点,不断完善试点单位工作章程,及时研究试点过程中的问题。

(高　峰)

老干部工作

【概况】 至2016年年底,三门峡市共有离退休干部22869人。其中离休干部537人、退休干部22332人。离休干部平均年龄86岁,按所在单位性质分,行政机关193人,事业单位199人,企业145人;按参加革命的时期分，抗战时期34人，解放战争时期503人；按享受待遇分，地级8人，县级224人，科级及以下305人。退休干部中，正地级9人，副地级25人，副县级以上（含享受副县级待遇）1059人。

【市委办、市政府办出台《关于进一步加强和改进离退休干部工作的实施意见》】 2016年9月，为认真贯彻落实中央办公厅、国务院办公厅《<关于进一步加强和改进离退休干部工作的意见>的通知》和省委办公厅、省政府办公厅《关于进一步加强和改进离退休干部工作的实施意见》精神，中共三门峡市委办公室、市政府办公室出台《关于进一步加强和改进离退休干部工作的实施意见》。实施意见充分结合三门峡市老干部工作实际，从十八个方面对全市老干部工作提出新要求。意见的出台，为做好新时期新形势下老干部工作指明了方向，营造了良好的环境，为三门峡市老干部工作再上新台阶提供了强大动力。

【在全市离退休干部中开展为党和人民的事业增添正能量活动】 2016年，中共三门峡市委老干部局（以下简称市委老干部局）按照市七次党代会"全面做好离退休干部工作，为三门峡发展增添正能量"要求，聚焦"展示阳光心态、体验美好生活、畅谈发展变化"主题，在全市离退休干部中深入开展以"不忘初心跟党走、三门峡发展我点赞"为主要内容的为党和人民事业增添正能量活动。加强教育引导，组织开展报告会、座谈会、培训班、专题组织生活会等形式多样的学习教育活动200余场次，参加老干部达7000余人次，引导老干部自觉在思想上政治上行动上与党中央保持高度一致。拓展老干部活动平台，组织老年体协、老年书画协会等涉老组织，开展门球比赛、健身操大赛、书画笔会等文体活动300余场次，参加人数达9000余人次。发挥老干部积极作用，组织开展"我看三门峡发展变化""我看全面从严治党"等活动，全市离退休干部开展座谈研讨、参观考察、建言献策等活动60余次，提出各类意见建议160余条，与党委、政府同频共振、凝心聚力，积聚、传递正能量。

【老干部学习活动阵地建设】 2016年1月，三门峡市老干部活动中心、老干部大学正式投入使用，总面积为15501.92平方米。市委老干部局协调三门峡国际文博城内的市党史方志馆、科技馆、妇女儿童活动中心、群众艺术馆、城市规划馆5大场馆阵地资源共享共用，扩大阵地面积，丰富老干部的学习、活动内容。加强老干部大学师资队伍建设和教学活动管理，聘请音乐、摄影、舞蹈名家担任教师，科学设置课程，开设"中医保健知识大讲堂"等特色课程，增强老干部大学的吸引力。组织老干部大学学员参加市第四届老干部大学趣味运动会、黄河大合唱艺术节等活动10余次，老干部大学的知名度和影响力不断提升。

【老干部待遇落实】 2016年，市委老干部局认真落实老干部阅读文件、参加重要会议和重大活动、通报情况、参观学习等制度，全面落实老干部的政治待遇。落实逐步提高离休干部离休费、护理费、特需费、公用经费标准，在对出台的《市直离休干部医疗费管理办法》及时跟踪问效、不断调整完善，该办法运转良好的基础上，在全市范围内进行推广，重点抓好县（市、区）离休干部医疗费问题的解决。要求各县（市、区）结合本地实际，创新管理模式，提出具体管理办法。卢氏县的"医管办"（离休干部医疗管理办公室）模式，灵宝市的审核、复查、结算"一站式"服务和陕州区的住院记账等，有效解决了多年未能解决的离休干部住院费用报销慢和患大病、重病、急病垫资难的问题。

【老干部服务管理】 2016年，市委老干部局针对离休干部普遍进入"双高期"，空巢、失能、患病离休干部不断增多的现状，分期分批为全市离休干部建立健康档案，对老干部的健康管理和医疗需求状况管理到人，并根据季节变化，组织工作人员及时发送健康提示短信。开通24小时热线电话，确保在接到老干部求助信息后，第一时间给予回应，提高服务的时效性。同时，制定并落实定期家访、重大节日慰问、给老干部过生日等一系列人性化、精细化服务制度，不断提高服务质量。

（寇晓辉）

保密工作

【概况】 2016年，中共三门峡市委保密委员会办公室、三门峡市国家保密局（以下简称市保密局）紧紧围绕中共中央《关于加强和改进保密工作的意见》，省、市"十三五"时期保密事业发展规划和"七五"保密法制宣传教育规划，广泛开展保密宣传教育、培训，开展各项保密检查工作，规范定密、涉密人员管理以及网络管理，强力推进保密技术防护专用系统配备。

【保密宣传教育培训】 2016年，市保密局在各级党校、行政学院开设保密课程。在市委党校春、秋季领导干部主题班上开设保密教育课，局领导作专题辅导，并播放警示教育片。4月、11月，市保密局先后派专人到各县（市、区）进行保密知识专题辅导。全年共开办保密教育培训班14期，受训2000余人。结合重要会议进行保密专题辅导。9月9日，在市委中心组学习会议上，市保密局局长郑宝梅汇报全市保密工作情况，阐述领导干部保密工作责任制并普及保密知识，市委书记刘南昌对保密工作提出具体要求。9月21日，省委保密办宣讲组召开巡回宣讲会，全市重点涉密单位主管领导、办公室主任和涉密人员共300余人参加。组织开展多种形式的保密宣传活动。借助法制宣传月、国家安全日等重要节日，督促各单位通过摆展板、贴海报、发传单以及通过手机短信平台发送保密信息提醒等形式开展保密法制宣传活动。做好保密工作学刊用刊征订和《三门峡保密工作》编印工作。全市征订《保密工作》杂志691份，完成《保密法规汇编》《国家秘密定密工作指导手册》《党政领导干部涉密人员保密常识必知必读》征订任务。向《河南保密工作》报送工作信息10余篇。编发《三门峡保密工作》4期。

【保密服务保障工作】　2016年，市保密局认真做好各项保密服务工作。做好各类国家考试的保密服务工作。在全国医师资格实践技能考试及笔试、全国高中招考试、全国职称英语考试、全国卫生专业技术资格和护士执业资格考试、全国工程师资格实践考试等各类考试期间，对涉考涉密人员进行保密培训，对试卷保密室进行检查验收并发放“试卷保密室使用许可证”，对存放试卷的保密室每半天巡查一次，全年共服务各类考试20余次。做好重大活动期间的保密服务保障工作。在第二十二届中国(三门峡)国际黄河旅游节暨投资贸易洽谈会期间，市保密局及时下发文件，要求各单位、各部门在筹备第二十二届中国（三门峡）国际黄河文化旅游节暨投资贸易洽谈会期间，对广大干部群众进行保密教育，组织相关人员学习有关保密法律法规知识，对相关工作提出保密要求，并派专人提供保密服务。做好市“两会”期间和市领导办公环境监测的服务工作。“两会”期间，市保密局派专人对选票的印刷、保存、发放、回收等环节进行保密跟踪监督。市保密局安排技术人员，对市委、市政府主要领导的办公环境进行技术检查和服务，确保了市委、市政府主要领导的办公环境的保密安全。　（李湉雨）

党校工作

【概况】　2016年，中共三门峡市委党校、三门峡行政学院、三门峡社会主义学院(以下简称市委党校)发挥干部教育主阵地主渠道作用，以干部教育培训为重点，以教学科研为抓手，培养高素质干部人才队伍。加快推进新校区建设，市委党校新校区整体工程的基础验收和主体检测工作完成，完成工程投资8000万元。

【教学工作】　2016年，市委党校严格按照全市干部教育培训计划要求，坚持“党校姓党”“三从严”“质量第一”的办学方针，共举办各类培训12个班次，培训干部1043人次。发挥党校的主阵地主渠道作用。举办春秋两季领导干部研修班，共6个班，培训干部分别为春季144人、秋季155人，共计299人。履行行政学院的公务员培训职责。举办三门峡市2016年新录用公务员初任培训班两期，培训学员139人。利用教学教师资源，开办其他类培训班4期：三门峡市民主党派暨无党派人士培训班1期，培训学员73人；三门峡市党员和入党积极分子培训班1期，培训学员381人；三门峡妇女干部培训班1期，培训学员111人；三门峡市中级人民法院书记员暨辅警培训班1期，培训学员40人。同时，注重派出教师外出宣讲。共组织优秀教师到各县(市、区)、乡镇、机关企事业单位宣讲“两学一做学习”教育、党的十八届六中全会和省市党代会精神近200场，听众达3万余人次。大力支持乡镇(街道)举办的党性教育大讲堂，为大讲堂作主题讲座，提高乡镇干部素质。

【科研工作】　2016年，市委党校坚持正确的科研主攻方向，贴近三门峡市情，坚持“教学出题目、科研做文章、成果进课堂”，以教学带科研，以科研促教学，推进教学、科研一体化。围绕贯彻落实市七次党代会精神，结合全市转型发展新局面，通过讨论和论证，立足市情，设立15个全市党校系统重点调研课题，全体教师深入部门、深入基层、深入群众调查走访，取得了较好的效果，圆满完成年初所定目标。公开发表学术论文51篇，在《三门峡工作》上发表文章3篇。组织申报2016年度河南省社科联课题7项，结项省社科联课题3项。组织申报省社科规划项目2项。组织申报1项省政府决策咨询项目并立项。组织申报2项省社科普及项目并立项。获省社科联、省经团联调研课题优秀调研成果2项。立项并结项2016年度全市重点调研课题3项，其中2项获一等奖、1项获二等奖。市委党校获得三门峡市“政研工作先进单位”称号。编辑出版《三门峡学刊》4期。

【全市党校工作会议召开】　2016年12月9日，全市党校工作会议召开。市委书记刘南昌就进一步做好全市党校工作强调三点意见：提高思想认识，准确把握做好党校工作的重大意义；坚持正确方向，准确把握党校姓党的根本原则；加强组织领导，准确把握做好党校工作的重大责任。市委常委、秘书长高战荣，市委常委、组织部部长范付中，市委党校常务副校长、党委书记许胜高出席会议。范付中主持会议并就贯彻落实会议精神提出要求。全市各主要单位负责人及各县(市、区)党校负责人参加会议，市财政局、义马市、陕州区就做好党校工作作了表态发言。会议印发《中共三门峡市委关于加强和改进新形势下党校工作的实施意见》。　（李武艳）

纪检监察

【概况】　2016年，三门峡市各级党组织坚持党要管党、从严治党，深入开展“两学一做”(学党章党规、学系列讲话，做合格党员)学习教育和“一学两抓三严”活动，认真落实全面从严治党政治责任。在省纪委和市委的坚强领导下，全市各级纪检监察机关在全面从严治党中坚守职责定位，强化监督执纪问责，推动党风廉政建设和反腐败斗争取得新成效。一学，就是学党章、廉洁自律准则和党纪处分条例。两抓，就是抓“两个责任”落地生根，抓“四风”问题整治深化。三严，就是严明纪律，实践“四种形态”；严格问责，深化懒政怠政为官不为专项整治；严肃查纠，坚决整治基层侵害群众利益的不正之风和腐败问题。坚持从严从实，狠抓队伍自身建设。夯实组织基础。圆满完成市县乡三级纪委换届，专职纪委委员比例进一步提高，纪委领导班子构成进一步优化。按照中央纪委、省纪委要求，扎实推进派驻全覆盖，会同有关部门对市一级党和国家机关纪检监察机构进行调研、分析，起草《关于全面落实市纪委向市一级党和国家机关派驻纪检机构的方案》。加强教育培训。坚持每周举办机关纪检监察大讲堂，组织机关干部带头参加党规党纪知识考试。开展“纪检人镜头”“纪检人手记”“廉政微小说”“四风监督哨”等特色稿件征集活动，展示纪检监察工作的新形象、干部的新风貌。通过“请进来、走出去”，多渠道、多层面开展培训，举办全市县乡纪检监察干部培训班，促使纪检监察干部学理论、学业务，提升能力素质。从严管理监督。研究制定《中共三门峡市纪律检查委员会工作规则》《市纪委常委会加强自身建设的意见》《市纪委常委会议事决策规则》，制定出台《三门峡市纪检监察干部监督办法（试行）》《对外事项审核把关程序》等制度规定，加强内部监督管理。全市共立案查处纪检监察干部 13 人，诫勉谈话 3 人，谈话函询 15 人。

【强化管党治党责任】 2016 年，三门峡市严明政治纪律，强化管党治党责任。层层压实主体责任。从市级领导做起，制定市级领导落实主体责任暂行办法，建立市级领导认领巡察整改任务长效机制、定期约谈分管部门一把手制度；以《两个责任专报》形式，定期将上级要求、各地经验、典型案例以及市纪委的提醒直报市级领导，强化责任意识。市委书记刘南昌带头约谈 6 个县（市、区）和 12 个市直单位一把手，以上率下，一级一级压实责任。从县（市）区和市直单位抓起，持续进行宣讲约谈、在线访谈，连续 3 年组织县（市、区）委书记在市纪委全会上述责述廉，组织市直重点部门一把手向市纪委委员述责述廉。创新年度作风建设和反腐倡廉建设考核方式，实行专项考核，优化考核指标，增加廉洁教育内容，以宣讲明责，以考核督责。从追责问责严起，全年全市共有 115 名党员领导干部因落实两个责任不力被问责。三门峡市推动主体责任落实的做法措施，在全省“创新方式方法、履行监督责任”座谈会上作典型发言。抓好巡视反馈问题整改。配合市委做好省委第十巡视组巡视义马、渑池、湖滨、陕州、灵宝 5 个县（市、区）反馈意见的整改落实，对移交市、县纪委办理的 1091 件（不含转办交办件）问题线索，明确责任、限定时限、督查督办，已办结 1075 件，16 件正在办理，办结率 98.5%。严明“九个严禁、九个一律”换届纪律。围绕党委换届，扎实做好基础工作，梳理市管干部遵守政治纪律、廉洁纪律情况，对反映问题线索及时核查，市纪委共回复党风廉政意见征求函 251 人次。严查违反换届纪律问题，对市县乡换届中说情打招呼的 30 名干部进行严肃处理。

【作风建设】 2016 年，三门峡市持续正风肃纪，不断深化作风建设。锲而不舍纠正“四风”。抓重要节点，节前教育提醒，节中监督检查，节后问责通报。抓严格执纪，对规避组织监督，顶风违纪、不收手不知止的严查快处。抓专项治理，集中整治领导干部违规在社团兼职取酬、违规收送红包礼金和党员干部出入隐蔽场所违规吃喝等问题。全年全市共查处违反中央八项规定精神问题 139 起，处理 155 人，其中党纪政纪处分 103 人（县处级 14 人），通报曝光典型案例 103 起 116 人。坚决整治侵害群众利益的突出问题。在全省率先出台《关于在脱贫攻坚战中加强执纪监督问责的意见》，聚焦扶贫民生，对重点县约谈提醒、重点乡镇专项督查、重点问题挂牌督办，压实县乡党委、纪委责任。开展重复举报集中治理，向县（市、区）、市直有关部门集中交办 123 件重复举报件，查结 98 起，党纪政纪处分 60 人，有效化解了一批侵害群众利益的疑难信访积案。开展侵害群众利益的不正之风和腐败问题专项整治，排查问题线索 140 个，处理 155 人，其中党纪政纪处分 144 人，通报曝光典型案例 55 起 102 人。坚决整治懒政怠政为官不为问题。贯彻全省懒政怠政为官不为问责年要求，坚持“政府主导、部门主办、监察主核”的原则，集中在十大领域开展评议问责。严查环保领域政府属地管理责任不落实、部门监管责任缺失等问题。全年全市共查处懒政怠政为官不为问题 294 个，处理 409 人（县处级 6 人），其中党纪政纪处分 113 人。

【执纪审查】 2016 年，三门峡市加强执纪审查，始终保持高压态势。持续强化不敢腐的震慑氛围。全市纪检监察机关共受理信访举报 1815 件次，立案 773 件，结案 776 件（含 2015 年未结件），党纪政纪处分 767 人，移送司法机关 17 人。市纪委直接立案 57 件（县处级 54 件），结案 67 件（含 2015 年未结件），党纪政纪处分 65 人（县处级 61 人）。规范涉嫌违法犯罪党员纪律处分工作，对排查出的 23 起案件作出纪律处分，有效解决案件移送司法前未及时给予纪律处分的问题。积极践行监督执纪“四种形态”。在强化日常监督执纪上下工夫，对反映的一般性问题及时同本人见面，谈话提醒、约谈函询，对反映不实的予以澄清，对如实说明且属一般性问题的批评教育，予以了结，对不如实说明、欺骗组织的严肃处理。按照 5 类标准对问题线索分类处置，综合运用批评教育、诫勉谈话、通报批评、组织处理、纪律处分等手段，提升执纪审查的政治、纪律和社会效果。全市纪检监察机关共处置问题线索 927 件，其中谈话函询 292 件次，组织处理 146 人，纪律轻处分 624 人，纪律重处分 143 人。开展“两清理一排查”活动。组织全市 17.8 万名党员和国家工作人员进行自查排查，集中清理持有身份证、出国（境）证件情况，集中排查失联、外逃情况，夯实防逃和追逃追赃基础工作。切实加强派驻机构日常监督。建立反映领导干部问题线索“月报告”制度，完善双月工作台账和纪律审查协作区制度，强化派驻机构履职尽责，派驻监督作用凸显。全市检察机关立案侦查贪污贿赂、渎职侵权等职务犯罪 115 人。全市法院系统审结一审贪污贿赂案件 66 件、渎职侵权案件 12 件。

【巡察监督】 2016 年，三门峡市深化巡察监督，充分发挥利剑作用。加大巡察力度。市本级完成 3 轮对 23 个单位的巡察，完成 1 轮脱贫攻坚专项巡察，完成 2 轮对 6 个单位的“回头看”，发现并反馈“六项纪律”（政治纪律、组织纪律、廉洁纪律、群众纪律、工作纪律、生活纪律）方面问题 653 个，向市纪委、市委组织部移交问题线索 53 件，向市委、市政府提交专题报告4份。省委办公厅《工作交流》刊发三门峡市脱贫攻坚专项巡察经验做法。强化成果运用。督促被巡察单位党组织落实整改责任,建立健全巡察整改落实督办机制,对巡察过的6个重点单位91个重点问题进行集中督查;推动移交问题线索办理,市纪委共对23名党员干部立案审查(县处级16件),给予党纪政纪处分20人(县处级14人)。注重市县联动。采取异地交叉巡察、市级带领县级开展巡察的方式,加强对县级巡察的指导。各县(市、区)共巡察106个单位,发现并反馈"六项纪律"方面问题778个,移交问题线索1023件。推动试点先行,卢氏县县委书记担任巡察工作领导小组组长等试点工作取得成效,多项工作得到中央巡视办、省委巡视办肯定。

【廉政宣传教育】 2016年,三门峡市突出特色声势,深化廉政宣传教育。营造全面从严治党宣传舆论氛围。在省级以上媒体发稿418篇,在《中国纪检监察报》和中央纪委、省纪委网站发稿持续保持全省前列。组织"清风三门峡·廉洁双节"集中教育活动,市纪委班子成员带头到县(市、区)和市直单位宣讲党的十八届六中全会和省、市党代会关于全面从严治党的新要求。推动市纪委网站、微博、微信、彩信深度融合,把四大平台办成阐释全面从严治党部署、宣传党风廉政建设和反腐败工作成效的园地,润物细无声,传播正能量,不断提高宣传质量和综合传播力。打造党规党纪学习教育品牌。连续4年在全市开展党规党纪知识竞赛、测试及任职资格考试,共组织党员干部参加测试、考试9万余人次,形成了常态,固化为制度。考试成绩计入廉政档案并在组织部门备案,作为干部选拔任用的重要依据,动真格,加压力,促使党员干部由被动学到自觉学。对全市所有在职县级干部进行廉洁函询,单位党委(党组)书记签字背书,督促领导干部带头履行"一岗双责"、带头遵守党章党规党纪。巩固廉政教育基地组团发展模式。新建三门峡党员干部警示教育基地,市级领导带头,市直各部门积极主动,共组织20批次2000余名党员干部接受警示教育。以甘棠苑、函谷关修德养廉馆、刘少奇党性党风党纪教育馆为基础,廉政诗词楹联文化基地和廉政剪纸艺术基地为拓展,警示教育基地为重点的"3+2+1"组团发展,内容更丰富,层次有新提升,作用进一步彰显。举办全市非公有制经济人士"守法诚信·构建亲清政商关系"报告会,大力倡导"亲、清"政商关系。拍摄制作《姚崇家训》专题片,被中央纪委网站纳入"中国传统的家规"栏目规划。

【举行《中国共产党廉洁自律准则》和《中国共产党纪律处分条例》专题辅导报告会】 2016年1月13日,三门峡市举行《中国共产党廉洁自律准则》和《中国共产党纪律处分条例》专题辅导报告会。中国纪检监察报社原社长李本刚应邀作辅导报告。郭绍伟、王建勋、赵予辉、赵中生、吕挺琳等副市级以上领导出席报告会。市委常委、市纪委书记吴云主持报告会。市直各单位副处级以上干部,以及市纪委机关干部1000余人聆听报告。

【省委第七巡视组对三门峡市进行回访】 2016年1月14日,经省委巡视工作领导小组同意,省委第七巡视组从2016年1月14日至22日,对三门峡市进行回访。回访的主要任务是督促检查巡视反馈意见整改落实和移交事项办理情况,对整改效果进行评估;对市委领导班子及其成员特别是主要负责人在执行"六项纪律"方面存在的突出问题,进行再了解、再发现。

【六届市纪委六次全会召开】 2016年2月4日,中国共产党三门峡市第六届纪律检查委员会第六次全体会议召开。全会分两个阶段进行,上午,市委书记出席会议并讲话,6个县(市、区)委书记向大会述责述廉,市委常委、市纪委书记吴云主持会议,并代表市纪委常委会作工作报告,总结2015年纪律检查工作,安排部署2016年工作。下午,市纪委委员对各县(市、区)委书记述责述廉情况进行测评,市委常委、市纪委书记吴云作全会总结讲话,对贯彻落实会议精神提出要求。副市级以上领导以及市纪委委员出席会议。各县(市、区)四大班子主要领导成员、纪委书记、监察局长,市直各单位领导班子成员、监察部门负责人,市委巡察机构和市纪委监察局机关全体人员参加会议。

【三门峡党员干部警示教育基地揭牌】 2016年7月7日,由市纪委依托三门峡监狱共同建设的三门峡党员干部警示教育基地举行揭牌仪式,市委常委、市纪委书记吴云主持仪式,省司法厅党委委员、纪委书记胡国星应邀出席并为警示教育基地揭牌,市级领导干部出席仪式,并集体参观,接受警示教育。三门峡党员干部警示教育基地总建筑面积860多平方米,由一个大厅、两个展室、两个展廊和一个报告厅组成。大厅浮雕分别以中流砥柱、函谷关、崤山和三门峡大坝、黄河、天鹅湖为背景,寓意深远。展室和展廊采用浮雕、光电、雕塑、展板等形式,利用红与黑、贪与廉、因与果的鲜明对比,充分揭示反腐倡廉的紧迫性和现实意义。

【七届市纪委一次全会召开】 2016年9月27日,中国共产党三门峡市第七届纪律检查委员会举行第一次全体会议,选举产生新一届市纪律检查委员会常务委员会委员、书记和副书记。省委换届指导督导组组长、省纪委副厅级纪律检查员王新展参加会议并全程督导,市委常委、市纪委书记吴云主持会议并讲话。

【部署开展七届市委第一轮巡察】 2016年10月27日,七届市委第一轮巡察工作动员会召开,部署对市中心医院、市粮食局、市商务局、市旅游局、市安监局等5家单位开展常规巡察;市委常委、市纪委书记、市委巡察工作领导小组组长吴云出席会议并讲话。

【省委常委、省纪委书记任正晓到三门峡市调研】 2016年11月25日,省委常委、省纪委书记任正晓到三门峡市调研。任正晓一行先后到市纪委网站、市农村"三资"监督管理中心和市纪委机关,了解网站运行和各项工作开展情况，看望慰问纪检监察系统干部，召开座谈会听取市委落实全面从严治党主体责任、市纪委落实监督责任情况汇报，并就三门峡市深入推进全面从严治党、加强党风廉政建设和反腐败工作提出要求。市委书记刘南昌，市委副书记、市长安伟，市委常委、市纪委书记吴云陪同调研并出席座谈会。

（王晓晖）

民主党派和工商联

中国民主同盟三门峡市委员会

【概况】 2016年年底，中国民主同盟三门峡市委员会(以下简称民盟三门峡市委）下设1个总支、22个支部，组建教育、科技、经济、文化艺术、社会法制5个委员会，共有盟员234人，其中省政协常委1人，省政协委员1人；市政协副主席1人，市人大常委1人，市人大代表2人，市政协常委4人，市政协委员16人。当年发展的14名盟员中，副高级职称10人，硕士研究生5人。

【参政议政】 2016年，民盟三门峡市委参与民盟中央《关于我国技术市场发展问题的调研》，中标民盟省委立项课题《关于产业集聚区企业技术创新积累现状及发展对策研究》，所提交的相关调研报告被分别采用。民盟三门峡市委集体提案《巩固提升河南枢纽地位，打造交通物流优势》被省政协评为年度优秀提案，社情民意信息《推进城乡低保工作 编制社会“安全网”》被省政协采用。在市人大、政协“两会”上，民盟三门峡市委共提交集体提案10件，占大会集体提案29件的近三分之一，盟员个人提案55件(委员提案共202件)，两位盟员作政协大会发言；民盟三门峡市委获得优秀提案奖，9位盟员受到市优秀政协委员表彰，1人获得市优秀人大代表表彰，6位盟员接受新闻媒体采访。民盟三门峡市委还组织盟员中的人大代表和政协委员参加市人大食品安全专题询问活动、市政府部门专项评议活动，对政府相关部门进行民主行风评议；参加公安局、检察院、法院等案件庭审评议和视察调研活动，特约监督员发挥了咨政建言和民主监督的积极作用。民盟三门峡市委分别荣获民盟中央《群言》杂志先进集体、省政协年度优秀提案、全省盟务工作先进集体称号。市外国语中学支部、市外国语高中支部获得全省民盟“活力支部”表彰。

【开展社会服务活动】 2016年，民盟三门峡市委开展多项社会服务活动。在第二十二届中国(三门峡)国际黄河文化旅游节暨投资贸易洽谈会期间，文艺界的盟员参加了“中流砥柱”首届中国(三门峡)黄河大合唱艺术节的演出活动和“横渡母亲河”活动。盟员篆刻“中国印”见证沿黄城市合作情谊，沿黄九省(区)30多个城市代表依次在“美丽中国·天下黄河”水墨卷轴上盖下特制的“黄河澄泥印”纪念印章，共同开启大黄河旅游的新篇章。继续援建民盟藕池烛光小学。民盟三门峡市委援建的民盟藕池烛光小学教学楼竣工，后续价值10万元的多媒体教学器材开始采购。民盟三门峡市委还组织安排烛光学校校长参加全省民盟烛光行动培训交流，为该校向省体育局争取了全套体育器材，争取援建图书阅览室。发挥民盟人才优势，参加同心实践基地健康顾问活动。三门峡市武强颈腰专科医院持续开展“送医送药乡村行”活动，到包扶村开展义诊咨询，送医送药，并热情联系安排门诊住院治疗。7月26日上午，在师家渠村开展首场“一村一法律顾问”服务日活动。11月15日，民盟三门峡市委组织盟员到前进社区开展社区矫正帮教活动，安排盟员律师向社区矫正人员普及法律知识。开展“一村一法律顾问”活动。民盟三门峡市委和湖滨区司法局联系，组织刘建庄、张琳两位盟员律师应聘担任湖滨区6个村和社区的“一村一法律顾问”，每月26日参加服务日活动。编导2016三门峡市新年音乐会。音乐会由盟员王红云担任乐团副团长的三门峡民族乐团和三门峡合唱团倾情演出。助力扶贫攻坚。民盟三门峡市委利用民盟与清华大学共建的卢氏县清华大学远程教育教学站平台优势，举办春季和秋季乡科级领导干部进修班、中青年后备干部培训班等，对该县党政干部进行经济转型发展等课程的培训。卢氏教学站组织教师观看远程教育直播课程共21次，民盟三门峡市委组织教学站4名教师分两次到清华大学参加面授学习。

【民盟三门峡市委四届四次全会召开】 2016年2月21日，民盟三门峡市委四届四次全体会议召开，总结2015年工作，部署2016年工作。市委常委、统战部部长张建峰，市政协副主席、民盟三门峡市委主委马仰峡出席会议。马仰峡代表民盟三门峡市委作工作报告。张建峰对2015年全市民盟工作取得的成绩给予肯定，并就做好全市民盟工作提出四点要求：抓好学习教育，巩固思想基础；服务发展稳定，积极建言献策；牢记履职为民，着力改善民生；坚持改革创新，加强自身建设。会议还表彰了全市民盟2015年度参政议政先进个人。

（贠益峰）

中国民主建国会三门峡市委员会

【概况】 2016年年底，中国民主建国会三门峡市委员会（以下简称民建三门峡市委）共有94名会员，领导班子由7人组成，设5个支部，会员均为大专以上文化，其中中高级职称68人，占比72.3%。会员中，有地厅级领导干部1人、县级领导干部6人、科级干部37人；全国人大代表1人、省政协委员1人、市政协常委3人、市政协委员9人、市人大常委1人、县(区)政协委员10人；各类特约人员16人。会员80%以上为经济界会员。民建三门峡市委被民建中央授予“民建全国社会服务先进集体”称号。

【民建三门峡市委二届七次、八次(扩大)会议】 2016年8月12日，民建三门峡市委召开二届七次(扩大)会议，开展领导班子及成员述职暨民主测评。民建三门峡市委主委张景林首先代表领导班子述职，民建三门峡市委领导班子成员依次在会上进行个人述职，其他参会人员对领导班子履职情况进行民主评议。10月24日，民建三门峡市委召开二届八次(扩大)会议，推荐民建三门峡市委三届市委委员。民建市委委员、各支部负责人、各级人大代表、政协委员以及正科级以上会员参加会议。民建市委副主委、市人大常委会副秘书长朱振华宣读《各民主党派省委关于做好换届工作座谈会纪要》，中共中央纪委机关、中共中央组织部关于严肃换届纪律"九严禁"要求。

【参政议政】 2016年，民建三门峡市委向全国人大会议、省市政协会议提交46件提案议案、6条社情民意、2篇调研报告。在省政协十一届三次会议上，民建三门峡市委主委张景林向大会提交14件提案，其中《"美丽乡村"转化为"美丽经济"》被人民网、中国青年网报道；《慎重实施延长法定退休年龄政策》被中国网、大河网、新河南网、网易新闻、凤凰资讯报道；《加强餐饮业食品安全监管》被《河南日报》、网易新闻报道，并接受搜狐网驻河南"两会"记者专访。在十二届全国人大四次会议上，民建三门峡市委委员、全国人大代表、三门峡职业技术学院副院长李勤认真履职，先后接受《人民法院报》《郑州晚报》《大河报》《东方今报》以及人民网、中国网、中国新闻网、最高人民法院网、新浪网、搜狐网、环球网、大河网、凤凰网、网易新闻等众多省级以上新闻媒体的采访。在市政协六届五次会议上，民建三门峡市委共提交3件集体提案、18件委员个人提案，其中《关于尽快解决市区停车难问题的建议》被市政协列为2016年重点督办提案。9月20日，市政协组织提案涉及的陕州区政协、市公安局、市交通局、市发展和改革委员会、市住房和城乡建设局、市规划局、市财政局、市卫生和计划生育委员会等相关职能部门，就市区停车难问题进行集中协商座谈。

【开展社会服务活动】 2016年5月28日，民建三门峡市委联合三门峡颐享堂糖尿病研究所到湖滨区高庙乡黄底村开展送医送药活动，现场发放健康宣传资料500余份，赠送药品价值2000余元，受益群众100余人。5月31日，民建三门峡市委科技支部联合河南宇萃律师事务所向湖滨区高庙乡黄底小学捐赠一批价值6000余元的优质文体用品，市政协副主席、民建三门峡市委主委、市体育局局长张景林出席捐赠仪式。7月23日，民建三门峡市委部分会员在市政协副主席、民建三门峡市委主委、市体育局局长张景林的带领下，到三门峡市消防支队看望慰问一线消防官兵，并赠送篮球、羽毛球拍等体育器材。

【参加2016中国(河南)非公有制经济发展论坛】 2016年6月14日，由民建中央、工业和信息化部、河南省人民政府共同主办的2016中国(河南)非公有制经济发展论坛在郑州开幕。该届论坛以"非公有制经济创新发展与中部崛起"为主题，旨在搭建交流合作平台，探索加快非公有制经济发展的新方法和新途径。市政协副主席、民建三门峡市委主委、市体育局局长张景林，秘书长赵经纬及6名企业家会员出席论坛。此次论坛为期两天，6月15日闭幕。在论坛签约仪式上，民建三门峡市委引进2个合作项目：畜禽一体化养殖项目，一期计划投资2亿元，占地17.3公顷，规模化养鸡1500万羽；华美达安可酒店建设项目，由世界500强企业温德姆酒店集团投资建设。

【民建中央副主席周汉民到三门峡市调研视察】 2016年4月7日，全国政协常委、民建中央副主席、上海市政协副主席、民建上海市委主委周汉民一行5人到三门峡市，调研文化产业发展情况和民建市委工作。座谈会上，与会人员进行发言。会上还书面汇报三门峡市文化产业发展情况。周汉民在讲话中对民建三门峡市委取得的工作成绩给予充分肯定。他指出，民建三门峡市委工作具有四个特点：一是队伍素质高，二是参政议政能力强，三是民主监督作用发挥好，四是学习提升氛围浓。在以后的工作中，一要加强学习，学习习近平总书记系列重要讲话精神，学习李克强总理作的政府工作报告，学习"十三五"规划。二要发扬艰苦奋斗精神。三要牢记发展是硬道理。四要把三门峡的优势充分发挥出来。座谈会后，周汉民一行到灵宝函谷关实地考察文化产业发展情况。

【省政协副主席、民建省委主委龚立群出席卢氏县2016级"思源·佑华教育移民班"开学典礼】 2016年9月7日，省政协副主席、民建省委主委龚立群，省人大常委、民建省委专职副主委张晓林，中共三门峡市委常委、统战部部长张建峰等到卢氏县出席育英中学"思源·佑华教育移民班"开学典礼。龚立群强调指出，"思源·教育移民计划"是民建中央、中华思源工程扶贫基金会关心支持贫困地区教育事业的一项重大举措，旨在通过教育扶贫和移民扶贫的有机结合，帮助偏远山区品学兼优、家庭贫困的孩子们到条件较好的城镇学校享受优质的教育资源。这次思源班的成功开办，既是民建中央、民建河南省委和社会各界慈善家们情系革命老区，支持老区振兴发展、参与精准扶贫工作的一项重要举措，也是民建中央和民建河南省委积极履行参政党职能、大力开展社会服务工作的又一具体行动。希望卢氏县相关部门管好用好善款，确保每一分钱都花在孩子们身上。希望老师们尽职尽责，切实为孩子们提供优质的教育资源，营造良好的学习成长环境和氛围。希望思源班的每一个同学常怀感恩之心，努力学习，奋发向上，以优异的成绩回报社会，回报家庭，回报所有付出爱心的人们。龚立群一行还向"思源·佑华教育移民班"的孩子们赠送服装和体育用品，并实地察看育英中学的教室、餐厅、宿舍等设施。

(赵经纬)

中国农工民主党三门峡市委员会

【概况】 2016年，中国农工民主党三门峡市委员会（以下简称农工党三门峡市委）共有党员116人，领导班子由7人组成，设7个支部、5个专门工作委员会。党员中有市人大常委会副主任1人，县级实职干部4人；省人大代表1人，市人大常委1人，市人大代表1人；省政协常委1人；市政协常委4人，委员12人；县(区)政协委员4人，各类特约人员15人。

【召开农工党三门峡市委三届五次全会】 2016年1月31日，农工党三门峡市委召开三届五次全体会议，市委常委、统战部部长张建峰，市人大常委会副主任、农工党三门峡市委主委肖群兰出席会议并讲话。市人大常委会副主任、农工党三门峡市委主委肖群兰作工作报告。报告回顾总结了2015年的主要工作，并部署2016年工作：认真学习贯彻中共十八届五中全会精神、习近平总书记系列重要讲话精神和治国理政新理念新思想新战略；总结经验，持续深入开展学习实践活动；服务大局，有效履行参政议政职能；与时俱进，切实加强自身建设；发挥优势，进一步搞好社会服务。

【参政议政】 2016年省、市、县(市、区)两会上，农工党三门峡市委集体及个人提交人大建议、议案3件，提案36件，大会发言材料2件。为农工党河南省委撰写提案材料6件，被采用5件，其中大会发言及交流材料2件，提交全国政协提案1件，提交省政协提案2件。在省政协十一届三次会议上提出的《关于加强城市地下管网建设和管理的建议》被省政协列为重点提案。在市政协大会上提出的《关于进一步加强民用电梯安全监管的建议》《关于进一步做好白天鹅栖息地保护工作的建议》被市政协定为重点提案。

【同心实践基地建设】 2016年，农工党三门峡市委到湖滨区高庙乡开展农村医疗卫生健康状况、农村计划生育家庭情况、农村劳动力转移情况等调研活动1次；开展送医送药活动2次，为群众义诊、健康体检700余人次，发放健康知识宣传单2500余份、健康知识手册500余本；向高庙乡选派2名专家担任健康顾问。

【社会调研】 2016年9月至10月，按照农工党河南省委要求，农工党三门峡市委协助农工党中央开展新生幼儿出生缺陷情况调研，依托市中心医院、黄河医院、陕县人民医院、湖滨区妇幼保健院对近年来新生幼儿出生缺陷情况调查摸底，调查数据、基本情况分析报告上报农工党省委。

【社会服务】 2016年5月，农工党三门峡市委组织农工党医疗卫生专家参加第二十二届中国(三门峡)国际黄河文化旅游节暨投资贸易洽谈会开幕式、全国山地自行车大赛、2016中国·三门峡横渡母亲河、2016“中流砥柱”中国(三门峡)黄河大合唱艺术节、全国驴友交流大会暨第四届万人帐篷节、全国驴友狂欢夜篝火晚会、黄河金三角罗曼彩虹跑等活动医疗救助服务。6月5日，农工党河南省委、三门峡市委联合主办的2016“(第九届)中国环境与健康宣传周”大型宣传、义诊活动在灵宝市第一人民医院举行。全国政协委员、农工党河南省委专职副主席花亚伟，市人大常委会副主任、农工党三门峡市委主委肖群兰和市委统战部负责人出席活动。活动期间，共现场共接待患者600余人次，发放医疗卫生宣传资料1000余份、第九届“中国环境与健康宣传周”宣传单500余份。11月5日，农工党三门峡市委联合市人大常委会组织“三下乡”服务队，深入定点扶贫点——卢氏县东明镇江渠村开展第二十八届中国“国际科学与和平周”宣传暨大型扶贫义诊活动，接诊群众600余人次，接受法律咨询30人次，现场免费发放各类药品40余种价值4500余元，发放“国际科学与和平周”、医疗卫生、健康保健、疾病预防控制、食品药品安全、法律法规等宣传材料3000余份。继续深入开展“百千万农村健康行动计划”，围绕帮扶的观音堂、西张村等6个乡级卫生院和农村困难家庭健康卫生情况进行医疗器械资助、培训基层卫生技术人员、现场医疗诊治示范、医疗知识讲座等实际帮扶救助。农工党三门峡市委各支部充分发挥党员岗位职能和专业优势，将支部活动与本职工作紧密结合起来，开展各具特色的社会服务活动60余场次，受益群众8000余人次，培训各类人员2500余人次，捐赠和发放科技、文化、卫生、食品安全等书籍、宣传材料8000余份。4月16日，在农工党河南省委召开的表彰大会上，农工党三门峡市委第一支部委员会获“全国社会服务工作先进基层组织”称号，陈震、陈超速获“全省社会服务工作先进个人”称号。 （陈天栋）

九三学社三门峡市委员会

【概况】 2016年，九三学社三门峡市委员会发展新社员2名，至年底共有社员107人，其中女社员41人，高级职称58人，中级职称46人，博士、硕士10人，新阶层3人。社员中，省政协委员2名；市政协委员14名，市政协副主席1名，副秘书长1名，常委4名；市人大常委1名；区人大代表1名；县级政协委员4名，常委3名。

【九三学社三门峡市委会议】 2016年5月10日，九三学社三门峡市委召开四届十二次扩大会议，对社市委主委进行届中调整。省政协副主席、社省委主委张亚忠，社省委副主委陈志民，中共三门峡市委常委、统战部部长张建峰等出席会议。通过民主选举，李发军当选九三学社三门峡市委主任委员。8月17日，九三学社三门峡市委召开四届十四次会议。市政协副主席姚龙、九三学社市委主委李发军等参加会议。九三学社市委委员进行述职和民主评议。九三学社市委领导班子召开民主生活会。9月7日，九三学社三门峡市委召开四届十五次会议。市政协副主席姚龙,九三学社市委主委李发军、秘书长楼晓红、市委委员等参加会议。谈话推荐新一届九三学社市委领导班子成员人选。9月9日,九三学社三门峡市委召开四届十六次扩大会议。市政协副主席姚龙,九三学社市委主委李发军、秘书长楼晓红等参加会议。通过无记名投票方式对五届市委领导班子成员进行民主推荐。

【参政议政】 2016年市"两会"期间,九三学社三门峡市委1位人大代表、14位政协委员参会,提交集体提案3件、个人提案48件,1件提案被列为重点提案。全年上报社情民意10篇,被采用10篇次,其中被省政协采用1篇。九三学社三门峡市委获社省委"参政议政工作先进单位"称号,中共三门峡市委书记刘南昌作出批示给予鼓励。中共三门峡市委常委、统战部部长张建峰也作了批示。

【社会服务】 2016年7月3日,九三学社三门峡市委组织专家到湖滨区高庙乡大安广场开展送医疗、科技下乡活动。市政协副主席姚龙,九三学社市委主委李发军、秘书长楼晓红参加活动。10月10日,九三学社灵宝支社组织专家到苏村乡翻里村开展送医疗、送农业技术、送农产品市场咨询服务下乡扶贫活动。市政协副主席姚龙参加活动。11月13日,九三学社三门峡市委组织医疗专家到卢氏县文峪乡磨上村开展"送爱心、送温暖、送健康"医疗下乡义诊活动。九三学社三门峡市委主委李发军、秘书长楼晓红参加活动。

【九三学社中央调研组到三门峡市调研】 2016年4月20日至21日,全国政协常委、提案委员会副主任,九三学社中央副主席赖明率九三学社中央调研组到三门峡市,专题调研晋陕豫黄河金三角区域合作发展和城市抗震避险设施建设情况。河南省政协副主席、九三学社河南省委主委张亚忠,市委副书记、市长安伟,市委常委、统战部部长张建峰,市政协副主席、九三学社三门峡市委主委、市地震局局长姚龙,市政府党组成员水选民陪同调研。调研组先后到三门峡国际文博城、蒙华铁路MHTJ-13标段三工区等地,实地察看三门峡市城市抗震避险设施建设和黄河金三角区域合作项目实施情况。在随后的座谈会上,赖明强调,要强化市场配置资源的重要作用,深化行政体制改革,认真研究区域合作理论、政策、法规等,进一步推动黄河金三角区域合作发展。要高度重视抗震防灾工作,加强宣传教育,增强全民防震减灾法制意识;要加强规划,完善标准,健全机制,落实政府监管责任,提高抗震防灾能力。 (晁媛媛)

三门峡市工商业联合会(总商会)

【概况】 2016年,三门峡市工商业联合会(总商会)(以下简称市工商联)紧紧围绕"两个健康"(非公有制经济健康发展和非公有制经济人士健康成长)工作主题,坚持问题导向、实践导向和基层导向,在教育引导、参政议政、助推发展、经济联络、自身建设上做文章,先后被评为全国民营经济新闻宣传工作先进单位和全市对外开放工作先进单位,连续第六年被授予全省工商联系统目标考核特等奖。至年底,全市有县(市、区)工商联组织6个;乡(镇、街道)商会76个;行业(异地)商会52个,同比增长6个;会员6720个,同比增长983个,其中企业会员4594个、个人会员1989个、团体会员137个。

加强教育引导。认真组织广大非公经济人士学习贯彻习近平总书记系列重要讲话精神,特别是围绕学习贯彻习近平总书记"3·4"重要讲话精神,在《三门峡日报》开设4期专栏,营造良好的学习贯彻舆论氛围。持续开展以"守法诚信、坚定信心"为重点的非公经济人士理想信念教育实践活动,引导他们"树信念、强信任、坚信心、讲信誉"。深入开展"百企帮百村"精准扶贫行动,促成60家民营企业与62个贫困村结成精准帮扶对子。其中,实施产业帮扶项目86个,投资额13917万元,帮扶贫困人口9846人。

积极调研参政。开展"互联网+"背景下大众创业万众创新情况调研和私营企业问卷调查等工作,受到省工商联的高度肯定。围绕经济发展新常态和民营经济发展的新情况、新问题,选择小微企业发展、快递物流业发展、招商引资等重点课题,上下联动、深入调研,形成10余篇高质量的调研报告。通过"两会"平台,组织非公经济代表人士中的人大代表、政协委员积极参政议政、建言献策,共提交各类议案、提案30余件。

服务企业发展。围绕素质与能力双提升和构建"亲""清"政商关系等主题,先后举办3期专题报告会和培训班,培训党员干部和企业家1300余人次。在《中华工商时报》等媒体发表宣传信息、文章100余篇。市工商联的做法在全省民营经济新闻宣传工作座谈会上作了交流发言。通过《情况反映》向市委、市政府上报《关于三门峡裕鑫房地产开发有限公司土地出让纠纷问题的情况反映》等多篇社情民意,协调帮助民营企业解决实际难题。

抓好招商引资。开展"百名客商三门峡行"活动,先后10余次组团赴外地开展客商邀请和项目对接、洽谈工作,拜访各类商(协)会50余家次,考察目标企业300余家次;接待到三门峡市考察的客商共20余批次、100余人次,促成省工商联4个直属商会与市招商引资和服务业发展领导小组签订战略合作协议,并组织签约项目78个,总投资375.59亿元。先后与新疆乌鲁木齐、广东东莞等地市工商联开展商会建设、招商引资、企业党建等方面的学习交流活动,并新缔结四川绵阳、新疆哈密等10余家友好商会。以郑州市三门峡商会、三门峡市福建商会成立和全国三门峡商会(西安)联谊会为契机,分别在郑州、三门峡、西安举办3场全市重点项目推介会。

夯实组织基础。督促指导4个县级工商联被命名为全国"五好"工商联,1个县级工商联被命名为全省"五好"工商联。全市"五好"县级工商联获评比例居全省首位。深化"商会建设年"活动成效,帮助指导基层商会加强党的领导、提升会员服务和自身建设水平，并新指导成立3个市级基层商会。重点发展战略性新兴产业、先进制造业、现代服务业、现代农业企业入会，新发展会员200余个。

【三门峡市重点项目推介会暨郑州市三门峡商会揭牌仪式举行】 2016年1月18日，三门峡市重点项目推介会暨郑州市三门峡商会揭牌仪式在郑州举行。郑州市委常委、常务副市长孙金献，郑州市政协副主席、市工商联主席薛景霞，三门峡市委常委、统战部部长张建峰，三门峡市副市长李庆红，三门峡市政协副主席、市工商联主席孙继伟出席仪式。薛景霞和张建峰为郑州市三门峡商会揭牌，郑州市三门峡商会正式宣告成立，梁向东当选为首届会长。推介会播放了《三门峡欢迎您》宣传片，李庆红作了项目推介，从历史文化、区位交通等6个方面阐述三门峡良好的投资环境，从工业转型升级、特色农业、现代服务业、网络经济4个方面进行重点推介。

【市工商联(总商会)五届五次执委会召开】 2016年2月24日，市工商联(总商会)五届五次执委会召开，传达学习全国工商联十一届四次执委会、省工商联十一届五次执委会和市委六届九次全会、统战工作会议、党的群团工作会议、经济工作会议暨扶贫开发工作会议精神，审议通过《三门峡市工商联关于深入学习贯彻党的十八届五中全会精神的决议》和《三门峡市工商联(总商会)执委、常委、领导班子成员履行责任义务的有关规定》，表彰全市工商联系统2015年度目标考核先进单位和先进个人，通过有关人事任免事项，回顾总结2015年全市工商联工作，谋划部署2016年工作。市政协副主席、市工商联主席孙继伟作工作报告。会议指出，2016年，全市工商联要重点抓好五项工作：一是突出“四信”(对中国特色社会主义的信念、对党和政府的信任、对企业发展的信心、对社会的信誉)，教育引导要在健全机制上做文章；二是突出调研，参政议政要在找准问题上做文章；三是突出创新，助推发展要在搭建平台上做文章；四是突出精准，经济联络要在务求实效上做文章；五是突出重点，自身建设要在深化改革上做文章。

【全市非公有制经济人士守法诚信构建亲清政商关系报告会举行】 2016年6月12日，市纪委、市委统战部、市工商联联合举办全市非公有制经济人士守法诚信构建亲清政商关系报告会，邀请中国市场经济研究会会长、中央党校马克思主义学院教授周为民作专题报告。市委常委、市纪委书记吴云，市委常委、统战部部长张建峰出席会议，市政协副主席、市工商联主席孙继伟主持报告会。周为民从构建新型政商关系的实质和前提切入，深刻阐述了构建社会主义核心价值为本的政商关系、构建亲清政商关系的基本途径和要树立的重要理念等新型政商关系的内涵和要义。吴云就构建“亲”上加“清”的新型政商关系向全市广大党员干部和民营企业家提出要求：一要厘清边界，找准定位；二要认清危害，祛浊留清；三要纯洁交往，自然相处。孙继伟强调，领导干部和民营企业家要各就其位、各司其职、亲清结合、平等相处，努力构建亲清关系。市人大代表、市工商联副主席、河南骏通车辆有限公司总经理潘建锋，市政协委员、市总商会副会长、义马新瑞耐火材料有限公司董事长胡新堂作为全市非公有制经济人士代表先后发言。

【市工商联举办全市非公有制经济代表人士素质与能力双提升培训班】 2016年8月28日至9月2日，市工商联在中央统战部干部培训中心苏州培训中心举办全市非公有制经济代表人士素质与能力双提升培训班。市工商联班子成员和各县(市、区)工商联、市工商联直属商会负责人及全市部分非公有制经济代表人士参加培训。培训班采取课堂教学和现场教学相结合的方式进行，就学习贯彻习近平总书记“3·4”重要讲话、中央统战工作会议、《中国共产党统一战线工作条例(试行)》精神，苏州经济发展实践和新发展理念实施，招商引资的策略与谈判技巧，以供给侧改革引领经济新常态，“互联网+”产业发展与转型升级等课题，进行深入系统地阐释和清晰翔实地解读，并就内地传统资源型企业转型升级和承接东部产业转移等现实问题进行互动交流，实地考察苏州市常熟新农村建设的典范蒋巷村、波司登集团、隆力奇集团和苏州工业园区等，学习和借鉴苏州市在新农村建设、招商引资、园区建设和民营企业发展等工作中的创新经验和典型做法。

【三门峡市福建商会成立】 2016年10月22日，三门峡市福建商会成立大会召开。福建省工商联副主席李建南，河南省工商联副主席韩建国，三门峡市委常委、统战部部长张建峰，三门峡市副市长李庆红，三门峡市政协副主席、市工商联主席孙继伟，三门峡市政协副主席、陕州区委书记高永瑞出席成立大会。会议由孙继伟主持。河南省10家兄弟地市福建商会负责人、会员代表，三门峡市民政局、市工商联、市商务局、市慈善总会、市农信办、建行三门峡分行、中原银行三门峡分行和各县(市、区)工商联、商务局、三门峡市直15家兄弟商会等单位负责人，三门峡市福建商会全体会员共500余人参加商会成立盛典。

【大连市工商联到三门峡市考察交流】 2016年11月8日至9日，大连市工商联考察团一行9人到三门峡市考察交流。双方表示，在以后的工作中，要进一步加强沟通交流，探寻合作契机，实现优势互补，努力为双方会员企业和所在地区之间的经济合作搭建平台，共同为两地经济社会发展贡献力量。

（薛　丹）

三门峡市人民代表大会

【概况】 2016年，三门峡市人大常委会紧紧围绕全市工作大局，服务经济社会转型发展，认真履行宪法和法律赋予的职责,支持和监督"一府两院"正确行使权力,加快民主法治进程,推进地方政权建设,为促进全市经济社会转型发展、推动民生改善和社会稳定作出重要贡献。

【法律监督】 2016年,市人大常委会积极开展立法工作,坚持依法治市、维护宪法和法律权威相统一,推进"一府两院"依法行政、公正司法。11月17日,出台全市首部地方性法规——《三门峡市城市环境卫生管理条例》。该《条例》于2016年9月30日河南省第十二届人民代表大会常务委员会第二十四次会议批准,定于2017年1月1日起实施。促进公正司法。听取审议市中级人民法院关于行政审判工作情况的专项工作报告,建议市中级人民法院依法履职,有效发挥行政审判职能,提高行政机关依法行政水平。听取审议市人民检察院关于刑罚执行工作情况的专项工作报告,对规范刑罚执行行为、加强刑罚执行监督提出明确要求。加强法律监督。对《中华人民共和国道路交通安全法》《河南省道路交通安全条例》等法律法规的实施情况进行执法检查,建议市人民政府要进一步加大宣传教育力度,完善道路交通设施,优化道路交通安全环境,提升队伍执法水平,不断推动"平安三门峡"建设。同时,市人大常委会积极配合全国人大、省人大及其常委会的立法工作,对部分法律、法规草案进行论证修改,提出立法建议,圆满完成省人大及其常委会交办的各项工作。

【工作监督】 2016年,市人大常委会听取审议市政府关于2016年上半年国民经济和社会发展计划执行情况的报告和财政、审计工作报告,批准部分预算调整;审查批准2016年市级财政决算,强化预决算审查监督。紧紧围绕经济转型主题,听取审议市人民政府关于电子商务、旅游景区建设工作情况的专项工作报告。针对城市建设与管理现状,对城市建设工作进行调研,向市委提交《三门峡市人大常委会关于加强城市工作的建议》,为市委正确决策、科学决策提供参考。听取审议市人民政府关于城市管理工作、扶贫工作和市本级新上项目进展情况的专项工作报告,指出存在的问题,提出科学合理的意见建议。对全市重点项目建设情况进行专题视察,督促有关部门要坚持分类施策,大力优化产业结构,加强项目储备,加大招商引资力度,优化发展环境。加强对"十项重点民生工程"的专题视察,促进重点民生项目顺利实施。听取审议市人民政府关于市区中小学(幼儿园)入学难大班额问题的专项工作报告,建议通过三年的努力,逐步解决群众反映强烈的中小学(幼儿园)入学难大班额问题。听取审议市人民政府关于城区公共厕所规划建设管理工作的专项工作报告,建议市人民政府加快规划和建设,尽快解决群众如厕难题。专题调研环境资源保护工作,开展"三门峡环保世纪行"宣传活动。听取审议市人民政府关于白天鹅及栖息地保护工作情况的专项工作报告,督促有关单位加强白天鹅及栖息地保护力度,建立健全长效保护机制,处理好沿黄滩涂区历史遗留问题,保护白天鹅重点保护区的生态环境。听取审议市人民政府关于计划生育全面二孩政策落实情况的专项工作报告,促使计划生育全面二孩政策得到更好落实。听取审议市人民政府防震减灾工作情况的专项工作报告,建议加大经费投入,加强应急体系建设,切实保护人民群众的生命财产安全。

【规范性文件备案审查】 2016年,市人大常委会按照法律规定的程序和要求,对市人民政府及有关部门报送的16项规范性文件逐一进行备案审查,对发现的与法律法规不一致的问题,督促有关部门予以纠正,维护法律政策的统一性和严肃性。

【重大事项决定】 2016年,市人大常委会适时作出《关于实施国道310线洛三界至豫陕界改建工程的决议》,为促进项目立项,加快工程建设,缓解城区交通压力,拓展城区发展空间,提升城市品位创造了条件。同时,要求市人民政府及相关部门要高度重视,坚持高起点、高标准规划施工,严格落实质量终身负责制,确保工程经得起历史检验。

【地方政权建设】 2016年,市人大常委会深入推进县乡人大工作和建设,协助市委召开人大工作会议,及时出台《中共三门峡市委关于加强县乡人大工作和建设的实施意见》,对县乡人大工作的时间经费、人员编制等予以明确,实现县级人大机构"统一规范",乡镇和街道人大的"专职专责",县乡人大会议的"保质保量",人大代表履职的"时费双保",为县乡人大正常开展工作、认真履行职责、巩固国家政权提供坚强保障。

【人事任免】 2016年,市人大常委会严格执行《中华人民共和国地方各级人民代表大会和地方各级人民政府组织法》《三门峡市人民代表大会常务委员会任免地方国家工作人员办法》,坚持党管干部和依法任免相统一的原则,任免国家机关工作人员48人次。通过法律知识测试、任前发言、颁发任命书等形式,增强被任命人员的责任感和使命感,彰显法律权威。

【代表工作】 2016年,市人大常委会加强代表建议批评意见的办理工作。市六届人大六次会议期间,将代表们所提的195件建议、批评和意见细化分解,召开高规格的专题交办会,对承办单位提出严格要求,常委会工作机构和办事机构按照分工跟踪督办,努力提高办理质量且全部办理完毕,代表意见建议办理的质量和效果明显提高。深入开展"双联双争三个一"(常委会委员联系代表,代表联系选民;争创先进代表小组,争当优秀人大代表;代表小组和每位代表每年写一份履职报告、提一条以上合理化建议、为群众办一件以上实事)活动,充分发挥人大代表的模范带头、桥梁纽带及监督促进作用。邀请市人大代表参加常委会组织的执法检查、专项工作调研、评议和视察,列席常委会会议等,全年共计290人次;向人大代表寄送公报、简报、《人大工作》内刊和学习资料等3600余份,保障代表的知情知政权。加强代表培训工作，在对代表全面轮训的基础上，重点对代表小组组长进行培训。组织召开全市县乡人大换届选举工作学习班，贯彻落实中央、省委、市委关于县乡人大换届选举工作的意见要求，对全市县乡人大换届选举工作进行动员、安排、部署和督导，确保换届选举工作依法规范有序进行。

【信访工作】 2016年，市人大常委会坚持拓宽信访工作渠道，加强信访矛盾排查化解，共受理群众来信来访820件次，其中来信223件次、来访597人次，办理领导批办信访案10件，促进群众合理合法诉求解决。

【宣传工作】 2016年，市人大常委会立足既有宣传阵地，把握正确舆论导向，不断提升人大工作的社会影响力。编辑出版4期季刊《三门峡人大工作》，加强与省内外兄弟地市之间的业务交流。整合广播、电视、报纸等传统宣传载体，多渠道报道人大工作成效。推荐2015年度“好新闻”和优秀调研成果，4篇调研报告被省人大评为优秀调研成果，其中二等奖1篇、三等奖3篇。

【市六届人大六次会议】 2016年3月20日至24日，三门峡市第六届人民代表大会第六次会议召开。市六届人大六次会议共有代表326名，出席大会代表291名，符合法定人数。会议听取和审议市政府工作报告；审查和批准三门峡市国民经济和社会发展第十三个五年规划纲要、市人民政府关于三门峡市2015年国民经济和社会发展计划执行情况与2016年计划的报告、市人民政府关于三门峡市2015年财政预算执行情况与2016年财政预算的报告；听取和审议市人大常委会、市中级人民法院、市人民检察院工作报告，并表决通过以上工作报告，作出相应的决议。根据会议选举办法和严格的选举程序，大会选举安伟为市人民政府市长，宋万轩为市六届人大常委会副主任，康健民为市人民检察院检察长，王战方为市六届人大常委会秘书长，李献民、杨国谦、张根星为常委会委员。新当选的市长安伟，市六届人大常委会副主任、秘书长、委员及市人民代表大会专门委员会组成人员进行宪法宣誓。大会期间，市人大代表共提出建议195件。大会闭幕后，市人大常委会工作机构对建议进行分类登记，根据分工负责、归口办理的原则，经认真处理后以正式文件形式分别转交有关部门办理，及时召开代表建议交办会，所有办理结果直接答复代表，并报市人大常委会。

【市六届人大常委会会议】 2016年，市六届人大常委会共召开7次会议。

市六届人大常委会第二十九次会议 1月11日召开。市人大常委会主任王建勋主持会议，副主任孙宗会、张朝红、吕均平、裴富平、张松林，秘书长杨治安出席会议。与会人员就补选河南省第十二届人民代表大会代表（两名）进行审议，表决通过补选许甘露、安伟为河南省第十二届人民代表大会代表。

市六届人大常委会第三十次会议 3月16日召开。市人大常委会主任王建勋主持会议，重点听取和审议表决通过市第六届人民代表大会第六次会议的相关议程。副主任孙宗会、肖群兰、张朝红、吕均平、裴富平、张松林，秘书长杨治安出席会议。副市长王振清、市中级人民法院院长梁维列席会议。与会人员学习了《中华人民共和国立法法》第二章第三节；听取市六届人大六次会议筹备工作情况汇报；审议表决通过市六届人大六次会议召开时间和建议议程的决定、会议日程（草案）；听取和审议表决通过市六届人大五次会议以来代表变动情况及补选代表的代表资格审查报告；听取和审议表决通过市六届人大六次会议有关名单（草案）、选举办法（草案）；讨论通过市人大常委会工作报告稿；审议表决通过市人大常委会关于接受杨治安辞去市人大常委会秘书长、杜宗文辞去市人大教育科学文化卫生委员会主任委员、任振廷辞去市人大法制委员会主任委员职务的决定；审议表决通过市人大常委会关于接受杜宗文、宋海军辞去市人大常委会委员职务的决定；审议表决通过市人大常委会关于接受邱恺辞去市人民检察院检察长职务的决定；听取和审议表决通过市政府对市人大常委会关于食品安全工作、科技成果引进和转化工作、森林资源保护工作情况报告的审议意见办理情况的报告；表决通过人事任免事项；审议表决通过市人大常委会关于市人民检察院副检察长康健民代理检察长职务的决定；任命李献民为市人大教育科学文化卫生委员会主任；康健民、李献民进行宪法宣誓。会议还商议通过市六届人大常委会第三十一次会议议程，分组审议会议相关议程，并提出意见和建议。

市六届人大常委会第三十一次会议 4月28日召开。市人大常委会主任王建勋主持会议，副主任孙宗会、宋万轩、肖群兰、张朝红、吕均平、裴富平、张松林，三门峡军分区司令员叶勇出席会议。市委常委、副市长杨骁，市中级人民法院院长梁维，市人民检察院检察长康健民列席会议。与会人员学习了《中华人民共和国立法法》第二章第四至五节；听取审议并表决通过市人民政府关于防震减灾工作情况的专项工作报告；审议表决通过市人大常委会关于接受赵中生辞去市人民政府副市长职务的决定；审议表决通过相关人事任免事项；商议通过市六届人大常委会第三十二次会议建议议程。

市六届人大常委会第三十二次会议 6月28日召开。市人大常委会主任王建勋主持会议，副主任孙宗会、宋万轩、肖群兰、张朝红、吕均平、裴富平、张松林等出席会议。副市长牛兰英、市中级人民法院院长梁维、市人民检察院检察长康健民列席会议。与会人员学习了《中华人民共和国立法法》第三章；听取和审议表决通过市人大常委会执法检查组关于检查《中华人民共和国道路交通安全法》和《河南省道路交通安全条例》实施情况的报告；听取和审议表决通过市人民政府关于扶贫工作情况的专项工作报告、市人民政府关于电子商务工作情况的专项工作报告；听取和审议表决通过市中级人民法院关于行政审判工作情况的专项工作报告；审议《三门峡市城市环境卫生管理条例(草案)》;听取和审议关于主任会议许可公安机关对市人大代表王学文采取强制措施的报告,表决通过三门峡市人民代表大会常务委员会关于确认主任会议许可公安机关对市人大代表王学文依法采取强制措施的决定;审议表决通过三门峡市人民代表大会常务委员会关于接受张桂珠辞去市人大常委会委员职务的决定;表决通过人事任免事项;商议通过市六届人大常委会第三十三次会议建议议程。

市六届人大常委会第三十三次会议 8月17日至18日召开。市人大常委会主任王建勋主持会议,副主任孙宗会、宋万轩、肖群兰、张朝红、吕均平、裴富平、张松林出席会议。市委副书记、市长安伟作2016年上半年国民经济和社会发展计划执行情况的报告。市委常委、副市长杨骁,市人民检察院检察长康健民,市政府秘书长刘廷福列席会议。与会人员学习了《中华人民共和国立法法》第四章;听取和审议表决通过市人民政府2016年上半年国民经济和社会发展计划执行情况的报告;审议表决通过市人大常委会关于实施国道310线洛三界至豫陕界改建工程的决议;听取和审议表决通过市人民政府关于2015年财政决算和2016年上半年财政预算执行情况的报告;听取和审议表决通过市人民政府关于2015年度市本级预算执行和其他财政收支审计情况及查出问题整改处理情况的报告;审议表决通过市人大常委会关于批准2015年市本级财政决算的决议;审议表决通过市人大常委会关于批准2016年市本级财政预算调整方案的决议;听取和审议表决通过市人民政府关于旅游景区建设工作情况的专项工作报告;审议表决通过《三门峡市城市环境卫生管理条例》;审议表决通过市人民政府对市人大常委会关于防震减灾工作情况专项工作报告审议意见办理情况的报告;表决通过人事任免事项;商议通过市六届人大常委会第三十四次会议建议议程。

市六届人大常委会第三十四次会议 10月27日召开。市人大常委会主任王建勋主持会议,市人大常委会副主任孙宗会、宋万轩、肖群兰、张朝红、吕均平、裴富平、张松林出席会议。市委常委、副市长杨骁,市中级人民法院院长梁维,市人民检察院检察长康健民列席会议。与会人员学习了《中华人民共和国立法法》第五章、第六章;听取和审议表决通过市人民政府关于城市管理工作的专项工作报告;听取和审议表决通过市人民政府关于计划生育全面二孩政策工作情况的专项工作报告;听取和审议表决通过市人民政府关于市本级新上项目进展情况的专项工作报告;听取和审议表决通过市人民政府关于白天鹅及栖息地保护工作情况的专项工作报告;听取和审议表决通过市人民政府关于市六届人大六次会议以来代表建议、批评和意见办理情况的专项工作报告;听取和审议表决通过市人民政府对市人大常委会关于检查道路交通安全法和《河南省道路交通安全条例》实施情况报告审议意见办理情况的报告;审议通过市人民政府对市人大常委会关于电子商务工作情况专项工作报告审议意见办理情况的报告(书面);审议通过市人民政府对市人大常委会关于扶贫工作情况专项工作报告审议意见办理情况的报告(书面);审议通过市中级人民法院对市人大常委会关于行政审判工作情况专项工作报告审议意见办理情况的报告(书面);商议通过市六届人大常委会第三十五次会议议程。

市六届人大常委会第三十五次会议 11月17日召开。市人大常委会副主任孙宗会主持会议,副主任宋万轩、裴富平出席会议。会议审议并表决通过三门峡市人民代表大会常务委员会关于接受赵海燕辞去河南省第十二届人民代表大会代表职务的决议。

【省人大常委会副主任王保存到三门峡市调研现代农业及土地确权等工作】 2016年4月27日到28日,省人大常委会副主任王保存率调研组到三门峡市,调研现代农业及土地确权等工作。省人大农委主任委员、省人大常委会农工委主任盛国民,省人大常委会农工委副主任邢利民,省农业厅副巡视员王军茂等参加调研,市领导安伟、宋万轩、张朝红、牛兰英、高永瑞,市政府党组成员宋跃、秘书长刘廷福等先后陪同调研或出席座谈会。调研组一行先后到陕州区雏鹰农牧基地、二仙坡苹果基地、张汴乡西王村、三门峡抽雅生态农业有限公司、河南垄润农业科技股份有限公司、刘氏麻花店、张汴乡北营村地坑窑院、高阳山温泉旅游度假区、翡翠丽池温泉养生中心、三门峡商务中心区实地调研。

【驻豫全国人大代表调研三门峡市精准扶贫、精准脱贫工作】 2016年5月31日至6月1日,由全国人大代表、省人大常委会副主任、党组书记刘春良率领的驻豫全国人大代表调研组深入卢氏县,实地调研精准扶贫、精准脱贫工作。省人大常委会选工委主任杨盛道等21名全国人大代表一起开展调研;省人大常委会选工委副主任杨崇林,省人大农业与农村委员会副主任委员张成智,省人大常委会副秘书长杨汝北,省人大常委会办公厅研究室主任陈陆浩,省发改委副主任郭玮,省扶贫办副主任吕国范参加调研,市领导安伟、王建勋、张朝红、牛兰英等陪同调研。5月31日下午召开座谈会,调研组听取三门峡市、卢氏县关于精准扶贫、精准脱贫工作的汇报。刘春良在讲话时指出,三门峡市委、市政府对脱贫攻坚工作高度重视,前期做了大量富有成效的工作,整体开局不错,工作推进比较扎实。就做好脱贫攻坚工作,刘春良强调,一是必须在真抓实做上下功夫。脱贫攻坚是一场硬仗、恶仗,来不得半点虚假、半点应付,不能有丝毫的形式主义,要踏踏实实做好每项工作。二是在精准上做文章,多策并举推进脱贫。按照中央提出的“六个精准”(扶贫对象精准、项目安排精准、资金使用精准、措施到户精准、因村派人精准、脱贫成效精准)要求,落实中央、省委部署,提高工作效率,达到事半功倍的效果。同时,坚持多策并举,紧密结合当地实际,分门别类,因地、因户、因人施策。三是层层压实责任,确保脱贫攻坚任务落到实处。把任务分解到方方面面,各级领导干部主动担责,人人肩上有担子,严格落实责任。加强督查,严格考核,严格问责,坚持实事求是,务必防止"被脱贫""数字脱贫"发生。6月1日,调研组一行到卢氏县汤河乡柴家沟村和汤河村移民搬迁安置点实地察看。

【省委调研督导组到三门峡市调研督导贯彻落实中央、省委加强县乡人大工作和建设决策部署情况】 2016年6月17日,省人大常委会副主任储亚平带领调研督导组到三门峡市,就三门峡市贯彻落实中央、省委加强县乡人大工作和建设决策部署情况进行调研督导。省人大常委会财经预算工委副主任郭巍、省财政厅副厅长张中亮参加调研督导,市领导郭绍伟、王建勋、高战荣、裴富平、张松林等出席座谈会或陪同调研。在当日上午召开的座谈会上,调研督导组听取了三门峡市相关情况汇报,灵宝市、湖滨区人大常委会负责人,部分乡镇人大主席团负责人及人大代表分别发言。储亚平对三门峡市人大工作给予充分肯定,强调,一要充分认识落实好中央和省委文件精神的重要意义。从巩固党的执政基础、推进人大工作与时俱进完善发展、推进国家治理体系和治理能力现代化的高度,提高认识,认真查找存在的问题和不足,以切实有效的举措把中央和省委要求落到实处。二要积极推动人大工作与时俱进完善发展。不断适应新形势新任务,加强人大工作研究,推动人大工作水平提升。认真开好县乡人大会议,注重提高县级人大会议质量,规范乡镇人大会议程序。围绕大局开展监督,改进监督方式方法,提高监督实效。抓好县乡人大代表选举组织工作,确保换届风清气正。三要持续加强县乡人大自身建设。进一步加强党委对人大工作的领导,加强县乡人大组织机构建设,选优配强县级人大领导班子和乡镇(街道)专职人大主席,充实人大机关工作力量,切实加强人大干部队伍建设。当日下午,调研督导组一行到渑池县果园乡,实地查看代表活动室建设情况,仔细了解人大代表活动开展、规章制度及执行、经费保障及管理使用等方面的情况,查阅相关资料,就加强县乡人大工作和建设进行现场指导。

【省人大调研组对三门峡市全民阅读情况进行专题调研】 2016年8月22日至23日,省人大常委会委员、省人大教科文卫委员会副主任委员郭新和带领调研组到三门峡市,对全民阅读情况进行专题调研。市人大常委会主任王建勋、副主任肖群兰,副市长王振清陪同。调研组一行先后到市图书馆、书香三门峡阅读基地、育才中学、德馨苑社区书屋、陕州区大营镇辛店村、陕州区原店镇郭家村和陕州区图书馆等地,深入了解全民阅读的开展情况、主要做法以及存在的困难和问题,并提出进一步做好全民阅读指导性意见和建议。座谈会上,调研组充分肯定三门峡市全民阅读所取得的成效。下一步,要继续加大力度,丰富载体,努力打造读书学习品牌活动,形成多读书、读好书、善读书的良好风尚。

【市委书记刘南昌到市人大常委会机关调研座谈】 2016年9月18日,市委书记刘南昌到市人大常委会机关调研座谈,了解市人大及其常委会工作情况,就市七次党代会报告征求意见和建议。市人大常委会主任王建勋,市委常委、秘书长高战荣,市人大常委会副主任孙宗会、宋万轩、张朝红、吕均平、裴富平、张松林等出席座谈会。在听取市人大常委会主任王建勋工作汇报和各位副主任的发言后,刘南昌指出,近年来,市人大及其常委会按照中央、省委要求和市委工作部署,认真履行宪法和法律赋予的职责,服务大局主动有为,履职尽责扎实有效,自身建设严格有力,为全市经济社会持续健康发展作出了重要贡献。就进一步做好人大工作,刘南昌强调,一要牢记根本,坚定正确政治方向。把中央、省委的部署和市委的要求同人大工作职能有机结合起来,突出强化党的意识,深入开展"两学一做"学习教育,始终保持政治定力,坚决维护党中央的权威;自觉接受党的领导,把党的领导贯穿于人大工作全过程和各方面;积极发挥党组织作用,确保党委的重大决策得到贯彻落实。二要牢记大局,主动服务中心工作。市人大工作要与全市发展大局同频共振,牢固树立和贯彻五大发展理念,主动适应经济新常态,找准在全面建成小康社会中的职能定位,一方面精准聚焦转型发展,找准人大工作与转型发展的切入点、结合点;另一方面全力维护大局稳定,充分调动广大干部群众的积极性主动性创造性。三要牢记宗旨,坚持以人民为中心。人大及其常委会作为权力机关、代表机关、民意机关,要牢固树立以人民为中心的理念,强化宗旨意识,践行群众路线,始终把人民拥护不拥护、赞成不赞成、高兴不高兴、答应不答应作为衡量一切工作得失的根本标准,及时反映人民群众心声,着力推动解决民生问题,依法保障人民民主权利。四要牢记责任,依法履行工作职责。积极探索立法工作,建立地方立法工作机制,着力提高立法质量;依法开展监督,改进方式方法,切实增强监督实效;依法行使重大事项决定权和人事任免权;充分发挥人大代表作用,更好地反映民意、集中民智、凝聚人心。五要牢记使命,着力加强自身建设。加强理论学习增强素质,加强队伍建设激发活力,加强制度建设提高效能,加强作风建设提升形象。刘南昌强调,市委将一如既往地支持市人大及其常委会依法行使职权,努力为人大开展各项工作提供有力支持,切实增强市人大干部队伍的生机和活力。希望市人大及其常委会锐意进取、开拓创新,以新的精神风貌、新的工作业绩、新的更大作为,为全市经济社会发展作出更大贡献。王建勋就贯彻落实会议精神表示,一要学习好,以党组会议和支部专题讨论等形式,动员各级党员干部学习好会议精神,把握精神实质;二要贯彻好,把会议精神与市人大各项工作相对接、相对照,贯彻到工作的方方面面;三要落实好,以此次调研为契机,发扬成绩、改进不足、做好工作,确保让市委放心、让人民群众满意。

【郑州市人大常委会考察组到三门峡市考察】 2016年5月11日,郑州市人大常委会副主任王贵欣一行到三门峡市考察工作。市人大常委会主任王建勋、副主任裴富平陪同考察。王贵欣一行先后到三门峡产业集聚区开曼铝业(三门峡)有限公司、中原黄金冶炼升级改造项目等地参观考察。王建勋向考察组简要介绍三门峡市经济社会发展情况,并与考察组进行深入交流。考察中,王贵欣称赞三门峡市产业发展形势,并希望双方进一步开展全方位、多层次、宽领域的交流合作,相互借鉴方方面面的好思路、好经验、好做法,在推进发展中不断开创互利共赢新局面。（王　超）

三门峡市人民政府

【概况】2016年,三门峡市人民政府认真落实省委、省政府和市委各项决策部署,全力以赴稳增长、调结构、促改革、惠民生,全市经济全面企稳回升,底线构筑更加坚实,重大项目全面发力,干成一批打基础利长远的大事要事,取得系列具有标志意义的突破,实现"十三五"良好开局。全市生产总值完成1348.6亿元,同比增长7.7%;财政一般公共预算收入完成100.1亿元,增长7.8%;规模以上工业增加值完成616亿元,增长7.3%;全社会固定资产投资完成1783亿元,增长15.1%;社会消费品零售总额完成441.1亿元,增长11.2%。

重大项目和重点工作实现新突破。坚持重点带动,一批事关全局的大事要事取得重要突破。"三大战役"扎实顺利推进。脱贫攻坚首战告捷,全市精准脱贫34075人,超额完成省定目标,易地搬迁19484人,35个贫困村退出,荣获全省脱贫工作成效考核第1名;大气污染防治有力有效,PM2.5指标超额完成省定目标,空气质量明显改善,优良天数大幅增加;国企改革不断深化,"三供一业"(国有企业职工家属区供水、供电、供热<供气>及物业管理)剥离移交等工作稳步推进。重大项目建设实现重要突破。全市7批共69个项目争取国家专项基金67.3亿元,居全省第3位;20个省重点项目和242个市重点项目分别完成投资147.1亿元、652.7亿元,占年度目标的122.2%和118.9%。速达纯电动汽车项目获得国家发改委核准,全国首批、全省首家新能源汽车牌照落户三门峡。投资116亿元的国道310南移项目全线开工,是三门峡市建市以来投资最大的项目。蒙华铁路、垣渑高速等项目进展顺利,陇海铁路取直改线、运三高铁、三洋铁路等项目取得重要突破,使三门峡市朝着高铁、高速"双高中心"和客运、货运中心迈出实质步伐。央地合作迈出重大步伐。与中国兵器集团等12家央企签订19个项目合作协议,总投资333.2亿元,为经济发展拓展新空间。高等教育实现历史突破。三门峡社会管理职业学院、三门峡技师学院一次性获得省政府批准,三年内将形成聚集4万人的高等职教园区,成为助推新型城镇化建设、加快产业转型升级新动能。重大改革创新取得重要进展。深化投融资体制改革,整合成立市投资集团公司,初步建成融资能力近期超千亿元、远期超5000亿元的融资平台。新型智慧城市建设全面启动。

供给侧结构性改革不断深化。持续推进种养业、制造业和服务业供给侧结构性改革,三次产业协调发展。特色农业持续壮大。第一产业增加值增长4.7%,增速居全省第1位。果品、食用菌、烟叶等特色产业持续提升,省市农业产业化集群达到39个,规模以上农业龙头企业达到218家,运行良好的农民专业合作社达到1400家,"三品一标"农产品数量达138个,"二仙坡"荣获"中国驰名商标"。涉农电商突破2100家,农产品电商交易额突破10亿元,全省农业电子商务发展现场会在三门峡市召开。工业经济提质增效。实施亿元以上工业转型升级项目53个,完成投资272.8亿元,骏通车辆多功能起重举升专用车、义腾新能源动力锂电池隔膜、宝鑫电子专用铜箔等项目进展顺利,德道电子汽车电子产品等项目建成投产,为加快先进制造业发展奠定坚实基础。服务业扩量提质。第三产业增加值增长9.1%,占GDP的比重达到33.5%,同比提高1.2个百分点。三门峡电商产业园、跨境电商产业园投入运营,全市电商主体达到4522家,交易额突破42亿元。举办第22届中国(三门峡)国际黄河文化旅游节暨第4届特博会,举办中国(三门峡)白天鹅·野生动物国际摄影大展,天鹅湖湿地公园、陕州地坑院受到中央主流媒体广泛关注,打造"天鹅之城"品牌。全市接待海内外游客3028万人次,旅游总收入258.2亿元,分别增长12.7%和14.5%。

"去降补"工作成效显著。坚定不移去产能。化解煤炭行业过剩产能3.6亿千克,涉及矿井关停到位。综合施策去库存,全市商品房库存面积229.6万平方米,比年初减少77.7万平方米。服务企业降成本,实施降成本专项行动,9家企业进入省电力交易平台,为企业降低用电成本1540万元;建立市县两级信用担保服务体系,6家政策性担保机构注册资本达到3.6亿元。因地制宜补短板,持续强化基础设施、创新能力、人力资源等方面建设,大石涧水库等一批重大基础设施项目进展顺利,市级以上科技创新平台达到136个,引进培养中高级人才4113人。

区域中心城市建设加快。以新型智慧城市建设为总抓手,拉大框架,做优服务,做强功能,做旺人气,区域中心城市建设取得新进展。新型智慧城市建设全面启动。顶层设计初步完成,运营公司注册成立,"一平台、两中心、三应用"项目有序推进,朝着"管理一块屏,服务一张网,决策一组数"新型智慧城市建设迈出新步伐。城市空间布局更加优化。陕州区撤县设区,三门峡进入"一城两区"时代;商务中心区完成投资75亿元,"五纵五横"道路框架基本形成,城市新中心形象初显;城乡一体化示范区和三门峡产业集聚区套合完成,管理体制更加规范。湖滨区、陕州区、商务中心区、城乡一体化示范区联动发展格局初步形成。城市功能品位持续提升。大岭北路、崤山路等11条道路打通和提升工程完工,新增城市供热面积50万平方米,黄河公园与陕州公园连接带、青龙涧河景观带改造提升项目建成。洁城行动稳步推进,城市环境和秩序明显改善,通过省级卫生城市复审。旧城区和城中村改造进展顺利。

发展活力不断增强。坚持全面深化改革开放,激发转型发展动力活力。重点领域改革深入推进。扎实推进“放管服”改革,行政审批事项精简幅度居全省前列;营改增试点进展顺利,预算管理制度改革不断深化;土地确权登记颁证等农村改革持续推进;商事制度改革成绩突出,受到国务院表彰,“智慧工商”大数据经验在全省推广。经济发达试点镇、医疗卫生、机关事业单位养老、城乡居民医保整合、公务用车等领域改革取得新进展。开放合作不断扩大。突出培育优势产业,围绕打造黄金产业链、铝及铝精深加工、旅游业、现代物流、电子商务、地区性交通枢纽深化招商,签约招商项目142个,总投资607.1亿元。实际利用外资10.6亿美元,增长5.4%;实际到位省外资金352.2亿元,增长7.6%。进出口逆势上扬,增长155.8%,增速居全省第1位。黄河金三角区域合作迈出新步伐,省级协调机制和市级推进机制初步建立,基础设施、产业发展和公共服务等领域合作不断深化,三门峡市与运城市平陆县城际公交专线顺利开通。政银企合作成效显著。先后与省农发行、国开行、建行签订总金额1500亿元的战略合作协议,协调金融机构为121个项目贷款321亿元,金融对实体经济的支持力度进一步增强。

群众生活持续改善。坚持把保障改善民生作为政府工作的出发点和落脚点。民生投入不断加大。“十项重点民生工程”持续推进,全市财政民生支出137.5亿元,占一般预算支出的73.6%。就业创业扎实推进。深入实施大众创业万众创新,认真落实稳岗扶持政策,全市城镇新增就业6万人,失业人员再就业2.3万人,城镇登记失业率2.82%。社会保障稳步提升。城乡低保年补助标准分别上调600元和450元,城镇居民医保年人均补助标准提高到420元,城镇居民大病保险制度、农村居民重大疾病保障机制进一步完善。企业和机关事业单位退休人员基本养老金调整到位。社会事业不断进步。“全面改薄”(全面改善贫困地区义务教育薄弱学校基本办学条件)、城镇义务教育资源扩充计划扎实推进,第二期学前教育三年行动计划全面完成,引进江苏教育集团清华园学校项目开工。城市公立医院综合改革进展顺利,妇幼保健院和儿童医院开工建设,全面二孩政策稳妥实施。《文化三门峡》丛书初稿编撰完成,“2016中国·三门峡横渡母亲河”活动获中国“体育旅游精品赛事”称号。精神文明成果丰硕。黄河公园、湖滨区涧南社区、灵宝市河西村入选河南省首批社会主义核心价值观建设示范点,未成年人思想道德建设、志愿者服务和农村精神文明创建活动扎实开展。社会大局保持平稳。预防和化解社会矛盾,全面排查处置非法集资风险,信访形势总体平稳。持续加强安全生产和食品安全监管,平安三门峡、法治三门峡建设扎实推进,群众安全感持续提升。

政府自身建设不断加强。主动接受市人大及其常委会监督,支持市政协履行职能,办理人大代表建议184件、政协委员提案230件。双拥共建再创佳绩,荣获全国双拥模范城“五连冠”,军民融合有效推进,军政军民团结更加巩固。统计、审计、外侨、民族宗教、对台、史志、人防、气象、防震减灾、无线电、黄河河务、妇女儿童、残疾人、老龄、慈善等工作取得新成绩。

【市政府常务会议】 2016年,市政府召开16次常务会议,共有81个议题。主要研究的事项有:审议《关于加强燃放烟花爆竹管理的决定》《关于禁止燃放烟花爆竹的通告》《三门峡市市级储备粮管理办法》,审议《三门峡市人民政府关于支持农民进城购房促进住房消费的实施意见》,听取关于2015年财政收支完成情况及2016年财政收支预算初步安排情况的报告、关于第二十二届中国(三门峡)国际黄河文化旅游节暨投资贸易洽谈会、第四届中国特色商品博览交易会筹备情况和总体方案的汇报,审议《三门峡市支持经济转型发展专项资金管理办法》《关于在全市互联网+农业电子商务发展中深入实施百店示范千店提升万户受益工程的意见》,审议《三门峡市城市环境卫生管理条例》(草案),学习《法治政府建设实施纲要(2015年—2020年)》,研究2016年“十项重点民生工程”,听取关于公务用车改革及公务交通补贴发放有关情况的汇报、关于建立市县两级领导班子和领导干部安全生产工作实绩档案有关工作的汇报、关于商务中心区等区域集中供热项目有关问题的汇报,审议《党委、政府及有关部门环境保护职责》《关于取消21项中央指定地方实施行政审批事项的决定》,审议《关于加快发展体育产业促进体育消费的实施意见》《关于加快推进残疾人小康进程的实施意见》,审议《三门峡市政府权力清单和责任清单管理暂行办法》《关于进一步做好新形势下就业创业工作的实施意见》《关于促进快递服务业发展的意见》,听取关于煤炭监管机构建设情况的汇报、关于商务中心区等区域集中供热项目有关问题汇报,审议《三门峡市乡村教师支持计划(2015—2020年)实施办法》《关于推进三个转变建设质量强市的实施意见》,听取关于出台三门峡市黄标车淘汰补贴有关政策的汇报、关于政府与社会资本合作(PPP)建设国道310洛三界至豫陕界段南移新建工程实施方案的汇报、关于中职教育资源整合和申报三门峡技师学院有关情况的汇报,听取关于市政府与河南科技大学战略合作框架协议有关情况的汇报、关于脱贫攻坚7个专项方案的汇报、关于黄河三门峡库区治理及“十三五”规划情况的汇报和关于三门峡市城市周边永久基本农田划定初步成果的汇报,审议《三门峡市城市棚户区改造货币化安置实施办法》《三门峡市公共租赁住房租售管理办法》,审议《三门峡市人民政府关于调整高污染燃料禁燃区的通告》《关于深化供销合作社综合改革的实施意见(讨论稿)》《三门峡市政府向社会力量购买服务实施意见》,审议《三门峡市深化出租汽车行业改革工作实施方案》《三门峡市网络预约出租汽车经营服务管理实施细则》《三门峡市私人小客车合乘管理规定》,审议《三门峡主城区实施机动车单双号限行及部分道路大货车禁行的通告》,听取三门峡市城市公立医院综合改革有关情况的汇报、关于支持江苏教育集团在三门峡市建设清华园民办学校有关情况的汇报,审议《三门峡市人民政府办公室关于做好当前农村最低生活保障制度与扶贫开发政策有效衔接有关工作的通知》,审议《三门峡市建筑垃圾管理和资源化利用工作实施意见》《三门峡市城市建筑垃圾管理办法》《三门峡市人民政府关于第一批取消调整行政审批中介服务和证明事项的决定》,审议《关于加快剥离国有企业办社会职能工作的实施方案》《国有企业职工家属区“三供一业”分离移交工作方案》《三门峡市法治政府建设实施方案(2017—2020年)》,审议《关于贯彻落实<国家创新驱动发展战略纲要>的实施意见》《三门峡市困难残疾人生活补贴和重度残疾人护理补贴实施方案》《三门峡市城乡居民基本医疗保险实施办法(试行)》和《三门峡市预拌砂浆管理规定》。

【举办第二十二届中国(三门峡)国际黄河文化旅游节暨投资贸易洽谈会、第四届特色商品博览交易会】 2016年5月25日至29日,第二十二届中国(三门峡)国际黄河旅游节暨投资贸易洽谈会、第四届特色商品博览交易会在三门峡市举行。该届“一节一会”主动适应新形势、新变化、新常态,紧紧围绕国家旅游局“2016丝绸之路旅游年”主题和城市的转型发展,把创新这一理念始终贯穿并体现在各个活动之中,秉承“创新发展、简约隆重、求实求效、安全圆满”的办节原则,共安排8项主要活动、11项专题活动,涉及旅游、经贸、文化、体育、会展、互联网+等多个领域,形成了“政府主导、社会支持、企业运作、群众参与”四个有机结合的办节模式,特别是一些创新性活动都是通过市场化运作的。特色商品博览交易会、横渡母亲河、黄河大合唱艺术节、万人帐篷节、晋陕豫黄河金三角“互联网+特色农产品”采购对接会、黄河罗曼彩虹跑、全国双胞胎漂流大赛、全国山地自行车邀请赛、千人穿越函谷关、“黄河三门峡·美丽天鹅城”书画摄影作品展等传统优势项目成效卓然,品牌效应进一步凸显;中原大舞台观摩演出、百名客商三门峡行、黄河旅游目的地城市共建启动仪式、歌伦贝尔房车音乐节、黄河水上嘉年华、大黄鸭亮相三门峡等创新性活动亮点频现。该届节会与会嘉宾突破3000人,直接参与活动的游客、驴友、泳友、车友、合唱队员、参展商、采购商等超过2万人。在百名客商三门峡行暨经济合作项目签约仪式上,集中签约的经济合作项目78个,投资总额375.59亿元。其中,第一产业项目15个,投资总额42.7亿元;第二产业项目42个,投资总额221.03亿元;第三产业项目21个,投资总额111.86亿元。第四届特博会设置三大展区、10个专区,展览面积约2万平方米,招揽展商355家,参展商品多达10大类1万余个品种,参观购物人数近20万人次,现场销售额5.8亿元,拉动相关产业实现收入32亿元。晋陕豫黄河金三角“互联网+特色农产品”采购对接会组织三省四市农业产业化龙头企业和农民专业合作社及知名电商、商超参加,达成47份采购销意向框架协议书,合同金额6.8亿元。

【省长陈润儿赴卢氏县调研脱贫攻坚工作】 2016年4月10日至11日,省长陈润儿赴卢氏县调研脱贫攻坚工作。陈润儿强调,要切实把脱贫攻坚作为重大政治任务和第一民生工程抓紧抓实抓好,切实增强责任感,打赢脱贫攻坚战。首先,思想上要坚定脱贫决心。卢氏县贫困人口多、贫困程度深、贫困原因杂,在2020年实现脱贫攻坚目标的任务艰巨,是一场大仗、硬仗、恶仗。但是要看到卢氏县是有条件、有基础、有机遇赢得这场战役的。“狭路相逢勇者胜”,全县广大党员干部要有荣辱与共的使命担当和责任精神,在这场战役面前毫不退却、志在必赢。其次,工作中要抓住关键环节。脱贫攻坚战是一项系统工程,不可能一蹴而就,必须深入扎实,重在“精准”,对扶贫工作实行精准化管理,对扶贫资源实行精准化配置,对扶贫对象实行精准化扶持。尤其要抓住精准识贫、精准扶贫和精准脱贫三个关键环节,确保2020年前如期实现脱贫目标。再次,责任上要严格考核落实。脱贫攻坚工作一定要严格责任,贵在实干,注重效率。要按照“中央统筹,省负总责,市县落实”的要求落实好党政责任,按照“党政领导齐抓,部门共同负责”的要求落实好部门责任,在解决“派而不驻”“扶而不会”“帮而不力”的问题,在发挥主力军、排头兵、举旗手作用中落实好乡村责任。同时要健全机制,建立起考核机制、激励机制、约束机制。

【副省长王铁到三门峡市调研乡村旅游和经济社会发展情况】 2016年5月30日,副省长王铁到三门峡市调研乡村旅游和经济社会发展情况。王铁一行调研了陕州地坑院民俗文化园、高阳山温泉度假区。王铁希望三门峡在文化内涵挖掘上更加深入,讲好历史文化故事,叫响文化旅游品牌。同时,加大营销策划力度,注重旅游产品包装,通过广告、专题纪录片、微电影和新媒体等形式,主要领导亲自上阵,“用情用心用力”,提升景区知名度和影响力,做好旅游开发大文章。

【副省长王艳玲到三门峡市检查指导防汛工作】 2016年7月7日至8日,副省长王艳玲到三门峡市检查指导防汛工作。在听取全市防汛工作汇报后,王艳玲对三门峡防汛工作开展情况表示肯定。王艳玲强调,三门峡防汛特征明显,山洪灾害防御等任务较重,各级各部门要充分估计防汛形势的严峻性,密切关注重点部位和重点区域的防汛工作,决不能低估形势、麻痹大意。各级政府和防汛指挥部门要认真落实好防汛工作责任,坚持严格要求,做到责任人明确,责任内容清楚,形成无缝责任链。要扎实抓好各项措施的落实,以认真的态度、务实的作风,把各项要求、措施、方案落实部署到位。要抓好测报和保障,完善防汛预案,做好联防联动,强化督导和责任追究。

【副省长张维宁到三门峡市调研剥离国有企业办社会职能工作】 2016年10月24日,省深化国有工业企业改革领导小组副组长、副省长张维宁率领调研组到三门峡市调研剥离国有企业办社会职能工作。张维宁一行先后深入义煤集团耿村煤矿、兴苑小区，实地察看社区卫生服务中心、生活区锅炉房、社会管理服务中心、幼儿园等处，详细了解企业办社会职能情况。座谈会上，张维宁对三门峡经济社会发展及剥离国有企业办社会职能工作给予肯定。张维宁强调，要切实加强认识，强化措施，重点突破，推动剥离国有企业办社会职能工作取得实质性进展。一要弄清目的，把握好政策。二要围绕重点，精准测算。三要把握好市场运作，分类施治。四要加强宣传，维护社会稳定。五要加强领导，打好移交攻坚战。

【国务院安委会第五巡查组到三门峡市巡查安全生产工作】 2016年11月11日，由全国政协委员、全国总工会原副主席、书记处原书记李世明任组长的国务院安委会第五巡查组到三门峡市巡查安全生产工作。李世明对三门峡市安全生产工作给予肯定。下一步，一要继续提高思想认识，高度重视安全生产工作，进一步加强学习，特别是要深入学习贯彻习近平总书记关于安全生产系列重要讲话精神。二要认真贯彻落实中央和河南省关于安全生产工作的意见、政策及法律法规，进一步加强队伍建设，落实专项资金，全面开展安全生产大检查，深化"打非治违"和专项整治工作，切实做好岁末年初及元旦、春节期间的安全生产工作。三要强化责任落实，进一步落实党委、政府领导责任、部门监管责任和企业主体责任，加大对企业的执法监督力度，特别是加大对烟花爆竹等高危企业以及尾矿库、彩钢板房的监督检查力度，严格执法，毫不手软，不留死角。四要齐抓共管，协调联动，形成强大工作合力，共同推进安全生产各项工作。

【市长调研】 2月23日，代市长安伟调研灵宝市经济社会发展情况。

3月3日，代市长安伟调研陕州区经济社会发展情况。

3月5日，代市长安伟对市区环境空气污染防治工作开展情况进行现场检查和督导。

3月25日，市长安伟调研黄河天鹅湖湿地旅游度假区、青龙涧河景观带和7条城市道路等城市重大项目建设。

4月13日，市长安伟深入灵宝市实地察看督导小秦岭国家级自然保护区矿山环保整治工作。

4月30日，市长安伟深入灵宝市检查指导防汛工作。

5月22日，市长安伟深入湖滨广场等市区重点部位和路段，实地督导"一节一会"筹备工作。

7月10日，市长安伟深入陕州区和黄河湿地国家级自然保护区三门峡段，实地察看督导全市重点环保治理工作。

7月28日，市长安伟深入三门峡军分区、驻军部队、武警三门峡支队和三门峡市公安消防支队，看望慰问部队官兵。

8月10日，市长安伟深入卢氏县部分乡村，实地调研指导脱贫攻坚工作。

9月30日，市长安伟实地调研督导市中心城区农贸市场规划建设工作。

10月6日，市长安伟实地调研渑池县旅游业发展情况。

10月11日至16日，市长安伟赴江苏省盐城市、贵州省贵阳市、宁夏回族自治区银川市、陕西省咸阳市学习考察智慧城市建设和大数据产业发展。

10月18日，市长安伟调研湖滨区和三门峡产业集聚区项目建设。

12月1日，市长安伟调研灵宝市"三底线、一高线"工作。

12月16日，市长安伟深入陕州区、渑池县和义马市调研督导煤炭安全生产工作。 (孙世伟)

三门峡市行政服务中心

【概况】 2016年，三门峡市行政服务中心共办理行政审批、服务、收费等事项140029件，按期办结率达100%，其中办理投资项目联合审批事项196件。组织开展"红旗窗口""服务标兵"评选和"顾客满意度"调查活动，25个窗口先后被评选为"红旗窗口"，41名窗口工作人员先后当选为"服务标兵"，顾客满意率达99.9%，投诉事项办理及时率达100%。

【组织开展集中办件、上门服务】 2016年，市行政服务中心协调市人力资源和社会保障局、市财政局、市卫生局、市教育局等窗口，组织开展全国监理工程师、"三支一扶"(支农、支教、支医和扶贫)学生报名、会计专业技术资格考试报名现场确认、初中级卫生专业技术资格考试报名、普通话水平测试报名等各种集中办件工作，合计办理7.3万余人次。协调组织市工商局、市国土资源局、市地税局、市国税局、市质量技术监督局等窗口，先后到万达广场三门峡项目部、郑州格瑞克燃气有限公司三门峡分公司、三门峡市国道310南移项目建设管理有限公司等企业开展19次上门服务，得到企业的高度赞誉。

【建设公共服务信息平台和网上办事大厅】 2016年6月，市行政服务中心开展公共服务信息平台和网上办事大厅建设，探索推进行政审批和公共服务事项网上办理。先后组织有关人员赴外地考察学习，编写《三门峡市公共服务信息平台和网上办事大厅建设方案》。12月1日，市委副书记、市长安伟在《建设方案》上批示，要求将该项目列入三门峡市智慧城市建设规划，论证后予以实施。12月下旬，市行政服务中心向主管智慧城市建设的市委常委、宣传部长吕挺琳进行专题汇报，并和市网经办（原智慧城市建设领导小组办公室）沟通衔接。随后，市网经办组织专家组到市行政服务中心专题调研，为市公共服务信息平台和网上办事大厅建设奠定基础。

【组织开展行政审批标准化试点工作】 2016年，市行政服务中心配合市编办，确定3个全省行政审批标准化试点（三门峡市行政服务中心、灵宝市行政服务中心、义马市行政服务中心），并会同市编办制定《三门峡市行政审批标准化试点工作实施方案》，由市行政审批制度改革领导小组办公室印发。制定《三门峡市行政服务中心行政审批标准化试点工作方案》，组织各科室、窗口开展相关工作。各科室、窗口围绕权力要素、项目进厅、审批流程、审批条件、审批时限、动态管理、信息公开、服务行为、大厅建设、窗口管理、效能监察、网络建设等12项标准开展工作。12月30日，市政府办公室印发《关于公布第一批进入市行政服务中心项目目录的通知》，标志着中心完成行政审批标准化的各项工作。

【设立"农民进城购房财政补贴窗口"】2016年，市行政服务中心认真贯彻落实《三门峡市人民政府关于支持农民进城购房促进住房消费的实施意见》有关精神，会同市农民进城购房财政补贴联审办，抽调市住建局、市财政局、市公安局、市地税局、市教育局等部门人员，设立"农民进城购房财政补贴窗口"，为进城购房农民提供购房补贴、契税补贴、子女就学等"一站式服务"。该窗口3月31日开始运行，实行"一口受理、资源共享、快速分办、协同办理"的工作机制，至12月底共受理2880户进城购房农民的财政补贴申请，其中403户领到补贴资金705万元。

【深入开展"效能革命"活动】2016年11月10日，市行政服务中心召开深入开展"效能革命"活动动员会，传达市委书记刘南昌就开展"效能革命"的指示，宣读中心《关于深入开展"效能革命"活动的实施方案》，对开展"效能革命"活动进行动员部署。市行政服务中心的"效能革命"活动分为学习教育、自查自纠、整改提高、建章立制四个阶段，集中安排一个月时间，组织开展"六个一"活动，即组织一次专题学习、组织一次观摩教育、征求一次意见建议、开展一次对照检查、召开一次专题讨论、组织一次集中整改。各科室、窗口及全体工作人员积极开展专题学习，广泛征求意见建议，并结合自身思想、工作实际开展对照检查和专题讨论，撰写《"效能革命"自查整改报告》，整改纠正窗口服务存在的突出问题，促进中心的工作效能、服务质量提升。

（张应洲）

人力资源和社会保障

【概况】2016年，三门峡市人力资源和社会保障局坚持"民生为本、人才优先"工作主线，紧紧围绕全市经济转型发展大局，把保障和改善民生放在优先位置，认真做好就业创业、社会保障、人才队伍建设、人事制度改革、工资收入分配、和谐劳动关系等各项工作，取得明显成效。

【就业创业】2016年，市人力资源和社会保障局实施高校毕业生就业促进和创业引领"两大计划"，启动政府购岗工作，实施"三支一扶"（支农、支教、支医和扶贫）计划，组织高校毕业生专项招聘活动30余场，累计提供就业岗位1万余个，促成3000余人就业。组织就业见习511人、创业培训660人，发放创业贷款3532万元，扶持900余人创业。全年新增农村劳动力转移就业1.66万人，全市劳务输出规模达到34万人。累计扶持6892名农民工返乡创业，带动就业1.22万人。实施困难群体就业促进计划，开发并安置公益性岗位就业3224人；保持"零就业"家庭动态为零。深入推进大众创业，全年共开展创业培训232期，培训学员8374人。电商培训学员1500余人次，200余人实现创业，带动就业3000余人。创业项目库建设进一步完善，入库项目177个。创业孵化示范基地建设加快推进，三门峡职业技术学院和三门峡义乌商贸城创业孵化基地投入运营，扶持创业者1000余人，带动就业3000余人。全年累计发放创业担保贷款58325万元，完成市定目标任务3.9亿元的149.55%，完成省定目标任务5亿元的116.65%，扶持6904人创业，带动就业1.97万人。全年全市城镇新增就业60201人，完成省定目标任务3.58万人的168.16%，市定目标任务3.6万人的167.23%。失业人员再就业23313人，完成省、市目标任务1.8万人的129.52%；其中就业困难人员再就业10403人，完成省定目标任务4200人的247.69%。城镇登记失业率为2.82%，低于全省3%的平均水平，全市就业形势保持总体稳定。深化校企合作，市高级技工学校与省内17家企业建立长期合作，灵宝市高级技工学校与东方电气河南电站辅机制造有限公司建立校企合作实训基地。加强高技能人才培养，实施"金蓝领"素质提升培训，组织高技能人才选拔推荐和竞赛活动，市人力资源和社会保障局与市委组织部联合开展优秀高技能人才培训和表彰活动。三门峡市推荐的刘成祥被人力资源和社会保障部授予"全国技术能手"称号，成为全市第一位获此殊荣的高技能人才。全年全市开展各类职业技能培训11.6万人次，同比增长22%。其中人力资源和社会保障部门完成各类培训8.6万人次，新培养高技能人才3542人，开展职业技能鉴定2.06万人次。持续实施项目带动，新建全民技能振兴工程项目2个，获批2017年建设项目1个。加强技工院校建设，三门峡技师学院申建顺利，通过省专家组的评估验收；全市技工院校在校生达1.1万人，毕业生就业率保持在96%以上。

【社会保障】2016年，市人力资源和社会保障局着力完善社会保障制度体系。推进机关事业单位养老保险制度改革，完成第一批参保登记，涉及1485家机关事业单位7.5万人，5336人按照新机制缴费，1879名退休人员开始领取待遇。完成城乡居民医疗保险制度整合工作，城镇居民医保和新农合制度实现并轨。实现市域内非参保地就医即时结算，医保基本实现"同城同待"。深化医保支付方式改革，建立以总额控制为基础，推进按病种付费、按床日付费、按人头付费、总额预付等复合型支付方式。失业保险"保生活、防失业、促就业"的作用增强，全年累计为9200名失业人员发放失业保险待遇9300万元，为89家企业发放稳岗补贴2292万元，稳定就业岗位1.9万个，为45名失业人员发放创业补贴22.5万元。工伤预防、工伤康复试点工作深入推进。强化参保扩面，重点促进农民工、被征地农民和灵活就业人员参保扩面工作。加强社会保险费征缴稽核工作，确保社会保险费应收尽收。首次同步调整企业和机关事业单位退休人员基本养老金，全市7.73万名退休人员受益，待遇平均提升6.5%。全市企业退休人员人均增加基本养老金162.14元，调整后全市企业退休人员人均养老金达到1929.52元。5月起，企业职工基本养老保险单位缴费费率由20%降至19%，失业保险缴费费率由2%降至1.5%。城镇居民医保财政补助标准由380元提高到420元，学生儿童的个人年度缴费标准由30元提高到90元，其他城镇居民个人年度缴费标准由100元提高到130元，一个自然年度内城镇居民基本医疗保险统筹基金最高支付限额由8万元提高到10万元，城镇职工和城镇居民住院报销比例分别达到80%以上和75%左右。按照全省统一部署，做好五项社会保险费征收移交地税部门的准备工作。做好社会保障卡信息采集和统一软件扩大应用工作，新增发放社会保障卡14万张，累计持卡人数达146.67万人。加强社会保险基金运行监督，确保基金安全。全年全市各项社会保险参保人数达254.91万人次，其中：城镇企业职工养老保险参保人数30.43万人，城乡居民基本养老保险参保人数101.57万人，城镇基本医疗保险参保人数59.96万人，失业保险参保人数23.06万人，工伤保险参保人数21.94万人，生育保险参保人数15.58万人。各项社会保险基金总收入33.18亿元，全市支付各项社会保险待遇34.22亿元。

【人才队伍建设】 2016年，市人力资源和社会保障局加大招才引智工作力度，引进各类人才4932人，申报引智项目12个，实施引进国外技术管理人才项目4个，建成省级引智示范基地1家，引进外国专家15人，其中中长期高层次外国专家5人。深化职称制度改革，开展中小学教师职称适度改革人员过渡工作，建立与事业单位岗位聘用制度相衔接的职称制度，全市共过渡1.2万人。推进职业资格改革，按要求分批取消272项职业资格许可认证。全年推荐2人享受国务院特殊津贴，4人为河南省学术技术带头人。加强博士后研发基地建设，引进博士后2人。推进专业技术人员继续教育基地建设，加快实施百万专业技术人才知识更新工程，推荐2所学校为第四批省级专业技术人员继续教育基地，组织培训专业技术人员1.2万人次。

【机关事业单位管理】 2016年，市人力资源和社会保障局加强公务员管理工作，县以下机关公务员职务与职级并行制度全面实施，全年完成1633人的职级晋升工作，共组织招录公务员187人。加强公务员培训，全年共举办培训班45期，培训公务员4600余人次；网络培训学员5960人。进一步改进事业单位人事管理。完善岗位管理制度，审核批复59家事业单位的岗位设置和岗位设置变更方案，新核定岗位489个。落实事业单位公开招聘制度，全年全市通过公开招聘为事业单位补充工作人员573人，其中市直215人，各县(市、区)358人。做好“三支一扶”大学生管理服务工作，招募“三支一扶”大学生10名。推进军转干部安置工作，全年接收军转干部20人，其中计划安置7人、自主择业13人。

【工资收入分配】 2016年，市人力资源和社会保障局坚持共享发展理念，统筹推进收入分配制度改革。机关事业单位工资制度进一步健全。调整机关事业单位基本工资标准，兑现年度考核奖励，落实带薪休假制度，增加离休人员离休费。县以下机关公务员职务与职级并行备案人员的待遇基本落实，乡镇工作补贴逐步兑现。事业单位绩效工资制度进一步完善，审核批复270家市直事业单位绩效工资总额。企业工资宏观指导进一步加强。全面实施国有企业负责人薪酬制度改革，严格规范国有企业负责人薪酬分配；推进企业工资集体协商和三方协商机制，通过协商促进企业职工工资增长。开展企业薪酬调查，发布11个行业的人工成本信息、100个工种的劳动力市场工资指导价位，为企业和求职者提供工资待遇参考依据。

【和谐劳动关系】 2016年，市人力资源和社会保障局做好劳动关系调整工作，进一步明确相关部门和单位的职责。劳动合同制度全面推行，全市签订劳动合同人数达23万余人，企业劳动合同签订率达99%以上。开展专项检查，检查用人单位2997户，受理群众投诉举报案件694件，符合立案条件的114件案件全部结案。督促用人单位与劳动者补签劳动合同2666人，督促用人单位依法为2192名劳动者缴纳社会保险费830.8万元。在全市范围内联合开展农民工工资支付情况专项检查，依法责令65家用人单位支付工资款5686万元，其中追讨农民工工资5438万元。健全矛盾纠纷排查调处工作机制，及时处理解决各类矛盾。全市共受理劳动人事争议案件1500起，结案1395起，其中调解结案934起，调解率达67%，为当事人挽回经济损失3709万元。做好信访稳定工作，全市人力资源社会保障系统共接访793批1070人次，办理信访事项复查复核案件15件。

【调整退休人员基本养老金】 2016年1月1日起，三门峡市为2015年12月底前已办理退休的企业和机关事业单位人员调整基本养老金，总体上调幅度为6.5%左右，调整按定额调整、挂钩调整和适当倾斜办法分别计算。这是自2005年以来，三门峡市连续第12次提高企业退休人员基本养老金水平。这次调整退休人员基本养老金，是企业和机关事业单位退休人员第一次同步按基本养老金调整办法调整待遇，标志着近二十年的养老金“双轨制”终结。

【启用国家职业资格证书管理系统】 2016年1月1日起，三门峡市正式启用国家职业资格证书管理系统，将职业资格证书的核发纳入省职业技能鉴定指导管理体系，使得每一本证书的来源和去向都有据可依，将证书编号、流水码、二维码进行绑定，做到“三重防伪”，提高了证书的权威性。

【降低企业职工基本养老保险和失业保险两项费率】 2016年5月1日起，

三门峡市企业职工基本养老保险单位缴费比例由20%降为19%；失业保险费率由2%降为1.5%，其中单位缴费比例由1.5%降为1.2%，个人缴费比例由0.5%降为0.3%。降低费率的期限暂按两年执行。

【即时办理门诊重症慢性病申请待遇手续实现一站式办结】 2016年9月1日起，三门峡市即时办理门诊重症慢性病申请待遇手续实现一站式办结。扩大即时办理病种范围。城镇职工医保即时办理门诊重症慢性病病种由3种扩大为12种，城镇居民医保即时办理门诊重症慢性病病种由3种扩大为6种。简化即时办理审批程序。将即时办理门诊重症慢性病申请待遇手续由原需经医院、医疗保险行政管理部门、行政服务中心、医疗保险经办机构等4个部门的审批环节简化为直接到市医疗保险经办机构一站式办结。

【开通灵活就业人员基本养老保险费代扣代缴业务】 2016年11月1日，市人力资源和社会保障部门与银行合作，开通灵活就业人员基本养老保险费代扣代缴业务。办理基本养老保险费代扣代缴业务的对象包括新参保和已参保的城镇个体工商户、自谋职业者及灵活就业人员。 （王 蕾）

信访工作

【概况】 2016年，三门峡市各级各部门围绕为经济转型发展营造和谐稳定的社会环境这一目标，树立以人民为中心的工作理念，强化为党分忧、为民服务两项职责，坚持一手抓敏感期稳定，一手抓问题化解，强化工作责任，狠抓工作落实，全力打造“阳光信访、法治信访、责任信访”，全市呈现赴京越级访、赴京非访、到省集体访下降，网电初信初访上升，信访秩序进一步好转“三降一升一好转”的良好态势，重要节会敏感期稳定得到有效保障，全市信访形势持续平稳向好。市信访局成功创建“省级文明单位”。

【抓好信访源头治理】 2016年，三门峡市认真落实社会稳定风险评估制度，在重大决策、重大项目建设方面，一律实行信访评估，做到应评尽评，对大多数群众不理解、不支持的缓出台或不出台，全市经评估的64个项目均没有发生越级上访。运用“互联网+”思维提升矛盾排查化解工作水平，以灵宝市、陕州区为试点建成“矛盾纠纷调处信息中心”网络平台，人民群众通过手机微信“扫一扫”，可随时随地在网上反映问题、查询问题处理情况。鼓励探索创新，陕州区推行“无访村评选”、卢氏县推行村级信访工作积分管理考核、灵宝市推行满意案件奖励等工作机制，有效激发基层干部抓信访工作的积极性和主动性，努力实现“小事不出村、大事不出乡、难事不出县、矛盾不上交、人员不上行”的目标。

【推动疑难问题解决】 2016年，三门峡市严格按照习近平总书记提出的“三到位一处理”(群众诉求合理的解决问题到位，诉求无理的思想教育到位，生活困难的帮扶救助到位，行为违法的依法处理)原则，认真办好每一封群众来信，处理好每一起群众信访。办好初信初访，坚持市县乡三级领导干部全天候接访，畅通信访渠道，强化首办责任，坚持做到责任落实、快交快办、受理告知、分级督办、满意度评价“五个强化”，提高信访工作质量和效率。严格落实市、县两级党政领导包案责任制，对每一起上级交办的疑难信访案件，逐案落实分包领导，确保逐案化解到位，全年京、省、市三级共交办信访案件395起，全部按期办结。省联席办交办信访积案234起，办结率、化解率均达100%。中央巡视整改“回头看”期间，移交信访案件72起，全部按期化解。坚持以解决问题、思想疏导、依法打击相结合，在全市范围内集中开展信访积案化解攻坚年活动，鼓励各地各部门创新积案化解举措，推进信访积案及时化解。 （李 鑫）

民族宗教工作

【概况】 2016年5月，三门峡市民族宗教局正式更名为三门峡市民族宗教事务委员会(以下简称市民宗委)。市民宗委牢牢把握民族“共同团结进步、共同繁荣发展”的工作主题和国家宗教工作方针政策，突出宣传、服务、引导创新，全面推进民族宗教事务依法依规管理，大力营造民族宗教和谐稳定的良好局面，为加快三门峡转型发展作出努力。深入基层开展调查研究，着力解决热点难点问题。市民宗委先后撰写上报10余篇调研报告，为省、市领导科学决策提供参考。做好朝觐管理服务工作，为2名穆斯林群众朝觐提供优质服务。以“宗教政策法规培训月”为载体，对成员单位干部职工及宗教工作三级网络组织、乡村两级责任制单位成员进行宗教政策法规培训。8月，在卢氏县试点举办一期由全县科级干部后备人选和宗教工作三级网络组织成员参加的培训班，邀请省民族宗教局领导专题进行宗教政策法规知识辅导。在推广卢氏县经验的基础上，以县(市、区)为单位，逐县培训宗教工作三级网络组织成员单位干部职工，普及宗教政策法规知识。依法取缔基督教私设聚会点4处，合并2处，以堂带点5处，依法纳入管理8处，查处并取缔违规设置功德箱20处。创新管理民族宗教事务，依法维护民族宗教界合法权益。全市没有发生过一起因清真食品问题引发的影响社会稳定的案(事)件。全市共及时妥善处理涉及民族因素的矛盾纠纷案(事)件7起。

【开展民族团结进步宣传教育】 2016年，市民宗委广泛组织开展民族团结进步宣传教育，大力营造民族团结的浓厚氛围。为贯彻落实习近平总书记在中华人民共和国成立66周年前夕会见基层民族团结优秀代表时的重要讲话精神，在全市持续深入地开展“中华民族一家亲、同心共筑中国梦”活动。组织开展“5个1”活动，参加一次展销活动。联合市商务局，动员、推荐少数民族企业参加第十届中国(河南)国际投资贸易洽谈会。下发一个活动通知。与市委统战部联合下发通知，于5月在全市以“中华民族一家亲、同心共筑中国梦”为主题，组织市、县、乡镇及各有关单位开展“民族团结进步宣传月”活动。开展一次展板宣传。宣传月期间,在市区中心地段、摆放宣传展板进行巡回展出,集中展示近年来全市民族团结进步事业取得的成绩。举办一次书画展览。以“中华民族一家亲、同心共筑中国梦”为主题,征集三门峡市及省内外知名书画艺术家作品,在黄河旅游节期间举办大型书画展。刊登一篇专题报道。在《三门峡日报》刊登三门峡市开展“中华民族一家亲、同心共筑中国梦”活动专题宣传材料。

【推进少数民族经济建设】 2016年,市民宗委真诚服务少数民族群众,加快推进少数民族经济建设步伐。3月,组织河南三味奇食品有限责任公司、三门峡泰禾农业开发有限公司和河南振宇食品有限公司参加第十届中国(河南)国际投洽会。展会期间,3家企业共与国内客商达成意向协议26笔,价值1000余万元。5月,组织河南三味奇食品有限责任公司、三门峡泰禾农业开发有限公司参加2016第十届中国(青海)国际清真食品及民族用品展览会。三味奇公司与国内客商达成意向协议18笔、金额400万元;泰禾农业公司与国内客商达成意向协议3笔、金额75万元,与国外客商达成协议1笔、金额22万元,并与西北地区中粮、中茶等多家大宗茶叶经销商形成战略联盟关系。争取上级少数民族发展资金94万元,扶持民族聚居村建设项目4个,分别是:卢氏县城关镇北关村道路硬化工程,29万元;卢氏县官坡镇官坡村河道打坝工程,29万元;灵宝市寺河乡磨湾村西坡组、东洼组、岭后组道路硬化工程,16万元;渑池县英豪镇周家山村洞沟组人畜吃水工程,20万元。落实《市六届人大常委会第28次会议对市人民政府关于民族工作情况报告的审议意见》,针对审议意见提出的民族聚居地区和民族企业发展中存在的问题和建议,积极协调相关部门采取有效措施加以整改和办理,审议意见办理情况报告在市六届人大常委会第31次会议上受到充分肯定。

【民族宗教事务治理】 2016年,市民宗委依法依规治理民族宗教事务。召开全市宗教系统干部职工会议,要求全市宗教系统干部职工以全国宗教工作会议精神为指导,不断提高依法管理宗教事务工作的能力和水平。同时,要求各宗教团体组织本领域宗教界人士和信教群众进行专门学习讨论,使会议精神深入到场所、信教群众中。三大宗教团体共组织6期学习全国宗教工作会议培训班,受训人员达2000余人。鼓励县(市、区)宗教工作部门对本地区宗教工作三级网络组织人员进行培训,增强相关人员的责任意识和服务意识。参加受训的三级网络组织干部达500人。对宗教界人士和信教群众进行政策法规知识培训,组织宗教政策法规培训班,受训人数1000人。全市已成立的宗教团体班子成员对依法开展宗教活动作出承诺。加强宗教工作部门队伍建设,提高宗教工作部门依法行政能力。市委、市政府为市民族宗教委员会解决事业编制3人,缓解市民宗委执法力量薄弱、人员缺乏的问题。义马市、灵宝市宗教工作部门执法人员的执法证办理问题,在市法制办的协调下得到解决。宗教工作依法行政事项按编制部门要求疏理完毕,并在政府网站内公示。全市共依法审批开放1个宗教活动场所,依法对3个非法宗教活动进行行政处罚。规范宗教活动场所管理。开展以“规范”为主题的和谐寺观教堂创建活动,督促全市各宗教团体、宗教活动场所建立和完善各项规章制度,依章依规办事。协调金融部门为宗教活动场所开设单位银行账户提供便利,继续推广三门峡市开创的会计集体办公日制度,不断规范和提高宗教活动场所财务管理水平,并逐步推进财务内部审计与外部门审计相结合制度,强化财务监督。全市宗教活动场所开设银行账户率达90%以上。灵宝市宗教活动场所每季度上报财务报告,接受当地宗教工作部门的监督。义马市第一次组织社会力量对全市宗教活动场所的财务管理情况进行审计。全市共推荐创建全国和谐寺观教堂先进集体1个,创建全省和谐寺观教堂6个。

【开展宗教领域安全检查】 2016年,为确保宗教领域安全稳定,维护信教群众的生命财产安全,市民宗委高度重视宗教领域的安全工作,对全市宗教活动场所持续开展安全检查,确保宗教领域安全稳定。共组织开展4次较大规模的安全工作专项检查,发放安全宣传册300份,作出安全检查记录1000余份,纠正安全隐患40余处。在庙会、圣诞节等宗教界举办大型活动期间,出动公安、消防、宗教工作部门及乡镇(街道)办干部、村委、宗教安保人员1000余人次。湖滨区在圣诞节期间动员人员较为密集的宗教活动场所设置安检门,确保不发生一例安全事故。同时,重要时期、敏感节点做好对宗教界人士的教育引导工作,确保宗教界人士的政治安全。全年全市没有发生一例来自宗教领域的干扰和影响事件。

【引导宗教界发挥正能量】 2016年,市民宗委在全市宗教领域深入开展践行社会主义核心价值观和爱国主义教育,引导宗教界为当地经济、社会、文化发展服务。义马市佛协在清明节期间带领信教群众为烈士扫墓,灵宝市基督教两会组织举办践行社会主义核心价值观演讲比赛,陕州区天主教会在教堂内悬挂国旗,教育信教群众爱国爱教。加强爱国宗教团体建设。市民族宗教局指导伊斯兰教界筹备成立市伊斯兰教协会。全市除道教条件不成熟外,其他四大宗教都成立了全市性爱国宗教团体组织。指导基督教界开展神学思想教育。市基督教两会组织举办3期基督教传道员重新认定培训班,对全市近千余名基督教传道人员进行培训,经考核合格,重新发放传道员资格证书。鼓励宗教界开展社会公益慈善活动。灵宝市基督教两会联合“红丝带”医院为当地群众免费就诊。在端午节、腊八节等节日期间,全市佛教界开展为清洁工、福利院、养老院送粽子、送粥、送米面等物资活动。基督教界为金秋助学捐款。天主教神父主动加入市扶人协会队伍。挖掘宗教文化,为三门峡市打造休闲旅游文化作贡献。市民宗委挖掘整理三门峡佛教文化史,编辑《禅宗文化》丛书,为《文化三门峡》系列丛书助力。为信教群众办实事办好事，努力将信教群众团结在党和政府的周围。市民宗委为5个宗教活动场所争取国家、省修缮资金，其中为空相寺争取国家重点寺观教堂修缮资金15万元。为宗教界人士排忧解难，帮助清真寺外籍阿訇寻找走失的孩子、解决孩子异地入学的问题，为一名困难阿訇及其家人4人解决社会保障问题等。　(孙春红)

外事侨务友城港澳工作

【概况】 2016年，三门峡市人民政府外事侨务办公室(以下简称市外侨办)共接待来访团组20余次，办理因公临时出国(境)团组8批39人次，接受海外华侨社团捐赠资金60余万元。

站位全局，切实抓好"两大服务"(服务国家总体外交、服务地方发展)。先后参加2016华侨华人创业发展洽谈会、2016中国国际友好城市大会、第十届中国(河南)国际投资贸易洽谈会、中欧政党高层论坛经贸对话活动、2016中国(郑州)国际旅游城市市长论坛、2016河南国际友好城市经贸合作洽谈会等，与海外知名企业和人士对接洽谈，助推企业"走出去"。以文化交流、经贸合作为抓手，扩大开放合作，邀请俄罗斯中原总商会经贸合作考察团、法国河南同乡会经贸合作考察团在第二十二届中国(三门峡)国际黄河文化旅游节暨投资贸易洽谈会、第四届特色商品博览交易会(以下简称"一节一会")期间到三门峡市开展经贸考察，方向涉及经贸、文化、旅游、教育、能源、矿业、高新产业、现代服务、时尚设计等领域。围绕三门峡市产业发展和转型发展的需要，收集、整理各种有效信息，联络有投资意愿的客商，先后赴广州、武汉、重庆、郑州等地开展招商引资引智引技工作。

利用平台，广泛开展务实合作。积极参加国家层面的相关活动，推介、宣传三门峡市，树立良好形象。邀请友好城市韩国东豆川市经贸交流团到三门峡市参加"一节一会"，设置韩国专区，组织韩国企业参加商品展览、交易。发挥桥梁作用，参与首届中国(三门峡)白天鹅·野生动物国际摄影大展的涉外活动，邀请美国、法国、加拿大、挪威等国的知名摄影家携带百余幅作品参展。

拓宽领域，深化对外友好交流。邀请并指导市教育局做好韩国东豆川市与三门峡市青少年友好交流团互访活动。接受并协调有关部门做好东豆川市公务员李浩诚到三门峡市进行研修交流事宜，进一步完善公务员交换研修机制。东豆川市派遣专业跆拳道教练到三门峡职业技术学院开展教学活动。安排、接待韩国安东市文化交流团到三门峡市访问，到三门峡职业技术学院、市中心医院、湖滨区有关医疗机构，商讨、洽谈两校之间学术、师生交流，开展医疗、教育等方面的合作。拓展欧洲交流渠道，开展文化艺术交流活动。在"一节一会"期间，邀请以意大利萨莱诺音乐学院为主的艺术交流团参加活动，意大利男高音歌唱家法伊拉齐、旅意男高音吉朝琳应邀参加河南省2016中原文化大舞台观摩演出，到三门峡职业技术学院、市一高、市实验高中等院校以艺术讲座、演唱会、互动交流等形式，传播意大利音乐艺术。德国DCKD德中艺术设计交流协会秘书长郭健率团访问三门峡，德国DCKD德中艺术设计交流协会、中融鑫集团等就文化旅游开发运营、投资贸易、人文交流、友城结缔等领域开展更加广泛的合作达成初步意向。借助仰韶文化在瑞典的巨大影响力，通过爱心人士的联络，帮助瑞典友好人士裴如意一行3人到三门峡市故地参访，在实地参观仰韶文化博物馆、捐赠有关史料的同时，走访会见友人，分享儿时记忆，温暖彼此心灵。此事经《大河报》报道后，引起广泛关注。

规范管理，提高因公出国(境)工作实效。全面落实中央八项规定和中办发〔2013〕16号文件精神，会同市纪委、市委组织部、市国家安全局、市610办公室等部门进一步强化因公出国管理，做好出国计划申报、出访活动安排、行前教育、团组出访报告上报、出访成果督促检查等工作，对申报因公出国(境)材料实行三重把关制度。全年全市因公临时出国(境)共组团8批39人次，均有明确的出访目的并带有实质性合作项目，出访成果富有成效，未出现违反外事规定和纪律的情况。

竭诚服务，凝聚社会侨务力量。多方联系海外华人华侨社团，为有关社团到三门峡市进行考察、访问提供配合、做好服务，共接待相关考察、访问团组20余次。积极联络三门峡市新近到海外求学、定居的人士，发掘可以利用的资源，开展引智引技等活动。加拿大归国医学博士赵丽到三门峡职业技术学院工作，并就有关医学项目与三门峡市中心医院开展合作。延续服务归侨侨眷的各种好做法，在做好传统的慰问、送温暖活动的同时，密切关注归侨侨眷的工作、生活动态，及时送上党和政府的关怀。通过完善长期联系机制、严格管理使用善款等办法，与香港福慧慈善基金会、加拿大河南同乡会、新西兰河南商会等慈善机构和华人华侨团体开展友好往来，建立长期引资助教合作关系。在推进未完成的捐资项目的同时，确定捐资支持建设卢氏县东明小学、范里第二小学、瓦窑沟敬老院，共接受捐赠60万元。

(何宇鹏)

市直机关事务管理

【概况】 2016年，三门峡市直机关事务管理局大力开拓会展市场，提高三门峡国际文博城场馆利用率。会展办联络各类会展公司524家，与河南艳创会展公司、玉林市博众展览公司等8家会展公司建立合作关系并签订会展合作协议，组织举办第二十二届三门峡黄河旅游节暨投资贸易洽谈会、第四届特色商品博览交易会、中国三门峡白天鹅·野生动物国际摄影大展等国家级展会3场，引进组织黄河金三角区域家博会、晋陕豫黄河金三角文博会、生活用品交易会、年货会、书画摄影展等各类会展活动38场，同比增长5.6%；展览面积共计13.19万平方米，同比增长3.5%；观展人数累计134.67万人次，会展业直接收入231万元，同比增长7.3%；现场销售额突破6.2亿元，签订合同贸易额28亿元，拉动住宿、餐饮、旅游、物流、运输等相关产业实现收入约36亿元。充分利用文博城平台，打造多层次、多类别、多样化的群众文化活动平台，激发民众参与文化建设的积极性。围绕主题，持续打造特色群众文化活动品牌。以“印象·天鹅城”群众文化活动为基础，组织消夏音乐季演出30场次，承办“中原文化大舞台”惠民演出活动20场次、惠民戏曲演出13场次。举办话剧《孔子》、儿童剧《小木头人历险记》《奥斯汀芭蕾舞集锦》等各类活动48场次。依托群众，以体育赛事推动全民健身运动。与市体育局合作承办三门峡市第九届全民健身节系列活动、第五届“文博城杯”消夏足球联赛等大型体育赛事活动6场，与中国建设银行股份有限公司三门峡分行等单位合作承接羽毛球等体育活动6场，累计承接体育赛事活动428场次，参赛运动员达3000余人，观众达5.8万人次。立足公益，以科技中心场馆建设推动文化繁荣。在科技中心举办书画摄影展13场、摄影讲座1场、科普展3场、艺术公益公开课8场，完成第22届“黄河旅游节”系列书画摄影展的服务保障任务。发展科技中心群众文化活动团体，成立三门峡乐团、三门峡舞蹈团、三门峡合唱团等7个文艺团体，组织参加省、市级演出比赛及文博城各类汇演共30余场，受到国家、省、市相关部门的一致好评。重点项目稳健推进。市传媒大厦主体工程完工，玻璃幕墙工程完成90%。复兴社区组建公司销售团队，开始公开销售。市老干部活动中心、群众艺术馆完成建设任务，市科技馆、妇女儿童活动中心建设有序推进，市城乡规划展览馆因市整体规划调整暂停施工。全面提升服务保障能力。机关食堂为市直机关58个单位2760名干部职工提供就餐服务，完成全市重大活动和大型会议的就餐服务任务，满意率达96%。在物业管理上，抓维修、搞改造、细管理，保证所管理的国有资产保值增值。在市四大班子大院及二号院保障服务上，每年按春秋节气做两次大型修剪，及时除草、施肥，在重大节日及大型活动期间做好植被绿化和花卉美化等工作。在市直房产经营管理上，既严格制度又突出人性化，认真处理入驻的机关单位所反映的问题和意见，注重公共设施、设备的维护管理，确保其完好与正常使用。

【公务用车制度改革】 2016年，三门峡市公务用车总数为1918辆，省核定全市保留车辆编制767辆，其中市直单位保留255辆，各县（市、区）保留512辆。全市共收缴一般公务用车435辆、垂直单位公务用车41辆、执法车辆223辆，共计699辆。按照小集中大分散的原则，市区255辆公用公车分散管理，其中市直各单位保留189辆（含30辆特种技术专业用车），公务用车服务平台保留66辆。为保证公务出行，按照市委、市政府要求，市直机关事务管理局筹建公务用车服务平台，将集中管理的66辆公务用车实行统一管理，统一核定服务价格，主要用于保障市委、市人大、市政府、市政协及市直各部门机要通信、应急用车、跨区域出差和下乡等公务出行需要。为加强公务用车使用管理，制定管理办法，统一安装GPS监控系统和标识。在公车处置工作中，委托拍卖公司组织4场拍卖会，共拍卖收缴公务用车489辆，拍卖车辆全部成交，成交额达1313万元，比车辆评估价多610万元，溢价率达87%，所拍卖回收资金全部上缴财政国库。同时，对黄标车、无维修价值可直接报废车辆及在车管部门系统显示车检3年未检的车辆，给予报废处理，共报废公务用车75辆。

【办公用房服务管理】 2016年，市直机关事务管理局组织召开行政事业办公用房及房产出租情况调查摸底工作会议，成立市党政机关办公用房清理整改工作领导小组，清理整改工作分为调查摸底、制定办法、清理整改三个阶段。根据市直各单位及各县（市、区）自查上报情况，市办公用房清理整改工作领导小组组成4个督导检查组，对43个市直单位和各县（市、区）办公用房使用情况进行抽查，对存在问题的单位下达书面整改通知书，要求限期整改到位。同时，按照省机关事务管理局要求，对全市在职的40名副厅级以上干部办公用房面积进行测量，依据领导干部办公用房配备标准，对办公用房使用面积超标的，采取调换、工程改造等方式调剂厅级干部超标办公用房。全市在职厅级干部办公用房面积均符合国家规定标准。

【公共机构节能工作】 2016年，市直机关事务管理局组织节能宣传月活动，下发《2016年节能宣传月通知》，制定工作活动方案。各县（市、区）除卢氏县外全部建成能耗监测平台。全市有4家创建省级节水型示范单位（市直机关事务管理局、市河务局、三门峡职业技术学院、市外国语高中）接受省联合组检查验收。合同能源管理项目投资达50万元以上的有7个。组织青岛特来电新能源有限公司工作人员对卢氏县、陕州区、湖滨区、渑池县、义马市以及市财政局、市公安局、市直机关事务管理局等单位进行考察，协调安装电动汽车充电桩事宜。市直机关事务管理局和市公安局安装到位。（王 颖）

中国人民政治协商会议三门峡市委员会

【概况】 2016年，中国人民政治协商会议三门峡市委员会共召开1次全体会议、7次主席会议、6次常委会议。组织委员视察调研11次，召开双月协商座谈会2次，形成视察、调研、协商报告13份，提出建议51条。市委、市政府领导先后7次作出批示，要求有关部门研究和采纳市政协提出的建议。市政协六届五次会议以来，共征集各类提案280件，经提案审查委员会审查立案233件，提案办复率达到100%，满意率达到99%。出版第26辑《三门峡文史资料》，系统反映三门峡市知识青年上山下乡的青春记忆和战斗历程。深入开展“三个一”（提交一件提案、反映一条社情民意信息、撰写一篇调研报告）活动，政协网站运行状态良好，收到委员提案、调研报告、社情民意共计500余份。加强委员联络工作，组织委员开展民主评议、行风评议等民主监督活动。市政协六届五次全会以来，共组织开展活动10余次，参与委员100余人次。坚持有序开展精神文明创建活动，通过省级文明单位检查验收。加强与省政协和其他地市的联系，积极参与省政协召开的主席联席会、秘书长座谈会和理论研讨会等，认真配合省政协关于中原城市群交通一体化、世界文化遗产保护利用、实施全面两孩政策、革命老区精准扶贫等4次专题调研，并形成调研报告上报省政协；坚持市政协常委会议、重大活动邀请县（市、区）政协主席参加，调研视察活动邀请县（市、区）政协参与，联合联动推动工作开展。除积极参加省内外各种会议、考察活动外，全年还接待来自各地政协的考察团22批191人次。

【市政协六届五次会议】 2016年3月20日至23日，政协三门峡市六届五次会议召开。市政协主席郭秀荣向大会作工作报告，副主席高从民作提案工作情况报告。会议期间，与会委员听取并审议政协三门峡市第六届委员会常务委员会工作报告和六届四次会议以来提案工作情况的报告；列席三门峡市第六届人民代表大会第六次会议，听取并讨论政府工作报告及计划、财政、法院、检察院工作报告。

【市政协常委会议】 2016年，市政协共召开6次常委会议。市政协第六届委员会常务委员会第二十八次会议于3月11日召开，协商委员调整事宜；协商讨论《政府工作报告》（讨论稿）；通报委员履职有关情况、六届四次全会以来常委会议出席情况，协商关于表彰优秀政协委员的决定（草案）以及表彰2015年度政协委员“三个一”活动中优秀提案、社情民意信息和调研报告的决定（草案）；协商研究市政协六届五次会议有关事项；协商讨论市政协六届委员会常务委员会工作报告（讨论稿）和市政协六届委员会常务委员会关于六届四次会议以来提案工作情况的报告（讨论稿）。市政协第六届委员会常务委员会第二十九次会议于3月20日召开，听取各委员组组长汇报各组讨论市政协两个报告的情况和协商通过有关人事问题。市政协第六届委员会常务委员会第三十次会议于3月22日召开，听取各委员组组长汇报各组讨论政府工作报告，“十三五”规划纲要，计划、财政报告以及法检两院工作报告情况；听取各委员组组长汇报各组酝酿补选政协三门峡市第六届委员会主席、副主席、秘书长、常委候选人名单（草案），大会选举办法（草案），总监票人、监票人名单（草案）的情况；审议政协三门峡市第六届委员会补选主席、副主席、秘书长、常委候选人名单（草案），大会选举办法（草案），总监票人、监票人名单（草案），原则通过并提交市政协六届五次会议第二次大会审议；审议通过关于同意郭秀荣、高从民、王平灿辞去政协三门峡市第六届委员会主席、副主席、秘书长职务的决定（草案）。市政协第六届委员会常务委员会第三十一次会议于3月23日召开，听取各委员组组长汇报各组酝酿政协三门峡市第六届委员会第五次会议政治决议（草案）和提案审查情况报告（草案）的情况，审议政协三门峡市第六届委员会第五次会议政治决议（草案）和提案审查情况的报告（草案）；原则通过决议和报告提请市政协六届五次会议通过。市政协第六届委员会常务委员会第三十二次会议于8月16日召开，协商通过有关人事问题，协商讨论市政协《关于全市脱贫攻坚工作的调研报告》，听取市政府关于全市脱贫攻坚工作的通报和关于国道310线洛三界至豫陕界改建工程的情况通报。市政协第六届委员会常务委员会第三十三次会议于12月1日召开，听取市政协社法委《关于我市农村“三留守”及关爱工作情况的调研报告》、文教委《关于我市文化资源保护利用情况的调研报告》，听取市关爱农村“三留守”人员联席会议办公室关于全市农村“三留守”及关爱工作情况和市政府关于全市文化资源保护利用情况的通报。与会人员围绕全市农村“三留守”及关爱工作和文化资源保护利用工作建言献策。

【视察校园安全及学校周边环境治理工作】 2016年3月2日至3日，市政协副主席姚龙、李俊江带领市政协委员组成视察组，深入湖滨区、陕州区部分学校，视察校园安全及学校周边环境治理工作。视察组先后到市一小、陕县实验幼儿园等地，详细了解校园安全及学校周边环境治理现状、流动餐饮经营是否规范卫生、校园周边环境防控体系建设等情况，并对存在问题提出针对性建议。座谈会上，视察组对全市校园安全及学校周边环境治理工作给予肯定，就做好下一步工作，视察组建议，相关部门应加大联合执法力度，净化学校周边环境；在校门口主干道设置减速带，强制车辆减速；合理规划停车位，引导车辆规范停放。

【视察城市管理工作】 2016年5月5日，市政协副主席李俊江、张景林带领部分政协委员对城市管理工作情况进行专题视察。视察组一行先后到梁家渠村、欢乐谷公园、市文体中心、湖滨游园及陕州区甘棠公园等地，实地查看、听取汇报，详细了解公共卫生、城区绿化、养犬管理、工程建设等情况。视察组对三门峡市城市管理工作给予充分肯定，认为市容环境明显改观，绿色城市特征更加明显，交通环境逐步改善，违法违章建筑得到遏制。下一步，要持续开展“以克论净·深度清洁”工作，进一步巩固和扩大“洁城行动”成果；大力加强宜居生态建设，进一步提高城市居民生活品质；积极推进智慧城市建设，进一步提升城市管理效率和服务水平。

【视察快递物流企业发展情况】 2016年5月10日，市政协副主席孙继伟带领部分政协委员和市邮政管理局、市快递行业协会等相关负责人，视察快递业发展情况。视察组先后走访邮政速递、中通快递、顺丰快递、申通快递4家快递公司，每到一家企业都详细询问业务量、业务收入、场地使用等情况，了解他们在发展中存在的困难问题。在随后召开的座谈会上,市邮政管理局向视察组报告全市快递业发展情况，各快递企业负责人就行业发展的问题、意见作了发言。视察组指出,全市快递行业发展势头良好，问题也不容忽视。下一步,要发挥行业协会的作用,加强快递行业与电商企业的合作;开拓创新,加强管理,进一步促进快递行业的发展。

【调研脱贫攻坚工作】　2016年5月30日至6月2日，市政协副主席马仰峡带领市扶贫办等相关部门负责人调研全市脱贫攻坚工作。调研组先后到卢氏县东明镇凤凰山猕猴桃示范基地、大众电商创业园、范里镇骨垛沟村,灵宝市川口乡西岭村、焦村镇姚家城村,陕州区观音堂镇刘庄洼村,渑池县坡头乡不召寨村、仁村乡下西村,湖滨区会兴街道马坡村、高庙乡砥柱社区等地,调研脱贫攻坚、产业扶贫、易地扶贫搬迁、基础设施建设等工作情况。马仰峡在座谈会上指出,全市脱贫攻坚任务艰巨，各相关部门及成员单位要高度重视,抢抓机遇,密切配合,保持积极态度,扎实开展工作;科学思考,统筹安排,高标准规划,按照时间节点完成脱贫攻坚任务。

【调研全市农村"三留守"工作】　2016年6月，市政协副主席李俊江带领部分政协委员以及市妇联、市民政局等有关部门负责人,对全市农村"三留守"工作(留守儿童、留守妇女、留守老人关爱工作)开展情况进行专题调研。调研组一行先后深入渑池县、灵宝市、卢氏县、陕州区等地,通过实地走访、听取汇报、开展座谈等方式,对"三留守"工作开展情况进行实地考察,详细了解农村"三留守"人员在生产、生活、权益保障等方面存在的困难和问题。座谈会上,调研组充分肯定三门峡市在农村"三留守"工作中取得的成绩,并指出,各级政府要进一步完善组织领导和统筹协调机制,加强关爱阵地和服务队伍建设,落实家庭法定监护人的监护责任和赡养义务,改善全市农村"三留守"人员的生活现状。

【视察三门峡市沿黄采矿区域环境保护问题】　为了深入推进市政协六届五次会议第71号提案《关于联合整顿渑池县、陕州区黄河沿岸矿业开采秩序的提案》的办理工作,2016年7月27日，市政协副主席卢群召带领市政协提案委员会组织部分委员，对提案反映的渑池县、陕州区沿黄矿业开采地貌恢复和环境治理情况进行实地察看。针对看到的问题和各职能部门反映的情况,委员们进行充分讨论,建议提高思想认识，切实增强沿黄生态保护的紧迫感;加强组织领导,狠抓突出问题的有效解决;编制专项规划,恢复黄河沿岸生态环境;加强部门联动,齐抓共管,实施联合执法;加强媒体监督及宣传教育,鼓励公众参与。

【专题协商座谈银行业支持小微企业发展】　2016年7月29日，市政协召开银行业支持小微企业发展协商座谈会。市政协主席、市委组织部部长赵予辉,市委常委、统战部部长张建峰,副市长王振清,市政协副主席孙继伟,市政协秘书长杨青黑出席会议。会议听取了市金融办、三门峡银监分局、人行三门峡中心支行分别对全市银行业支持小微企业发展的总体情况、存在的问题、落实信贷政策、建议意见和打算等情况的汇报，分别听取了中国银行三门峡分行、陕州区农村信用合作联社、中国邮政储蓄银行三门峡市分行以及企业代表、政协委员的发言。

【调研文化资源保护利用情况】　2016年8月29日至9月1日,市政协副主席李俊江、姚龙带领调研组深入陕州区、湖滨区、灵宝市,围绕"厚植文化资源优势,助推城市转型发展"开展专题调研。调研组一行先后到陕州地坑院、崤函古道遗址、安国寺,湖滨区位家沟唐洼村、南山文化休闲艺术园,灵宝北阳平黄帝铸鼎原遗址、西坡遗址、焦村镇娘娘山灵宝民俗陈列展室、函谷关王垛村汉代古城墙遗址,实地察看文化资源保护现状;到西张村镇人马寨村观看剪纸、捶草印花表演,到尹庄镇西车村观看灵宝道情皮影戏民间艺人的现场表演,并和非遗文化传承人进行沟通交流。座谈会上，委员们建议:强化顶层设计,进一步建立完善保护开发联动机制;挖掘历史文化和创新开放相结合,规划打造全域旅游新格局；培育打造知名文化品牌,做大做强旅游文化产业;突出城市文化底蕴和区域特色,打造旅游目的地城市。

【调研"互联网+现代农业"建设情况】　2016年9月8日，市政协副主席马仰峡带领部分政协委员深入灵宝市振宇食品、昌盛食用菌公司,陕州区二仙坡绿色果园山庄、拙雅生态农业有限公司等7家企业,实地调研"互联网+现代农业"建设情况。座谈会上,与会政协委员听取全市"互联网+现代农业"建设情况汇报，并就调研情况进行深入座谈交流。马仰峡指出,"互联网+现代农业"这一领域发展潜力很大,下一阶段要继续发展农村电子商务，持续强化互联网思维，拓展物联网在农产品加工、流通、交易等方面的应用;要着力培养一批龙头企业，打造知名品牌,尽快实施对接农业大数据工程,真正提升农业信息化的质量和水平。

【视察全市争取国家专项基金项目建设情况】　2016年10月27日,市政协视察全市争取国家专项基金项目建设情况。市政协副主席李俊江,市政协副主席、市工商联主席孙继伟参加视察活动。视察组先后到高阳山温泉度假区旅游基础设施建设项目、河南骏通车辆有限公司、同人铝业公司、戴卡轮毂公司、灵宝市尹庄镇东车村城中村(棚户区)改造项目、灵宝宝鑫电子科技有限公司、卢氏县易地扶贫搬迁工程、卢氏县康乐养老中心、乐氏同仁三门峡制药有限公司等地实地考察,详细了解项目进展情况。视察组对三门峡市争取专项基金工作给予肯定。视察组指出,要围绕主导产业谋划项目,对社会公益项目查漏补缺，完善城市功能,促进经济发展。

【视察宗教活动场所管理工作】　2016年11月16日至17日,市政协副主席张礼堂率部分市政协常委，深入义马市、渑池县、卢氏县、灵宝市视察宗教活动场所管理工作。视察组一行先后到义马市香山居士林、渑池县云门寺、卢氏县北关清真寺、灵宝市清真寺等处实地走访视察,详细了解宗教活动场所人员管理、活动组织等方面情况。座谈会上,听取工作汇报后,张礼堂对全市宗教活动场所管理工作给予充分肯定,并指出,在下一步工作中,要继续健全宗教工作网络机制,稳步推进宗教活动场所管理规范化,加强爱国宗教团体建设,坚决抵御境外宗教渗透,发挥宗教界在经济社会发展中的作用,为和谐社会建设作出贡献。

【召开城市集中供暖工作专题协商座谈会】 2016年12月15日,市政协主席赵予辉主持召开城市集中供暖工作专题协商座谈会,市政协副主席李俊江、张景林,市政府党组成员宋跃,市政协秘书长杨青黑出席会议。会上,市住房和城乡建设局通报城市集中供暖情况,湖滨区政协、陕州区政协、居委会代表及市政协委员等进行了讨论发言。赵予辉指出,城市供热是关系群众冷暖、关系社会和谐、维系社会稳定的重大民生问题,是群众极为关注、呼声强烈的热点问题。"城市供暖"作为协商民主的一项主题,工作点多面广,涉及多个部门和环节。下一步,供热企业要从关心群众冷暖、维护人民利益的大局出发,勇于担当社会责任,在保证供热运行、保障供热质量中发挥主体作用。职能部门要积极落实相关政策,强化属地管理,推进责任落实。政协组织和政协委员要发挥民生监督职能作用,对供暖工作持续予以关注,搭建政府和群众沟通的桥梁,及时反馈群众呼声,为推进民生改善献计出力。

【考察四川、浙江等地城市建设及乡村旅游发展】 2016年12月,市政协组成两个考察组,分别由主席赵予辉、副主席张礼堂带队,副主席孙继伟、庆志英及市政协相关委办、林业园林局、旅游局等部门参加,先后赴四川、贵州、湖南和浙江等地进行学习考察。按照市七次党代会提出的"加快打造功能齐全的宜居之城""尽快使旅游产业成为新的经济增长极"等目标任务,立足三门峡市实际,借鉴外地先进经验,建议拉大框架,提升品位,加快推进省际中心城市建设,实施商务中心区南扩,开发建设甘山森林公园;逐步建设沿黄景观带,适时复建陕州古城;突出重点,打造精品,带动乡村旅游全面发展,打造"寺河山万亩果海""陕州千亩花廊""卢氏百里山乡""三门峡十大美村"。

【省政协副主席高体健到三门峡市慰问一线职工和困难群众】 2016年2月2日,省政协副主席高体健一行深入三门峡市企业、村庄、敬老院和群众家中,给项目建设工地和困难企业职工、五保老人、困难户、困难职工、困难劳模等,送去慰问品、慰问金和新春的祝福。

【省政协副主席史济春到三门峡市调研】 2016年4月27日,省政协副主席史济春深入三门峡市,就贯彻落实省委政协工作会议精神和《中共河南省委关于进一步加强人民政协工作的意见》情况进行调研。省政协港澳台侨和外事委员会主任孟令峰,省政协经济委员会副主任徐金柱,省政协社会和法制委员会副主任崔秉哲,省政协港澳台侨和外事委员会副主任毕素勤等随同调研,市领导安伟、赵予辉、高战荣、李俊江、卢群召、张礼堂、庆志英等出席座谈会或陪同调研。

【省政协副主席李英杰到三门峡市调研】 2016年5月11日至12日,省政协副主席李英杰带领省政协调研组一行到三门峡市,深入调研"互联网+现代农业"发展情况。省政协副秘书长马葆青,省政协农业委员会副主任崔宗河、刘有富、郭立魁,郑州市政协副主席张冬平参加调研。市领导赵予辉、牛兰英、马仰峡、高永瑞陪同调研。

【全国政协教科文卫体委员会副主任、河南省政协原主席王全书一行到三门峡市参加"一节一会"】 2016年5月25日,全国政协教科文卫体委员会副主任、河南省政协原主席王全书,全国政协教科文卫体委员会副主任马德秀,河南省政协副主席、河南省工商联主席梁静,国家旅游局党组成员刘金平,中国商业企业管理协会会长刘育才,中国农业银行原监事长车迎新等到三门峡市出席第二十二届三门峡黄河文化旅游节暨投资贸易洽谈会、第四届特色商品博览交易会。市委副书记、市长安伟主持欢迎活动。副市级以上领导出席欢迎活动。

【省政协副主席钱国玉到三门峡市调研】 2016年6月1日至2日,省政协副主席钱国玉带领省政协调研组深入卢氏县,就推进贫困地区生态保护扶贫情况进行专题调研。省政协常委、省政协人口资源环境委员会主任王爱,省政协常委、省政协办公厅正厅级干部李海潮,省政协人口资源环境委员会副主任张英豪,省财政厅副厅长庞学孟,省林业厅副厅长秦群立,省旅游局副局长倪豫州等参加调研,市领导安伟、赵予辉、牛兰英,市政府秘书长刘廷福,市政协秘书长杨青黑等陪同调研。

【省政协副主席龚立群到三门峡市调研】 2016年6月24日,省政协副主席龚立群一行到三门峡市实地调研崤函古道石壕段遗址和陕州地坑院。省政协学习和文史委员会主任毛德富,副主任吴宝志、杨雪琴,省文物局局长陈爱兰,市领导赵予辉、王振清、李俊江、高永瑞,市政协秘书长杨青黑等陪同调研。 (赵小静)

·编辑 卢亚杰·

社会团体

三门峡市总工会

【概况】 2016年，三门峡市总工会围绕全市经济转型发展目标，积极履行工会各项社会职能，切实维护职工群众的合法权益，较好地发挥了工会组织在保持经济平稳较快增长中的重要作用。至年底，全市有基层工会10708个，会员563852人。

强化思想引领，把握正确政治方向。市总工会和各县(市、区)工会、大型基层工会举办专题讨论会、报告会100多场(次)。各级工会结合各自地区和行业特点，以纪念中国共产党成立95周年和红军长征胜利80周年为契机，组织广大职工广泛开展“中国梦·劳动美——永远跟党走”系列主题教育活动，开展了主题演讲、知识竞赛、歌咏比赛、经典朗诵、报告会、故事会、文艺演出等活动，讴歌党的丰功伟绩，激励广大职工紧密团结在以习近平总书记为核心的党中央周围，践行新理念、建功“十三五”，为实现中华民族伟大复兴的中国梦而奋斗。

职工劳动竞赛活动。持续在100个基础设施建设和经济转型重点项目中开展“五比一创”劳动竞赛，在60家重点企业开展了“三比两降”节能减排竞赛活动，促进生产经营良性健康发展。组队参加在山西省临汾市举办的晋陕豫黄河金三角地区第二届职工技能大赛，取得组织奖。在全市37个行业、102个项目(工种)中开展了职工技能竞赛活动。在排污治理重点企业开展“双比双降”节能减排竞赛，为建设资源节约型、环境友好型社会作贡献。

促进就业和帮扶工作。2016年双节“送温暖”活动，全市工会发放款物536.4万元，走访慰问企业946个，慰问困难家庭7189户，为下岗失业人员提供就业岗位3207个，为困难职工提供生活救助6294人次，为困难职工提供医疗救助369人次。开展“夏送清凉”活动，市、县两级工会分别到62个建筑工地和高温作业场所进行慰问，送出防暑降温物资48万余元。“金秋助学”活动发放助学资金416.9万元，救助困难职工和困难农民工子女1812名，其中农民工子女178人、单亲职工子女48名。在“女职工关爱行动月”活动中，救助困难女职工20人，发放资金8万元。联合有关部门开展春风行动、民营企业招聘周活动。举办工会就业创业援助月、阳光就业行动等。

全力推进“一网一卡”职工服务平台建设。将工会搬上互联网，实施工会“互联网+”，打造网上网下相互促进、有机融合的工会工作新格局，是工会工作的一项重要创新。依托“河南职工网·工会会员卡”职工服务平台，构建宣传教育、素质提升、法律维权、帮扶救助、生活服务“五大体系”，通过广泛宣传、签约商家、优质服务等工作的开展带动工作创新发展。三门峡市开展的网上就业、职工维权工作、婚恋交友工作成为全省互联网推进工会工作的样板。全年发布网上就业信息近20000条，涉及企业1000余家，在省总工会专项工作通报中三门峡市名列前茅。工会会员信息录入12万条，发放工会会员卡6万多张，签约优惠商户178家，累计向河南职工网·三门峡频道上传信息22921篇(位居省辖市第3名)，点击量25.4万次(位居省辖市第3名)。

大力发展和谐劳动关系。全面落实职代会、厂务公开制度，完善和规范区域、行业、企事业单位民主管理制度，保障职工民主管理权利。做好工资集体协商工作，全市签订工资集体合同1521份，覆盖企业9407家。和谐劳动关系创建活动进一步巩固规范，全市90%以上的企业、工业园区(产业集聚区)和有条件的乡镇(街道)、社区普遍开展创建活动，创建活动达标率80%以上。

依法维护职工合法权益。继续推行《工会维权意见书》《工会维权建议书》制度和律师援助制度，成立了市总工会职工法律顾问团，实现分区域分行业联系服务企业和职工的网格化管理。畅通“12351”维权热线，全年接听来电600个，受理职工来信来访10件，均妥善处理，职工队伍整体稳定。

加强基层组织建设。按照“三个着力”的总要求,认真贯彻落实全总关于基层工会建设“落实年”的部署和进一步推进做好农民工入会和服务工作的要求,以扩大工会覆盖面、落实会员普惠制服务、加强工会干部队伍建设为重点,全面推进工会组织建设,新增会员39779人。深化“工会组织亮牌子强服务、工会干部亮身份强作为”活动,活动覆盖率85%以上。广泛开展会员评家工作,会员参与率达87.6%。各级工会举办工会干部培训班32期,培训工会干部2642人次,提高了工会干部的履职能力。

【市总工会召开四届十五次全委(扩大)会议】 2016年2月26日,市总工会召开四届十五次全委(扩大)会议,学习贯彻十八届四中、五中全会精神,回顾总结2015年工作情况,研究确定2016年目标任务。市总工会党组书记、常务副主席武跃峰作了题为《抓住机遇改革创新在推进实施“54321”转型发展战略中发挥工人阶级主力军作用》的工作报告。会议确定了2016年全市工会工作的总体思路是:认真贯彻中央、省委、市委党的群团工作会议精神和关于加强和改进党的群团工作的意见,全面把握“三统一”基本特征和“六个坚持”基本要求,努力增强政治性先进性群众性,建立以思想教育为引领的职工成长机制、以服务大局为中心的作用发挥机制、以职工需求为导向的普惠服务机制、以素质提升为核心的创新保障机制,主动作为,勇于担当,改革创新,在推动实施三门峡市“十三五”规划和“54321”转型发展战略中充分发挥工人阶级主力军作用。 (屈超峰)

共青团三门峡市委员会

【概况】 2016年,三门峡市各级团组织主动适应群团改革要求,积极构建“凝聚青年、服务大局、当好桥梁、从严治团”四维工作格局,团的各项工作取得新发展。至年底,全市共有35岁以下青年461558人,其中团员104350人,团青比例22.6%;全市共有基层团组织2650个,其中基层团委421个、团支部1509个、团总支710个、基层团工委10个,专职团干部448人。2016年,全市共表彰50名“三门峡市优秀共青团员”、30名“三门峡市优秀团干部”、50个“三门峡市五四红旗团委(团支部)”、10个“青少年维权岗”、10名“十大杰出青年卫士”、10名“十大优秀青年卫士”。

【开展希望工程“温暖冬天”关爱贫困儿童活动】 2016年1月15日开始,团市委在全市开展希望工程“温暖冬天”活动。活动期间,团市委与爱心志愿者到卢氏范里镇、陕州区硖石乡、湖滨区磁钟乡、义马市狂口社区、渑池县果园乡、灵宝市五亩乡等14个小学和49户家庭中,给贫困留守儿童送去羽绒服、棉帽、手套等御寒物资和书包、文具、图书等学习用品717套,共计14余万元。

【开展“爱心送粥·青暖中原”腊八节送粥活动】 2016年腊八节前夕,团市委联合三门峡市慈善总会义工分会、米爱·五谷养生粥坊、艾吉咪食品有限公司在三门峡市广泛开展“爱心送粥·青暖中原”腊八节送粥活动。活动共设立6个服务站点,共准备了600多份腊八粥和面包。三门峡市600余名一线环卫工人免费喝上了爱心粥。

【举行首届“青年志愿服务市长奖”颁奖典礼】 2016年3月5日,三门峡市首届“青年志愿服务市长奖”颁奖典礼在三门峡国际文博城会展中心举行。三门峡市首届“青年志愿服务市长奖”评选活动由市委宣传部、市文明办和团市委联合开展。活动以“志愿你我行,大爱天鹅城”为主题,从2015年9月1日至12月5日,经过报名推荐、初选考察、公众投票和评审公示等环节,共评选出“青年志愿服务市长奖”个人奖10人、“青年志愿服务市长奖”团队奖3个、“青年志愿服务市长奖”星级青年志愿服务者50人、“青年志愿服务市长奖”星级青年志愿服务队5个。

【开展“传承雷锋精神 争做血性青年”主题月活动】 2016年3月,团市委集中一个月时间在全市广泛开展“传承雷锋精神 争做血性青年”主题月活动,进一步使雷锋精神融入时代生活,走进百姓心灵,营造“人人学雷锋,天天学雷锋,时时有雷锋”的良好氛围。活动共分五项内容,即:开展青年志愿者集中注册活动,开展青年网络文明志愿行活动,集中开展“关爱农民工子女”、“阳光助残行动”等专项志愿服务活动,集中开展志愿服务宣传活动,加大民间志愿者组织的培育。

【举办纪念“五四运动”97周年暨共青团“两学一做”情景课堂】 2016年5月4日,青年的力量——三门峡市纪念“五四运动”97周年暨三门峡共青团“两学一做”情景课堂在文博城大剧院举行。受表彰的先进集体代表和先进个人,各县(市、区)、各直属单位的团委书记,以及部分基层团干部、青年团员代表、志愿者等共800余人参加了会议。“情景课堂”是三门峡团市委在全市共青团系统深入开展“两学一做”的重要载体,情景课堂共分“兴崤函”“富崤函”“福崤函”三个篇章,通过演讲、歌唱等形式全景式再现了三门峡大坝建设以来特别是改革开放以来三门峡青年艰苦卓绝,努力奋斗的光荣历史,重温了党在各个时期的发展历程,学习了毛主席、邓小平等老一辈无产阶级革命家的原文原著,激励全市青年争做表率,做合格共青团员,为三门峡发展做贡献。

【举办第三届“爱在天鹅城”单身青年联谊会】 2016年5月21日,团市委举办第三届“爱在天鹅城”单身青年联谊会。300余名来自三门峡市各行各业的单身男女青年以及部分亲友参加。活动通过“才艺展示”“我的爱情宣言”等互动游戏环节增进了男女青年的相互了解,当日共有8对男女青年牵手成功。

【服务“一节一会”】 2016年5月25日至29日，共青团三门峡市委积极服务第二十二届三门峡黄河文化旅游节暨投资贸易洽谈会、第四届特色商品博览交易会。来自职业技术学院、市中专、市财校等单位的800名青年志愿者为“一节一会”为与会嘉宾提供包括会务接待、入场引导、迎送联络、信息统计、会场翻译、物品发放等志愿服务。此次志愿服务活动“天鹅使者”青年志愿者累计出动3200余人次，累计服务时间超过15000小时，服务群众超过6万余人次。 （李　龙）

三门峡市妇女联合会

【概况】 2016年，三门峡市妇联认真履行妇联组织基本职能，大力实施“巾帼理想信念培育行动、巾帼创业创新引领行动、巾帼文明建设行动、巾帼维权关爱行动、巾帼成才支持行动、组织活力提升行动”，有效引领了广大妇女为推动三门峡经济社会转型发展贡献智慧和力量。市妇联先后荣获河南省维护妇女儿童权益先进集体、河南省“百篇调研报告”优秀组织奖、河南省妇女读书活动优秀组织奖等荣誉、全市人口和计划生育工作先进单位、全市平安建设工作先进单位、全市关心下一代工作先进集体、全市党委系统信息工作先进单位等荣誉。至年底，全市有市级妇联组织1个、县级妇联组织8个、乡镇(街道)妇联80个、村妇代会1343个、社区(居委会)妇代会126个，有县以上党政机关、事业单位妇委会351个。

【巾帼理想信念培育行动】 2016年，市妇联组织动员各级妇联组织和广大妇联干部积极主动、灵活多样的学习十八届六中全会、省十次党代会、市七次党代会及庆祝建党95周年等会议精神和习近平总书记关于妇女工作的系列讲话精神，努力加深认识，领会实质。深入学习理解中央和省、市群团工作会议精神，准确把握全国妇联改革要求，按照习近平总书记关于妇联组织强“三性”(政治性、先进性、群众性)、去“四化”(机关化、行政化、贵族化、娱乐化)的指示精神，找准工作切入点，积极发挥联系妇女群众的桥梁与纽带作用。以“巾帼心向党”群众性主题教育活动为载体，充分发挥报刊、广播电视和妇联系统“网站、微博、微信、手机报”等媒体作用，开辟专栏专版，集中歌颂党的丰功伟绩，展示革命先烈的英雄事迹，坚定走中国特色社会主义妇女发展道路的信心和决心，帮助妇女群众澄清模糊认识，筑牢精神支柱，引领妇女坚定不移听党话，跟党走。依托“妇女之家”阵地，围绕“思想引领、创新创业、普法维权、家庭文明、健康关爱、魅力展示”六大主题开办“中原女性大讲堂　崤函讲堂”178场次，努力把中央和省委、市委的决策部署传达到广大妇女群众中去，把党和政府对妇女群众的重视和关爱讲清楚、说明白，引导妇女群众牢固树立“政治意识、大局意识、核心意识、看齐意识”，做政治上的明白人。

【巾帼创业创新行动】 2016年，市妇联大力开展巾帼电商创业助推工作。举办巾帼电商发展创业创新研讨交流会，引领带动城乡妇女拓宽创业思路，适应电商时代发展。市县妇联利用妇联微信、网络、手机报等平台大力宣传一批电商创业优秀女性，全年共举办电商创业培训交流活动18次，参与人员550余人次，提升了农村妇女依托互联网增收致富的能力。组织“春风送岗位”女工招聘会6场，帮助1400余名妇女走上就业岗位。协调人社、金融等部门为3667名妇女发放妇女创业小额贷款3.19亿元，有力支持了妇女创业发展。实施“巧媳妇”创业就业工程推动“巾帼脱贫攻坚行动”。出台《关于实施“巧媳妇”创业就业工程推动“巾帼脱贫攻坚行动”的意见》，明确“巾帼脱贫攻坚行动”具体目标任务和工作措施。各级妇联组织依托妇女之家、示范基地、妇字号龙头企业等培训阵地举办家政服务、种植养殖、电子商务等培训班370余期，培训妇女32000余人次；培育种植养殖和电商、手工制品、农家乐、家政服务等各类“巧媳妇”示范基地(项目点)81个，帮扶带动10470余名贫困农村妇女就近就业。灵宝市、陕州区、湖滨区妇联开展“关爱女性健康基层行”活动、两癌免费筛查等活动，受益妇女1.8万人次，缓解了贫困妇女因病致贫问题。深入推进“服务创一流、巾帼展风采”活动。大力推进“我为三门峡发展作贡献·巾帼在行动”活动，在政法、卫生系统开展了职业竞赛、技能比武等活动，培育、推荐、树立了一批服务百姓、岗位建功的典型。全年共命名表彰市级“巾帼文明岗”20个、“巾帼岗位标兵”90名，推动了妇女在倡导行业文明、促进行业创新发展中发挥重要作用。

【巾帼文明建设行动】 2016年，市妇联创新推动“最美家庭”寻找活动。在机关事业单位和领导干部中开展了“树清廉家风　创最美家庭”活动。全市30余个机关单位通过举办家风主题道德讲堂、评选系统“最美家庭”等形式，深化机关“最美家庭”寻找活动。推荐市级“最美家庭”189户，表彰“最美家庭”30户，“最美家庭”提名奖20户，“最美家庭之星”36名及“最美家庭”活动优秀组织奖30个。各县(市、区)举办“最美家庭”故事巡展活动100余场次，受教育群众2万余人。征集家训格言57条、家书手札37篇、廉政书画233幅、随手拍137个，家庭故事20个；征集家教优秀论文142篇、案例44篇，评选优秀论文80篇、案例15篇，利用妇联微信平台专栏展示优秀作品及留言，2.4万余人参与投票点赞。丰富妇女群众文化活动。联合工会等部门举办庆“三八”女职工健身舞大赛，16个代表队500余名女职工参加。“八一”期间，开展警民联谊联欢、慰问帮助优抚对象等特色活动5场。各县(市、区)妇联开展庆“三八”运动会、广播操比赛、徒步走等丰富多彩的活动，有效丰富了广大妇女精神文化生活。深化巾帼志愿服务活动。成立了妇女儿童维权服务志愿团、12338心理志愿服务团，壮大了工作队伍。深入推进“践行雷锋精神·巾帼志愿者在行动”活动、“邻里守望、姐妹互助”等志愿服务活动,组织志愿者参加爱心义卖、城市创卫、节能环保、孤寡老人慰问帮扶等活动;建设美丽家园,近2000名巾帼志愿者参加了建设“三八巾帼林”“三八生态园”义务植树等活动;组织妇女群众体育健身,26支巾帼健身志愿者服务队带领群众活跃在乡村社区;推出“爱心之家”“姐姐解困团”等优秀巾帼志愿服务队和优秀巾帼志愿服务项目,推动志愿服务活动规范化、常态化开展。

【巾帼维权关爱行动】 2016年,市妇联加大妇女儿童发展规划实施力度。加快推进三门峡市妇女儿童活动中心场馆建设,配合机关事务局做好装修施工衔接工作。加强对妇女儿童发展规划实施示范点的督导,对湖滨区政府妇儿工委2012年至2015年工作情况、“两规划”目标进展情况进行了考核评估。积极推进预防出生缺陷工作。通过举办宣传骨干培训班、广场宣传等活动,向基层妇联干部、计生专干和妇女群众普及出生缺陷基本知识、产前筛查项目和三级预防措施等知识。持续深化“巾帼维权关爱行动”。大力宣传普及《反家庭暴力法》。举办《反家庭暴力法》及和睦家庭创建知识竞赛,先后有来自沈阳、天津、南京及各县(市、区)、市直各单位的3万余人参与。协调民政部门在婚姻登记机关开展“反对家庭暴力·牵手幸福生活”签名承诺活动,有2500余对新人参与承诺。开展反家暴法集中宣讲月活动,联合律师协会组织30余名律师下基层、入机关、走社区、进农村开展反家暴法专题讲座58场,培训妇女6000余人次。在市县电视台开办普法宣传30场次,开展大型广场宣传15场次,发放宣传品5万余份,微信微博网站开展宣传50余次,有效地促进了《反家庭暴力法》的顺利实施。推进社会化维权工作。“市妇联12338心理志愿服务团”,定期开展家庭教育、婚姻和谐、职业减压、职业管理等内容的心理咨询讲座,服务300余人次。全年市、县妇联接待妇女来信来访129件,结案率99%。深化“和睦家庭”创建活动。联合司法局出台《关于加强婚姻家庭纠纷人民调解工作的意见》,加强婚姻家庭纠纷人民调解工作。各县(市、区)区结合实际开展“和睦家庭”创建评选表彰活动,表彰妇女儿童权益先进集体15个、先进工作者25名,维权示范岗10个,和睦家庭示范户50户,和睦家庭创建示范乡镇(街道)10个,和睦家庭创建示范村(社区)20个。关爱帮扶弱势群体。实施“中国妇女法律援助”项目,办理法律援助案件5件,为贫困妇女及家庭挽回经济损失75万元。争取全国妇联贫困母亲“两癌”救助专项基金11万元,为11名贫困患癌妇女补贴了治疗费用。发动52个爱心人士(企业)结对资助留守、困境儿童98名,捐助资金33万余元。联合“爱心之家”志愿者协会开展爱心义卖活动8次,募集救助金17万余元,救助特困大病儿童3名,共发放“爱心6+1温暖包”550个。切实做好未成年人关爱工作。着力推进家庭教育进基层活动,组织家庭教育专家服务团,开展公益讲座38场,培训家长8730人次。开展家庭教育优秀论文及创新案例征集活动,共收到家教论文142篇、案例44篇。启动“亲子阅读·同悦书香”活动,在市图书馆开辟亲子阅读专区,聘请亲子阅读志愿者5名,共举办活动19期,1000余名家长和孩子参与活动。扎实推进关爱农村“三留守”人员工作。组织召开三留守工作推进会,完成调研报告,提出加强关爱“三留守”工作的意见建议,为深化关爱工作提供可靠依据。联合市慈善总会投资30万元在留守儿童集中的学校建设“关爱留守儿童慈爱之家”5个。启动实施“暖心·牵手”招募“爱心妈妈”活动,招募“爱心妈妈”志愿者30余名。在全市开展关爱留守儿童安全教育宣讲活动,组织志愿者深入乡村、学校共举办安全教育系列宣讲活动194场,发放倡议书2.6万份。全年市县妇联组织开展慰问留守儿童活动12次,为1000余人次留守儿童赠送食品及文体用品价值10万余元。

【巾帼成才支持行动】 2016年,市妇联优化女性成长环境。抓住县、乡领导班子换届有力契机,争取党委、政府对培养选拔女干部工作的重视和支持,为优秀女性参选参政创造条件、营造氛围。全市县级妇女干部210人,市县两级四大班子女领导干部35人。全市62个乡镇共配备乡科级女干部115人。市级女人大代表68人,占21%,女政协委员80人,占25.3%;县级女人大代表299人,占代25%,政协女委员262人,占25.1%。全面提升女干部队伍素质。举办全市妇女干部培训班和基层妇联干部培训班,分别邀请省委和市委党校老师专题解析了省、市党代会精神、党章党纪以及干部礼仪、心理健康调适、妇女工作方法、婚姻家庭建设和电子商务、新媒体应用等综合知识。全年各级妇联举办基层妇联干部培训班等各类培训14期,1310余名基层妇联干部和妇女群众参加培训。

【组织活力提升行动】 2016年,市妇联加大兼职妇联干部选聘力度。市、县、乡镇(街道)、村(社区)和机关事业单位、“两新”组织等妇联组织上下联动,通过多个环节选配兼职副主席、执委、妇女委员、妇女组长等兼职妇女工作者5751人。加强“妇女之家”阵地建设。持续开展“妇女之家”星级管理、示范创建活动,共拥有省级妇女之家示范点36个,市级示范“妇女之家”200个,较好发挥了教育、宣传、活动、维权等功能作用。切实加强作风建设。成立新媒体办,明确专人专管,其他部室和县级妇联群策群力,合力运维,市妇联实现了微信、微博、官网、手机报同步运行,健全了市、县妇联微信矩阵,建立了35个活跃群。建立以各级妇联干部为主体,各类型志愿者共同参与的网宣网评队伍,现有网络评论员2名,网络宣传员200人,网络文明志愿者400人,1565名妇联干部接入全国“妇联通”工作平台。市县妇联共发信息1194条,阅读177306次,“三门峡市妇联”微信公众号先后10周登上全国地市级妇联微信公众号传播力前50强榜单。领导干部带头深入基层调研“三留守”“巧媳妇”工作等12次,市妇联各部室及县(市、区)妇联向省妇联提交有事实、有内容、有分量的调研报告19篇,其中市妇联关爱农村“三

留守”工作的调研报告受到市政府重视，助推了有关政策的出台和重点问题的解决。（段　晶）

三门峡市文学艺术界联合会

【概况】2016年，三门峡市文联团结带领全市文艺工作者服务人民群众，组织举办一系列高质量主题鲜明弘扬正能量的文艺活动，为服务三门峡市经济转型发展，叫响“黄河三门峡·美丽天鹅城”做出应有贡献。

文艺采风活动。市县两级文联及所属文艺家协会组织作家、书法家、美术家、诗词楹联家、舞蹈家、音乐家、摄影家、影视等协会成立文艺采风团15个，深入到基层农村田间地头、工矿一线阵地，开展慰问演出、采风、赠书、义写春联送欢乐等文艺活动33场次，服务人民群众的文艺志愿者队伍不断壮大，参与志愿服务者达300余人，服务足迹遍布全市各地，受益群众达2万余人。春节前，组织心连心艺术团50多人，深入湖滨区交口乡杨家沟村慰问演出。组织40余名艺术家深入距离市区90公里的河南金渠黄金股份有限公司慰问演出，整个演出活动给在矿的矿工兄弟留下了深刻的印象。开展文学艺术采风创作实践活动18场次，在省、市各类报刊上发表文艺作品300余篇，征集白天鹅摄影作品820幅、书画作品336幅、油画作品60幅，举办生态摄影展1次、书画展3次、油画展3次。其他协会和各县(市、区)文联也积极通过不同形式，组织举办各类文艺采风创作实践活动30余场次、教招培训活动6场次、志愿服务活动40余场次，举办展、演、赛活动20余场次。举办教招培训活动。积极开展各类培训活动，发现人才，培养人才，不断壮大协会队伍。市摄协、美协、音协、舞协、剧协、诗词楹联等协会分别组织或邀请相关专家学者举办“教你一招”专业知识培训讲座活动，先后培训摄影、美术、音乐、舞蹈、戏剧、诗词楹联爱好者400余人。影视协会组织2次影视人员培训，开展3次技术比武活动，通过培训、教招活动，极大地提升了相关人员的专业知识，和举办文艺活动的能力。县区文联与相关部门联合开展了各种形式的专业知识培训和基层文艺骨干辅导活动，为基层培养留得住、传得开的专业文艺人才，使基层文艺活动有人组织、有人负责，又有专业人才作保障。

开展丰富多彩的广场节庆惠民文艺活动。在春节、元宵节等传统节日期间，组织开展一系列“文艺扶贫奔小康”志愿者服务活动。义写春联送欢乐。春节前夕，组织市书协、市楹联协会抽调骨干50余人，成立6个艺术小分队，分别深入湖滨广场、开发区广场、汽车城、陕县张湾乡大坪村、指望村，交口乡杨家沟村义写春联3000余幅。广场文艺活动。春节期间，组织动员各协会积极联系相关部门，在南山文化广场成功举办了戏曲展演和南山民俗文化节，从大年正月初一到初三，戏曲专场让广大市民过足了戏瘾；初四到十三，每天一场文艺演出，精彩纷呈，亮点频现，为人民群众奉上了一道道丰盛的文化大餐。正月十四，湖滨区文联组织的“美丽湖滨·东城擂鼓”鼓舞大赛在南山广场举行，来自全区各乡(街道)、村的12支各类锣鼓齐鸣，气势恢宏，极具穿透力的鼓声，展示出锣鼓队精湛的技艺，也提振了广大城乡居民的“精气神”。舞蹈家协会在文博城广场组织广场舞比赛，来自各县区的9支代表队参与人数达1000余人，参加比赛的广场舞花样形式多样，真正丰富了群众的文化生活。

在三门峡举办“首届中国（三门峡）白天鹅——野生动物国际摄影大展”。大展共安排6场次主题活动，分别是：河南省中摄协资深会员培训班，中国(三门峡)白天鹅·野生动物国际摄影大展启动、开拍仪式，发表《全球摄影家保护野生动物三门峡宣言》，摄影家走进天鹅之城三门峡采风活动，举办拍摄与保护鸟类、野生动物讲座活动，《大众摄影》走进三门峡，中国文联、中国摄影家协会、河南省政府、省文联、省摄影家协会、市委、市政府主要领导，以及海外华桥、国际知名摄影家、全国各地文联、摄影家协会负责人、新闻媒体记者1300余人光临三门峡，参加相关采风、培训、创作等活动。在第二十二届黄河文化旅游节期间，成功将5个主题展览合并同时展出，系列展共分5个主题展览，即：“中华民族一家亲、同心共筑中国梦”书画展，“黄河三门峡　美丽天鹅城”精品书画展、精品油画展，三门峡白天鹅生态书画展、摄影展。“中华民族一家亲·同心共筑中国梦”书画展展出200幅书画作品，作品以向海内外华人传递正能量，使更多的人们在欣赏书画艺术的同时感悟人间至爱这一积极向上的主题。“黄河三门峡　美丽天鹅城”精品书画展，共展示三门峡书画名家最新力作精品136余幅，“黄河三门峡　美丽天鹅城”精品油画展，展出油画作品60幅。

改版扩容文艺刊物《洛神》。2016年1月，改名扩版后《洛神》杂志以紧把稿件质量关、编辑关、印刷关确保刊物的整体提升，开设了纪念红军长征胜利80周年专栏，组织三门峡市骨干作家20余人赴卢氏、栾川生走红军路，刊发纪念红军长征胜利题材文章20余篇。举办作家培训班，带领作家队伍深入农村间地头、工矿车间开展采风活动，邀请著名作家对三门峡市骨干作家进行集中培训、举办文学作品研讨、评稿等活动，使三门峡市的文学创作水平得到了初步提升，刊物从外观设计、版面扩容、纸张印刷、内文质量都有很大提高。杂志中有4篇散文《青春已过万重山》作者马平，《麦收季节，我和父亲相遇》作者李平，《镰刀的虚空》作者山女石淑芳，《黄氏三记》作者金光，先后被全国著名文学刊物《散文选刊》第一、三、四、五期选载。

文艺交流活动。采取请进来、走出去的办法开展文艺交流活动，先后邀请中国民协、中国摄协、河南省摄协、河南书画院的专家学者30余人深入三门峡市开展“一带一路”民间文化探源、白天鹅生态摄影采风活动7场次。组织文联机关、市书协、音协、市舞协部分骨干作者30余人，分别3次赴省会郑州参加省文联组织的学习交流研讨活动，观摩全省舞动中原舞蹈精品展；组织举办“天鹅杯”“地坑院杯”2个全国诗词楹联大奖赛活动；组织骨干作家参加“花之海·俏运城”平陆县第十届桃花艺术节桃花诗会。书协组织三门峡市省级书协会员36人，赴灵宝市参观“浩嘉杯”全国书法展，现场对作品进行讲评。

培养文艺人才。积极开展各类文艺活动，发现人才，培养人才。全市发展市级各类文艺家协会会员92人，省级各类文艺家协会会员39人，国家级会员5人。推荐2名书法家毋民、纪江华被批准为中国书协会员，3名作家王英芳（非鱼，女）、寇洵（西屿）、郑毅(叶灵，女)被批准为中国作家协会会员。在1月河南省小小说学会成立大会上，三门峡市作家金光和非鱼分别当选首届小小说学会副会长和常务副秘书长。精品创作成绩显著。由音协选送原创歌舞《感悟道德经》参加全国百台春晚展播，荣获“特色节目”奖。创作歌曲《沁园春·大河之南》《中华一家亲》，获河南“文明河南建设”歌曲评选一等奖，并由省宣传部统一组织拍摄制作MTV在全省展播。李超明的第二部散文集《聚散两依依》，由华夏文艺出版社出版；李亚民、夏骏联合出版长篇小说《布谷催春》；楹联学会编辑出版第五届全国廉政诗词楹联大赛作品集《清风雅韵》和2016年春联大奖赛作品集《金猴祝福》。影视协会制作的系列电视艺术风光片《秀美三门峡系列片》播出后，很好地宣传了黄河三门峡美丽天鹅城的美好形象。

【举办首届油画作品汇报展】　2016年1月6日，由市文联、美术家协会和市油画学会联合主办的“三门峡市首届油画作品汇报展”在市群众艺术馆展出，来自各县(市、区)的40余名油画家带着自己精心创作的76幅作品参展。参展作品大多反映了三门峡市厚重的历史文化、优美的风景和火热的经济生活，作品栩栩如生，引来众多参观者阵阵赞叹。

【举办张守堂豫西风情系列中国画展】　2016年2月8日，由市文联等单位主办，三门峡守真堂国画院承办，水墨画——张守堂豫西风情系列中国画展，在南山脚下三门峡守真堂国画院开展，画展是配合2016年春节南山文化庙会而举行的一次个人展览，展出的40余幅作品主要包括豫西风情和旅游景观两大系列，风格迥异、别具特色。其中豫西风情有展示陕州区莱园农村娶媳妇闹洞房、过大年等喜庆风俗的，还有以著名的地坑院为背景创作的作品；旅游景观主要包括黄河三门峡大坝、中流砥柱、渑池丹峡、甘棠苑等非常具有代表性的三门峡风景。这些作品均是张守堂近三年来创作的国画精品，以大众喜闻乐见的小写意技法表现，所以格外受欢迎。

【举行首个书法村授牌仪式】　2016年1月28日，三门峡市首个书法村授牌仪式在三门峡产业集聚区大营村举行，由三门峡市文联、三门峡市书协组织的“义写春联送欢乐”活动也同时开展。大营村先后获得中国民间艺术之乡、全国先进文化中心、全国农村群众体育先进集体、全国儿童先进文化园等多项国家、省、市级荣誉。大营村于2007年成立了书法协会，共拥有省级书法会员12人、市级会员20人、县级会员78人、书法习练者280余人，书法爱好者2000余人。全村坚持开展会员活动日活动，组织该村书法爱好者进行书法创作、交流、培训、展览等一系列书法活动，让大营村达到了市级书法村的标准，被三门峡市文联批准为“三门峡市书法村”。

【举办重点作家培训班暨作家重走红军路采风活动】　2016年8月14日至19日，三门峡市文联在卢氏县双槐树乡九龙山庄书画创作培训基地，举办三门峡市重点作家培训班。是三门峡文艺界近30年来首次举办作家培训班。此次培训班邀请到了著名作家、河南省原作协主席张宇、著名散文家、《散文选刊》主编葛一敏，河南著名文学刊物《莽原》杂志副主编、著名作家王安琪，河南省文学院文学评论家孔惠霞，开封市《东京文学》主编张晓林，卢氏县原党史办主任、红色革命教育专家白旭东，亲临现场为三门峡的50余名重点作家讲授小说、散文创作技巧和创作经验，以及红色革命下的党性教育。培训班结束后，三门峡文联组织了17名作家从九龙山庄出发，翻皮皮岭、过三川、冷水、赤土店，入栾川叫河，沿着1934年红25军原路至卢栾交界处的“红军入卢纪念碑”处、半道河原红25军题写的“杀上前去”标语处、岗台“红军抵卢纪念碑”亭处，过南窑洛河大桥，沿河南以坝代路向西过望云奄、至龙驹红军战斗处停，而后，过石断河、育林、官坡，抵兰草参观红25军军部旧址——兰草小学，瞻仰红军广场上的“红二十五军长征纪念碑”、上行铁锁关采风，了解原红25军长征路的坚苦斗争经历和最终取得长征胜利的经验。

【举办首届中国(三门峡)白天鹅·野生动物国际摄影大展】　2016年12月7日，首届中国(三门峡)白天鹅·野生动物国际摄影大展在河南三门峡国际文博城开幕。摄影展以“蓝色地球温馨家园——母亲河·天鹅湖”为主题，从来自国内摄影家100余位，以及美国、法国、加拿大、挪威24个国家和地区的600余名摄影家及摄影爱好者的稿件5万余幅中，挑选出3000幅作品入展，按照白天鹅板块、野生动物板块、人文纪实板块等进行布展，展厅总面积8000余平方米。（焦新祥）

三门峡市社会科学界联合会

【概况】　2016年，三门峡市社科联团结带领广大社科工作者，主动围绕中心、服务大局，使“智囊团”“思想库”作用得到充分发挥，桥梁纽带作用进一步加强，各项工作取得了新的成绩。先后荣获“第九届河南省社会科学普及优秀作品申报组织工作先进单位”“河南省社科联系统新媒体工作先进单位”“全省社科联系统舆情信息先进单位”。推荐的八路军渑池兵站纪念馆，被命名为“河南省社科普及基地”等称号。

【开展2016年度省市社科联调研课题立项申报和2015年度调研课题结项评选】 2016年1月，市社科联围绕和谐社会建设、经济发展、社会关注的民生热点等问题，通过征求有关领导和专家意见，结合省市各项事业发展实际，下发《关于申报2016年省市社科联调研课题的通知》，面向三门峡各界社会工作者征集立项课题，共有8项课题被确立为省级立项课题，60余项课题被确立为市级立项课题。在河南省2015年度调研结项课题评审中，三门峡市省级调研课题结项13项，其中获一等奖6项；市级课题评审中，评出特等奖6项，一等奖8项，二等奖10项。

【开展社科知识大篷车进基层宣讲活动】 2016年6月，市社科联启动社科知识大篷车进基层宣讲活动。从市委党校、市职业技术学院、市直有关单位抽调18位理论素养好、演讲口才佳、热心公益活动的社科专家、学者和教授组成宣讲团，到机关、企业、乡村、社区宣讲社会科学知识。宣讲团成员围绕党的方针政策、“两学一做”学习教育、经济形势、国际国内形势、历史文化、理想信念、心理健康等社科基本知识，以及基层干部群众关心的热点、难点、焦点问题，在讨论、调研的基础上精心备课，到各县(市、区)、市直单位、社区宣讲40余场。社科专家们结合实际，深入浅出的宣讲受到了基层的普遍欢迎。

【持续举办“中原大讲堂·三门峡讲堂”】 “中原大讲堂·三门峡讲堂”是市社科联面向市民进行社科知识宣讲的讲堂。采取固定讲堂与流动讲堂相结合的方式，全年在固定讲堂三门峡职业技术学院讲堂宣讲6场；为了方便不同层次群众的需求，开办了流动讲堂，深入基层、学校、社区宣讲5场，讲授保健、心理、经济、政策等知识，受到了群众的广泛欢迎，对普及社科知识，推动市民素质的提高起到了积极的作用。

【借助社科普及教育基地创新普及形式】 2016年，市社科联积极推荐社科工作者的作品参加省社科普及优秀作品评选。通过下发文件，重点通知，单位筛选，市社科联把关，推荐著作6本，影像资料2篇，文章7篇参加河南省第九届优秀社科普及作品评选。刘书芳《文史拾遗》等6本书籍、文章、专题片获省第九届社科普及作品评选特等奖和二等奖，三门峡市社科联获“第九届河南省社会科学普及优秀作品申报组织工作先进单位”称号。此外，2016年省社会科学普及规划项目立项，三门峡市有7项作品立项。 (李文一)

三门峡市归国华侨联合会

【概况】 至2016年底，三门峡市侨务工作对象共1123户，7667人。其中，海外华侨、华人5039人，分布在世界32个国家和地区。三门峡市老归侨从市侨联成立初期的40人，减少为现有的29人，原因多为老归侨年纪偏大，陆续有因病去世的情况。新老归侨中男性17人，女性12人，老归侨平均年龄为76岁，新归侨为39岁。新老归侨中27名在市区居住，1名在义马市居住，1名在观音堂居住。全市共有海外留学人员1900余人，留学国家集中在美国、日本、韩国、澳大利亚、新西兰、新加坡等。共有归国留学人员1000余人，在三门峡辖区内的有300余人。双节期间，市侨联慰问组深入辖区内所有归侨家庭、部分侨眷家庭、多户空巢老人和留守儿童家庭走访慰问，共走访慰问侨界群众42户，为侨界群众送上慰问金4000元，送上米面油等节日用品价值9300元。全年接待、协调、调节、处理归侨侨眷来信来访4(件)次，接待华侨华人32人(次)。巩固发展两个联谊会。三门峡市归国留学人员联谊会和三门峡市海外留学工作人员联谊会成立后，市侨联积极引导，两个联谊会成为三门峡市留学人员沟通交流的主要平台。至年底，两个联谊会开展线下交流活动18次。继续做好澳大利亚“天籁列车”大型慈善捐赠第二期活动。此次爱心捐赠活动为三门峡市133名听障人士捐赠133台助听器，并为5所特校捐助听力教学机16台。继续申报“中国华侨国际文化交流基地”。为促进中原文化走向世界，市侨联在前期准备工作基础上，继续做好沟通协调和基础材料准备工作，将申报工作作为一项长期任务，不断巩固深化前期工作。与海外爱国侨团侨领建立联系渠道。先后与美国河南联合总商会、加拿大加中现代艺术协会等建立联系渠道，强化了市侨联海外联谊工作。

(李淇淇)

三门峡市科学技术协会

【概况】 2016年，全市各级科协组织坚持人才主体，突出学会主线，担当科普主力，顺应新常态，奋发求作为，着力深化学术建设、科学普及、人才服务、创新惠企、决策咨询和组织建设等各项工作，为三门峡市全面深化改革和创新驱动发展做出了积极贡献。全市科协系统共获得国家级先进集体荣誉7项，省级先进集体荣誉36项；获得国家级先进个人荣誉3人次，省级先进个人荣誉9人次。

【深化科普惠农兴村】 2016年，全市各级科协组织坚持做好科普惠农兴村服务，加大农村科普资源共建共享力度，持续推进城乡一体化进程中“人的城镇化”。为全面把握三门峡市农村科普项目发展现状，市(县)科协对全市的农技协、农村科普示范基地逐一摸底调查，实地现场指导，重点抓好全市468个农技协、135个科普示范基地的巩固、提升和发展，着力在新品种、新技术、新型农用生产资料的引进、试验、示范以及开展社会化科技培训、技术推广等方面给予重点支持。突出抓好农技协、示范基地的科普信息化平台建设，积极推进科普资源实现社会共享。近半数农技协及科普示范基地建立充实了科普影像、网络及科技图书室、培训室等公共科普设施。在“基层科普行动计划”活动中，灵宝阳平镇果品产业协会、渑池军健畜禽养殖科普示范基地等12家单位、4名个人受到国家和省级科普惠农兴村计划奖补，争取到奖补资金153万元，科普示范教育功能进一步增强。

【学术交流合作】 2016年，市科协组织指导市属各学（协）会瞄准全市经济、社会、科技发展中的重大问题，广泛开展学术交流活动，致力促进学术繁荣。市医学会不断提升学术交流层次，全年组织召开学术交流活动52次，其中特邀美籍专家3人，省外专家73人，省级专家132人，市级专家80人，参会代表近1万余人，有效地提高了三门峡市及周边地区医学理论水平和技术水平。市心理咨询师协会举办分析体验式心理咨询技术培训，邀请首都医科大学教授、博士生导师杨凤池教授到三门峡市作专题讲座。市建筑业协会成功举办2016年三门峡市建设行业企业交流合作暨人才招聘会，参加企业183家，提供各类专业岗位3600多个，达成就业意向1847人。市林学会、农学会等许多学会主办的学术交流、技术培训、调研活动等成为三门峡市本学科、本行业权威性学术活动；许多学科的学术交流研讨活动为解决行业和企业技术难题发挥了重要作用，有效促进了学科交叉融合，促进了科技与经济、社会的紧密结合和协调发展。

【助推企业科技进步】 2016年，市科协围绕企业科技需求，积极实施创新驱动助力工程，深入产业集聚区、湖滨工业园区等企业一线调研企业科技需求，征集重点技术难题16项，引进国家、省、市级学会、科研院所与企业对接，为企业开展科技咨询、成果推广和技术攻关服务，取得了较好的经济效益和社会效益。组织推荐三门峡市企业参加在广州举行的2016年中国创新创业成果交易会，大唐发电、黄金冶炼厂共有5个项目入选。注重发挥企业科协在自主创新中的重要作用，全面深化“三讲一比”，引导企业科协及企业工程技术人员投身企业技术创新、项目合作、科技攻关活动。当年，全市参与“讲、比”活动的企业20余家，参加科技人员近4000人，为企业提出并转化合理化建议千余条，组织科技攻关、工艺改造百余项，有力推动了科技成果向现实生产力转化。

【全民科学素质工作】 2016年，全市各级科协组织积极履行全民科学素质领导小组办公室职责，加强统筹协调力度。召开全市全民科学素质工作会议，调整了领导小组成员，新增补了市工信局、民政局等5家成员单位；制定下发《三门峡市全民科学素质行动计划纲要实施方案(2016—2020年)》，与6县(市、区)、开发区、产业集聚区签订《加强公民科学素质建设目标责任书》，各项行动计划目标责任得到层层分解落实。邀请中国科协发展研究中心学术委员会主任、研究员何国祥教授作《提升全民科学素质，建设现代理性社会》报告会，就如何做好全民科学素质工作开展业务培训。

【开展重点科普活动】 2016年，全市各级科协组织以低碳、节能减排、环境保护、防灾减灾等主题积极开展科技活动周、科普日、“三下乡”等主题科普活动，激发广大科技工作者和社会公众关注科普、参与科普的热情。全国科普日期间，全市共举办大型科普展览活动7场，开展科技咨询20场，举行农业适用技术科技培训29场，开放“科普教育基地”3处，展出科普板面500余块，发放科普资料10万份，推广宣传新知识、新技术30多种(类)，产生了广泛的社会影响。市科协分别被中国科协和科技部评为优秀组织单位。

【加强青少年科技教育】 2016年，三门峡市青少年科学教育呈现良好发展态势，重点在全市中小学校组织开展了青少年科技创新大赛、“小发明、小制作”科技创新比赛、青少年科学素质网上知识竞赛等活动，并推荐优秀作品参加全国、全省青少年科技创新大赛，获得国家级奖项2个，省级奖项96个，取得了前所未有的好成绩，极大激发了中小学生参与科技创新活动的热情。选派10名优秀中学生参加全国高校科学营大连海事大学分营活动，让学生们体验大学生活，感受科技魅力，激发科学梦想，三门峡市团队被评为优秀团队。充分发挥“流动科技馆”展教功能，继续组织好“流动科技馆”在卢氏、义马、湖滨区的巡展工作，联合教育局组织广大中小学生进行参观，学校也同步开展了科普主题班会、科普演讲比赛、“体验科学、放飞梦想”征文等活动，让青少年在互动中感受科学魅力，在体验中激发科学兴趣，产生了良好的轰动、凝聚效应。

【开展反邪教宣传教育】 2016年，全市各级科协组织反邪教警示教育力度不断加大，组建了全市反邪教宣传员队伍，发展反邪教宣传员1085名，先后在涧河街道六西社区、磁钟乡贾庄村、陕州公园等人流密集区域开展反邪教宣传进社区、进农村活动，在全市各县(市、区)中小学校开展“崇尚科学、反对邪教”主题教育班会、反邪教图片展等活动，努力营造“崇尚科学、反对邪教”的浓厚氛围。

【推进科普信息化建设】 2016年，全市各级科协组织积极做好科普中国V视快递落地应用工作，通过利用科普中国落地应用资源包，加大了市、县、乡三级科协网站的更新力度，内容更加丰富，解读更加权威，受众更加广泛。市科协《科技天地》栏目不断加大制作力度，提高播出频次，全年编导、制作与公众日常生活密切相关的各类科普节目52期，播出288次。全市4家科普电视栏目播出频次不断增加，播出质量不断提高，倍受城乡居民的喜爱和欢迎。继续充实科普志愿者队伍力量，全年组织科普志愿者500余人，开展送科普进社区、进农村、进校园等活动，为促进公众科学素质提高和创新型城市建设作出了积极贡献。

【强化基层科协组织建设】 2016年，市级科组织开展全市学会及企业科协基础信息调研，加强对学协会组织建设、学术交流、科普活动和日常管理工作的规范化管理。大力实施学会能力提升计划，开展“创新驱动助力工程”及“优秀学会创建活动”，提升学会服务和发展能力，支持学会参加创新体系建设，为下一步推动学会承接政府转移职能夯实基础。积极贯彻年初市委下发的《关于加强企事业科协工作的实施意见》文件精神，先后赴产业集聚区和15家企业沟通协调，督促成立科协组织。推动灵宝、渑池、陕县、职业技术学院等根据自身实际成立了反邪教协会组织。 （陈 莹）

三门峡市残疾人联合会

【概况】 2016年，三门峡市残联以创造残疾人幸福生活为目标，开拓创新、务实奋进，稳步推进残疾人事业向前发展，取得了可喜成绩。被河南省人民政府残疾人工作委员会授予 “残疾人就业培训工作先进单位”荣誉称号。

【重点民生工程】 2016年，残疾人就业培训工程、0–6岁贫困残疾儿童抢救性康复工程和残疾人“两项补贴”工作被列入了省重点民生工程。三门峡市继续坚持“政府主导、部门配合、社会参与”的方针，通过纳入目标管理，签订目标责任书，印发实施方案，召开专门会议，建立工作台账等有效措施，给予扎实落实。全市全年共举办各类残疾人职业技能培训班60余期，实名制培训残疾人2437名，占年度任务2300名的106%，同时，积极拓展残疾人就业渠道，实现残疾人就业1527名，占年度任务1380名的111%。分类实施了聋儿救助、智力儿童康复、脑瘫儿童康复训练、假肢矫形器安装救助及辅助器具适配等五类贫困残疾儿童救助项目，对273名0–6岁贫困残疾儿童进行了康复救助和训练，完成全年任务273名的100%。认真落实困难残疾人生活补贴和重度残疾人护理补贴制度，逐户开展登记普查，将符合条件的残疾人普遍纳入了保障范围；共有13193困难残疾人和15757名重度残疾人提出了补贴申请，覆盖率达95%以上。

【残疾人康复服务工作】 2016年，全市完成康复协调员培训80名，为10875余名残疾人及其亲属提供了不同类型的康复服务和训练，装配假肢、矫形器106例，免费配发各类辅助器具3900件，开展精神病监护2900人。

【残疾人教育工作】 2016年，三门峡市认真贯彻落实义务教育“两免一补”助学政策和国家彩票公益金助学项目，适龄残疾儿童入学率达90%以上；投入资金13.25万元，对24名残疾大学生进行了资助。

【残疾人精准脱贫工作】 2016年，三门峡市推进残疾人精准扶贫建档立卡工作，全市共纳入建档立卡的贫困残疾人7872人。推进残疾人扶贫基地建设，扶持创建省、市、县三级扶贫基地15家，为272名残疾人提供了就业岗位，辐射带动2400余名贫困残疾人实现了增产增收。开展“农村基层党组织助残扶贫工程”，帮扶残疾人264名。

【残疾人宣传文体工作】 2016年，三门峡市组织开展了残疾人文化周活动，期间为残疾人组织开展了文艺演出、电影播放、励志演讲等文娱活动，引导和鼓励残疾人积极融入社会。创建残疾人健身示范点4个，培训残疾人健身指导员40名，康复体育关爱残疾人家庭40户，夯实了基层残疾人参与体育活动的基础；组团参加了4月下旬在郑州举办的全省残疾人乒乓球锦标赛，取得1个冠军和团体总分第七的优异成绩，为三门峡市挣得了荣誉。

【扶残助残工作】 2016年，三门峡市实施贫困残疾人家庭无障碍改造175户；实施贫困残疾人家庭危房改造100户；实施“阳光家园”项目，为240名残疾人提供托养服务；争取补贴资金25.84万元，为1147名残疾人机动轮椅车主发放了燃油补贴；组织实施轮椅助行等多个爱心捐赠活动，免费发放轮椅1200辆、爱心服饰5000件等，受到了残疾人朋友和社会各界的广泛好评。

【残疾人权益保障工作】 2016年，三门峡市残疾人保障“一法一办法”刚性条款得到了充分落实，全市城乡公共文化体育场所、旅游景点免费对残疾人开放；各县（市、区）通过为残疾人办理“爱心卡”的方式将残疾人免费乘坐公交车政策惠及范围进一步延伸。全市志愿助残服务队伍注册人数达24000余人，社会爱心人士踊跃加入，经常性地开展关爱残疾人志愿服务活动，形成了良好的扶残助残社会风尚。

【基层组织建设】 2016年，三门峡市“强基育人”工程进一步推进，县级残联组织领导班子不断健全，机构日益完善，工作者队伍不断壮大；乡（镇、街道）、村（社区）全部建立基层残联组织；乡（镇、街道）全部配备残疾人专职委员，并有效解决了待遇问题；残疾人专职委员培训率日益提高，残疾人专职委员工作能力和业务水平有效提升。全年共办理残疾人证6981本，注销非残疾人违规办证2901本，全市持证残疾人数达48775名，残疾人持证率进一步提高。 （习冬冬）

·编辑 张怡杰·

军事

三门峡军分区

【概况】 2016年，三门峡军分区深入学习贯彻习主席系列重要讲话和军委国防动员部以及省军区党委扩大会议精神，坚持以习主席改革强军重大战略思想为指导，以党在新形势下强军目标为引领，积极适应新形势，准确把握新情况，创新驱动谋发展，聚焦主业求突破，持续用力抓落实，国防动员和后备力量建设不断取得新的进步，呈现出稳步发展、整体提高的良好局面。

思想政治建设 始终把思想政治建设作为主线摆在党委工作首位来抓，坚持统一计划、统一组织、统一辅导授课和专题教育、课题牵引、“双带联学”等方法，狠抓党委中心组带机关理论学习、改革强军主题教育和“两学一做”学习教育，组织5名师团职领导干部参加省军区理论读书班，开展“争当合格党员、争做四有军人”活动，组织“改革关口看担当，大考面前看忠诚”讨论交流，狠抓肃清郭徐流毒影响专题教育，严格落实组织生活、“每月四堂课”等制度，广泛开展大谈心活动，官兵政治思想进一步坚定，看齐追随意识进一步增强，确保部队的高度稳定和纯洁统一。国防教育、新闻报道、双拥共建、法律服务富有成效。

军事斗争准备 坚持军事训练的中心地位不动摇，扎实推进军事斗争准备，努力形成务军兴武的浓厚氛围。召开专题党委议训会议，从思想认识、个人素质、训练作风、训练保障等方面查摆了影响制约基础训练的具体问题，研究制定整改落实措施。按照“半月一案、逐个解读”的办法，对军分区、人武部战备方案进行了修订完善，并依案抓了针对性训练演练。1月12日至16日，军分区首长机关带湖滨区人武部共40人、7台车，采取摩托化机动与徒步行军相结合、参观见学与驻止训练、传统教育与军民互动相结合的方式组织了冬季野营训练，途经渑池县、义马市、陕州区和洛阳市新安县，行程300余公里，彰显了斗志，锤炼了作风。先后投入60余万元，对军分区、人武部的应急指挥、作战值班、“三室两库”、目标监控等战备设施进行了升级改造。采取日训周考的办法，狠抓轻武器射击、基础体能、一体化平台操作训练，并从原济南军区综合训练基地聘请2名专业教员，指导识图用图和轻武器射击训练，在省军区组织的基础课目考核中，取得了5个课目全优的成绩。组织两期新任职基层武装部部长集训，参加省军区集训比武，单位综合成绩第8名。认真抓民兵组织整顿和训练，遂行任务的能力有了新提高。充分进行征兵宣传，投入20余万元，拍摄制作《崤函子弟在军营》6集征兵宣传片，获全省一等奖；持续抓三门峡市鼓励大学生入伍优惠政策落实，兵员征集任务圆满完成，兵员质量进一步提高。

党委班子和干部队伍建设 坚持用制度建班子、靠集体领导强班子、落实组织生活管班子，深入扎实开展“两学一做”学习教育，围绕“四个专题”抓好经常性党日落实，持续开展大党课活动，采取分部门按系统的办法抓好各项整改落实。严格干部教育管理规定和组织生活制度，政治生态建设有了新加强。坚持把全面肃清郭伯雄徐才厚流毒影响作为重大政治任务，深入开展反腐倡廉学习教育，党委常委按照分工、采取蹲点式帮抓的办法和抓全年、抓全面的思路要求，集中抓、逐个帮，持续加强对重点领域的监督监察，对存在的问题“零容忍”，部队风气进一步纯正，党风廉政建设进一步推进。扎实做好干部选拔、调配工作，加大教育管理力度，积极参加上级组织的各类培训，抓好在职训练，坚持以会代训，干部队伍能力素质得到提高。计划生育、转业干部安置等工作继续保持良好势头。

部队安全管理 认真学习军委国防动员部新体制下的管理方法路径，深刻理解多级发力、团结奋进的领导理念，严格按照军委国防动员部6个部队管理规范性文件要求，扎实开展“学法规、用法规、守法规”和创建“法治军营”等系列活动，有力推动了新形势下依法治军从严治军的贯彻落实。坚持按级负责，建立主官主抓、"三委"齐抓、机关合抓的工作机制，开展"百日安全活动"，按照"六个摸排一遍"要求，对重点部位、重要领域、关键人员进行了全面排查。持续开展以信息安全保密、车辆事故预防、枪弹危险爆炸物品管理、演训活动安全、武器装备仓库和机关公勤人员管理等为重点的"五项整治"活动，通过定期检查、临时抽查、专项督查等形式，逐个单位过、逐个部位看、逐个人员查，及时发现突出问题，及时进行通报讲评，及时督促抓好整改，部队安全管理，正规化建设水平进一步提高。

基层规范建设　围绕省军区关于县（市、区）人武部"一线指挥部"、基层武装部"一线阵地"和民兵预备役营连"一线分队"等"三个一线"的建设标准，认真抓《军队基层建设纲要》《民兵预备役政治工作规定》以及规范基层工作指导和管理秩序《若干规定》的贯彻落实。按照军委国防动员部提出的多级发力、层级管理的要求，建立健全抓建基层工作机制，坚持"四个规范""四个秩序""四个基本"和"四个风气"为重点的帮抓思路，结合周交班、月办公会等时机进行帮抓，加强对基层建设的文化服务、法律服务、心理服务等具体指导，在渑池县人武部组织"四个秩序"规范化建设试点，着力解决基层的一些实际困难和问题；建立基层专武干部资格认证和民兵预备役人员注册登记制度，开展民兵骨干队伍考核比武活动，调动专武干部和民兵预备役人员工作积极性，激发训练热情。

综合保障　围绕《后勤战备工作规定》和军委国防动员部指示要求，按照"对接、理顺、适应、深化"的工作思路，组织修订完善后勤战备方案（计划），补充后勤战备物资器材，落实后勤库室建设任务。严格按照军委国防动员部修订下发的财务、采购、军车运行、公务接待、会议培训等方面的管理规定，认真抓后勤专业技术培训，组织适应性训练演练，提升后勤动员能力。全面落实上级停止有偿服务相关要求，持续推进营房清理整治，采取谈妥一个、研究一个、关停一个的思路，积极稳妥推进关停工作。深入抓财务清查，对分区2015年以来的各项经费收支使用管理情况进行全面清理自查，共查阅会计凭证4610份，核查原始发票12606张，补充完善发票3471张。严格落实军委国防动员部《关于在省军区系统推广应用的通知》精神，成立领导小组，选派人员参加业务培训，完成"四个监管系统"硬件建设，后勤保障能力明显提升。

双拥共建　积极适应国防动员领导管理和指挥体制调整改革，加强与地方党委、政府和相关职能部门沟通协调，健全完善国防动员措施办法和运行机制，将军民融合发展产业示范区纳入市新区建设整体规划。持续深化"四帮一建"爱民工程活动，按照"建强村支部、精准扶困户、产业引村组、再抓户帮户"的思路，研究出台深化扶贫攻坚行动实施意见，帮建村班子7个，修建爱民路1条，援建农村互联网+平台1个，跟踪资助贫困高中生60名；扎实开展"国防教育进校园""双拥共建在基层"和"大走访大慰问大宣传"活动，大力宣传国防和军队建设的地位作用和军人军属的牺牲奉献精神，进一步增强全社会对部队和军人军属的认同感、尊重感，军政军民关系进一步融洽，双拥共建氛围更加浓厚。

（李卫国）

【召开军分区党委第四届第十四次全体（扩大）会议】　2016年3月17日，军分区召开第四届第十四次全体（扩大）会议。军分区党委委员、军分区机关干部和各人武部副部长参加了会议。会上，军分区党委常委张洪标、赵小强、陈俭富3人分别传达学习中部战区、军委国防动员部和省军区党委扩大会议精神；党委书记孟斌代表军分区党委常委作了工作报告；机关三部分别对口部署了工作，各人武部1名主要领导着重就军分区党委工作和部队建设形势在大会上进行分析发言。大会表决通过了党委工作报告和纪委工作报告，宣读了表彰奖励通令、通报，并为先进单位颁奖。（范雨志）

【开展改革强军主题教育和"两学一做"学习教育活动】　2016年5月11日至13日，军分区集中3天时间，在全区开展改革强军主题教育活动，同时结合"两学一做"学习教育，对两项重大教育进行动员部署。采取理论灌输与讨论辨析、正面引导与查纠问题、集中教育与融入实践相结合的形式，深入开展改革强军主题教育，突出抓好"新体制、新职能、新使命"大讨论活动，着力引导官兵自觉强化政治意识、大局意识、核心意识、看齐意识，坚决拥护改革、支持改革、奉献改革，积极适应新体制、履行新职能、担当新使命，为推动军分区系统改革任务落实和部队建设转型发展提供精神动力和思想保证。

（姜　开）

【协调召开三门峡市委常委议军会议】2016年7月28日，军分区协调召开三门峡市委常委议军会议。市委常委、市政府有关领导、军分区党委常委、部分驻军团级单位主官共40多人参加会议。会议听取了市委常委、军分区政委孟斌和驻军有关单位提请会议研究的具体问题的汇报，对随军家属安置、预备役高炮五团暖气工程建设、二炮通信团营区北侧围墙护坡防护、武警支队反恐装备和教导队土地证历史遗留和消防支队购置消防车辆装备等问题进行了研究，提出了解决方案，明确了标准要求。

（范雨志）

武警三门峡支队

【概况】　2016年，中国人民武装警察部队三门峡市支队（简称三门峡支队），坚持以习主席系列重要讲话精神为指导，按照总队、支队年度工作部署，积极主动作为，深入改进作风，着力提升标准，狠抓工作落实，支队全面建设呈现整体推进、全面提升、向上向好的发展势头。

看齐追随信念更加坚定。始终坚定看齐追随，强力推进"两学一做""改革强军"主题教育，从严肃清郭徐流毒影响，"两学一做"专题党课被总队评为优质党课,2人在总队团以上领导干部理论轮训班上发言受到表扬。灵活利用平台载体抓好政治教育,支队《“推门听课”听出新实效》的经验做法被总队转发,卢氏县中队解一钒被总队表彰为优秀“四会”政治教员,黑板报评比10次被总队评为“十佳板报”。坚持文化育人,下大力规范营区政治环境建设,扎实开展“军歌嘹亮献给党”歌咏比赛、“八一”杯篮球比赛、“春节”文艺汇演和纪念长征胜利80周年知识竞赛等系列强军文化活动。紧盯官兵活思想,深入做好一人一事思想工作,扎实开展法律服务下基层活动,聘请法律、心理服务专家,帮助解决官兵遇到的法律和心理问题,及时排查17名重点关注对象,成功转化3名个别人,确保支队全年无事故,密切内部关系做法受到总队肯定。

履行使命能力明显提升。狠抓信息化条件下勤务管控和力量建设,先后完成看守中队前置备勤室建设和执勤信息化改造,将社会面视频接入支队和各县(市)中队值班室,执勤秩序更加正规。市中队、渑池县中队、卢氏县中队被总队评为正规化执勤优秀等级中队。“两会”“黄河文化旅游节”安保、城市武装巡逻和公安检查站警戒设卡等临时勤务圆满完成,两次高标准承办总队警戒设卡勤务课目演示任务,拍摄录像在武警部队“上海会议”上播放。狠抓特勤排、应急班建设,部队训练水平实现突破。一中队被评为总队军事训练一级单位,支队特勤排在第二季度总队特勤排轮训中取得3个单项第一、1个单项第二、2个单项第三、单位总评第二的好成绩。

部队建设基础更加厚实。严密组织《纲要》“两支队伍”培训、主官轮训、“三帮一带”活动,党支部正副书记把方向、抓大事的能力得到提高。加大精准帮建力度,研究制定《精准帮建方案》,形成一队一案,倾力帮扶后进单位“赶队”,连续5年未评先的市中队跨入先进行列。广泛开展“学规范、用规范”活动,突出“八个规范”落实,在市中队、陕县和渑池县中队召开现场观摩会,以点带面抓落实成效明显。深入开展“百日安全竞赛”和安全大检查活动,官兵安全意识不断强化。大力开展关心关爱官兵活动,倾力为官兵解难题办实事,协调25名干部子女入学,为18名随军未就业家属办理生活补助,组织干部及家属进行体检,拿出13万元对25名特困官兵进行救助,激发了官兵动力。

服务保障效益不断提高。大力推进现代后勤建设,加强“一组五队”实战化训练,拓展警地联合保障渠道。坚持党委当家理财,以“财务清查回头看”为牵引,进一步建章立制。以“伙食精细管理年”活动为载体,充分发挥作用,深化推行饮食保障新模式,官兵生活质量进一步提高。市中队食堂被总队评为“先进食堂”。严抓枪弹管控,规范库室管理,一中队、市中队兵器室被总队评为“红旗兵器室”。积极推进机关新营区建设,公寓房建设主体已完工,指挥中心建安工程建设已招标完成。

核心领导作用发挥明显。扎实开展“两学一做”学习教育活动,突出抓好专题党课、党员承诺践诺、民主生活会等环节落实,全面规范党内生活和党费收缴,严肃组织生活制度,党员意识和党组织功能进一步强化。注重发挥纪委执纪监督功能,所有敏感事项及时公示,经费审批、物资采购、大项工程招标全程公开透明。调整使用35名干部、选取晋升93名士官,选任45名班长骨干,选拔27名技术学兵、发展43名党员、推荐2名提干对象、10名个人立功受奖。 (周杰、李猛)

【开展“重温入党誓词、践行‘两学一做’”主题党日活动】 2016年7月1日,支队开展“重温入党誓词、践行‘两学一做’”主题党日活动。7时,支队党委机关与勤务中队全体党员紧握右拳,面向党旗庄严宣誓。支队党委副书记代练兵在讲话中指出,作为共产党员,一定要树好党的形象,要坚持党员的标准,要发挥党员的作用,在加强学习中当先锋、在遵规守纪中做表率,在刻苦训练中当标兵,在转变作风中做模范,在完成任务中挑重担,吃苦在前,享受在后,克己奉公,为支队全面建设更好更快发展做贡献。支队全体党员一定加强学习、反躬自省、锤炼党性,进一步增强政治意识、大局意识、核心意识、看齐意识,立足本职岗位、争做“四讲四有”合格党员。 (李 猛)

【召开“守规矩、尽职责”干部教育整顿动员部署会】 2016年7月11日,支队严密组织召开“守规矩、尽职责”干部教育整顿动员部署会,部门以上领导和全体干部参加会议。政治处李新科宣读《支队“守规矩、尽职责”干部教育整顿活动实施方案》,明确教育的指导思想、组织领导、解决的主要问题、方法步骤和具体要求。陈黎平政委作动员讲话,提出四个“想一想”:为了家庭,想一想安全,不要让家庭受难;为了战友,想一想团队,不要让战友受害;为了单位,想一想责任,不要让自己成长的环境受损;为了部队,想一想担当,不要妨碍自己工作生活的环境向上发展。代练兵支队长从“统一思想、严字当头、统筹兼顾”3个方面进行强调,进一步统一思想、深化认识,使每名干部在思想上和行动上与总队、支队党委保持高度一致,为教育整顿活动取得扎实效果奠定坚实基础。

【组织“四会”优秀政治教员授课比赛】 2016年7月13日,支队利用电视会议系统组织“四会”政治教员授课比赛。比赛紧紧围绕“学习践行强军目标,做新一代革命军人”主题教育活动展开,分现场授课交流、应知应会理论测试、模拟情况答辩三个环节。政治处制作抽签、答题软件,制定详细评分标准,对裁判员进行专业培训,确保公平公正。9名参赛选手同台竞技展风采,授课内容紧扣主题,以身边真实事例为出发点,联系官兵思想实际,进行声情并茂授课,为支队政工干部相互学习、借鉴和提高提供良好平台,有效促进政治教育末端落实。 (李海涛)

【组织“两学一做”知识竞赛】 2016年7月15日,支队组织开展“两学一做”知识竞赛。活动在支队机关设主会场,各基层单位设分会场,共计10支代表队参赛,支队党委常委、机关和基层全体官兵全程参与。竞赛分为必答题、抢答题、风险题三个环节，运用多媒体课件、智能抢答器、计时器、现场评判、主持人裁决的方法进行。代练兵支队长、陈黎平政委全程观摩，并现场抽点基层中队官兵答题。最终，二中队、一中队和陕县中队分别获第一名、第二名和第三名，并颁发了荣誉证书。

（李 猛）

【组织“安全在我心中”演讲比赛】2016年7月27日，支队组织“安全在我心中”演讲比赛。各中队坚持把开展演讲比赛作为深化主题教育的有力抓手，认真准备、积极参与，共话安全发展大计。参赛选手时而引经据典、侃侃而谈，时而举例论证、振臂高呼，部队安全无小事，警钟长鸣方可安，广大官兵以关爱生命的真挚情感、严以律己的纪律操守、一失万无的忧患意识，传递满满正能量，引起强烈的思想共鸣。

（李海涛）

【组织百日安全无事故“倒计时”宣誓活动】 2016年8月7日，支队统一组织百日安全无事故“倒计时”宣誓活动。宣誓前，业务部门提前下发“倒计时”宣誓誓词，各单位制作百日安全无事故“倒计时”牌。宣誓活动由各单位自行组织，中队主官进行动员，在“倒计时”牌上粘贴数字。宣誓过程中，全体官兵神色庄严，宣读安全誓言。

（姜 培）

【开展“送法到基层”活动】 2016年12月7日至9日，支队围绕“鸣警钟、畏法度、严纪律、正言行”主题，扎实开展“送法到基层”活动，邀请法律顾问史光平律师一同下基层送法服务，开展法律服务宣讲，为官兵解答家庭涉法问题，并结合总部下发的典型案例挂图，逐一为官兵讲解案例发生原因和教训，使官兵从反面教材中深受教育，提高官兵法纪意识。

【组织冬季新兵野营拉练】 2016年12月15日至17日，支队严密组织新兵野营拉练。15日上午召开新兵野营拉练誓师动员大会，前进指挥组按计划安排行军序列，组成前、后卫分队，通过国道、路口、车辆密集地段时，派出警戒人员发出安全预警提示，确保部队安全；政工组依托政工宣传车，播放革命歌曲、播报行军常识及广播稿，组织文艺汇演，博得了新兵们阵阵掌声；后勤“一组五队”精心搞好时做好饮食、车辆和卫勤等保障，确保每名官兵能喝上热水、吃上热饭、穿暖住好。全体新战士发扬不怕苦、不怕累精神，无一人掉队，拉练全程安全顺利。

（李 猛）

武警消防支队

【概况】 2016年，武警消防支队三门峡支队党委团结带领全市消防官兵，以确保“两个稳定”为核心目标，紧紧围绕“铸魂育警正风气，改革创新补短板，凝心聚力谋发展”的工作思路，抢抓机遇，攻坚克难，全市消防工作和部队建设呈现良好发展态势。

政府主导规划统筹。以构建“党政同责、一岗双责”的责任体系为抓手，将消防工作纳入全市平安建设、政府综合目标管理、社会管理综合治理和文明创建及领导干部政绩评价体系，逐级签订工作目标责任书1500余份，市、县两级政府、防火安全委员会先后召开14次会议，协调解决消防工作中的突出问题。市委督查办对消防重点工作进行专项督办，强推力促消防工作开展。

重点防控持续发力。相继部署开展冬春、夏季消防安全检查、电动自行车火灾防范专项活动，推行“兵团化”作战，对公共娱乐场所、医疗卫生机构、学校幼儿园、居民住宅区域、快递物流行业、商场市场等9个行业、13类场所进行全面消防安全专项治理。全年共检查各类场所1.8万家，督促整改火灾隐患4.57万处，有效净化了社会消防安全环境。全市共发生火灾333起，均为一般火灾，连续11年未发生较大以上火灾事故。

实战练兵成效突出。针对辖区“一高一低一大一化”等灭火救援难题，先后开展支队级拉动演练12次、大队级690余次，修订预案513家，组织开展战例研讨会4次，开展专业技能培训班6期，开展实战化练兵比武竞赛4次，并评比出第一届“超级战士”。年度全省实战化练兵比武，支队获得了全省楼层内外夹攻操第三名、全勤指挥部第六名、团体总分第四名的好成绩。全年共接警出动2602次，出动消防车5380辆次，消防人员2.9万人次，抢救和疏散被困人员1482人，抢救财产价值近2亿元。圆满完成了“双节”“两会”、G20峰会、黄河旅游节等一系列重要节日、重大活动期间的现场执勤任务。

“两项教育”有序开展。严格落实党委议教、官兵思想分析等制度，狠抓改革强警主题教育和“两学一做”学习教育，组织开展手抄党章党规100天、“戴党徽、亮身份、作表率”“公安消防党旗红”等系列教育活动进一步提升官兵党性修养。年内共组织集中教育学习11次，推门听课8次，教育专项督察6次，组织基层政治教员比赛2次，1名干部在总队政工干部授课比赛中荣获第2名。

全员防控提质升级。开展消防宣传主题宣传活动，在三门峡日报、黄河时报、三门峡电视台、广播电台开办4个消防专栏，举行“消防站开放日”活动16次，对各级党政机关、行业部门、企事业单位的相关负责人进行集中培训29次，分批次组织辖区消防安全责任人、管理人开展集中培训28次，开展消防宣传“七进”活动142次，开展消防官微“一键预约”68次，累计培训群众达10万人。全省中小学生消防安全知识竞赛活动中，三门峡市被省教育厅、省消防总队评为“先进市”。

【召开全市消防安全重点单位负责人约谈会】 2016年1月27日下午，消防支队召开全市消防安全重点单位负责人约谈会，全市55家消防安全重点单位负责人、管理人参加了约谈。约谈旨在推动重点单位落实消防安全主体责任，全力稳控春节期间全市消防安全形势。

【开展“清明祭英烈,忠诚铸警魂”扫墓祭奠活动】 2016年4月1日,三门峡消防支队组织机关全体干部、文职人员和湖滨、陕州、开发区大队60名官兵,在陕县烈士陵园举行“清明祭英烈,忠诚铸警魂”扫墓祭奠活动。通过瞻仰革命烈士纪念碑、向英烈敬献花篮、参观烈士纪念馆等形式,缅怀革命先烈光辉业绩,教育和引导广大官兵学习革命先烈不畏牺牲、无私奉献的高尚情操,使广大官兵在心灵上受到了洗礼。

【举行大型石化企业联合实战演练】 2016年6月16日,三门峡消防支队在陕州区中石油三门峡油库举行大型石化企业联合实战演练,市公安、消防、安监、环保、卫生等应急联动部门共22辆车80余名参战力量参加了演练。市灭火救援专家组相关专家参与演练,消防支队机关干部和各县(市、区)大中队军政主官进行了现场观摩。

【举行实战化练兵比武竞赛】 2016年7月14日至15日,三门峡消防支队举行2016年上半年实战化练兵比武竞赛活动。来自全市各县(市、区)7个中队56名官兵在赛场上切磋技艺,比拼实战化技能。义马大队张仁被评为消防支队第一届“超级战士”。比武项目分为3000米跑、双杠二练习、单人攀爬挂钩梯、400米疏散物资救人、4X400m接力跑、两人攀登六米拉梯、救助技术综合操、初战快速出水控火操等8个比武项目。

【建成全市首个小型消防站】 2016年8月25日,三门峡市首个小型消防站——陕州区胜利路消防站正式揭牌投勤。建筑面积约1000平方米,新建车库2个,营区面积600多平方米。消防站将承担陕州区原店、大营等城镇及老城区、商业密集区、大体量大空间建筑、城中村、城乡结合部的就近接警出动和灭火救援任务。 (郭　英)

人民防空

【概况】 2016年,三门峡市人防工作以工程建设、法治建设和宣传教育工作为突破点,统筹抓好各项工作,在班子、党建、机关、组织指挥、工程总量、人才队伍、法治建设等方面都有了长足发展和提升。2016年6月召开的第七次全国人防工作会上,三门峡市人防办被评为“全国人民防空先进单位”。

组织指挥工作注重实效,训练演练和方案体系建设进一步强化。健全人民防空指挥部体制,落实了指挥部成员实名制和协调监督机制,组织指挥部成员进行点验。对全市二、三类重要目标进行全面评估和建档、建制,形成科学合理的评估报告。专业队伍组训落到实处。8月,组织7支人防专业队、8个重要经济目标及机关部分骨干成员68人,在三门峡水利枢纽局西子湖宾馆进行了为期5天的《人民防空训练与考核大纲》试训暨人防综合训练。按照训练计划,每月组织一次外出拉练,每周五定时组织进行全省联调,每天做好电台通播工作。

指挥信息体系逐步完善,应急应战和快速反应能力进一步提升。信息化体系建设快速发展。人防基本指挥所信息系统运行良好。完成人防骨干网建设和人防应急指挥中心改造。加强各种通信设备管理维护。定期对设备进行检修,确保设备始终处于良好状态。完成“9·18”警报统一鸣放工作,实现市区警报音响信号无缝隙覆盖,各县(市、区)也在同步进行。

人防宣传教育全面普及,常规知识教育与特色宣传进一步融合。阵地宣传成效明显。充分利用各种舆论工具和宣传渠道,采取多种方式,开展宣传教育活动,进一步巩固人防宣传教育“五进”示范建设成果。宣传教育形式多样。“5·12”防灾减灾日在湖滨广场和人防示范社区组织开展了宣传活动,内容全面、效果明显。组织开展一次群众性防空防灾技能展演活动。媒体网络宣传不断加强。充分利用各种媒体渠道,积极宣传人防,展示人防。9月,开展人防电影科教片放影月活动。对人防网站硬件及软件进行了升级和改版,进一步增强了网络宣传和服务能力,提升了人防良好的对外形象。

加强人防工程建设,严格审批管理,工程总量不断增加。人均人防工程建筑面积已达到国家规定人防人均建筑面积目标。完成审批人防工程面积1万平方米,主体竣工1.5万平方米的省定目标。人防设计、审图、监理、防护(化)生产安装均执行国家、省有关规定要求,新建工程均按设计要求安装到位。严格人防工程管理制度,确保人防工程质量效益。形成了人防工程建设审批前后置把关长效机制,确保人防工程建设程序、设计标准、工程质量、档案管理符合要求,落实人防工程为群众避暑纳凉,加强人防工程防汛、防火等工作。

以行政执法为手段,以纠正违法行为为重点,全面加强人防行政执法。聘请法律顾问,提供法律咨询,解决具体事务。行政执法工作严格规范,各项执法监督制度健全,执法监督分工明确,责任具体,制度落实,工作到位。积极做好人防法制宣传工作,坚持人防法律法规学习,提高机关人员法律素质。制定人防法律法规及宣传教育计划,利用“9·18”“12·4”开展大型宣传活动,10月,在市委党校举办全市人防行政执法人员培训班。 (田金管)

·编辑　张怡杰·

法 治

政法委

【概况】 2016年，三门峡市政法系统以维护社会大局稳定、促进社会公平正义、保障人民安居乐业为己任，积极防控风险、服务发展，破解难题、补齐短板，狠抓法治建设、平安建设、过硬队伍建设。

维护社会稳定 站在维护国家政治稳定、社会安定的高度，扎实开展维护稳定工作。把维护社会稳定工作列入各级党委政府责任目标，纳入平安建设目标考核，实行党政同责，明确党政主要领导是第一责任人，分管领导是直接责任人，层层传导压力，形成了党政负责牵头，各部门齐抓共管的维稳工作格局。始终坚持把社会稳定风险评估作为"前置程序""刚性门槛"。2016年，全市共对50起重要决策和重大项目进行社会稳定风险评估，有效减少和避免重大不稳定问题的发生。

保障经济社会发展 围绕"深化国企改革、脱贫攻坚、大气污染防治"三项重点工作，建立领导小组及工作专班。市法院成立破产案件审判庭，妥善审理企业破产案件，积极服务经济结构转型升级；检察机关加大对环境污染和扶贫领域犯罪的监督力度，公安机关积极办理、查处环境污染刑事案件、行政案件。查封"黑加油站点"104家，拆解、注销黄标车、老旧车18926辆，查处渣土车违法行为3351起。2016年，市直政法部门公布服务承诺共42项，积极为企业发展提供法律支持，组织法律工作者参与重点项目招、投标活动。深入推进"秋季执行风暴"专项活动，执行工作全省排名第四。成立三门峡市全面依法治市工作领导小组及办公室，提升了全面依法治市工作的地位。法学会工作全面加强，6个县(市、区)法学会实现全覆盖并全部建立了党组，成立市法学会法治传播研究会，积极组织参加第七届晋陕豫黄河金三角区域法治论坛等，大力开展"青年普法志愿者法治文化基层行"活动，开展全民普法教育，深入开展"12·4"全国宪法日和法治宣传日等主题普法活动，开通三门峡普法网、普法手机报、微信微博等新媒体普法平台，建成甘棠苑法治教育基地、上阳苑法治公园等特色法治宣传阵地，通过多种途径让法治精神深入人心。

排查化解矛盾 认真贯彻习总书记关于信访工作提出的"三到位一处理"要求，扎实排查矛盾，有效化解纠纷，切实维护群众利益，努力促进社会和谐。投入600余万元，在全市范围内建成了矛盾纠纷排查化解信息系统，实现矛盾纠纷网上受理上报、分析研判、分流督办和跟踪问效。广大群众通过手机公众微信平台，可以随时随地反映矛盾纠纷、社情民意、不稳定因素。出台《关于完善矛盾纠纷多元化解机制的实施意见》，对加强人民调解、司法调解、行政调解和完善衔接联动机制等作出具体安排。着力打造为民信访、阳光信访、法治信访、责任信访工程，坚持信访突出问题周会审、领导干部挂牌接访和接访公示等有效维护群众权益的工作机制，切实解决群众反映的突出问题，全市信访形势持续平稳。依法处置信访违法行为，严格落实信访工作责任查究制。

平安建设 始终保持对各类违法犯罪活动的高压态势，认真落实中央和省关于完善创新立体化社会治安防控体系的决策部署，市公安局成功打造全省第一家"情指一体、警种联动、常态研判、混编作战"的信息合成作战指挥中心，发挥专业优势，开展24小时研判，在警力无增长的情况下实现了战斗力倍增。大力推进公共安全视频监控建设联网应用，积极推进全市重点行业、领域和重点单位视频监控系统整合联网工作。全市公共复杂场所、要害部位、主要道路和金融机构、水电油气暖等重点单位视频监控覆盖率达到100%，建成制高点监控建设11路，达到了实时视频可看、历史记录可查、前端设备可控。强化社会面管控。按照"有警接警、无警巡逻"的原则开展常态化、网格化巡逻防控。扎实推进保安防范力量社会化建设，持续开展“警灯闪烁”行动，最大限度挤压违法犯罪空间。立足三省交界的实际，持续加强与渭南、运城和临汾三市公安机关的警务协作交流。大力开展铁路运输安全隐患专项整治，召开了动员会、推进会、汇报会，组成专项整治督导组，会同铁路部门逐县督导检查；对进展情况每天汇总通报。全市共整治彩钢瓦建筑物182处，整治铁路上跨桥超载、超限、超速问题8处，整治公铁并行道路隐患5处，与油气管线和权属单位签定安全协议3份，协助铁路部门整治上跨线缆2处、砍伐危树7112棵，较好完成集中整治工作任务。深入开展危爆物品和寄递物流清理整顿专项行动，全市共排查涉爆单位195家、整改涉爆隐患549处，市财政拿出资金37.5万元，对寄递物流企业购置安检设备给予补贴，落实好寄递物流企业“三个100%”安检制度。深化基层平安创建活动。持续深化平安乡镇(街道)、平安村(社区)、平安单位创建活动，深入推进平安校园、平安医院、平安文化市场等行业平安创建与“和睦家庭”创建活动。三门峡市3所学校、2家市场、2家商场和1家汽车站被命名为省级平安行业创建先进单位。开展“三无小区”(无技防、无物业、无主管部门)治理“回头看”活动。出台《关于深化“一村(格)一警”工作构建网格化公共安全管理体系的意见》，共计配备社区(驻村)民警255人、辅警1524人，已全面开展工作。

司法体制改革　全市政法系统认真落实《关于全面落实领导干部干预司法活动，插手具体案件处理的记录、通报和责任追究制度实施办法》《关于司法机关内部人员过问案件的记录和责任追究规定》《关于鼓励律师参与代理涉法涉诉案件的意见》等政策规定。市法院深入推进审判权运行机制改革，严格落实司法责任制，真正实现让审理者裁判，由裁判者负责；市检察院制定《关于对全市检察机关既定情况启动责任倒查机制的实施意见》，起到了错案防止、纠正和追责的良好效果。法院、检察部门迅速摸清各自人、财、物底数，制定、套改并上报了法官、检察官员额制入额方案、人员工资待遇和其他相关材料，为落实分类管理制度打好基础。整合社区矫正工作力量，着力推进以“互联网+”为核心的信息化建设，加快建成涵盖特殊人群管控、业务综合管理、数据分析研判、法律援助咨询受理等功能为一体的综合信息中心，实现对社区矫正人员有效管控，最大限度预防和杜绝失控漏管。

政法队伍建设　加强思想建设。通过“集中上党课”、举办政法高校培训班、举办政法干警集中政治轮训，用中国特色社会主义理论武装政法干警思想，打牢高举旗帜、听党指挥、忠诚使命的思想基础，永葆政法系统忠诚本色。加强纪律建设。坚持把纪律作风建设挺在前面，认真组织政法干警参加“两学一做”“一学三促”“一学两抓三严”学习教育活动，积极开展警示教育，严肃处理违规违纪干警，促使大家不触红线不踩底线，懂规矩守纪律做表率。加强教育培训。认真组织全市政法机关参加中央政法委举办的全国政法干部学习讲座，参训干警达2000余人次；举办全市法治干部西北政法大学培训班暨“双百”法治宣讲三门峡专场活动，全市90余名干部参加了为期3天的集中培训。举办法治大讲堂。积极组织政法干警和法学会会员参加全国法学会干部培训班、全省法学会干部培训班等。在全市政法系统开展“巾帼文明岗”“十佳巾帼岗位标兵”“十佳巾帼岗位能手”“巾帼岗位标兵”活动，展现全市政法系统优秀妇女代表的时代风采；在全市政法系统开展向夏明臣、史军锋学习活动，教育引导政法干警以先进典型为榜样，履职尽责，争创一流。市县两级政法部门不断加强宣传机构建设，强化人财物保障，提升正面宣传质效，弘扬主旋律、释放正能量。不断拓展政法宣传阵地，全市基本形成了网站、微信、微博、微视“四位一体”宣传格局。切实加强舆情防范，联合市委宣传部联合出台了工作意见，全面加强政法舆情防范管理和应对处置工作。(尤　洋)

社会治安综合治理

【概况】2016年，全市各级综治部门以争创全国综治优秀市“四连冠”、打造平安建设示范区为目标，突出矛盾纠纷排查化解信息系统建设、立体化社会治安防控体系建设和综治基层基础建设三项重点任务，防控风险、服务发展、破解难题、补齐短板，有效预防和解决影响社会安定的突出问题，深入推进平安三门峡建设，有效维护了社会大局持续稳定，为促进全市经济社会平稳健康发展创造了和谐稳定的社会环境。

组织平安三门峡建设活动　组织召开全市矛盾纠纷排查化解信息系统建设现场会，全市公共安全视频监控建设联网应用工作会，全市铁路运输安全隐患专项整治工作推进会、汇报会，全市社会治安综合治理创新工作会，有效指导了平安建设工作的开展。在检查考核基础上，建议市委、市政府对2015年度全市平安建设先进单位和先进个人进行了表彰奖励。强化督导检查，对全市综治和平安建设工作进行了9次督导检查，对工作扎实、成效显著的单位通报表扬、鼓励先进，对工作落后的单位通报批评、督促整改，有效推动了各项工作措施落实。

社会治安防控体系建设　成立以三门峡市委常委、政法委书记易树学为组长的全市公共安全视频监控建设联网应用工作领导小组，制定实施方案。5月19日，召开全市公共安全视频监控建设联网应用工作会议，积极推进全市重点行业、领域和社会重点单位视频监控系统整合联网工作。6月3日，召开全市视频监控建设联网应用工作培训会，进一步明确建设联网技术标准，解决困难问题。7月6日，召开工作推进会，听取有关部门进展情况汇报，督促工作进度。各级各有关部门以联网应用为核心，坚持以联促建、以联促用、以联促管，基本实现市、县、乡三级视频监控资源联网共享；金融机构、二级以上医疗机构、水电油气暖等重点单位及要害部位视频监控覆盖率达到100%;全市重点公共安全区域视频监控联网达到11237路，提前完成省定8000路的目标任务;重点行业、领域视频监控联网率达到70%以上,实现了实时视频可看、历史记录可查、前端设备可控，为打击防范违法犯罪提供了有力支撑。充分发挥武警、公安特巡警和各级综治专职巡防队的作用,坚持开展常态化巡逻防控。组织政法各部门开展“警灯闪烁”、夜间巡逻,加强城区街面巡逻的密度和频度。扎实推进保安防范力量社会化建设，全市4000多名保安员为450余家单位和3900余家商户提供安保和联网报警服务,积极参与社会面治安防控,共制止违法犯罪行为39起、抓获移交犯罪嫌疑人21人,提供破案线索5条,缴获赃物案值10余万元,制止闹事27起,扑灭火灾6起，排查不安全隐患500多起。

严厉惩治违法犯罪活动 组织协调政法部门，严厉打击各类违法犯罪活动。全市现行命案发20起破20起,破案率100%,现行命案侦破成绩并列全省第一。刑事立案12167起,同比下降26.69%;共破获各类案件4550起,公诉各类犯罪嫌疑人2199人,累计抓获逃犯768人(其中外省134人)。共破获“盗抢骗”案件3246起,同比上升16.3%;刑拘犯罪嫌疑人1305人,同比上升33.85%;共侦破电信诈骗案件489起,抓获电信诈骗犯罪嫌疑人190人，累计拦截止付电信诈骗资金4481.99万元,打击虚假信息诈骗犯罪综合成绩居全省领先位次。

矛盾纠纷排查化解 以三门峡市委、市政府两办名义出台《关于完善矛盾纠纷多元化解机制的实施意见》,对加强人民调解、司法调解、行政调解和完善衔接联动机制等作出具体安排,引导社会各方面力量积极参与矛盾纠纷化解。把工作落脚点放在事要解决上,坚持落实化解社会矛盾专项资金、重大问题会审、信访案件听证评议、跨村连片调解、挂牌接访、接访公示、信访代理等制度,市县每月、乡每半月召开一次矛盾纠纷排查调处工作例会,分析形势,排查矛盾,制定措施,及时化解，把大量矛盾纠纷解决在基层和萌芽状态。

综治和平安建设责任制 三门峡市委、市政府与各县(市、区)党委、政府签订《综治和平安建设目标责任书》。市综治委对包括县(市、区)党政主要领导、分管领导和市综治委委员在内的160余名干部建立了综治工作实绩档案，进一步强化党政主要领导“第一责任”、分管领导“直接责任”、其他领导“一岗双责”。严格落实“两个书面”征求意见制度,组织部门提拔任用干部、人社部门评先授奖均事先书面征求了综治部门的意见。

综治和平安建设宣传调研 全市共举办集中宣传活动40多场次,展出宣传板面3000余块，悬挂标语1.2万余条,发放宣传资料100余万份,设立咨询台240余个,接受群众咨询20余万人次;新建大型固定宣传标牌10个、固定宣传栏500多个,播放宣传节目120期次。市综治办印制1万余个平安建设宣传购物袋，免费向群众发放。1月5日至2月29日,在全市范围内组织开展了规模宏大的“法律服务进基层”活动,有效提升了宣传效果,广大群众对平安建设的知晓率和参与率明显提高。先后开展了综治和平安建设宣传、基层综治组织机构建设、矛盾纠纷排查化解信息系统、矛盾纠纷多元化解机制建设、社会治安防控体系信息化建设等调研活动，为领导科学决策提供了重要依据。

基层平安创建活动 持续深化平安乡镇(街道)、平安村(社区)、平安单位创建活动,加强命名管理,基层平安创建达标率动态保持在85%以上。深入推进平安校园、平安医院、平安文化市场等行业平安创建与“和睦家庭”创建活动。下发了《关于进一步加强全市机关和企事业单位平安建设工作的通知》，规范加强内部单位平安建设工作。组织各级各有关单位对2014年以来治理的“三无小区”工作效果进行了全面察看回访，对问题出现反复或防范设施发生故障的小区，进行集中治理,投入资金30余万元,新安装监控摄像头20个，维修视频监控平台5个、摄像头7个,维修更换路灯57盏,维修小区大门3个,整治垃圾堆放点4处,平整小区道路2条,更换下水井盖3个,配备垃圾桶5个,为3个小区配备了门卫,进一步巩固了治理成果,得到居民群众好评。

铁路护路联防 以全力保障铁路运输平安畅通为目标，以排查整治危及行车安全的隐患为重点，创新涉铁矛盾纠纷排查化解机制，加强铁路沿线治安管控,强化爱路护路宣传教育,深化平安铁路创建活动，夯实护路联防基层基础，有效维护了铁路沿线治安秩序持续稳定，确保了陇海铁路和郑西高铁在三门峡市辖区的安全畅通。市综治办(市综治委铁路护路联防工作领导小组办公室）被省综治委铁路护路联防工作领导小组评为“2016年度全省铁路护路联防工作先进单位”“2016年度全省铁路护路信息工作先进单位”。

【建成全市矛盾纠纷排查化解信息系统】 2016年,全市综治部门积极探索运用“云计算”、大数据等现代科技手段助推矛盾纠纷排查化解工作的新路子,促进矛盾纠纷源头预防化解。与中科院软件研究所、公安部第一研究所合作,投入600余万元,在全市范围内建成了纵向贯通、横向集成、共享共用、安全可靠的矛盾纠纷排查化解信息系统。信息系统依托“中原云”的云计算平台，实现了矛盾纠纷网上受理上报、分析研判、分流督办和跟踪问效。其最大的亮点就是面向社会开放,广大群众通过手机公众微信平台,可以随时随地反映矛盾纠纷、社情民意、不稳定因素,并上传相关照片、音频或视频资料，并可随时查询矛盾问题化解状态。在市县乡和有关单位建成了矛盾纠纷信息处理中心，建立了相应的工作队伍，专门负责信息系统的运行维护,以及矛盾纠纷信息的录入、上报、接收、分流、督办、分析研判等工作。建立健全受理登记、分流交办、协调督办、分析研判、定期考核、责任追究制度;对2000余名矛盾纠纷信息处理中心工作人员和基层矛盾信息员进行了3次培训。自9月份上线运行以来，共处理矛盾纠纷信息2000余条。

市委书记刘南昌专门对信息系统建设进行调研指导，对完善运行机制提出明确要求。

【开展铁路运输安全隐患专项整治】 2016年，三门峡市政府下发《关于开展铁路运输安全隐患专项整治工作的通知》。7月27日，组织召开全市铁路运输安全隐患专项整治工作推进会，深入贯彻落实省文件、会议精神，对在全市开展影响铁路运输安全隐患专项整治工作进行部署。9月1日，组织召开铁路运输安全隐患专项整治工作汇报会，听取汇报，分析形势，研究对策，推动铁路运输安全隐患专项整治工作有效开展。铁路沿线各县(市、区)委政法委书记、政府分管副县(市)区长，市直有关单位和洛阳供电段的负责人参加会议。组成专项整治督导组，逐县督导检查；对进展情况一天一汇总、一天一通报，确保了整治实效。全市共整治彩钢瓦建筑物182处，整治铁路上跨桥超载、超限、超速问题8处，整治公铁并行道路隐患5处，较好完成了专项整治任务。

【开展危爆物品寄递物流清理整顿专项行动】 从2015年11月起至2016年3月底，联合市公安局、市工信局、市国家安全局、市国土资源局、市交通运输局、市商务局、市工商局、市质监局、市邮政局、市安监局和三门峡海关、三门峡出入境检疫检验局等13个部门，在全市范围内集中开展危爆物品、寄递物流清理整顿专项行动，坚决杜绝寄递物流渠道违法犯罪，防止个人极端暴力犯罪案件发生。行动期间，共排查涉爆单位67家、涉爆人员831人、易制爆危险化学品从业单位12家、剧毒化学品从业单位35家，吊销爆破作业人员资格14人，整改涉爆隐患36处；查处涉爆违法犯罪案件3起，收缴炸药3180千克、雷管1900枚；排查整治物流企业81家、寄递企业86家。

【举办全市综治干部暨矛盾纠纷排查化解信息系统应用技术人员培训班】 2016年5月24日至27日，在灵宝市矛盾纠纷调处化解中心举办全市综治干部暨矛盾纠纷排查化解信息系统应用技术人员培训班，分4批对市、县、乡、部分村(社区)及相关单位矛盾纠纷信息处理中心工作人员130余人，进行了业务理论和实践技能培训。

(刘　青)

法治政府建设

【概况】 2016年，三门峡市政府法制办以推进法治政府建设为目标，规范行政执法行为，扎实推进服务型行政执法建设，落实行政执法责任制，加大制度建设工作力度，充分发挥政府法制工作参谋助手顾问作用，为三门峡市经济转型发展提供坚强的法制保障。在省政府依法行政责任目标考核中，三门峡市连续七年被评为优秀。2016年，市政府法制办被命名为全省政府法制工作先进集体。

【规范性文件审查】 2016年，全市政府法制机构审查政府及部门涉法文件239件；审查政府及部门涉法合同364件，审查市政府签订或授权部门签订的重大合同或框架协议35件，提出修改建议184条。加大对报备规范性文件的审查力度，对严重损害公民、法人和其他组织利益的规范性文件，坚决予以纠正。加强备案统计分析，全面了解和掌握全市规范性文件管理和备案工作情况，发现问题，及时解决；全市政府法制机构备案审查规范性文件135件，审查率100%。举办全市行政规范性文件管理和备案工作培训班；共审查、办理《河南省人口与计划生育条例（修正案)》等法规、规章征求意见稿10件，提出修改建议32条，均按规定程序上报。

【服务型行政执法建设】 2016年，三门峡市政府法制办坚持管理与服务并重、处置与疏导结合，积极实践执法、管理、服务一体化的新型执法模式，继续推进行政执法从刚性化向刚柔并济转变，从管理型向服务型转变，从突击型向长效化转变，全市推进服务型行政执法工作取得新突破。抓整体推进，积极开展“整体推进年”活动。制定工作方案，采取以点带面、条块结合的方式，引导和推动服务型行政执法水平整体提升。抓重点突破，全面推行行政指导。全市各级行政执法部门将行政指导纳入行政管理和行政执法全过程，采取提醒、提示、示范、辅导、规劝、约谈、建议、回访等非强制性、灵活多样的方式，引导行政相对人主动配合、自觉遵法守法，努力实现法律效果和社会效果的统一。改进执法方式，持续深化行政调解。各级行政执法部门认真落实《三门峡市人民政府关于加强行政调解工作的意见》和《三门峡市行政调解工作程序(试行)》，公安、医疗、劳动争议、房屋征收补偿等与群众利益密切相关领域健全建立了行政调解工作机制。强化服务理念，提升城市管理行政执法水平。城市管理行政执法部门组织开展“城管论坛”“城管执法案卷大家评”和“星级执法队伍创建”等活动，进一步规范了城管执法行为，提升了城管执法水平。注重示范引导，实现整体提升。重点打造工商、食品药品监管、地税、城管等6个服务型行政执法建设示范点，规范行政执法制度，理顺执法机制，整合执法队伍，提升了执法效能。在全市范围内确定了37个基层执法单位作为重点培育对象，并通过组织全市服务型行政执法观摩活动，促进相互学习，共同提高，以典型示范来带动引领各行政执法部门，使其结合行业特点，细化工作方案，创新方式方法，提升服务标准，全市服务型行政执法建设水平持续提升。9月，市依法行政工作领导小组办公室深入到各县(市、区)进行服务型行政执法调研检查工作；10月至11月，针对服务型行政执法示范点的工作，深入到各县(市、区)，开展验收检查工作；12月，对推荐参与省级服务型行政执法示范点评选的单位进行跟踪提升。同时，组织各县（市、区)、各单位创新宣传方式，通过开展服务型行政执法标兵评选，以及拍摄微电影、微视频等公众喜闻乐见的方式，宣传推广本单位服务型行政执法先进经验、典型案例，提升全市服务型行政执法建设水平。

【强化执法监督】 2016年，三门峡市政府法制办全面落实行政执法责任制。印发《三门峡市人民政府关于全面落实行政执法责任制的意见》，认真梳理了全市行政执法部门的执法依据、执法权限及其执法程序，执法部门的法定职权分解落实到具体的执法机构和执法岗位，明晰执法责任内容，向社会公布了全市行政执法主体的执法依据，接受社会监督。强化行政执法检查和行政执法案卷评查。采取定期与抽查相结合的方式，在安全监管、食品药品监管、环境保护等领域开展了专项行政执法检查，检查结果全市通报，限期整改，并启动了对有关单位和个人进行执法责任追究。组织行政执法案卷集中评查，对发现的执法主体错误、事实认定不清、证据不确凿、程序违法、行政处罚裁量权适用不当等问题，按规定反馈给相关执法机构，各单位非常重视，认真整改、追责，存在问题严重的，约谈领导和责任人。全年共评查各级行政执法机关行政许可、行政处罚、行政确认等执法案卷115卷。加强重大行政处罚决定备案审查。各级行政执法部门认真落实重大行政处罚决定备案制度，依法报备重大行政处罚决定，各级政府法制机构从执法主体资格、法律依据、事实和证据、执法程序等方面严格审查，坚决纠正不合法不合理的处罚决定。认真办理行政执法投诉事项。建立健全举报投诉、受理、立案、调查、转办等执法案件监督机制，通过网站、新闻媒体向社会公开举报投诉电话，多渠道受理人民群众的投诉和建议，依法处理群众反映的问题。全年共接待群众来电、来访50余人次，受理举报投诉案件9起，均已妥善处理。

【做好全市“两证”换发工作】 2016年，三门峡市各级各部门严密组织，认真制定方案，分级审核，对申办“两证”的行政执法机构和执法人员逐一摸底梳理，扎实做好信息采集和考试录入工作，对全市各级各部门法制机构骨干人员培训，熟练掌握办证软件技术，运用信息手段强化对行政执法人员的资格管理。组织编写培训教材，采取集中综合法律知识培训与分散专业法律培训的方式，分期分批对执法人员进行换证培训，全市共培训考试行政执法人员8265名，发放行政执法证6911个，行政执法监督证334个。陕州区、卢氏县、渑池县、市交通局、市药监局等组织了执法人员面对国旗进行庄严宣誓活动，增强了执法人员使命感、责任感。

【提高行政复议效能】 2016年，三门峡市政府法制办充分发挥行政复议化解行政争议主渠道作用，扎实推进行政复议申请受理、审理、决定、履行、监督考核等方面的规范化建设。积极受理行政复议案件，对符合受理的案件及时受理解决，对不符合受理条件的依法告知不予受理并做好解释工作。不断创新工作机制，制定《行政复议听证规则》，引入听证方式审理，通过听证调查、听证辩论等程序，切实维护双方当事人的陈述权，对于依法解决纠纷起到明显效果。在办案过程中始终坚持公平公正的原则，严格依法审查，充分运用实地调查、调解等方式，切实维护群众合法权益，对案件办理过程中发现的问题下发行政复议意见书，促使相关行政机关及时纠正违法或不当的行政行为。三门峡市各级行政复议机关共办理行政复议案件339件。认真做好行政应诉工作。认真落实《行政诉讼法》，积极应诉，依法提出答辩意见，提交作出具体行政行为的证据、依据和其他有关材料，积极参加庭审，配合法庭调查；支持人民法院依法独立行使审判权，尊重人民法院对行政机关的审判监督。在全省率先修改完善了《行政机关负责人出庭应诉工作规定》，提高了行政机关负责人依法履职的意识，规范了行政诉讼出庭应诉行为。全市各级行政机关共办理行政应诉案件294起，涉及土地征收、信息公开、行政赔偿等类型，行政机关负责人出庭应诉共54件，出庭应诉率高于往年。

【全面推进依法行政】 2016年，三门峡市政府法制办科学谋划，加强依法行政工作部署。召开全市政府法制工作会议，从9大方面30个子项对全年法制工作做了安排部署。出台《三门峡市2016年度法治政府建设工作安排》，在全市政府法制工作会议精神的基础上，从十个方面对法治政府建设工作作了具体安排部署。强化目标考核，提升依法行政水平。修改完善《三门峡市依法行政考核方案》，从履行政府职能情况、重大决策情况、推进服务型行政执法情况等10个方面全面考察各县(市、区)、各部门推进依法行政、建设法治政府工作情况，考核结果纳入市政府责任目标体系，确保各项工作落到实处。抓好宣传培训。坚持“领导抓、抓领导”，坚持常务会议学法制度，市县政府及各行政执法机关做到学习计划、内容、时间、人员、效果“五落实”。围绕服务型行政执法，结合“两证”换发工作，通过各种形式广泛开展领导干部和行政执法人员培训，切实增强了领导干部和行政执法人员运用法治思维和法治方式深化改革、推动发展、化解矛盾、维护稳定的能力。

【建立政府法律顾问制度】 2016年，三门峡市积极推行政府法律顾问制度，出台《三门峡市人民政府关于建立政府法律顾问制度的通知》及《三门峡市政府法律顾问工作规则》，湖滨区、灵宝市及市国土局等单位聘请了法律顾问，充分发挥了政府法律顾问在重大行政决策、推进依法行政中的积极作用。全市政府法律顾问共聘任327人次，提出法律建议2339条，出具法律意见413份，办理涉诉事务413件，审查协议合同545件，审查文件526件，办理其他法律事务412件。市政府专门设立政府法律顾问室，统一指导全市政府法律顾问工作，实现了法律顾问“把脉问诊”全覆盖。湖滨区在全市率先推进区、乡、村三级法律顾问制度,区委常委会聘请了法律顾问,为党委决策提供法律服务。法律顾问已成为三门峡市党委及各级政府、部门乃至村(社区)的“标配”,为党委、政府及部门提供法律咨询、提出法律建议、出具法律意见,参与重大项目的洽谈、签约、草拟、修改,化解社会矛盾纠纷等工作,并且还为村(社区)集体组织和群众修订完善村规民约、合同、协议,帮助困难群众依法获得法律援助,有效解决了为群众提供法律服务“最后一公里”的问题。

【政府法制宣传】 2016年,三门峡市政府法制办持续做好政府法制信息和依法行政宣传工作。年初制定政府法制信息宣传任务,季度通报任务完成情况,年底进行总结,不断完善信息考评机制。组织编印《三门峡市建设法治政府工作指导手册》,收录了省、市近年来关于依法行政方面的最新文件及相关规定;制作《三门峡全面推进依法行政·建设法治政府》专题宣传片,集中展示了三门峡市在法治政府建设过程中取得的成绩,较好地宣传了三门峡市推进依法行政工作的典型做法。依法行政信息宣传被省政府法制网采用630条;省政府网站采用24篇,国务院法制网采用5篇,三门峡日报报道11篇,河南法制报报道12篇,河南法制网采用15篇等。

【仲裁调解进行业工作】 2016年,三门峡仲裁委员会严格仲裁工作程序,加强对办案流程的规范和仲裁程序的监督,创新实行仲裁员宣誓制度,严格加强仲裁员办案质量和效率的跟踪管理,完善仲裁制度,提高仲裁公信力。加强宣传和推广仲裁,在《三门峡日报》和《黄河金三角时报》开设专栏,通过内部刊物《三门峡仲裁》和联办刊物《仲裁信息》,以及微信公众平台推送等方式,宣传和推行仲裁法律制度。加强仲裁员廉政教育,通过举办讲座、培训班等形式,切实提高仲裁员整体素质和业务能力。共受理案件221起,结案205起,案件调解和解率、快速结案率、自动履行率均达到80%以上。 (宋 文)

公 安

【概况】 2016年,三门峡市公安局围绕“防控风险、服务发展”主题,紧盯“政治稳定、治安稳定、队伍稳定,党委政府放心,人民群众满意”总体目标,以“十项建设”为抓手,以战斗力倍增计划为牵引,以改革创新为动力,以科技信息化为支撑,扎实推进“平安三门峡”建设,圆满完成了各项安保任务,确保了社会大局的持续稳定,人民群众安全感、满意度持续提升,群众安全感位居全省第四,综合绩效考评跻身全省前三名,实现了历史性的突破。

维护社会稳定 全市公安机关紧紧围绕维护国家安全和社会稳定的大局,坚持维稳超前化,不断增强公安维稳工作的预见性和主动性,切实提高消除隐患、化解风险、稳固基础、掌控大局的能力。充分发挥省际反恐检查站的作用。依托豫陕界、豫晋界两个反恐治安检查站,加强衔接和配合,筑牢三省之间反恐维稳的安全屏障,全年启动二级以上执勤150天,检查车辆61482台次,其中涉疆车辆2638台;检查人员355413人,过滤关注群体499人;检查行李物品9.4万件,收缴管制刀具384把,收缴易燃易爆品50升,重点时期、敏感时段没有发生任何途径豫陕界、豫晋界的干扰。扎实推进“滤网计划”。进一步增强情报信息分析研判能力,加强关注群体人员管控,对763人次中转过境关注人员,48名关注群体落实“六见”以及“点对点”核查工作要求,确保把“中转站”变成“过滤站”,把关注人员变成“透明人”,核查公安部、省厅交办案件线索17起,开出三门峡市首张反恐罚单,成功举行全市反恐应急第一梯队紧急拉动暨反恐训练成果汇报演练,全市反恐处突专业力量的实战能力有效提升,全市没有发生暴恐活动现实危害。加大专案侦察力度。11起部、省督办的反邪教专案取得重大突破,公安部、省厅2次通报表扬。侦破“法轮功”“全能神”“呼喊派”等邪教案件22起,捣毁邪教组织窝点16个,抓获邪教分子61名,逮捕4人,刑事拘留5人,治安拘留27人,教育训诫25人,收缴“法轮功”“全能神”宣传品2371份(本),始终保持了对邪教组织活动的高压态势,特别是成功侦破部督“3·31”专案,一举抓获了潜逃12年的部督B级逃犯、法轮功地下核心人物刘建峡,成功捣毁河南省法轮功地下核心组织,查明线索涉及11个国家、13个省市,仅河南省就顺线打掉法轮功地下窝点65处、抓获176人,收缴电脑216台,反宣品8万余份,取得了近年来全省反邪教斗争的最大胜利。强力推进国保“三级情报网”建设。提升预知预警能力,搜集各类信息3421条,上报不稳定因素214条,排查化解矛盾纠纷784起,阻赴省进京集访滋事29批次170余人次,先后落地查证行动性、破坏性、煽动性案件线索21条,妥善处置了涉军、出租车、家王庄、南关村、义煤集团等一批集聚集访事件,省厅两度推广三门峡市“三级情报网”建设经验。信访维稳工作常抓不懈。以信访积案化解为重点,及时解决各类信访问题,畅通信访渠道,减少信访存量,控制信访增量,立足协调联动,强力推进律师参与化解和代理涉法涉诉信访案件工作,将律师参与化解和代理涉法涉诉信访案件纳入公安信访领域,在全省公安机关重点信访案件集中清理化解专项活动中,涉及三门峡市的信访案件办结息诉率93.10%;落实对重点人的常态管控和敏感节点“日报告、日调度”工作,全年没有发生有重大影响的集体上访、极端上访和群体性事件。在十八届六中全会、省党代会和涉军群体赴京集访专项活动中,共列管国保涉稳重点人10人、治安重点人7377人、肇事肇祸精神病人1176人,核查线索216条,稳控劝返赴京、赴郑非访人员73人,确保涉军等特殊利益群体“零赴京”、实现三门峡“零非访”。强化大型活动安保。严把安全许可、安全容量、安全检查、秩序维护“四关”,先后完成第二十二届国际黄河旅游节、第四届特色商品博览交易会、市七次党代会、万达广场开业庆典等86次安保工作,确保各项活动安全有序、万无一失。

打击刑事犯罪 持续推进打击常态化,始终保持严打高压态势,不断提高综合打击效能,有效实现“更快地破大案、更多地破小案、更准地办好案、更好地控发案”的打防目标,不断增强人民群众的安全感、满意度和公安机关刑事司法公信力。严重暴力犯罪实现“发一破一”。全市现行命案发20起破20起,破案率100%,发案减少1起,下降4.7%;破案率同比上升9.52个百分点,现行命案侦破成绩并列全省第一。全市共破获各类案件4550起,公诉各类犯罪嫌疑人2199人,圆满完成省厅下达的任务目标;百名民警公诉86.24;累计抓获逃犯768人(其中外省134人)。打击多发性侵财犯罪成效明显。共破获“盗抢骗”案件3246起,同比上升16.3%;百警破案96.78;刑拘“盗抢骗”犯罪嫌疑人1305人,同比上升33.85%;提请逮捕“盗抢骗”犯罪嫌疑人1033人,同比上升34.33%;起诉“盗抢骗”犯罪嫌疑人1293人,同比上升16.8%;全年刑事立案12167起,同比下降26.69%;全市共立“盗抢骗”案件11453起,同比下降15.44%,下降率全省第一。反虚假信息诈骗工作取得新进展。年初成立市公安局打击处置虚假信息诈骗中心,全年累计拦截止付电诈资金4481.99万元,超额完成全年拦截止付200万元目标数,止付率158.94%;共侦破电信诈骗案件489起,抓获电信诈骗犯罪嫌疑人190人,打击虚假信息诈骗犯罪综合成绩居全省领先位次;总结提炼出打击伪基站犯罪“锦囊八步”技战法在全省推广,共打掉伪基站72个,破案161起,抓获伪基站嫌疑人244人,打击“伪基站”工作全省名列第一。打击经济犯罪综合能力不断提高。全市共立经济犯罪案件113起,破案116起,抓获犯罪嫌疑人268名;共抓获非法集资犯罪嫌疑人83人,陈案结案率达95.7%,新案结案率达90.9%,合计结案率排名全省第二位,三门峡市在全省非法集资案件侦办攻坚战推进会上做经验发言。打击假冒伪劣犯罪战果全省领先,发起全国集群战役3起,参与外省集群战役2起,侦破公安部督办案件2起;国务委员、公安部部长郭声琨、河南省委常委、政法委书记、公安厅厅长许甘露对三门峡市参与的“5·12”假烟案战役集群行动签发嘉奖令予以表彰。“猎狐”专项行动卓有成效,抓获境外逃犯2名,省厅对三门峡市“猎狐”专项行动办公室授予集体二等功荣誉。扎实推进禁毒工作。禁毒宣传进校园活动扎实开展,青少年毒品预防教育工程有序推进,打击涉毒违法犯罪、大收戒、“禁种铲毒”专项行动成果显著。全市共铲除非法种植罂粟1743余株,成功破获一起省级目标案件,累计破获涉毒案件53起,查获吸毒人员113人,缴获毒品11329.13克。有效净化网络环境。组织开展“2016净网利剑”打击整治网络违法犯罪专项行动,落实网上巡查管控机制,及时发现、上报有害信息13673条,侦破网络违法犯罪案件52起,抓获人员194人,同比分别上升189%、593%;成功破获涉案5人的破坏计算机信息系统案件,成为三门峡市首例劫持网络流量进行DDOS攻击破坏计算机信息系统案件。刑事技术基础稳步加强。Y数据库建设排查完成率为101.34%,已检验家系数为40181,检验完成率为98.83%。利用Y家系破获案件14起,Y-STR家系建库率全省第二名。

治安防控工作 全市治安管理部门紧紧围绕“立体化治安防控体系建设、一村一警、双实管理、治安重点要素管控”四项重点工作,全面加强管理和防范工作,全市十类可防性案、事件明显下降,以小稳定带动大稳定,以小平安带动大平安。加强人防物防技防建设。以派出所民警、巡警为骨干,以群防群治力量为补充,以社会面、居民区和内部单位、公共场所为基础,构建专群结合、人防物防技防结合、点线面结合的社会治安防控体系,2016年,城区共在居民小区、宾馆酒店、党政机关、企事业单位、娱乐场所、学校、加油站、农贸市场、商场、网吧等重点部位安装门禁、探头等各种技防设施3.6万个,农村地区共安装门磁、控头等2954个,行政村覆盖率达55%。全市共出动巡逻警力2300余人次,车辆210余台次,群防群治力量2500余人次,盘查可疑人员6530余名,盘查可疑车辆4160余辆,抓获现行犯罪嫌疑人18人;检查重点单位、要害部位750家次,发现整改安全隐患185处,下发整改通知书78份,整改率达100%。加强社会治安群防群治工作。以加强三门峡市银行、中小学校幼儿园、医院、公交、长途客运、输油气管道、电力设施等重点领域的安全保卫工作为重点,深入推进单位内部治安防控网建设。全市651所校园实现封闭式管理,配备安全叉等防护装备3965件,616所校园已配齐防护装备,232所校园安装隔离墩等硬质防冲撞设施,189所校园周边安装信号灯、人行横道、警示标志,232所校园周边安装减速带,安装视频探头8330个,715所校园在大门口等重要部位安装探头,510所校园安装一键式报警装置并与公安机关联网。建立市级公安机关与银监部门,县级公安机关与辖区金融保卫部门,各派出所、各社区警务中队与辖区金融保卫部门,市直各金融机构保卫部门与本系统下属保卫部门四级联合安防检查和隐患整改机制,全市金融机构监控平台建设率、与110联网率均达100%;二级以上医疗机构技防安装率达100%;水电油气暖等重点单位及要害部位监控覆盖面已达95%;全市共建立警民巡逻队伍458支1832人;督促公交车上配备安全员1941名;督促医疗卫生机构建立安全保卫组织13个,充实保卫人员135名,保安人员300余名。构建立体化反恐防暴巡防格局。健全完善了涉恐涉暴快速反应机制、应急处突工作预案,装备了“剑齿虎”防暴装甲车、高精度狙击步枪等反恐装备,设立了“火车站、高铁南站、湖滨广场、市委政府”4个“1分钟有效处置区域”,25个封城行动卡点,进一步加大对火车站、大型商场等人员密集场所的巡控力度,严防发生暴恐袭击和个人极端案件。在全市范围内形成了检查站“守点”、网格化巡逻“巡线”、多警种联动“控面”、封城卡点“围圈”的反恐格局。搭建显性用警工作框架。整合警力资源,依托特警支队成立巡控办,在各直属分局成立6支85人专业巡逻队,整合机关(青年突击队)、交警、4050人员等九大防控要素,全市组织义务巡逻队1463个,形成了三级巡逻防控力量,构建了常态勤务、加强勤务、战时勤务三级勤务模式。深入推进“一村(格)一警”工作。配备社区(驻村)民警255人,通过政府招聘一批、乡镇负担一批、村干部兼职一批、内部调剂一批“四个一批”“,1525名“一村(格)一警”辅警配齐到位,争取专项资金570万,新建警务室26个、警务工作站825个,购置电脑82部、指纹采集仪20台,发放警用摩托车、电动车250辆、警用自行车600余辆;在全市范围推广三门峡市自主研发的“一村(格)一警”信息系统,为社区警务工作提供信息化手段的“尖兵利器”。强化“双实管理”。以实有人口、实有房屋“双实管理”为核心,以“阳光房、透明人”为标准,详细采集本辖区常住、寄住、流动、境外人口普查必采信息,并对实有房屋历史数据进行清理、核对、更新,新数据及时录入,切实建立“以房找人”和“查人知房”双向互联的实施途径,做到“两个实有”的全覆盖管理。录入实有房屋信息4.6万条,实有人口166万条,列管重点人员7378人,肇事肇祸精神病人1176人,走访7341人,按期走访19452人次。

执法规范化建设　牢牢把握建设法治公安的总目标,坚持问题导向,全力防控风险,建立完善高效顺畅的执法办案体系,全面完成市、县两级公安机关执法办案中心管理和案审机构设置。市局执法办案中心即可投入使用,各县(市、区)“一体化”执法办案中心全面建成,建成执法记录仪警务通管理系统,执法记录仪按照一线实战单位人手一台的配备标准已100%达标。全面完成全市公安机关办理刑事案件“两统一”工作。市局被省厅定为全省改革受立案试点单位,市县两级公安法制部门均已设立了案件受理中心或案件受理室,受立案改革稳步推进;制定出台市局全面贯彻落实改革完善受案立案制度实施方案和考评细则,并与市检察院协商会签《关于刑事案件移送与接收工作的若干规定》,与检、法部门就刑事案件对接工作形成长效机制。执法绩效积分机制工作保持全省前列。市公安局承担省厅《河南省公安机关执法质量考评实施细则》修改任务,在2016年度全省公安法制工作会议暨执法规范化建设信阳现场会上,市局就执法绩效积分工作做典型发言。湖滨分局年内被公安部授予“全国公安机关执法示范单位”荣誉称号。整体执法质量稳步提升。制定出台《三门峡市公安局公职律师工作规范(试行)》《三门峡市公安机关法制部门随警作战工作规范》;坚持每季度执法质量全面考评,并予排名公示,激励了各单位严格执法、创先争优的意识和工作热情。加大非访打击力度。持续加大对围堵党委政府挑头闹事人员和进京赴省违法上访人员的依法处罚力度,共依法打击处理党委政府门前非法上访人员79人,其中拘留18人,训诫61人,有效改变了“信上不信下、信闹不信法”的怪象,市委、市政府门前的正常信访秩序持续好转,市委、政府门前群体性上访共341起,同比下降17.6%,实现了自2014年以来党委政府门前集访事件的连续下降。

公安信息化建设　成功打造全省第一家“情指一体、警种联动、常态研判、混编作战”的信息合成作战指挥中心。合成作战中心和基层实战单位案案对接,让每一起有条件的案件都有强大的数据信息支撑,让每一位在外办案的民警都有后台支持,实现了生产力解放、原动力激发、战斗力倍增,拉动打防管控战斗力倍增,赢得公安部、省公安厅及全省公安同行的关注和好评。公安部情报中心主任黄洪实地调研中评价“在深化公安改革进程中具有一定的示范破题效应”;先后在公安部举办的全国公安机关大讲堂、在第三届全国公安综合情报工作高峰论坛上作典型发言。信息合成作战指挥中心成立以来,参与破案1490起,抓获嫌疑人1287人,其中抓获伪基站嫌疑人78人,打掉伪基站38个,追回被盗抢骗赃款32.6万元;推出技战法11个、精品案例36个;抓获本地上网逃犯176人,抓获外省上网逃犯80人;救助走失老人儿童285次,制止自杀类警情15次,找到遗失物品238次;破获普通交通肇事逃逸案件90起。加强区域警务协作。依托晋陕豫“黄河金三角”地区警务协作框架,加强与渭南、运城和临汾三市公安机关的警务协作交流,与全国70多个市、县公安机关签订《区域警务联盟实战协作约定》;开展灵宝、芮城、潼关等地区“小区域警务协作”,建立派出所、警种部门“点对点警务协作机制”,推进黄河金三角区域警务协作向纵深发展。进一步夯实信息化基础。完成二级网核心设备国产化和三级骨干网冗余改造,完成全市反恐安全域建设,建成市级公安信息网综合安全管理平台,规范公安信息网网络安全管理和应用系统入网准入流程,投资150万元完成了“警务云”平台二期扩容建设,实现各类软硬件资源整合和信息高度共享,信息通信基础环境持续优化。“微创新”潜力全面培养和激发。以“微警务”“微创新”做好大文章,向省厅筛选推荐17个创新项目,以小革新、小发明推动警务效能大提升。市局研发电商物流实名认证管控预警系统,严格落实物流寄递三个100%查验制度,强力推进穆守文研发物流寄递系统建设,省厅将开发分局舒馨苑警务室作为全省电商物流实名认证管控预警系统试点。推进省市一体化警综平台建设。全面完成警综平台软、硬件基础环境配置工作,完成了全市警综平台集中测试和全警培训工作,完成了警综平台与110系统、电子签章、PKI/PMI、标准采集等13个业务系统对接,确保平台顺利上线工作。移动警务试点先行。三门峡市被确定为全省移动警务试点单位,自主研发的具有移动协同、文件流转、定点签到、新闻发布、会议管理、文档管理、电子邮件等功能的移动警务OA办公系统现已部署并测试完成,具备上线试运行条件,必将大大提升民警工作效率。稳步推进视频建设侦查工作。市县两级视频建设管理部门正式组建运行,打造了科学规范的视频图像建设管理体系。整合联网全市卡口、智能交通、微卡口共计902路，完成制高点监控建设11路，建成“市、县、乡、村”四级视频联网网络，累计接入公共安全视频监控10576路，提前超额完成全年联网任务。视频图像智能分析平台方案进入招标程序，无线视频监控体系方案、无人机空中视频巡控方案论证阶段完成，为立体化社会治安防控体系建设提供支撑。

队伍正规化建设 牢牢把握队伍建设的总要求，坚持政治建警、全面从严治警，做到严格教育、严格管理、严格监督、严格要求，落实队伍正规化建设规范，深入开展“两学一做”专项教育。在市局网站主页开办“两学一做”学习教育专栏，印制学习资料发放到全体党员民警手中，印制市局“两学一做”共产党员风采录上下册，弘扬公安正能量；先后召开市局党委专题集中学习5次、党课活动28次，收集5个方面24项意见建议，各级党组织查摆出147项问题，队伍政治意识、大局意识、核心意识、看齐意识持续提高。加强举报投诉查办工作，维护公安民警执法权威。全天候开通12389举报投诉热线，共接到投诉电话726件，有效投诉68件，查实11件。市局“维权办”依法查处侵害民警正当执法权益案件，对30起侵害民警正当执法权益的案件开展维权，处罚侵权嫌疑人39人，其中采取刑事强制措施14人，行政处罚25人，切实保护了一线处警民警的执法尊严。成功打造“平安三门峡”微博微信名片。牢固树立“向宣传要警力、要平安、要民意”理念，“平安三门峡”官方微信成功改版，“平安三门峡”微博、微信传播力和影响力迅速提升，官方微博粉丝人数增加到55万人，官方微信粉丝人数增加到10万多人，成功跻身全国政务微信前500强，稳居全省公安政务微信前三强。举办三门峡公安“百姓口碑·忠诚卫士”公众微信投票评选活动，先进典型引领公安工作效能凸显。不断提升舆情引导能力。牢固树立“舆情即警情”理念，严格落实涉警舆情引导处置各项工作机制，先后成功处置引导了“4.9”渑池两学生遭受欺凌、“9.19”特警开枪击伤持刀嫌犯等25起涉警舆情，有效压缩了负面信息滋生和传播空间，没有形成负面炒作，赢得网上网下的一致点赞和好评。深入开展立功创模活动。史军锋同志先进事迹感人至深，在全局掀起追忆学习热潮；组织“忠诚颂·祭英烈”清明祭奠活动和“不忘初心，重温入党志愿”征文活动；开展升国旗、重温入警誓词活动；严格选人用人导向，年内对各直属分局提拔科级干部54人，将29人调整重用到领导岗位，“心齐、气顺、风正、劲足”的干事创业氛围日益浓厚。市局党委荣获全市“2015年度创先争优先进党组织”称号，4个单位获集体二等功、三等功；陈沛林等12人被三门峡市人民政府记“个人二等功”，28名民警被市公安局荣记个人三等功，76名民警荣记个人嘉奖；22名民警荣获“朱爱民式警务保障好民警”“全省优秀党务工作者优秀共产党员”和三门峡市“五一劳动奖章”“十大杰出青年卫士”和“十大优秀青年卫士”等荣誉称号。持续提升民警职业保障水平。认真落实各项惠警政策，圆满完成全局民警、辅警体检工作，人民警察法定工作日之外加班补贴、执勤岗位津贴及新调整警衔津贴已全部执行到位。开展“大走访”“大慰问”活动，共走访慰问基层单位36个，慰问功模、困难民警和一线民警260余人，慰问功模、困难民警和离退休老干部111人，发放慰问金73.22万元，申请政法救助资金和英烈基金20万元，全局警务辅助人员管理全面加强，队伍保持良好发展态势，为做好公安工作提供不竭动力。

【公安行政管理】 2016年，全市公安机关坚持服务便民化，持续提升“互联网+”平台服务便民效能。推出12项便民利民措施，开通全互联网缴纳交通违法罚款、轻微交通事故快处快赔、快速处理，真正实现了“让数据多跑路、让群众少跑腿”的最佳服务效果；“互联网+”便民服务平台2.0版顺利上线运行，户政入户、注销等29项业务的网上办理，平台实名认证23.4万人，在线平台总访问量突破29.3万次，业务申请、办理总量33.9万件，提供网上服务20.4万余人次，群众满意度好评100%。坚持“管理精细化”，有效防控公共安全领域的风险隐患。交警部门：以开展“道路交通安全三年综合整治”为主线，强化重点企业、车辆、驾驶人源头监管，抄告运管部门各类重点管理对象信息1.6万条，整改安全隐患107处，约谈曝光逾期未检验重点车140辆；全市共查处各类交通违法行为861781起，执法总量增幅24%；全市发生各类道路交通事故13032起，其中适用一般程序处理事故186起，死亡78人，受伤202人，起数下降14.3%，受伤人数下降23.5%，死亡人数与去年基本持平；推进黄标车、老旧车、渣土车“三车”专项治理。强化路面查缉和源头追缴，全面推进“三车”淘汰治理，全市实际拆解、灭失、收缴注销数21175辆，占比52.33%。渣土车专项整治扎实推进，成立联合查缉小组12个，开展联合查缉行动22次，检查施工场地145个，约谈违法违规企业33家，依法查处渣土车未检验、闯禁行、未遮盖篷布等违法行为3466起。有效维护道路停车秩序。开展停车基础设施建设改造，市区新增汽车泊位500余个，摩托车、非机动车泊位590平方米；完成了湖滨南停车场智能停车管理系统升级改造及场内设施维护更新，相继开展了集中整治停车秩序及占道经营百日行动、“洁城行动”“清障行动”，严厉打击各类占道停车违法行为2.6万起，拖移车辆5300余辆次；年初完成了崤山路公交车专用道改造，崤山路通行效率提高30%。高速交警：依托“三高一快”智能交通系统，全年查处各类交通违法行为24.6万起，同比上升17.5%；其中非现场执法17.5万起，上升21.1%，总执法量以及非现场执法量始终位列全省第一，现场执法量始终位列全省第二；辖区高速公路交通事故四项指数同比分别下降1.3%、5.2%、32.8%、12.8%。治安部门：全面加强危险爆炸物品的安全监管，共收缴各类枪支276支（含仿真枪）、子弹22790发、炸药5729.5公斤、雷管6530枚、导火索395米、管制刀具510把；涉爆刑事立案4起，刑事拘留12人。10月，成功侦破一起非法制造、买卖爆炸物品案件，捣毁一个非法制造炸药窝点,抓获犯罪嫌疑人7名,收缴私制炸药960公斤、雷管3000枚、制爆原材料10余吨以及制造炸药设备一套。对全市46家剧毒化学品从业单位建立实施监管,推广安装散装汽油购销实名登记系统176家,比对预警和落地查控重点人员信息136次,顺利实现“防纵火爆炸、防恐怖袭击、防极端暴力行为”目标;重拳整治“黑加油站点”。省公安厅7月14日部署开展打击整治“黑加油站点”专项行动以来,全市共排查“黑加油站点”105家,查封104家,刑事立案7起,刑事拘留7人,治安拘留27人,查扣油品5.7吨。输油气管道安全保护专项行动稳步推进,抓获部督省督涉油逃犯1名,三门峡市油气管道保持“四零”(管道“零发案”、生产运行“零事故”、恐怖破坏活动“零发生”、企地矛盾纠纷“零产生”)良好记录;扎实推进大气污染防治攻坚战。认真落实省市部署,保持对环境污染犯罪行为的高压态势,办理环境污染刑事案件10起,采取刑事强制措施10人;查处环境污染行政案件349起,治安拘留49人、行政罚款296人;协助环保部门拆除燃煤锅炉11个,硅石加工厂、粉石料厂24家,关停金矿石选厂30家,有效维护了碧水蓝天。消防部队:采取“兵团化”作战、“大罚单”处罚和媒体集中曝光等工作方法,对全市8个县市区79个乡镇(街道)1.8万家各类场所开展检查排查,督促整改火灾隐患4.57万处,责令三停单位292家,临时查封单位场所403处,行政拘留147人,罚款单位523家次。全年共发生火灾333起,均为一般火灾,连续11年未发生较大以上火灾事故。出入境管理部门:按照“协调配合机制顺畅、基层基础工作扎实、涉外治安秩序良好、涉外执法文明规范”的工作目标,积极构建“大外管”管控网络机制,实行外国人管理工作三级管理模式,加强外管工作沟通,推进外管工作规范化;积极兑现服务承诺,扩大受理办证渠道,实现申请出入境系统自动审批功能,缩短办证时限,提升服务管理效能,核查来峡境外人员6907人次,为来峡外国人办理各类签证、证件37人次,批准出国(境)人员43414人次,以优质高效便捷的服务赢得群众的认可,群众满意率达到100%。公安监所:安全管控实现“零事故”,全市监所共收押6180人。同比上升5.66%;其中看守所收押3147人,同比上升3.66%;拘留所收拘2969人,同比上升13.89%;监所教育感化深挖犯罪战果突出,“黄瑞军深挖犯罪工作法”在全省叫响,市看守所荣膺集体二等功荣誉。

【公安廉政建设】 2016年,全市公安机关始终坚持从严治警,以夯实“两个责任”为目标,以深化纪律作风建设为主线,进一步加大教育预防和监督问责力度。坚持学习为先、教育为主,筑牢防腐拒变的思想防线。落实党员“三会一课”制度,不断强化公安队伍的忠诚意识、奉献意识、纪律意识,制作警示教育片《警钟在身边敲响(二)》,组织学习《蜕变》《警钟》《永远在路上》,依托市看守所建成了市公安局廉政警示教育基地,被市纪委命名为“市级廉政教育基地”,市公安局被市纪委命名为“市级廉政文化示范点”。坚持警示为先、预防为主,狠抓反腐倡廉的措施落实。修订完善《三门峡市公安局队伍违法违纪问题预防管理办法》,将“不作为、慢作为,执法不规范,不公正,态度不好”等“四大顽症”纳入预防管理视线,对52名预防管理对象进行管理、帮扶,保持了预防管理对象“零违规”“零违纪”。全市公安纪检监察部门共查处违纪案件24件25人,追究领导责任35人,其中党政纪双处分1人、党纪处分11人、政纪处分13人、诫勉谈话35人;处理违令违规民警、协警48人,其中免职1人、通报批评29人、调整岗位12人、辞退协警6人,达到“问责一个,警醒一片”的综合效果。坚持制度为要、监督为主,加强反腐倡廉的制度保障。出台主体责任任务清单制度、签字背书制度、年度“双报告”制度、领导干部约谈制度等“两个责任”落实保障机制,对重点单位“一把手”落实主体责任情况进行集中约谈,进一步明晰责任,明确目标,细化任务,分解到人,为推动“两个责任”落实打下了良好基础。年内,市公安局在93家市直单位参评的2015年度全市作风建设和反腐倡廉建设检查考核中位列第一;先后被评为“全省公安机关党风廉政建设“两个责任”优秀单位”“全市纪检监察信息工作先进单位”“全省内部审计先进集体”。

【成立情报信息合成作战指挥中心、反恐行动指挥中心、打击处置虚假信息诈骗中心】 2016年2月4日,三门峡市公安局情报信息合成作战指挥中心、反恐行动指挥中心、打击处置虚假信息诈骗中心“三个中心”举行揭牌仪式。市委、市政府主要领导、省公安厅警令部领导等出席仪式并共同按动启动球为“三个中心”成立揭牌。市公安局信息合成作战指挥中心是河南省第一家信息合成作战指挥中心,在全省具有示范引领作用,标志着全市社会治安防控体系建设和公安转型发展步入新的阶段。中心彻底打破了传统“单兵作战”的传统模式,实现了全市警力资源的科学整合、警情信息的互联共享,将有效推动三门峡市公安警务实战模式从小数据分散到大数据共享、从分散应对到综合预警、从汗水警务到智慧警务的深度变革,为实现各警种“兵团作战”搭建良好平台。

【举行反恐应急第一梯队紧急拉动暨反恐训练成果汇报演练】 按照河南省反恐办、省公安厅关于加强敏感节点反恐安保工作的部署要求和市委、市政府相关领导指示精神,7月5日,三门峡市反恐办举行反恐应急第一梯队紧急拉动暨训练成果汇报。市公安局、市环保局、市卫计委、三门峡武警支队、三门峡消防支队等市直反恐应急第一梯队成员单位280余人参加演练。

【第二届全国现代侦查技战法论坛在三门峡市召开】 2016年11月19日,由中国人民公安大学现代侦查技战法研究中心主办,三门峡市公安局承办的第二届全国现代侦查技战法论坛在三门峡市成功举行。论坛以近年来全国重大案件优秀技战法研讨为主题,共同探索现代侦查技战法的发展创新之道。三门峡市政府党组成员、局长王峰，中国人民公安大学侦查与反恐怖学院院长、教授、博士生导师、公安部刑侦局特邀刑侦专家陈刚出席会议并分别致词。中国人民公安大学相关领导、各省警察学院教授、公安刑侦专家、警界精英以及三门峡各县(市、区)公安局,局直各分局主管刑侦局领导、刑侦大队长、合成作战指挥中心主任(情报中心主任)和市公安局相关单位负责人等共100余人参加此次论坛。

(王改凤)

检 察

【概况】 2016年，全市检察机关自觉践行“创新、协调、绿色、开放、共享”五大发展新理念，积极承担保障三门峡市经济社会转型发展的新使命，认真落实全面从严治党新要求，努力实现检察工作新发展。

坚持把服务大局作为检察工作的重要使命。根据三门峡市委的决策部署，及时研究出台检察机关服务保障国企改革、大气污染防治、扶贫攻坚等“三项重点工作”的意见,并在实践中抓好落实。在服务国企改革中,注重转变执法办案方式，一般不查封企业账户、账册,不开警车到企业办案,不轻易对关键岗位人员采取拘留、逮捕强制措施,尽可能为企业挽回经济损失,尽可能维护企业的正常生产经营秩序。同时,更加注重做好涉企职务犯罪预防工作，对蒙华铁路黄河大桥高速公路等重点建设项目开展同步预防，确保工程优质、干部清廉;对近年来房地产及工程建设领域职务犯罪情况进行专项调研,形成专题报告,送市委、市人大、市政府，为领导决策提供依据。在服务大气污染防治中,组织开展破坏环境资源专项立案监督工作,运用行政执法与刑事司法相衔接机制,加大对生态环境污染犯罪的监督力度。有11名破坏环境资源的犯罪嫌疑人经检察机关监督被追究刑事责任。在服务脱贫攻坚中，组织开展集中整治和加强预防扶贫领域职务犯罪专项活动，先后在扶贫部门和扶贫资金管理使用等领域和环节，立案查处涉嫌贪污贿赂犯罪的国家工作人员11人；结合办案中发现的问题，联合市扶贫办举行以“精准扶贫、廉洁为民”为主题的专题警示宣传教育基层行活动，采取群众喜闻乐见的形式，深入宣传党的扶贫政策，提高扶贫领域国家工作人员的廉洁自律意识。

始终把人民放在心中最高位置，着力保障改善民生，维护群众根本利益。推行服务承诺制。市检察院向社会公开承诺做好爱民实践服务10件实事，明确每一事项的标准要求和责任领导、责任部门,公之于众,接受社会监督。组织开展送法进校园、进农村、进企业、进社区、进机关“五进”活动。采取巡回宣讲、个案说法、警示教育等方式,丰富送法内容,增强送法效果。开展送法活动160余场次，受到社会各界好评。特别是在进一步总结“送法进校园”活动经验的基础上,联合市教育局,从年初开始,共同开展“法治进校园”巡讲活动,组织开展了51场法治讲座，在广大师生中间产生了较好反响。组织开展农村危房改造补助资金专项调查活动。先后在全市66个乡镇排查了33249家农户，涉及专项资金2.36亿元。根据调查发现的线索,对涉嫌套取国家危房改造补助资金190余万元的6名国家工作人员立案侦查，有力保障了国家专项政策资金惠及民生。坚持以法治思维做好矛盾纠纷化解工作。依法审查各类控告申诉68件，办结息诉5起中央巡视组交办的涉检信访案件，对符合条件的7起案件当事人给予国家赔偿，对9名刑事被害人给予司法救助。特别是积极推进律师参与化解和代理涉法涉诉信访案件试点工作，通过第三方介入增强信访群众对处理结果的认同度,在两级检察院的信访接待大厅设立律师服务站,与市司法局、律师协会等单位会签工作意见,安排律师参与接访120余人次，矛盾纠纷化解法治化水平进一步提高,这项工作走在全省前列。

突出执法办案的中心地位，切实把各项法律监督工作做深做细做实。充分发挥审查逮捕、审查起诉职责,严厉打击严重刑事犯罪。共依法批准或决定逮捕1428人,依法起诉2294人,切实维护国家安全、社会公共安全和公民人身财产安全。同时,全市检察机关加强同公安、法院的协作配合,对重特大案件适时介入公安机关侦查活动,熟悉案情，引导取证，努力做到快捕快诉;对不符合逮捕、起诉条件或犯罪情节轻微、社会危害不大的,依法作出不批捕、不起诉决定或建议法院适用简易程序,最大限度减少社会对抗、减轻当事人诉累。认真做好国家工作人员职务犯罪的查处和预防工作，推动反腐败斗争深入开展。坚持贪贿渎职一起查、赃款逃犯一起追、惩治预防一起抓,共立案侦查贪污贿赂案件69件86人,渎职侵权案件17件28人。继续做好职务犯罪追逃工作，市院被表彰为全省追逃工作先进单位。结合办案,积极做好职务犯罪预防，通过开展预防调查、进行犯罪分析、深化警示教育、向社会提供行贿犯罪档案查询等多种途径，不断拓展预防职务犯罪的深度和广度。加强法律监督,维护司法公正和法制统一。坚持敢于监督、善于监督、依法监督、规范监督,切实把加强法律监督贯穿于检察工作的各个环节。在刑事诉讼监督中,重点监督有案不立、有罪不究、以罚代刑、量刑畸轻畸重、违法减刑、假释、暂予监外执行等问题,防止和纠正打击不力。共依法监督公安机关立案42人,同比上升上升7.7%。依法纠正漏捕53人,纠正漏诉73人。依法提出刑事抗诉17件,抗诉意见采纳率同比上升23.6个百分点。监督纠正不当减刑、假释、暂予监外执行23件。在民事审判和行政诉讼监督中,灵活运用抗诉、检察建议等方式,加强程序监督、调解监督、执行监督、违法审判行为监督,促进形成多元化监督格局。共依法受理民事行政申诉案件475件,同比上升90%;对其中确有错误的裁判依法提出或提请抗诉24件；依法提出再审检察建议15件，采纳率同比上升11.1个百分点。

自觉站在维护司法公正、增强司法公信的高度，持续推进司法规范化建设。以开展多发问题专项整治促规范。按照最高人民检察院的统一部署，集中开展了规范司法行为专项整治工作。在巩固整治成果的基础上，针对容易出现反复的突出问题，组织办案部门开展案件质量评查8次，统计专项核查3次，纠正瑕疵案件26件，纠正统计业务不规范问题11件，纠正数据质量问题15类125个，不断把规范司法行为引向常态化轨道。以实行案件集中统一管理促规范。充分发挥案件管理对执法办案的流程监控作用，积极构建重点个案监控、业务条线监控和区域态势监控三位一体的监控模式，努力形成在检察长和检委会领导下，以办案部门管理为基础，以集中管理为枢纽，以检务督察为补充的案件管理立体格局，实现对司法办案活动的有效管理和监督。以深化检务公开促规范。本着应公开尽公开的原则，借助互联网技术，将检务公开由传统的职能职责公开向全面及时的案件信息公开转变，共向社会发布案件信息5000多条，公开法律文书1000余件，接待当事人、辩护人、诉讼代理人500余人次，安排律师阅卷400多人次。同时，充分运用微博、微信、手机客户端等新媒体扩大公开的覆盖面，全方位保障社会各界对检察工作的知情权、监督权。

加强检察队伍和基层基础建设。认真开展"两学一做"学习教育，严格落实从严治党主体责任，不断加强检察队伍的司法能力、政治素养和作风纪律建设；加强对基层院的组织领导、业务指导和发展引导，检察队伍和基层基础建设在原有基础上又实现新的发展。市院在全省检察机关党纪检纪知识竞赛中获得优秀奖，在全省检察机关首届案件管理业务技能竞赛中荣获集体三等奖，被市委表彰为"全市先进基层党组织""创先争优先进党组织"，市院控申接待大厅被市委市政府表彰为"全市文明服务示范窗口"。全市有5名干警分别被表彰为"三门峡市文明市民""三门峡市文明优质服务标兵"；3名干警在全省检察业务竞赛中分别获评"全省优秀公诉人""全省检察机关案件管理业务能手"。灵宝市院被最高人民检察院命名为"全国先进基层检察院"，被全国总工会授予"全国五一劳动奖状"。

【开展"举报宣传周"活动】 2016年6月14日，三门峡市检察院开展以"加强举报人保护，惩治群众身边腐败"为主题的"举报宣传周"活动。活动过程中，召开了新闻发布会、开展了检察长接待活动、进行了法治宣传，有效调动人民群众的举报积极性。

【开展"送法进网络"活动】 2016年7月15日，三门峡市检察院决定在全市检察机关创新开展"送法进网络"活动。活动以"宣传法律知识，追踪热点问题，解答百姓疑惑，履行检察职能"为主线，通过打造"送法进网络"平台，进一步扩大普法宣传范围，促进法治社会建设。

【开展"送法进校园"活动】 2016年10月26日，由三门峡市人民检察院和三门峡市教育局联合举办的"法治进校园"巡讲活动在市教师进修学校进行。市院4名干警结合自身工作实际进行主题宣讲。来自市教师进修学校、三门峡职业技术学院的500余名师生一同参加了此次活动。

【举办"检察开放日"活动】 2016年12月15日，三门峡市检察院举办"检察开放日"活动，三门峡市部分人大代表、政协委员，市检察院聘请的人民监督员、特约检察员、廉政监督员等参加活动。会上部分代表听取完汇报后对普法宣传等工作提出了意见和建议。随后，与会人员共同收听收看了省河南检察院"检察开放日"视频会议。

（李二平）

法　院

【概况】 2016年，全市法院紧紧围绕"让人民群众在每一个司法案件中都感受到公平正义"的目标，站位大局、为民司法，以"争创全省优秀法院、争创国家级文明单位"为载体，坚持"质效并重"，以问题需求为导向，狠抓审判执行第一要务，全面推进信息化建设，不断深化司法公开，切实落实司法体制改革，稳步推进各项工作，共受理各类案件39331件，同比上升16.27%；结案36021件，同比上升13.70%；诉讼案件结案率93.46%，同比上升1.07个百分点。其中，市法院受理各类案件4772件，同比上升18.35%；结案4286件，同比上升11.76%。

刑事审判　全年审结刑事案件302件，审限内结案率100%，始终保持对严重刑事犯罪的高压态势。审结省委政法委挂牌督办"许友臣故意杀人案"等恶性犯罪案件39件，判处47人，其中，判处无期徒刑以上刑罚7人。坚定不移惩治腐败和职务犯罪。审结原安阳市副市长郭建华等贪污贿赂案件23件，33名职务犯罪分子依法受到惩处。坚决打击生产销售假药、有毒有害食品等危害民生犯罪，判决惩处徐雄清、刘春云等7名犯罪分子。审结非法吸收公众存款案件37件，对刘彦生等197名非法吸收公众存款犯罪分子予以惩处。审结的"义昌大桥爆炸垮塌案"附带民事案件一审宣判后，34名当事人均服判息诉。

民商事审判　全市法院受理各类民商事案件2385件，审结2301件，同比分别上升5.25%和4.83%，标的额12.84亿元。审结劳动争议案件、涉及农民工等案件191件，结案标的额414.20万元，保护了劳动者的权利和企业用工权利。成立家事审判合议庭，审结涉及婚姻、妇女、儿童、老年人、残疾人合法权益的各类家事案件116件。审结买卖合同等商事纠纷285件，涉案标的额1.54亿元，保护正常市场秩序。审结股权转让、民间借贷等案件446件，保障投资者合法权益。设立"涉军维权案件窗口"，成立维护军人军属合法权益合议庭，建立涉军案件审判流程管理机制，及时保障军人军属的权益。

行政审判　全市法院审结行政案件326件，同比上升8.31%。深入推进行政案件异地管辖，审结异地一审案件41件，有效保护当事人诉权。积极推进行政首长出庭应诉。行政首长出庭应诉案件251件，出庭应诉率77%。注重协调化解行政争议，全年共调解、撤诉行政案件55件，案件调撤率16.87%，同比增长9.56个百分点。强化法院、政府互动机制。发布全市法院行政案件司法审查报告，为行政机关依法行政及决策提供参考依据。向行政机关共提出司法建议，为行政机关提供法治咨询，邀请市、县行政机关参加庭审观摩，不断提升行政审判能力和行政执法水平。

执行工作 全年执结各类案件10437件，执行到位标的额13.1亿元。建立了与解决执行难相配套的制度。制定《执行案件异地管辖实施办法》等6个系列文件，确保执行工作规范化、科学化。全面推进分段集约执行模式，实行全员办案，提高执行效率。市、县两级均成立由党委政法委牵头的基本解决执行难问题领导小组，建立由各执行联动单位参加的联席会议制度。切实加强对执法工作的领导和协调，提高执行工作质量和效率。加大失信被执行人曝光力度。广泛利用“大头贴”公告、微信公众号、电视报纸专栏、电梯广告、各银行网点显示屏等多种平台将18119名失信“老赖”曝光在街头广场、广告牌、大屏幕。开辟专栏，加大对公职人员、代表委员等特殊主体被执行人的曝光力度，做到曝光“老赖”铺天盖地、全方位、无死角。湖滨区法院执结的“南极老赖”案被中央电视台等多家媒体报道宣传，并被最高人民法院列为全国十大执行经典案例之一。常态化推进网络司法拍卖。全年共上网拍卖各类涉执资产437件，成交159件，成交金额9000余万元，成交率36.4%，为当事人节约佣金600余万元。严惩拒执犯罪。以拒执罪判处88案92人，司法拘留981案1053人。市法院和湖滨区人民法院双双夺得“秋季执行风暴”全省打击拒执罪工作第一名，灵宝市法院、渑池县法院获得了省法院颁发的“百日执行风暴”专项活动先进单位称号，三门峡中院执行微电影《利剑出鞘》荣获全国法院第四届微电影评选优秀奖，全市法院执行工作受到省法院通报表扬。全市法院执行工作得到了社会各界和人民群众的广泛认可和肯定，对全市法院采取的强制执行措施，当事人无一起提出执行异议复议、无一件涉执信访案件发生、无一起负面舆情、无一起严重暴力抗法事件，取得了“四无”的良好效果。

立案工作 市法院登记立案4485件，当场登记立案率达到99%。完善案件繁简分流机制，推行轻案快审、小额速裁等审判方式，减轻群众诉累。严格落实立案登记制改革各项规定，做到有案必立，有诉必理，畅通群众诉求渠道，使社会上的一些无序诉求变为有序的依法诉讼。

司法公开 构建审判流程公开、裁判文书公开、执行信息公开和庭审直播公开“四位一体”的司法公开阳光审判体系。裁判文书公开是常态，不公开是例外。全市建成18个视频直播法庭。全年共上传生效裁判文14021件，网络庭审视频直播471件。主动展示法院工作，召开新闻发布会，邀请代表委员、新闻媒体、律师代表观摩庭审、见证执行、座谈评议，让社会各界见证司法公开。

诉讼服务 两级法院以人民群众的需求为工作导向，全面完成5个诉讼服务中心信息化改造升级建设，构建线上线下同步诉讼服务平台；完善诉讼服务中心功能设置，将立案、审判、保全、执行等相关工作进行程序性前置，为当事人提供除开庭之外所有诉讼事务的“一站式”服务，使得当事人进入诉讼服务中心之后就能办理相关程序性事项，做到“进入一个厅，事务全办清”；建立网上自助立案平台、诉讼全流程微信应用平台以及“12368诉讼服务热线”，为群众提供全方位法律服务，依托审判流程信息公开网，及时向案件当事人、诉讼代理人推送案件审理进度信息，变当事人打听案情为法院及时主动告知，方便群众诉讼。

司法救助 始终坚持“教育为主、惩罚为辅”的原则，全面推行圆桌审判、社会调查、卷宗封存、指定辩护人制度，强化庭审教育功能，促使未成年被告人彻底反省、认罪悔罪。对判处非监禁刑的未成年人建立帮教档案，定期开展回访帮教。坚持开展“开学第一堂法制课”“一校一法官”等活动，实现法治教育常态化。开展“拖欠农民工工资案件集中办理涉农维权”活动，为2569名农民工讨回劳动报酬及各类赔偿款7737万元。成立9个妇女儿童维权专门合议庭，切实维护特殊群体合法权益。为335名经济确有困难的当事人减免缓诉讼费361万余元，对112名遭受犯罪侵害、民事侵权或符合救助条件的当事人进行司法救助111万余元。切实让群众感受司法关怀。

审判管理 实行案件信息全流程监管，全部诉讼案件、执行案件信息均录入案件流程管理系统，实行案件办理节点控制，对临近超审限的案件实行审限提示、预警，铸牢规范审判权的“数据铁笼”。全面推进电子卷宗建设，实现案件卷宗随案电子化并上传办案系统，逐步实现全业务网上办理。依托裁判文书智能分析校对系统，加强裁判文书评查管理，及时发现裁判文书中的逻辑错误、遗漏内容以及法律条文引用错误，不断提高裁判文书质量。

司法改革 坚持以审判为中心的刑事诉讼制度改革，推进审判权和审判管理权运行机制改革，落实以主审法官、合议庭为主体的办案责任制，努力实现“由审理者裁判、由裁判者负责”。根据法院人员分类管理改革部署，全面完成法官员额制改革，全市法院入额法官214名，将优质审判资源配置到执法办案第一线；推行案件审理联席会议制度，充分发挥具有丰富审判经验和专业知识的法官专长，对疑难复杂案件进行分析研判；合理定位审判委员会职能，强化审判委员会总结审判经验、讨论决定审判工作重大事项的宏观指导职能。 （刘 迪）

司法行政

【概况】 2016年，三门峡市各级司法行政机关以履职尽责为根本，以服务人民为主线，以重点工作为抓手，整体工作顺利推进，重点工作成效突出。全市司法行政系统执法满意度在全省系统内居先进、在全市政法部门中排第一，市司法局被省司法厅表彰为2016

年度目标考核暨平安建设先进单位，被市委、市政府表彰为2016年度平安建设先进单位、脱贫攻坚先进单位。法律援助、法治宣传教育等工作受到了司法部和省司法厅的表彰。律师参与领导接访以及律师参与涉诉信访和申诉等工作走在全省前列。司法行政工作为全市经济持续快速发展和社会和谐稳定作出了应有的贡献，受到市委市政府和省司法厅充分肯定。

着力加强强制隔离戒毒工作。以场所安全稳定为工作重心，积极转变工作理念，加强队伍建设，做好教育矫治工作。一方面大力推进戒毒执法规范化建设，正确把握戒毒人员“违法者、受害者、病人”的三重属性，强化以关怀救济、治病救人为重点的服务型执法新理念，着力规范化执法行为，提高执法透明度。另一方面加强戒毒场所安全检查，坚持确保每月2至4次场所检查，全面排除安全隐患。定期组织开展安全生产消防事件和反恐防暴等预案演练，进一步增强场所安全稳定首位意识，提高处置突发性事件能力，确保场所持续安全稳定。共收治吸毒人员300余人，无安全问题发生。

继续做好刑满释放人员安置帮教工作。持续加大对刑满释放人员教育帮扶力度，切实落实这部分人员就业、社会保障、子女入学等一系列优惠政策，积极促进他们顺利融入社会，并进一步推进安置帮教基地建设，在湖滨区高庙乡建立6.67公顷种猪养殖场，在湖滨区陈宋坡村建立20公顷草莓种植场，在陕州区寺古洼村建立苹果种植基地，在高庙乡位家沟建立农家古柏康养中心等安置帮教基地，安置“三无”(无业可就、无家可归、无亲可投)刑满释放人员就业，并与协会成员单位九华纺织、香山红叶、骏通车辆等企业合作，安排符合条件的刑满释放人员进企务工。全年共接收刑满释放人员673人，基地共安置106人，累计介绍用工456人，最大限度预防和减少了重新违法犯罪。

大力加强社区矫正工作。建立功能完备、覆盖全市的社区矫正信息管理和实时监控系统，对矫正对象实时监控，并完成司法通社区矫正定位系统升级升级工作，进一步加强对社区服刑人员的定位监管效果，全面有效预防和杜绝了脱管失控。强化教育管理，坚持严格规范管理与人性化管理相结合、教育管理与爱心帮扶相结合，做到宽严相济、恩威并施、行为矫治与心理矫治并重，有效提高了矫正质量。持续完善社区矫正机构设置，全市累计接收社区服刑人员4981名，解矫3679名，在册1302名，2016年共接收社区服刑人员794人，无脱管失控现象，有效保障了社会和谐稳定。

主动服务党委政府中心工作。发挥律师、公证职能优势，围绕全市中心工作及重大项目建设，广泛深入开展专项法律服务和重点领域矛盾纠纷排查化解活动，主动服务全市重大项目、重点工程、重要工作，积极参与政府信访接待和担任政府法律顾问，有效避免和减少了法律风险和法律纠纷，及时消除了大量信访隐患，在事关全市经济社会发展的大事要事和重大群体性事件中发挥了应有的作用。全市律师共为政府、企业提供法律意见和分析论证679件（次），参与信访接待395件。全市共办理涉及项目建设公证877件。

加大法律服务便民惠民力度。律师、公证、司法鉴定等法律服务机构均对未成年人、老年人、残疾人、危重病人、经济困难群众等特殊服务对象采取减免费用、上门服务、开辟绿色通道等措施，真正施惠于民。全市律师共办理各类案件4963件，其中为未成年人、残疾人代理案件762件，减免代理费用30余万元；公证机构共办理各类公证8276件，其中为老年人、残疾人、危重病人提供预约上门公证413件；司法鉴定机构共办理司法鉴定案件1264件，其中涉及残疾人、农民工、下岗职工的司法鉴定案件83件，减免鉴定费用两万余元。

充分发挥法律援助扶弱济困职能。进一步扩大法律援助覆盖面，加强法律援助站点建设，降低法律援助门槛，将经济困难标准由人均月收入低于1000元放宽为1600元，推行民事援助无范围、刑事援助全覆盖。继续做好农民工、未成年人、军人军属等重点对象法律援助工作，着眼于解决农民工工资拖欠、工伤赔偿，劳动保护，未成年人、妇女、军人军属权益保护等问题。着力提高法律援助办案质量。加强案件质量管理，完善办案质量监督管理机制和考核评价机制，做到每一起法律援助案件的办理结果，件件有回音，案件回访率达到100%，全年无不良投诉。持续深化法律援助舆情分析工作，并加强宣传，提升法律援助知晓率。接待来电来访1万余人次，办理法律援助案件2986件，其中办理农民工法律援助案件732件，处理劳动争议556件，为未成年人提供法律援助231件，有效维护了社会贫弱群体的合法权益。

做好国家司法考试工作。国家司法考试三门峡考场均为标准化考场，并实现省级视频全监控，考生入场前，一律通过严格安检通道，各考场除了使用金属探测仪外，还设置了电子屏蔽仪等防作弊设施，对考试作弊行为实行“严杜绝”“零容忍”，有效杜绝了利用无线通信工具作弊事件，为考生营造公平、公正、权威的应试环境，实现了连续13年违法违纪零记录。全市共有372名考生参加国家司法考试。

突出抓好法治宣传。全面做好“六五”普法总结表彰及“七五”普法启动工作，积极组织开展“法律六进”“12·4”全国宪法日和法治宣传日等主题普法活动，抓住关键时间节点开展法治宣传，取得良好效果。建成甘棠苑法治教育基地、上阳苑法治公园等各具特色的法治宣传阵地，加强阵地建设。突出关键少数，抓好领导干部、公务员、青少年学生等重点对象的学法用法，组织领导干部和公务员法律知识考试，以青少年为重点，利用寒假、“6·1”儿童节等特殊节点，组织全市开展“法律进学校”活动，推动法治教育进课堂，增强青少年学生学法用法的自觉性。开通三门峡普法网、普法手机报、微信微博等新媒体普法平台，编辑出版《司法与民生》和《普法口袋书》等法治文集，通过宽层面、多渠道、广覆盖宣传，多方位、多形式开展普法宣传工作。全市公民法律知识普及率95%以上，领导干部和公务员达100%，为经济社会发展营造了良好法治环境。

不断加强人民调解工作。进一步完善人民调解工作机制，积极推进社会矛盾纠纷化解平台建设，在全市范围内推进社会矛盾纠纷化解平台建设，制定矛盾纠纷统一受理、统一调度、统一分派，归口调解制度，形成以人民调解为基础，各种调解资源和力量融合联动、高效运转的矛盾纠纷排查调处化解体系。推进行业性、专业性调委会建设，持续开展“双节”“两会”等特殊时期矛盾纠纷排查活动，实现了“小事不出村，大事不出乡镇”，全市共有调解委员会1537个，调解员7361人，每年调处各类矛盾纠纷6000件以上，调成率95%以上，真正筑牢了维护社会稳定“第一道防线”。同时，做到依法调解，结合典型案例进行“以案释法”，教育基层群众遇事找法、维权靠法，树立法治理念，提升法治水平。

着力推进以“互联网+”为核心的信息化建设。加快建成涵盖视频会议、特殊人群管控、业务综合管理、信息资源库、门户网站、应急指挥、数据分析研判、法律援助受理和法律服务咨询等用途的多功能、一体化、三级对接、信息互联、数据互通的现代化综合信息中心，努力推动“互联网+”技术与司法行政业务工作的深度融合，实现司法行政工作网上办案、网上服务、网上管理和网上监督，全面提升司法行政工作效率和服务水平。

持续加强司法所建设。大力推进规范化司法所建设，督促每个县（市、区）司法局建成2至3个高标准司法所，对已经命名的规范化司法所进行动态管理，消除其懈怠心理，督促其不断加强自身建设，全市共有39个“省级规范化司法所”，占全市78个司法所的50%。努力提升司法所工作水平和队伍专业化水平，进一步加强司法所业务工作制度化、规范化、标准化建设，提升司法所工作的群众满意度。

切实转变工作作风。加强调研工作，切实解决基层工作中存在的问题和困难，并要求凡调研必须做到一切从简，并“有反应、有回音、有效果”，要及时形成可行性调研报告，对调研中的重要意见、建议和突出困难、问题，及时提请局党委会或局长办公会研究，切实予以解决。减少各类会议活动，提高会议效率和质量，严格控制会议经费，精简各类文件简报，有效提高了工作效率，把精力集中在了重点工作上，推动了司法行政工作的高效快速发展。

【加强对外宣传】 2016年，全市各级司法行政机关积极与主流媒体合作，主动同河南日报、河南法制报、人民网、大河网等国家和省级媒体联系，加强双方的沟通、交流。同时，及时向司法厅、市委市政府信息科、市法学会、市政府法制办报送各类工作信息，多角度全方位宣传三门峡市司法行政战线取得的各项工作成果。同时，全力做好新媒体平台宣传工作。加大普法网管理力度，及时报道全市各行业各单位法治宣传工作成果，营造良好的司法行政工作宣传氛围。进一步做好微博、微信、普法手机报的实时更新，提高新媒体应用能力，发挥正面宣传作用和集群效应，全年共发送微博2000余条，微信60期，普法手机报27期。

【首次举行法律职业资格证书集中颁发宣誓仪式】 2016年3月30日，三门峡市司法局举行2015年度《法律职业资格证书》集中颁发宣誓仪式。这是市司法局为增强获颁《法律职业资格证书》人员的使命感和荣誉感，树立获证人员法治意识，加强法律工作者队伍建设，扩大国家司法考试影响力举行的一次重要活动。全市取得法律职业资格证书的43名考生代表参加了颁证宣誓仪式，并表示要以宣誓为新的起点，积极履行法律职业者的责任，努力担当起社会主义法治国家建设者、捍卫者的神圣使命。

【举办高规格司法行政业务研修培训班】 2016年，三门峡市司法局党委努力克服困难，拨付专项资金，组织安排全市100名基层司法行政干警，分两批赴河北保定中央司法警官学院参加司法行政业务研修培训，这是全省司法行政系统首次举办如此高规格的培训班。通过学习培训，参训学员们深化了思想认识，增强了做好司法行政工作的责任感和使命感，掌握了方法，提高了能力，为更好地履行职责，充分发挥司法行政职能作用加油充电，打下了坚实基础。

【开展法律援助进军营活动】 2016年4月，市法律援助中心到驻峡某部队，为驻地官兵举行了一场法律知识讲座，主要结合官兵工作实际，介绍了刑事诉讼、行政诉讼、民事诉讼等法律知识，重点结合实际案例，深入浅出地讲解了生活中较为常见的民事法律纠纷的处理办法，内容贴近实际，语言通俗易懂，受到广大官兵的热烈欢迎和一致好评，官兵们表示，送法进军营活动很有针对性，也很实用，运用法律武器维护自身合法权益，做学法、懂法、守法、护法的公民，树立军人良好形象。

【开展“12·4”国家宪法日集中宣传活动】 2016年12月4日，三门峡市市司法局作为牵头单位，联合公安局、环保局、地税局、林业局、湖滨区司法局等40多家单位，在大张广场开展了以“大力弘扬宪法精神，护航决胜全面小康”为主题的大型法治宣传活动，通过摆放展板、现场讲解、发放宣传资料、法治手袋、挂历、围裙等多种方式向广大市民宣传宪法及相关法律常识。市司法局专门安排了公证员、律师等专业人员针对现场群众提出的法律问题，予以耐心细致的解答，受到了群众的一致好评。宣传当天展出展板300余块，悬挂横幅100余条，发放资料8000余份，接待群众咨询200余人次，取得了良好的法治宣传效果。

（茹志琼）

·编辑 张怡杰·

经济综合管理

宏观调控

【概况】 2016年，三门峡市围绕“打造省际中心城市”建设目标，坚持新发展理念，以推进供给侧结构性改革为主线，适度扩大总需求，坚定推进改革，妥善应对风险挑战，经济社会发展的各项指标企稳回升。调节调控持续发力。坚持把稳增长保态势作为全局工作的重中之重，抓好政策落实和运行调控，按月、按季度召开经济运行和数据分析联席会议，及时掌握经济运行中的苗头性、倾向性问题。有效投资不断扩大。20个省重点项目和242个市级重点项目，分别完成年度投资147.1亿元、652.7亿元，占年度投资目标的122%、119%，万达广场等81个项目竣工；国家专项建设基金成效显著，共为全市7批69个项目争取基金74.1亿元，居全省第3位；纳入全省“1816”投资促进计划的376个项目，累计完成投资838.9亿元。总投资311.78亿元的22个项目列入省PPP项目库。企业服务进一步深化。认真开展“政策落实进万企”活动，规上企业首席服务员覆盖率达91%。广泛开展“精准服务企业助力转型发展”活动。先后与省农发行、国开行、建行签订总金额1500亿元的战略合作协议，协调金融机构为121个项目贷款321亿元，金融对实体经济的支持力度进一步增强。

【供给侧结构性改革】 2016年，三门峡市强力去产能，关停煤炭过剩产能3.6亿千克。着力去库存，全市房地产销售面积184.7万平方米，同比增长32.5%；全市商品房库存面积229.6万平方米，比年初库存量减少77.7万平方米。积极去杠杆，整合市属投融资公司，提高融资能力，降低融资风险。大幅降成本，制定降成本专项行动实施意见，10家企业进入省电力交易平台，为企业降低用电成本1100万元。全力补短板，脱贫攻坚稳步推进，蒙华铁路、310国道南移等一批基础设施项目进展顺利，市级以上各类科技创新平台达到136个，培养、引进中高级人才4113人。工业经济提质增效。53个亿元以上工业转型项目完成投资272.8亿元，灵宝宝鑫电子年产4000万千克动力锂电池专用负极铜箔、义腾新能源年产2.6亿平方米高性能动力锂离子电池隔膜等项目进展顺利，东方希望年产3亿千克氧化铝技改等14个项目建成投产。速达纯电动汽车项目通过国家发改委评估验收。全市规模以上工业增加值完成616亿元，增长7.3%，其中装备制造业增长11%、高新技术产业增长9.3%，两者占规上工业增加值的比重达到24%。服务业扩量提质。出台《三门峡市服务业发展考核办法》和《三门峡市2016年加快服务业发展工作方案》，三产占GDP的比重达到33.4%。第22届三门峡黄河文化旅游节暨投资贸易洽谈会、第4届特色商品博览交易会成功举办，万达广场开业运营，陕州地坑院民俗文化园累计接待游客超过200万人次。全市接待海内外游客3045万人次，旅游收入260.4亿元，分别增长13.3%和15.4%。锦江集团大宗商品物流园、卢氏莘原中药材物流园项目有序推进。三门峡电子商务产业园、跨境电商产业园投入运营，电商交易额达到40亿元。特色农业持续壮大。果品、食用菌、烟叶等特色产业规模和效益持续提升。规模以上龙头企业发展到218家，运行良好的农民专业合作社达到1375家。123家涉农企业的产品实现质量安全溯源。全市涉农电商达2067家、涉农网店4000余个，年内交易额突破10亿元。环境治理和节能减排成效显著。全市改造完成290台10蒸吨/时及以下燃煤锅炉，完成89台非电行业燃煤锅炉、68家工业炉窑等的治理工作。全部按期完成省政府确定的5个碧水工程项目和45个减排项目，超额完成省定的全年万元GDP能耗、碳排放目标。

【科学发展载体建设】 2016年年底，全市7个产业集聚区完成规模以上工业增加值279.8亿元，占全市规模以上工业的45.4%；完成固定资产投资788

亿元,占全市的 44.5%,其中工业投资增长 22.6%。产业集聚区建成区面积达到 53.45 平方千米,入驻企业 1536 家,从业人员达到 18.9 万人。服务业"两区"初具规模。服务业"两区"建成区面积达 5.82 平方千米,累计完成项目投资 220 亿元,已建成运营项目 15 个,在建项目 39 个,入驻各类企业 1014 家,从业人员达到 5.7 万人。城乡一体化示范区正式成立。城乡一体化示范区揭牌成立,城乡一体化机制体制逐步建立。区内三门峡技师学院、三门峡社会管理学院成功获批。

【基础设施建设】 2016 年,三门峡市区域交通枢纽地位逐步确立。蒙西至华中地区铁路煤运通道三门峡段、黄河公铁两用桥及崤山隧道等控制性工程全线开工建设,310 国道南移工程勘界清点工作进入尾声,进行投资主体招标工作。三门峡至禹州铁路初步设计获批复,项目招标工作完成。陇海铁路三门峡市区段取直改线工程和铁路部门达成初步意见,开展前期工作。运城至三门峡高铁得到上级有关部门初步认可,可行性研究报告上报国家发改委待批。垣渑高速渑池段、三淅高速豫晋省界至灵宝段、S245 线三门峡至寺河段改建工程进展顺利,S244 线三门峡大坝至市区段改造工程、S313 线陕县石原至三门峡西站改造工程建成通车。三门峡"双高中心"和客、货运中心格局加快形成,全国重要区域性交通枢纽地位逐步确立。能源设施更加完备。陕县众合新能源 19.8 兆瓦分布式光伏发电项目、国电投陕县盘陀山风电场项目、大唐三期建成投产;中国风电杨家湾风电场、灵宝生物质发电、英利新能源光伏发电、2016 年农网升级改造等项目进展顺利。水利工程顺利实施。灵宝白虎潭水库及饮水灌溉工程建成投用,黄河潼关至三门峡大坝段河道治理工程基本完工;大石涧水库、陕县张家坡水库等项目开工建设。新建大中型沼气工程 3 处,建设小型农田水利灌溉工程 36 处,发展灌溉面积 3000 公顷。

【城乡发展】 2016 年,三门峡市城乡规划更加完善,《海绵城市建设规划》等 3 项规划编制完成。中心城区基础设施进一步完善,新增供热面积 50 万平方米,打通 7 条断头路,升级改造 4 条路,加固 7 座桥梁。上村、崖底村、梁家渠等旧城区和城中村改造项目进展顺利。实施青龙涧河景观带改造提升、淄阳河河道综合治理等项目,城市品位进一步提升。新启动美丽乡村示范村 66 个,打造美丽乡村示范带 6 条。深入开展农村环境全域整治工作,88%行政村实现"三无一规范一眼净"(村内及周边无垃圾堆放、无污水横流、无杂物挡道,日常生产生活用品堆放规范有序,主次道路两侧环境干净)。农村公路"三年行动计划"收官,完成改建公路 303 千米。

【深化改革开放】 2016 年,三门峡市放管服平台逐步建立。市社会信用信息平台建设前期工作有序开展;牵头组织各县(市、区)、市直 15 个联审职能部门通过在线审批监管平台办理业务,实现投资项目网上受理、公开透明。制定《整合建立全市统一公共资源交易平台实施方案》,5 个县(市、区)的公共资源交易平台通过审核验收。各项改革深入推进。推进国企改革,剥离国有企业办社会职能;深化投融资改革,建立完善全市基础设施 PPP 项目库,启动市属投融资平台整合工作,投资集团公司正式揭牌成立,将形成近期超千亿元、远期超 5000 亿元的融资平台;开展电力体制改革,推进电力直接交易;深化价格改革,积极稳妥推进电、水、天然气等资源型产品价格改革;深化医药卫生体制改革,启动实施困难群众大病补充医疗保险制度和城乡医保整合,三门峡成为城市公立医院综合改革试点;公车改革全面完成,参改人员公务交通补贴发放到位。招商引资力度持续加大。举办"百名客商三门峡行"活动,全市共签约招商项目 142 个,总投资 607.1 亿元。全市实际到位省外资金 352.2 亿元,同比增长 7.6%,实际利用外资 10.6 亿美元。开放平台建设加快进程。推进三门峡铜精矿指定口岸申建工作,中原黄金冶炼厂保税仓库获批,三门峡铁路口岸列入省"十三五"规划并上报国家"十三五"口岸发展规划。区域交流合作不断深化。区域基础设施互联互通和公共服务一体化加快推进。对口协作顺利开展,组织华阳食品、二仙坡、三味奇、仰韶酒业等 14 家企业参加北京对口支援地区特色产品展销会。与华侨城集团签订战略合作框架协议,中国旅游业第一品牌首次进驻河南。

【做好民生实事】 2016 年,三门峡市民生工程顺利实施。民生投入不断加大。"十项重点民生工程"持续推进,城市交通、农田水利等一大批民生项目建成投用。就业创业扎实推进。深入实施大众创业万众创新,落实稳岗扶持政策,全市城镇新增就业 5.8 万人,完成省定目标任务的 162%;失业人员再就业 2.3 万人,完成目标任务的 126.1%;城镇登记失业率 2.8%,低于省定 4.5%的控制指标。社会保障稳步提升。争取中央资金 1.78 亿元支持保障性住房配套基础设施建设,新开工保障性住房 1118 套,建成 2000 套,货币化安置率达到 60.2%。城乡低保年补助标准分别上调 600 元和 300 元,城镇居民医保年人均补助标准提高 40 元,城镇居民大病保险制度、农村居民重大疾病保障机制进一步完善。企业和机关事业单位退休人员基本养老金调整到位。社会事业全面进步。"全面改薄"(全面改善贫困地区义务教育薄弱学校基本办学条件)、城镇义务教育资源扩充计划、第二期学前教育三年行动计划扎实推进,清华园学校项目开工建设。三门峡中专、市财校、市高级技工学校等搬迁后原校址将改建为基础教育学校,弥补中心城区基础教育短板。 (杨 洁)

安全生产监督管理

【概况】 2016 年,三门峡市安全生产形势继续保持稳定好转的良好态势。全市发生各类生产经营性伤亡事故 51 起,死亡 41 人,其中发生其他工矿商贸事故 14 起,死亡 14 人;发生道路交通事故 37 起,死亡 27 人。

【安全生产长效机制建设】 2016 年,三门峡市创新形式,不断健全完善安全生产长效机制。完善安全生产督导工作制度。市安全生产委员会印发《关于成立安全生产综合督导组、专业督导组的通知》,在 6 个市政府安委会综合督导组的基础上,又成立 12 个专业督导组,全面督导各级党委、政府和煤矿、非煤矿山、危险化学品、道路交通、建筑施工、特种设备等重点行业领域的安全生产工作,推动安全生产各项政策措施和责任任务落实。建立安全生产警示约谈制度。按照"党政同责、一岗双责、齐抓共管、失职追责""属地管理、分级负责""谁主管谁负责"等原则,对未履行或未正确履行安全生产工作职责的县(市、区)、乡镇(办事处)和市直负有安全生产监督管理职责的部门以及生产经营单位的主要负责人或业务分管负责人进行预警提示、告诫性约见谈话,督促各级各部门全面落实安全生产责任。坚持重大隐患挂牌督办。对全市排查出来的重大事故隐患,市政府安委会及时向有关县(市、区)和市直有关部门发出督办通知,明确责任,限期督促整改。全年共排查出重大事故隐患 22 项,整改 19 项,剩余 3 项正在整改。完善安全生产诚信激励和失信惩戒机制。运用社会市场手段提高企业安全风险管理水平及事故处理能力,促进企业严格落实安全生产主体责任,依法依规、诚实守信加强安全生产工作,实现由"要我安全"向"我要安全、我保安全"转变。

【重点时段安全生产大检查】 2016 年,三门峡市安全生产监督管理局(以下简称市安监局)围绕市委、市政府工作大局,在重点时段扎实安排部署安全生产工作,促进安全生产形势稳定,确保重点时段不发生来自安全生产方面的干扰,为全市重大活动创造良好的安全环境。多次组织召开安全生产工作会议,对重点时段全市的安全生产工作进行再安排、再部署。市安委会相继印发文件,对"春节""两会""五一"、汛期和黄河旅游节、国庆以及国务院安委会巡查期间的安全生产工作进行全面安排部署,持续组织开展安全生产大检查,排查治理一大批事故隐患。在国务院安委会安全生产巡查工作期间,全市共排查各类安全隐患 1334 处。其中,煤矿 139 处,非煤矿山 88 处,危险化学品 91 处,烟花爆竹 14 处,道路交通 123 处,建筑施工 98 处,冶金工贸 109 处,消防 437 处,特种设备 34 处,其他 201 处。

【推进"安全生产标准化攻坚年"活动】 2016 年,市政府安委会办公室印发《关于开展企业安全生产标准化建设攻坚年活动的通知》,坚持以"安全生产标准化攻坚年"活动为抓手,夯实安全生产基层基础。全市 31 家煤矿中有 6 家达到一级标准化、5 家达到二级标准化、1 家达到三级标准化,102 家非煤矿山中有 1 家达到一级标准化、29 家达到二级标准化、24 家达到三级标准化,91 座尾矿库中有 14 家达到二级标准化、30 家达到三级标准化,26 家危险化学品生产企业中有 1 家达到一级标准化、1 家达到二级标准化、24 家达到三级标准化,92 家规模以上工贸企业中有 15 家达到二级标准化、46 家达到三级标准化。

【职业安全健康监管工作】 2016 年,市安监局紧紧抓住职业病危害项目申报、职业卫生"三同时"监督核查等重点工作,突出矿山采选、水泥生产、石英砂加工、耐火材料生产等职业病危害严重的行业领域,扎实开展专项整治活动,推动用人单位职业病危害防治主体责任落实。重点加强对职业危害突出的行业、企业和人群的监督检查力度,针对企业职业危害前期预防、劳动过程中的防护与管理等重要环节开展经常性的执法检查、抽查,切实保护劳动者健康。全年共检查企业 47 家次,发现问题 76 项,整改 65 项,整改率 85%。

【执法监察和行政许可工作】 2016 年,市安监局共组织各类执法监察 45 次,下达执法文书 62 份,排查治理各类隐患 106 条。对 21 家非煤矿山企业、15 家危险化学品生产经营单位开展执法检查,执法监察覆盖面达到 100%。办理非煤矿山安全生产许可证 49 个、危险化学品生产企业许可证 3 个、危险化学品经营企业许可证 101 个。

【应急救援能力建设】 2016 年,市安监局坚持做好应急救援工作,在应急救援队伍建设、应急物资储备、应急救援预案备案、应急演练活动开展等方面下工夫。全市各生产经营单位共组织举行各类应急演练活动 269 次,参演职工达 3.76 万余人次。

【安全生产宣传教育培训】 2016 年,在"安全生产月"来临前夕,市委、市政府主要领导联合在《三门峡日报》头版头条发表题为"强化安全发展观念,提高全民安全素质"的署名文章,号召全市各级各单位积极行动,狠抓安全防范措施落实,深入开展安全生产隐患排查治理活动,为全市经济社会发展创造良好的安全环境。6 月 16 日,"安全生产月"宣传咨询日活动在市委、市政府大门附近举行,市委、市人大、市政府和市政协四大班子领导到活动现场巡视指导。市政府安委会成员单位、市属以上企业和湖滨区共有 63 家单位和近 2000 名人员参加,展出宣传板面 850 余块,悬挂宣传条幅 61 条,发放宣传资料 5 万余份,受教育群众达 8 万余人。全市共培训各类生产经营单位主要负责人、安全管理人员 6300 余人,特种作业人员 3800 余人,农民工 1.9 万余人。 (詹 顺)

国土资源管理

【概况】 2016 年,三门峡市国土资源局坚持耕地保护和资源节约基本国策,持续深化国土资源领域改革创新,着力提高资源供给质量效益,全面推进法治国土建设,积极服务地方经济社会发展,全面履行国土资源管理职责,持续提升保护保障能力,为经济社会平稳健康发展提供有力支撑。

【耕地保护】 2016年，省下达三门峡市耕地保有量不少于17.71万公顷，基本农田保护面积不低于17.01万公顷，土地利用总体规划调整耕地保有量为17.4万公顷，基本农田保护目标为16.98万公顷。据2015年地籍变更调查数据显示，全市实际耕地面积23.95万公顷（其中耕地面积17.63万公顷、可调整地类6.23万公顷），实际基本农田保护面积17.05公顷。中心城区永久基本农田划定核实举证成果及全域基本农田划定方案及附表、图册、矢量数据均按期上报省国土资源厅，经专家评审并完成备案。对新划定的基本农田进行落地块、建表册、入图库。完成补充耕地储备项目核验备案2个，新增耕地245.06公顷，其中灵宝市2013年第一批补充耕地项目，新增耕地151.1公顷；卢氏县2014年第一批补充耕地项目，新增耕地93.96公顷。

【建设用地管理】 2016年，市国土资源局积极争取各项优惠政策，确保了省、市重点项目如蒙华铁路、三门峡黄河公铁两用桥公路南引桥及南引线工程建设用地等省、市重点项目建设用地的报批。全市共办理报件17个批次，面积406.51公顷，其中上报省国土资源厅会审5个批次（灵宝市2016年一批乡镇、蒙华铁路〈三门峡段〉、华能渑池热电有限责任公司、渑池县2016年一批城乡挂钩、灵宝市2016年度七批乡镇），面积227.8公顷（其中农用地202.86公顷，含耕地118.46公顷）；待报省国土资源厅2批次（陕县瑞光20兆瓦光伏发电项目、卢氏县2016年一批城市），面积11.76公顷，其中农用地8.52公顷（耕地7.29公顷）；市政府会签2批次，面积48.62公顷，其中农用地41.04公顷（耕地14.77公顷）；市批农转用6批次（灵宝市五批农转用、湖滨区一批农转用、湖滨区二批农转用、卢氏一批农转用、灵宝市2016年六批乡镇农转用、义马市2016年一批乡镇农转用、灵宝市2016年八批乡镇农转用），面积27.01公顷（其中耕地17.76公顷）。在市国土资源局会审6批次（灵宝市2016年第二批乡镇建设、灵宝市大王镇—陕县观音堂镇输气管道工程建设用地、三门峡市2016年四批乡镇、三门峡市2016年二批城市、三门峡市2016年六批乡镇、三门峡市2016年一批城市），面积60.64公顷，其中农用地47.08公顷（耕地38.51公顷）。获省政府批复21个批次，面积395.14公顷。

【土地利用】 2016年，全市供应国有建设用地119宗，面积485.97公顷。其中，划拨土地35宗，面积333.67公顷；出让土地84宗，面积152.3公顷，出让价款111153.42万元。全市供应工业用地23宗，面积111.32公顷，出让价款21593.09万元。供应房地产开发项目60宗，面积52.12公顷，出让价款84109.14万元。市本级全年供应国有建设用地22宗，面积42.96公顷。其中，划拨土地6宗，面积15.94公顷；出让土地16宗，面积27.02公顷，出让价款59929万元。供应工业用地2宗，面积11.66公顷。供应房地产用地15宗，面积25.47公顷，出让价款59204.97万元。开展城市建设用地节约集约利用评价工作。根据省国土资源厅要求，上报市本级、义马市、灵宝市作为首批参评单位。此项工作将在五年内完成，分年度进行考核验收。三个单位均完成初始评价工作，工程成果上报省国土资源厅备案。第二阶段的更新评价工作开始外业调查、资料收集、数据库更新等工作。

【土地规划】 2016年，市国土资源局调整完善土地利用总体规划。全面完成土地利用总体规划中期评估工作；对规划调整完善分配指标进行排查摸底，重点对耕地保有量、基本农田、2020年中心城区规模、“十三五”期间重点建设项目用地、易地扶贫搬迁用地和全市2010年至2016年4月能源、交通、水利及其他单独选址项目建设用地指标使用情况进行排查摸底；编制完成各县（市、区）土地利用总体规划“三项控制目标”（耕地保有量、基本农田保护面积和建设用地规模目标）调整方案；下发《关于土地规划调整完善工作的有关要求》，初步完成规划数据库调整。做好建设项目用地预审工作。对“十三五”期间全市重点建设项目情况及2016年度全市产业集聚区建设项目用地情况进行调查摸底，建立项目台账。提高审批效率，全力保障各级各类重点项目建设。主动服务，先后完成对国道310南移新建工程、新建三洋铁路、天鹅湖湿地度假区、三门峡职业技术学院新校区建设、S246线卢氏庙台两岔河段改造、卢氏和灵宝220千伏输变电工程等25个项目的用地预审和初审工作。做好年度土地利用计划管理工作。2016年省国土资源厅下达新增建设用地计划426.07公顷（农用地397公顷，农用地中耕地380.13公顷），存量建设用地挖潜任务439.4公顷，增减挂钩周转指标196.53公顷。为加强差别化管理，充分发挥土地计划的引导调控作用，以人地挂钩、节约集约、依法依规为导向，选取3年城镇常住人口年均增长数量、固定资产投资、征地率、供地率、新增亿元GDP地耗等因素，并根据各县（市、区）耕地保护、违法用地情况和扶贫搬迁任务情况对省下达计划进行分解测算，经市政府同意后下达各地。各县（市、区）共上报17批城镇建设用地，已使用全市年度计划指标总量为102.93公顷，占用农用地计划98.19公顷，占用耕地计划62.11公顷，有效地保障了易地搬迁扶贫和市、县重点项目建设。同时，上报蒙华铁路、三门峡黄河公铁两用桥等4个国家、省级重点项目，争取国家和省年度用地计划399.19公顷。推进城乡建设用地增减挂钩工作。印发《三门峡市国土资源局关于下达2015年度城乡建设用地增减挂钩指标的通知》，对指标进行合理分配，并就维护农民群众的合法权益、支持扶贫开发、强化监管水平等提出要求。对全市2009年至2013年经省国土资源厅审批的“三项整治”及增减挂钩项目情况进行全面核查统计，共涉及37个项目，建新区面积1140公顷（其中耕地面积895公顷），已征收面积586公顷，未征收面积554公顷。完成对渑池县2014年一批和2016年一批、二批增减挂钩项目拆旧区的复垦验收工作，实地验收项目均拆旧复垦到位。渑池县2016年第一、二批城乡建设用地增减挂钩试点项目区实施规划报件获省国土资源厅批复。

【矿产规划】 2016年，市国土资源局严格执行矿产规划，对河南光宇矿业有限公司南阳山锂矿、陕县锦江矿业有限公司鹿马铝矿等61个采矿权和卢氏县李家庄铁钨铅锌多金属矿预查、卢氏县徐家湾铅锌铜矿预查等19个探矿权项目，及2016年13个地勘基金项目勘查区合规性进行审查；对卢氏县小河口(二)(四)金矿矿业权区块调整方案进行审查，并按程序上报省国土资源厅审查备案。联合市财政局组织有关专家对河南灵宝—卢氏矿集区金银多金属资源综合利用示范基地涉及的灵宝市金源矿业有限责任公司和灵宝黄金股份有限公司分别承担的示范基地建设任务、重大工程及资金使用情况进行初步验收，并向省国土资源厅提出验收申请。做好第三批国家级绿色矿山试点单位(中国黄金集团中原矿业有限公司夜长坪钼矿、灵宝金源晨光有色矿冶有限公司银家沟硫铁矿、灵宝鸿鑫矿业有限责任公司鸿鑫一矿、灵宝黄金股份有限公司灵金二矿、灵宝黄金投资有限责任公司投资三矿)评估工作，并形成汇报材料上报省国土资源厅。科技管理方面：3个科技项目被省国土资源厅列入2016年科技项目计划，其中市矿业开发中心申报2项（三门峡市地质灾害与气象预警预报研究、三门峡市湖滨区1:50000地质灾害详细调查），灵宝市申报1项（灵宝市地质灾害隐患点调查研究）。

【地籍管理】 2016年，三门峡市完成农村宅基地和集体建设用地使用权登记发证工作：农村宅基地使用权共完成地籍调查宗地384132宗，符合发证条件宗地332055宗，向权利人发放证书332055本；集体建设用地共完成地籍调查宗地3493宗，符合发证条件宗地2836宗，向权利人发放证书2836本。开展年度土地变更调查及遥感监测工作。依法开展土地变更调查，全面查清年度土地利用变化情况；对国家下发的遥感监测图斑进行外业调查时，做到一图一斑到现场，逐图逐斑不遗漏；地类变更时，严格做到认定准确、依法有据、审查合格。完成耕地后备资源调查工作，为落实耕地占补平衡制度，提高用地保障水平，保证国土资源可持续发展，并为正确研判形势和政府决策提供可靠依据。

【不动产登记】 2016年，市、县两级不动产登记职责整合、职能划转及机构组建、人员划转全面落实到位。各县(市、区)均启动不动产统一登记并颁发不动产权证书。全市共颁发不动产权证书294本，颁发不动产登记证明272张。其中，市本级自10月8日正式受理不动产登记业务后颁发不动产权证书41本，颁发不动产登记证明203张。

【矿产资源管理】 2016年，市国土资源局办理采矿权报件72个，其中省级56个、市级16个。划定矿区范围及预留期延续24个(省24个)、延续41个(省级29个，市级12个)，新立采矿权2个（市级2个)，变更名称1个（市级)，转让变更1个(市级)变更开采方式1个(省级)。因生产勘查增储两个，收取采矿权价款157.06万元。完成矿业权年检工作。全市持采矿权许可证矿山276个。全市应检矿山228个，实检矿山228个。完成“三区两线”(重要自然保护区、景观区、居民集中生活区的周边和重要交通干线、河流湖泊直观可视范围）内露天矿山开采情况调研。经过逐一实地核查，辖区内共涉及“三区两线”范围内露天开采矿山11个，其中陕州区7个、义马市1个、卢氏县3个。完成年度矿产储量统计工作。推进整装勘查项目。曹窑以西煤下铝项目取得新进展。小秦岭金矿田深部及外围金矿整装勘查项目新开工钻孔11个、终孔10个，投入1810万元，完成钻探1.174万米及物探工作。除北矿带普查项目正在实施外，其他4个子项目均完成阶段性工作总结或报告编制工作。

【地质环境管理】 2016年，全市共排查出地质灾害隐患点442处(特大型8处、大型10处、中型53处、小型371处)，其中崩塌110处、滑坡246处、泥石流17处、地面塌陷61处、地裂缝6处、其他2处，直接威胁36097人的生命安全及6亿余元的财产安全。市国土资源局扎实推进高标准“十有县”(有制度、有机构、有经费、有监测、有预警、有评估、有避让、有宣传、有演练、有效果)建设创建工作，指导湖滨区、义马市制定“十有县”建设计划，完成初验。做好矿山地质环境恢复治理工作。开展黄河南岸三门峡段黄河湿地国家级自然保护区内矿山地质环境恢复治理工作，矿山企业投入资金1112.6万元，共削坡整修台阶2000米，清理废渣45.1万立方米、覆土64.65万立方米，修筑拦渣墙1060米、采坑回填6000余立方米，恢复植被及复绿70.83公顷。对小秦岭保护区环境问题进行整治，各矿山企业完成16个重点整治区域的43个坑口治理任务及23个地质灾害风险点排查治理。大力实施矿山地质环境恢复治理保证金制度。全市累计缴存保证金2.78亿元。

【执法监察】 2016年，土地卫片执法方面，全市2015年度土地卫片执法检查368宗违法用地，立案查处356宗，面积74.55公顷(耕地30.94公顷)，下达行政处罚决定书351宗，申请法院强制执行278宗，结案311宗。行政处罚应收缴罚没款554.49万元，落实518.36万元，落实率93.48%；应没收违法建筑物面积17.65万平方米，落实17.43万平方米，落实率98.71%；应拆除违法建筑物面积36.12万平方米，落实10.26万平方米，落实率28.42%。矿产卫片执法方面：2015年度省国土资源厅下发三门峡市矿产疑似违法图斑19个，经核查，合法图斑2个，实地伪变化图斑7个，违法图斑10个，其中无证开采4个、越界开采6个。非立案处理7个，立案查处图斑3个，共收缴罚没款9.99万元，没收违法所得19.67万元，移送司法机关追究刑事责任1人。国土资源执法巡查工作：全市共巡查5103次，出动人员15618人次，发现国土资源违法行为511起，其中违法占地354起，制止332起，立案78起，拆除1起，总面积95.98公顷；违法

采矿157起，现场制止157起，其中没收3起案件设备。（赵汉卿）

工商行政管理

【概况】2016年，三门峡市工商系统有20余人次受到国家工商总局、省政府、省工商局和市委、市政府表彰，市委、市政府和省工商局领导先后15次对工商部门作出批示肯定，被省委、省政府命名为“省级文明单位标兵”，被省政府评为首批“河南省服务型行政执法示范点”，被省政府表彰为“河南省燃煤散烧管控工作先进单位”，受到省工商局、国家工商总局肯定，商事制度改革便利化在全省唯一受到国务院通报表扬、支持和激励。

【工商登记制度改革】2016年，全市工商系统把深化改革作为转变职能的“先手棋”，全面推进工商登记制度系列改革。“五证合一、一照一码”改革有序按时推进到位。国庆节节后工作日第一天，全市发放“五证合一、一照一码”营业执照13份。“先照后证”改革深入推进。根据国家工商总局《关于严格落实先照后证改革严格执行工商登记前置审批事项的通知》，以及4月29日省政府下发的《关于印发河南省工商登记后置审批事项目录（第一批）取消修改事项目录和河南省工商登记后置审批事项目录（第二批）的通知》规定，第一时间进行传达、组织学习、贯彻执行文件规定，把执行《目录》和深入推进“先照后证”改革的各项措施落实到宣传、学习、审查、受理、核准、登记、发照等各个环节。同时，按照《河南省工商行政管理局关于贯彻执行<河南省工商登记后置审批事项目录>深入推进“先证后照”改革的意见》要求，更新原有的双告知《承诺书》内容，履行“双告知”职责。创业门槛不断降低。落实注册资本认缴登记制，放宽住所条件改革，简化登记手续和登记文件，将外资企业、股份公司以外的企业登记权下放到各县（市、分）局，将个体工商户名称核准和农民专业合作社注册登记权下放到工商所，将冠三门峡企业的名称核准权委托至各县（市、分）局。至年底，全市实有市场主体9.7万户，同比增长15%；实有注册资本总额139亿元，同比增长20%。

【优化发展环境】2016年，市工商局持续优化发展环境，服务企业发展。政策支持赢得突破。根据国家工商总局、省政府文件规定，第一时间进行传达、组织学习、贯彻执行文件规定，把深入推进“先照后证”改革的各项措施落实到宣传、学习、审查、受理、核准、登记、发照等环节。服务理念牢固树立。推进实施“五证合一”工作。持续开展“商标建设年”活动，全市有效注册商标达到3592件，其中河南省著名商标10件、地理标志证明商标3件、中国驰名商标2件。

【市场监管】2016年，市工商局坚持宽进严管、放管结合，切实履行市场监管职责。市场主体信息公示全省先进。把信息公示作为监管方式改革的重要举措，三门峡市个体工商户年报和农民专业合作社年报分别提前28天和14天完成省工商局确定的目标任务，名列全省第一。“双随机”抽查稳步推进。在湖滨区2万户市场主体中随机抽取442户，从184名执法检查人员名录库中随机选派20人进行检查，有效解决执法扰民与监管缺失的矛盾。推进“河南省企业信用信息公示监管警示系统”建设，公示市场主体登记信息9.7万户，抽查检查信息3138条，列入经营异常名录5454条。信用约束机制不断完善。诚信建设得到加强。推荐国家级“重合同、守信用”企业6户，省级“重合同、守信用”企业33户，表彰市级“重合同、守信用”企业137户，会同市文明办联合表彰“文明诚信市场、文明诚信企业、文明诚信商户”290户。

【消费维权】2016年，市工商局把强化消费维权、改善消费环境作为释放消费潜力的重要保障，做好消费维权工作。商品质量监管不断加强。组织抽检儿童用品、建材、服装、煤炭等重点商品185个批次，检查农资经营商户483户，查处侵害消费者权益案件650件。维权体系建设不断完善。加强消费维权宣传，举办微博互动、“3·15”专题晚会、主题文艺演出、12315开放日活动，邀请15个部门集中开展广场宣传，集中销毁假冒伪劣商品，提高群众的维权意识。指导建立维权服务站（点）129个，受理各类申诉举报7067件，为消费者挽回经济损失35万元。维权能力不断提升。组织调解处理消费者投诉104起（全国消协投诉系统录入数据），其中商品质量投诉56起、安全投诉3起、价格投诉7起、计量投诉1起、假冒投诉4起、合同投诉13起、虚假宣传投诉4起、售后服务投诉12起、其他4起。调解成功率100%，消费者满意度100%。发放新《中华人民共和国合同法》《中华人民共和国消费者权益保护法》等法律法规宣传资料2.4万余份，接受消费者咨询4000余人次，现场受理消费者投诉48起，当场调解处理5起。

【监管执法】2016年，市工商局创新市场监管方式方法，加强重点领域市场监管执法工作，维护公平竞争市场秩序。加大专项整治力度。开展查处取缔无照经营“清风行动”和“蓝天行动”专项整治，查处无照经营307户，责令停业545户，取缔906户，立案135起。严厉打击非法传销。开展“无传销”城市创建，举办大学生抵制传销万人签名活动，联合开展打击传销专项行动，查处传销窝点7个，遣散传销人员60余人，向司法机关移交案件1起。加大商品质量监管力度。组织抽检儿童用品、建材、服装、煤炭等重点商品185批次，检查农资经营商户483户，查处侵害消费者权益案件650件。加强网络商品交易监管。检查网站、网店2959个，上门检查网络经营者85家，责令改正网站4个，办理案件2起。在全市开展互联网金融广告专项整治，备案登记经营性网站1125个，排查重点企业47户。加大广告监测力度。监测广告4.1万条次，发现涉嫌违法广告19条，责令限期整改15条，查处违法广告案件22起，广告监测排名在全省保持前列。（李　琪）

物价管理

【概况】 2016年，三门峡市居民消费价格总水平比2015年上涨1.3%，低于全省和全国水平。市发展和改革委员会物价办(以下简称市物价办)落实重要商品和服务价格监测报告制度，不断提高监测信息采集和预测预警水平。全年累计向省发改委调控处上报价格监测表224份。优化监测点布局，完善监测品种，夯实价格应急监测能力。在春节、端午、中秋、国庆等节假日期间，重点加强对群众生活必需品和重要商品价格的监测，增加监测频次和范围。夏季多雨，加强汛期蔬菜等重要商品价格监测预警。7月至9月，对粮、油、肉、蛋、菜等商品价格由周监测改为日监测；对原有的1个市场监测组改为3个市场监测组，监测数据覆盖虢国路农贸市场、上村农贸市场、植物园农贸市场等在内的市区主要农贸市场。多渠道进行价格宣传。每周以短信方式向市主要领导、相关部门负责人报送市区当日市场价格动态，每周向市广播电视台、三门峡日报社等主要媒体定时发送市区主要农副产品实时价格动态，共计4992条次。

【重点领域价格改革】 2016年，三门峡市深化重点领域价格改革，切实保障和改善民生。推进城市公立医院综合改革。按照市政府办关于印发《三门峡市城市公立医院综合改革实施方案(试行)的通知》精神，积极稳妥推进城市公立医院综合改革试点工作，市发展和改革委员会联合市卫生局、市财政局、市人力资源和社会保障局出台《三门峡市城市公立医院医疗服务价格调整方案(试行)》。推进供热价格改革。上半年多次参加市政府和法国电力集团就市商务中心区集中供热《特许经营协议》的多次谈判，基本达成框架协议。推进供水价格改革。根据“污染付费、公平负担、补偿成本、合理盈利”的原则，与市住房和城乡建设、财政部门联合制定污水处理费调整工作方案，进入成本测算阶段。

【清费治乱整顿】 2016年，三门峡市加大清费治乱整顿力度，切实减轻群众负担。市物价办开展景区门票价格专项整治工作。对函谷关、仰韶大峡谷等8家景区的门票价格执行情况进行重点抽查，8月底完成。编制涉企收费目录清单。整理并编制《2015年三门峡市涉企行政事业性收费目录清单》《三门峡市政府定价涉企经营服务性收费目录清单》等4项目录清单，并将涉企收费项目、执收部门、收费文件依据等有关内容详细公布在市发展和改革委员会官方网站，方便各企业对执收部门的收费行为进行动态监督。规范医疗服务价格。规范市中医院升级为三级甲等医院后的医疗服务标准以及湖滨区医院改建病房床位费标准的调整。

【落实上级价格调整政策】 2016年，市物价办落实上级价格调整政策，服务经济健康发展。审批上报项目4期：对三门峡汽车总站旅客站务费价格的批复；对陕州区众合新能源有限公司观音堂马头山19.8兆瓦分布式光伏电站上网电价的请示；对义马煤业集团股份有限公司热电分公司跃进二电厂1号、2号机组申请环保电价补贴的请示；对三门峡市辉润光伏电力有限公司20兆瓦光伏并网发电与农业种植一体化项目上网电价的请示。落实传达上级发改部门出台的各项价格政策。转发省发改委《关于三门峡鹏辉新能源有限公司等发电企业上网电价的通知》《关于国家发改委完善陆上风电光伏发电上网标杆电价政策的通知》等。

【市场价格行为监管】 2016年，市物价办强化市场价格行为监管，整顿规范市场价格秩序。加强市场价格监管。春节期间，对市区主要农贸市场、超市等开展拉网式价格巡查，及时查处乱涨价、哄抬物价等价格违法行为。联合市客运管理处对市区出租车行业收费价格进行政策提醒。组织开展节日市场价格监管，加强节日举报值班，及时查处违价行为，确保市场价格平稳运行。开展价格收费专项检查。组织开展涉农价格收费检查。检查以县、市本级组织为主，突出对化肥等农资价格以及水利、农村中小学教育、农民建房、计划生育、村委会等领域的乱涨价、乱收费问题进行规范。开展旅游价格专项检查。纠正渑池县仰韶大峡谷景区擅自制定门票价格、豫西大峡谷景区等不按规定执行门票减免政策、双龙湾景区擅自制定景区门票以外的其他价格、陕县地坑院景区门票价格歧视、灵宝市函谷关景区和娘娘山景区违规收取停车费以及部分景区内餐饮企业明码标价不规范等违价问题。组织开展商品房销售明码标价和市区物业收费集中检查。对个别楼盘销售过程中存在的未公示打折优惠的条件和内容、未公示物业收费标准和代收代办费用、已售商品房的公示价格不是实际成交价格、虚假宣传和夸大宣传等现象进行提醒告诫，对个别开发商房价外超标准加收水、电、暖开口费行为及时予以纠正。11月底，开展商品房销售明码标价专项检查。开展市区停车场收费专项治理。配合市公安局机动车停车管理办公室对市区停车场收费秩序进行集中整治，要求市区所有停车场明码标价，按照备案标准收费。旅游节前夕，市物价检查所联合市公安局机动车停车管理办公室召开市区停车场收费管理政策提醒会，重申停车场收费管理政策，对群众反映较多的三门峡火车站站台停车收费问题进行重点规范。组织开展涉企收费检查。以本级检查为主，全市共成立9个检查组，抽调27名检查人员，重点对质监、环保、住建、规划、国土、食药监、税务、海关、出入境检验检疫、气象、交通等11个系统的43个单位进行检查。对存在问题的8个单位进行处理，实施经济处罚45.4万元(收缴入库38.6万元、退还用户6.8万元)。组织开展全市药品价格及医疗收费专项检查。全市共成立18个检查组，抽调检查人员46名，对395个零售药店、个体诊所、药品生产企业及医疗机构明码标价和收费情况进行检查。向19家医疗机构、32家药店下发《行政处罚决定书》，收缴入库金额16.7万元。做好价格举报工作。全市共受理价格咨询269件、价格投诉25件、举报案件5件。以举报为线索，对三门峡有线电视台、建业开发商、合鑫中央花园、金领时代开发商、火车站站台停车场收费等单位进行检查。对部分单位、经营者提出整改建议,责令并协助各县(市、区)对山东籍职业举报人投诉的湖滨区、陕县、灵宝市4起电商涉嫌价格欺诈,洛阳市李某投诉义马市行政服务中心收取复印费等问题进行协商处理。

【价格服务】 2016年,市物价办以服务民生为落脚点,多层次开展价格服务。加强农产品成本调查。市价格成本监测所在中央、省对农调户的误工补贴基础上,又增加100元补助资金,确保及时、足额发放给各农调户,进一步激发农调户的工作积极性。向符合条件的调查户颁发"国家定点农产品成本调查单位(户)"证书、牌匾并与其签订《河南省农产品成本调查协议书》,对成本调查对象实行动态管理。规范农产品成本调查样本选定与调查对象的管理,提升农产品成本调查工作质量。巩固调查数据质量。全市成本系统共开展常规调查6项、专项调查3项、应急调查1项、价格成本监测4项,撰写调查分析材料12篇。组织开展成本监审工作。依据市委、市政府下达市发改委的目标责任,对三门峡市湖滨区医院病房床位费标准开展成本监审工作,累计核减94.18万元。根据省发改委《关于调整全省城市污水处理费征收标准的通知》文件精神,按照《三门峡市污水处理费征收标准调整工作方案》要求,市价格成本监测所对全市污水处理厂开展摸底排查工作。按时完成重要商品(义煤集团原煤)生产成本监测工作,省定品种城市供水成本(三门峡市自来水公司)、发电成本(三门峡华阳发电有限公司)、教育成本(三门峡职业技术学院)监测监审工作,为国家制定宏观调控政策和放开商品价格管理提供依据。 (冯 燕)

审 计

【概况】 2016年,三门峡市审计部门共完成审计项目211个,查出主要问题金额793185万元,审计处理处罚金额183717万元,审计促进整改落实有关问题金额40764万元,移送司法机关、纪检监察机关和有关部门处理事项26件,向社会公告审计结果246份。市审计局获得"全省审计机关文明单位创建工作先进单位""全省审计科研工作优秀组织奖""全市2016年度定点扶贫工作先进单位""全市平安建设先进单位""全市人口计划生育先进单位"等称号。

【国家重大政策措施贯彻落实跟踪审计】 2016年,市审计局组织对简政放权、财政支持稳增长、生态环境保护、农村公路、城镇基础设施、精准扶贫、去产能五大任务等8项政策措施落实情况进行审计,揭示政策部署执行、政策落实效果、资金管理使用等方面问题83个;持续跟踪整改,建立问题台账,对未整改问题进行跟踪督促,审计和审计整改推动了中央、省、市重大政策措施落地生根、不断完善和发挥实效。市领导先后12次对审计及审计整改结果作出重要批示。

【财政审计】 2016年,市审计局完成预算执行、决算、税收征管、财政财务收支审计项目58个,同时将地方政府债券发行管理和使用情况、盘活财政资金相关政策落实情况、支持产业集聚区发展财税政策推进情况、先进制造业发展专项资金、农村义务教育薄弱改造补助专项资金管理使用情况等5项审计工作纳入本级预算执行审计,密切关注中央八项规定精神落实、财政存量资金、积极财政政策实施效果等情况,揭示预算编制不科学、超预算列支、"三公一费"控制不严格、应缴未缴非税收入、人为调节税收进度、违规扩大开支范围和提高开支标准等问题,促了财政应收尽收、资金高效使用。全市审计工作报告均得到同级人大常委会充分肯定。

【政府投资项目审计】 2016年,市审计局组织对城镇保障性安居工程进行持续跟踪审计,维护人民群众的住房保障权益;对职教园区、迎宾花园、中心商务区等7个市重点项目进行跟踪审计,对市北环路道路部分标段、城市公园园区公共设施维修刷新项目、市引水工程红线渠改线段施工及管道安装项目等43个项目进行预结算审计,重点揭示施工单位虚报、多报工程量、多计工程价款等问题,全市审减工程造价2.3亿元,避免了建设资金损失浪费,推进政府投资建设工程规范运作。

【经济责任审计】 2016年,全市审计部门坚持党政同责、同责同审,提高任中审计比重,全面关注政策执行、重大经济决策、财政财务收支、内部管理、本人遵守有关廉洁从政规定等情况,对39名领导干部进行任期经济责任审计。审计揭示经费支出不规范、往来账项长期不清理、扩大支出范围等问题,查出直接责任问题金额13188万元、主管责任问题金额5725万元、领导责任问题金额94428万元。

【专项审计与审计调查】 2016年,市审计局组织对医疗保险基金进行审计,完成城镇居民医疗保险和新型农村合作医疗保险合并前的对医保中心所管理的医保基金、经费收支和资产负债审计,揭示困难群体未实现应保尽保、医保报销政策执行不到位、定点机构违规提高收费标准或骗取套取医保基金、个人重复参保、医保基金征收不到位等问题,推动深化医保制度改革。完成市领导交办的三门峡嘉禾农业生态科技有限公司资产负债权益情况审计、市中心商务区征地拆迁补偿安置和资产负债权益情况审计、市黄河公园AAAA级创建投资项目审计等工作。 (武云景)

统 计

【概况】 2016年,三门峡市统计局被市委、市政府评为"定点扶贫工作先进单位"。在省统计局开展的年度统计工作考核中,市统计局荣获统计业务综合考核第一名。在考核的24个专业中，市统计局有11个专业被评为优秀等次，10个专业被评为良好等次；地调队有4个专业获优秀等次、3个专业获良好等次。在全市作风建设和反腐倡廉建设考核中，市统计局荣获开发区、产业集聚区及市直组（90余个单位）综合得分第三名。

【统计调查工作】　2016年，市统计局全面完成各种统计年报和定期统计报表上报工作，及时、全面、准确地反映了三门峡市的经济社会发展情况。完成非公有制人才调查、文化产业等专项调查，全面做好城乡一体化示范区、产业集聚区、商务中心区、特色商业区、专业园区统计监测工作，获得大量有价值的信息，为党委、政府决策提供了有力支撑。组织实施第三次全国农业普查，组建机构，全市5000多名普查员初步完成现场登记工作，开展数据处理工作。组织开展人口抽样调查。2016年全国1‰人口变动情况抽样调查与河南省3%人口与城镇化抽样调查融合进行，三门峡市圆满完成人口与城镇化调查各项工作。做好1%人口抽样调查收尾工作，开展全市1%人口抽样调查先进单位及个人评选活动，做好资料开发利用工作。

【“四大工程”建设】　2016年，市统计局深入推进“四大工程”建设，进一步提高统计能力、统计数据质量和政府统计公信力。加强名录库管理，提高名录库数据质量。市统计局提请市政府办公室下发《关于做好全市“四上”企业入库工作的通知》，从政府层面部署此项工作。全市基本单位名录库新增法人单位2842家，“四上”企业（规模以上工业企业、资质等级建筑业企业、限额以上批零住餐企业、限额以上服务业企业）新增215家，5000万元以上投资项目法人单位入库241家。开展名录库临时代码的清理工作，全市共清理使用临时代码单位1148家，实现无重名、重码。扎实安排部署，明确工作职责，规范工作流程，推进“五区”（城市新区、产业集聚区、专业园区、商务中心区、特色商业区）统计调查单位核实和申报工作。推进“三公统计”（公开、公平、公正审核认定统计数据），规范数据评估。工业、核算、劳动工资、名录库、贸易、能源、服务业、农业等12个专业制定《“三公”统计实施办法》并在数据认定过程中付诸实施，进一步完善审核评估流程。加强对“三公统计”制度贯彻执行情况的监督检查，实时监控各专业年定报统计数据审核评估认定过程，用制度保证，以程序约束，用检查推进，让结果公正。坚持数据评审制度，严把数据质量关。各专业强化对企业统计人员的重点辅导、一对一业务指导，实现培训服务全覆盖。同时，要求企业统计人员依据各种原始记录上报数据，确保数据真实客观。专业人员定期督导检查软件使用及报表填报情况，并对每个企业的报表进行严格审核，对存在逻辑错误或者与实际情况不符的，依法进行查询、核实，从源头上保证统计数据质量。

【统计服务与监督】　2016年，市统计局按时发布《三门峡市2015年国民经济和社会发展统计公报》，及时编辑出版《2015年国民经济统计资料提要》，公开出版发行《三门峡统计年鉴（2016）》。市统计局建立月度重要数据编报制度，每月编辑数据短信，分别向市委、市政府领导和各县（市、区）主要领导推送重点数据、主要指标；通过内外网、新闻媒体及时公开进度数据和统计分析资料；办理来电、来函、来访咨询近千人次；编印各类统计资料近10种；优化《三门峡统计月报》内容，全年发布数据超过7万笔。开创性地开展全市“四上”法人单位《电子商务经营状况》季度调查，在利用资料和大数据技术监测推算全市电子商务发展情况方面进行探索。紧紧围绕中央、省、市重大改革政策落实和战略推进开展统计监测和研究，注重政策落实效果的印证、分析和探索。对经济形势进行预测预警，促成政府层面建立起月度统计工作推进会制度，多部门共研共判，深入研究全市经济形势；统计局内部建立起重点企业预报制度、《第三产业核算相关支撑指标》月度监测以及GDP预测算制度，科学判断，提前预警，对全市经济走势准确把握。不断完善信息共享机制，向党政领导和相关部门提供优质的统计咨询服务。全面提升服务效果。利用《三门峡日报》等新闻媒体和统计信息网络平台，加大宣传力度，扩大服务领域。全年市统计局共撰写统计分析资料148篇，被国家、省、市网站（非统计网站）、《三门峡日报》等新闻媒体采用194篇次，采用率131.1%；被国家、省统计网站、领导批示及“两办”信息刊物采用297篇次，采用率达200.7%。准确、及时、全面地为市政府系统目标管理运行监测和考核评价提供统计数据。做好全市各项经济指标的统计监测预警工作，针对重点目标、重点项目、重点工作推进过程中出现的问题，认真剖析，提出合理建议。

【统计基础建设】　2016年，市统计局强力推进统计基层基础建设。在全市范围内开展“四上”企业和项目建设单位规范化建设活动，年底“四上”企业规范化建设达标率和项目建设单位达标率分别达到63%和63.1%。全省服务业、名录库专业基层基础规范化工作现场观摩会在三门峡市召开。深入推进统计信息化建设。市统计局完成中心机房迁移，提高了设备运行的稳定性和安全性。实施网络带宽扩容改造，新增市到县、市政府办公楼到外办公点20M带宽专线线路10条，新增200M互联网出口专线一条，为网络的安全、稳定、可靠和高性能运行提供保证，为各项统计调查工作的顺利开展提供技术保障。

【统计法治】　2016年，市统计局进一步加强统计法治建设。广泛开展统计普法宣传活动，开展《河南省行政执法条例》学习宣传活动、学法用法主题实践活动、第七届“中国统计开放日”系列宣传活动、“弘扬法治精神，深化统计改革，全面依法统计，保障数据质量”主题活动、统计法治暨农业普查广场宣传活动等一系列普法宣传活动。印发《三门峡市统计法治宣传教育第七个五年规划》,“七五”统计普法顺利启动。印发《三门峡市统计局关于印发统计执法文书格式的通知》,执法程序更加规范。组织开展多次法治培训,开展《中华人民共和国统计法》和《全国农业普查条例》知识竞赛活动。三门峡市统计执法工作在全省统计系统工作中名列前茅,受到省统计局表彰。认真查办统计违法案件。组织开展劳动工资数据质量检查、村级统计调查基层基础工作和数据质量检查、贸易企业统计基础工作与数据质量抽查和房地产企业统计数据质量检查等,从业务入手找错,以执法推进纠错,用观念转变改错,切实在全市建立起法治统计观念。全市统计系统全年共立案查处统计违法案件 61 起。市统计局办理的“三门峡市 XXX 中学提供不真实统计资料案”被评为“2016 年度全省统计执法优秀案卷”。

【统计新闻宣传】 2016 年,市统计局加大与官方媒体的合作力度,同时,通过网络、微博、微信等新媒体开展全方位统计宣传。利用市统计局政务微信公众号“三门峡统计”进行重要信息发布,传播统计知识,进一步拉近统计与老百姓生活的距离。强力宣传第三次全国农业普查工作。8 月 25 日,三门峡市第三次全国农业普查领导小组副组长、市统计局党组书记、局长权振国接受三门峡电视台专访。12 月 1 日,市统计局联合湖滨区统计局在湖滨广场开展统计法治暨农业普查广场宣传活动。组织第七届“中国统计开放日”宣传活动。邀请市人大、市政府领导到活动现场视察、指导,在电视、广播、报纸、网站等新闻媒体开辟宣传专栏,在湖滨广场、主要街道悬挂横幅、张贴标语、摆放宣传板面,在“三门峡统计”官方微博、微信刊发统计科普文章,在市政府大楼的 LED 屏幕上打宣传字幕、办公区摆放宣传板面,宣传《中华人民共和国统计法》和第三次全国农业普查工作等内容,进一步让社会公众感知统计,增强统计法律意识,真正使统计走近人民群众,让统计服务民生。

(张　彩)

质量技术监督

【概况】 2016 年,三门峡市质量技术监督局(以下简称市质监局)紧扣服务转型发展这一主线,扎实推进质量强市战略;着眼质量安全这一核心,倾力打造“智慧质监”平台,积极推动三门峡制造实施“三个转变”,促进了三门峡市产品供给质量的提升,各项质监业务均取得新的突破。市质监局获得各级表彰 10 余次,被省质监局评为目标管理优秀单位,执法打假工作、特种设备安全监管工作受到省质监局表彰。3 月 1 日,市长安伟在市质监局报送的《全省质量技术监督工作会议精神汇报》上作出批示。2 月 23 日,副市长王振清对 2015 年度全市质监工作作出批示。2 月 28 日,副市长赵中生对质监工作作出批示。3 月 15 日,市人大常委会主任王建勋在《2015 年度质量技术监督工作汇报》上作出批示。加快行政许可网上审批系统的建设步伐,依法依规将 7 项前置审批条件中的 6 项调整为内部征询,将 7 项行政许可全部交由行政服务中心质监窗口全权受理,切实解决了群众跑路多、办证难问题。同时,报请市政府和省质监局批准,将法律规定县级可以行使的职权全部下放到县级。

【质量强市】 2016 年,推动质量发展规划列入市县两级政府“十三五”规划,质量强市战略首次写入市第七次党代会工作报告。市政府调整成立以市长安伟为组长的高规格质量强市领导小组,质量强市成员单位由 28 个增加到 35 个。市质监局组织召开全市质量工作大会,全面部署质量强市建设。与市委组织部联合在上海交通大学举办为期 5 天的全市质量强市领导干部研修班,进一步强化质量意识和质量宣传教育。强化组织领导,加快推进质量强县(市、区)建设。

【质量提升】 2016 年,市、县两级均把质量工作纳入地方“十三五”规划,把市(县、区)长质量奖、品牌奖励、检测机构建设等资金纳入财政预算,进一步强化质量协作、质量保障、质量激励和质量考核机制。全市共备案企业产品标准 253 家 481 项,企业采用国际标准确认 71 家 87 项,通过标准化良好行为确认 7 家,新增中小学质量教育实践基地 2 家。2016 年度全市质量工作得到省政府考核组的充分肯定。市质监局组织完成市政府对各县(市、区)2016 年度质量工作考核,全市对质量工作的重视程度普遍提升。

【认证监管工作】 2016 年,市质监局深入开展认证执法和检测行业监管,完善全市实验室动态监管系统的数据录入和材料审核,建立全市 63 个检验检测机构的监管档案。开展全市检验检测机构资质认定新办法暨新准则转版培训,提升全市检验机构标准化水平。灵宝市推进国家有机产品认证示范区创建,并出台对有机产业的奖励扶持政策。

【服务转型发展】 2016 年,市质监局牵头举办第四届中国铝工业科学发展大会,邀请全国有色金属行业知名专家学者为三门峡有色金属产业结构调整和转型升级出谋划策,在政府、行业协(学)会、科研院所及企业之间架起交流合作的桥梁。严格市场准入和证后监管,对辖区水泥获证企业的产业政策执行情况、生产过程控制情况等进行监督检查,服务三门峡市淘汰落后产能和化解过剩产能。进一步优化细化质监服务,促进节能减排,全市为企业减少开支 300 余万元。

【品牌建设】 2016 年,全市新增河南省质量诚信企业 3 家,获得国优信得过 QC(质量管理)班组奖 2 个、省一等奖 QC 成果 6 个;全市企业共获得各种管理体系认证证书 260 张、3C 认证产品 47 个,无公害产品认证企业 114 个,绿色食品和有机食品生产企业 10 家;全市评选出质量标杆企业 12 家,表彰市长质量奖企业 2 家。卢氏县评定表彰县长质量奖企业 2 家。陕州区工商质监局帮助骏通车辆等 3 家企业制定 8 项企业标准。

【项目建设】 2016年，省黄金贵金属质检中心顺利通过“二合一”认证和实验室能力验收。市委书记刘南昌和省质监局局长李智民参加黄金中心挂牌仪式并调研指导技术机构建设。市质检中心着力提升科研创新和市场开拓能力，加强与科研院所及省内外检验机构的合作，参与标准制定2项，通过专家验收及成果鉴定的科研项目1项，在国家级核心期刊发表科研论文2篇，检验市场和业务范围进一步延伸拓展。

【标准化工作】 2016年，市质监局开展“标准化+先进制造”行动，为企业提供标准化技术服务。巩固农业标准化工作，持续加强地理标志产品培育保护，灵宝苹果以183.4亿元的品牌价值名列全国初级农产品类地理标志产品第九名。市标准信息情报研究所筹建全面启动。

【特种设备安全监管】 2016年，市质监局专项督导检查压力容器、电梯、大型游乐设施等重点特种设备使用单位153家次624台(件)次，整改各类安全隐患61处；开展重点工业产品及特种设备专业安全督导17次，检查单位216家次，发现并消除安全隐患33处，落实安全整改措施49项。灵宝市、义马市制定完善特种设备区域监管责任制，将特种设备监管职责延伸至各基层站所。渑池县建立特种设备安全工作联席会议制度。

【创新安全监管模式】 2016年，按照“双随机一公开”(在监管过程中随机抽取检查对象，随机选派执法检查人员，抽查情况及查处结果及时向社会公开)原则，加强质量安全执法，严查质量安全违法行为。市质监局探索“互联网+电梯监管”模式，创新电梯安全监管工作，在时间紧、任务重、无现成模式可供借鉴的情况下，建成电梯应急处置服务平台并投入试运行，成为有效对接三门峡信息枢纽中心和智慧城市建设的“智慧质监”平台，并作为全省首个与国家质检总局对接联网12365新系统的平台，受到国家质检总局和省质监局的好评。探索建立特种设备安全监管长效机制，提请市政府推行气瓶电子标签制度和电梯安全责任保险，这两项工作均得到市政府领导的批示肯定。

【促进工业产品质量发展】 2016年，市县两级均制定《促进工业企业发展服务产品质量提升三年行动计划》，明确促进工业企业质量提升的目标任务和保障措施，开展消费品质量提升专项行动和产品质量状况调查，完成全市八大行业150批次产品的质量抽检工作。市质监局制定完善服务转型发展24条措施，确立10家重点企业和50个重点服务项目。国家质检总局和省质监局共抽检三门峡市50家工业企业生产的工业产品104批次，合格103批次，合格率99%，位居全省前列。

【产品质量整体水平稳中有升】 2016年，市质监局制定《促进产业集聚区发展服务产品质量提升的实施方案》，推动产品质量不断提升。在国家质检总局和省质监局组织的产品质量监督检查中，共抽检三门峡市118家企业生产的水泥、肥料、铝及铝制品等30种174批次产品，其中112家企业生产的167批次产品合格，抽样合格率为96%，居全省前列。市质监局组织监督检查全市工业产品15种159批次，分别占全年目标的100%和106%，合格159批次。

【民生计量】 2016年，市质监局聚焦民生需求，推动新建计量标准3项。组织开展快递物流行业在用计量器具，以及文化传播领域使用法定计量单位情况监督检查。全市共检定强检计量器具3万余台(件)次，强检计量器具总体受检率95%。

【执法打假工作】 2016年，市质监局督促落实企业的质量安全主体责任，对全市重点消费品生产企业实行拉网式排查，依法处理质量不合格产品及企业，促进消费环境改善。通过专项检查、质量安全大检查、节假日检查等多种措施，保障通过电商渠道销售的重点消费品、食品相关产品的质量安全。市县两级均开展日用消费品、汽车及其配件、农资、建材、民生计量等“质监利剑”五大行动和质量安全大检查，各县(市、区)工商质监局整合执法队伍，下沉监管力量，有效确保了质量安全监管责任制的落实。全年全市共查处各类违法案件65起，处理申诉举报案件23起，涉案产品标值150余万元。市质监局被省质监局评为执法打假工作先进单位。　(周付民　赵志娜)

食品药品监督管理

【概况】 2016年，三门峡市食品药品监督管理系统稳步推进监管体制改革，积极做好食品安全综合协调，持续强化食品药品监管，着力提升保障能力和服务水平，守住不发生区域性、系统性食品药品安全事件的底线，保障了人民群众的饮食用药安全。

【食品药品监管体制机制改革】 2016年，市食品药品监督管理局高度重视食品药品安全体制改革工作，加强组织领导，强化顶层设计。8月，市食品药品投诉举报中心正式挂牌运行。同期，县一级按照市级模式成立相应的监管机构，完全实现食品药品安全属地管理目标。全市44个主要乡(镇、街道办)均设立食品药品监督管理所，作为县食品药品监管局派出机构，每所编制5人至10人，共计242人。在积极争取省、市专项资金支持的基础上，市政府出台《三门峡市基层食品药品监管所标准化建设指导意见》，从机构设置、监管队伍、办公设施和工作机制4方面对基层所标准化建设提出具体要求。在灵宝市召开全市基层所标准化建设工作交流会，并提出标准化建设的意见和要求。会后，各县(市、区)积极行动，进一步强化资金、人员、装备配置和培训力度。灵宝市再次争取政府资金150万元用于基层所标准化建设，并一次性购置12辆执法车辆，保证每所1辆。渑池县为每个基层所配备执法车辆，开展日常抽检工作，确保市场上的食品药品安全。

【食品流通安全监管】 2016年，市食品药品监督管理局严格落实许可准入制度，严把准入关。全市新办(换发)食品经营许可证(流通类)2190份。摸清底数，加强日常监管。加强对全市商场、超市、便利店等销售主体的摸底统计，随时掌握动态。全市共有各类食用农产品销售市场16家，其中食用农产品批发市场4家、农贸市场12家，销售食用农产品的商场超市238家、零售店2164家。开展监督抽检，排查安全隐患。全年共抽检食品12大类246批次，其中食用农产品138批次、保健食品3批次，发布公示信息11期，完成检验171个批次。

【餐饮食品安全监管】 2016年，全市共受理餐饮服务许可1052起，农村集体聚餐备案460起。日常监督检查进一步强化。全市共检查各类餐饮单位11903家次，下达监督意见书3958份，立案47起，结案47起，罚没款15.4万元。全市量化分级评定餐饮单位1022家，新办证待评单位273个。互联网+明厨亮灶工程有序推进。有10家餐饮单位连接河南省舌尖安全网。

【药品、医疗器械安全监管】 2016年，市食品药品监督管理局建立药品生产监管权力清单，明确监管主体将药品生产监管工作关口前移。开展专项整治。先后组织开展药品生产质量安全大检查、中药材专业市场和中药材中药饮片生产经营活动专项整治、药品胶囊剂生产专项检查、药品GMP(药品生产质量管理规范)跟踪检查、有条件再注册药品专项检查等，确保辖区内药品生产企业的生产安全、质量安全；加强基本药物生产监管。开展监督抽验。监督抽查基本药物生产企业4家，抽验基本药物20批次。做好基本药物电子监管工作，基本药物入网率达100%。加强医疗机构制剂监管，对医疗机构制剂室进行监督检查覆盖面达100%。做好药品注册工作。共审核、上报三门峡赛诺维制药有限公司等6家药品注册、医院制剂材料材料，受理再注册品种92个，1个有条件再注册品种。加强药品不良反应监测。药品流通秩序进一步规范。对全市10家药品批发企业、3家连锁总部、97家门店、395家单体药店、1875家卫生医疗单位进行监督检查，实现药品流通领域监督检查全覆盖。坚持问题导向，开展专项检查。山东非法经营疫苗事件曝光后，在全市范围内相继开展药品安全隐患大排查、山东涉事疫苗专项检查、药品流通领域挂靠经营走票等专项检查。全市共排查涉药单位2155家次，发现并排查隐患586起。优化服务程序，做好认证许可。办理药品行政许可215件，完成GSP（药品经营质量管理规范）认证74家。医疗器械监管模式不断创新。将45天办理时限压缩到30日，大幅提升许可效率。共受理医疗器械经营许可申请49个，办结45个。完成一类医疗器械产品备案2个，二类医疗器械经营备案83个。加强日常监管，开展医疗器械安全隐患排查、医疗器械经营企业冷链管理专项检查、医疗器械流通领域违法经营行为专项检查、无菌和植入类医疗器械专项检查等。开展不良反应监测，共收集上报MDR(药品不良反应)监测报告230例。 （马海英 李 婧）

·编辑 卢亚杰·

2016年7月12日，中裕燃气控股有限公司与蚂蚁金融服务集团战略合作发布会在河南郑州召开，双方合作的支付宝缴费项目也正式上线

农　业

综　述

【概况】 2016年，三门峡市农业畜牧系统紧紧围绕“建设特色农业强市、促进农民增收”这一目标，坚持“调结构、抓特色、转方式、增收入”的工作思路，着力加快农牧业供给侧结构性改革，突出重点，狠抓落实，全市特色农业继续保持良好发展势头。全市粮食产量6.67亿千克，超额完成全年5亿千克的目标任务；第一产业增加值达到123.5亿元，增长4.7%，增速位居全省第一；农村居民人均可支配收入达到11982.1元，比2015年增长8.1%，增速位居全省第七。

农村综合改革稳步推进。农村土地承包经营权确权登记颁证工作进展顺利，全市共有35.95万户签订了确权承包合同，占全部确权承包户的98.53%，已颁发农村土地承包经营权证书29.52万份。农村集体产权制度股份制改革试点工作扎实推进，制定实施方案，按照“代表性强、工作基础好、具有可复制性”的原则，在全市选择不同类型的8个村进行试点，取得一定成效，盘活了农村集体财产，激发了农村经济发展活力。

特色农业产业持续健康发展。全市特色农业产值达到184.46亿元，占农业总产值的比重达到90%，比2015年增加5个百分点。果品产业呈现出精品树、品牌果，特色园、特色果，集中连片、规模发展的好态势。全年果品总产23.4亿千克，比2015年增长2.5%；果品总产值71.32亿元，比2015年增长2.1%，占全市农、林、牧、副、渔总产值214.61亿元的33.2%，再创历史新高；出口鲜水果1.6亿千克，出口金额1.5亿美元，分别比2015年增长30.08%和20.48%。畜牧业生产总体保持平稳发展态势，肉、蛋、奶产量分别达到11310万千克、5520万千克、4540万千克。食用菌产业发展迅速，栽培规模突破1.8亿袋，出口食用菌1.28万千克、金额2.02亿美元，成为全市第一大出口农产品。蔬菜产业种植结构持续优化，基地面积不断扩大，产量继续保持稳定，总产量11.09亿千克。水产业不断引进新品种、新技术，积极发展休闲观光渔业，水产品总产量达到2.12万千克。中药材种植面积2万公顷，年产各类中药材5230万千克。

农业新型经营主体继续壮大。加强农业产业化集群和龙头企业培育，全市共发展农业产业化集群38个，其中省级7个、市级31个；发展规模以上龙头企业218家，其中省级30家、市级108家。积极引导农民专业合作社健全制度、规范运作，累计发展各类农民专业合作社1400家，其中国家级示范社14家、省级示范社22家；发展家庭农场352家，其中省级示范场8家、市级示范场28家。进一步拓宽特色农产品销售渠道，组织龙头企业、合作社与中石化易捷便利店对接，洽谈农产品销售事宜，其中10家企业达到准入条件，三味奇、天瑞2家企业已经进入，效果良好。

农业信息化和农业电商工作走在全省前列。全年完成4个网销单品的电子溯源综合应用和1个果品水肥一体化智能控制系统建设。联合三门峡联通公司，培训新型农业经营主体、职业农民和普通农户3000人。发展农业电商2100家、涉农网店4000多个，年交易额10亿元。市农业信息化和农业电商工作得到省政府的肯定，5月31日，全省农业电子商务发展现场会在三门峡市召开。

生态农业稳步推进。开展秸秆禁烧和综合利用，全市秸秆焚烧卫星监测火点为零，秸秆青贮氨化6.65亿千克，秸秆综合利用率达到86.28%，超过全省平均水平；新建沼气工程项目1个，新建沼气区域服务站4个。全面完成土壤重金属污染普查任务，完成基础数据审核2447个、异常点审核545个。畜禽禁养区、限养区划定调整工作稳步推进，县(市、区)全部调整划定范围，初步确定禁养区内规模养殖场关闭、搬迁清单。农牧结合步伐进一步加快，部分规模养殖企业已流转土地0.74万公顷，实行种养结合、循环发展。

【农业项目建设】 2016年，三门峡市新建、在建各类重点农业项目7个，计划总投资52.45亿元，累计完成投资22.35亿元。其中，投资40亿元的雏鹰100万头生态猪养殖项目，累计完成投资21亿元；投资2亿元的广东温氏1500万只肉鸡养殖项目，已向8个农户投放鸡苗4万只，第一批已出栏3万只。投资3.75亿元的德青源240万只蛋鸡养殖加工、投资2亿元的科尔沁牛业万头肉牛养殖、投资1.6亿元的昊豫实业500万只卢氏鸡等项目，相继开工建设。同时，与财政、发改等相关部门积极配合，努力争取，落实种粮补贴、产业结构调整、产业化集群建设、肉牛扩群增量、畜禽标准化养殖、农机补贴等各类政策性资金2.65亿元。 （王欧阳）

【土地确权工作】 三门峡市涉及农村土地承包经营权确权工作6个县（市、区）和开发区、产业集聚区，67个乡（镇），1301个行政村，36.55万农户，需确权耕地面积17.1万公顷。为推进土地确权工作顺利进行，2016年4月13日，三门峡市召开农村土地确权登记颁证工作现场会，参观陕州区确权办，陕州区菜园乡政府，菜园乡过村、南湾村，张汴乡西王村等地确权登记颁证工作，总结经验，分析问题，安排下一步工作。12月23日，全市农村土地承包经营权证发证仪式在陕州区举行，标志着三门峡市农村土地承包经营权确权颁证登记工作取得阶段性成果。至年底，全市实测耕地18.32万公顷，占比107.13%；确权到户17.46万公顷，占比102.1%；完善合同户数35.85万户，占比97.81%；经营权证书发放81328户，占比22.69%。 （秦　文）

【土壤肥料管理】 2016年，三门峡市推广配方施肥技术19.53万公顷，施配方肥8.8万公顷；推广化肥减量增效核心区和测土配方示范区面积0.33万公顷，推广水肥一体化面积0.23万公顷，化验土壤样品1850个，分析化验10230项次，完成国家级墒情与旱情监测报告19期。10月19日至20日，举办化肥使用量零增长行动技术培训班，邀请河南省农业厅、河南省农科院专家，讲授化肥使用量零增长、果树科学施肥新技术，为全市2020年实现化肥零增长，保证农产品质量安全打下基础。 （张　娟）

【植物保护】 2016年，三门峡市全面实施农药零增长计划，设置省级绿色防控示范区3个：灵宝寺河山的苹果示范区，灵宝市大王镇后地村的枣园示范区，渑池县天池镇堡南村的朝天椒绿色防控示范区；开展系统调查150次，大田普查60次，发布小麦、蝗虫、果树病虫情报100期，引进推广大型高效、节能植保机械，提高农药利用率，确保全市农业生产安全。加大农作物重大病虫防治力度。8月，全市玉米田局部严重发生三代粘虫，面积306.67公顷。省、市植保站采取有效措施，及时组织对路农药开展防治，三代粘虫的危害得到有效控制。全市农作物病虫害发生面积76.25万公顷次，防治各种病虫草害111.48万公顷次。加强植物检疫。全年出动执法人员286人次，印发宣传资料3.37万份，共检查种子经营市场9个，种子经营企业11个，经营门店289家，复检种子66批次69110千克。 （马建霞）

【种子管理】 2016年，三门峡市完成2015-2016年度国家、河南省、西北农大、洛阳农科院等单位小麦品种试验示范的管理、收获、室内考种，涉及13组171个品种253个小区；完成2016-2017小麦品种试验的播种、冬管任务，涉及13组305个小区176个品种；引进谷子新品种晋谷21、晋谷40，蔬菜新品种荷兰15马铃薯、金盾蕃茄、津旺118黄瓜，瓜果新品种京欣西瓜等品种；开展种子市场检查4次，共检查种子市场64个，检查种子经营门店286余家，累计检查玉米种子品种800余个（次）、小麦种子品种500余个（次）、备案品种201个，查获违法经营种子2400千克，查处违法违规种子经营行为9起，其中立案查处案件3起。 （曹鸿玉）

【农畜产品质量安全】 2016年，三门峡市相继开展农资打假、兽药、“瘦肉精”、生鲜乳、生猪屠宰等专项整治活动，共出动执法人员7200人次，检查生产企业和经营门店8400个次，查处问题60起，责令整改52起，办理案件32起，抽检各类农产品样品5350个，兽药、饲料、畜产品样品288批次，抽查合格率为100%。全市未发生重大农产品质量安全事件。持续开展农产品“三品一标”（无公害农产品、绿色食品、有机农产品和地理标志农产品）认证及标准化、生态化示范场创建活动，全市累计有“三品一标”农产品138个，国家级畜禽标准化示范场11个、省级畜禽养殖生态示范场3个；发展无公害农产品生产基地31933.33公顷、绿色食品生产基地746.67公顷、有机农产品生产基地200公顷，地理标志农产品和国家地理标志保护产品生产基地58346.67公顷。

【农业科技应用】 2016年，三门峡市共培训新型职业农民1600人、培训各类农机人员11106人，新购置、推广农作物耕作、收获、排灌、畜牧水产养殖等各类机械11229台，受益农户9245户，小麦、玉米机械化收获水平分别达到93%和55%，综合机械化水平达到55.3%，特色农机化水平达到45.3%。在全市重点推广果、牧、菌、菜等实用先进技术30余项，引进推广主要粮食作物和特色蔬菜新品种15个；推广配方肥2400（折纯）万千克，配方施肥面积8.8万公顷；完成6个国家级耕地质量动态监测点的建设工作，化验土壤样品1850个；防治各种病虫草害面积111.48万公顷次。

【全省农业电子商务发展现场会在三门峡市召开】 2016年5月30日，全省农业电子商务发展现场会在三门峡市召开。省政府副省长王铁出席会议并讲话，充分肯定三门峡市农业电商发展所取得的成绩，认为三门峡市在发展农业电商中积累的领导明白扎实抓、科学规划统筹抓、能人带动领着抓、政策支撑激励抓、特色培育精准抓、人才培养用心抓6条宝贵经验，值得全省学习借鉴。各省辖市、省直管县

(市)政府分管领导、农业部门主要领导,以及16家省直部门主要领导参加会议。三门峡市、鹤壁市、滑县、博爱县、光山县的负责人作典型发言,省农业厅就全省农业电商发展工作进行安排。与会人员实地观摩三门峡市拙雅生态农业有限公司、陕州区张湾乡新桥村益农信息社、天润科技开发有限公司、金秋果业有限公司等农业电商企业,通过听取介绍、观看电子商务演示、产品展示等形式,多层次、多角度、全方位地了解三门峡市推动农业电商快速发展的主要做法、经验与成效。

【新西兰果树科技代表团访问三门峡市农科院】 2016年6月18日，新西兰植物与食品研究院首席科学家理查德·纽科姆博士、商务部总经理加文·罗斯博士、业务经理凯瑟琳·金斯顿、商业发展顾问艾伦·怀特、商业顾问路易斯·戴格一行5人访问三门峡市农科院。新西兰植物与食品研究院是国际著名的果树科研机构,2013年与三门峡市农科院签署了果树科研合作相关协议。此后,每年派技术人员到三门峡进行果树科研合作。此次新西兰代表团在结束与中国科技部的农业国际科研合作洽谈后专程赴三门峡市农科院进行访问。新西兰代表团先后到灵宝高山果业集团寺河苹果矮砧栽培基地、河南金山农业科技有限公司莱园苹果矮砧栽培基地、三门峡市农科院果树研究所进行参观访问，并与三门峡市农科院联合建立新西兰果树新品种试验示范基地达成一致意见，计划从2016年起,每年向三门峡市农科院提供新西兰苹果新品种在南沟高新果树示范基地进行试种试验。

【参加第十九届中国农产品加工业投资贸易洽谈会成效显著】 2016年9月6日至8日，第十九届中国农产品加工业投资贸易洽谈会在驻马店市会展中心隆重举行。三门峡市委、市政府组织13家农业龙头企业的40余种名优农产品参展展销，并取得显著的成效。在第十九届中国农产品加工业投资贸易洽谈会重点项目签约仪式上，三门峡市陕州区西李村乡政府与江苏南通四建集团的20MW农光伏发电项目成功签约,金额1.5亿元。三门峡泰禾农业开发有限公司的“虢州”牌茶饼、三门峡龙泉保健食品有限公司的“燕居”牌核桃酒、河南振宇食品有限公司的“振豫”牌腐竹获得组委会优质产品奖。陕州区的“二仙坡”苹果、“虢州”牌青茶、“山中有杏”牌甜杏仁油、“振豫”牌腐竹、“燕居”牌核桃酒、卢氏县瑞达种业研发有限公司和三门峡市天瑞科技开发有限公司等40余种特色农产品,在会上展示、展销,受到参会客商青睐。

【农业部调研组到三门峡市调研鲜活农产品调控目录制度试点工作】 2016年10月12日，农业部调研组到三门峡市调研指导鲜活农产品调控目录制度试点工作，听取三门峡苹果生产销售情况和苹果价格调控工作汇报,与苹果生产销售专家、企业、专业合作社负责人进行座谈，深入陕州区金秋果业、二仙坡等苹果生产销售企业现场调研，对三门峡市的鲜活农产品调控试点工作给予充分肯定。5月，三门峡市纳入国家鲜活农产品调控目录制度试点城市,目录品种为苹果。截至年底,试点工作取得成效。全市建成苹果交易市场21个,有2万人的农民经纪人队伍参与苹果购销活动；在全国设立苹果直销门店100多个；建立信息服务机制;建立苹果加工体系,提高产品附加值；托底苹果最低收购价格,确保价格调节收益。

【河南省农业广播电视学校家庭农场主经营管理核心能力提升师资培训班在三门峡市举办】 2016年10月25日至30日,河南省农业广播电视学校家庭农场主经营管理核心能力提升师资培训班在三门峡市举办。来自河北省、江苏省、山东省和河南省农广系统的基层校长、青年骨干教师,河南省部分青年农场主代表等108人参加培训。中美农业远程教育合作——美国俄勒冈州立大学教授、教务长特别助理戴维·金先生(Dave King),美国新墨西哥州立大学教授、媒体制作中心主任婕安妮·格列森(Jeanne Gleason),美国俄勒冈州立大学农学院推广中心副主任萨姆森·安格玛(Samson Angima)等国外专家执教的“家庭农场主经营管理核心能力提升”培训,就青年农场主创业中的“梦想、行动、销售、管理、成长、保持”六大公共模块,对学员进行培训。江苏省通州区农广校在线教学模块开发专家季佩华在“河南省优秀青年骨干教师在线教学模块(Articulate Storyline)开发能力建设师资培训班”对模块开发软件进行培训。

(王欧阳)

畜牧养殖业

【概况】 2016年，三门峡市突出项目建设推动畜牧产业转型发展，招商引资和重大项目建设成效显著；产业扶贫工作成效突出，科尔沁肉牛产业化扶贫项目、河南昊豫实业有限公司卢氏鸡综合开发项目、河南信念集团叶氏生态猪养殖项目、雏鹰农牧生态猪养殖项目带动贫困群众脱贫攻坚;特色畜牧业蓬勃发展,三门峡雏鹰黑猪、卢氏鸡、豫西黑猪蓬勃发展;多措并举确保不发生区域性重大动物疫情和重大畜产品质量安全事故。规模养殖比重增加,种养结合、生态放养、清洁生产态势良好,生猪、蛋鸡、奶牛规模养殖比重分别达到81.7%、64.5%和80.4%,规模养殖场配套建设废弃物处理利用设施比例达到81%。全市肉、蛋、奶产量分别达到11310万千克、5520万千克、4540万千克。

【畜牧项目建设】 2016年，三门峡市洽谈、建设、实施的畜牧业招商引资项目5个。其中:广东温氏食品集团公司年出栏1500万只肉鸡养殖项目,计划投资2亿元，已投入资金1200万元，通过“公司+农户”养殖模式先后在焦村镇建成4户养鸡基地,4万只鸡苗已投放到户。河南昊豫实业有限责任公司500万只卢氏鸡项目,计划投资1.6亿元,已完成投资1500万元,建设养殖基地5个，投放卢氏鸡20多万只。科尔沁牛业公司万头肉牛养殖场项目，计划投资2亿元，已完成投资500万元，进行场区牛舍土建工程。河南信念集团公司万头生态猪养殖基地项目，计划投资1000余万元，已完成投资300万元，3个养殖基地开工建设，存栏生猪2000头。北京德青源公司240万只蛋鸡项目，计划投资3.75亿元。此外，2个市级畜牧重点项目，计划总投资43亿元，已累计完成投资22亿元。其中：雏鹰100万头生态猪项目，计划投资40亿元，当年新增投资3亿元，累计完成投资21亿元，建成种猪场并已投入使用10个，在建18个；建成散养养殖单元860个，在建30个；存栏生猪13万头，出栏15万头。雏鹰农牧集团股份有限公司计划投资3亿元，租赁经营天盛公司20万头生猪养殖项目，已完成投资1亿元，存栏种猪1500余头，扩建工程完工后，可新增种猪6000头。

【特色畜牧业】 2016年，三门峡市大力发展特色畜牧业。三门峡雏鹰农牧公司利用国内优良地方黑猪与国外优秀品种猪杂交，自主培育出三门峡雏鹰黑猪优良生猪品种，主要分布在陕县西李村乡、观音堂镇，渑池县段村乡和卢氏县官道口镇。已建成散养养殖单元860个，加盟入住农户400多个，存栏生猪13万头，出栏生猪15万头。同时，该公司在三门峡市卢氏县、洛阳市栾川县发现的地方优良黑猪品种——豫西黑猪，具有耐粗饲、生长快、体型大、肉质好，其保种场存栏种猪214头。加大对地理标志产品卢氏鸡的开发利用。河南昊豫实业有限公司卢氏鸡综合开发项目，计划投资28.5亿元，建设卢氏鸡育种繁育基地、饲料加工厂、蛋品深加工厂、屠宰场、有机肥厂等，配套建设1000余座5000只规模的发酵床平养加散养鸡舍，建成后可饲养卢氏鸡500万只，已投放卢氏鸡20余万只。卢氏县饲养卢氏鸡达300万只，其中绿壳蛋鸡150万只。

【现代畜牧产业】 2016年，三门峡市为加快转变畜牧业生产方式，不断提升畜禽养殖生产水平，推进现代畜牧产业建设。积极实施肉牛基础母牛扩群增量项目，以灵宝市、渑池县、陕州区为项目实施县，根据自愿申报原则，经严格核查，3个县共有270个养殖场、户、合作社被确定为补助对象，存栏基础母牛共10191头，实际新增犊牛6041头。开展畜禽示范场创建活动，共创建农业部畜禽养殖标准化示范场10家，河南省生态畜牧业示范场3家，农牧结合畜禽粪污处理生态畜牧业整体推进县1个。

【重大动物疫病防控】 2016年，三门峡市开展春秋两季免疫，共免疫猪口蹄疫132.48万头，牛口蹄疫36.8万头，羊口蹄疫37万只，猪瘟132.4万头，猪蓝耳131.8万头，禽流感1373万羽，小反刍兽疫18.35万只，应免畜禽免疫密度均达到100%，免疫抗体合格率均在80%以上，免疫密度均达到国家要求，顺利通过省畜牧局组织的考核验收。对口蹄疫、禽流感、猪蓝耳病、猪瘟、鸡新城疫，以及牛羊布病进行检测，共检测血清学样品8640份，病原学样品1440份。调整完善一、二、三级动物疫情监测点128个，黄河湿地、候鸟迁徙地列入监测网络。每月根据监测结果和流行病学调查数据开展动物疫情评估，为科学防控提供依据。在全市建立疫苗电子档案，并实行企业自购疫苗备案制度和免疫质量承诺制度。建立动物产地检疫申报点58个，共检疫畜禽93.55万头只，检疫动物产品650万千克，动物及动物产品受理申报检疫率达到100%。病死畜禽无害化处理机制建设稳步推进。2月27日，渑池鑫地牧业有限公司建立的全市第一个病死畜禽无害化处理中心顺利投产，日处理能力达4000千克左右。灵宝市无害化处理厂在建设中。育肥猪保险发展迅速。实行保检防联动机制，6个县（市、区）的农牧部门均和承保机构建立合作机制，签订育肥猪保险合作协议。全年共投保育肥猪54.7万余头，比2015年增长70.94%；理赔病死猪6.3万头，比2015年增长65.79%；理赔金额1119.5万元，是2015年的2.29倍。全市未发生区域性重大动物疫情。

【畜产品质量安全】 2016年，三门峡市加强节会期间畜产品质量安全监管。在节会期间，对重点区域、重点部位、重点企业、重点品种、重点环节进行监督检查，把风险和隐患消除在萌芽状态，从源头保障畜产品质量安全。开展畜产品质量安全风险隐患集中排查活动，共排查问题37起，发放整改通知书31份，开展"瘦肉精"检测511头份，结果全部为阴性。加强对兽药、饲料、畜产品检测检验，全市共计抽样288批次。全市未发生重大畜产品质量安全事故。

【畜牧兽医综合执法】 2016年，三门峡市加强动物检疫监督。全市共检疫生猪38.6万头、牛羊554头、禽54.89万羽、动物产品650万千克，查处各类违法案件32起，动物及动物产品受理申报检疫率达到100%。对检出的病害畜禽和肉品全部进行无害化处理，无害化处理率达到100%。先后对16个企业进行巡查，出具行政执法指导意见书12份。全市累计出动执法人员6357余人次，检查各类场所7836余家次，查处问题60起，责令整改52起，办理案件32起，罚款29029元。

【畜禽屠宰监管】 2016年，三门峡市开展生猪屠宰专项整治活动，实地检查督导，先后出动执法车辆270台次、执法人员1257人次，媒体宣传24次，发放宣传材料4246份，屠宰环节"瘦肉精"抽检3128份。开展"注水肉"专项整治51次，出动执法车辆50台次，出动执法人员310人次，全市未发现有屠宰"注水肉"的屠宰企业。

（王欧阳）

果品业

【概况】 2016年，三门峡市新发展果树6680公顷，集中连片（3.33公顷以上）的果品基地达到54个，完成苹果树形改造1.11万公顷、果园配方施肥0.77万公顷、果园生（覆）草0.4万公顷、苹果果实套袋80.93亿只等常规技术推广。果品总产量达到23.4亿千克，其中苹果19.4亿千克，分别比2015年增长2.5%和3.5%，果品总产值达到71.32亿元，比2015年增长2.1%，占全市农、林、牧、副、渔总产值214.61亿元的33.2%，再创历史新高。截至年底，全市共发展果品专业合作社320个，其中国家级示范社2个，省级示范社5个，市级示范社16个；专业合作社共吸收会员11721人，栽植各类果树5502.8公顷，带动17668农户种植果树面积8006.07公顷。"灵宝苹果"荣获"2016中国果品区域公用品牌价值榜"前十强，灵宝市高山天然果品有限责任公司、河南沙大宝食品有限公司等6家企业荣登"2016中国果品商业品牌价值榜"，灵宝市永辉果业有限责任公司、三门峡二仙坡绿色果业有限公司等6家企业荣获"2016中国果业龙头企业百强"称号。

【果树管理技术培训】　2016年，三门峡市、县两级园艺部门在果树管理的关键季节，邀请大专院校、果树研究部门的专家、学者，采取专题培训、现场指导、以会代训等方式，共举办各类技术培训班80余期，培训果农2万余人(次)。其中8月23日至24日，三门峡市邀请国家苹果产业体系岗位专家、西北农林科技大学博士生导师孙广宇教授，西北苹果第一人、西部果友联盟秘书长张立功研究员到三门峡市指导果树生产，并举办2场技术培训，全市果品企业、专业合作社负责人，家庭农场、果树种植大户和园艺部门技术人员，共170余人参加。

【果品知名度不断提升】　2016年8月31日，在中国果品流通协会主办的第二届中国果业品牌大会上，"灵宝苹果"荣获2016中国果品区域公用品牌价值榜前十强，位居第四名。灵宝市高山天然果品有限责任公司、河南沙大宝食品有限公司等6家企业荣登"2016中国果品商业品牌价值榜"。灵宝市永辉果业有限责任公司、三门峡二仙坡绿色果业有限公司等6家企业荣获"2016中国果业龙头企业百强"品牌。9月2日，在中国绿色食品发展中心、吉林省农业委员会和长春市人民政府共同主办的第十七届中国绿色食品博览会上，"二仙坡苹果"获得绿色食品博览会金奖。10月30日至11月16日，市园艺工作总站联合灵宝市、陕州区、渑池县、卢氏县的园艺主管部门带领部分果品产销企业、合作社先后参加北京国际果蔬展览会暨研讨会、首届运城国际果品交易博览会和第九届亚洲果蔬产业博览会。在北京国际果蔬展览会暨研讨会上，三门峡二仙坡绿色果业有限公司选送的有机苹果、"SOD"苹果、富硒功能苹果荣获"新奇果王"称号；在上海举办的第九届亚洲果蔬产业博览会上，灵宝市成功举办了天赐高原好果——灵宝苹果沪上专场推介会，并荣获由《亚洲果业观察》杂志、亚洲果蔬产业博览会组委会共同颁发的2016年度中国果业"杰出品牌营销奖"。11月5日至8日，三门峡市组织26家企业62种产品参加第十四届中国国际农产品交易会。会上，达成销售意向560万元，"灵宝苹果"被授予2016年全国名优果品区域公用品牌，居10家苹果类公用品牌第四名。

【河南省苹果产业技术创新战略联盟在三门峡市成立】　2016年10月28日，由三门峡市高山果业集团牵头组建的河南省苹果产业技术创新战略联盟成立大会在三门峡召开。这是三门峡市组建的第一个省级产业联盟。省科技厅、省农业厅、三门峡市政府、河南农业大学、郑州果树所等有关方面的领导、专家80余人参加会议。会议选举了联盟理事长。河南省苹果产业技术创新战略联盟共有33个成员单位。成立河南省苹果产业技术创新战略联盟，是顺应创新驱动发展战略的新要求和科技发展的新需要，能够有效统筹技术人才优势资源，搭建共享平台，解决区域发展重大问题，形成科研工作"一盘棋"新格局。各成员单位通过加强协调和指导，从政策、工作和生活等方面为联盟专家提供保障，创造更加优越的环境，支持苹果产业发展。

【"灵宝苹果"品牌价值升至183.4亿元】　2016年12月12日，在中国品牌建设促进会、中央电视台、中国国际贸促会、中国资产评估协会等单位联合举办的"2016年中国品牌价值评价信息发布会"上，"灵宝苹果"以品牌价值183.4亿元，品牌强度系数859，居初级农产品类第九位、全国县级第一位。排位比2015年上升一位，价值比2015年的171.08亿元有了新提升。

(杨新社)

蔬菜生产

【概况】　2016年，三门峡市大力发展优质蔬菜产业，重点发展特色单品种蔬菜，日光温室、大中小拱棚相结合的设施蔬菜基地和高海拔越夏蔬菜基地。全市蔬菜播种面积31098公顷，产量11086.74万千克；新建设施温棚1000个，占全年目标任务100%。

【特色蔬菜产业】　2016年，三门峡市特色蔬菜发展面积较大、优势明显的品种主要有：一黄二红二白二绿。一黄即黄花菜，面积在666.67公顷以上；二红即朝天椒和高山西红柿，朝天椒积在8000公顷以上，高山西红柿面积在1333.33公顷以上；二白即芦笋和大葱，芦笋面积有2666.67公顷，大葱面积有666.67公顷；二绿即芹菜和甘蓝，面积均在666.67公顷以上。全市已形成以渑池县笃忠乡、果园乡和陕州区西李村乡等为主的朝天椒生产基地，以陕州区张村乡、张汴乡和灵宝市苏村乡、五亩乡，以及卢氏县北部浅山区等为主的高山越夏蔬菜基地，以灵宝市沿黄乡(镇)为主的大葱、芦笋等单品种蔬菜基地。

(邱小岩)

种植业

【概况】　2016年，三门峡市粮食作物收获面积16.83万公顷，平均单产3968千克，总产量6.67亿千克，其中夏粮收获面积7.95万公顷，总产量3.31亿千克；秋粮收获面积8.88万公顷，总产量3.36亿千克。棉花收获面积

1451公顷,总产量141.0万千克。油料作物收获面积15141公顷,总产量3519.3万千克。

【中药材生产】 2016年,三门峡市在发展地道药材的基础上,驯化、引进适合本地种植的药材新品种,示范推广药材高效栽培新技术,建立了连翘、杜仲、金银花、丹参、苦参、玫瑰等药材生产基地,全市中药材产业走上稳步发展的道路。中药材人工栽培面积2万公顷,其中木本0.67万公顷、草本1.03万公顷,菌类80万穴,主要栽培品种有杜仲、连翘、丹参、山茱萸、金银花、黄芩、苦参、桔梗、天麻、猪苓、生地、柴胡、苍术等。野生连翘扶育保护2万公顷。年产各类药材5230万千克,产值5.62亿元。

【卢氏县大力发展连翘产业】 连翘是卢氏县地理标志产品。2016年,卢氏县制定《大力发展核桃连翘产业全面实现脱贫攻坚目标实施方案》,将连翘生产纳入退耕还林总体规划,制定了一系列优惠政策,鼓励农民发展连翘产业。组建县、乡、村、组四级服务体系,聘请国内知名专家组建顾问团,对连翘产业进行技术指导和科研攻关。全县共栽植连翘2333.33公顷,育苗2200万株,可满足6666.67公顷人工栽植需要。

【渑池县人工栽培丹参面积不断扩大】 渑池县土壤类型为红粘土,含钾量高,保水保肥性能好,非常适合丹参的生长发育,种植的丹参丹参酮含量高,药材质量好,深受外地客商欢迎。2016年,渑池县扶持种植大户,推广育苗移栽、地膜覆盖、机械收获、机械烘干等先进栽培技术,提高丹参的生产效益。全县种植丹参1200公顷,生产丹参600万千克,产值6000万元,丹参已成为当地群众快速脱贫致富的产业。

(史丽兰 周建方)

食用菌生产

【概况】 2016年,三门峡市食用菌栽培规模稳步增长,经济效益显著提高。全市食用菌栽培总规模1.8亿袋,其中10万袋以上的生产基地97个,50万袋以上的生产基地28个,百万袋以上的生产基地30个,鲜品总产量2.46亿千克,总产值23.3亿元。全年食用菌出口1.28万千克,创汇2.02亿美元。食用菌产业已经成为全市特色农业的重要增长点之一。

【全国食用菌创新发展大会暨卢氏羊肚菌推介会在三门峡市召开】 2016年3月25日到27日,由中国乡镇企业协会食用菌产业分会和中国食用菌商务网联合主办的全国食用菌创新发展大会暨卢氏羊肚菌推介会在三门峡市召开,总结全国食用菌产业创新发展的经验和典型,宣传推广卢氏县食用菌产业及河南九龙农业科技股份有限公司羊肚菌栽培模式。会议还就全国食用菌创新发展情况、国内外羊肚菌关键生产技术及市场前景、现代农业发展相关政策等内容展开研讨交流。3月27日,与会人员到卢氏县实地参观河南九龙农业科技股份有限公司羊肚菌种植基地。

(王 静)

水产渔业

【概况】 2016年,三门峡市引进高效水产新品种,调优养殖品种结构,转变养殖方式,发展休闲渔业。全市水产品总产量完成2119.4万千克,较2015年的2046.1万千克增加73.3万千克,实现平稳增长的目标。10月13日,在2016年全国水生野生动物保护科普宣传月活动暨2015年水生野生动物保护海昌奖颁奖仪式上,三门峡市常建波获得2015年水生野生动物保护海昌奖,卢氏县渔政站丹超获得海昌卫士奖。

养殖品种结构进一步优化。引进发展高效水产新品种,调优养殖品种结构。灵宝市的鼎湖湾、稠桑滩涂水域新发展小龙虾养殖53.33公顷,其中新建池塘养殖33.33公顷;陕州区永鑫黄河生态家庭农场公司新引进黄鳝苗种500千克,养殖20个网箱,填补了全市无黄鳝养殖的空白;湖滨区天鹅湾生态渔业有限公司新发展河蟹、鳜鱼养殖133.33公顷,当年捕获河蟹1.5万千克。

产业结构进一步调优。卢氏县冠云山大鲵养殖有限公司,新建鲟鱼苗种场,建设苗种孵化、培育车间5个,孵化盆120个,全年共孵化鲟鱼5批、100万尾,销往湖北、河北、陕西等地,苗种供不应求。灵宝市豫翔水产养殖公司投资17万元新建200平方米的温室苗种孵化设施,使苗种孵化在可控环境下培育,比普通孵化可提前一个月时间,成功培育乌鳢苗种4万尾。

休闲渔业稳步发展。以莱园龙泉生态园、湖滨天鹅湾生态渔业观光等为代表的休闲渔业引领新发展,成为渔业发展新的增长点。

养殖方式向健康、环保转变。灵宝豫翔水产养殖公司购进一套饲料加工设备,用投喂颗粒饲料和冰鲜鱼养殖乌鳢做比较试验,实现了使用颗粒饲料代替冰鲜鱼养殖乌鳢,使乌鳢养殖更加绿色、环保、稳产、高效。

【举行50吨级渔政船首航暨2016年禁渔启动仪式】 2016年4月1日,三门峡市农牧局在会兴码头举行50吨级渔政执法船首航暨2016年黄河禁渔行动启动仪式。50吨级内陆渔政执法船编号为"中国渔政41513",是由农业部投资,三门峡市渔政渔船检验监督管理处实施,黑龙江省佳木斯市东方船务有限公司承建,总投资160万元。该项目2012年年底获农业部批准,2015年7月16日开建。在启动仪式上,渔政执法船与两艘渔政执法快艇一起从会兴码头出发至陕州风景区一号码头,沿途通过船载高音喇叭连续播放《河南省渔政渔船检验监督管理局关于2016年禁渔的通告》及有关禁渔精神,并对三门峡2016年禁渔工作进行安排和部署。

【举行鱼类增殖放流活动】 2016年4月15日,三门峡市举行2016年鱼类增殖放流活动。此次活动分别在黄河、青龙涧河、山口水库进行放流。市渔政渔船检验监督管理处、黄河公园、涧河管理处、山口水库的人员及现场群众共100余人参加放流活动，放流黄河鲤鱼、鲢鳙鱼、草鱼等品种30万尾。

【开展禁渔期清网专项执法行动】 2016年5月5日到6日，三门峡市渔政渔船检验监督管理处组织陕州区、开发区的渔政人员，开展禁渔期清网专项执法行动，全面清理黄河三门峡库区段的非法捕捞网具。此次行动出动50吨级渔政执法船，从会兴码头到牡丹园河段进行巡航执法检查，共拆除非法捕捞网具迷魂阵6处10片200多米，保障了禁渔期期间三门峡库区鱼类资源和生态环境的安全。

【河南省鱼类资源调查队对三门峡市进行实地调查】 2016年8月5日至8月22日，以河南师范大学水产学院院长聂国兴教授为领队的河南省鱼类资源调查队，在三门峡开展鱼类资源实地调查。共完成94个样点采集工作。初步确定采集鱼类标本63种，隶属于8目15科，获得酒精样品约2500号，甲醛样品约4200号。调查发现，三门峡市鱼类种类繁多，资源丰富，包括兰州鲇和黄河鮈等河南省新记录品种以及红尾副鳅和乌苏拟鲿等区域优势品种，这些稀有品种和优良资源为开展鱼类资源的保护和开发打下基础。

【三门峡市为民实业有限责任公司荣获农业部水产健康养殖示范场称号】 2016年12月28日，农业部办公厅公布第十一批农业部水产健康养殖示范场名单，三门峡市为民实业有限责任公司惠民分公司荣获此项称号。至此，全市农业部水产健康养殖示范场已有16家。三门峡市为民实业有限责任公司惠民分公司位于灵宝市故县镇红花寨村，成立于2015年7月。该分公司引进泥鳅健康养殖技术，采用人工孵化手段，水源以车峪河山泉水为水源，活水养殖，达到无污染、无公害健康养殖目的，填补了全市泥鳅人工繁育养殖技术的空白，推动现代渔业发展。截至年底，养殖泥鳅面积14.13公顷，养殖池塘15个，工厂化育苗孵化池8个(1000平方米)。

(赵宪钧)

农业产业化

【概况】 2016年，三门峡市不断发展壮大龙头企业，加强品牌建设，增强农产品市场竞争力，全面提升农业产业化经营水平。全市规模以上龙头企业发展到218家，其中省级重点龙头企业30家，市级重点龙头企业108家，争取到农业产业化生产经营贷款贴息资金584万元。培育发展产业化集群38个，其中市级产业化集群31个，省级产业化集群8个。集群内协作企业189个，协作合作社228个，配套监测机构72个，配套批发市场6个。吸纳农民就业人数312891人，带动农户36.9万户，占全市农户总数的80%。

【休闲农庄建设】 2016年，三门峡市在发展休闲农庄中，突出黄河沿岸、310国道和209国道“三线”和分布在全市的农业科技示范园，以及美丽乡村“望山、看水、记乡愁”的旅游主题，重点发展休闲采摘、科技示范、农事体验、生态种养、特色民宿、度假养生等功能的休闲农庄。至年底，全市休闲农庄总数达到69家。

【农产品品牌建设】 2016年，三门峡市利用各类展会平台，着力做强叫响三门峡市农产品品牌。参加第十九届中国(驻马店)农洽会、连云港一带一路沿线城市农产品洽谈会、第十四届中国国际(昆明)农产品交易会等8个国际、国家级展会。在第十九届中国(驻马店)农洽会上，湖滨区泰禾农业开发有限公司的“虢州”牌茶饼，卢氏龙泉保健食品有限公司的“燕居”牌核桃酒，灵宝振宇食品有限公司的“振豫”牌腐竹获得优质产品奖；在第十四届中国国际(昆明)农产品交易会上，灵宝苹果被评为优质果品。

【服务农业企业能力提升】 2016年，三门峡市着力抓银企对接，向省农业厅推荐银企对接企业11家，其中固定资产贷款1.8亿元、流动资金贷款1.2亿元，有效解决企业融资难问题。着力抓农商对接。借助中国特色商品博览交易会平台，邀请运城市、临汾市、渭南市农业部门负责人和苏宁云商集团有限公司等全国各地知名电商、采购商共计153家，参加晋、陕、豫黄河金三角“互联网+特色农产品”采购对接会，三门峡市及运城市、渭南市等种养加生产经营企业(场、户)与电商、采购商签约农产品购销协议金额6.8亿元，有效地拓宽农产品销售渠道。着力引导发展电商。全市市级以上重点龙头企业已建成网店121个，电商覆盖率达到90%以上。

【8个农业产业化集群入选省农业产业化集群】 2016年6月6日，河南省人民政府办公厅公布《河南省农业产业化集群名单》(豫政办〔2016〕91号)，确定207个河南省农业产业化集群。其中，三门峡市8个农业产业化集群入选，分别为：陕州区缘份果品产业化集群、灵宝阿姆斯果品产业化集群、陕州区“二仙坡”果品产业化集群、渑池仰韶酒业产业化集群、义马新大生猪产业化集群、湖滨吉元农林林产品产业化集群、渑池雪莲面业产业化集群、卢氏华阳核桃产业化集群。 (高明峡)

农业科技推广

【概况】 2016年，三门峡市积极宣传推广粮、棉、油主导品种，示范推广优质高产品种，切实加大配套技术的推广力度，努力实现良种良法配套，依靠科技提高单产。主要推广种植豫麦49-198、百农矮抗58、众麦一号、开麦18、洛旱6号、中麦175、富麦2008、西农928、运旱618、运旱20410等小麦品种，郑单958、先玉335、滑玉12、浚单20、济单7号、蠡玉16号、澄海605、济单7号等玉米品种，商薯19、徐薯18、豫薯7号、豫薯13号、北京553、西农431、秦薯4号、龙薯9号等甘薯品种，张杂谷系列(10号、11号、8号)、豫谷

18、晋谷21号、晋谷40号、冀谷19、冀谷31等谷子品种,津引8号、荷兰15、郑薯5号等马铃薯品种和陕油0913等油菜品种。在小麦上,推广前氮后移2.21万公顷,精量半精量播种2.4万公顷;在玉米上,推广铁茬免耕播种4.07万公顷,"一增四改"(增加种植密度,改种耐密型品种、改套种为直播、改粗放用肥为配方施肥、改人工种植为机械化作业)技术应用面积5.25万公顷,种肥异位同播2.17万公顷,单粒播种3.76万公顷,适时晚收5.27万公顷;在中药材上,推广丹参地膜覆盖及机械化收获933.33公顷,连翘规范化栽培技术1200公顷。

【小杂粮新品种示范及机械化应用示范】 2016年,三门峡市在渑池县天池镇谢大池村和陕县西李村乡王彦村示范龙薯9号、秦薯8号、商薯19、济薯26等甘薯新品种及机械收获技术,在陕县张茅乡、卢氏县文峪乡、灵宝市朱阳镇示范津引8号、中薯20号等马铃薯新品种及机械播种技术,发挥辐射带动作用。在陕县张茅乡清泉沟村示范谷子机械化精量覆膜播种技术,达到免间苗效果,受到群众欢迎。

【全省农技推广信息化应用观摩培训会在三门峡召开】 2016年5月17日,全省农技推广信息化应用观摩培训会在三门峡市召开,18个省辖市、10个省直管县(市)及有关县(市)农技站(中心)信息员80余人参加培训。与会代表先后实地观摩三门峡市农业物联网总控中心、三门峡市农产品质量安全追溯中心、陕州区新桥村信息服务站及陕州区二仙坡农业物联网示范基地。培训会上,应邀专家就互联网+智慧农业的技术应用、微信公众号在农技推广工作中的应用等内容作专题培训,三门峡市就全市农业信息化工作发展作交流发言。 (史丽兰)

农业信息化

【概况】 2016年,三门峡市继续抓好农业电子商务发展和信息进村入户工作,推广各项农业信息技术应用。全市所有行政村实现信息进村入户全覆盖,涉农电商达到2100家,涉农网店达到4000余个,全年交易额达到10亿元,总交易额达19.2亿元;培育100余家农业电子商务店,培训市、县、乡三级电商人员8000人次。12月26日,特色农产品质量安全追溯系统的推广与应用项目获得2014-2016年度全国农牧渔业丰收奖三等奖。

【农业电子商务】 2016年,三门峡市多措并举强力推进农业电子商务发展。4月,市政府办公室印发《关于在全市农业电子商务发展中实施"百店示范、千店提升、万户受益"工程的意见》,在全市重点培育100多家农业电子商务示范店,充分发挥典型示范带动作用,加快全市农业电子商务发展。6月,市委办公室、市政府办公室印发《三门峡市"互联网+农业电子商务"发展三年(2016年-2018年)行动计划》,确立农业电子商务发展目标,明确有关部门农业电子商务发展职责任务,进一步优化农业电子商务发展环境。开展农业电子商务学习观摩活动。各县(市、区)组织本区域有关部门、相关人员,到其他县(市、区)进行参观学习,相互取长补短,相互完善提高,相互促进发展。全市共交流农业电子商务服务中心、乡(镇)电子商务服务站、村级电子商务服务点和部分具有典型示范带动作用的企业等36个农业电子商务示范点,参加学习观摩活动人员达345人。开展涉农网店运营提升指导服务活动。市农牧局等市直11个部门抽调人员,分别对全市6个县(市、区)和开发区、产业集聚区的涉农网店700余人开展培训,提升网店运营水平。营造电子商务发展氛围。利用广播电视、报纸等媒体开展农业电子商务发展宣传报道。精选农业电子商务标语28条制成横幅3480条发放到各县(市、区),在主要路段、乡村道路、集贸市场、汽车站等人员密集场所悬挂;在《三门峡日报》专版报道农业电子商务发展示范店典型220个;在电视台专题报道电商风采50余期,形成人人了解、关心、支持、参与农业电子商务的浓厚氛围。

【推进信息进村入户站点建设】 2016年,三门峡市继续以村级信息服务建设为着力点,对灵宝市、渑池县、卢氏县开展信息服务站点建设,凡通网络的行政村实现信息进村入户全覆盖;对信息进村入户信息员开展电子商务培训工作,对拟建信息站的相关人员做好岗前培训,完成培训500人次;已建成的信息服务站对本区域内新型经营主体开展技术指导、信息服务等管理。

【农民信息化能力提升活动】 2016年,三门峡市联合三门峡联通公司开展专项活动,对新型农业经营主体、职业农民和普通农户开展"掌上农校"手机APP推广活动和"电商学院"涉农电商运营能力提升培训专项活动,培训人数达7500人次,农村智能手机使用率达70%以上,手机微信普及率达70%以上。 (冯 莉)

农业标准化

【概况】 2016年,三门峡市新申报"三品一标"认证产品16个,其中无公害农产品14个、绿色食品1个、地理标志农产品1个,全市"三品一标"农产品累计达到138个,其中无公害农产品107个、绿色食品5个、有机农产品10个、地理标志农产品5个、国家地理标志保护产品11个;累计发展无公害农产品生产基地面积3.19万公顷、绿色食品基地面积746.67公顷,有机农产品基地面积200公顷,地理标志农产品和国家地理标志保护产品面积5.82万公顷。地理标志农产品"灵宝香菇"被农业部农产品质量安全中心确定为国家级农产品地理标志示范样板创建资格,为河南省唯一入选产品。

【农产品质量安全县创建活动】 2016年,三门峡市根据《农业部关于印发

〈国家农产品质量安全县创建活动方案〉〈国家农产品质量安全县考核办法〉的通知》《河南省农产品质量安全县创建活动方案》和《河南省农产品质量安全县考核办法》的要求,督促6个县(市、区)开展创建工作,组织相关人员参加全省农产品质量安全县创建培训班,进一步提高对创建工作的认识和重视,查找差距,补充完善创建资料。至年底,灵宝市已经按时报送了申报第二批国家级农产品质量安全县的相关材料,陕州区申报了第二批省级农产品质量安全县试点。

【"灵宝香菇"获国家级农产品地理标志示范样板创建资格】 2016年7月8日,农业部农产品质量安全中心公布2016年国家级农产品地理标志示范样板创建资格名单,"灵宝香菇"榜上有名,成为河南省唯一入选产品。灵宝市地处黄河中游,气候适宜,是"南菇北移"最佳适生区。特别是6.67万公顷果树原料,为发展以香菇为主的食用菌提供了充足的支撑。从1998年开始,灵宝市委、市政府决定大力发展食用菌产业,按照"政府引导、农民主体、科学施策、品牌营销"的思路,引导群众发展食用菌生产,使食用菌产业由小变大、由弱变强,品种由少变多、由有变优,基本实现栽培规模化、生产专业化、管理集约化、技术标准化和营销一体化。主导品种——苹果剪枝香菇,栽培技术全国领先,生产规模持续增长;林下夏香菇生产增速快、规模大、效益高,全国闻名。"灵宝香菇"先后通过国家农产品地理标志认证,获得国家无公害农产品认证和中国特色商品博览交易会优秀品质奖。灵宝市先后被确定为省级、国家级出口香菇质量安全示范区。12月12日,"灵宝香菇"以品牌强度712、品牌价值21.38亿元荣登中国品牌价值评价区域品牌(地理标志产品)类榜单。至年底,灵宝市已建成集约化香菇标准化生产示范基地60个,其中50万袋以上40个;规模超10万袋的村146个,其中百万袋以上村25个,最大规模超过500万袋;万袋以上香菇大户达3628个,其中5万袋以上298个。全市年产鲜品1亿余千克,产业链产值达15.5亿元,年出口创汇超过5000万美元,以香菇为主的食用菌产业已成为农业增效、农民增收的特色支柱产业。 (赵 伟)

农业机械化

【概况】 2016年,三门峡市加强农机安全监理,全面提升农业机械化水平,实现全市农机化事业的持续、快速、健康发展。农业机械总值12.55亿元,农机总动力116.75万千瓦,较2015年有所下降。农用拖拉机保有量达到49194台,配套农机具达到7.4万台(套),收获机械达到2161台,机械作业水平稳中有升。全年完成机耕面积11.5万公顷,比2015年增加0.2万公顷;完成机收面积9.2万公顷,比2015年下降0.3万公顷。农作物机械化综合作业水平达到55.3%,比2015年增加0.3个百分点;特色农机化水平达到45.3%,比2015年增加0.3个百分点。

【农机购置补贴项目覆盖全市】 2016年,三门峡市争取财政购机补贴资金3628万元,其中湖滨区470万元、灵宝市720万元、渑池县1000万元、陕州区800万元、义马市46万元、卢氏县592万元;资金使用3188.221万元,补贴机具11229台,其中耕整地机械7884台、收获机械454台、拖拉机1999台、畜牧水产机械265台、排灌机械314台(套),受益农户9245户。在项目实施中,农机部门严格按照公开、公正、公平、农民受益的原则,实行阳光操作,严把补贴关,确保政策的严肃性、工作的规范性和程序的统一性。 (卫李浩)

【农机化技术应用】 2016年,三门峡市全面推广应用深耕深松、化肥深施、节水灌溉、精量播种、机械化收获、秸秆综合利用等农机化技术,农业机械化生产技术得到普遍应用,全市小麦、玉米机械化收获水平分别达到93%和55%,全年机械化深耕3.87万公顷,秸秆还田3.67万公顷;小麦机械化收获7.36万公顷,玉米机械化收获2.8万公顷。按照"发展特色农机,服务特色农业"的工作思路,围绕全市果、牧、烟、菜、药、菌等特色农业,巩固建设农机化应用示范点,从农机购置补贴资金中给予倾斜,调动农民购机积极性,发展壮大特色农机,提升全市农机规模化作业服务水平,为提高农业综合生产能力提供支持。 (高增焜)

【农机科技培训活动】 2016年,三门峡市采取理论授课、田间讲解、参观考察、事迹交流、实验实习等方式对拖拉机、联合收割机的维护保养知识,常见机械故障的检测维修,植保机械的操作常识及病虫害防治,农机手的安全生产意识等方面进行培训。全市共培训各类农机人员11106人,其中农机管理人员280人、农机技术人员1644人、农机操作人员9182人(新购机农民3051人)。

【"平安农机"创建活动】 2016年,三门峡积极推进"平安农机"示范县(市)、示范乡(镇)、示范农机合作社创建活动,卢氏县被农业部、国家安全监管总局确定为全国"平安农机"示范县,卢氏县范里镇、杜关镇、东明镇、文峪乡、横涧乡被河南省农机局、河南省安监局命名为河南省"平安农机"示范乡(镇),卢氏县神耕农机专业合作社被命名为河南省"平安农机"示范合作社。至年底,全市有全国"平安农机"示范县(市)4个,全省"平安农机"示范县(市)1个、示范乡(镇)38个、示范合作社18个。 (陈官锁)

脱贫攻坚

【概况】 2016年,三门峡市坚持将脱贫攻坚作为第一民生工程、重大政治任务和头等大事,作为党委政府的重大职责,牢固树立政治意识、精准意识、攻坚意识、创新意识、廉洁意识,以脱贫攻坚统揽经济社会发展全局,不断强化责任、夯实措施,实现首战之年首战胜利。截至年底，全市实际完成34075人脱贫退出，超额完成省定33220人目标；实现19484人易地扶贫搬迁；退出贫困村35个。国务院督查组在卢氏县督查期间，认为"脱贫攻坚工作成效可信、做法可学、精神可嘉"；省委书记谢伏瞻、省长陈润儿等领导在三门峡市调研期间，对全市产业扶贫、易地搬迁等工作充分肯定。

树立政治意识，推动扶贫攻坚任务落实。各级领导干部认真学习习近平总书记关于脱贫攻坚的战略思想，用新理念、新思路、新举措来谋划脱贫攻坚，推进脱贫攻坚。市委常委会定期研究脱贫攻坚，市政府常务会每月听取汇报，进行安排部署；把脱贫攻坚涉及的工作任务，摆在全市"十件实事"首位，由市委、市政府督察部门跟踪督办；市委、市政府主要领导多次深入贫困村、贫困户调研，主管领导每周调研指导一次脱贫攻坚；市委常委分包6个县(市、区)，所有市级领导干部定点帮扶55个贫困乡(镇)，按照"出主意、解民忧、促发展、夯基础"四项具体工作职责，每月深入分包县(市、区)和帮扶贫困乡(镇)指导工作1次以上，现场办公，解决实际问题，不脱贫不放手。制定了"1+4+20"立体化、全方位的脱贫攻坚一揽子政策，市、县、乡、村层层签订责任书，立下军令状，压实各级责任。市、县两级对扶贫办领导班子和队伍进行充实加强，对扶贫任务重的38个乡(镇)配备扶贫专职副书记、其余乡(镇)配备副科级扶贫专干。8月，对各县(市、区)开展了脱贫攻坚专项巡察，重点查处脱贫攻坚工作中的不作为、慢作为、怕担责、不担当等问题。

【精准扶贫】 2016年，三门峡市树立精准意识，精确施策抓扶贫落实。精准识别对象。按照省定的"26365"识贫工作法(第一个"2"是识别标准的"两条杠"：严格执行农民人均纯收入标准，统筹考虑"两不愁三保障"因素，即不愁吃、不愁穿，保障义务教育、基本医疗、住房安全。第二个"6"是识别六步工作法，即"一进二看三算四比五议六定"，一进就是进户摸底；二看就是看房子和设施；三算就是算出农民人均纯收入、算出支出帐、算清贫富明白账；四比就是和左邻右舍比生活；五议就是综合考量，逐户评议；六定就是正式确定为扶贫对象的。第三个"3"就是识别程序三步走，即初选对象、乡镇审核、县级复审。第四个"6"就是六签字，即对确定的扶贫对象名单，驻村第一书记或驻村工作队长、包村干部、村委会主任、村支书、乡镇长、乡镇书记6位主要负责人都要签字。最后一个"5"就是建档立卡的五个步骤，即数据录入、数据核查、结对帮扶、制定计划、填写手册和明白卡)，识别出全市贫困人口47558户149943人，按照省委、省政府要求，重新核定易地搬迁人口为23561户80184人，比7月识贫时增加了1763人。卢氏县结合实际探索总结出"43222"精准识贫工作法(第一个"4"是"四看"：看房、看粮、看劳动力强不强、看有无读书郎，第二个"3"是"三问"：问农户、问邻居、问村组干部，第三个"2"是"两算"：算准收入账、算好支出账，第四个"2"是"两会"：第一次会议初评、第二次会议确定，第五个"2"是"两公示"：把公示情况贴到村委会所在地或人口集聚区，以及每一个居民组的醒目位置)和"四卡到户、精准到人"(入户算账明白卡、精准脱贫明白卡、脱贫攻坚公示卡、易地搬迁政策宣传卡)方法，实现了精准识别工作的具体化、可操作，确保了识别结果的科学性和精准性。灵宝市充分发挥6231名包户干部的作用，开展"一对一"识别，提出"帮扶先识贫，有错必问责"的要求，发现问题及时更正，使识贫工作的精准度大大提升。精准安排项目。以乡为面、以村为片、以户为点，建立项目库(群)，做到村有主导产业、户有增收项目。先后3次组织召开全市脱贫攻坚项目库建设工作会，下发《三门峡市脱贫攻坚项目指南》，全市"十三五"期间共规划扶贫项目4543个，总投资520.6亿元。卢氏县引进河南信念集团养猪、河南科尔沁集团养牛、河南昊豫实业公司养鸡、河南金海公司食用菌等项目，带动贫困户2477户。陕州区坚持因村选产业，因户定项目，引导优质项目资源向贫困村倾斜集中，"十三五"规划项目1103个，计划投入资金35.7亿元。精准使用资金。按"两个70%"(财政扶贫资金中70%要用于产业开发，产业开发项目资金70%要直接到户)的标准，组织安排产业发展项目，覆盖全部贫困人口，全市共下达扶贫专项发展资金2.13亿元，做到了脱贫目标全覆盖。精准落实措施。综合实施产业扶贫、转移就业、易地搬迁、生态补偿、雨露计划等扶贫工程，编印《产业扶持脱贫的成功案例》，推广各县(市、区)在产业帮扶方面的成功经验。灵宝市采用"合作社+农户"模式，大力发展食用菌项目，对没有劳动能力的贫困户，由合作社集中代管，贫困户每年稳定分红2000元以上；卢氏县采用"政府引导、公司主体、金融扶持、保险配套、贫困户参与"的模式，向河南昊豫实业公司流转土地0.2万余公顷发展连翘种植基地，收获后按三七比例与农户分成，带动870余户贫困户增收。建立"三个三"精准帮扶模式，即：驻村帮扶"三个全覆盖"(全市255个贫困村，全部实现第一书记、驻村工作队派驻和干部结对帮扶全覆盖)，帮扶村级"三个一"(定一个好的脱贫规划、建一个好班子、建一套好的工作机制)，帮扶贫困户"三个一"(一户一本台账、一户一个脱贫计划、一户一套帮扶措施)，重点加强非贫困村贫困户结对帮扶工作。对市、县、乡、驻村工作队责任人实行"不脱贫不放手、不脱贫不离开、不脱贫不过关、不脱贫不脱钩"的机制。全市127个市直单位、319个县直单位共派出驻村队员2047人，直接投入达到2112万元，实施帮扶项目394个，帮助引进资金2.29亿元，受益贫困人口3.69万人。同时，为全市255个贫困村每村选派1名产业专家，帮助贫困村理思路、谋发展，切实解决精准扶贫"最后一公里"问题。湖滨区将驻村帮扶与"党员活动日"活动相结合，在全市首创"集中帮扶日"活动，让党员在帮扶一线展示风采、锤炼党性；实行任务清单制度，每月第一周以任务清单形式下达驻村工作队当月任务，解决驻村干部"驻而不扶、扶而不会"的问题。为保障精准脱贫取得成效，制定了《贫困户脱贫攻坚工作台账》，把贫困户脱贫目标分年度、分类型细化到村、到户、到人,两次举办贫困人口动态调整培训班,组织10个小分队到各乡(镇)进行业务指导,建立完善县、村、户脱贫档案和脱贫认定机制,杜绝“假脱贫”“被脱贫”。

【产业扶贫】 2016年,三门峡市坚持产业发展抓增收,全市累计投入果品、烟叶、食用菌等产业项目资金6226.9万元,带动贫困户11882户46700人,人均年增收在1000元以上。卢氏县坚持长短结合,以烟叶、食用菌、特色养殖等为代表的短平快产业得到巩固,转移贫困家庭劳动力1.25万人,确保了1.89万贫困人口顺利脱贫;以核桃、连翘等为代表的长效产业发展迅速,通过免费发放苗木、以奖代补、抚育管理等形式,引导、扶持所有贫困群众每人至少种植0.07公顷核桃或连翘,力争3年后人均收入达到5000元。

【搬迁扶贫】 2016年,三门峡市按照重质量、保基本原则,坚持慎重稳妥、群众自愿,统筹兼顾、就近就地为主,通过向小城镇、产业集聚区、乡村旅游景区、行政村内就近集中和就近分散安置等途径,科学确定安置点,帮助贫困群众改善生产生活条件,实现脱贫致富。在搬迁标准上,做到“三个防止”,防止建筑面积过大、防止建设标准过高、防止资金投入过多。同时注重搬迁以后的就业问题、生机问题,想方设法为搬迁人口创造就业机会,确保搬得出、稳得住、过得好。组织联合调研组,集中现场办公,逐项解决问题。全市“十三五”期间506.67公顷易地扶贫搬迁建设用地指标全部调整到位,当年建设易地扶贫搬迁安置点42个。卢氏县将易地扶贫搬迁与去库存相结合,一方面通过建设集中安置点安置,另一方面通过政府回购利用存量房源插花安置,全年提供总房源3584套,容纳贫困户搬迁13067人,超额完成2355户9268人贫困人口搬迁任务。

【转移就业扶贫】 2016年10月17日全国“扶贫日”,三门峡市、县两级同步举办了农村贫困家庭劳动力转移就业脱贫专项招聘活动,提供用工岗位4.7万余个,8016名贫困群众与用工企业达成就业意向。湖滨区充分发挥三门峡市主城区优势,积极引导贫困户转移就业,先后举办8场促进贫困人口就业招聘会,达成就业意向2100余人;面向全区建档立卡贫困群众招聘辅警48名,月薪1700元。至年底,全市转移就业19345人。

【基础设施建设扶贫】 2016年,三门峡市坚持基础设施扶贫抓完善,以道路交通、安全饮水、电力保障、卫生医疗等方面为突破口,切实解决贫困村基础设施不足、生产生活不便问题。对2016年计划退出的35个贫困村,按照“一低五有六通”(一低:贫困村贫困户发生率低于2%,五有:有综合性文化服务中心、有标准化卫生室、有合格乡村医生、有主导产业、有集体收入,六通:通水、通路、通电、通班车、通电视、通宽带)标准,逐项补齐短板,先后完成25个贫困村电网改造升级,36个贫困村饮水安全提升达标,13个贫困村卫生室标准化建设。

【生态补偿政策扶贫】 2016年,三门峡市利用生态补偿政策,对处在天然林保护区、水土保持区、南水北调水源保护区的7834户2.07万贫困人口实施生态补偿,让有劳动能力的贫困人口就地转成护林员等生态保护人员,引导支持贫困群众发展林下经济脱贫。卢氏县在全县贫困人口中选聘719名生态护林员,按照每人每年1万元的标准给予补助。渑池县在全县41个贫困村聘用80名生态护林员,每人每年可享受6000元的岗位补贴。

【教育扶贫】 2016年,三门峡市坚持教育扶贫抓基础,把发展教育事业作为扶贫开发的长远之计,通过技能培训转移就业实现稳定脱贫。全年完成培训1万人,其中农村实用技术培训6000人,致富带头人200人,技能培训3800人。进一步加大对贫困学生资助力度,秋季学期开始,对全市建档立卡贫困家庭学生,从学前教育至高等教育实施保障资助政策全覆盖,全市共计资助贫困家庭学生(含幼儿)38491名,共发放财政性学生资助资金(含助学贷款)10046万元。其中,办理大学生生源地信用助学贷款9286人,贷款金额7370万元。渑池县完善教育扶贫政策措施,全面实施教育扶贫工程,累计落实各类教育扶贫资金1334万元,资助扶持大中专、初高中及幼儿园学生7201人次。

【社会保障扶贫】 2016年,三门峡市大力推进农村社会保障制度与扶贫开发政策有效衔接,实现农村低保线和扶贫标准线“两线合一”,将符合条件的贫困群众全部纳入低保范围。截至年底,全市纳入低保的农村贫困人口共有10007户26398人。加快完善城乡居民基本养老保险制度,加强医疗保险和医疗救助,着力解决因病致贫、因病返贫问题。新型农村合作医疗覆盖所有农村贫困人口,探索开展农村贫困人口大病二次保险。卢氏县积极探索贫困户脱贫保障措施,投入189.4万元,为全县所有建档立卡贫困户购买每人每年30元的人身意外险;投入37万元,为全县37万居民购买自然灾害和公众责任险,解决群众因灾致贫返贫问题。

【廉洁扶贫】 2016年,三门峡市为引导各级扶贫干部廉洁从政、廉洁扶贫,在全市扶贫系统开展“六个一”活动:开展首场“精准扶贫、廉洁扶贫”专题警示宣传教育基层行报告会;开展了“廉洁扶贫承诺”专题活动;举办了脱贫攻坚反面典型警示教育活动;召开了全市扶贫系统项目资金管理专题会议;在市扶贫办内部进行一次全面约谈提醒;开展了一场廉政知识大学习、大教育活动。同时提出“学习、团结、干事、廉洁”的“八字要求”和“三转四沉五深入”(脱贫攻坚工作重心要转变、任务要转变、作风要转变;各级领导干部、驻村工作队员、第一书记、帮扶责任人身子要下沉、思想要下沉、导向要下沉、精准要下沉,做到深入基层、深入实际、深入群众、深入贫困村、深入贫困户)工作法,全市形成了马上办、扎实干、奋发有为、务实苦干的作风。

【创新扶贫机制】 2016年，三门峡市树立创新意识，不断完善扶贫机制。在驻村帮扶方面，强化党建引领，组织各县（市、区）把每月党员活动日和集中帮扶日结合起来，统一开展进村入户、结对帮扶，使农村基层党建与脱贫攻坚互促并进。在卢氏县双龙湾镇、横涧乡、杜关镇开展"党建+电商+扶贫"试点，把组织力量、市场力量、群众力量充分融合起来，聚力脱贫攻坚。在产业扶贫方面，长短结合、"引""扶"并重，灵活采取扶持模式，脱贫项目精准到户，增收资金精准到人。在易地搬迁方面，组织国土、住建、规划等部门联合现场办公，解决疑难问题。在资金使用方面，实施乡级财政扶贫资金报账制，解决资金滞留问题，提高项目资金使用效率。在督查考核方面，市脱贫攻坚督导组每月进行一次督查，市扶贫办每周开展一次督导，市财政专门拿出800万元，用于对脱贫攻坚任务完成好的县（市、区）和乡（镇）进行奖励。在贫困识别方面，全市推广"四卡"上墙，卢氏县创造了"43222"精准识别法。在贫困退出方面，将贫困户退出条件提炼为"一超标、两不愁、三保障"（一超标：贫困户家庭年人均纯收入超过国家扶贫标准，两不愁：不愁吃、不愁穿，三保障：义务教育、基本医疗、住房安全有保障），贫困村退出条件概括为"一低五有六通"，并下发专门文件，提出全市贫困户脱贫退出"八步法"（第一步：入户算账；第二步：贫困户脱贫认可；第三步：入户核实；第四步：村民小组评议；第五步：村民主评议；第六步：乡级审核；第七步：县市区级公告；第八步：信息更新）和贫困村退出"四步法"（第一步：乡级申请；第二步：县级审核；第三步：市级审批；第四步：信息更新），明确退出标准和退出程序，使基层干部容易掌握和操作。在政策培训方面，创造性的采取三级视频培训、精准到村到人，全市1700多名干部同时参训、同时考试，收到良好效果。在政策落地方面，将各项扶贫政策整合浓缩，先后编印政策问答小册子4本，并编印《产业扶贫案例汇编》和《脱贫攻坚先进典型事例汇编》，落实政策，激发贫困地区、贫困群众的内生动力。在社会保障方面，市政府出台"两线合一"文件，保障社会兜底户精准脱贫。在宣传引导方面，树立杨书春、莫红建、卫胜利等10余个脱贫致富典型和优秀村党支部书记典型，与《三门峡日报》、三门峡电视台联合开办专题和专栏，定期播放政策知识、脱贫典型事例，营造了脱贫攻坚的浓厚氛围。

【出台"1+4+20"脱贫攻坚工作政策体系】 2016年，三门峡市出台"1+4+20"立体化、全方位的脱贫攻坚一揽子政策，为全力打赢脱贫攻坚战提供坚强保障。"1"，是指市委、市政府出台的《关于打赢脱贫攻坚战的实施意见》（以下简称《实施意见》），共分五个部分，分别阐述了打赢脱贫攻坚战的重大意义、总体要求、实施精准扶贫确保贫困人口精准脱贫重大举措和路径、健全打赢脱贫攻坚战政策支撑体系、强化打赢脱贫攻坚战的工作保障，是三门峡市绘制的打赢脱贫攻坚战的"总作战图"。"4"，是指市委办公室、市政府办公室根据《实施意见》的有关要求，制定下发的关于加强定点扶贫工作的4个通知，分别是《关于进一步完善定点扶贫工作的通知》《关于市级领导定点帮扶贫困乡（镇）开展脱贫攻坚工作的通知》《关于印发〈三门峡市定点扶贫单位工作考核办法（试行）〉的通知》《关于印发〈三门峡市驻村扶贫工作队管理办法（试行）〉的通知》，具体明确了关于"谁来扶"的问题。"20"，包括"8个办法""5个实施方案"和"7个专项方案"，进一步明确了关于"扶持谁""谁来扶""怎么扶""如何退"的具体问题。"8个办法"，是指市委办公室、市政府办公室转发的《河南省扶贫对象精准识别及管理办法》《河南省脱贫工作成效考核办法》《河南省开展统筹整合使用财政涉农资金试点实施办法》《河南省扶贫资金管理办法》4个办法，以及市委办公室、市政府办公室下发的《三门峡市脱贫工作成效考核办法》《三门峡市贫困退出实施办法》《三门峡市脱贫攻坚督导办法》《三门峡市易地扶贫搬迁工作考核办法》4个办法。"5个实施方案"，是指市委办公室、市政府办公室下发的《三门峡市转移就业脱贫实施方案》《三门峡市产业扶持脱贫实施方案》《三门峡市易地扶贫搬迁脱贫实施方案》《三门峡市社会保障脱贫实施方案》《三门峡市特殊救助脱贫实施方案》。"5个实施方案"是为了深入贯彻落实《实施意见》，专门针对进一步做好贫困家庭劳动力转移就业工作，充分发挥产业扶持脱贫的"造血"功能和基础性作用，充分发挥社会保障政策在脱贫攻坚中的兜底保障作用，切实保障困难群众基本生活，有效防止群众因突发意外事件、重大疾病等陷入贫困制定的工作方案。"7个专项方案"，是指市政府办公室转发的市教育局制定的《三门峡市教育脱贫专项方案》、市交通运输局制定的《三门峡市交通运输脱贫专项方案》、市卫生计生委制定的《三门峡市医疗卫生脱贫专项方案》、市水利局制定的《三门峡市水利脱贫专项方案》、市电力公司制定的《三门峡市电网脱贫专项方案》、市林业园林局制定的《三门峡林业脱贫专项方案》、市人行制定的《三门峡市金融助推脱贫攻坚实施方案》，这7个专项方案，针对贫困村、贫困户退出标准，分别对贫困地区水、电、路等基础设施建设以及教育、医疗卫生、林业生态补偿、金融支持等社会服务体系建设进行了专项规划，列出了详细的投资计划和时间表，对全市脱贫攻坚工作任务进行了更加深入的细化、量化，更具体、更具有可操作性，是各个行业部门做好脱贫攻坚工作的指导性文件。

【38个村入选全国乡村旅游扶贫重点村】 2016年8月11日，国家旅游局、国家发展改革委、国土资源部、环境保护部、住房城乡建设部、交通运输部、水利部、农业部、国家林业局、国务院扶贫办、国家开发银行、中国农业发展银行12个部门联合印发《乡村旅游扶贫工程行动方案》（旅发〔2016〕121号）。三门峡市38个村被列入全国乡村旅游扶贫重点村名单，其中湖滨区2个、渑池县7个、陕州区4个、卢氏县24个、灵宝市1个。根据

《乡村旅游扶贫工程行动方案》,乡村旅游扶贫重点村将实施乡村环境综合整治、旅游规划扶贫公益、乡村旅游后备箱和旅游电商推进、万企万村帮扶、百万乡村旅游创客、金融支持旅游扶贫、扶贫模式创新推广、旅游扶贫人才素质提升"八大专项行动",充分发挥乡村旅游在精准扶贫、精准脱贫中的重要作用。

【开展"扶贫日"系列活动】 2016年10月17日,是全国第三个"扶贫日"。10月17日前后,三门峡市围绕"扶贫日"主题,精心谋划,认真组织,扎实开展一系列帮扶、捐赠、宣传等活动,进一步动员全市上下参与脱贫攻坚,积极营造"关注贫困问题、关爱贫困人口、关心扶贫工作"的浓厚社会氛围。一是举办主题为"搭建供需平台,促进贫困劳动力转移就业"专项招聘会。专项招聘会由市扶贫办、市人社局和湖滨区委、区政府共同主办,市、县两级分别设立主会场和分会场,在10月17日同步启动招聘活动。市人社局、市住建局、市水利局、市教育局等20家市直单位设置咨询台,现场提供政策咨询服务。据统计,当天市、县两级共有近480多家企业进场参与招聘,提供岗位4.7万多个,吸引17519人有就业意向贫困人员前来咨询,经过用工单位和求职群众自由对接,最终8016人达成就业意向。二是组织开展走访调研贫困村贫困户活动。组织党员领导干部在"扶贫日"前后集中开展走访调研活动,其中市级领导到联系的贫困乡(镇)指导一次脱贫攻坚工作,市、县两级有关单位主要负责人到定点扶贫村开展一次调研走访活动,并组织本单位帮扶干部至少为所帮扶的贫困户办好一件实事。据统计,活动期间,全市共组织党员领导干部深入到62个乡(镇)、1305个行政村,走访贫困户1.5万户,办实事1万多件。三是深入开展脱贫攻坚政策培训活动。采取视频会议形式,对全市1700名干部同步开展"1+4+20"脱贫攻坚政策体系集中培训。参训学员涵盖市、县、乡、村四级直接从事脱贫攻坚工作的相关人员,包括市脱贫攻坚领导小组成员单位负责人,市脱贫攻坚督导组负责人,各县(市、区)主管脱贫攻坚工作负责人和脱贫攻坚成员单位的负责人以及全市255个贫困村的乡(镇)党委书记、村两委干部、第一书记、驻村帮扶队员,并且延伸到了279个贫困户超过30户的非贫困村的党支部书记或村委主任。四是开设专栏集中宣传基层脱贫致富典型。在《三门峡日报》、三门峡电视台等主流媒体连续刊发专栏文章和播出专题节目,对不甘贫困、养猪脱贫的苏村乡孙家沟村贫困户高海全,当好"领头雁"、带领群众成功打造"中原花椒第一村"的坡头乡不召寨村党支部书记史明朝,身残志坚、引领群众致富的东明镇蒋渠村"电商状元"卫飞舟等5位典型人物,进行集中宣传和报道,进一步激发贫困地区基层干部责任之心和贫困群众自强之心。五是举办主题为"彩色梦想　感谢有你"爱心包裹项目捐赠活动。10月17日,通过邮政电视电话会议系统,市、县两级扶贫办、教育局、工商联、邮政公司同步联合举办全市爱心包裹项目捐赠仪式,共有23家爱心企事业单位和多名爱心人士参与捐赠,现场募集善款1.8万元,为1000多名贫困学生送去一对一的关爱。（孙　玉）

林业和园林工作

【概况】 2016年,三门峡市林业园林工作以林业项目资金争取为抓手,以生态宜居城市打造和林业脱贫攻坚战略为载体,围绕"一个中心"(生态文明建设),深化"三个转变"(由绿化向绿化美化转变,由注重荒山造林向荒山造林与绿色围城并重转变,由生态林向生态经济林转变),不断提高绿化质量和生态品位,全面完成各项目标任务。全市共完成人工造林面积2.66万公顷,森林抚育和改造2.03万公顷,林业育苗0.16万公顷,完成义务植树920.3万株,建设市级精品工程示范点6个、示范路段6处;建立领导绿化点14个、义务植树基地9个;建设省级科技示范园1个、市级科技示范园9个;完成6个重点乡(镇)和14个美丽乡村示范村绿化建设工作。新建林业专业合作社(家庭林场)50个,建设县级标准化林权管理中心1个;培育林业产业化集群2个,发展林业电商企业20家,培育网上交易品牌27个,实现林业总产值133.39亿元;完成园林花卉、苗木、地被植物新品种引进43个,新栽植各类乔(灌)木1.39万棵、地被植物2.65万余平方米、水生植物3500余平方米;新治理黄土裸露5.5万余平方米,新增城区立体绿化面积30万余平方米。黄河天鹅湖湿地旅游度假区项目一期工程完成形象进度45%,青龙涧河景观带改造提升项目一期工程完成形象进度65%,陕州公园至黄河公园连接带建设工程完成形象进度70%,完成六峰游园、大岭游园改造提升任务。征占用林地审核率、林木凭证采伐率、办证合格率达到90%以上;森林病虫害成灾率2.32‰,受害森林面积为12.23公顷,森林火灾受害率为0.026‰;全年没发生重特大破坏森林和野生动植物违法犯罪案件。

【林业生态建设】 2016年,三门峡市坚持增绿与增收并重、造林与造景并举、绿化与美化并行,全面提升林业生态建设质量,突出抓好退耕还林、天然林保护、森林抚育改造、黄土高原综合治理等国家、省级林业重点工程,重点实施城乡结合部、连(云港)霍(尔果斯)高速、三(门峡)淅(川)高速、矿区困难地、林业科技示范园等市级精品示范工程,全市共完成人工造林面积2.66万公顷,占任务的124.6%,其中国家及省级项目造林1.18万公顷,发展特色经济林1.48万公顷;森林抚育和改造2.03万公顷,占任务的101.5%;林业育苗0.16万公顷,占任务的116.5%;建立领导绿化点14个、义务植树基地9个,完成义务植树920.3万株,占任务的131.5%;建设省级科技示范园1个、市级科技示范园9个,市级精品工程示范点6个、示范路段6处,完成6个重点乡(镇)、14个美丽乡村示范村绿化工作,造林绿化标准、质量、档次明显提升,顺利通过国家林业局、省林业厅检查验收。灵宝市豫灵镇政府荣获“全国绿化先进集体”称号，渑池县洪阳镇柳庄村荣获“全国生态文化村”称号。

【林业资金】 2016年，三门峡市坚持“实施一批、申报一批、储备一批”，积极争取国家、省级政策支持，不断加大林业项目资金争取力度，先后申报林业项目38个，申报资金6881.36万元，其中中央财政补助项目6个，申请资金5381.36万元；省级财政补助资金项目32个，申报资金1500万元。紧紧围绕生态廊道打造、森林资源保护、特色经济林发展、美丽乡村建设，不断加大林业生态建设资金投入力度，落实林业生态建设到位资金2.04亿元，其中中央及省级资金1.75亿元、市级资金2916万元。充分发挥林业项目资金杠杆作用，积极鼓励、重点扶持大户造林，实现吸引林业社会资金5亿多元。加大招商引资力度，积极参加各类林业招商引资活动，筛选林业招商引资项目40个，签约项目2个，签约金额1.25亿元。

【园林重点项目】 2016年，三门峡市坚持高起点规划、高标准建设、高水平实施，以生态景观、休闲功能、文化内涵三条主线为依托，突出海绵城市概念，不断完善城市园林基础设施。3月25日，同时启动黄河天鹅湖湿地旅游度假区项目一期工程（湿地公园区域）、青龙涧河景观带改造提升项目一期工程(甘棠路至六峰路区域)，已分别完成形象进度45%、65%；5月25日，启动陕州公园至黄河公园连接带建设工程，已完成形象进度70%。坚持因地制宜、美观简约，积极开展城市园林立体绿化，督导市区89个单位完成立体绿化任务，新增绿化面积30万余平方米，有效提高了园林绿化覆盖率和绿视率，拓展了城市园林绿化空间；投资402.7万元，完成六峰游园、大岭游园改造提升工程，铺装透水砖面积2000平方米，建设塑胶广场106平方米，新栽植乔(灌)木10多个品种1.4万余棵，绿化面积1.1万余平方米，进一步改善城市生态环境。

【园林精细管理】 2016年，三门峡市坚持以人为本强管理、精修细剪提档次，全面实施园林精细化管理，重点完成绿地草坪、观光游园、黄土裸露、城市道路等重要地段的设计提升、补植补造和绿化改造任务，栽植各类乔(灌)木1.39万余棵、地被植物2.65万余平方米、水生植物3500余平方米。扎实推进“洁城行动”，更新各类灯箱、广告、宣传牌300余块，维修刷新园区公厕、座椅、垃圾箱700余个，摆放草花20万余盆，苗木浇水5000余车(次)、施肥10万余千克。严格落实“绿色图章制度”，依法办理临时占用城市园林绿地、园林树木砍伐、移植审批件41件，办结率达100%。开展“大气污染防治行动”，配置除尘雾炮机5台、洒水车12辆，投入防尘网3000余卷，覆盖工地45万余平方米，封闭围挡5000余米。持续做好天鹅湖湿地公园和青龙涧河水域管理工作，调水补水300万余立方米，清理垃圾、水草1万余立方米，投放鱼苗约0.5万余千克。积极开展“流动红旗评比月”“以工代训”和“安全生产督查”活动，组织园林业务培训30余次2000余人，开展安全生产综合督查8次，园林绿化精细化管理日益规范。天鹅湖湿地公园管理处荣获“2016年全国旅游系统先进集体”。

【园林绿化】 2016年，三门峡市坚持因地制宜抓特色，继续巩固“虢国公园看樱花、涧河公园观月季、湿地公园赏牡丹、黄河公园品梅花”格局，不断彰显城市园林绿化特色。虢国公园新栽樱花树158株、10厘米樱花树45株，逐步实现环路樱花景观带；涧河公园引进补充月季新品种14个5000余株，扦插月季种苗16个品种5000余株，种植藤本月季5个品种3000棵；湿地公园栽植薰衣草、二月兰、孔雀草、虞美人、美女樱等草花3万余平方米；黄河公园新栽梅花700株，嫁接梅花150株，新栽植郁金香13万余株、风信子0.9万余株；陕州公园在滨水游园栽植薰衣草、鼠尾草、柳叶马鞭草、紫松果菊等2.3万余平方米。持续开展园林苗木科研、组培实验，先后引进日本丽桃、苏格兰金链、挪威槭、非洲万寿菊、北美枫香、红衣主教海棠、细叶美女樱等新品种43个，组培移栽月季、巨星海棠和柳叶马鞭草4000余株，培育一串红、早小菊、孔雀草等草花4万余盆，有效提升了园林绿化的品位和档次。涧河公园管理处荣获2016世界月季洲际大会暨第七届中国月季展精品盆栽月季银奖，并获得最佳组织奖。

【林业环境治理】 2016年，三门峡市坚持“政府主导、部门联动”，围绕示范点整治、风险点治理、消除防汛隐患三个工作重心，采取坚决果断措施，扎实推进环境整治整改，完成小秦岭保护区172个坑口的集中封堵任务，下达232个手续不全坑口关停任务书，清理各类生产生活设施1282个；集中整治16个重点整治区域的43个坑口整治任务，清运矿渣104970万千克，降坡处理矿渣18.75万立方米，浆砌石埝3.27万立方米，干砌石埝5534立方米，固定渣坡875000万余千克，拉土上山16万立方米，植树种草35.19万平方米，小秦岭保护区坑口聚集区域大量矿渣无序堆存现象得到有效治理。组织开展环保部卫星遥感监测河南黄河湿地保护区人为活动实地核查工作，集中打击破坏和非法占用林地、湿地行为，湖滨区完成矿渣覆土7万立方米，修建拦渣坝700米，清理矿渣2.6万立方米，铺盖防尘网9000平方米，恢复植被13.33余公顷；陕州区共清理矿渣45.1万立方米，覆盖黄土64万立方米，修筑拦渣墙420米，拆除建筑物300平方米，平整土地8余公顷；渑池县共平整土地3.33余公顷，覆土和拉渣2.71万立方米，植被覆盖面积约1.5万平方米，重点区域环境得到明显改善。

【森林资源管护】 2016年，三门峡市坚持“预防为主、全面保护、生态优先、打管并重”的原则，确保森林资源保护规范化、制度化、常态化。建立市、县、乡、村四级森林防火组织，开展“森林防火宣传月”、技能培训演练活动，悬挂宣传横幅、张贴标语布告、刷新关卡标牌 16.8 万条(块),发放各种宣传资料 15 万余份，全年受害森林面积为 12.23 公顷，森林火灾受害率为 0.026‰，全市未发生大的森林火灾和人员伤亡事故;完成蒙华铁路、三淅高速、大石涧水库、池芦水库等 17 起使用林地审核审批手续，全市执行限额采伐 6.12 万立方米，征占用林地审核率、林木凭证采伐率、办证合格率均达 90%以上；启动全市国有林场改革工作，顺利完成国有林场改革实施方案编制任务,已上报市政府审核;选聘天然林资源保护二期工程专兼职护林员 3268 名,落实森林管护责任 51.6 万公顷;开展“春季行动”“清网行动”“打击非法占用林地”等系列专项行动,办理各类涉林案件 300 起；完成林业苗木检疫抽检 20 余批次 20 多个品种 200 余万株，成立林木医院 4 个，开展社会化有害生物防治 0.28 万余公顷,全市林业有害生物成灾率 2.32‰、无公害防治率 96.46% 、测报准确率 99.77%、产地检疫率达 98%;全面加强黄河湿地管理和白天鹅保护,实施国家湿地生态效益补偿试点项目,举办“世界湿地日”“爱鸟周”和“保护白天鹅宣传日”活动,11 月 1 日至 6 日,央视《新闻直播间》栏目持续 6 天对三门峡市白天鹅进行现场直播,央视海外频道也进行相关报道,三门峡白天鹅引起国内外社会各界的强烈反响和广泛关注。

【林业产业】 2016 年，三门峡市坚持产业集群显魅力、示范带动注活力、区域联合增动力,积极培育特色经济林、林下经济、林产加工、苗木花卉、森林旅游等林业产业化集群，突出抓好以核桃、大枣、花椒等干果为主的经济林基地建设。全年新发展特色经济林 1.48 万公顷,占任务的 148%;实现林业总产值 133.39 亿元，占任务的 102%；实现林下经济产值 58.71 亿元,占任务的 104%;圆满完成集体林权深化改革试点任务，印制林地经营权流转证样本 500 本，发放林地经营权流转证 10 本，核定林地面积 0.21 万公顷,办理森林资源资产评估备案项目 4 个、金额 10 亿元;完成 8 个规范化合作社建设任务，新建林业专业合作社(家庭林场)50 个，占任务的 122%;建设标准化县级林权管理中心 1 个,新增林权抵押贷款 11 宗 28750 万元,林地承包经营纠纷调处率达到 96.04%;建成林业科技示范园 10 个,引进花椒狮子头、无刺椒新品种 2 个，推广核桃、花椒、仁用杏等林业实用技术 5 项,“核桃林下种植费菜技术”成果荣获河南省林业厅科技进步二等奖;举办林业科技下乡活动 39 次,培训林农 1.6 万人次，发放技术资料 3 万余份;落实国家级公益林生态效益补偿面积 18.24 万公顷 4034 万元，投保公益林面积 23.33 万公顷,发生灾害报险理赔 4 件,为林农致富提供支撑保障。市林业工作总站荣获“河南省林业科技先进集体”称号。

【林业脱贫攻坚】 2016 年，三门峡市坚持行业扶贫先行、定点扶贫同步,充分发挥林业园林优势,多措并举,不断创新,助推全市脱贫攻坚工作。制定 13 项林业减贫措施、4 项林业技术推广服务扶贫重点内容;督促卢氏县从贫困户中完成 719 名生态护林员选聘任务,每人每年护林补助 1 万元;督促各县(市、区)从贫困户中补充天保护林员 200 余人,每人每年护林补助 6000 元;争取省级林下经济发展资金 70 万元，支持 4 个林业专业合作社发展林下种植中药材产业,带动贫困农民增收致富;全市农户造林、退耕还林和森林抚育等国家、省项目中安排贫困户 980 户,涉及资金 620.65 万元;筹措资金 160 万元,用于支持贫困地区发展特色经济林;开展各种技术培训 2100 余场次、1.6 万余人次；选派 1 名副局长、1 名林业高级工程师驻村指导,确定“一对一”结对帮扶人员 35 人,制作印发 60 本《包扶贫困户工作手册》，组织开展定点扶贫村结对帮扶入户调研、科技培训、志愿服务等活动 30 次,搜集各类民生问题 60 余条,申报 6 个项目,引进 2 个项目,筹谋资金 29 万元，为贫困农民脱贫致富提供了保障支撑。

【首个新闻摄影“天鹅”主题国家级摄影创作基地落户三门峡市】 2016 年 2 月 24 日,中国新闻摄影学会“国家级摄影创作基地”揭牌仪式在三门峡天鹅湖国家城市湿地公园举行，中国新闻摄影学会会长徐祖根，光明日报社摄影部主任刘新武，三门峡市领导共同为基地揭牌。这是中国新闻摄影学会在全国创建的首个以“天鹅”为主题的国家级摄影创作基地。人民日报社高级记者李维娜,市委常委、宣传部部长吕挺琳,市委常委、秘书长高战荣,副市长王振清等出席揭牌仪式。

【三门峡市第三十五届“爱鸟周”宣传活动举行】 2016 年 4 月 21 日，由市林业园林局、共青团三门峡市委联合举办的三门峡市第三十五届“爱鸟周”宣传活动在天鹅湖国家城市湿地公园三河广场举行。活动现场展放了 100 幅白天鹅、红腹锦鸡等珍稀野生鸟类摄影作品及湿地知识板面，还设立咨询台,发放 1500 本宣传册,组织市民参加湿地及鸟类知识有奖竞猜活动,开展“千人爱鸟护鸟”签名活动。河南省的“爱鸟周”活动时间为每年的 4 月 21 日至 4 月 27 日,2016 年是第三十五个“爱鸟周”,活动主题为“依法保护鸟类,建设美丽家园”。

【全省森林抚育工作现场会在三门峡市召开】 2016 年 4 月 28 日至 29 日,全省森林抚育工作现场会在三门峡市召开。省林业厅副巡视员师永全出席会议并讲话。各省辖市林业局分管负责人、造林科长,省直管县(市)林业局分管局长,重点山区县(市、区)林业局分管局长、林场场长,省林业厅机关有关处室和厅直有关单位参加会议。会议期间,与会人员实地观摩陕县店子乡陈家原栓皮栎直播幼龄林定株抚育,甘山国家森林公园印里沟华山松、油松针叶混交林生长伐抚育,岔巴沟栎类天然次生林透光伐抚育,吴家沟栎类天然次生林生长伐兼补植抚育,羊十八岭人工松栎混交中龄林生长伐抚育及油松生长伐抚育,张汴乡北营村美丽乡村绿化。陕州区、西峡县、商城县、马道林场等单位分别介绍了开展森林抚育工作的成功经验与做法。

【开展打击破坏和非法占用林地、湿地专项整治行动】 2016年6月20日至9月20日，三门峡市开展集中打击破坏和非法占用林地、湿地专项整治行动。此次专项整治行动重点打击破坏和非法占用林地违法犯罪活动，特别是对因地方保护主义等原因长期无法查处的非法占用林地案件进行一次全面清理，集中力量依法查处；对黄河湿地保护区内的非法占用、开矿倾渣、破坏环境的违法行为，加大查处力度。为确保此次专项行动扎实开展，自6月28日起，市林业和园林局派出3个督察组，采取明察与暗访相结合的方式，对各县(市、区)专项整治行动进展情况实行全程督查。截至9月20日，专项整治行动行政案件立案20起，破案19起，罚款金额783687元，处理14人；行事案件立案5起，破案5起，横排线索7条，有效遏制破坏林地和湿地违法犯罪势头。

【重点项目修建性详细规划及规划设计通过专家评审】 2016年6月29日，《三门峡黄河天鹅湖湿地旅游度假区修建性详细规划》《三门峡青龙涧河景观带改造提升项目规划设计》专家评审会召开。郑州市规划勘测设计院总工程师、注册规划师王军任专家组组长，东南大学教授、博士生导师周琦，河南省社会科学院研究员许韶立，河南农业大学教授孔德政等专家参加评审。与会专家分别听取了广东新空间旅游规划有限公司、北京山水心源景观设计院有限公司关于项目详细规划及规划设计的汇报后进行了认真的评审。评审组一致认为，项目详细规划及规划设计均符合城市规划总体要求，内容详实，规划成果达到了相关技术要求，原则上通过评审，并形成相应的评审意见。

【飞机防治杨树食叶害虫】 2016年7月12日至18日，三门峡市调集直升飞机，组织开展全市杨树食叶害虫飞机防治工作。本次飞机防治主要作业区为义马市、渑池县、陕州区、灵宝市境内连霍高速公路两侧杨树及黄河滩杨树片林。本次调集的飞机机型为AS350B3E小松鼠直升飞机，采取GPS精确定位，超低容量喷雾防治，飞防用药全部为无公害农药阿维灭幼脲。全市共飞行12架次，120公顷/架次，飞防作业面积1440公顷。

【市区六峰游园、大岭游园改造提升工程竣工】 2016年8月，市区六峰游园、大岭游园改造提升工程建设竣工。六峰游园、大岭游园均始建于20世纪80年代，分别位于市区主要干道六峰路、大岭路中段上下环道之间。30年来，作为城区中心地带的两个开放型街头游园，承载了周边众多居民休憩、健身、娱乐及举行各种文化活动的功能。此次改造提升，充分融入生态园林、海绵城市等建设理念，植入铁艺剪纸、成语石刻等多种文化元素，引进植物新品种，增添适宜老人小孩休闲娱乐的设施器材，更好地满足市民及游客的需求。两个游园共新栽植乔、灌木10多个品种1.4万余棵，新引进地被植物21个品种，绿化面积1.1万余平方米，新铺装透水广场近3000余平方米，透水园路2000余平方米；新增1个休息亭、2个廊架、41个坐椅、30个垃圾箱，新建公共厕所1个、活动广场6个、儿童娱乐沙坑2个、儿童娱乐滑梯1组5个、健身步道2000平方米。

【社会主义核心价值观主题公园在市区虢国公园建成】 2016年9月，三门峡市区虢国公园自筹资金10万元，在园内显要区域设置社会主义核心价值观宣传展板，打造社会主义核心价值观主题公园。该园共设置7处大型宣传栏，77块路灯公益广告牌，进行“图说我们的价值观”宣教活动，展示核心价值观和中国梦，弘扬敬老爱亲、勤俭持家等中华民族传统美德。

2016年8月，三门峡市区六峰游园改造提升工程建设竣工。图为游园一角

【三门峡天鹅栖息地保护恢复项目评审会召开】 2016年11月23日至24日，三门峡市召开天鹅栖息地保护恢复项目评审会，对首都师范大学承担的“三门峡市大天鹅招引生态工程项目研究与示范”项目进行中期考核，并一致通过中期评估考核。与会专家听取项目执行情况的汇报，审阅项目进展报告等材料，并进行实地考察、质询与讨论。该项目组已完成《大天鹅行为研究》《大天鹅食性研究》《大天鹅适宜栖息地选择研究》《2014-2015年冬季研究报告》《2015-2016年冬季研究报告》等，发表文章2篇；完成合同规定的各项研究内容，达到了阶段性考核指标，部分研究成果已经开始用于对大天鹅保护管理与示范中。2014年，天鹅湖湿地公园聘请以首都师范大学洪剑明教授为首的团队，对湿地公园的水面、滨湖滩涂湿地进行研究，以彻底恢复湿地公园湿地生态环境，打造国内一流的大天鹅候鸟栖息地。

【第三届“保护白天鹅宣传日”活动举行】 2016年11月18日，三门峡市第三届“保护白天鹅宣传日”活动举行。活动主题是“同住天鹅城　共筑天鹅梦”。在天鹅湖三河广场活动现场，摆放以白天鹅为主的野生珍稀鸟类优秀摄影作品200幅，湿地及白天鹅相关知识版面20块，64位白天鹅使者在现场设置爱心留言板，发放宣传资料1000余份，志愿者为公众讲解白天鹅知识，免费测量血压、打印手机照片等服务。

【国家林业局到三门峡检查、调研、督导】 2016年3月14日至16日，国家林业局国有林场和林木种苗工作站检查组一行3人，到三门峡市重点检查灵宝市去冬今春中央财政支持项目造林地苗木质量、河西林场三门峡苗木繁育中心和灵宝市崤函苗木中心出圃苗木。4月11日至12日，国家林业局调研组到三门峡市调研杜仲产业发展情况，先后实地参观了灵宝市德汇高原杜仲种植有限公司生产车间，察看了朱阳镇闫家驮村杜仲基地等。8月20日，国家林业局检查组一行先后到湖滨区交口乡北梁村、磁钟乡南鹿坡村实地察看，对三门峡市第八批国家核桃栽培综合标准化示范区（河南）项目进行目标考核检查。9月5日，国家林业局督导组一行到三门峡市，听取打击非法占用林地专项行动督导汇报。

【国有林场改革工作稳步推进】 2016年7月23日，市政府召开全市国有林场改革工作会议，全面启动国有林场改革工作。会上，市发改委、市财政局、市编办、市银监局，以及有关县（市、区）政府主要负责人提交了目标责任书。三门峡市共有7个国有林场，分别位于卢氏县、灵宝市、陕州区和渑池县，总经营面积5.79万公顷，其中林地面积4.47万公顷，森林总蓄积量359.7万立方米。曹家窑林场属国有企业管理，原则上保持单位性质不变。其他6个国有林场分别制定了改革实施方案。卢氏县将淇河林场和东湾林场合并后新组建卢氏县国有林场管理处，拟定为副处级事业单位，在总编制138人的基础上减员40人，核定事业编制98人；陕州区将国营窑店林场拟定为副处级事业单位，在原编制90人的基础上减编10人，核定事业编制80人；灵宝市将国有川口林场拟定为副处级事业单位，人员编制保持84人不变；渑池县拟将渑池林场从股级升级为正科级事业单位，人员编制保持32人不变；国有三门峡河西林场保留正处级单位建制，人员拟从275人按30%精简为193人。（王玲玲）

水　利

【概况】 2016年，三门峡市争取中央和省水利建设资金5.2亿元，新增有效灌溉面积2033公顷；新增坡改梯面积2027公顷；治理水土流失面积80.36平方千米；完成小水电年发电量8140万千瓦时；市重点水利项目大石涧水库工程全面开工建设，累计完成投资9000万元；列入市十项民生工程的农田水利项目县工程建设全面完工，完成投资9620.52万元；在水利项目储备、水生态文明建设、山洪灾害防治等方面取得突出成绩。

【饮水安全】 2016年，三门峡市完成了“十三五”农村饮水安全巩固提升工程规划编制工作。组织各县（市、区）编制“十三五”农村饮水安全巩固提升工程规划，并经各县（市、区）政府批准。规划总投资22128.74万元，解决和巩固提升39.99万人的饮水不安全问题。其中新建工程132处，主要用于解决异地搬迁扶贫村和规划外人口的饮水安全问题，新增受益人口3.9万人；改造、配套、管网延伸等供水工程262处，改善提高36.09万人的饮水不安全问题。规划分4年实施，到2019年年底完成，提前一年实现国家确定的农村饮水安全巩固提升目标任务。完成2016年农村饮水安全巩固提升工程实施方案编制工作。卢氏、灵宝、湖滨、渑池4县（市、区）编制了2016年农村饮水安全巩固提升工程实施方案，项目涉及33个乡（镇、办），67个行政村，新增受益人口5万人，计划投资3303.7万元。完成2016年农村饮水安全巩固提升工程建设任务。根据脱贫方案和饮水工程建设需要，当年实际安排解决脱贫村48个，解决农村饮水困难人口50261人，其中贫困户6540户、贫困人口20306人。全市筹集资金2541万元，其中省级财政投资960万元，卢氏县整合扶贫资金1089万元，灵宝、湖滨、陕州、渑池4县（市、区）财政投资452万元，建设管理房23间，打井14眼，安装水泵24台、消毒设备15台、无塔供水器8台，建设蓄水池89个、水窖47个，铺设管道335千米。

【农田水利】 2016年，三门峡市及时组织符合竞争立项条件的渑池、湖滨、陕州和卢氏4个县（区）编制2016年农田水利项目县实施方案，积极申报项目和资金。4月27日,省水利厅批复渑池县、湖滨区、陕州区和卢氏县的2016年农田水利项目县建设实施方案。项目总投资9620.52万元,其中中央补助资金4800万元、省财政配套4800万元、群众自筹20.52万元;建设任务涉及12个乡、40个村、36处工程,分别是卢氏县东明镇、官道口镇、朱阳关镇的15个村、11处工程,陕州区西张村镇、张汴乡、菜园乡的10个村、10处工程,湖滨区磁钟乡、交口乡、崖底街道办事处的8个村、8处工程,渑池县仁村乡、洪阳镇、陈村乡的7个村、7处工程。7月20日前完成湖滨区、卢氏县项目县的招标工作,8月10前完成渑池县、陕州区项目县的招标工作。8月24日,4个县(区)2016年小型农田水利建设项目"五小"水利(小塘坝、小泵站、小水池、小水渠、小水窖)工程作为三门峡市2016年十大民生工程之一,全面开工建设,年底基本完工。工程建成后,新增有效灌溉面积2827公顷,新增供水能力468.5万立方米,新增节水能力185.88万立方米,年新增粮食生产能力384.86万千克,年新增经济作物产值1670万元,灌溉用水有效利用系数提高到0.8以上,受益人口7.32万人。

【防汛抗旱】 2016年,三门峡市认真落实防汛责任,逐级签订目标责任书,明确重点防汛工程责任人并在《三门峡日报》公示。多次组织开展防汛隐患大排查,对乡(镇)及重点防汛工程、防汛部位,以及辖区内流域面积50平方千米以上的河流,所有水库、尾矿库和淤地坝,地质灾害危险区,重点山洪灾害威胁区进行拉网大检查,排除安全隐患50处。修订、印发《三门峡市防汛物资储备管理办法》,市级财政投入资金100万元,补充购置市级防汛物资。组织各县(市、区)及交通、黄河河务、住建、电力、移动、联通6家重要成员单位开展防汛演练,涉及山洪灾害防御,水库、河道抢险等内容,参加演练干部群众6000余人。在全省率先编制《三门峡市山洪灾害危险区示范点建设规范》(试行),在全市1158个危险区推广山洪灾害示范点建设经验,山洪灾害防御覆盖到所有危险区。投资894万元完成义马市燕沟河山洪沟治理项目;投资195万元对市级防汛视频会商系统进行大屏幕高清改造,包括综合高清布线,LED灯光优化等;投资近83万元,补充、完善湖滨区、义马市的视频会商系统;投资81.8万元,建设窄口水库视频会商系统;投资66万元,在渑池县、义马市重点水库和河道新建图像监测站17处。转发和批复大、中型水库调度运用计划,修订、完善大、中、小型水库防汛预案。组织各县(市、区)水利局主管防汛工作的副局长、防汛办主任,各乡(镇)主管水利工作副乡(镇)长、水务中心主任等,共95人进行山洪灾害防御知识和"互联网+水利"内容培训。争取引黄水费补助资金80.4万元;争取2016年度抗旱规划项目10个,其中渑池县4个、陕州区3个、灵宝市3个,总投资4026万元。8月,三门峡市抗旱项目代表全省接受国家中期评估,得到较高评价。

【水土保持】 2016年,三门峡市水土保持国策宣传进党校实现6个县(市、区)全覆盖;"天地一体化"综合监管体系建设实现新突破;积极推进小秦岭矿山环境整治;着力落实沿黄生态环境破坏问题;完成水土保持补偿费625.502万元,批复水土保持方案15个,批复水土保持设施验收4个,下发监督文件62份,下达水土保持通知函30份、缴费通知书30件、责令停止水土保持违法行为通知书4件。3月底完成2015年7月下达的3个水土保持项目。项目于2015年10月开工,其中渑池县坡改梯项目下达投资3333万元(中央预算内投资2000万元、市级投资444万元、县级投资889万元),丹江口库区及上游水土保持重点防治工程(二期)卢氏县老灌河、淇河项目区工程下达投资1167万元(中央预算内投资934万元、市级投资78万元、县级投资155万元)。项目建成后实施坡改梯880公顷,新增水土流失综合治理面积30.93平方千米。6月下达中央预算内投资489万元,涉及2个项目,分别是灵宝市万渡淤地坝除险加固工程、卢氏县卜象河小流域治理。其中:灵宝市万渡淤地坝除险加固工程于10月13日开工,投资106万元,12月底完工;卢氏县卜象河小流域治理工程于11月15日开工,投资383万元,12月底完工,治理水土流失面积10.95平方千米。

【水政水资源管理】 2016年,三门峡市深入贯彻最严格水资源管理制度,落实水资源管理"三条红线"(水资源开发利用控制红线、用水效率控制红线、水功能区限制纳污红线),组织实施最严格水资源制度考核。贯彻取水许可制度,做好取水许可审批。全年严格按照有关规定,新发、换发取水许可证4户,没有受理一件在公共供水管网覆盖范围内取用地下水和在农村取用深层承压水申请。进一步推进河南省水资源监测三门峡分中心数据交换平台建设,44个国控、省控取水户终端设备全部正常运行,其中三门峡市区7个、渑池县9个、陕州区18个、卢氏县2个、灵宝市8个。做好水功能区水质动态监测工作,共监测一级功能区12处、二级功能区17处、饮用水源地2处,此外对3处未划定水功能区的河流进行监测;完成省水利厅确立并下达的监测任务,其中监测浅层地下水监测井9个、深层地下水监测井1个;完成三门峡市增加的4眼浅层地下水观测井观测,其中灵宝市3眼、卢氏县1眼。全年争取到省级水资源费176万,用于3个项目:首批省级水美乡村义马东区办事处河口社区水生态修复工程补助、沟水坡水库灌区农田水有效灌溉利用系数测算样点工程、卫家磨水库水源地保护工程。完成全市水资源综合规划编制工作、全市水生态保护和修复规划编制工作,完成上报全市江河湖库水系连通实施方案编制工作。完成全市水功能区立碑工程,在27个水功能区监测断面立碑27处。

【病险水库除险加固】 2016年，三门峡市在建的小(2)型病险水库除险加固项目共计3座,总投资828万元,其中省投资330万元、市县配套498万元。韩沟水库除险加固工程总投资237万元，庙沟水库除险加固工程总投资384万元，华里沟水库除险加固项目总投资207万元。至年底,3个工程基本完成建设任务,计划2017年汛前验收。

【中小河流治理】 2016年，三门峡市新建3座水库,分别是大石涧水库(中型)、张家坡水库(小型)和池芦水库(小型)。2月28日,陕州区张家坡、池芦水库抗旱水源工程主体开工，标志着全市抗旱水源工程正式进入全面建设阶段。张家坡水库,坝址位于陕州区西张村镇张家坡村,总库容516.5万立方米,工程总投资15702.45万元,已下达投资10615万元,其中中央7237万元、省3378万元,年底已完成工程投资4100万元,形象进度40%。池芦水库，坝址位于陕州区宫前乡瓦窑沟村西南1.5千米，总库容284.4万立方米,工程总投资7399.1万元,已下达投资6162万元,其中中央4202万元、省1960万元，年底已完成投资3200万元,形象进度50%。7月22日,大石涧水库开工建设。该工程是三门峡市水资源保障体系中的控制性水源工程,也是三门峡市建市后投资最大的水库项目，坝址位于陕州区店子乡大石涧村，总库容3309万立方米，总投资3.54亿元，已下达投资8300万元,其中国家专项基金7000万元、市1300万元，年底已完成投资约8000万元,形象进度20%,工程建成后,可解决陕州区店子、宫前、观音堂、西李村等乡(镇)的0.67万亩烟田、农田灌溉问题,并可为3.3万名烟农和城镇居民提供生活水源。

【水利部监测评估三门峡市2015年度移民后期扶持政策实施情况】 2016年1月22日,水利部一行8人,利用10天时间监测评估三门峡市2015年度移民后期扶持政策实施情况。2015年，上级批复三门峡市移民后期扶持资金2.83亿元,用于全市15万移民每人每年600元直补资金发放，直接提高移民人均纯收入;安排扶持水、电、路、文化教育等512个项目,改善移民区基础设施。监测评估工作本着客观、公正、系统、科学的原则,采取收集资料、座谈、访谈、实地查勘、典型调查、抽样调查等方法进行；在对资料进行全面、系统整理分析的基础上,采用定性分析和定量分析相结合的方式,对三门峡市移民后期扶持政策实施进展情况、项目建设管理情况、资金使用管理情况、政策实施效果进行跟踪监测和系统评估，对存在的问题提出合理化建议。

【水利部举办基层水利业务骨干(三门峡)培训班】 2016年4月11日至15日，水利部基层水利业务骨干（三门峡）培训班在水利部三门峡疗养院举办，市、县水利局业务骨干和涉农乡(镇)水利服务中心人员共计116人参加学习。水利部对全国地市级进行专门培训尚属首次。此次培训班由水利部、省水利厅、华北水利水电大学专家、教授结合水利工作实际,重点讲解水行政执法、防汛抗旱、水利工程建设管理、水资源保护与管理、水土保持与水生态建设、农村供水工程建设与管理等知识。

【水利部调研评估三门峡市坡改梯水土保持治理工程】 2016年5月28日，水利部调研评估组一行5人到三门峡市渑池县调研评估2013年至2015年国家坡耕地水土流失综合治理工程。调研评估组一行先后到天池镇杜村沟村,果园乡窑屋村、展庄村,查看项目区梯田、蓄水池等工程措施的质量、规模及效益发挥情况,复核项目区梯田措施设计图斑与实施效果图斑对比情况,每到一处,都和当地农户群众、村组干部面对面深入交谈,详细了解项目实施带来的生态、经济和社会效益，了解群众对项目的认知理解程度和对项目实施的满意度，以及项目建成后的种植、经营和土地流转等实施情况。调研评估组还对项目区后续产业发展与蓄、排水等工程管护情况进行详细的了解交流。

【水利部对三门峡市抗旱规划实施情况开展中期评估】 2016年8月1日至3日，水利部评估组对三门峡市2014年至2015年抗旱规划方案实施和绩效情况开展中期重点评估。本次评估对象为2014年至2015年已安排中央补助资金的小型水库和引调提水工程。评估主要内容为前期工作情况、资金到位情况、项目实施和完成情况、工程管护情况、项目绩效及贫困人口受益情况。评估组首先与陕州区水利局、渑池县水利局开展座谈,交流项目实施情况,查阅工程规划、实施方案、合同、资金使用与管理、项目验收,以及资金下达、拨付、支付、财务报表、自评报告等相关资料。随后,实地查看了陕州区张家坡水库、池芦水库,渑池县2014年英豪抗旱引调提水工程、2014年仰韶抗旱引调引水工程、2015年英豪抗旱引调引水工程等项目，并对项目进行现场评估。 （王　莹）

黄河河务

【概况】 2016年，三门峡市黄河河务局全力推进潼三段(潼关至三门峡段)“十三五”治理工程前置手续工作;精细维修养护工程,投入资金597万元;加强工程建设，完成投资7480万元，确保库区安全度汛。三门峡市黄河河务局被评为省级节水单位。

【潼三段“十三五”治理工程前置手续有序开展】 2016年,市黄河河务局成立领导机构，全力推进黄河潼关至三门峡大坝河段“十三五”治理工程前置手续工作,取得明显成效。5月,《黄河潼关至三门峡大坝河段“十三五”治理工程可行性研究报告》(以下简称《潼三段"十三五"治理工程可研报告》)通过黄河水利委员会审查，初步核定修建控导工程2处，长度1020米，防冲防浪工程11处17139米，估算投资2亿元。12月，黄河水利委员会联合河南省水利厅、山西省水利厅将《潼三段"十三五"治理工程可研报告》上报至水利部。同时，积极向黄河水利委员会、河南省有关部门汇报，《潼三段"十三五"治理工程可研报告》中关于河南黄河湿地国家级自然保护区的影响专题报告相继通过河南省林业厅、环保厅的审查；以三门峡市政府名义促请河南省政府下发《关于严格控制潼三段"十三五"治理工程建设用地范围内新增建设项目和迁入人口的通知》；编制《潼三段"十三五"治理工程环境影响评价报告》，并进行公示；委托有关单位编制的《黄河潼关至三门峡大坝河段"十三五"治理工程社会稳定风险评估报告》通过三门峡市政府审查；市地震局针对《潼三段"十三五"治理工程可研报告》中项目选址出具了设防意见。这些前置手续的顺利开展，为潼三段"十三五"治理工程规划得到国家发改委的批复奠定了良好的基础。

【工程管理】 2016年初，三门峡市召开工程管理工作会议，传达黄河水利委员会工程建设与管理会议精神，安排部署工程管理与维修养护工作。开展汛前工程安全普查，对发现的问题积极采取措施进行解决，确保工程完整与安全。组织灵宝市、陕州区、湖滨区河务局认真开展根石探测，为维修养护根石加固工作顺利开展奠定基础。强化维修养护植树绿化，在工程坝面植树2650棵。完成工程管护用地和管理范围内土地租赁情况统计。组织审查蒙华公铁两用大桥防洪影响补救措施设计报告，河南侧补偿投资886.78万元；各水管单位结合实际，贯彻落实双岗责任制，分工程分段分任务到人，按照实施方案，做到精细养护，完成维修养护资金597万元，已建工程面貌逐段有序改善。

【工程建设】 2016年，三门峡市黄河河务局做好《黄河潼关至三门峡大坝河段近期治理工程可行性研究报告》规划中2016年防洪工程建设项目施工任务。贯彻全河水利工程建设质量管理工作会议精神，严格按照工程建设有关程序、制度，加强施工管理，切实抓好工程建设。做好灵宝河段鸡子岭、东古驿、北村工程建设质量管理各项工作；按照河南省水利厅协调会议的要求，与三门峡市水利局对接做好工程的质量监督手续办理、工程的质量监管等工作；做好工程施工的安全督查检查工作，主管工程的领导带领技术人员经常到施工一线督促检查工程质量和安全工作，协调施工中存在的问题，切实解决施工企业具体困难。9月，盘西、杨家湾、七里、后川、小安工程顺利通过黄河水利委员会投入使用验收。至年底，稠桑工程完成39个坝垛建设任务，鸡子岭、东古驿、北村、冯佐工程全部完工，累计完成投资7480万元，土方94万立方米，石方46.7万立方米。

【防汛】 2016年，三门峡市按照全省、全市安全生产会议精神要求，结合黄河防汛工作实际，组织人员对黄河河势变化、工程安全情况进行观测、排查，及时上报隐患排查报告。针对黄河三门峡库区特点，及早安排部署防汛工作，确保平安度汛。加大宣传力度，增强水患意识。市、县两级黄河部门充分利用广播、电视、报纸等宣传媒介，宣传《中华人民共和国防洪法》《中华人民共和国河道管理办法》等法规，增强广大干部群众的法制观念和水患意识。明确职责分工，落实防汛责任。在《三门峡日报》上公示2016年黄河防汛行政责任人，及时充实黄河防汛办公室力量，调整职能小组，明确各自职责，加强防汛工作督导力度。全面排查隐患，限期督促整改。组织专业技术人员对河道防洪工程进行汛前安全普查，对黄河河道开展涉水项目和各类漂浮物的安全隐患开展排查。对发现的问题，及时采取措施，消除隐患，并加强巡视观测。科学修订预案。把正在建设的蒙西至华中地区铁路三门峡黄河公铁两用大桥、山西运城至河南灵宝高速公路芮宝黄河大桥作为重点防汛单位，督促其编报年度度汛方案，组建防汛抢险队伍，备足防汛料物，加强防汛值班。遇有险情，及时抢护，要求灵宝市防汛抗旱指挥部和陕州区防汛抗旱指挥部对大桥施工的防汛工作进行督促和指导。6月，重点检查库区险工险段、塌岸塌滩、防汛物资设备以及库区335米高程以下人员撤离的各项准备，制定下发《三门峡市黄河防汛应急预案》。加强黄河防汛物资储备和管理。汛前，库区共储备防汛石料6.86万立方米、铅丝9.15万千克、编织袋3.6万条、土工布2400平方米、救生衣830件、冲锋舟2艘、发电机组36台；对发电机组、抢险车辆、快艇等重要的防汛机械设备，进行全面检查、维修、试机，确保处于良好状态。组建群众防汛队伍，进行黄河防汛演练。动员社会力量参与支持群众防汛队伍建设，共组建群众防汛队伍118支3706人。6月21日至7月15日期间，市黄河防汛抗旱指挥部办公室、湖滨区防汛抗旱指挥部、陕州区防汛抗旱指挥部、灵宝市防汛抗旱指挥部分别开展黄河滩区群众迁安救护演练。组织评审三门峡至淅川高速公路豫晋省界至灵宝段公路工程施工度汛度凌方案。做好库区小安、后川、辛店、冯佐应急度汛项目施工，完成投资616万元。

【水政】 2016年，三门峡市黄河河务局认真做好三门峡库区335米高程以下拟建项目的审查、转报、转复工作，坚决制止违章施工、建设现象发生，规范河道内项目建设。经黄河水利委员会，会同山西省三门峡库区管理局向蒙西华中铁路股份有限公司核发《施工许可证》。做好法律法规宣传活动。第24届"世界水日"，第29届"中国水周"期间，在全市范围内开展以"落实五大发展理念，加强依法治河管河"为主题的宣传活动，共悬挂横幅10余条,发放传单2000余张,印发宣传册200余份,进一步营造全社会惜水、爱水、护水的浓厚氛围;组织全体干部职工到黄河公园进行送法宣传活动,向群众发放宣传单500余份,使群众更加了解支持黄河河务工作,特别是对维护黄河河道水事秩序和法律法规禁止的各项水事违法行为有了更加深刻的认识;积极协调,加强河道巡查,加强联合执法,查处羊角山饭店、金色田野、王官围堰、若水源度假区等一系列扰乱水事秩序的违法活动,确保黄河河道的正常防洪和三门峡库区335米高程以下的正常运用;严格规范黄河河道内开发建设管理工作,最大限度减少人为因素对黄河防洪安全带来的不利影响,促进黄河治理与沿黄经济协调发展。

【2016年河南黄河防汛行政首长培训会在三门峡市举办】 2016年5月19日,2016年河南黄河防汛行政首长培训会在三门峡市举办,全省沿黄8市及4个直管县主管防汛工作的副市(县)长和河务局相关负责人参加培训。培训会从怎样认识与评价黄河、怎样认识黄河的历史灾害、历代黄河治理的思路与方法、泥沙资源化的基本设想、近期黄河治理与研究动态等五个方面系统讲授了《治河方略》的主要内容。 (岳 格)

三门峡库区水文水资源

【概况】 三门峡库区水文水资源局(以下简称“三门峡水文局”),是隶属于黄河水利委员会水文局的正处级事业单位。局机关设办公室、技术科、计划财务科、人事劳动科、监察审计科、水政科、党委办公室、工会,局直属单位有设施设备管护中心、研究室、机关服务中心、水质监测中心、水情中心、会计核算中心、泥沙分析室,下辖三门峡库区水文水资源勘测局、西峰水文水资源勘测局、天水水文水资源勘测局、三门峡库区测绘大队、三门峡江海工程技术开发有限公司。3个水文水资源勘测局下辖水文站24个、水位站13个、雨量站258个、蒸发量站7个,分布于陕西、山西、甘肃、河南、宁夏五省(区)52个县(市)境内。三门峡水文局控制黄河流域面积68.84万平方千米,占全流域的92%,控制了黄河上游来水的89%和来沙的98%。

【黄河三门峡测区雨水沙概况】 2016年汛期(6月至9月),三门峡测区平均降雨量266.5毫米,比多年均值337.4毫米偏少21%。渭河上游、泾河流域和三门峡库区等3个区域汛期平均降雨量分别为211.5毫米、268.4毫米和293.6毫米,距平分别为-30.0%、-20.7%和-12.2%。从时间分布看,全区8月、9月降水与多年均值比偏少较多,特别是三门峡库区偏少65.2%以上。6月、7月,除渭河上游降雨偏少外,其余两个测区降水均较多年均值偏多。

三门峡水文局测区总体来看属枯水少沙年份。汛期6月至9月,潼关站径流量69.42亿立方米,比多年平均值159.2亿立方米偏少56.4%,输沙量877亿千克,比多年平均值偏少89.3%。全年无编号洪水发生。三门峡库区,黄河干流龙门站、潼关站最大洪峰流量分别为3150立方米/秒(8月16日)、2360立方米/秒(7月20日),三门峡水库最大下泄流量3430 立方米/秒(7月21日)。汾河河津站最大洪峰流量482立方米/秒 (7月24日),为1996年以来最大洪峰。渭河下游华县站最大洪峰流量550 立方米/秒(7月13日)。

泾河流域发生一次大洪水过程,7月上中旬发生在泾河支流马连河流域,最大流量865立方米/秒(庆阳站,7月11日),雨落坪站最大流量817立方米/秒(7月11日)。渭河上游发生一次大中洪水过程,最大流量为900立方米/秒(甘谷站,8月25日),渭河北道站最大流量453立方米/秒 (8月25日)。渭河中、下游最大一次洪水发生在7月中旬,华县站洪峰流量为550立方米/秒(7月13日)。汾河7月下旬发生了1996年以来的最大洪水,该场洪水历时26天,最大洪峰流量482立方米/秒,实测最高水位376.67米,为历史第三高洪水位。

【凌汛测报】 2015年至2016年度凌汛期气温较往年偏低,三门峡水文局对凌汛期测报工作十分重视,凌汛到来前安排各单位做好凌汛测报准备,修订了凌汛期测报方案和应急预案。凌汛测报中,各单位积极组织、认真落实有关要求和应急预案,测站一线人员顶风冒雪、克服寒冷,严细测报。共施测流量573次,拍发水情报文1743份,圆满完成了2015~2016年度凌汛期测报任务。三门峡水文局所属各水文站凌情与往年相比较为严重,龙门站出现了封冻、岸冰、流冰花、流冰等冰情现象;潼关站发生岸冰、流冰花等冰情现象;河津、华县等2站仅出现岸冰等冰情现象;三门峡、咸阳等2站无冰情。西峰水文水资源勘测局测区马连河干支流测站(雨落坪、洪德、贾桥、悦乐、板桥)及汭河袁家庵出现封冻,其余测站也发生了不同程度的冰清,主要有岸冰、流冰花、流冰等。测区泾河主要把口站杨家坪站发生流冰花,未发生封冻;马连河主要把口站雨落坪站发生封冻35天。天水水文水资源勘测局测区仅北道站出现流冰花等冰情。(杨世理 景 雪)

【汛前准备】 2016年,三门峡水文局主要从思想、组织、技术、物资、安全生产等方面做好防汛准备。做好思想准备。3月9日召开2016年水文工作会议,传达黄河水利委员会水文局工作会议精神,对汛前准备工作进行安排部署。各单位在认真学习有关汛前准备文件的基础上,统一了思想,进一步重视汛前准备工作。三门峡水文局与各勘测局、测绘大队,各勘测局与下属水文站均签订了目标任务书,做到目标明确，责任落实。各站认真总结历史洪水、典型洪水测报经验，形成文字记录，以供年轻职工学习；以看视频、听报告、召开座谈会等形式，开展职业道德教育和水文优良传统教育，共开展各类教育学习近80次。做好组织准备。印发《2016年防汛工作安排意见》，三门峡水文局及各勘测局分别成立防汛领导小组、防汛预备队，明确局领导防汛责任分工和洪水期岗位分工，实行局领导汛期带班制度，规定了防汛预备队岗位职责。各水文站根据人员变动调整岗位分工，明确组织领导；修订完善各项规章制度、管理办法、应急预案等20余项。做好技术准备。全局共编制完成测洪及报汛方案24站，组织各勘测局业务骨干对方案进行交互审查和修改后印发执行，并及时将修改完善后的13个国家重要水文站测报方案上报黄河水利委员会水文局。制定印发《2016年水情报汛任务书》，审查各报汛水文站高水报汛曲线和大断面图，对各类设施设备、通讯线路进行全面彻底的检查维修和保养，补充完善国家防汛抗旱水情专用数据库；整饰维护标志杆18支，断面桩点63个，GPS基点桩45个。组织有关技术人员对三门峡库区桩点资料进行了整理和成果制作，装订新的《三门峡库区淤积测验断面考证表》《三门峡库区GPS加密网(断面控制桩)成果表》等成果资料。对GPS、全站仪、水准仪等测量仪器进行鉴定和维护，对3只冲锋舟进行船体除锈、刷漆、维护、保养等。为更好地提供水情服务，三门峡水文局与13家沿黄地方单位签订了《2016年委托报汛协议书》。做好物资准备。三门峡水文局共下达防汛经费125万余元，准备发电机20台、操舟机24台、操舟机配件300余种、水准仪30架、经纬仪30架、音响器40只、流速仪170架、秒表70块、采样器80架、量杯180个、水准尺20对、对讲机40部、钢丝绳6.65万千克、铅丝1000千克、水尺板9000米、水尺桩140根、电缆线1000米、比重瓶300多只、救生衣100件、水温表110支等。做好安全生产。建立完善安全管理组织，明确专、兼职安全员，并根据人员变动情况及时调整，所有职工均签订了安全生产承诺书；严格执行黄河水文一次性危险作业（活动）安全审核制度，缆道上油等高空危险作业均编制了安全作业(活动)计划和事故应急预案，落实各项安全防范措施；重要设施设备均制定安全生产操作规程，缆道、吊箱、船舶等测报设施运行正常，保养良好；灭火器、消防沙、太平斧、救生衣、救生圈等安全防护器材配备齐全；严格按照黄河水文ABC三级安全检查制度要求，每月开展相应级别的检查工作，对排查出的各项安全隐患及时进行整改处理；汛前准备及各级自查期间，各测站共排查整改一般安全隐患13处，送检灭火器212具，更新26具，更新及新增安全警示标牌43块，警示标语30处，更新各类安全操作规程164份。 （杨世理 刘玉平）

【水文测报】 2016年，三门峡水文局共测流2146次，流量平均单次质量合格率为99.9%，实测流量平均控制幅度为98.2%；施测输沙率109次，测取单沙6475次，单沙单次质量平均合格率为100%。拍发水情电报16211(含水位站)，20分钟到报率99.3%，差错报5份，无漏错报。各站测次布置合理，水、流、沙过程控制完整。三门峡库区水文水资源勘测局测区共测流1042次，施测输沙率71次，测取单沙2127次，拍发水雨情电报8639份(含水位站)，其中差错报3份，差错率0.03%；流量平均单次质量合格率为99.9%，单沙平均单次质量合格率为100%，实测流量平均控制幅度为96.1%，洪峰流量平均控制幅度为98.8%。西峰水文水资源勘测局测区共测流661次，施测输沙率25次，测取单沙2996次；拍发雨水情电报4207份，其中差错报2份，差错率0.05%；流量平均单次质量合格率为100%，单沙平均单次质量合格率为100%，实测流量平均控制幅度为99.2%。天水水文水资源勘测局测区共测流443次，施测输沙率13次，测取单沙1352次；拍发水雨情电报3365份；流量单次质量合格率和单沙单次质量合格率均为100%，实测流量平均控制幅度为98.6%。

（杨世理 王 如）

【桃汛测验及利用桃汛降低潼关高程试验原型观测】 2016年，三门峡库区水文水资源勘测局继续承担“利用并优化桃汛洪水降低潼关高程试验”水文原型观测任务。3月21日，桃汛测验及利用并优化桃汛洪水冲刷降低潼关高程试验正式开始，3月28日结束。本次桃汛三门峡库区洪水过程历时8天，径流量6.002×10^8立方米，输沙量503×10^7千克。龙门站3月23日21时30分起涨，起涨流量502立方米/秒(相应水位380.72米)；24日7时00分到达峰顶，洪峰流量2200立方米/秒(相应水位381.82米)。潼关站3月24日18时06分起涨，起涨流量637立方米/秒(相应水位326.98米)；25日8时00分到达峰顶，洪峰流量1920立方米/秒(相应水位327.87米)，比近10年平均洪峰流量2280立方米/秒小360立方米/秒。桃汛期间，三门峡水库运用水位控制在316~318米之间，三门峡站最大出库流量为1200立方米/秒(3月25日15时18分)，出库含沙量为0，三门峡出库水量为5.311×108立方米，潼关减去库调后水量为5.447×10^8立方米，出库水量少0.136×10^8立方米，占进库水量的2.5%，进出库水量基本平衡。

试验期间，潼关站3日最大水量3.116×10^8立方米（3月26日~28日），占试验期间总水量的74.4%；3日最大输沙量85.3×10^7千克（3月26日~28日)，占试验期间输沙量的83.9%。潼关站流量1000立方米/秒以上持续时间39小时，比近10年桃汛试验平均持续时间174小时少135小时，该时段水量1.978×10^8立方米，占试验期间总水量的47.3%；输沙量57.8×10^7千克，占试验期间输沙量的56.8%，时段平均含沙量2.92千克/立方米。相关水位站水位平稳情况下按四段制观测，水位变化较大时按照试验任务书的要求完整控制了水位变化过程，各水位站共观测水位214次。潼关(六)、潼关(八)因推算潼关高程需要，3月1日起提前开始观测，到桃汛结束累计观测水位436次。

试验前的本底测验：在黄淤68断面至黄淤47断面间均匀选择有测验条件的淤积断面6个；从黄淤45断面到三门峡大坝河段内均匀选择16个。桃汛洪水期间各报汛单位共拍发水情报文141份，实测流量29次，各站均较好的控制了洪水过程，圆满完成水情报汛任务。（杨世理　王　如）

【黄河三门峡库区水环境监测】 2016年，三门峡水文局完成11个水功能区断面、7个省界断面、17个入黄河排污口、2个悬移质断面、1个调查监测断面、4个水量调度监测断面、4个重要水功能区断面、62口井地下水、突发水污染事件和监督性委托监测等监测任务。全年共监测45个项目，监测样品1000余组，提供监测数据1万余组。11个水功能区断面分别为龙门、潼关、三门峡公路桥、三门峡坝下、西师、华县、张留庄、吊桥、坡头、双桥和西王村断面，每月监测1次，全年监测12次，主要监测项目37个，分别为：流量、水温、悬浮物、pH、电导率、溶解氧、高锰酸盐指数、化学需氧量、五日生化需氧量、氨氮、总磷、总氮、氟化物、砷、汞、氰化物、铜、铅、锌、镉、六价铬、挥发酚、石油类、粪大肠菌群、硝酸盐氮、氯化物、硫酸盐、铁、锰、钙、镁、钾、钠、碳酸盐、重碳酸盐、总硬度和矿化度。7个省界断面分别为潼关、西师、张留庄、吊桥、双桥、坡头、西王村断面。17个入黄河排污口分别为韩城城市生活污水口、中铝山西分公司、风陵渡排污沟、大唐韩城第二发电有限公司、陕西龙门钢铁集团有限公司、三门峡城市生活污水口、平陆生活污水口、山西漳泽电力股份有限公司河津发电厂总排口、中国石油长庆石化总排口、三门峡产业集聚区污水处理厂排污口、山西阳煤丰喜平陆分公司总排口、陕西渭河发电有限公司排污口、兴平城市总排口、陕西兴包企业集团有限公司总排口、大唐宝鸡热电厂排污口、陕西省宝鸡阜丰生物科技有限公司总排口、大唐彬长发电有限公司总排口等排污口。2个悬移质断面分别为潼关、三门峡坝下断面，全年监测4次，分别在1月、3月、7月、11月进行监测；每次监测项目8个，分别为流量、水温、pH、化学需氧量、铅、氨氮、挥发酚、总磷。1个调查监测断面为三门峡公路桥有毒有机物调查监测断面，全年监测3次，监测项目8个，分别为水源地有毒有机物苯、甲苯、乙苯、二甲苯（对二甲苯、间二甲苯、邻二甲苯）、异丙苯、硫化物、硒和阴离子表面活性剂。4个水量调度监测断面分别为三门峡、潼关、汾河西师、渭河吊桥断面，监测项目有氨氮、化学需氧量等21项，监测结果规定每月5日、15日、25日上午10点前上报。4个重要水功能区断面为渭河宝鸡工业农业用水区永安村、延河延长工业农业用水区延长、北洛河延安渭南农业用水区状头、渭河西安农业用水区耿镇，全年监测2次，监测3个项目（化学需氧量、高锰酸盐指数和氨氮）的现场空白、现场平行、质控盲样。62口井分布在陕西省、山西省。先后完成7个支流断面、4个干流断面水污染状况评价工作和水污染突发季报的编制工作，黄河水利委员会水文局承担的水利部与北京大学环境科学与工程学院联合开展的黄河流域水量、水质、温室气体、水生态等全通量同步调查监测项目溶解态水样、现场平衡态水样、混合温室气体的采样及寄送样，相关企业委托监测等工作。处置库区突发水污染事件3起，分别为2月17日淄阳河中原冶炼厂、4月25日运城芮城造纸厂、6月7日平陆电厂的突发水污染事故污染源调查、取样及监测工作。依据GB3838-2002《地表水环境质量标准》对2015年水质监测成果进行分析评价。（杨世理　景　雪）

【三门峡水库淤积测验】 2016年，三门峡水库淤积测验所观测河段为黄河干流三门峡大坝至禹门口（黄淤1~黄淤68断面），该河段全长247.6千米，共布设淤积测验断面61条。三门峡库区淤积断面统测2次，汛前测验时间为4月9日至4月29日，汛后测验时间为10月10日至10月31日，共施测淤积断面122断面次、取河床质211个，累计施测断面250千米。依据《水库水文泥沙观测规范》《水库河道淤积测验质量评定标准》等进行质量评定，两次测验优级断面122个，无良级断面和差级断面，综合评定均为优级。在汛前测量的同时开展河势查勘、河道巡查及库区影响行洪构筑物调查测量。（杨世理　李亚波）

【完成资料整编汇编工作】 2016年，三门峡水文局完成水文资料在站（室）整编、审查、验收，三门峡库区淤积资料在队整编和审查，黄河流域水库水文泥沙观测资料复审，主持汇编第4卷第7册水文年鉴，参编第4卷第4册、第5册、第8册水文年鉴。由于三门峡水文局采取了一系列管理措施，分工明确，责任落实到人，各项资料经过复审、验收、审查、汇编，未发现系统性和特征值错误，复审和验收的水文资料和淤积资料均达到“规范”及黄河水利委员会水文局《黄河流域及全国内陆河湖水文年鉴资料成果汇编验收质量评定标准》所规定的质量标准，通过了榆次、郑州、陕西省及三门峡汇编区的验收、汇编和黄河水利委员会水文局和水利部组织的审查验收。

水文资料2月完成在站（室）整编，3月完成成果集中审查，4月完成复审及验收工作，共审查水位站资料10站年，水文站资料24站年，降水量资料258站年，蒸发量资料7站年，泥沙颗粒级配分析资料16站年。审查中，进行辖区接头地区水沙量上、下游平衡对照分析，降水量、逐日水面蒸发量面合理性对照检查。针对各站当年的洪水情况，根据规范要求，对龙门、华县、泾川、雨落坪、北道等5站，从考证、定线、流量推算等所有整编项目的方法、步骤进行全面审查；逐日水面蒸发量成果表与原始资料进行计算校对；逐日降水量表与人工观测记录和自记雨量记录资料进行全面校对，对20厘米固态雨量计的仪器故障部分进行重点审查，各时段最大降水量表(1)、表(2)抽取50%进行人工挑选校对；泥沙颗粒级配资料和原始记录进行校对。其余成果按规范及补充规定等有关技术规定的要求进行表面系统检查，改正了电算成果中不符合规范要求的规格、表式、统计方法、附注等问题。

三门峡库区淤积资料2月完成在队整编和审查，3月份完成复审，全面审查了122个淤积断面次的原始资料和颗粒级配分析资料。审查过程中，对断面的原始资料进行详细检查和校对，对全部计算成果的数据进行检查和校对，结合断面套绘图和河势图，进行综合合理性检查，按规范要求对各种成果表的表式、规格进行了对照检查。审查出的问题由测绘大队进行统一改算，技术科进行了校核、审查、验收。

黄河水利委员会水文局主办，三门峡水文局承办的黄河流域水库水文泥沙观测资料复审工作8月中旬开始，9月初结束。黄河水利委员会河南局、陕西三管局、水文局测验处及三门峡水文局等单位对三门峡库区和小浪底库区的水流沙10站年、水位26站年、淤积资料618断面次及小浪底库区水沙因子和异重流监测资料进行交互审查，对原始资料与成果资料进行详细对照检查，按《水库水文泥沙观测资料整编及刊印技术规程》对各单位成果资料表式进行统一修正。审查出的问题，由各参审单位进行统一改算，三门峡水文局技术科进行收集、整理。三门峡水文局承担黄河流域水文年鉴第4卷第7册和三门峡库区专册资料的汇编工作。汇编工作开展前，及时与陕西、甘肃、宁夏和陕西省三门峡库区管理局等参编单位联系沟通，对所参编资料提前进行整理、标准数据加工等工作。三门峡水文局水文编制相应的数据转换程序，于8月下旬完成汇编工作，按时参加了榆次、郑州、陕西省等三个汇编区的资料审查、汇编工作。三门峡水文局主持汇编的第4卷第7册水文年鉴，以及参编的第4卷第4册、第5册、第8册水文年鉴均以零差错通过验收，受到黄河水利委员会水文局的通报表扬。

（杨世理 李亚波）

【科研和“三新”应用】 2016年，三门峡水文局承担黄河水利委员会水文局科技计划项目2项，分别是《黄河小北干流平滩流量计算方法探讨》《水文测验常测项目单次质量评价方法研究》；科技创新项目1项，即《水文勘测操作技能视频教程研究开发》。组织完成黄河水利委员会水文局视同验收项目6项，分别是《桃汛洪水特性及对潼关高程影响分析》《YMCP-1型非接触式微波测流仪测验精度影响因素分析与试验研究》《黄河三门峡库区水体COD消解升级技术应用研究》《天水测区甘谷站测验方式优化分析》《泾渭河干支流河道及水库淤积调查分析》《三门峡建库以来水沙及冲淤特性分析》。组织完成黄河水利委员会水文局2016年科技推广项目2项，分别是《三门峡库区勘测局远程视频监控系统推广应用》《YMCP-1型非接触式微波测流仪在三门峡测区的应用研究》。

三门峡水文局技术创新项目验收6项，分别是《桃汛洪水特性及对潼关高程影响分析》《YMCP-1型非接触式微波测流仪测验精度影响因素分析与试验研究》《三门峡建库以来水沙及冲淤特性分析》《ADCP三体船吊箱可升降悬吊架研制》《黄陵—韩城—侯马铁路特大桥修建前后冲淤及河势演变分析》《水文勘测工技能操作多媒体培训技术研究》；开展技术创新项目及应用推广类项目9项，分别是《秦安》《社棠水文站测验方式优化分析》《渭河上游天水测区水沙演变趋势分析》《泥沙处理电动抽水装置》《水文吊箱光伏太阳能充电装置》《西峰测区降雨径流模块化即时水情预警研究》《板桥、雨落坪水文站测验方式优化分析》《提高三门峡水文站流量测验精度方法研究》《矛式河床质采样器研制》《无线数传悬索偏角测量装置研究》；组织科技创新项目推广3项，分别是《三门峡库区勘测局远程视频监控系统推广应用》《雷达水位计在三门峡测区的应用研究》《电子水尺在天水水文站应用》；完成科技成果的技术审查3项，分别是《黄河三门峡库区水体COD消解升级技术应用研究》《天水测区甘谷站测验方式优化分析》《泾渭河干支流河道及水库淤积调查分析》；对2015科技成果推广应用效果进行评估；7项科技成果获得黄河水利委员会三新认定，4项科技成果获得黄河水利委员会水文局科技进步二等奖，2项科技成果获得黄河水利委员会水文局科技进步三等奖；6篇黄河水文学术论文在黄河水利委员会水文局举办的黄河水文学术交流会上交流；评出科技成果一等奖2项、二等奖7项、三等奖1项；向黄河水利委员会水文局申报浪花奖9项。 （杨世理）

·编辑 王惠娟·

工业和信息化

【概况】 三门峡是典型的资源型工业城市,工业在全市经济发展中的地位举足轻重,主导作用十分明显。多年来,以黄金、煤炭、铝土等矿产资源的开采、冶炼和初加工为主的产业支撑了全市经济社会发展。2016年,三门峡市工业经济低位开局,一季度全市规模以上工业增加值同比增长4.1%,二季度强劲回升,上半年增速攀升至6.8%,三季度小幅回调同比增长6.7%,四季度再次呈现向好回升的发展态势,同比增长8.3%。至2016底,完成工业增加值700.9亿元,同比增长7.1%,占GDP比重57.3%。规模以上企业达653家,完成增加值616亿元,同比增长7.3%,增速位于全省第15名,规模以上工业增加值占全部工业增加值的79.6%;实现主营业务收入3696.1亿元,同比增长6%;实现利润211.3亿元,同比下降1.2%;税金总额51.6亿元,同比下降10.1%;工业用电量73.4亿千瓦时,同比减少18.7%。

面对较大的工业经济下行压力,市工信委多措并举,出台《三门峡市工业经济发展考核办法》,从规模发展、转型升级、社会贡献、发展后劲、企业服务等5个方面11项指标,对各县(市、区)工业经济发展进行全面考核。设立工业转型发展专项资金。市政府设立了2500万元工业转型发展专项资金,对工业综合实力20强企业项目贷款进行贴息扶持,发挥财政资金的杠杆、导向和激励作用。扎实开展工业“稳增长、调结构、增效益”活动。制定《三门峡市工业稳增长调结构增效益活动工作方案》,加强与县(市、区)联动协调,及时掌握重点企业生产经营情况,做好困难企业帮扶,努力推动工业经济平稳增长。规模以上工业增加值增速由一季度的4.1%提升到全年的7.3%,回升幅度居各省辖市前列。

产业结构持续调整优化。加快项目建设。高度重视项目建设,加强项目跟踪督导。做好重点项目谋划和推进工作,2016年,围绕重点产业,谋划80个重点工业项目,完成投资179.4亿元,占年度计划投资的93.3%,已竣工34个。认真做好省里涉及三门峡市的重点项目建设,27个省政府十大产业行动计划项目,2016年完成投资66.8亿元,占年度投资计划的93.4%,已竣工9个;40个省政府技术改造项目,2016年完成投资50.5亿元,占年度投资计划的91.7%,已竣工20个。积极申报各项扶持资金。2016年,共申报中央专项建设基金项目3批,获批项目11个,获批资金11.98亿元,获批资金总额居各省辖市第一位。申报省先进制造业发展专项资金(技术改造类)2批,获批项目4个,获批资金1955万元。灵宝市与省先进制造业集群培育基金合作成立了2.5亿元的灵宝有色材料子基金,成为全省设立子基金的四个试点市之一(唯一县级市)。积极承接产业转移。始终把承接产业转移作为转型发展的重要推动力。先后组织参加了第十届中国(河南)国际投资贸易洽谈会、2016中国·青海绿色发展投资贸易洽谈会、第五届中国(郑州)产业转移合作系列对接等活动。在第五届中国(郑州)产业转移合作系列对接活动中,共筛选计划投资超1360亿元的203个工业项目,印制项目宣传手册对外发布;签约项目21个,签约资金78.8亿元。

企业服务不断深化。把企业服务作为工信部门的工作重点和主要抓手,全面提升服务企业水平。一是认真开展“政策落实进万企”活动。在全市组织开展以“讲政策、解难题、增信心、稳增长”为主题的“政策落实进万企”活动,搭建政策宣讲、首席服务员、督导服务、网络服务“四个平台”,完善信息收集交流、企业问题台账管理、企业问题办理“三项机制”,切实帮助企业用足用活政策,有效破解政策落实“最后一公里”。抽调发改、科技、人事、财政等7个涉企部门县处级干部组成政策宣讲团,开展市级集中宣讲5场次,直接宣讲企业500多家，印发《政策宣讲汇编》1000册，市、县两级选派首席服务员316名共联系590家规模以上工业企业，规模以上企业首席服务员覆盖率达91%。建立了市企业服务工作微信群，开通了微信公众号，在《三门峡日报》开设“政策落实进万企”专栏，连续5周对5个部门涉企政策进行大篇幅的集中宣传，收到良好效果。二是广泛开展“精准服务企业　助力转型发展”活动。实行委领导分包联系县（市、区）制度，确定60家市级重点服务企业，市工信委每名工作人员作为首席服务员，联系1至2家企业，实行全程贴身服务。在首席服务员“点对点”服务过程中，注意收集企业遇到的困难和问题，一批问题得到了有效解决。三是加大企业问题解决力度。建立企业问题台账，实行销号制度，属工信部门职责范围内能够解决的立即解决，对超出职责范围的，发挥工信委企业服务活动办公室综合协调作用，联合市企业服务活动成员单位协调解决。对2016年年初排查出的52家企业反映的88个问题，先后召开了多次企业负责人、相关职能部门、金融机构等各方参与的协调推进会议，对企业反映的问题，一个一个研究，一个部门一个部门交办。对个性问题，明确责任单位和办理要求；对共性问题，提出解决的措施和意见，市政府形成3个专题会议纪要。2016年底，88个问题已办结49个，正在办理的32个，其余7个问题因政策或企业自身原因一时难以推进。四是完善中小企业服务体系。借助省中小企业服务融资平台，建立起线上对接、线下签约的常态化融资渠道。加强服务窗口建设，三门峡中小企业综合服务窗口平台线上服务已具备条件，综合服务平台线下建设在强力推进中；三门峡非煤矿业集聚区窗口平台已通过验收。

“两化”融合有序推进。一是制定发展规划。出台《三门峡市信息化和工业化深度融合行动方案（2016-2018年）》《三门峡市工业企业发展电子商务行动计划（2016-2017年）》。二是加快工业企业电子商务发展。制定了《三门峡产业带工业电子商务2016年培训提升计划》，积极开展工业企业电子商务培训，举办培训班5期，培训人员300余人。一批工业企业自建或共建电子平台，入驻阿里巴巴三门峡产业带工业企业99家。三是加快“两化”深度融合。积极开展试点示范申报工作，开祥化工通过国家“两化”融合贯标企业评审并被确定为省“互联网+”工业创新示范企业，骏通车辆被确定为国家“两化”融合贯标试点企业，环宇博创通过国家“两化”融合贯标咨询服务机构认证，华鑫铜箔被确定为省智能制造试点。

三门峡市宽带网络基础建设迅速发展。至年底，全市FTTH覆盖家庭达55.9万户，固定宽带家庭普及率达到46%，移动基站8359个（其中3G/LTE基站6350个），移动电话用户201万人（其中3G/LTE移动电话用户117.1万人），城市家庭20Mbps及以上宽带接入能力达414%，农村家庭4Mbps及以上宽带接入能力达90%，4Mbps及以上宽带用户渗透率达100%，8Mbps及以上宽带用户渗透率达83%。三门峡市电信业务总量完成401836.5万元，同比2015年253888.3万元增长58.3%，高于2016年政府目标（30%）28.3个百分点。增速较大的是移动、电信、联通，电信业务总量分别增长65%、55%和48%。4G基站建设速度加快，通信信息网络覆盖能力进一步提高，4G信号基本实现三门峡市区、各县主要城区、乡镇街道、集团客户、重要景区等热点区域的连续覆盖，流量消费量大幅增长。（程　晟）

黄　金

【概况】　三门峡市是全国第二大黄金生产基地，灵宝、陕县、卢氏县均为产金县（市）。三门峡黄金工业已经成为三门峡市的五大支柱产业之一，2016年，三门峡市黄金产量79.77吨，其中矿产金27.45吨，冶炼金52.32吨。连续33年位居全国第二大产金市。

全市主要的黄金企业有12家，隶属三个管理层面，即中央直属、市属、县（市）属矿山。具体为：由中国黄金集团总公司管理的企业有秦岭黄金矿业有限责任公司、文峪金矿、灵宝双鑫矿业有限责任公司、三门峡市金渠股份有限公司金渠金矿，河南中原黄金冶炼厂有限责任公司；市属黄金企业有三门峡市河西林场老鸦岔金矿；由灵宝市管理的企业有灵宝黄金股份有限公司、灵宝市金源矿业股份有限责任公司、灵宝黄金投资有限责任公司三个黄金企业集团。以上企业均分布在灵宝市境内。由陕县管理的矿山企业有三门峡崤山黄金矿业有限公司、申家窑金矿。由卢氏县管理的矿山企业有卢氏县双河金矿有限公司。三门峡市黄金产业已形成了“黄金开采—冶炼—精深加工”的黄金生产及加工产业链。

2016年，三门峡市黄金矿山企业紧紧围绕规范矿山秩序、强化矿渣治理、推进生态恢复三大任务，扎实推进小秦岭保护区矿山环境保护整治工作。共停产整顿坑口232个，关停封堵坑口172个，各矿山企业出动装载机、钩机、车辆3.9万余台次，清运、降坡、固定矿渣1018.4万吨，占小秦岭渣坡总数2580万方的39.5%，疏通河道7700米，整修道路1.31万米，植树种草35.2万平方米，累计投入整治资金5168.2万元，同时对21个坑口渣坡实施了自然恢复等措施，整治工作初见成效。2016年7月30日，《人民日报》刊发《废石矿渣变成建材（绿色焦点.约谈之后看整版）》文章，对小秦岭保护区矿山环境整治工作给予了肯定的评价。

（崔丰会）

煤　炭

【概况】　煤炭工业是三门峡市支柱产业之一，主产长焰煤，是很好的化工原料。区内主要煤田分布在渑池、义马、陕县一带，分别为陕渑煤田和义马煤田，含煤面积达368平方千米，累计探明储量15.98亿吨。至2016年底，三门峡市行政区域内有煤炭生产企业5家，生产矿井

30处(包括义煤阳光煤业新建项目),核定(包括设计)生产能力为1837万吨/年。其中:国有重点企业2家,矿井26处(包括义煤阳光煤业新建项目、兼并的15处小煤矿),核定(包括设计)能力1727万吨/年;地方小主体(单独组织生产矿井)3家,矿井4处,核定(包括设计)生产能力110万吨/年。2016年,区内各类煤矿共生产原煤926.38万吨,其中:国有重点煤矿生产原煤845.9万吨,地方小主体及其它煤矿生产原煤80.48万吨。全年煤炭工业完成增加值35.9亿元,同比下降7.6%;生产原煤926.4万吨,同比下降17.6 %;洗煤359.7万吨,同比下降2.3%。

煤炭管理及污染防治有效开展。一是加强煤炭行业管理。深入推进“五优”(安全、高效、达标、科技、文明)矿井创建工作,强化动态达标和岗位达标。按照国家煤炭去产能要求,义煤集团华兴公司36万吨/年产能已按节点关闭,圆满完成年度任务。二是加强安全生产管理。完善了企业安全隐患排查治理工作实施细则,制定了企业安全生产监督管理工作计划,与重点企业签订安全生产目标管理责任书,深入开展企业安全隐患排查治理专项行动、安全生产集中整治及安全生产月活动。三是加强大气污染防治。全力抓好重点行业错峰生产,6家水泥(含3家粉磨站)企业、4家铸造企业已按要求错峰停产。按照市重污染天气应对部署,及时督促相关工业企业做好停产限产措施落实。开展燃煤散烧管控工作,对全市散煤使用情况进行调查摸底,为洁净煤替代型煤及其他相关工作奠定了良好基础。

三门峡煤化工按照“基地化、大型化、规模化”的发展要求,形成了相对完善煤化工产业体系。形成煤气1400万方/日,年产甲醇79万吨,二甲醚40万吨,1-4丁二醇10万吨,醋酸30万吨,硝酸铵20万吨,天然气2.3亿立方米,粗酚10万吨,尿素33万吨。2016年,煤化工产品价格持续低位徘徊,行业发展低迷。全年累计完成增加值15.3亿元,同比增长4%;生产甲醇66.8万吨,同比增长18.9%;醋酸21.3万吨,同比增长19.3%。

(王宏雅　刘昌民)

铝　业

【概况】 铝工业是三门峡市的优势产业,也是市委市政府着力培育且最具有发展潜力的支柱产业之一,特别是氧化铝工业在全省铝工业中占据重要地位。三门峡市铝土矿主要分布在陇海铁路沿线的渑池县和陕州区,有矿产地38处,具有分布相对集中、埋藏浅、品位高、适于开采等特点,是河南省及全国重要的铝土矿石供应基地之一。累计查明资源储量3.5亿吨,保有资源储量2.96亿吨,居全省第三,优质矿占65%以上;远景储量10亿吨。2016年,三门峡市铝工业实现增加值60.08亿元,同比增长4.41%,占全市规模以上工业增加值9.75%,在全市11个主导产业中居黄金、建材之后第三位。2016年全市铝工业共生产铝原矿石2768万吨,同比增长35.88%;氧化铝632.4万吨,同比增长5.3%;电解铝17.7万吨,同比下降18.8%;铝材16.8万吨,同比下降2.2%。

【铝工业产能及主要铝企业情况】 全市现有规模以上铝工业企业30家。2016年三门峡市氧化铝生产能力600万吨,占全国的12%,分别是:开曼铝业(三门峡)有限公司290万吨(含平陆分厂80万吨)、东方希望(三门峡)铝业有限公司250万吨、义翔铝业60万吨。开曼铝业和东方希望(三门峡)铝业的氧化铝生产均采用国际先进的拜耳法生产工艺,主要设备从德国、法国、荷兰等国进口,生产指挥系统均采用了DCS控制系统,生产成本在国内氧化铝行业中均处于较低水平,是国内效益好、竞争力较强的氧化铝企业。陕县恒康铝业有限公司在国内第一家使用国际先进的400KA大型预焙槽技术,吨铝综合交流能耗降至13600KWH以下,年生产能力24万吨,是2016年全市唯一生产的电解铝企业,受市场等因素影响,产能利用率不足50%。三门峡市现有铝加工生产能力27万吨,分别是:戴卡轮毂400万只(3万吨加工能力)、鸿美铝业型材5万吨、科利恩铝业2万吨(球形铝粉),方泰实业1万吨(铝箔)、鑫邦铝合金2万吨、圣辉新材料0.5万吨(铝镁合金)、鑫旺铝业3.5万吨(铝箔)、黄河铝业10万吨(铝板)。电解铝产业配套原料,碳素年生产能力16.5万吨,氟化铝年生产能力9万吨。2016年开曼(三门峡)铝业有限公司全年生产氧化铝303.5万吨,实现主营业务收入103亿元,实现利润总额4.33亿元;东方希望(三门峡)铝业有限公司全年生产氧化铝275.6万吨,实现主营业务收入48.2亿元,实现利润13.4亿元;陕县恒康铝业有限公司全年生产电解铝98455万吨,实现主营业务收入12.48亿元,亏损3.69亿元;三门峡戴卡轮毂制造有限公司全年生产铝合金轮毂401万只,实现主营业务收入8.03亿元,实现利润5262万元。

(张东兴)

电力工业

【概况】 2016年底,三门峡地区已运行变电站102座(其中220千伏变电站9座、110千伏变电站39座、35千伏变电站54座),主变183台,总容量604.47万千伏安;35千伏及以上输电线路258条,总长度2653.998千米,最高供电负荷135.43万千瓦。全市发电装机总容量508.76万千瓦,年发电量115.73亿千瓦时。其中火电厂14座,装机总容量415.6万千瓦,年发电量93.68亿千瓦时;水电厂65座(其中小水电64座),装机总容量45.51万千瓦,年发电量13.85亿千瓦时;风电厂3座,装机总容量37.475万千瓦,年发电量7.63亿千瓦时,光伏发电厂7家,装机10.175万千瓦时,年发电量0.57亿千瓦时。2016年销售电量77.61亿千瓦时,完成年计划的100.01%;综合线损率5.49%,比年计划低0.09个百分点;国网三门峡供电公司截至2016年12月31日24时,实现连续安全生产6776天,保持长周期安全稳定局面。

【安全生产】 2016年,三门峡市电力

部门落实各级安全工作意见，明确安全管理提升44项措施，重新梳理完善三级安全网，强化安全生产考核奖惩，各级安全责任制全面落实。扎实开展安全生产月和安全事故警示教育活动，组织各类安全管理培训560余人次，生产员工安规考试覆盖率、合格率均达100%，全员安全意识不断增强。整改各类发现问题711项，建立隐患档案2079份，处理现场违章116起，春秋季安全大检查和“三查三强化”安全专项行动取得实效。消除各类设备缺陷1994项，清理树障3.4万余棵，技改大修项目完成率、设备完好率均达100%，电网设备保持健康运行。完成市县变电运维业务一体化试点建设任务，首次实现市区10千伏配网不停电倒负荷，35千伏及以上开关远方操作覆盖率达到99.33%，全年设备跳闸同比下降9.6%，运维管理和电网调控能力全面提升。认真落实迎峰度夏、度冬和电网防汛方案，组织开展有针对性的应急演练，成功经受住了恶劣天气、外力破坏等多重考验，圆满完成省第十次党代会、三门峡市“一节一会”及“双节”“两会”等重大活动和重要时期保电任务。

【电网升级】 2016年，三门峡市电力部门编制完成三门峡“十三五”城市配电网规划、新一轮农网改造升级规划及电力通信网规划，成功争取将电网规划中新建变电站站址纳入三门峡市城乡规划和土地规划，与各县政府签订小城镇电网改造升级合作协议，规划衔接工作取得显著成绩。积极加强项目储备和前期工作，完成8个项目核准，11个项目可研编制，储备农配网项目资金4.8亿元。全年完成主网投资2.5亿元，5项工程建成投运，7项工程开工建设，新增变电容量33万千伏安、输电线路14.6千米。抢抓新一轮农网改造升级机遇，农配网投入再创历史新高，全年完成投资4.9亿元；大力实施“6.30”节点攻坚和配网建设“百日攻坚”，各批次农配网及户表工程全面完成里程碑计划。坚持工程质量“无差别管理”，推广“标准工艺”应用，2项工程荣获国家电网公司“输变电优质工程”，2项工程被推荐为国家电网公司“创优示范工程”，6项工程荣获省电力公司“输变电优质工程”，灵宝长安路开闭所工程荣获国家电网公司“配电网百佳工程”，渑池公司、陕州公司顺利通过国家电网公司配电网标准化创建活动验收。

【优质服务】 2016年，三门峡市电力部门密切跟进三门峡“1816”等重点项目建设，实施业扩报装提质提速行动，全年完成报装1.4万户，增加容量54.3万千伏安。加快推进智能电表安装及采集建设，安装智能电表35.12万只，完成4132个台区信息采集录入，实现市区采集全覆盖。建立营配调多专业高效协同工作机制，开展“两率一损”专项攻坚，营配调贯通基础数据对应率、总体采集成功率均在省公司系统排名前列。组建市县供电服务公司，完成农电用工劳动合同签订、特殊工种退休和养老保险补缴工作，全面消除农电“三无”人员，农电用工规范管理取得明显成效。大力推广电子化缴费渠道，电子化交费客户占比达到15%以上。深入实施供电服务提升专项行动，加大明察暗访力度，严格落实服务奖惩，95598月度考核7次位居省电力公司系统前五名。全力服务全市国有企业“三供一业”供电分离，完成全部7家企业的141个项目、6.1万户框架协议签订，已有12个项目、4551户完成分离移交改造。全力助推三门峡市脱贫攻坚，完成32个贫困村电网改造，对13个帮扶村、504户贫困户开展精准帮扶，“电力后盾”作用有效发挥。

【企业发展能力】 2016年，三门峡市电力部门明晰农电管理工作界面和职责清单，深化市县公司一体化管理，提升专业化垂直管理效果，促进了市县管理的全面对接。开展县电力公司经营诊断分析，加强亏损企业治理，成本费用收入比、万元资产运维费均优于网省公司进度指标。建立工作督导机制和双月报制度，积极开展对卢氏县供电公司定点帮扶和供电所结对帮扶工作，有效提升了农电管理水平。加强农网建设和农电安全管理，全面完成2016年农网和县域配网工程，县公司安全记录均保持6000天以上，有力服务了县域经济发展。持续推进创新工作，荣获河南省科技进步二等奖1项，省电力公司科技成果二等奖、科技进步三等奖各1项，省电力公司管理创新成果二、三等奖各1项，全国优秀QC成果奖1项，年度典型经验入选省电力公司5篇、入围1篇。 （刘一虹）

建材工业

【概况】 2016年，全市建材行业水泥生产企业6家，主要企业有，设计水泥熟料生产能力460万吨，水泥生产能力600万吨；新型墙材企业30余家，以粉煤灰为蒸压系列、煤矸石为烧结系列的产业化新型墙体材体系，产品覆盖砖、板、块3大类17个品种，年生产能力150亿块/标砖左右；刚玉棕刚玉企业30余家，窑炉60余台，年总产能达120万吨，约占全国年总产能的20%左右，占河南省产能的35%。全市直接和间接从事刚玉行业人员约2万多人。耐火纤维及制品企业28家，拥有耐火纤维生产线17条，多晶纤维生产线12条，异型制品生产线40台套。耐火纤维及制品生产能力3万吨，成套窑炉设计、加工能力180台套，是中国第二大主产区。全市形成以干法水泥、墙体材料、刚玉、耐火纤维等为主导产品的建材工业体系。

全市建材企业通过采用先进生产工艺改造传统工艺，大力推广应用节能、节水、环境保护和资源综合利用技术。全年完成增加值77.14亿元，占全市规模以上工业的12.52%。主要产品产量：水泥熟料461.94万吨，水泥574.62万吨；商品混凝土471.9万立方米，同比增长19.4%；砖138.5亿块，同比增速60.39%；耐火材料制品180万吨，同比增长8.4%；磨料（刚玉制品）111万吨，同比增长8.61%；石膏板484万平方米，同比增长19.54%。

河南锦荣水泥有限公司成立于2007年6月，公司位于三门峡东陕县张茅乡，是河南省西部及豫秦晋黄河

"金三角"地区规模最大的水泥生产企业。同时也是科技含量高，能源消耗低，污染少的新型企业代表，现有两条4500吨/天带纯低温余热发电干法水泥熟料生产线，单线熟料生产能力140万吨/年，水泥生产能力100万吨，职工1000余人。企业生产与检测设备精良，采用国际先进的窑外分解干法水泥生产工艺。生产过程全部采用DCS集散式计算机自动化控制。监测系统采用荷兰飞利浦X荧光分析仪以及其他高精密检测仪器。生产的"崤山牌"水泥质量稳定可靠，连年荣获国家、省名优产品、产品质量监督免检企业、河南高品质水泥等荣誉称号。企业水泥生产过程中承担黄金冶炼企业产生的氰化尾渣(俗称红渣)处理。

三门峡腾跃同力水泥有限公司成立于1998年12月18日，公司位于河南省渑池县仁村工业园区，为5000吨/天新型干法水泥熟料生产线及9MW纯低温余热发电系统，有直径4.2米×13米粉磨机2台，年产水泥熟料产能155万吨，年水泥生产能力200万吨。2006年12月建成。主导产品为"腾跃"牌42.5级普通硅盐水泥及32.5级复合硅酸盐水泥。

渑池仰韶水泥有限公司，前身渑池县水泥厂，始建于1958年。公司位于渑池县城，拥有窑直径3.2×52两台两条回转窑生产线，水泥磨机直径3.0米×11米、直径4.2米×13米各一台和7500KW的余热自备电厂，年水泥熟料生产能力25万吨，生产高品质特种水泥50余万吨。企业拥有普通、中热、道路、低碱、油井等5大系列12个产品等特种水泥的生产能力，主要产品为"仰韶"牌普通42.5(R)、复合32.5(R)等通用水泥系列产品及低碱水泥产品，其中由企业研制的"仰韶牌"延缓混凝土坍落度525号早强高强水泥曾被国家科学技术委员会等五部委援予"国家级新产品"。

灵宝市金城水泥厂、卢氏县熊耳水泥公司、灵宝市豫西水泥公司三家水泥粉磨站企业均为磨机直径3米以上粉磨站，没有熟料生产线。(张东兴)

食品工业

【概况】 2016年，三门峡市现有食品工业企业47家，现已形成蔬菜和水果加工、粮油加工、屠宰及肉类加工、糕点糖果、方便食品、乳制品、罐头、调味品、发酵制品、保健食品、食品添加剂、酿酒、饮料、脱水食品、休闲食品、枣汁饮料、果酒等十四类962种产品。企业分布：渑池县8家；卢氏县5家；湖滨区10家；灵宝市11家、陕县1家、三门峡产业聚集区7家、义马市1家、开发区1家。行业分类：饮料制造业21家，其中：果菜汁及果汁饮料制造业18家，酒生产企业3家。食品制造业11家：烘焙、方便食品、罐头企业11家。农副产品加工业12家。

主动服务。为企业搭建合作对接平台。2016年3月，组织6家食品企业参加河南省五大产业链快消品产销对接专题活动，在专题活动中，河南仰韶酒业有限公司布置了产品展台，灵宝杜仲公司发放了公司宣传手册，提高了企业的知名度；8月，组织15家食品企业到渭南大荔县参加第四届黄河金三角食品加工产业项目对接会，三门峡三味奇食品有限公司参加了产品展销，河南仰韶酒业有限公司作为优秀食品企业做了典型发言；11月，组织8家企业参加河南省产业转移食品产业专题活动。通过这些活动的开展，为三门峡市食品企业搭建了交流对接的平台。

做好食品企业调研工作，为领导决策提供依据。2016年4月、11月，分两次，对全市规模以上食品工业企业进行调研，有针对性地了解企业生产、销售、经营情况以及存在的问题。抓好食品安全工作。作为食品安全成员单位，积极配合各职能部门开展食品安全工作。按照三门峡市食安委统一部署，参加食品安全宣传周活动，6月15日，消费品工业科3人在湖滨广场发放60多份食品安全宣传彩页，并向现场群众宣传食品安全的重要性；组织三门峡市2家食品企业(三味奇、三隆食品公司)开展"乳制品和烘焙类企业质量安全实验室公众开放日"活动，邀请广大市民走进食品生产、加工企业，通过这种方式直接宣传食品安全生产的重要性。 (赵艳丽)

医药制造业

【概况】 2016年，全市医药工业实现工业增加值7.17亿元，同比下降14.47%。全市有5家药品生产企业：三门峡赛诺维制药、渑池的广宇生物制药、卢氏的莘原制药、义马的天汇制药，灵宝的豫西药业。具有年产片剂120亿片、胶囊剂10亿粒、注射剂2亿支、中药产品8000吨的生产能力。可生产片剂、胶囊剂、丸剂、冲剂、颗粒剂等14个剂型，280多个产品获得批准文号，先后开发了消栓胶囊、连蒲双清胶囊、葛根芩连颗粒、术愈平、太子金、盐酸西替利嗪胶囊等一批80余个新产品，拥有健胃消食片、冬凌草片、降脂灵片等一批国家保护品种。 (赵艳丽)

纺织服装业

【概况】 2016年，三门峡市纺织服装行业企业共计11家，资产总额达34150万元，实现工业增加值2.83亿元，同比增长18%。从业人员2810人，其中专业技术人员234人，棉纺企业3家，分别是诚意纺织(3万锭)、伟业纺织(1万锭)、九华纺织(5.2万锭)。织布企业2家，分别是九华纺织和金璐织布。服装企业：河南民生制衣。

生产的棉纱、坯布全部内销，主要销往江浙沿海一带的织布企业。婚纱主要销往江苏、河北、浙江、湖北、北京、四川等地。主要原材料棉花来自新疆、山西等地，一部分来自国家储备棉。 (赵艳丽)

·编辑 张怡杰·

城乡建设·环境保护

综　述

【概况】 2016年，三门峡市住房和城乡建设局(以下简称市住建局)按照打造省际中心城市的目标要求，紧紧围绕重点建设项目和中心工作任务，不断加强行业建设，各项工作稳步推进。全年，市区打通向青路、向青南路、会纺路、六峰路南延、六峰北路、大岭北路、北环路、斜桥路、复兴路、仓库路等10条断头路，完成崤山路、上阳路、经一路、银昌路、黄河路专项维护和茅津南路、春秋路、经三路雨污水管道及路面改造工程；新建中压输气管道22.8千米，老城区新建供热管网4千米，扩大供热面积55万平方米，城市公用事业服务保障能力进一步增强。至年底，市区共有供水管网207千米，日供水能力1.25亿千克，实际日供水5000万千克，年供水量189.45亿千克，水质综合合格率、供水普及率均达到100%；排水主管线203.5千米，其中污水管道120.9千米，基本实现雨污分流；供气管道573.3千米，天然气用户6万户，年供气能力3.5亿立方米，实际销售天然气5000万立方米，燃气普及率达96.2%；供热管网171.3千米、换热站114座，集中供热面积达700万平方米，集中供热普及率达63.9%；共建成道路83条、桥涵11座，道路总长165千米，道路总面积416万平方米，人均面积13.87平方米；有道路照明灯29268盏，亮灯率98%以上。三门峡市区规划面积185平方千米，中心城区建成面积为60.9平方千米。全市城镇化率达到53.11%，居全省第6位。

【农村危房改造】 2016年，三门峡市实施农村危房改造4378户，其中灵宝市1303户、陕州区1303户、渑池县652户、卢氏县978户、义马市77户、湖滨区65户。中央及省级下拨资金3817.8万元。至年底，全市开工4378户，开工率100%；竣工3722户，竣工率85.02%。

【5个村落入选第四批河南省传统村落名录】 2016年8月19日，省住房城乡建设厅、省文化厅、省文物局、省财政厅、省国土资源厅、省农业厅、省旅游局联合公布第四批河南省传统村落名录(豫建村镇〔2016〕38号)。三门峡市5个村落入选，分别为：陕州区张湾乡官寨头村、陕州区张汴乡曲村、灵宝市朱阳镇犁牛河村、灵宝市朱阳镇两岔河村、灵宝市朱阳镇王家村。加上前三批入选的33个，三门峡市共有38个村落入选河南省传统村落。

【海绵城市建设】 2016年4月，三门峡市启动海绵城市建设专项规划的编制工作。7月，通过邀请招标的方式确定规划编制单位为深圳市城市规划设计研究院有限公司。当年，三门峡市开工的城建项目均采用海绵城市建设模式和理念。《三门峡“十三五”城市市政基础设施建设规划》，计划对老城区、商务中心区、陕州区、产业集聚区水系建设、公园、绿廊、城市道路、广场透水设施建设、雨污水管网等逐步实施建设海绵型改造。 (杨俊峰)

城乡规划

【概况】 2016年，三门峡市城乡规划局坚持高起点规划、高标准建设、高效能管理，把完善城市功能、提高城市的综合承载能力、创造人与自然和谐的城市生态环境作为根本任务，强力推进新型城镇化进程，努力实现城乡统筹协调发展。全年依法受理、办结建设项目规划审批144件。出具用地条件19件，用地面积54.09万平方米，其中市直12件、用地面积34.21万平方米，商务中心区7件、用地面积19.88万平方米；核发建设项目选址意见书52件、用地面积1232.97万平方米，其中市直29件、1114.49万平方米，商务中心区23件，118.48万平方米；办结建设用地规划许可证49件、用地面积共200.98万平方米，其中市直34件、162.1万平方米，商务中心区

15 件,38.88 万平方米;办结建设工程规划许可证 24 件、许可建筑面积共 109.59 万平方米,其中市直 15 件、44.52 万平方米,商务中心区 9 件、65.07 万平方米;建设工程规划竣工核实 16 件,核实建筑面积 70.82 万平方米;其他零星批件 40 项。完成联审联批任务 48 项 144 件。

【规划编制】 2016 年,三门峡市城乡规划局先后完成 101 号地块控制性详细规划、153 号地块控制性详细规划和湖滨东区银昌路以南 A-2 地块控制性详细规划调整方案,满足了近期建设的需要。完成 G310 洛三界至豫陕界段南移、渑池荆庄 100MW 风电、青龙山风电场、雷震山二期风电项目、辉润 20MWp 光伏发电与农业种植一体化项目、S312 线灵宝焦村至豫陕界段改建、S246 线卢氏庙台至两岔河段改建工程等重大项目的选址论证,有力推进省、市重点项目的建设工作,确保重点项目顺利开工和投产。

【专项规划】 2016 年2 月,三门峡市城乡规划局启动《三门峡市市域移动通信基站布局专项规划》编制工作,8 月 5 日上报市人民政府批准实施。4 月,启动《三门峡市地下综合管廊专项规划》《海绵城市建设规划》和《地下空间开发利用规划》的编制工作,分别于 9 月、10 月、11 月向市政府主要领导和相关部门进行汇报。其中《三门峡市地下综合管廊专项规划》于 10 月 21 日通过省住房和城乡建设厅组织的专家评审。4 月,启动《三门峡市陕州古城保护规划》的编制工作,9 月完成规划的公开招标工作。7 月,启动停车设施、教育设施、专业市场专项规划的编制工作,12 月完成规划的公开招标工作。

【乡村规划】 2016 年,三门峡市先后完成灵宝市域乡村建设规划,卢氏县官道口镇、灵宝市豫灵镇、陕州区观音堂镇 3 个经济发达镇总体规划修编,陕州区张汴乡曲村和灵宝市朱阳镇犁牛河村、两岔河村、王家村 4 个传统村落保护发展规划编制。

【规划监管】 2016 年,三门峡市城乡规划局始终把查处和控制违法建设作为工作的重之重,对重点区域、重点部位严重存在安全隐患的违法建设进行严厉打击。按照三门峡市整治违法建设三年工作计划,在全市深入开展对违法建设的集中整治行动,截至年底共立案 67 起,处罚 21 起,并对占压(圈占)天然气管道存在安全隐患的 24 处违法建设、河堤北路占压河道、陕州风景区刘老根庄园违法建设案,组织强制拆除,拆除面积 30000 余平方米,有效遏制违法建设蔓延势头。

【《三门峡市市域移动通信基站布局专项规划》实施】 2016 年 2 月,三门峡市城乡规划局启动《三门峡市市域移动通信基站布局专项规划》的编制工作,8 月 5 日上报市人民政府批准实施。规划以城市总体规划和通信行业滚动发展规划为依据,以国家法律、法规以及行业内技术要求为支撑,以合理的现状分析为基础,科学预测规划范围内的各类通信业务需求量,确定通信局所等设施的具体位置、规模,明确通信基站的位置、数量,以及覆盖情况,合理布置光缆交接箱,确定通信管道的路由、规格等,并提出环境保护、技术管理、规划实施等方面的规定及建议,从而解决了通信基础设施面临的新建选址审批依据不足、同类设施重复建设、空间资源浪费、通信设施安全无法得到保障等一系列问题,为全面推进信息化建设、促进信息消费、提升城市服务功能、提高城镇化发展速度,实施网络强国战略,实施“互联网+”行动计划,实施国家大数据战略打下坚实的基础。

【《三门峡市地下综合管廊专项规划》通过专家评审】 2016 年 4 月,三门峡市城乡规划局启动《三门峡市地下综合管廊专项规划》编制,对城市地下集中敷设的电力、通信、广播电视、给水、排水、热力、燃气等市政管线隧道进行统一规划布局。10 月 21 日,该专项规划通过省住房和城乡建设厅组织的专家评审。规划对三门峡市中心城区建设综合管廊的必要性和可行性进行研究的基础上,合理确定综合管廊的规模、位置、走向、横断面等的初步方案,同时协调其与地下设施的竖向关系,估算投资规模,提出实施计划,以满足城市发展的需要,科学地指导城市地下空间规划、设计、建设和管理工作,改善地下基础建设的现状,解决反复开挖路面、架空线网密集、管线事故频发等问题,保障城市安全,完善城市功能,美化城市景观,促进城市高效和转型发展。

【开发建成地下管线三维辅助决策系统】 2016 年,三门峡市城乡规划局在完成地下管线普查的基础上,开发建设完成地下管线三维辅助决策系统,将各类地下管线资源融入在系统之中,全面实现地下管线数据信息的二三维一体化,以及动态更新与专业属性数据的整体同步,大量节省规划审批中挖路断面、确定管线走向的时间和费用,提高管线工程规划设计、施工与管理的准确性和科学性,最大限度地减少因规划失策所造成的经济损失,为城市地下管线的有效管理提供了有力的技术支持,以避免市政建设过程中道路的多次开挖,降低施工中地下设施的矛盾与事故隐患。

【建成规划一张图应用系统】 2016 年,三门峡市城乡规划局建设完成规划一张图应用系统。该系统基于 GIS 平台开发而成,将规划成果用一张图的形式展示出来。系统在展示端和分析统计数据方面具有强大的功能,在前期 CAD 文件中,将编制完成的三门峡市城市总体规划、控制性详细规划、综合交通专项规划、现状路网、修建性详细规划、地形图、影像图等规划成果定义入库后,可以在系统展示端进行查询和统计,不仅可以对规划成果进行核查比对,更能在查询统计路网密度、地块属性、规划核实、拆迁分析等方面为领导决策提供可靠的技术数据。

【建成城市三维规划辅助决策系统】 2016 年,三门峡市城乡规划局建设完成城市三维规划辅助决策系统。决策系统包括基础功能和日照分析、通视分析、方案对比、拆迁分析等决策分析功能。该系统涵盖海量三维数据，兼容各类数据格式，兼顾三维场景基础操作和辅助分析，能以规划专业为基础对相关技术兼收并蓄博采众长，实现了规划成果自己能“站”、规划方案现场能“换”、规划方案随意能“变”、规划指标自动能“算”、地下信息透明能“看”。（李　鹏）

城市管理

【概况】 2016年，三门峡市城市管理综合执法局（以下简称市城管执法局）机关行政编制18名，内设6个科室，直属单位有：4个城管综合执法支队、园林执法大队、犬只收容管理大队、广告管理大队，二级机构有：市环境卫生管理处。截至年底，全局在职干部职工366人，其中局机关13人、直属单位114人、市环境卫生管理处239人，环卫临时工625名。负责清扫保洁道路74条，清扫面积322万平方米。全年处理生活垃圾8800万余千克，处理渗滤液165万余千克。

市城管执法局以“城市有序、市民满意”为工作目标，以“治脏、治乱、治堵”为突破口，坚持“以人为本、管理城市、服务百姓”原则，实施以克论净、深度清洁“双5”标准，开展市容环境卫生集中整治，纵深推进城市顽疾治理，全方位构建城市管理工作新常态，推动了城市管理工作从“治脏、治乱、治差”向“精细、规范、长效”转型，市区市容环境卫生面貌发生了明显变化，城市管理水平不断迈上新台阶。积极参与全省住建系统星级执法监察队伍创建，成功创建三星级执法监察队伍2个，四星级执法监察队伍2个，五星级执法监察队伍1个，城管执法队伍整体水平不断提升。10月21日，市政府颁发决定，对全市城管环卫系统予以嘉奖。

【环卫基础设施建设】 2016年，三门峡市加大投入，市区环卫基础设施实现提档升级。加大环卫机械化作业设备投入。全年投资997.41万元，先后购置2台8吨后装式垃圾收集车、6台3吨后装式垃圾收集车、40辆1吨电动垃圾收集车、50辆电动三轮保洁车、2台勾臂式垃圾运输车、5台密封式垃圾转运车、2台吸粪车、2台抑尘车、2台高压冲洗车，基本满足了环卫作业需要；投资150万元，建成3座可移动式垃圾中转站，一定程度缓解了市区垃圾中转站不足问题；投资495万元，对11座传统垃圾中转站升级改造，提高了垃圾中转能力；投资210万元，提升改造陈旧破损公厕10座，新建1座固定公厕、5座移动公厕，提升公厕服务能力；投资370.4万元，对岗上生活垃圾处理场进行维修加固，消除垃圾处理场安全隐患；投资50万元，在市区新建、整修道路安装500个道路果皮箱，避免垃圾落地。

【市容集中整治行动】 2016年，市城管执法局组织开展治理非法小广告专项活动、黄河旅游节市容环境卫生集中整治行动、夏季市容环境集中整治行动、严禁店外经营专项整治行动等一系列市容集中整治行动，整治市容市貌热点、难点问题。累计出动执法人员5000余人次，清理取缔各类占道经营、店外经营摊点3000余处，查封、暂扣各类物品1870件，拆除遮阳棚伞100余处，拆除轻钢房12间、私搭乱建26处，清理各类非法小广告50万余处，粉刷墙体2万余平方米，设置便民广告张贴栏400余处；对暂不具备取缔条件的公园路、大岭北路、经二路、春秋路等13个临时马路市场安排专人加强规范管理。经过治理，市区市容环境秩序焕然一新。

【大气污染防治攻坚战】 2016年，市城管执法局多措并举改善环境空气质量，打好大气污染防治攻坚战。集中整治规模餐饮油烟污染。对超过6个灶头的规模餐饮饭店油烟污染进行集中整治，对违反管理规定不按时整改或整改不到位的，坚决予以严管重罚。至年底，市区24家规模餐饮饭店全部安装合格油烟净化设施。加强燃煤散烧专项治理。制定了《三门峡市城市管理综合执法局燃煤散烧管控工作实施方案》，印发《关于调整高污染燃料禁燃区的通告》3000份，发放燃煤散烧管控工作宣传材料5000余份，对禁燃区燃煤散烧商户逐一登记造册、建立台账。累计排查餐饮饭店1150家，其中使用高污染燃料需整改的餐饮饭店682家、流动摊点94家。至年底，督促更换气、电等清洁能源的餐饮饭店669家、流动摊点83家。加强道路扬尘污染控制。合理安排环卫清扫保洁作业时间、作业路段、作业车辆，在雾霾等重污染天气条件下，按照重污染天气预警级别，及时喷雾抑尘、洒水降尘。建立建筑垃圾管理台账，实施施工场地扬尘治理及渣土车运输24小时日巡夜查制度，登记建筑施工地12家、拆迁工地2家，督促检查工地20余次，纠正违规现象30余起。加强重污染天气条件下环卫清扫保洁作业。在大风、雾霾、降雪、暴雨、空气重污染等恶劣天气条件下，加强环卫应急处置工作，及时启动应急预案，在最短时间内恢复环境卫生秩序，保障群众正常生产生活。

【养犬管理】 2016年，市城管执法局加大犬只管理宣传力度，积极受理、查处有关养犬影响城市环境卫生问题的投诉和举报，对放任犬只随地便溺的养犬人及时进行教育、处罚；建设三门峡市犬只收容管理中心，做好无证、流浪犬只收容处置工作。全年累计发放犬只收容管理宣传材料5000份，接办犬只扰民投诉350余起，处置不文明遛狗行为720余起，向公安部门移交丢失犬只2条，联合市公安局处置狂犬伤人20余次。

【园林绿化执法】 2016年，市城管执法局加大园林绿化执法力度，巩固市区绿化成果。建立完善市区绿地档案，加大巡查力度，从严查处占绿、毁绿行为，全面清理利用道路行道树捆绑铁丝、电线、灯光、包裹黄布、悬挂横幅等现象。先后查处纠正损伤城市树木、花卉苗木园林绿化违法行为345起，立案查处三门峡市铁塔股份有限公司、三门峡市天方建筑公司等22家单位违规损坏城市树木、园林设施的违法案件,收缴罚款2.22万元。

【环卫清扫保洁达到“双5”标准】 2016年1月1日,三门峡市市区环卫清扫保洁开始实施以克论净、深度清洁“双5”标准(每平方米地面浮尘不超过5克,地面垃圾滞留时间不超过5分钟)。充分发挥机械清扫、高压冲洗的优势,坚持每天1次高压冲洗、2次全面洗扫、2次洒水压尘,市区38条具备机扫条件的道路全部实现机械化清扫,车行道道路浮尘达到每平方米5克以内;利用电动三轮保洁车,对机械化清扫路段实行快速保洁,捡拾车行道道路垃圾,车行道地面垃圾停留时间基本少于5分钟,以克论净、深度清洁“双5”目标基本实现,机械化清扫率达到95%。

【环卫精细管理】 2016年,市城管执法局加强环卫精细管理,逐步实现网格化、规范化。将市区人工清扫保洁划分为6个网格108个保洁小组,组织环卫工人在每天2次普扫的基础上,进行全面细扫,对树坑、道砖缝等易脏、积尘较多部位进行反复清扫,人行道清扫保洁质量不断提升。加强垃圾收运。利用新购置的8辆密封式垃圾收运车和40辆电动垃圾收集车,对居民小区垃圾进行及时收运;在市区12处马路垃圾明点放置14个可卸式垃圾厢,利用7辆车厢可卸式垃圾收集车进行及时收运,实现垃圾定时、定点、密闭化、机械化收集转运。加强公厕管理。自5月12日起对市区41座环卫公厕实行24小时免费开放,实行管理员分包公厕,保洁员定人定岗制度,延长公厕管理时间,随脏随扫,每天至少消杀1次,每周至少刷洗2次,公厕卫生环境和服务质量不断提升。全面清理卫生死角,清运积存垃圾。对虢国路西段、经一路半坡、上官路等可视范围两侧的垃圾、砖石瓦块等杂物进行多次排查清理,累计清理卫生死角80余处、清除杂草2万余平方米,清运垃圾、杂草、砖石瓦块、花带杂物等55万余千克。

【建立环卫管理长效机制】 2016年,市城管执法局完善制度,建立环卫管理长效机制。制定《人工清扫保洁人员布岗和作业方式工作方案》《道路机械化洗扫冲洗工作方案》《环卫工作应急预案》《环境卫生管理工作检查考核制度》等工作细则和管理制度,加强环卫清扫保洁日常管理。起草《三门峡市建筑垃圾管理和资源化利用工作实施意见》《三门峡市城市建筑垃圾管理办法》等制度,规范建筑垃圾管理。强化监督检查,建立“所检测、处考核、局督查”三级监督考核制度,按照“双5”标准,全年共检测考核道路垃圾、浮尘21809处,其中检测垃圾落地停留时间8158处,合格6980处,合格率85.63%;检测道路浮尘13653处,合格11617处,合格率85.08%。

【户外广告设置管理】 2016年,市城管执法局加强户外广告设置管理,提升城市形象品位。加强户外广告审批管理,全年共审批门头牌匾150块;建立广告管理台账,累计普查门头牌匾5600户,核查立柱、灯箱、墙体广告1391块,全部录入户外广告管理台帐;加强公益广告设置,在市区设置大型公益广告12块,设置社会主义核心价值观公益广告牌61块;对违规设置的户外广告和门头牌匾进行集中整治,累计拆除各类违规广告500余处,清理条幅800余处,清理灯箱广告100余块,拆除大型户外广告12处。探索户外广告资源有偿使用。借鉴其他地市城市公共设施附属户外广告资源使用权拍卖经验,试行户外广告资源有偿使用,对崤山路外国语人行天桥、市区267辆公交车车体广告使用权进行评估拍卖,对虢国路28座公交候车亭、52座路名牌、6座LED电子显示屏广告附属设施进行公开拍卖,对市区已建成的74座大型立柱广告、20座大型平面楼体广告进行拍卖,依法收取户外广告泊位有偿使用费。

【城市管理服务热线12319正式开通运行】 2016年3月11日,三门峡市城市管理服务热线12319正式开通运行,原有的城市管理服务热线0398-2930829停止使用。城管服务热线主要受理全市范围内的城市管理行政执法、环境卫生管理等方面的举报投诉、咨询和建议,城管部门设专人24小时接听热线,并做到“事事有回音,件件有答复”。

【三门峡市首批环卫工人爱心休息站启用】 2016年12月9日,三门峡市首批45个环卫工人爱心休息站正式挂牌启用,以供环卫工人临时休息、饮水、如厕等。环卫工人爱心休息站设置工作由市文明办、市城管执法局牵头开展,首批休息站主要设在市区主次干道沿路沿街的文明单位,休息站统一悬挂“环卫工人爱心休息站”标识牌,以便环卫工人识别。市文明办、市城管执法局还将在市区陆续增设15个环卫工人爱心休息站,惠及更多的环卫工人。

【《三门峡市城市环境卫生管理条例》启动仪式举行】 2016年12月15日,三门峡市首部地方性法规《三门峡市城市环境卫生管理条例》(以下简称《条例》)启动仪式举行。《条例》是三门峡市获得地方立法权后制定的首部地方性法规,于9月30日河南省第十二届人民代表大会常务委员会第二十四次会议批准,定于2017年1月1日起正式实施,三门峡市城市环境卫生管理从此纳入法制化轨道。《条例》共分5章46条,明确了实行城市环境卫生管理的区域范围,规定了城市环境卫生管理责任制,细化了责任区域、责任主体和责任内容。同时,针对城市环境卫生设施管理维护不到位、保洁责任履行不及时、垃圾处置随意性大等突出问题规定了相应的约束和处罚措施。此外,对于群众普遍关心的店外经营、饲养宠物造成的环境问题,如厕难问题,高空抛物、车窗抛物问题,上下班高峰时段环境卫生作业问题,城管不文明执法问题等,《条例》也有明确规定,其中既有对行政执法的硬约束,也有对环卫作业人员的人性关怀。为保障法规的贯彻和执行,《条例》在设定行政处罚、行政强制时,充分考虑三门峡市经济社会发展实际,在确保不与上位法相抵触的前提下，始终坚持“罚过相当”，努力做到“一一对应”，切实提高法规的可行性和可操作性。

（杨玉莉）

市政建设

【概况】 2016年，市住建局重点加强市政建设市场监管，推进断头路项目、道路专项维护项目、桥梁维护加固项目、商务中心区集中供热项目建设。打通向青路、向青南路、会纺路、六峰路南延、六峰北路、大岭北路、北环路、斜桥路、复兴路、仓库路等10条断头路，完成崤山路、上阳路、经一路、银昌路、黄河路、茅津南路、春秋路、经三路等8条道路专项维护，完成银山桥、九孔桥、上阳大桥、上阳高架桥、六峰桥、崤山立交桥、黄河立交桥等7座桥梁维护加固。至年底，市区共建成道路83条、桥涵11座，道路总长165千米，道路总面积416万平方米，人均面积13.87平方米。

【市区10条断头路打通】 2016年，三门峡市区打通10条断头路，总投资5135.62万元。4月9日，向青路（大岭路—会纺路）、向青南路（五原路—虢国路）、会纺路（向青路—和平路）、六峰路南延（南环路—陕州大道）、六峰北路（虢博路—北环路）、大岭北路（八一路—北环路）、北环路（209国道—分陕路、三门路—太阳路）道路工程开工，10月31日竣工。其中：向青路（大岭路—会纺路）道路长895米、红线宽20米，机动车道面积10740平方米，人行道面积7160平方米，投资965.06万元；向青南路（五原路—虢国路）道路长221米、红线宽20米，机动车道面积2652平方米，人行道面积1768平方米，投资203.79万元；会纺路（向青路—和平路）道路长198米、红线宽20米，机动车道面积2376平方米，人行道面积1584平方米，投资169.74万元；六峰路南延（南环路—陕州大道）道路长498米、红线宽30米，机动车道面积10458平方米，人行道面积2988平方米（不含绿化带面积），投资659.67万元；六峰北路（虢博路—北环路）道路长246米、红线宽30米，机动车道面积3690平方米，人行道面积3690平方米，投资306.95万元；大岭北路（八一路—北环路）道路长435米、红线宽40米，机动车道面积13050平方米，人行道面积3045平方米（不含绿化带面积），投资736.31万元；北环路（分陕路—209国道）道路长330米、红线宽25米，机动车道面积4950平方米，人行道面积3300平方米，投资337.5万元；北环路（三门路—太阳路）道路长1027米、红线宽25米，机动车道面积15405平方米，人行道面积10270平方米，投资1044.62万元。4月，仓库路（经二路—经一路）道路、雨水、污水、给水管网建设开工，12月竣工，道路长247米、红线宽20米，机动车道面积2964平方米，人行道面积1976平方米，投资181.53万元。9月16日，斜桥路（虢国路—河堤北路）、复兴路（虢国路—河堤北路）道路工程开工，12月31日竣工。其中：斜桥路（虢国路—河堤北路）道路长221米、红线宽25米，机动车道面积3136平方米，人行道面积2464平方米，投资273.28万元；复兴路（虢国路—河堤北路）道路长227米、红线宽20米，机动车道面积2724平方米，人行道面积1816平方米，投资257.17万元。

【市区8条道路专项维护工程竣工】 2016年，三门峡市区完成8条道路专项维护，总投资3781.73万元。其中：崤山路道路专项维护工程于4月1日开工，10月31日竣工，整修路面约43000余平方米，投资860万元；经一路（黄河路—会兴铁路桥）道路专项维护工程于5月10日竣工，投资250万元；上阳路（建设路—河堤路）维修改造工程于5月28日开工，9月7日竣工，道路长1900米、红线宽40米，投资1118.69万元；银昌路（铝厂转盘—骨科医院）维修改造工程于6月1日开工，7月30日竣工，道路长300米、红线宽30米，投资65.4万元；黄河路（铁路桥—大岭路）人行道整修工程于8月25日开工，12月23日竣工，道路长约2200米、红线宽40米，投资449.83万元；茅津南路（文明路—河堤北路）道路及给水管道工程于7月21日开工，9月30日竣工，道路长810米、红线宽30米，总投资362.69万元；春秋路（建设路—茅津路）道路及雨污水管道工程于7月21日开工，10月30日竣工，道路长900米、红线宽20米，投资473.07万元；经三路（黄河路—仓库路）道路及雨污水管道工程于7月21日开工，9月30日竣工，道路全长400米、红线宽20米，总投资202.05万元。

【市区实施桥梁维护加固7座】 2016年5月初，三门峡市区开工维护加固银山桥、九孔桥、上阳大桥、上阳高架桥、六峰桥、崤山立交桥、黄河立交桥等7座桥梁，12月中旬完工。工程总投资950万元。

【商务中心区集中供热项目顺利推进】 2016年8月9日，市政府授权市住建局与法电大唐（三门峡）城市供热有限公司签订特许经营协议。供热项目由法电大唐（三门峡）城市供热有限公司投资，投资约4.9亿元，拟新建管网67.17千米。当年计划投资1.9亿元，计划新建管网16千米、换热站10座，发展入网面积约200万平方米，供热面积约50万平方米。8月，项目开工建设，11月，三门峡产业集聚区、陕州区市商务中心区供热管网完工。为确保市商务中心区按时供热，法电大唐（三门峡）城市供热有限公司投资500万元，建设燃气供热锅炉，11月15日开始为商务中心区湖滨中央花园、汇景新城等小区供热。（杨俊峰）

公用事业

【概况】 2016年，市住建局不断强化公用事业管理，促进服务和保障能力提升，确保水优、气足、暖热、排水通畅。全年市区供水189.45亿千克，比2015年增长3.92%，水质综合合格率、供水普及率均达到100%；销售天燃气5000万立方米，燃气普及率达96.2%；老城区新建供热管网4千米，扩大供热面积55万平方米；市区路灯达到29268盏，路灯亮灯率达98%以上；市政设施巡视率和完好率均达到95%以上。

【城市供水】 2016年，市住建局继续推进老旧设备改造，不断提升供水保障能力，确保全市生活生产用水需求安全稳定。对一、二级站老化输水管道进行改造，敷设DN1000球墨铸铁管950米，普查市区供水管网280余千米，发现漏水点16处，排除疑似漏水点24处。6月至9月，对供水管网末梢水检测频次由每月2次增加到3次，以确保夏季城市供水水质安全。大修深井6眼，维修电机、管道泵10台(次)，拆装变压器3台(次)，修剪树木400余棵，拆除旧柜25面、新装15面，敷设电缆及控制线1500余米，新安装管网测压点6个，管网测压点累计达到13个，有效提高了供水能力。完成天元铝业居民生活区供水社会化改造工程，铺设DN50-150 毫米管道3514米，户表改造1385户；完成国营会兴棉纺厂生活供水改造施工项目，铺设DN50150 毫米管道2922米，户表改造1578户；完成黄河路铁路地区水源工程建设工作，解决原铁路地区3200户居民的用水问题，每月增加供水量近5000万千克。至年底，三门峡市区共有供水管网207千米；日供水能力1.25亿千克，实际日供水5000万千克，全年完成供水189.45亿千克，比2015年增长3.92%；供水水质抽样检验率100%，水质综合合格率100%。

【城市供热】 2016年，三门峡市开工建设市商务中心区、陕州区、三门峡产业集聚区集中供热项目，投资约2.5亿元，建设主管网34千米、换热站30座，实现供热30万平方米。为保证市商务中心区冬季如期供暖，法电大唐(三门峡)城市供热有限公司建设燃气锅炉1台提供临时热源，实现汇景新城、湖滨中央花园小区供热。老城区新建供热管网4千米，扩大供热面积55万平方米。实施供热计量项目2个，新增供热计量面积16.27万平方米，总供热计量面积约90万平方米。至年底，三门峡市区累计建成供热管网171.3千米、换热站114座，集中供热面积达700万平方米，集中供热普及率达63.9%。

【城市供气】 2016年，三门峡市新发展用户7000户，销售天然气5000万立方，新建高速北路、黄河西路、虢博路中压管道22.8千米，天然气管线向城区周边交口乡、大营镇、原点镇等中心城镇延伸。用户抄表、收费率100%，抄表、安检回访满意度和维修满意度均达到100%。零安全事故。至年底，三门峡市区共有供气管道573.3千米，天然气用户6万户，燃气普及率96.2%。

【城市排水】 2016年，三门峡市区加强排水设施巡视，更换、维修各种井盖、井箅780套，疏通排水管道0.6万余米，完成工程量约70万元，确保市区排水畅通，排水设施完好率95%以上；新建污水泵站4座，正式投入运行2座，试运行1座，配套压力管道19千米。市污水处理厂设计处理能力为日处理污水8000万千克，实际日处理污水约7000万千克，日产污泥2.5亿千克至3亿千克，正常运营达标排放。至年底，三门峡市区共有排水主管线203.5千米，其中污水管道120.9千米，基本实现雨污分流，污水管道全覆盖，生活污水全部进入污水处理厂处理后达标排放。

【城市亮化和照明】 2016年，三门峡市区安装30台路灯远程自动监控器，实现了60%以上远程自动监控。迎宾大道93盏路灯由原来的400瓦灯改成600瓦纳灯，光照度从5点多提高到26。根据季节更替，对路灯开关灯时间调整8次，使开关灯时间更加科学合理。全年修复地埋电缆短路、断路故障点245处，更换、补装电缆7460米，补装路灯检查井盖47个，补装护栏灯、景观灯1368盏，校正城区各道路灯37盏，维修路灯8818盏。至年底，市区路灯达到29268盏，路灯变专用箱24台，杆上控制箱126台，地埋电缆172.69千米，架空线路1.9千米，亮灯率在98%以上。

【市政设施管理】 2016年，三门峡市加强市政设施日常巡查和维护，确保市政设施完整，市政设施巡视率100%，破道管理率100%。全年共维修市区破损道路路面1.5万余平方米，整修下沉、塌陷路段0.5万余平方米，完成工程量约250万元；维修、更换市区道路人行道板0.6万余平方米，道牙3000余根，完成工程量约80万元；完成雨毁路面修复0.45万平方米，处理道路塌陷、下沉42处，工程量约190万元；加强湖滨广场、火车站广场日常管理，清理各类小广告10000余张次，修剪各类绿化树木6000余棵次，维修广场砖4000平方米，保证了广场整洁卫生。 (杨俊峰)

城镇化建设

【概况】 2016年，三门峡市坚持以人的城镇化为核心，抓好城镇产业载体建设，提升城镇就业水平，进一步扩大城市社会保障和公共服务覆盖面，有序推进农业转移人口市民化，加快城镇基础设施建设，建立健全城镇规划管理体制机制，深化重点领域和关键环节改革，加快形成有利于新型城镇化发展的制度环境。截至年底，全市城镇化率比2015年增长1.5个百分点，达到53.11%，居全省第6位。

【省际中心城市建设加快】 2016年，三门峡市以建设省际中心城市，实现"一核两翼三带"("一核" 即以三门峡都市区为全市发展的核心，"两翼"即渑池、义马产业发展翼和卢氏生态发展翼，"三带"即沿黄河生态带、崤山—小浪底生态带、伏牛山—熊耳山生态带)发展为目标，进一步统筹城市发展，城市路网不断优化，规划覆盖逐步提高。先后进行《三门峡市海绵城市建设规划》等3项专项规划编制工作；累计完成投资5.5亿元，打通六峰北路等

10条断头路，维护提升崤山路等8条路面，加固六峰路涧河桥等7座桥梁，实施中水回用项目基础施工等一系列市政重点工程。城市绿化工作成效显著，黄河天鹅湖湿地旅游度假区、青龙涧河景观带改造提升项目扎实推进。商务中心区建设持续开展，五纵五横道路框架基本形成，供热、供电、供水、燃气线路实现接通，明珠广场、欢乐谷、苍龙涧河公园等景观绿化项目建成投用，建成学校2座，黄河医院商务中心区分院项目进行前期准备工作。

【三门峡市城乡一体化示范区正式揭牌成立】 2016年12月25日，三门峡市城乡一体化示范区正式揭牌成立，标志着示范区体制机制建设取得重大进展。市委书记刘南昌，市委副书记、市长安伟等出席揭牌仪式和座谈会。城乡一体化示范区建设是市委、市政府结合三门峡市发展实际、着眼未来长远发展作出的重大战略决策，是全面深化改革的重要举措，是实施创新突破的重大动作，是加快建设省际中心城市、加快推进新型工业化城镇化、加快转型发展、加快城市区域融合发展的重要平台，对促进三门峡转型发展和建设省际中心城市具有里程碑意义。

【三门峡市城乡一体化示范区建设取得成效】 2016年，三门峡市把推进城乡一体化示范区建设作为构建现代城乡体系重要抓手，加快基础设施建设，加大招商引资力度，加快工业化城镇化，有序推进农业转移人口市民化，促进产业集聚、人口集中、土地集约，培育特色主导产业，形成具有竞争力的产业集群，实现一二三产业复合发展，经济、社会、生态协调发展，打造城乡一体化"试验田"和样板区。强化产业支撑作用，区内先进制造业、现代服务业、都市生态农业协调发展。全年列入市级重点项目23个，总投资225亿元，累计完成投资72.5亿元。其中戴卡轮毂、锦江大宗商品物流产业园、鹏飞电子智能照明产业园等5个重点项目开工建设，中原黄金冶炼厂升级改造一期等8个项目建成投产达效，大唐三期百万千瓦机组项目建成并高质量通过168正式转入商业运营，中金铁路专用线、五原棚户区等10个重点项目加紧建设，累计入驻企业近200家，形成了黄金、铝工业、装备三大产业集群，产业集聚集群效应初步显现；招商引资成果丰硕，签约落地项目23个，总投资155亿元，其中投资5亿元以上项目7个，投资3000万以上项目13个。现代服务业聚集发展。陕州综合片区，依托温泉资源优势，打造集温泉度假、温泉文化体验、康体养生、商务服务等功能于一体的温泉特色文化商业中心。其中：总投资15亿元春天翡翠城项目建成投用，包括翡翠丽池温泉养生中心、戴斯酒店、特色商业街和高端温泉住宅；总投资20亿元的高阳山温泉商务度假区首期项目，日接待能力达到5000人，成为中部地区单体最大的温泉水上娱乐中心。三门峡物流园，入驻大一物流、航华物流、二仙坡冷链物流、鹤立果蔬等重大物流项目。积极推进都市生态农业发展。建成5.4千米的农业生态观光大道，流转土地666.67公顷，布局了玫瑰庄园、薰衣草基地、食用菌产业园等项目；灵宝古枣林主题公园建成开园；阳店"双万、双千"亩（袋）特色农业生产基地初具规模。城乡基础设施一体化建设稳步推进，累计投资近100亿元，用于道路、管网等建设。三（门峡）灵（宝）快速通道建成通车；蒙西铁路三门峡段正加紧建设；产业集聚区内通车里程达到82千米，建成区面积达到12.4平方千米。促进教育均衡化。规划建设的三门峡职教园区，占地200公顷、总投资10.8亿元，布局有三门峡社会管理职业学院、技工学校、财经学校、卫生学校、体育运动学校，总规模3.4万人，其中三门峡社会管理职业学院已具备招生条件；投资2亿元的三门峡产业集聚区摩云社区中心学校和馨汇小学主体已经完工。完善医疗服务体系。位于陕州区的三门峡市第三人民医院建成投用，标准化村级卫生室建设扎实推进，基层群众就医条件有效改善。严控重大污染企业污水排放，开曼铝业、大唐电力等企业实施脱硫脱硝工程；推行清洁生产，新建一座8000万千克污水处理厂；实施河流清洁行动计划，五里河、淄阳河、好阳河、金水河、南清河等河道清洁行动工程正在实施。实现产业发展与提高群众生活质量同步。中国黄金项目完成334座农宅搬迁，建成安置房340套、公租房300套，建成社区住宅3000套31.5万平方米，使群众改善了生活条件。

【灵宝市省级城镇化综合改革试点工作稳步推进】 2016年，灵宝市积极推进省级城镇化综合改革试点工作。加快城镇规划建设。启动城市总体规划和城市水系、海绵城市、地下综合管廊等16项专项规划编制。高标准实施旧城区改造，城市东拓展区框架逐步拉开，涧东区、涧西区、城市北区和东区"一城四区"的基本构架已经形成，加快推进规划5.6平方千米的西区开发，打造城市副中心。城镇基础设施建设扎实推进，综合承载能力提升。加快实施道路通畅工程，解放路支路、建设路东路、鼎湖路基本建成，实现与城区主干路网的互联互通。第三污水处理厂加快建设，弘农涧河城区至函谷关段河道治理、中心城区排水管网改扩建工程有序实施，断密涧河以东五龙路至污水处理厂排水管网工程建成投用。城市管理水平显著提升，出台了《灵宝市城市管理细则》，城区环境卫生、市容秩序显著改观。省级生态文明先行示范区建设成效显著，智慧城市创建工作进展顺利。 （李小刚）

建筑业

【概况】 2016年，市住建局以规范建筑市场秩序，促进建筑行业健康发展为目标，进一步加强建筑市场监管。推进市场监管信息系统建设，完善网上监管平台。新审批企业16家，全市房建、矿山、水利、道路、监理、装饰等特色企业达到274家。所有建筑企业业绩补录工作圆满完成，全部进入建筑市场监管与诚信信息一体化平台，为新审批工程全部通过河南省建筑市场监管与诚信信息一体化平台申报打下基础。继续推进企业资质就位工作，完成换证企业206家。结合工程质量治理两年行动，全面开展全市建筑工程综合大检查，重点检查工程项目履行基本建设程序情况、参建各方主体的市场行为情况。对存在问题的工程累计下发整改通知书22份，及时消除质量隐患；下发不良行为记录告知书6份；受理工程质量投诉7项次。受理解决拖欠工程款及农民工工资投诉67起2506万元，其中工程款2起1484万元，农民工工资65起1022万元。全年完成建筑业总产值133.98亿元，比2015年增长14.9%。

【建筑施工安全管理】 2016年，市住建局不断强化建筑施工安全监管。加强重大危险源监控，全面推行建筑施工安全标准化，着力提高安全管理水平，有效地杜绝重特大安全事故的发生。对市区94个在建施工项目(其中建筑工程70个，市政道路工程24个)实施监督，下发施工安全隐患整改通知单165份，停工通知书10份，进行安全隐患约谈7次。市区未发生生产安全事故，建筑施工安全形势平稳、受控。

【建筑工程质量管理】 2016年，市住建局对新开工房屋建筑工程30项91个单位工程，和具备基本监管要件的7项25个单位工程实施监管，监管在建工程达到126项342个单位工程，建筑面积493万平方米。对新开工市政道路工程5项和具备基本监管要件的9个市政道路工程实施监管。辖区内工程质量监督率覆盖率达100%，监督竣工验收工程16项39个单位工程，建筑面积81万平方米，工程竣工验收质量合格率100%。开展建筑工程施工现场质量标准化管理活动，全面实行七方主体项目负责人质量终身责任。继续开展工程质量常见问题专项治理活动，开展9次全面巡查、专项检查，对存在质量问题的工程累计下发整改通知书121份，下发不良行为记录告知书9份，受理工程质量投诉13项次，受监工程质量处于受控状态，无等级以上工程质量事故发生。

【建筑施工工地扬尘污染防治】 2016年，三门峡市开展建筑扬尘治理攻坚战，先后2次召开动员部署会议，出动检查人员268人次，组织建筑施工扬尘污染专项治理检查活动，加强扬尘治理日常巡查，督促施工企业落实扬尘治理措施，对不达标的施工工地及时进行通报、处罚。全年排查扬尘隐患145条，下发扬尘治理整改通知书46份，暂停施工通知书7份，开展约谈5次、约谈企业50余家，行政处罚17家、罚款34.6万元。

【装饰装修市场管理】 2016年，三门峡市监督检查装修装饰工程70余起，查处违法装修装饰工程并下达责令停止违法行为通知书70份，下发整改通知4份，立案调查装修违法案件7起，查封暂扣施工现场工具10起，工程竣工验收3起，查处在装修施工中擅自改变建筑物主体结构案件10余起，接受群众关于此类投诉15起。全年行业未发生重大安全事故。

【新型墙体材料】 2016年，三门峡市要求所有政府投资的项目以及单体建筑面积超过2万平方米的大型公共建筑，全面执行绿色建筑标准。截至年底，全市获得绿色建筑设计标识项目面积达11万平米，商务中心区的紫金国际大厦、中原银行大厦、邮储银行大厦及陕州大厦等项目按照绿色建筑标准进行规划设计。全市征收新型墙材专项基金869.82万元，其中市区387万元；返退新型墙改专项基金429.96万元，其中市区153.5万元。完成渑池县仁村乡、灵宝市函谷关镇、卢氏县徐家湾乡等3个目标乡镇禁实工作。

（杨俊峰）

房地产业

【概况】 2016年，三门峡市通过推进农民进城购房、实施棚改货币化补贴、加强宣传和科学管理，促进房地产市场健康发展的政策效应进一步释放，商品房销售增长态势表现强劲，增幅较大。至年底，全市共有符合资质条件的房地产开发企业136家，其中二级资质9家、三级资质27家、四级资质33家、暂定资质67家。全年，房地产开发完成投资114.6亿元，比2015年增长7.38%；商品房新开工面积267.3万平方米，比2015年增长36.7%；商品房施工面积893.5万平方米，比2015年增长11.23%；商品房竣工面积91.1万平方米，比2015年下降13.06%。全市商品房销售211.78万平方米，比2015年增长33.6%，增速位居全省第9位；销售均价3592.34元/平方米，比2015年下降3.59%。

【房地产市场销售】 2016年，三门峡市继《关于促进房地产市场平稳健康发展的意见》发布之后，相继出台《关于支持农民进城购房促进住房消费的实施意见》和《三门峡市棚户区改造货币化安置实施办法》，进一步促进房地产市场发展。全市商品房销售211.78万平方米，比2015年增长33.6%，增速位居全省第9位；销售均价3592.34元/平方米，比2015年下降3.59%。住宅成交面积155.34万平方米，比2015年增长22.92%；销售均价3345元/平方米，比2015年增长0.35%。全市二手房累计成交面积51.31万平方米，比2015年增长23.79%，其中住宅成交面积39.74万平方米，比2015年增长6.11%；市区二手房成交面积19.18万平方米，比2015年增长26.52%，其中住宅累计成交面积19.05万平方米，比2015年增长27%。

【推进农民进城购房】 2016年，三门峡市为了促进农民进城购房，扩大住房消费，科学推进以人为核心的新型城镇化，于2月5日印发《三门峡市人民政府关于支持农民进城购房促进住房消费的实施意见》，从财政补贴、金融服务、住房公积金服务、就业创业保障、进城农民工子女义务教育保障等方面制定细则，全方位支持农民进城购房。市住建部门积极组织房源，确定购房补贴对象，对整个市区进行排查摸底，共筛选出5391套房源供农民选购，初步确定20户作为第一批补贴对象。3月16日,三门峡市支持农民进城购房财政补贴发放启动仪式举行,首批进城购房的20户农民获得购房财政补贴。4月22日至25日,三门峡市以“关爱农民·关注民生”为主题举办农民进城购房专场会暨2016年房地产展示交易会,30余家房产开发、房产中介、物业管理、金融服务等企业参展,推出3600余套新房源,有多层、小高层、高层、商铺等不同物业类型,为进城购房的农民提供集中选购平台。全年,农民进城购房累计2294套,其中商品房1677套、二手房617套,发放农民进城购房补贴345万元。

【物业维修资金管理】 2016年,三门峡市继续扩大物业维修资金归集面,加大维修资金归集力度,及时受理使用申请。全年新增商品房首期维修资金交存小区12个,新建维修资金交存户0.81万户,新增交存面积97.71万平方米,新增首期维修资金2263.8万元。至年底,市区商品房首期维修交存小区达108个,交存户3.74万户,面积465.2万平方米,累计归集维修资金19889.7万元。全年受理维修资金使用申请项目8大类81项,现场勘查达200余次,拨付资金169.4万元,受益业主2039户。

【保障性住房建设】 2016年,市住建局积极推进保障性住房项目建设,与发改、财政部门联合申请中央和省保障性安居工程专项资金10590万元,配套基础设施建设资金12512万元。完成省下达新开工棚户区改造任务18个项目11118套,开工率100%;基本建成9247套,完成省下达基本建成任务2000套的462.4%。

【保障房分配和管理】 2016年,三门峡市出台《2016年三门峡市廉租住房、公共租赁住房申报复核办法》,实现公共租赁住房与廉租住房并轨运行管理,简化保障房申报复核手续,尽可能方便群众。2月9日,市区第六次公开分配保障房,分配廉租住房1020套、公共租赁住房192套,累计公开分配廉租住房6100套、公租房622套。加强保障房管理,对已入住家庭和已分配还未入住的家庭,由原来的在原申报地参加年度复核,改为在德馨苑和迎宾花园两个社区参加年度复核,简便手续、集中办理。

【住房公积金管理】 2016年,市住建局围绕优化服务、提高资金使用效率,适时调整政策,简化申报程序,拓展贷款业务,促进住房公积金使用。5月初相继出台《房屋装修贷款实施细则》和《房屋装修及缴纳物业费提取实施细则》,促进住房公积金使用效率进一步提高。取消单身证明、评估报告等申报证明材料,简化业务办理程序和流程。推出“农民工组合贷款”,为进城务工人员和自由职业者使用住房公积金贷款提供便利,帮助职工群众解决住房困难。11月,出台《三门峡市住房公积金诚信黑名单管理办法》,进一步明确住房公积金业务办理规范,有效预防骗提、骗贷行为的发生。强化“互联网+”思维,加强门户网站和12329服务平台建设,提供查询便利服务。全市净增开户单位101家,净增住房公积金建制职工7413人;归集住房公积金11.56亿元,比2015年增长22.59%,完成年度归集任务的165.12%,住房公积金覆盖率达到88.18%;贷款发放13.26亿元,比2015年增长100.91%,完成年度贷款任务的662.99%,累计有16464户享受到住房公积金贷款,住房公积金个人住房贷款率为82.29%;共有27305位职工办理住房公积金支取手续,支取资金达7.79亿元。

(杨俊峰)

环境保护

【概况】 2016年,三门峡市以改善环境质量为核心,以深化污染防治为主线,以保障环境安全为底线,全面推进蓝天、碧水、乡村清洁等环保重大工程;以依法严惩环境违法行为为重点,切实解决影响科学发展和群众健康的突出环境问题;以深化改革创新、加强法治建设为突破口,加快推进生态环境治理体系和治理能力现代化;坚持源头严防、过程严控、后果严惩,实施最严格的环境保护制度,强力推进服务、法治、文化、廉洁“四型”环保管理队伍建设,不断提高环境管理的科学化、系统化、法治化、市场化和信息化水平,积极打造天蓝、地绿、水净的“美丽三门峡”。全市环境质量整体有所好转,城市环境空气优良天数为199天(目标190天),PM10年均浓度127微克/立方米,PM2.5年均浓度值66微克/立方米。地表水责任目标断面水质达标率为93.9%,比2015年上升9.05个百分点,城市集中饮用水源地取水水质达标率达到98%以上。

【蓝天工程】 2016年4月8日,三门峡市人民政府办公室印发《三门峡市2016年度蓝天工程实施方案》,提出以改善环境空气质量为核心,实施最严格的环境保护制度,强化统筹协调,深化部门协作,加强执法监管,大力开展燃煤、工业、机动车、扬尘、农业等大气污染综合治理,实现环境空气质量总体改善的目标。各县(市、区)政府,市发展改革委、市财政局、市商务局、市环保局、市城管执法局、市质监局、市工商局、市住房城乡建设局、市商务局、市工业和信息化委、市交通运输局、市安全监管局、市公安局、市农业畜牧局等部门落实目标责任,全市大气污染防治取得明显进展。燃煤小锅炉整治方面,全市完成290台10蒸吨/时及以下燃煤锅炉拆除或清洁能源改造。工业大气污染治理方面,全市完成8台统调机组超低排放、19台地方燃煤机组超低排放改造任务,完成89台非电行业燃煤锅炉提标治理任务、3家水泥粉磨站无组织废气治理、9家砖瓦炉窑提标治理、68家工业炉窑提标治理、2家表面涂装企业和1家包装印刷企业挥发性有机物治理,完成2座储油库、230座加油站、12辆油罐车油气回收治理。机动车污染防治方面,全市共淘汰黄标车9521辆、老旧车13812辆,超额完成年度淘汰任务;免费发放环保标志167423套。城市扬尘污染控制方面,加强城市道路、国道和省道干线道路清扫保洁力度,全市152项在建施工项目采取防治措施，扬尘污染基本得到有效控制。

【碧水工程】 2016年4月11日，三门峡市人民政府印发《碧水工程行动计划(水污染防治工作方案)》。该计划坚持源头控制，水陆统筹，山水林田湖共治，分区分类分级分段，多部门多层次联动系统治理新思路，协同推进水污染防治，水资源管理和水生态保护，实现城乡饮用水源安全，重点流域河湖水质持续改善的目标。当年按照行动计划，三门峡开展涧河流域水环境综合整治工作，先后2次召开工作推进会议并现场督导，市政府批准实施涧河流域3县(市、区)的涧河流域水体达标工作方案。加大灵宝市辖区宏农涧河、阳平河、枣香河、文峪河(双桥河)4条河流水污染防治工作力度，市政府批复实施宏农涧河、文峪河(双桥河)水体达标工作方案。通过开展河流水环境综合治理，采取限期治理、深度治理、升级提标等一系列措施，促进治污项目的实施，按期完成省政府确定的三门峡市华明污水处理厂污泥深度处理与中水回用工程、跃进煤矿矿井废水处理工程、义马环保电力有限公司中水回用处理工程、联合环境水务(渑池)有限公司1000万千克改扩建项目、河南威尔特化纤有限公司废水处理改造项目5个碧水工程项目。组织开展造纸、印染、农副食品加工及原料药制造等九大行业调查，加油站、储油库地下油罐调查，污水处理厂调查，全市地表水污染源调查，南水北调中线工程污染状况调查，饮用水源地相关情况调查等工作，为2017年水污染防治攻坚战做好准备工作。

【乡村清洁工程】 2016年3月，三门峡市环保局对拟创建省级生态乡(镇)、行政村进行指导和培训。9月，对申报的省级生态乡(镇)、省级生态村进行现场预验收。11月，河南省环保厅进行现场验收。全市完成2个省级生态乡(镇)和7个省级生态村创建任务，命名58个市级生态村。指导卢氏县编制卢氏县农村环境连片整治方案。

【整改落实中央环保督察组在河南督察期间的举报问题】 2016年7月16日至8月16日，中央第五环境保护督察组对河南省开展环境保护督察工作。其间，三门峡市收到举报材料30批共97件，其中，来电举报72件，来信举报25件。中央第五环境保护督察组重点关注的群众举报37件、重复投诉29次。经查，举报属实66起、不属实31起。对119人进行行政警告、诫勉谈话、记过等责任追究，其中，行政部门62人(县处级6人、乡科级29人、其他27人)，企业57人(县处级3人、科级2人、其他52人)。

【大气污染防治攻坚战全面推进】 2016年，三门峡市委、市政府相继印发《关于打赢大气污染防治攻坚战的实施意见》《三门峡市大气污染防治攻坚战七个实施方案》等20余项意见、方案，成立由市长担任组长的市环境保护委员会和市大气污染防治攻坚战领导小组。7月11日，全市大气污染防治攻坚战动员会召开，对大气污染防治和环境保护工作进行研究部署。湖滨区、陕州区和市住建局、市城管局、市环保局、市公安局主要负责人在会上作表态发言。各县(市、区)政府和8个市直单位负责人向市长递交目标责任书。全市严格落实大气污染管控制度，在不利气象条件下，将各项管控措施全部落实到位。加强扬尘污染防治，600余人次检查施工工地扬尘污染防治，下发整改通知书85份，暂停施工通知书93份；15次约谈企业68家，行政处罚23家；开展“零点夜查”20次；全市在建施工项目152项基本达到“六个百分之百”(施工工地100%围挡、物料堆放100%覆盖、出入车辆100%冲洗、施工现场地面100%硬化、拆迁工地100%湿法作业、渣土车辆100%密闭运输)要求；实行城市主次干道每天“十冲洗、两机扫、全天保洁”的清扫保洁模式，加大国道和省道干线道路清扫保洁力度。强力推进工业污染治理，重点对燃煤企业、室外喷涂企业、物料露天堆放场所的监督管理，13家单台出力65蒸吨/小时以上燃煤锅炉全部安装自动监控设施；整改或清理279个各类露天堆场。开展严禁店外经营专项整治，取缔流动摊点730余家，市区176家露天烧烤全部取缔整改到位。全面整治“小散乱差”污染企业，取缔整治247家，其中取缔110家，完成整治137家。

【环境监管】 2016年，三门峡市建立健全环境监管网格化体系，形成市，县(市、区)，乡(镇、街道办)，村四级环境监管网格体系，其中二级环境监管网格8个，三级环境监管网格82个。加强执法监管工作，加大违法案件查处力度，充分运用新修订的《中华人民共和国环境保护法》《中华人民共和国大气污染防治法》赋予的执法手段，保持严厉惩处环境违法行为的高压态势。全市行政处罚案件194起，处罚金额1858余万元。深入开展环境执法大练兵活动。邀请环保部和河南省环保厅有关专家，就修订后的《中华人民共和国环境保护法》《中华人民共和国环境影响评价法》对全市环境执法人员进行培训。组织业务骨干赴其他地区学习交流涉嫌环境污染犯罪查办方法，提升执法人员工作能力。落实日常监管随机抽查制度。制定了落实污染源日常环境监管随机抽查制度实施方案和污染源日常监管随机抽查动态信息库建设暂行方案。全年共抽取915家企业，出动4163人次，开展双随机检查(随机抽取被检查对象、随机选派检查人员)，并将发现的问题及时反馈到企业所在辖区的县(市、区)环保部门，依法查处发现的违法行为，同时将双随机工作的相关信息向社会公开。

【清理整改违法违规建设项目】 2016年，三门峡市为解决历史遗留环保违法违规建设项目问题，全面开展违法违规建设项目清理整改工作。成立以市长为组长的领导小组，印发《三门峡市人民政府办公室关于印发三门峡市加快推进环保违法违规建设项目清理整改工作方案的通知》《三门峡市环境保护委员会办公室关于做好环保违法违规建设项目清理整改工作的实施意见》，累计出动人员6000余人次，检查企业900余家，共排查出违法违规建设项目关停类142个、整改类656个、完善类205个。至年底，排查出的违法违规建设项目全部完成整改工作。

【服务建设项目】 2016年，三门峡市依法、依规对原来由市环保局办理的部分环评审批和验收的建设项目下放到各县(市、区)环保局办理，其中，工业类建设项目环评文件审批和验收下放70%，生态类建设项目环评文件审批和验收下放比例80%。全年列入市重点项目共242个，已完成环评审批227个，办结率93.8%。完成规划及建设项目环评审批50个，验收32个。所有项目进行了受理及审批前公示、审批公告，所有环评文件均进行全文公示。

【污染减排】 2016年，三门峡市综合采取工程减排、结构减排、管理减排等措施，持续开展重点减排项目建设和运行管理年活动，坚持一手抓工程建设，一手抓设施运行管理，强力推进总量减排工作。全市建成45个减排项目，其中水减排项目11个，气减排项目34个。重点监控企业污染源自动监控数据传输有效率、自行监测公示率、监督性监测公示率分别为99.8%、99.9%、100%；化学需氧量、氨氮、二氧化硫、氮氧化物4项主要污染物排放量分别为2890万千克、279.9万千克、8654万千克、6670万千克，比2015年下降2.03%、2.1%、6.03%、6.06%，全面完成省下达三门峡市总量减排年度目标任务。

【开展冬季大气污染防治攻坚战】 2016年，三门峡市大气污染防治攻坚战领导小组办公室印发《关于〈三门峡市冬季大气污染防治行动暨错峰生产污染管控方案〉的紧急通知》，决定于10月20日至2017年3月15日，三门峡市开展冬季大气污染防治攻坚，决战147天，抗击雾霾，保卫蓝天。成立冬季大气污染防治行动指挥部（以下简称市冬防指挥部），由市发改、环保、住建、城管、交通、商务、质监、工信、工商、气象等多个部门共同实施冬防工作。市冬防指挥部强力推进多项措施严控大气污染物排放：实施重点企业错峰生产，全市9家水泥、铸造企业(除承担居民供暖、协同处置城市垃圾和危险废物等民生任务的生产线外)全部实行停产。市政府发布《三门峡市人民政府关于调整高污染燃料禁燃区的通告》，实行建成区高污染燃料禁燃区全覆盖，禁燃区总面积达到110余平方公里；印发《三门峡市燃煤散烧管控工作实施方案》，要求通过切实抓好“查”“禁”“改”“替” 四个方面工作，减少燃煤散烧污染；成立三门峡市大气污染防治攻坚战燃煤散烧管控工作领导小组，各县(市、区)主管领导、燃煤散烧管控工作领导小组成员单位主管领导分别向市政府递交燃煤散烧管控目标责任书；依法取缔所有非法散煤销售点、拆除违规散烧设施，排查出散煤经营主体200户，取缔煤经营主体81户；共抽检生产领域商品煤90批次，流通领域散煤产品56个批次，合格145批次，依法处理不合格1批次。细化结冰期和非结冰期冬季道路清扫方案，有效减少城市道路起尘量。实行专人驻厂、不定时抽查、随机监测等重点工业源监管督查措施，全天候跟踪监管企业的生产运行及环保设施运行、污染物排放情况。加强燃煤锅炉监管督查，再次排查全市燃煤锅炉及茶浴炉。严厉开展机动车管控，城市建成区主要出入口设置卡口，拦堵过境大型货运机动车，查处尾气超标车辆，24小时禁止大型货运机动车、农用车在城区行驶，严禁除特种车辆以外的黄标车在建成区行驶。开展油品质量监管督查，共查封94家“黑加油站”，11月1日起，实现全面供应国Ⅴ油品，不予销售达不到国Ⅴ标准的机动车。冬防期间，市冬防指挥部成立62个督察组，采取不发通知、不定对象、不打招呼、直奔现场，新闻媒体跟踪报道等手段，开展夜间督查行动，对检查中发现的问题，实行挂牌销号制，做到整改一件、销号一件。

【三门峡市中心城区范围内全面禁止燃放烟花爆竹】 2016年1月22日，三门峡市人民政府发布《关于禁止燃放烟花爆竹的通告》，决定在全市中心城区范围内全面禁止燃放烟花爆竹。禁止燃放烟花爆竹的范围包括：湖滨城区(不含高庙乡、磁钟乡、交口乡所辖行政区)、开发区、商务中心区、陕州城区(商务中心区以西、产业集聚区以东、陇海铁路以北、黄河以南形成的闭合区域)。通告自发布之日起施行。

【新、改、扩建设项目正式实施排污权有偿使用和交易制度】 2016年4月1日起，三门峡市实施排污权有偿使用和交易制度，要求新增化学需氧量、氨氮、二氧化硫、氮氧化物四项主要污染物(以下简称四项主要污染物)排放量的新、改、扩建设项目，建设单位应按规定缴纳排污权有偿使用费，获得向环境直接或间接排放主要污染物的权利。排污权有偿使用工作实施分级管理。市环保局负责全市范围内四项主要污染物排放量有一项大于等于20吨/年的新、改、扩建设项目(总装机容量30万千瓦及以上的火力发电和热电联产项目除外)，以及湖滨区、开发区、产业集聚区辖区内新、改、扩建设项目的排污权有偿使用费征收管理工作。各县(市)环保局、陕州区环保局负责辖区内四项主要污染物排放量均小于20吨/年的新、改、扩建设项目的排污权有偿使用费征收管理工作。新建类建设项目的排污权有偿使用费按照环评文件确定的四项主要污染物排放量进行核定征收；改建、扩建类建设项目的排污权有偿使用费按照环评文件中确定的项目实施后全厂新增四项主要污染物排放量进行核定征收。排污权有偿使用费在办理环评批复前缴纳，排污权有偿使用费按照自然年进行缴纳，有效期五年，自排污单位排污起计算。所有排污单位均要持证排污，应缴纳排污权有偿使用费而未缴纳或者未足额缴纳的不予核发排污许可证。排污权基准价格依照《关于我省新、改、扩建项目主要污染物排污权有偿使用收费有关问题的通知》规定执行：化学需氧量4500元/吨；氨氮9000元/吨；二氧化硫900元/吨；氮氧化物5000元/吨。

【三门峡市主城区实施机动车单双号限行及部分路段大货车禁行】 2016年11月16日，三门峡市人民政府发布《关于对三门峡主城区重污染天气实施机动车单双号限行及部分路段大货车禁行的通告》，对三门峡市主城区实施机动车单双号限行，同时对主城区部分路段实行大货车禁行。机动车单双号限行区域为：湖滨区、三门峡经济开发区辖区内所有城市道路。即陕州大道(不含)以北、火车站广场(含)以西、黄河湿地公园(含)以东、北环路(含)以南。限行时间为：2016年11月19日零时至2016年12月31日24时。在限行时间内，由三门峡市核发号牌的机动车在限行区域实行单号单日、双号双日行驶。具体为：机动车号牌尾号为单号的(1、3、5、7、9)在单日上路行驶；机动车号牌尾号为双号的(2、4、6、8、0)在双日上路行驶。大型货运车辆(黄色号牌)禁行路段为：大岭路北段(黄河路交叉口以北)，陕州路北段(黄河路交叉口以北)，黄河路西段(陕州路交叉口以西)，建设路西段(陕州路交叉口以西)，分陕路和古城路全段。禁行时间同样为：2016年11月19日零时至2016年12月31日24时。

【环保部调研三门峡市土壤污染防治工作】 2016年11月21日至22日，环保部环境规划院调研组一行5人到三门峡市调研土壤污染防治工作。调研组现场查看了三门峡市拟进行土壤污染治理和修复的污染场地区域，并召开由市环保局以及主要黄金冶炼、铅冶炼企业负责人参加的座谈会，充分了解全市土壤环境管理工作现状、存在的主要问题及下一步土壤环境管理工作总体计划和措施，听取了对国家、河南省土壤环境管理工作的建议。

(白　云)

·编辑　王惠娟·

2016年2月19日，三门峡市开展洁城行动快速保洁宣传车集中行动

交通运输

综　述

【概况】 2016年，三门峡市交通运输局各项工作取得明显成效，为确保全市经济社会发展实现“十三五”开门红，加快打造区域交通枢纽，早日建成省际中心城市提供了强力的交通运输服务支撑。项目沿线各级党委、政府站在服务经济发展全局的高度，主动履职，强化服务意识，项目前期工作加快推进，连霍高速改扩建、三淅高速等遗留问题得到妥善解决。G310线南移工程可行性研究报告初设获批，项目征拆勘界完成123千米，附着物清点完成105千米，投资主体招标工作进行。黄河公铁两用桥南引桥及引线部分是全省年内开工的项目中唯一获得土地报件批复的项目，11月24日获批，11月26日开工。渑垣高速河南段路线部分施工图设计于11月16日获批复。卢氏至洛南、灵宝绕城2条高速纳入全省新调整的高速公路路网规划。加强监管，实现水上交通连续10年无事故、交通在建项目连续11年无事故。豫晋两省海事部门持续在黄河会兴渡口、茅津渡口联合举办黄河两岸水上应急演练，增强两地协同作战、抢险救助能力，形成两地长效应急救援机制。

【交通基础设施建设】 2016年，市委、市政府下达的8个交通运输重点项目完成投资11.97亿元，占年计划投资10.7亿元的112%。三淅高速公路卢氏至西坪段附属工程提前全部完工，三淅高速豫晋省界至灵宝段、三门峡黄河公铁两用桥公路南引桥及引线工程超额完成投资。特别是渑垣高速公路在市委、市政府及省交通运输厅的大力支持下，制约前期工作顺利推进的项目投资主体变更、施工招标方式等难题得到有效解决，黄河特大桥率先开工建设并超额完成目标任务。S244线三门峡大坝至市区段、S313线陕县石原至三门峡西站提前建成通车、S245线三门峡至寺河段改造工程超额完成目标任务。农村公路创建省级“文明示范路”11条97千米，使全市省级“文明示范路”里程达到273千米。

【交通体制机制改革】 2016年，市交通局进一步深化体制机制改革。执法体制改革：多次召开行政执法体制改革专题会议，研究解决改革过程中出现的难点问题；完成66个交通执法体制改革提前退休人员欠缴养老保险金交付工作，以及在职202名职工欠缴养老保险金核实等基础工作；在全省交通运输执法队伍“大练兵、大比武”中取得执法现场应急处置项目第一名，执法团体实操项目第四名的成绩。出租行业改革：在全省率先出台《三门峡市深化出租汽车行业改革工作实施方案》《三门峡市网络预约出租汽车经营服务管理实施细则》《三门峡市非营运私人小客车合乘暂行规定》3个规范性文件，出租车市场稳定有序。

【运输保障能力建设】 2016年，三门峡市道路运输市场平稳有序。春节、五一、“一节一会”、十一等客流高峰时段未出现旅客滞留，无重大运输质量投诉。特别是11月22日暴雪期间，全市交通运输系统各单位迅速反应、积极应对，确保了市域境内道路的安全畅通，市交通运输局和3名个人获得市委、市政府的通报表扬。开辟城乡中短途客运班线，新增5条线路方便市民出行。开展“畅途通”客运联网售票系统业务，为旅客提供综合性购票、联网、转乘、咨询服务。调整市区公交线路5条，开通2条公交通勤专线，解决沿线单位人员的出行问题。12328服务监督平台及时受理群众咨询、投诉、建议2578人次，服务社会1110人次，即时答复率81%，总体满意率95%。

【交通部门大气污染防控】 2016年，市公路管理部门与施工单位签订扬尘污染治理责任书，督促施工企业做好施工工地扬尘污染治理工作，确保道路和场站施工前做到“六个到位”(审批到位、报备到位、治理方案到位、配套措施到位、监控到位、人员<施工单位管理人员、责任部门监管人员>到位),施工过程中做到“六个百分之百”(工地周边百分之百围挡、物料堆放百分之百覆盖、出入车辆百分之百冲洗、施工现场地面百分之百硬化、拆迁工地百分之百湿法作业、渣土车辆百分之百密闭运输)。执法单位加强与公安、城管部门联动,在重点路段设立3处固定检查站点,24小时全天候执法。运管部门采取网络清查与拉网式复核排查、现场勘验的方式对全市营运黄标车和报废车进行逐车、逐企业排查。成立由局领导班子主要成员任组长的专项督导检查组3个,纪检部门提前介入,先后10多次深入工程施工和道路养护一线,督导检查大气污染防治工作责任落实情况,确保发现一处,整改一处,验收一处,销号一处。劝导加盖防尘篷布车辆9616台次,更新80辆新能源客车,加装油气回收装置运输车13台,淘汰营运黄标车245台。

(苏鹏飞)

公路交通

【概况】 2016年,三门峡市有公路里程10088.9千米,其中高速公路311.635千米,国道、省道1596.06千米,农村公路8181.21千米。全市大交通的主骨架是“五纵七横”。“五纵”:垣曲至渑池(在建)至栾川高速公路(拟建)、G209线黄河大桥至南阳界(已通车)、G241线渑池南村至洛阳宜阳界(已通车)、三门峡至淅川高速公路(已通车)、蒙华铁路(在建);“七横”:国道310线洛阳界至豫陕界(已通车)、陇海铁路(已通车)、郑西高铁(已通车)、连霍高速公路(已通车)、栾川至卢氏至陕西洛南高速公路 (拟建)、国道343线卢洛界至官道口镇(已通车)、国道344线卢栾界至豫陕界(陕西洛南)(在建)。全市共有客运企业12家,客车1193辆;货运企业174家,营运货车19240辆;危运企业13家,危运车辆217辆。市区内共有公交线路19条,公交车辆262台,营运出租车600辆。

【大交通项目建设】 2016年,三淅高速公路卢氏至西坪段附属工程于3月底全部完工,完成投资2.9亿元。三淅高速豫晋省界至灵宝段完成投资1.51亿元,占年度投资计划1.5亿元的100.7%。渑垣高速公路项目投资主体变更、施工招标方式等难题得到有效解决,黄河特大桥率先开工建设,至12月底完成投资4.14亿元,占年度投资计划4亿元的103.5%。三门峡黄河公铁两用桥公路桥及引线工程11月26日开工,完成前期投资1.025亿元,占年度投资计划1亿元的102.5%。

【干线公路及农村公路建设】 2016年,干线公路方面,三灵(三门峡—灵宝)快速通道于5月13日正式建成通车,控制性工程弘农涧河特大桥南半幅施工结束,进行交竣工验收;S244线三门峡大坝至市区段改造工程于8月建成通车,完成投资4246万元,占年度投资计划3400万元的125%。S313线陕县石原至三门峡西站改造工程于9月建成通车,完成投资8200万元,占年度投资计划6600万元的125%。S245线三门峡至寺河段改建工程完成投资2.036亿元,占年度投资计划1.8亿元的113.1%。农村公路方面,完成道路改建332千米、危桥改造521延米,完成投资3.05亿元,占年度投资计划2.3亿元的132.6%。创建省级“文明示范路”11条97千米,使全市省级“文明示范路”里程达到273千米。

(苏鹏飞)

高速公路

【概况】 2016年,河南高速公路发展有限责任公司三门峡分公司管辖里程约153千米;共594名正式人员,平均年龄37岁;机关9个科室,基层单位共12个(8个收费站、3个路政大队、1个运营维护分中心)。全年征收通行费18.42亿元,完成ETC收入3.14亿元。累计交通量1802万辆,日均4.92万辆。重大节假日小型客车累计免征6669万元,绿色通道累计免征1.38亿元,跨区机收免征1.25万辆。免征合计2.08亿元,占通行费收入的9.67%。

【路政管理】 2016年,河南高速公路发展有限责任公司三门峡分公司加强培训,提升路政队伍整体形象,并采取案件评估、责任跟踪和借助司法程序等措施强化案件办理,提高路产案件办结效率。举办安全知识培训,扎实开展“平安河南”“防灾减灾日”和“安全生产月活动”“安全生产大检查”活动,开展道路安全隐患专项排查活动,编印《安全生产工作手册》,开展综合安全检查12次,下达整改通知书76份,整改隐患126处。同时,联合高速交警支队、豫西养护中心等,在青石岭隧道、小寺坡大桥以及附近高护坡集中组织开展《隧道交通事故及突发事件应急处置预案》《桥梁抢修应急保通预案》和《防汛应急预案》演练,提高桥隧突发事件应急处置能力。开展危险路段专项整治行动,加强连霍高速K795-K803路段交通事故预防,与三门峡市公安局高速交警支队和弘阳公司就该路段事故原因进行分析研判,并就整治方案进行深入探讨,采取增设线形诱导标、安装反光帽、加密震荡标线等措施,以达到警示提醒、强制减速目的,进一步提高通行安全系数。以“路政宣传月”和定期路政法制宣传活动为契机,以“爱护桥梁、保障安全”为主题,扎实开展沿线广告设施集中排查整治行动,提升沿线群众和过往司乘的爱路护桥和交通安全意识。活动期间,共扑救边坡火灾23起,清除桥下垃圾50万千克,组织快板书宣讲演出6次,悬挂横幅48条,滚动播放宣传标语30条,张贴宣传画120张,展出车载展板4块,设置展架14套,制作专题板报8期,发放宣传单页2万份,接受宣教群众3300余人。完成春节、清明、五一、十一等重大节假日期间的道路保通工作,K894+250米北半幅排水沟塌方抢险施工保通工作,孟村大桥桥面沥青层抢修施工保通工作。科学指挥,密切协作,提高恶劣天气保通能力,首次降雪期间累计出动路政保通人员403人次、车辆182车次,开展应急救援199次,并联合高速交警支队采取限速带行方式全程护送因暴雪滞留豫陕界服务区的18台大客车安全抵达三门峡服务区。全年辖段共发生路产案件174起，造成路产损失1303506元，结案171起，收回路产损失1264906元。路政大队巡逻里程29.37万千米，出动路政巡逻人员6712人次，开展应急救援672次。

【道路养护工作】 2016年，河南高速公路发展有限责任公司三门峡分公司开展路容路貌整治活动，落实日常养护措施，加大日常巡查力度，有针对性地对路基边坡、排水系统、桥梁、隧道、绿化管养、交安设施等进行详细排查，针对不合格点拍摄照片220张，下达监理工程师通知8份。坚持"预防为主、防治结合"的原则，加强雨中、雨后徒步巡查，主汛期修复水毁点、排水渠引流改道4处，及时消除道路安全隐患，确保道路行车安全。同时，在弘阳公司委托施工范围内，累计维修桥梁伸缩缝约180米；按照铁路桥防护网标准对K772+800东涧河大桥进行改造，确保公路、铁路行车安全。4月下旬，在全线推广使用"高速公路桥梁电子巡检系统"，通过GPS定位，实现自动考勤，自动生成巡检报表，及时上传病害照片和信息，云端数据库存储。12月，按照桥隧养护技术规范要求，邀请河南高速试验检测有限公司对三门峡东至观音堂段旧路段10座天桥、6座隧道进行检测，并形成《检测报告》，为桥隧安全运营、维修提供科学依据。除雪融冰工作期间，与豫西养护中心各工区负责人统一签订《除雪融冰工作承诺书》，并联合路政部门和高速交警支队，分别进行桥隧抢险救援演练和除雪融冰应急演练，提高队伍指挥、协调和处置高速公路突发安全事故的实战能力。共撒布融雪剂117.7万千克，消耗机械580个台班、人工2793个工日，摆放防滑材料1161袋，总投资金额为335万元。对冬季雨雪恶劣天气冻融等原因出现的裂缝病害进行排查、汇总，灌缝共计3267米，在降低养护成本的同时能够延长沥青路面的使用寿命。加强绿化管护，组织监理、各项目部对全线中分带、边坡绿化杂草分阶段进行清理工作，对沿线枯死苗木进行拔除和补植，累计浇水142.4万千克，绿化修剪171.84千米，绿化除草431.22千米，拔死树1054棵。

（姚宗华）

2016年8月6日，垣渑高速公路绿地南村黄河大桥开工典礼举行

铁路运输

【概况】 2016年，三门峡火车站紧紧围绕"保安全、保稳定、保效益、促营销"的工作方针，提高科学化管理水平，狠抓现场作业控制和各项规章制度的落实，实现安全、生产、稳定的协调发展。坚持"安全第一，预防为主"的指导方针，强化现场作业控制，严格执行调车作业制度，使车站安全生产步入有序可控、稳定发展的轨道。在施工和站场设备改造中，针对更换道岔、大型换轨、清筛施工等项目，密切配合施工单位，认真落实各项卡控制度，保证在非常情况下接发列车的安全及畅通。截止2016年12月31日，车站实现安全生产10898天。三门峡火车站获郑州铁路局车务系统接发列车职业技能竞赛双线中间站组第一名。客运服务方面，强化安全管理，细化处置突发事件的应急预案；改进和完善规章制度，新增确保春运安全措施、车站客运服务礼仪规范、行李房劳动纪律制度、站内过道安全管理实施办法、较大客流运输组织预案、安全关键环节卡控措施、旅客站台组织措施等10个方面的管理服务措施；制定《行包房应急处置预案》和《行包房"危险品"查堵管理办法》，提升行包运输安全质量；制定《高站台旅客组织措施》，对高站台旅客安全乘降等细节问题进行细化，保障高站台旅客安全乘降。营销工作进展顺利。全年旅客发送量完成136.09万人，实现客运收入1.23亿元，分别完成计划的97.63%、95.71%；货物发送量完成15.01亿千克，实现货运收入3.82亿元，分别完成计划的71.02%、59.87%。

三门峡南站完成发送人127万人，运输收入19298万元。客运班组被评为郑州铁路局2016年客运精品班组，洛阳车务段2016年先进集体、标准中间站。（陈黎明 韩 博）

·编辑 卢亚杰·

信息产业

邮　政

【概况】　三门峡市邮政分公司辖灵宝、卢氏、陕州区、市区、渑池和义马6个县（市、区）分公司，内设综合办公室、人事教育部、计划财务部、市场部、工会5个职能部室，下设金融业务局、代理保险业务局、函件局、集邮公司、发行局、分销物流局、电子商务局7个专业公司（局）。全市共有邮政局所84处，邮政储蓄网点40处。局所平均服务面积124.95平方千米，平均服务人口2.72万人。至年底，合同用工679人，劳务用工404人；大专以上学历752人，其中本科246人，硕士10人，博士1人；初级职称49人，中级职称15人，高级职称1人。金融自动机具87台；信箱信筒167个；邮政车辆185部。邮路30条，总长1745千米。投递段道283条，总长9466千米；其中城市投递段道109条，总长2161千米；农村投递段道174条，总长7305千米。自有房屋面积10.42万平方米，固定资产原值2.47亿元。2016年，全市邮政企业实现收入23912万元，较2015年增长14.49%，完成省分公司预算目标的104.65%；全市累计实现有效收入15542万元，有效收入同比增幅为17.59%，全员劳动生产率21.68万元。邮政服务质量社会评价综合满意度91分。加快自助设备布放，自助设备点均达到2.2台。完成渑池仓储中心及空白乡镇邮政所补建项目；完成渑池县天池镇等三个支局移址新建项目的立项、报批工作。加大寄递类业务能力建设力度，改造邮件生产处理场地3处，购置车辆14台、手持智能终端243部等生产设施，有力支撑了寄递类业务发展。　（周贯红）

【举办"相约猴王·对话大师"邮迷见面会暨2016《丙申年》邮票三门峡首发活动】　2016年1月8日，三门峡市邮政分公司在天鹅湖国际大酒店二楼大河厅举办"相约猴王·对话大师"邮迷见面会暨2016《丙申年》邮票三门峡首发活动。国际邮票雕刻大师、80版猴票雕刻者姜伟杰和国家级邮票设计师、河南省集邮公司艺术总监刘钊到现场讲解生肖文化知识和80版猴票的创作故事，受到了与会者的欢迎。在活动现场，不仅有刚发行的第四轮《丙申年》猴票，还有第一、二、三轮生肖邮票，少量80版《庚申年》金猴也在此次活动中亮相，同时向邮迷展示了汇聚4轮猴票的《四世同堂》珍邮，开启了"猴"的盛宴。现场还以《一个80后的成长故事》为题，通过沙画表演演绎了4轮猴票的发展历程。并以独具特色的陕州剪纸表演，展示了"灵猴献寿""马上封侯"等民间手工艺术，突出了地方民俗文化，预示着富贵吉祥。

【举办纪念中国邮政开办120周年暨邮票发行活动】　2016年3月20日，是中国邮政开办120周年纪念日，三门峡市邮政分公司在崤山路邮政营业厅举办了系列纪念活动。当日，中国邮政发行《中国邮政开办一百二十周年》纪念邮票1套4枚，图案内容分别为：信达天下、便民服务、速递物流、普惠金融，展示了百年邮政"信达天下"的历史使命和作为现代服务业集团"一体两翼"的经营发展战略，全套邮票面值4.80元。中国邮政卡通形象"雁雁"也正式亮相。为丰富现场气氛，展示中国邮政邮票发展成果，活动现场精心设置了邮票新技术体验专区，通过生动的多媒体VR技术、专用的点读笔、放大镜、荧光灯引导邮迷感受"多媒体+邮票"的独特魅力。在开展邮味十足的集邮特殊工艺展览、特供稀缺邮品抢购活动的同时，还组织了三门峡市知名画家白伟国笔墨丹青和创意嘟嘟儿童艺术教育学校学生作品展览、纪念中国邮政成立120周年的图片展览等活动，充分展示邮政发展历程和取得的成就。

【举行《黄河三门峡·美丽天鹅城》邮票（第二组）暨纪念封发行仪式】　2016年5月26日，由三门峡市人民政府和河南省邮政分公司主办，三门峡市邮政分公司承办的《黄河三门峡·美丽天鹅城》(第二组)邮票暨纪念封发行仪式在三门峡国际文博城砥柱厅举行。此次发行的是第二组《黄河三门峡·美丽天鹅城》邮票，邮票一套8枚，采用小版张的形式，以中国旅游日邮票"马踏飞燕"为主票，以具有三门峡特色的黄河文化、道家文化、地坑院民俗文化和旅游节主题活动为附票。纪念封一套7枚，展示了开幕式主场馆、黄河大合唱、万人帐篷节、双胞胎漂流大赛、山地自行车邀请赛、横渡母亲河、千人穿越函谷关等内容。纪念封轮贴第二组《黄河三门峡·美丽天鹅城》邮票，并加盖主题活动纪念邮戳。邮票和纪念封相得益彰，凸显了三门峡打造休闲文化城市的资源优势，展示了三门峡作为中国优秀旅游城市的独特魅力。伴随邮票和纪念封的发行，河南省邮政分公司同步推出了两款文化藏品，以图文并茂的形式展示了黄河三门峡的生态环境、人文景观、建设成果和发展成就，收录了首次将微雕、浅浮雕工艺与超薄黄金材料完美结合铸就的《天鹅》(情侣)邮票金和《中国古镇(二)》《黄河》套版、《高逸图》小型张等热点邮票，兼具纪念意义和收藏价值。

【启动三门峡市第12届书信文化活动】 2016年6月2日，由三门峡市委宣传部、市教育局、团市委、三门峡日报社、中国邮政集团公司三门峡市分公司共同主办的第12届青少年书信文化活动在市育才小学启动，并同步对第11届青少年书信文化活动的先进集体和个人进行了表彰。活动以"亲近自然·快乐成长"为主题，参赛对象涉及全市中小学生，倡导广大学生亲近自然，健康生活，搭建互动型成长平台，有效促进师生之间、学生之间的交流。活动要求参赛学生围绕"亲近自然，强健体魄，助长心灵"等内容，写出心得，抒发感受。活动组委会还制作了书信信卡和专用明信片，参赛学生可在暑假期间持专用明信片免门票进入支持景区游览、创作，在感受天鹅之城的美景的同时，大力宣传三门峡市的旅游文化。 (费巧玲)

【举办红色主题集邮巡展启动仪式】 2016年7月1日，由河南省集邮公司、中共三门峡市委宣传部、市教育局、共青团三门峡市委主办，卢氏县委、县政府、卢氏县邮政分公司等单位共同承办的"弘扬长征魂·同筑中国梦"纪念中国工农红军长征胜利八十周年全国青少年集邮教育实践活动(三门峡站)暨三门峡市红色主题集邮巡展活动启动仪式在卢氏县红25军军部旧址所在地官坡镇兰草小学举办。全市集邮爱好者、青年志愿者、各级新闻媒体、师生代表和兰草村部分村民共120余人参加了启动仪式。活动特别发行了一套《中国工农红军长征胜利八十周年——河南卢氏红二十五军长征驻扎地旧址》纪念邮资封片。 (任飞 李娟)

【举办《第31届奥林匹克运动会》纪念邮票发行暨2016集邮周开幕式】 2016年8月5日，由三门峡市人民政府、三门峡市体育局、中国邮政集团公司三门峡市分公司主办的《第31届奥林匹克运动会》纪念邮票发行暨2016集邮周开幕式在中国邮政集团公司三门峡市分公司崤山西路营业厅举办。《第三十一届奥林匹克运动会》邮票1套2枚，面值2.70元，是中国邮政为庆祝2016年巴西里约热内卢奥运会和奥林匹克运动会举办120周年发行的纪念邮票。邮票图案选取女子排球和男子接力两个运动项目，采用巴西和中国国旗的色彩，将运动的速度与活力体现在方寸之间，使观者能充分感受到人类在体育运动中不断突破自我的精彩。集邮周活动由中华全国集邮联合会和中国邮政集团公司共同倡议发起，从2016年开始，在每年8月的第一周举办。此次活动以"中国梦 集邮情"为主题，从8月5日开始至10日结束，在崤山西路邮政营业厅举行。集邮周设立六个主题日，分别是畅游奥运(8月5日集邮与奥运)、老邮所乐(8月6日集邮与老年)、少邮所学(8月7日集邮与少年)、乐邮丁酉(8月8日集邮与生肖)、爱邮所期(8月9日集邮与爱情)和全民邮玩(8月10日集邮会员日)。活动期间为集邮爱好者提供主题集邮展览、主题日邮戳免费加盖、集邮文化讲座、会员注册有礼相送、特供邮品限时展销、多媒体集邮视讯展播、微信线上摇奖活动、DIY个人定制邮票服务等八大集邮体验，通过6天的时间，以线上线下相结合的形式，为广大市民献上一场集藏文化盛宴。

【举行中国工农红军长征胜利八十周年纪念邮票首发仪式】 2016年10月22日，为纪念中国工农红军长征胜利八十周年，由三门峡市委、市政府和河南省邮政分公司主办，三门峡市邮政分公司、市集邮协会承办的《中国工农红军长征胜利八十周年》邮票首发式在三门峡国际文博城砥柱厅举行。《中国工农红军长征胜利八十周年》纪念邮票由著名画家沈尧伊担纲设计，邮票一套六枚，分别为:"长征出发""遵义会议""四渡赤水""过雪山草地""胜利会师"以及"缅怀先烈、不忘初心、走好新的长征路"。全套邮票面值7.80元。邮票图稿设计写实和写意相结合，前景人物写实，使观者对历史场景产生直观感受;背景的房屋、高山、树木以及天空则为写意。整个设计主体突出，形象生动，重现了长征途中最为重要的历史时刻，展现了80年前中国工农红军长征的伟大壮举，谱写了一曲关于中华民族必胜信念和勇往直前英雄气概的赞歌。三门峡市卢氏县是鄂豫陕革命根据地的核心区域。1934年10月，红25军从信阳罗山县何家冲出发，由洛阳栾川进入三门峡卢氏。卢氏县官坡镇兰草村是该县西南地区的一个通关要道，由村后的铁锁关入关可达陕西洛南、丹凤等地，地理位置极其重要。1934年12月，红二十五军长征到达此地，并驻于兰草街，在兰草小学设立了军部。红军将士在这里得到了豫西人民的大力支持，成功从卢氏突围，由此出河南进陕西北上会师。作为红军长征的重要节点之一，河南邮政向国家邮政局申请在三门峡举办长征邮票首发式，并同步在卢氏县邮政分公司举行首发活动。为配合邮票首发式，市邮政公司在文博城北门大厅举办了红色主题邮展，展出伟大长征、红色足迹、革命历程3个题材共15框精美邮品。

【举办《丁酉年》特种邮票发行倒计时20天暨《开门大吉》邮品发布会】 2016年12月18日，由中国邮政集团公司河南省集邮分公司主办，中国邮政集团公司三门峡市分公司承办的“对话大师·抢占先鸡”《丁酉年》特种邮票发行倒计时20天暨《开门大吉》邮品发布会在天鹅湖国际大酒店举办。邮票一套2枚，面值2.40元。第一枚“意气风发”是一只奋起奔跑的雄鸡形象，象征着中国的快速发展；第二枚“丁酉大吉”是一只母鸡呵护两只小鸡的温馨画面，表达吉祥如意的美好祝愿，寓意家庭幸福美满，契合了第四轮生肖邮票“合家欢”的氛围。邮票由北京奥运吉祥物“福娃”之父韩美林大师设计，中国首位女邮票雕刻家郝欧、青年邮票雕刻家刘明慧共同雕刻而成。在防伪工艺上叠加了多重创新，版张边饰中的生肖文字信息使用的无墨雕刻，使这套邮票独具特色。为满足广大集邮爱好者的不同需求，河南省集邮公司配套研发了《开门大吉》系列藏品，推出了《丁酉年》邮票金。活动现场还设置了沙画表演、珍邮模特走秀、传世书画欣赏、邮票签售、抽奖等环节。

（费巧玲）

无线电管理

【概况】 2016年，三门峡无线电管理局强化服务意识，科学合理配置频率资源，加强对无线电台站的规范化管理，坚持依法行政，开展打击“黑广播”“伪基站”专项行动，全力做好各项无线电安全保障工作，维护三门峡地区的空中电波秩序，为三门峡市经济社会稳定和谐发展做出了积极的贡献。

加强频率资源管理，梳理可用频率占用率。按照省工信委无管局下发《关于在全省开展调研工作的通知》要求，对辖区87家设台单位所用的94条150MHZ、400MHZ频段频率，3家900MHZ频段，183个电台呼号用率情况进行认真梳理。全年指配频率2条，受理延期频率1条，注销频率2条。认真开展“频谱评估”专项活动。成立无线电频谱使用评估专项活动技术小组，根据国家、省局的要求进行了具体安排部署。对卫星数据及台站信息进行实地核查，登记备案已拆除卫星地球站1个；在频谱评估数据采集中，严格按照技术规范和时间进度要求，使用移动监测车和固定监测站相结合进行全频段扫描，监测时长达252小时，监测总里程400千米，采集数据量0.667TB；通过频谱评估专项活动的开展，进一步摸清三门峡市频率使用情况。加大通信基站管理力度，做好新建基站验收和在用基站年度检验工作。下发《三门峡无线电管理局关于印发〈2016年度在用基站抽检、2015年度新建基站验收、微波台站现场核查工作实施方案〉的通知》，验收新建基站267座，抽检在用基站47座，载频131个，出具检测报告131份；基站复检工作中，复检基站11座，载频29个，完成全年的基站抽检工作。加强无线电台站管理。一是扎实开展无线电台站审验收费工作。已验证设台单位57个，年审无线电台执照2273个，注销无线电台74部，换发电台执照116份，全年新增蜂窝基站2669个。二是加强台站数据库管理，核对设台资料，定期整理更新台站数据库，开展对通信运营商整改地理坐标经纬度数据核实工作，提高数据库的准确度。三是做好业余无线电台呼号指配工作。共指配业余无线电台呼号59个，核发业余无线电台执照料27份。四是做好无线电专(兼)职管理员登记工作。对全市辖区内89家设台单位下发关于开展无线电专（兼）职管理员登记工作通知，建立无线电专管理员微信群，加强与设台单位的沟通联系。五是开展对通信运营商基站督导核查工作。召集三家通信运营公司，召开专题会议，传达省局关于对通信运营商私自占用无线电频率非法设置无线电台进行整改的通知、通报年度基站抽检情况对三家公司提出严格要求，要求其开展自查，限期整改。

加强无线电监测监听。根据省无线电管理局下发的通知要求，为全面掌握重点频段无线电频谱资源利用情况，积累详细准确的监测数据，为无线电管理工作提供决策依据，对重点频段、航空及铁路无线电专用频率进行监测，全年监测共计20417小时，完成了全年监测任务。加强对重点频段、航空及铁路无线电专用频率的监测监听。进一步完善监测月报制度，加强对频谱监测的分析、研究，提高了监测水平。保障各重大考试无线电安全。积极配合三门峡市教育、人力资源和社会保障等部门参与“硕士研究生入学考试”“卫生专业技术资格考试”“高招”“中招”“司法资格”“会计”等考试保障11起，出动监测人员52人次，监测车辆11辆次，监测设备31套次。查处作弊案件3起，查处涉案作弊设备11台，发现并压制作弊信号11个，作弊工具11件，有效打击了利用无线电进行考试作弊的行为，完成了各大考试的无线电安全保障工作。全年受理有害干扰查处共11起。其中，作弊信号干扰4起、“伪基站”6起、“黑广播”1起。在打击“伪基站”中配合公安部门检测各类“伪基站”发射设备21套。做好重要时期和重大活动无线电安全保障。在全国“两会”“春运”“国际黄河旅游节”等重要时期和重大活动期间，加强对广播电视、航空、高铁、应急通信等重要无线电业务用频的保护性监测监听，保障了重要无线电业务秩序的有序和安全。

严格依法行政，深入开展无线电行政执法活动。成立推进依法行政工作领导小组，由局长任组长，局相关科室负责人为成员。制定实施方案，对活动进行了具体安排和要求。多次召开专题会议，将任务和责任明确到人，推进依法行政工作，形成了齐抓共创的良好氛围。结合实际，制定《推进服务型无线电行政执法实施方案》《三门峡无线电管理局责任清单》，定期对设台单位频率占用费的交付情况进行通报，确保依法行政工作扎实推进，同时简化办事程序，制定了行政服务中心窗口工作指导书；规范内部工作流程，推进管理工作制度化、规范化。交流经验，提高执法水平。在晋陕豫黄河金三角无线电管理协调机制交流会上，相互交流依法行政经验，并拍摄了查处“黑广播”执法行为的微电影。进一步依法规范行政执法取证过程、公开行政执法程序和行政执法结果，制定了三门峡无线电管理局行政执法和行政处罚流程图。加强行政指导，规范行政处罚行为。在行政执法过程中，始终坚持以人为本，说理式教育、服务式执法，使当事人“心服、口服”，制作行政指导案卷一份，对2016年未缴频率占用费的13家单位及时向法院递交强制执行申请。

好无线电管理宣传工作。开展“世界无线电日”宣传活动，以及“加强无线电管理，维护空中电波秩序”为主题的无线电管理宣传月活动。两次大型宣传活动中，协调三大通信公司和各电视台站开展了系列宣传活动。发送公益短信共计120万条，电子屏滚动播放宣传口号共计50万次。协调市广播电视台及各县（市、区）电视台等重要无线电设台单位不同程度进行了宣传。发挥主流媒体作用，在《中国无线电》《中国无线电管理》《三门峡日报》《黄河时报》等无线电核心期刊及地方主流媒体刊登系列宣传文章，增强无线电管理工作影响力。

（靳晓燕）

中国联合网络通信有限公司三门峡市分公司

【概况】 2016年，中国联合网络通信有限公司三门峡市分公司（以下简称“三门峡联通”）不断加大投入力度，加强信息基础设施建设，推进电信普遍服务试点工作，全面提升通信网络覆盖能力，加快推进信息化建设，为经济转型发展提供良好支撑。坚持聚焦4G、宽带及IPTV和创新性业务，发挥资源优势，积聚发展动能，在转型调整中实现了较快发展。加快4G网络建设，全力打造匠心网络。全年新建4G基站1200个，4G网络实现市区、县城、乡镇、主要景区、重要交通干线及行政村连续覆盖。全年新建宽带驻地网171个，新增FTTH端口9.9万，全部宽带端口具备百兆接入能力。加快推进电信普遍服务试点工作，多方筹措资金1.5亿元，对235个贫困村进行光纤宽带接入和升级改造工作，为脱贫攻坚打通了信息通道。至年底，全市1362个行政村均具备100M宽带接入能力。

【加快“智慧党建”建设】 “智慧党建”是河南省委组织部联合河南联通打造的移动互联网信息服务平台。2016年1月9日，市委印发一号文件《中共三门峡市委关于实施农村基层党村示范千村提升”工程的意见》，要求各级党委积极推进“智慧党建”建设，在网络信号覆盖（社区），实现“智慧党建”全覆盖，构建“党建手机专网+远程教育终端站点+远程教育客户端手机+微信群”的党建新模式，更好地服务广大党员群众。

【签订“互联网+”农业战略合作协议】 2016年6月30日，三门峡联通、市农业畜牧局、上海沃澜网络科技有限公司签订三门峡“互联网+”农业战略合作协议。旨在发挥三方力量，整合人力、资金、信息、农业等资源，重点在智慧农业、智慧农机、农业大数据、农业电子商务等“互联网+”农业信息化建设方面展开合作，服务农业，惠及农民，促进农村经济发展。

【与三门峡市公安局签署“互联网+”战略合作协议】 2016年12月19日，三门峡联通与三门峡市公安局签署“互联网+”战略合作协议。双方将在基础网络、云计算/IDC、大数据及系统集成等领域全面深入开展合作，全面提升公安机关公共安全服务技术支撑保障能力，加快推动三门峡公安科技信息化建设。

【荣获“全国用户满意电信服务明星班组”称号】 2016年，工业和信息化部行风建设领导小组在通信行业组织开展了2015年至2016年度“全国用户满意电信服务明星”和“全国用户满意电信服务明星班组”的评选工作。三门峡联通湖滨营业厅被评为“全国用户满意电信服务明星班组”称号，是河南省通信行业唯一一个获此殊荣的班组。

（张新成）

中国移动通信集团河南有限公司三门峡分公司

【概况】 2016年，中国移动通信集团河南有限公司三门峡分公司（以下简称“三门峡移动公司”）贯彻落实转型发展战略和河南移动“12345”发展思路，持续推动公司转型发展，各项工作取得良好成效，企业持续健康发展，有效助力全市经济社会发展。

全年新建4G基站621个，累计达到近2400个，规模达到2G站点的1.4倍，实现了行政村2G信号全覆盖、4G网络87%覆盖；连霍高速、郑西高铁等主要交通干线，3A级景区、高校等重点场景均实现全覆盖。网络下载速率达到44Mbps，高清语音、视频通话等4G+业务在全省率先实现商用。全面推进“全光网”建设，实现了城市100M、农村50M光纤宽带接入能力，整体小区覆盖率达到77.8%，较年初翻一番。光缆建设已实现了对全市2000余家企事业单位及2.6万家中小企业的光网络覆盖。网络能力大幅提升，为智慧城市建设提供了有力支撑。同时，紧抓发展机遇，4G客户累计达到72.4万户，宽带客户累计达到15.3万户，高清电视客户累计超过9.4万户。

【与三门峡市人民政府签订大数据云计算中心建设战略合作框架协议】 2016年6月23日，三门峡移动公司与三门峡市人民政府成功签订“三门峡市大数据云计算中心建设战略合作框架协议”。三门峡移动公司计划在中心商务区新的生产楼中独立开辟专用区域，支持三门峡市大数据云计算中心建设，建成后可整合全市所有财政投资（已建和待建）的数据机房、信息化应用项目、数据灾备中心，解决各单位机房重复建设、单独管理困难、维护成本高等问题，节省政府投资；并通过打通信息壁垒，推动公共数据共享，解决“信息孤岛”问题，为三门峡“智慧城市”建设奠定良好基础。

【"网络+信息化"助力精准扶贫】 三门峡移动公司持续加大农村4G和光纤网络等基础通信设施建设，落实电信普遍服务政策，推动"互联网+新农村"建设。2016年开展了贫困村网络提升专项行动，尤其对卢氏进行了重点支持。同时，为全面贯彻落实陈润儿省长11月7日至8日在卢氏县调研期间有关"加大贫困地区通信基础设施建设"的指示，河南移动11月9日由主管网络优化的副总经理余谦专程赶赴卢氏，与三门峡移动总经理及相关人员同卢氏县委书记就卢氏基础通信设施建设进行了沟通交流，并实地查看网络覆盖情况，制定下步提升措施。此外，三门峡移动公司与卢氏扶贫办合作建立了"脱贫攻坚精准扶贫"信息平台，内含扶贫动态、政策解读、求助信息、帮扶意向等多个功能版块，全年累计通过扶贫信息平台发送信息11.8万余条，以信息化桥梁畅通帮扶与贫困信息的沟通渠道，真正实现了"滴灌"式精准扶贫。

【防范打击信息诈骗】 针对人民群众反映强烈的通讯信息诈骗问题，三门峡移动公司充分发挥自身技术及平台优势，努力在"阻断信息传播、打击违法犯罪、预防上当受骗"三个方面发挥自身作用，全力支撑配合相关部门开展预防和打击通信信息诈骗工作。针对新增客户，要求下辖营业厅、社会渠道、集客经理队伍办理客户入网手续时，必须严格按要求实名登记，采取"日监控、日处理"的机制，对当日未实名登记的入网客户进行停机。针对存量客户，根据客户消费行为特征采取多波次短信群发、外呼、官方微信、暂停主叫服务等措施，督促存量未实名客户进行实名补登记。新增客户、存量客户实名认证均做到了100%。积极与市网信办、无线电管理委员会、公安局等相关单位联动，贯彻落实打击治理虚假信息诈骗犯罪专项行动办公室的统一部署。配合公安部门共抓获伪基站40例，抓获犯罪嫌疑人45人。严格落实信息安全报备工作要求，通过动态采集、抽查等方式确保IP地址信息准确，无擅自启用、挪用、乱用的情况。加强网站和公有IP地址备案，网站备案的流程严格按照省通信管理局要求，所需单位证件、法人证件、现场核验均逐一核对，签订信息安全责任承诺书并现场拍照留存。遵循"不备案不开通"的原则，每月对网站内容进行审核，不存在涉及色情、政治类等相关内容的不良网站违规网站及钓鱼诈骗网站。 （曹东静）

中国电信集团公司河南省三门峡市电信分公司

【概况】 2016年，中国电信集团公司河南省三门峡市电信分公司（以下简称三门峡市电信分公司）以提高网络运行质量为目标，以规范企业运作为切入点，进一步加快全业务结构调整步伐，实施客户品牌经营战略，重点发展移动网、固网融合业务及创新型业务，积极推动企业转型；深化精细化管理，不断完善体制机制；创新发展模式，优化资源配置，挖掘网络潜力，在快速发展中提高增长质量，客户服务水平和档次不断提高，努力提升企业和客户价值，推进企业快速健康和谐发展，团结拼搏，精确运营，强化执行，全面完成年度各项任务目标。

经营管理 结合三门峡市电信分公司全业务经营后的工作实际，各部门职责分明、任务清晰、各司其职、各负其责、积极协助、密切配合，充分体现团队建设合作理念；制定下发《绩效考核管理办法》《车辆与驾驶员管理办法》、《安全生产责任条例》《工程物资管理办法》等各项管理办法及各种业务流程，进一步推进企业规范化运营，加强基础管理工作，规范各项管理流程有效控制成本，成立虚拟采购中心并下发《采购管理办法》；建立以"价值为导向的经营业绩考核体系，突出绩效目标量化管理理念，进一步完善绩效考核办法，提高员工工作积极性；全面推行绩效管理，加大绩效考核力度，强化工作目标和责任，逐步推进督察督办事项；强化预算管理及财务分析，提高财务管控水平，规范财务基础管理；认真贯彻"安全发展、预防为主"的指导方针，在保证公司各项工作有序进展的同时，开展安全生产自查、排查工作，杜绝各类安全生产事故的发生。

网络建设 紧紧围绕服务市场的思路，优化投资结构，加快对4G网络及转型业务的投资。夯实基础网络能力，强化网络发展创新，保持网络差异化竞争优势；深化精确管理，优化资源配置，推进集约运营，注重网络利用率和平台效率，提高网络发展质量与运营效益，推进价值强企，支撑公司有效益规模发展。强化网络与市场的衔接，提高投资效益，快速响应市场，优化网络结构，保障网络安全，打造精品移动网络，强化3G网络优势，加快4G网络建设和覆盖。固网建设方面，加快光纤网络建设，推出百兆"金牌光宽带"，提高宽带上网速率，努力打造"智慧城市""数字城市""无线城市""光网城市"，促进三门峡工业化和信息化的融合，提升经济发展的质量和效益，为资源型城市的转型提供了一个很好的网络信息平台。应对三网融合打造精品网络，提高市场竞争能力，并制定了工程物资管理、固网施工单位管理、自购材等工程规范，完善各项施工流程。

网络维护 加快推进网络运维向网络运营转型，促进企业提质增效，加快推进从关注网络向关注客户感知的转变，全面贯彻"三个面向"(面向网络、面向产品、面向客户)的运维体系建设思路。树立"维护就是服务"的理念，继续以抓好基础管理为切入点，以建立全业务运营模式为方向，不断展开两网网络优化调整，提升网络安全支撑保障，强化网络资源管理，不断优化资源配置，加强维护队伍的建设与培养，抓好网络运维成本管理，落实节能减排的工作要求，进一步提高网络运行质量和设备维护水平，更好服务于前端市场。 （杨鹤颖 王象炜）

·编辑 张怡杰·

经济协作与开发

开放经济

【概况】 2016年，三门峡市坚持以转型发展为主线，围绕关键环节持续精准发力，通过不断扩大开放，促进供给侧改革，助推经济转型，增强经济发展的动力和活力。全市新批外商投资项目5家，合同外资1.05亿美元；实际利用外资10.6亿美元，占目标任务的100.4%，同比增长5.4%，总量在全省排名第三。全市新引进省外资金项目118个，合同金额685.2亿元；实际到位省外资金352.2亿元，占目标任务的100.6%，同比增长7.6%。全市完成货物贸易进出口额10.92亿美元，同比增长155.8%，增速、完成目标比例均居全省第1位。其中，进口8.29亿美元，增长230.1%；出口2.63亿美元，增长49.5%。全市对外承包工程及劳务合作完成营业额1937.4万美元，同比增长8666.5%，增速居全省第1位。

【组团参加第十届中国(河南)国际投资贸易洽谈会】 2016年4月8日至10日，三门峡市代表团参加在郑州国际会展中心举办的第十届中国(河南)国际投资贸易洽谈会。代表团先后参加开幕式、内陆开放高地创新论坛、名优特产品展等10余项活动，并于4月8日上午举行三门峡市重点项目签约仪式。签约仪式上，三门峡市签约合作项目15个，投资总额71.75亿元，包括先进制造业项目7个、高成长服务业项目7个、现代农业项目1个。其中，外资项目2个，合同外资6.3亿元，分别为法国电力集团投资5亿元的法电三门峡城市供热项目、LFG跨国投资管理有限公司投资1.3亿元的三门峡市林家花园生态农业开发项目。同时，还发布162个符合国家产业政策、产业关联度高、有益于拉长产业链的经济合作项目。

【全市首个PPP项目在湖滨区落地】 2016年6月17日，湖滨机电制造业园区基础设施建设项目(PPP模式)签约仪式在湖滨区举行。作为全市第一个正式签约落地的PPP项目，湖滨机电制造业园区基础设施建设项目采用BOT(建设—运营—移交)的运作方式，由湖滨区政府通过公开招标，将项目投资、融资、建设、运营维护等交由中选的社会资本方实施。项目合作期限12年，其中建设期2年、运营期10年。

【参加第七届中国(甘肃)国际新能源博览会】 2016年8月9日至12日，由中国国际贸易促进委员会、甘肃省人民政府主办的第七届中国(甘肃)国际新能源博览会在甘肃省酒泉市举行。三门峡市参加了大会开幕式、新能源投资合作项目签约仪式、“一带一路”新能源国际合作高峰论坛、河西走廊新能源建设发展论坛、光伏扶贫在行动暨投融资论坛、新能源产品技术对接会等活动，并赴玉门市、瓜州县和敦煌市就河西走廊新能源基地等项目进行实地考察。

【参加第四届黄河金三角投资合作交流大会】 2016年8月24日至26日，第四届黄河金三角投资合作交流大会在陕西省渭南市大荔县举办。副市长李庆红带队参加会议。会上，三门峡市共签约5个项目，签约总金额13.5亿元，项目投资领域涉及机械、食品加工、物流、工业、农业养殖等。同时，在三门峡形象展区摆放28块展板，全方位展示三门峡市整体情况，并组织10余家企业现场展销30余种产品。

【市政府与国开行河南省分行签订国道310项目合作协议】 2016年9月1日，三门峡市政府与国开行河南省分行国道310项目合作协议签约仪式举行。根据双方达成的合作协议，国道310洛三界至豫陕界南移新建工程项目贷款意向合作金额为88亿元，国开行河南省分行将根据项目清单给予贷款支持。国开行河南省分行行长傅小东、副行长李刚，市委书记刘南昌，市委常委、副市长杨骁，市委常委、秘书长高战荣，副市长李琳，市城乡一体化示范区管委会主任、市发改委主任刘会林,市政府秘书长刘廷福等出席仪式。

【参加第 19 届中国国际投资贸易洽谈会】 2016 年 9 月 6 日,市商务局会同三门峡市经济开发区在厦门市举办经贸合作恳谈会暨项目签约仪式,并组织三门峡经济开发区商务局、湖滨区商务局、湖滨区工业园的有关人员参加第 19 届中国国际投资贸易洽谈会。厦门市经济贸易促进会、台湾两岸情经贸交流协会、厦门市河南商会和厦门市的闽商、台商共 70 余人参加会议。

【中建一局考察团对接项目座谈会召开】 2016 年 10 月 14 日,中建一局考察团对接项目座谈会召开,双方就产业合作项目及投资关注领域进行深入交流。三门峡市委常委、副市长杨骁主持座谈会,中建一局副总经理王小玉及中国水环境集团投资有限公司、中航信托股份有限公司、北京海运集团有关负责人,三门峡市发改委、市财政局、市水利局、市住建局、市规划局、市交通运输局、市商务局等单位负责人出席座谈会。王小玉介绍中建一局有关情况和投资关注领域,市发改委推介三门峡市产业合作项目,市财政局介绍 PPP 项目及合作模式。

【三门峡市—华侨城集团旅游业合作发展座谈会召开】 2016 年 10 月 14 日,三门峡市—华侨城集团旅游业合作发展座谈会召开,双方就三门峡旅游产业发展进行深入交流,市委书记刘南昌出席会议并讲话。华侨城集团公司党委常委、华侨城股份公司总裁王晓雯,华侨城景区投资管理公司董事长曾辉,武汉华侨城实业公司总经理刘升勇,市委常委、秘书长高战荣,副市长李庆红,市政协副主席、市工商联主席孙继伟出席座谈会。

【中国交建华中区域总部对接三门峡市项目投资建设座谈会召开】 2016 年 10 月 18 日,中国交建华中区域总部对接三门峡市项目投资建设座谈会举办,双方就产业合作项目及投资建设关注领域进行深入交流。市委常委、副市长杨骁主持座谈会,中国交建华中区域总部党工委书记肖继生等出席座谈会。座谈会上,肖继生简要介绍企业概况、合作意向、投资建设事宜,市发改委、市财政局、市交通运输局、市水利局、市住建局、市规划局等单位负责人就三门峡市项目合作情况进行说明。

【市政府与中铁辰邦(北京)科技有限公司签署战略合作框架协议】 2016 年 10 月 21 日,市政府与中铁辰邦(北京)科技有限公司签署战略合作框架协议,总投资额约 378 亿元,将在交通、地下管廊、海绵城市、智慧城市等方面的 9 个 PPP 项目开展合作。中铁辰邦(北京)科技有限公司名誉董事长侯杰,副总经理冯谦、于洪,市领导刘南昌、安伟、杨骁、高战荣,市城乡一体化示范区管委会主任、市发改委主任刘会林,市政府秘书长刘廷福出席签约仪式。

【参加 2016 中国(郑州)产业转移系列对接活动】 2016 年 11 月 7 日,2016 中国(郑州)产业转移系列对接活动在郑州市举行,市委副书记、市长安伟率团参加。速达电动汽车科技有限公司作为三门峡市新能源汽车生产企业,参展第九届郑州国际汽车展览会暨首届新能源智能汽车展览会。三门峡市在系列对接活动中主要涉及新能源、电子信息、建材、食品、生物医药、装备制造、节能环保等领域。三门峡市在活动中共完成签约项目 21 个,签约总金额 78.82 亿元,其中 4 个项目为系列对接活动现场签约项目。

【参加 2016 东盟(曼谷)中国进出口商品博览会】 2016 年 11 月 4 日至 6 日,2016 东盟(曼谷)中国进出口商品博览会在泰国首都曼谷蒙通他尼国际会展中心开幕。受亚洲国际贸易投资商会的邀请,三门峡市组织企业代表团 30 余人赴泰参加该活动,仰韶科技、亿通工贸、华阳食品、化工机械和小鹿回家等 14 家企业参加此次活动,参展商品涉及文化产品、农副产品、果汁和装备制造等 30 余种。泰国中小企业局局长查麦潘·哲咋棱、泰国工业部原副部长邬东、中国驻泰国大使馆商参处二等秘书段炼和亚洲国际贸易投资商协会主席吴志毅分别到三门峡展区参观并合影留念。此次博览会期间,三门峡市企业共签订合作意向 43 个,接触专业采购商客户 300 余个。

(曲园园)

三门峡经济开发区

【概况】 2016 年,三门峡经济开发区紧盯转型发展战略,坚持“弥补短板、构筑底板、强化长板”,实干为先,谋划超前,着力培优育强工业,提升改造三产服务业,统筹抓好党的建设、民生改善、城市建设等工作,确保各项目标任务圆满完成,经济社会保持平稳健康发展的良好态势。地区生产总值完成 12.7 亿元,同比增长 9.5%,其中第一产业增加值增长 9.5%;第二产业增加值增长 9.5%;实现规模以上工业增加值 2.9 亿元,增长 17%;第三产业增加值增长 10%,占生产总值比重达 70%,新发展规模以上服务业企业 1 个,营利性服务业收入 20%;完成公共财政一般公共预算收入 1.82 亿元,增长 13.1%;完成固定资产投资 24 亿元,增长 17%;实际利用省外资金增长 13.86%;实际利用境外资金增长 10.38%;实现社会消费品零售总额增长 12%;进出口总额 138.6 万美元,增长 12.68%;完成高新技术产业增加值 2.45 亿元,占规模以上工业增加值比重 91%,增长 19.2%;完成城镇新增就业人数 1527 人,城镇登记失业率控制在 2.8%。全年没有发生群体性事件和刑事治安案件、重特大食品安全事故、重特大环境污染事故。2016 年三门峡经济开发区在全省产业集聚区排名第 152 位(2015 年排第 166 位,前进 14 位),在全省排名 145 位(2015 年第 159 位,前进 14 位)。按照绝对量和发展指数,可基本实现晋级目标。实施省、市级重点项目 7 个,完成投资 14.2

亿元。招商引资签约项目8个，总投资额32.84亿元。市委、市政府下达三门峡经济开发区10项共同目标、15项业务目标，产业集聚区3项进位晋级目标顺利完成，立项督办任务87项，临时交办事项57项全面完成。全面深化改革，全区纳入《全面深化改革2016年工作台账》管理的重点改革任务共计63项，均达到时间进度或圆满完成。上报市委办、市政府办工作信息35条，在各类媒体刊发稿件1200余篇。办理人大建议4件、政协提案6件，办结率、回复率、满意率均实现100%。

【党风廉政建设工作】 2016年，三门峡经济开发区抓教育，增强反腐倡廉意识。完善讲党课制度，党工委书记为全区党员，支部书记为各支部党员分层次讲党课，全年共开展党课活动37次，参与党员干部510余人次；创办《纪委工作报告》《警示通报》简报，刊登典型案例及政策解读，对党员干部进行提醒教育；在全区开展警示教育月月讲活动，精选12个典型案例编成戏曲、情景剧、相声、小品等，制作成教育警示片，配编相应廉政歌曲月月播放，让受教育者“震撼、入脑、驻心”。抓机制，加强部门和行业廉政建设。不断拓宽反腐倡廉教育的覆盖面，在机关党员干部和家属中深化“做廉政建设表率”“争当廉政贤内助”活动；在企业建立非公有制经济纪检组织，开展“规范企业管理，提升效率”活动；在学校开展“敬廉崇洁”规劝父母崇廉尚德启蒙教育活动；在街道社区聘请廉政文化监督员和信息员宣讲廉政知识；在农村推行《村组干部权力监督服务手册》，创新“四议两公开”制度，构筑党员思想防线，营造廉政文化氛围，在全区形成一级抓一级、层层抓落实，齐抓共管”的责任体系。抓监督，加大“庸懒散软”整治力度。抽调相关人员组成纪律检查组，对各部门进行纪律检查，对违反纪律人员及时进行通报并进行纪律处分。

【机关党建工作】 2016年，三门峡经济开发区持续深化“进千村帮万户”活动，推进农村党员积分管理，着力整顿“软弱涣散”党组织，针对南关村党支部存在的“软弱涣散”问题，按照“六步工作法”，采取成立工作调查组、派驻驻村第一书记、建立问题台账、分包负责等有效措施，帮助该村党支部摘掉“软弱涣散”帽子。村级组织活动场所得到完善，投资25万元，在5个行政村建立便民服务中心。推进非公有制经济组织和社会组织党组织“两个覆盖”，非公有制企业党组织应建尽建率达到100%。机关党建认真落实从严治党要求，持续深化党建目标积分管理和党员目标积分管理，确保机关党建活力和战斗力，《深化三型机关创建助推“两学一做”开展》经验做法在全市推进机关党建现场会上进行交流。3个党组织在全市机关党组织“两学一做”学习教育典型案例征集评选活动中获奖。

【社会治安综合治理工作】 2016年，三门峡经济开发区建成甘棠社区、西苑社区两个综治服务中心，完善三级矛盾纠纷调处化解综合工作平台，建立“定期排查、集中梳理、归口管理、限期办理”机制，确保把矛盾纠纷隐患化解在萌芽状态。推进以视频监控为主的社会治安防控体系建设，出资108万元建成公安监控平台，在全区道路、场所安装监控点位61个。深化平安创建工作，在辖区学校、市场、社区、村组、楼院开展系列平安创建活动，三门峡经济开发区被市委、市政府表彰为“全市平安建设先进单位”，被省委、省政府表彰为“全省平安建设先进开发区”。在防范和处理法轮功等邪教问题中，把反邪教警示教育和各类群众文化体育活动有机结合，传播正能量，将防范和处理邪教问题的各项工作引向深入。在依法治理工作中，深入开展“法律服务进基层”活动，推进“民主法治示范村”建设，向阳村获“全省民主法治示范村”称号。

【人口计生工作】 2016年，三门峡经济开发区认真落实人口和计划生育工作责任、措施、投入“三到位”，组织好春秋两季“生殖健康进家庭”活动，免费孕前优生健康检查覆盖率85%，群众对计划生育服务满意率达到96%以上。强化计划生育利益导向机制，独生子女父母奖励、农村独生子女户、双女户养老补贴等奖励政策落实率100%。流动人口综合服务率达91%，登记率达95%，流动人口计划生育均等化覆盖率达到83%。

（吴丽群）

三门峡产业集聚区

【概况】 2016年，三门峡产业集聚区固定资产投资完成190亿元，同比增长16.7%，增速居全市第3位；规模以上工业增加值完成3.42亿元，增长15%，增速居全市第2位；公共财政预算收入完成2.6亿元，增长30.4%，增速位居全市第1位；高新技术产业增加值完成1.78亿元，增长20.7%；进出口总额完成1970万美元，增长311.2%；实际利用境外资金2.16亿美元，增长5%；实际利用省外资金36.3亿元，增长7%。三门峡产业集聚区被省政府授予“河南省先进产业集聚区”称号，成功创建“省级文明单位”“河南省循环化改造示范试点园区”。

发展质量持续提升。国家级高新区创建得到省政府大力支持，请示文件上报国务院，并转至科技部审核待批。重点项目建设扎实推进，列入市重点项目23个，总投资225亿元，累计完成投资72.5亿元，完成年度计划的118.6%，其中戴卡轮毂、锦江大宗商品物流产业园、鹏飞电子智能照明产业园等5个重点项目开工建设，中原黄金冶炼厂升级改造一期等8个项目建成投产达效，大唐三期百万千瓦机组项目建成并高质量通过168小时满负荷试运正式转入商业运营，中金铁路专用线、五原棚户区安置社区等10个重点项目加紧建设。发展环境持续优化，出台企业精准服务工作实施方案，帮助企业解决房产证办理、融资难题15类120余件；搭建“政府+银行+企业”合作平台，帮助小微企业解决还贷应急周转资金1600万元，实现企业融资1.2亿元。自主创新能力持续提升，新增市级工程技术中心2家，省、市级企业研发中心达到16家;新增授权专利40项,授权专利总数达到435项;高新技术产业增加值实现1.78亿元,增长20.7%;神源镓业利用烟尘灰渣提取镓、硫酸铝综合利用项目入选工信部京津冀及周边地区工业资源综合利用产业协同发展示范工程项目;建成三门峡科技大市场,办理技术合同登记4项,技术合同金额4198万元,采集共享设备379台(套),举办创新讲堂2期,成为全市首家科技资源和综合信息服务平台;智慧园区建设全面启动,率先建设全市首家智慧企业公共服务平台、智控中心和协同云服务平台。

发展后劲显著增强。签约落地招商引资项目23个,总投资155亿元,其中投资5亿元以上项目7个,投资3000万元以上项目13个(含科技孵化器项目2个),总部经济项目3个;电子商务快速发展,全年培育省级电子商务示范企业6家;大员带队外出招商32批次,谋划储备重点线索项目18个,总投资约438亿元;与中国兵器、中国黄金、中国铝业、中国城通控股等央企达成明确合作意向,对接项目列入全市央企合作"大盘子";与中信戴卡、锦江集团合作不断深化,汽车零部件、汽车轻量化等项目前期工作顺利推进。淄阳河治理等5个重点项目获批基金4.28亿元。

城市建设成效显著。产城融合有序推进,将开曼铝业等重点企业卫生防护距离搬迁、重点项目拆迁放在首要位置,完成官庄村334座农宅搬迁,已拆迁159座;完成五原村农宅拆迁89座。五原棚户区安置社区项目累计完成投资4000万元;馨汇小学主体工程完工,摩云中心学校教学楼及餐厅主体全部封顶,2所学校累计完成投资3900万元。城市功能日益完善,新增供水管网6千米、供热管网3千米、中水回用管线6千米,实现建成区供水、供暖全覆盖;污水处理厂提标改造如期完工;垃圾中转站建成投用;绿化管护面积累计达到51.3万平方米;新购置道路清扫车、抑尘车各1辆,环卫保洁面积累计达到103.6万平方米。

社会民生持续改善。精准识别建档立卡贫困对象157户485人全部纳入社会保障兜底脱贫,在全市率先实现整体脱贫。社会保障水平不断提高,累计发放惠农资金、民政补助和社会保障资金3266万元。农村土地承包经营权确权工作基本完成。村级组织运转经费和服务群众经费由5000元/年增加到3万元/年,村干部工作报酬由860元/月增长到1702元/月。社会治理水平持续提升,集中开展安全隐患大排查大整治专项行动,安全生产和食品安全形势平稳;大力实施"蓝天碧水"工程,取缔"小散乱差"企业11家,排查违法违规建设项目61个,大气污染防治攻坚战取得阶段性成效;扎实开展"信访积案集中攻坚"活动,有效化解一大批疑难案件,全年2次获"河南省驻京维稳工作先进单位"称号;加强社会治安综合治理,依法严厉打击扰乱经济发展环境等各类刑事犯罪活动,最大限度地维护了社会稳定。

(周玉乐)

出入境检验检疫

【概况】 2016年,三门峡出入境检验检疫局共检验检疫进出口货物6188批次,货值33.53亿元,同比分别增长32.62%和39.76%。其中,出口货物6080批次,货值29.22亿元,同比增长32.55%和36.5%;进口货物108批次,货值4.31亿元,同比增长36.71%和66.81%。检验检疫业务总量实现逆势增长,助推三门峡市进出口增速双双位居全省第一。三门峡出入境检验检疫局获"质检总局直属系统先进基层党组织"、三门峡市对外开放先进单位等荣誉称号。

【食品农产品出口】 2016年,三门峡出入境检验检疫局把扩大食品农产品出口作为出口履职第一要务,全力推进"一县一品"工作,激发食品农产品出口活力。共检验检疫出口食品农产品5957批次,货值27.15亿元,同比增长32.29%和38.5%。鲜水果出口1.63亿千克,货值10.45亿元,同比分别增长32.61%、20.98%;食用菌出口1290万千克,货值14.02亿元,同比分别增长101.29%、87.9%。依托建成的5个国家级出口食品农产品质量安全示范区,在全省率先实现"一县一品"县域、品类的全覆盖,涵盖干制香菇、木耳、果品、果汁等主要出口产品。帮助企业开拓市场,助食用菌首次出口德国、英国、哈萨克斯坦、墨西哥等欧盟和"一带一路"沿线国家;帮助果品企业新开拓巴林、刚果等市场;苹果酱罐头时隔两年重返美国市场。帮扶企业获得出口资质,新增注册企业20家;出口食品深加工起步,新增出口深加工企业4家。

【开展"走进企业 精准帮扶"活动】 2016年,三门峡出入境检验检疫局把促进贸易便利化作为服务外贸的根本举措,开展"走进企业 精准帮扶"活动。切实解决问题,深入企业调研,召开座谈会14次,征求意见建议20条,解决问题14个,向总局反映问题1个,协调政府部门解决问题5个。优化通关环境,强化分类管理,实现快检快放,让企业享受通关便利。落实全国检验检疫通关一体化战略,对辖区50余家进出口企业进行e-CIQ网上申报培训,e-CIQ主干线受理批次率达到100%;积极响应企业诉求,与内蒙古检验检疫局加强合作,实现进口铜精矿直通放行至三门峡实施检验,进口铜精矿6030万千克,货值3.87亿元,同比分别增长84.64%、59.02%。帮扶新增危险化学品企业完成出口手续,出口硫化钠价值841.41万元。代拟《关于进一步加强自由贸易协定实施和原产地签证工作实施方案》,三门峡市成为全国首个出台文件支持自贸协定实施和原产地签证工作的地级市,共签发各类原产地证书663份,签证金额3.82亿元,同比分别增长20.77%和48.7%,为出口企业减免进口国关税约2900万元。强化部门协作,加强与商务、农业、园艺、海关等部门的协作,启动检商两证合一试点工作;联合三门峡海关、市商务局、市国税局,召开自由贸易协定实施和原产地签证工作宣讲会;与市园艺总站、市商务局共同起草省级果品出口基地200万补助资金的使用方案；协调三门峡园艺总站拨款1.2万元专项用于果园外来有害生物监测；推荐4家食品企业首批入驻"同线同标同质"公共信息服务平台。

【内陆口岸建设】 2016年，三门峡出入境检验检疫局把口岸建设作为促进开放的新阵地，向市委、市政府上报《关于建议申建三门峡铁路口岸的报告》，协调推进建立内陆进口铜精矿指定口岸（监管区）工作，市委副书记、市长安伟，副市长杨骁、王振清分别给予批示肯定。推动三门峡铁路口岸纳入河南省"十三五"规划，推进内陆进口铜精矿指定口岸申建工作，获省、市领导肯定。 （李书坡）

三门峡海关

【概况】 2016年，三门峡市实现进出口总值72.1亿元，同比增长172%，增速居全省第一位。其中，进口值为54.8亿元，增长251.1%；出口值17.3亿元，增长58.7%。进出口货运量5.99亿千克，增长134.6%，其中，进口货运量4.98亿千克，增长181.1%，出口货运量1.01亿千克，增长28.9%，稳居全省第七位。三门峡海关被省委、省政府授予"省级文明单位"称号。深化海关业务改革工作。深化通关一体化、无纸化通关和关检合作"三个一"改革力度。三门峡海关通关一体化报关率达到100%，无纸化报关率为97.3%，关检合作"三个一"申报率达到100%。关区稽查作业改革和财务综合保障一体化改革均顺利实施。加大综合治税力度。加强调研，改进服务。赴进出口骨干企业进行现场办公，宣传政策，引导异地报关纳税企业属地报关。建立全市重点税收企业数据库，及时了解企业的生产经营状况及税收变化。规范履职，严格征管。三门峡海关税款入库7210万元，征收保证金1019万元。始终保持打击走私高压态势。开展打私专项行动和"国门利剑2016"联合行动。结合辖区主要出口农副产品的地域特色，全面梳理、筛选高风险出口商品，针对干香菇、干木耳开展农产品出口打私专项行动。成立农产品专项调研小组，对三门峡市农产品出口形势进行全面摸底调研，并赴南阳海关学习打击伪报瞒报、利用农副产品变相走私等行为方面的经验。办理简易案件一起，移交线索一条。发挥统计决策辅助作用。建立海关统计监测预警月报制度，向市委、市政府及时提供海关统计及分析报告，共向市委、市政府编报《海关信息》7期。提质增效，擦亮服务"窗口"。创新服务理念，扎实开展"效能革命"系列活动。建立重点企业和项目协调员制度。建立《海关行政职权目录表》，包含进出口申报管理、进出境旅客行李物品监管、加工贸易货物监管、进出口货物关税及海关代征税征收、知识产权海关保护、行政处罚等行政职权85项，涵盖海关监管、关税、加贸、稽查、缉私、统计等9个领域。公布《海关行政执法责任清单》和《海关公共服务事项清单》，最大程度保障公众的知情权与监督权。推动关检合作"三个一"工作，完全实现一次申报、一次查验、一次放行，切实简化行政手续，减轻企业负担。进一步优化服务效能，规范内部管理监督机制，重申岗位职责制、服务承诺制和责任追究制，严格首问负责制、AB角工作制、限时办结制和一次性办结制，设立行政审批大厅，不断完善"单一窗口"服务工作机制。建立完善节假日预约通关制度，对社会承诺24小时随时办理通关手续。

【全市进出口总值、进口值、出口值增速均居全省第一位】 2016年，三门峡市进出口总值、进口值、出口值增速均居全省第一位。进口铜精矿35.5亿元，同比增长185.9%，占全市进口值的64.8%；进口黄金矿砂18.8亿元，同比增长572.5%，占全市进口值的34.3%。二者占全市进口值的99.1%，成为拉动三门峡市外贸增长的主力军。河南中原黄金冶炼厂有限责任公司进口50.7亿元，同比增长308%；灵宝黄金股份有限公司进口3.6亿元，同比增长29.3%。二者进口54.3亿元，占全市进口值的99.1%，冶炼行业龙头企业作用凸显。全市农产品出口至海上丝绸之路沿线32个国家10.8亿元，同比增长85.3%，增幅明显。出口商品主要包括干香菇、干木耳、浓缩苹果汁、鲜苹果，占全市农产品出口的62.4%；农产品出口至陆上丝绸之路沿线47个国家1.3亿元，同比增长2.2%，增幅缓慢。出口商品主要包括鲜苹果、浓缩苹果汁、干香菇和鲜柿子，占全市农产品出口的9.3%。全市农副产品出口13.5亿元，同比增长76.4%，占全市出口值的78%。干香菇出口6.6亿元，同比增长88.1%，占全市农产品出口值的48.9%。干木耳出口3.9亿元，同比增长200.5%，占全市农产品出口值的28.9%。越南、泰国、香港以及韩国是干香菇的主要出口市场，占98%。其中，出口越南3亿元，占78.8%。浓缩苹果汁出口1.3亿元，同比增长60.4%，主要出口至美国市场。鲜苹果出口1.2亿元，同比增长11.2%。孟加拉国和斯里兰卡是鲜苹果的主要出口市场，占92.4%。 （宁宝宝）

·编辑 卢亚杰·

商贸·市场

商　务

【概况】　2016年,面对严峻复杂的宏观经济环境和艰巨繁重的改革发展任务,全市商务系克服重重困难,积极抢抓机遇,持续探索创新,求实效、提质量、增效益,实现了"十三五"的顺利开局。在全省商务工作会议上,三门峡市商务局成为6个受表彰的先进单位之一。

招商引资　签约项目推进速度明显加快,共履约124个,履约率87.3%,开工105个,开工率73.9%,累计到位资金170.625亿元,资金到位率28.1%。一是扎实安排部署。制定行动计划,分解活动任务,每月确定工作重点,定期召开专题会议,先后筹备召开全市规格会议7次。义马市"半天工作法",渑池县副职离岗招商,陕州区7名区级领导挂帅等办法,值得肯定。二是紧盯主导产业。与中国黄金集团签订战略合作协议,持续跟进黄金珠宝加工目标企业;锦江集团铝产业链核心项目大宗商品物流产业园成功签约、开工建设;开展煤化工专题调研,与知名企业、重点院所有效对接;围绕铜产业链进行研究,谋划招商项目,开展产业招商。三是推进大员上阵。刘南昌书记、安伟市长亲力亲为、率先垂范,市级领导带队赴各地招商40余次,各县(市、区)开展大员招商168次。与法国电力签订城市集中供热项目,中国旅游业第一品牌华侨城进驻。四是坚持坐地招商。发挥招商小分队"先锋队""排头兵"作用,各县(市、区)按照"三专一委托"方式,围绕各自确定的专业园区,组建专业招商队伍20支,累计外出招商163次,跟踪洽谈项目线索152个。五是组织重点活动。联合省工商联成功举办"百名客商三门峡行"活动,依托三门峡商会西安联谊交流会,举行重点项目推介会。围绕央企开展招商攻坚,先后同中国黄金、中国电建等数十家央企对接项目,明确"央企合作项目跟踪对接职责分工",与国家开发投资公司、中国建筑总公司等12家央企签订战略合作协议。六是抓好工作落实。每季度组织实地督查,每月通报工作情况,通过短信平台、微信公众号不间断发布工作动态。完善项目跟踪机制,项目"三率"有效提高。

电子商务　电商交易额超42亿元,网络零售额达6.5亿元以上,分别增长133%和62.5%。制定"互联网+"电子商务行动方案,电商政策体系更加健全,电商企业及经营主体达4540家。一是完善发展平台。全市引进培育各类电商平台25个,淘宝、京东、腾讯、苏宁等知名企业先后布局,三门峡市电子商务产业园开园运营,阿里巴巴产业带、众创空间等平台运行良好,点点商城等本土平台快速发展,卢氏大众电商创业园成为该县工作亮点。二是强化人才培养。整合人社、教育、扶贫等6部门资源,分行业、分领域持续组织各类培训80余场、18300余人次。促成市电子商务产业园与郑州航空工业管理学院等高校和企业达成人才培训协议。三是提升农村电商。农村电商走在全省前列,召开全省现场观摩会。灵宝市获批省级电子商务进农村综合示范市,3个县(市、区)与阿里巴巴合作开展"农村淘宝"项目。四是强化宣传引导。注重传统媒体与新媒体互动联动,广泛传播电商创业故事。一批传统企业"触电上网",涌现出老醋男、山生有杏、太阳果、山海食经等明星企业、特色商标。

节会活动组织　一是第22届黄河文化旅游节和第四届特博会成功举办。共邀请经贸客商1265人,发布项目115个,集中签约项目78个,投资总额375.59亿元。极地、多吉等10余家知名品牌参加特博会户外休闲产品展。二是万人帐篷节暨歌伦贝尔房车音乐节顺利举行。到会驴友共计73个俱乐部、8100余人,来自陕西、山东、甘肃、山西等10余个省(市、自治区),各界驴友在陕州公园草坪广场扎帐4800余顶。三是罗曼彩虹跑再掀高潮。参加活动的驴友和市民达7000人以上,人数更多,路线更长,玩法更多样。

外贸工作　全市对外货物贸易进出口增速、完成目标比例均居全省第一，完成 10.92 亿美元，同比增长 155.8%。其中，进口 8.29 亿美元，增长 230.1%；出口 2.63 亿美元，增长 49.5%。全市备案企业增至 730 家，办理一般原产地证书 870 份，进出口额双双创下历史新高。一是打造出口品牌。发挥食用菌资源优势，注重出口型企业培育，新增食用菌登记备案企业 12 家，占全市新增企业的 19.4%。食用菌成为全市最大出口产品，累计出口 1.54 亿美元，同比增长 137.4%。二是开拓国际市场。巩固东盟国家等传统市场，开拓中东、非洲等新兴市场。组团参加东盟博览会、亚欧博览会、高交会等大型活动，首次组织三门峡市名优产品走出国门赴泰国参加进出口商品博览会，签订合作意向 43 个。三是加大扶持力度。联合检验检疫、海关、国税等部门举办"进出口企业外贸政策宣讲会"；市产业集聚区依托中黄金项目建设保税区仓库；全市申报外经贸发展专项资金项目 8 个，计划争取资金 200 万元。四是探索跨境电商。60 余家传统外贸企业相继"触电"，累计实现跨境交易额 2.5 亿美元。获批中国(郑州)跨境电商综合试验区第二批试点城市，成立市长任组长的跨境电商领导小组。广泛开展学习调研，加快推行通关一体化，跨境电商产业园顺利开园。三门峡市国际特色商品交易平台项目和河南云企通电商物流快递产业园项目落地开发区。

外经合作　一方面，规范促进对外劳务发展。推进对外劳务服务平台制度化、科学化和规范化，持续开展宣传培训，与国开行合作推出"丝路微贷"业务，与三门峡中专、三门峡智源科技签署合作协议。全市外派劳务 952 人次，主要派往吉尔吉斯斯坦、玻利维亚、纳米比亚、赞比亚等 13 个国家。另一方面，引导企业参与国际竞争。组织参加厦洽会等重点展会。依托江海集团、中非合作论坛，参加中国—加纳经贸论坛，尝试同加纳、赞比亚等非洲国家进行合作。昌通路桥承揽的吉尔吉斯斯坦南北路一期、二期工程顺利完工，产值 1251 万美元。维尼优选在韩国成立韩瑾株式会社，锦路路桥获得境外承包工程资质，实现新的突破。

商贸市场　全市实现社会消费品零售总额 441.1 亿元，同比增长 11.2%。一是培育商贸项目。湖滨区万达广场、永辉超市、永乐电器等知名商企相继营业，丹尼斯百货通过省级"平安商场"验收、义乌商贸城被认定为省级品牌消费集聚区。二是扶持惠民商贸。举行豫西风味美食小吃节，陕州区引入马嵬驿小吃"百味巷"。"大营麻花"成为三门峡市首家"河南老字号"品牌。组织"诚信兴商"宣传月，评选"文明餐桌"示范店、示范食堂和"诚信经营示范店"。落实家政网络中心扶持资金，促进家政市场繁荣发展。三是规范特种行业。出台《关于加快推进重要产品追溯体系建设的实施意见》《预拌砂浆管理规定》等文件，首家符合新标准的二手车市场投入运营。有效防控商务领域非法集资风险，顺利完成黄标车提前淘汰财政补贴，扎实推进油气回收治理和国 V 车用汽柴油升级，强力开展商务领域大气污染防治攻坚战。落实"管行业必管安全"要求，确保了商贸领域安全生产形势平稳。

市场监管　一是持续推进"标准化示范工程"。渑池县成功申报部级市场监管"标准化示范工程"、灵宝市获批省级"标准化示范工程"、义马市获批省级"重点推进单位"。二是妥善处置商务举报投诉。12312 受理并提供各类咨询服务 774 件，商务稽查检查各类企业、商户近 2000 家，协调处理了香港南大洋、灵宝欣宏 2 起外商投诉案件。三是加快完善协同执法体系。与渭南市、运城市联合成立"三省三市"打击侵权假冒联席会议及联合执法机制，推进两法衔接信息平台建设，协调成员单位开展农资、食品药品、互联网等专项整治。全市各级行政执法部门查办侵权假冒案件 95 起，涉案金额 140.93 万元。

【三门峡市组团赴济源市学习考察电子商务工作】　2016 年 5 月 3 日，市委常委、宣传部长吕挺琳带领宣传、发改、商务、商务中心区等部门负责人，赴济源市学习考察电子商务工作。考察组先后走访了济源市电子商务产业园、大学生村官创业培训中心，召开了交流座谈会，并与济源市委副书记贾宏宇及济源市商务局相关负责人就电子商务产业园区建设运营、电子商务人才培养、政府扶持政策等方面进行深度座谈和沟通交流。

【三门峡大营和平麻花总店被评为第四批"河南老字号"】　2016 年，经企业自愿申报、市商务局初审推荐、省商务厅组织专家评审、社会公示等流程，"三门峡大营和平麻花总店"被评为第四批"河南老字号"，也是三门峡市第一家被评为"河南老字号"的企业，填补了三门峡市"河南老字号"空白。

【三门峡市与运城市、渭南市建立"双打"联席会议工作机制】　2016 年 5 月初，三门峡市打击侵权假冒工作领导小组办公室与山西运城市、陕西渭南市"双打办"建立了跨省打击侵权假冒工作联席会议制度暨执法合作机制，并联合签发了相关文件。联席会议制度明确了主要工作职责、工作机构、组织方式、执法合作等事项，日常工作由三门峡市打击侵权假冒工作领导小组办公室承担。

【三门峡电子商务产业园(跨境电商产业园）开园】　2016 年 12 月 29 日，三门峡电子商务产业园（跨境电商产业园）正式开园。中共三门峡市委书记刘南昌，锐旗资本投资有限公司、锐之旗网络科技有限公司董事长李少杰共同为三门峡电子商务产业园（跨境电商产业园）揭牌。三门峡电子商务产业园是由市委、市政府领导，河南省电子商务产业园具体营运管理的专业型产业园区。园区 2015 年 12 月 23 日正式签约，完成一期 1 万平方米办公场地的建设装修，吸引了 30 余家本地电商企业入驻，意向入驻企业 55 家。为推动双创工作发展，园区内打造了 1600 平方米的众创空间。未来，产业园可集聚互联网及电子商务企业 300 家以上，年度持续培养电商从业人员 2000 人次，直接带动和促进就业 3000 人，带动本土农特产品销售 10 亿元以上。

（曲园园）

商业物资总公司

【概况】 2016年底，三门峡市商业总公司与市物资总公司合并成立市商业物资总公司。商业物资系统所属商业物资企业31家，其中：已改制企业8家(但职工身份未置换)，未改制企业23家。共有职工4010人，其中：离退休干部职工1782人，在岗职工555人，下岗职工1673人。系统下属党支部54个，共有党员903人。年内，市商业物资总公司紧紧围绕“创新经营方式、提升经济效益、稳步推进改制，积极服务企业、保持系统稳定”的工作思路，务实创新，积极进取，扎实推进商业物资企业平稳发展。至年底，单位所属零售业企业商品销售额完成25319.5万元，增速10.21%，超额完成政府下达的目标任务。全年共缴纳“三金”1293.07万元。其中：养老金缴纳871万元，医疗金缴纳416.87万元，失业金缴纳5.2万元。

企业改制　2016年，根据企业实际情况，总公司指导企业积极应对，妥善处理企业改制问题。一是纺织品站改制工作。根据企业综合楼项目进展情况，积极洽谈开发商，寻找新的合作伙伴，推进综合楼项目实施，并就职工安置预案(草案)与职工充分沟通交流，听取意见建议，做好企业改制前期协调准备工作。二是糖酒副食集团改制工作。针对糖酒副食集团“苑中园”综合楼的权属问题加强与市中院的沟通协调，积极推动糖酒副食集团企业改制进程。三是积极完善4家物资企业（燃料公司、化轻公司、金属回收公司、建材公司)破产改制工作，涉及安置职工523人，包括在册职工146人，已办理失业人员274人，已退休人员100人，离休人员3人。由于遗留问题未处理完，4家物资企业破产改制工作尚未结束。全年，总公司对11家国有企业进行了内部审计，及时出具了审计报告，摸清了企业家底，规范了企业财务管理和会计核算工作，有效保障企业和职工的根本权益，更好的推进企业改制。

企业发展　2016年，商业物资企业面对市场下滑严峻的不利局面，积极克服各种困难，开拓进取，务实创新，不断推动企业长足发展。百联集团根据市场变化，在元旦、春节、五一节分别推出5起大型促销活动，利用情人节、母亲节、中秋节、国庆节等节假日推出个性促销活动6起，并组织商户在楼外广场举办不同门类的商品特卖会18次，实现销售50余万元；利用微信公众平台进行各类促销宣传420余期，微信关注人数达到9000余人；通过合理调配使用资金，节省房产评估费、贷款利息等费用116.2万元。黄河大厦充分利用现有资源，投资10万元，在大厦小二楼顶层位置上加盖一层轻钢建筑，既解决了办公场所，每年又节约租金4万元。东风百货楼积极开展招商引资，一楼商场引入服装批发城，二楼改为网吧，保障了大楼的租赁收入。饮食服务公司所属红旗旅社投资100余万元对主楼及客房进行改造，使内外部形象焕然一新，经济收益效果明显。黄河饭店保证食材质量，创新品种花样，并利用微信、拉手网、美团等平台进行宣传营销，努力提高企业的经营效益。乳制品公司利用空闲地改造建设，每年增加收入10万元，并对办公室进行改造，改善了多年来脏乱差的工作环境。帝苑商厦通过理顺管理关系、规范租赁合同，清收拖欠租金4.8万元，并实现租金的大幅提高。百货站利用现有资产，加大仓库租赁力度，提升仓库的利用率，大幅增加收入。其他企业也不断加强管理，努力挖掘潜力，增加企业效益。

系统稳定　2016年，总公司坚持以人为本，积极维护职工利益，努力从源头上夯实商业系统稳定基础。一是积极与人社局协调解决部分下岗女工因女大学生干部身份造成50岁无法退休问题，经反复沟通协调，向省人社厅反映实际情况，最终得以圆满解决。二是加大帮扶救助力度，消除潜在隐患。春节期间，商业公司为1779名困难职工争取困难救助金58.41万元，对35困难党员和建国前老党员开展救助慰问，救助金额1.75万元，有效减轻了职工负担，缓解了群众生活压力；物资公司争取政策和自筹资金69800元和米面油52份(10400元)，对市直物资系统和帮扶村155名困难职工、困难党员、老干部等进行了走访慰问。“八一”期间筹措资金19600元，购买慰问品32份(4800元)对企业军转干部进行走访慰问，送去了党和政府的关怀与温暖。三是点滴关爱，真心关怀职工。所属东风百货楼、糖酒副食集团、乳制品公司、百货站等企业积极退还职工垫交“三金”、集资款等款项近156.23万元，及时消除了潜在隐患；百联集团通过职工网络群与职工谈心沟通4800多人次，为23位考上大学的困难职工子女争取了金秋助学金，探望慰问职工及家属79人次，并及时为886名职工送去生日祝福；糖酒副食集团筹资65万元全部补齐灵活就业户职工的养老金，并拿出10万元为全体职工进行体检和缴纳大额医保；百货站为在岗职工投保人身意外险，增加职工人身安全保障，让职工感受到和谐大家庭的温暖。其他企业也积极通过红白理事会关怀慰问职工，不断拉近与职工距离，增强感情联络，稳定职工队伍。四是积极应对了四起涉法涉诉案件，涉及破产改制资金使用、破产改制资金被执行、工伤问题纠纷、临时用工等问题，维护了法律公正性，避免了单位陷入被动局面。五是扎实做好系统矛盾纠纷排查化解工作。总公司认真做好来信来访处理工作，对每起来信来访案件，都热情接待、认真登记、专人负责、及时协调反馈，并加强春节、“两会”等重要节点的矛盾纠纷排查，妥善化解矛盾纠纷。2016年，总公司共办理上级交办信访案件4起，接待群众来访30多起，累计接待400余人次。商业物资系统没有发生进京赴省信访事件，整体形势平稳良好。

消防安全生产　2016年，商业物资系统安全形势整体平稳，全年未发生消防、安全生产事故。一是加强管理，明确责任。制定下发了《2016年消防和安全生产工作实施意见》，并同所属企业分别签订了《2016年消防和安全生产目标管理责任书》，将目标完成情况与年底评先挂钩，强化安全管理，落实企业主体责任。二是强化宣传，全力做好消防安全教育。利用消防安全宣传月和重要节点宣传活动，在系统内扎实开展消防警示宣传教育，并结合警示教育集中开展“三个一”活动，不断推进消防基层基础建设。三是加大排查，消除安全隐患。加大对所有商铺、宾馆、仓库、饭店、车间的全面消防安全检查，有效预防火灾隐患，并做好重要节点的火灾防控，在元旦、春节及全国“两会”等关键节点深入排查整治安全隐患，提高安全防控软硬件水平，坚决杜绝火灾事故发生。四是开展实战演练，增强职工消防安全防范能力。所属百联集团、众兴购物、湖纺商场、百货站等企业先后组织员工和商户2000余人次进行消防实战演练，使员工对火灾的自救、互救、灭火、疏散等应急环节有了更加直观的认识和深刻的了解，百联集团又以“四个能力”建设为主要内容组织教育培训4次，参加人员1636人次，全面提高员工的应急知识和业务素质，有效增强全员处理应急事故的能力。五是规范管理，推进消防安全达标创建活动。不断规范企业安全管理，使企业消防安全主体责任更加明确，消防安全管理标准体系更加完善，火灾隐患排查治理和火灾防控体系建立健全，深入推进企业安全管理达标创建活动。六是注重预防，完善系统软硬件设施建设。总公司及所属企业不断加强消防安全生产硬件建设投入。其中：商业公司投资2万余元购买消防器材200具，配备给所属19家企业并印发消防安全宣传手册和彩页用于消防安全的宣传；物资公司加大安全投入，花费3万余元对存在安全隐患的木材仓库和建材仓库的老旧线路、上下排水进行改造更新，有效消除企业安全生产隐患。所属食品公司对院内超负荷的变压器进行拆除重装；百联集团购置灭火战斗服6套，及时维修更换灭火器71具，维修水带2盘，更换各种消防标牌30余张。

（王鹏松）

供　销

【概况】 2016年，全市供销社系统坚持服务“三农”的根本宗旨，稳步推进综合改革，注重提升为农服务功能，努力营造和谐稳定环境，全系统综合实力、服务水平和发展活力明显增强。全年市直零售业商品销售额完成30245万元，占目标120.9%，同比增长15.5%；系统完成化肥供应248438吨，占目标108%，同比增长5.1%；系统农副产品购进23001万元，占目标109.5%，同比增长9.5%；系统建成规范化村级综合服务社21个，占目标105%，同比持平；系统农膜供应1190吨，占目标108.2%，同比增长2.1%；系统农药供应1319吨，占目标109.9%，同比增长1.2%。全面完成了市委、市政府和省社下达的目标任务。

综合改革　主动汇报工作。在推进综合改革、机构设置、烟花爆竹禁放等问题上，市社主动多次向市委、市政府主要领导汇报工作争取支持。市委书记刘南昌召开市委全面深化改革领导小组会议，听取供销社工作汇报，研究部署综合改革工作，出台改革文件。市长安伟同志两次专题听取汇报，三次作出批示，两次召开市政府常务会议研究解决供销社综合改革中的重大问题。副市长牛兰英多次专门听取供销社工作汇报，帮助解决实际问题。出台改革文件。代拟的《中共三门峡市委 三门峡市人民政府关于深化供销合作社综合改革的实施意见》在征求市直13个单位的意见后，经市政府法制办审核，分别通过市政府常务会议和市委全面深化改革领导小组会议审议，正式印发。设立监事会机构。8月24日，市编办批复设立监事会机构，增加1名正处级主任职数和1名副处级副主任职数，健全了供销社的组织机构。四是抓好改革试点。灵宝市供销社和湖滨区供销社2个县级社试点单位，主动作为，在基层组织体系建设、土地托管和农业龙头企业建设等方面做了大量工作，取得了显著成效。渑池县天池供销社、卢氏县官道口供销社等基层试点单位也在土地托管、开放办社等方面取得积极进展。

农服务体系建设　加大基层社改造力度。制定印发《基层供销社分类改造实施方案》，因社制宜、一社一策，分类推进基层社改造，夯实供销社基层基础，提升供销社经营服务实力，重塑供销合作社新形象。灵宝市供销社2016年把阳平镇供销社改造作为重点，投资3000万元进行改造提升，改造后将新增营业面积1200余平方米，年增加收入20余万元。加强村级综合服务社建设。坚持以供销社为主导，动员社会力量共同参与，注重扩大覆盖范围，注重提升服务质量，规范提升了灵宝焦村镇纪家庄村级综合服务社、湖滨区磁钟乡杨洼村级综合服务社和寺庄村级综合服务社等一批村级综合服务社。至年底，全市累计发展1750个村级综合服务社（社区服务中心），实现了全覆盖，其中又有11个村级社被评为全省农村综合服务社五星级社。提升农民组织化程度和规模化经营水平。积极围绕当地主导产业、特色产业，采取多种形式，通过多种渠道，培育发展农民专业合作社17家，涌现出湖滨区俊鸣农机专业合作社等一批典型示范好、农民收益高、带动能力强的农民专业合作社。至年底，全市有11个专业合作社入选全国总社农民专业合作社示范社；12个专业合作社被省供销社评为全省“五有”农民专业合作社示范社。灵宝市信达果业专业合作社在2015-2016中国合作经济年度成就奖评选中，获得了50佳合作社年度成就奖，成为全省供销系统唯一一个获奖专业合作社。同时，坚持“依托优势、联合发展”的思路，把相同产业的农民专业合作社组织起来成立联合社，共享共用资源，抱团参与市场竞争，合力助农增收致富。至年底，全市已经成立了6个农民专业合作社联合社。其中，湖滨区供销社注册成立的合胜种植农民专业合作社联合社，吸纳了6家种植类专业合作社作为成员社。培育壮大龙头企业实力。积极探索“龙头企业+专业合作经济组织+农户”的农业产业化经营模式，培育了像泰禾农业、渑池天洋农业、灵宝果品三公司等一批在全市具有较强影响力的农业产业化龙头企业。7月7日，作为三门峡市、湖滨区两级供销社共同投资参股的三门峡泰禾农业开发有限公司，登陆中原股权交易中心成功挂牌，成为三门峡市首家登陆中原股权交易中心的农业龙头企业。

项目建设 把好"准入关"。把项目的真实性和可靠性放在首要位置,加强对项目单位资质情况、财务状况、软条件审核,确保项目申报高标准、高质量。抓好"落实关"。市县两级社安排专人负责单位所有项目工作,包括项目储备、申报、开工建设、资金使用、跟踪服务、上下联络等日常工作,确保项目建设工作落到实处。灵宝市供销社寺河苹果产销融合项目经过省社和省财政厅审核,上报全国总社待批。同时,湖滨区供销社绿康黑猪养殖项目争取上级财政资金112万元,项目建设通过市级验收。建好"储备库"。市社及时了解国家项目扶持方向的变化,科学规划一批、储备一批项目,全年市社项目库新增储备项目16个。

土地托管 依托三门峡市特色农产品发展优势,突出产业化、效益化,坚持因地制宜推进土地托管工作,有效促进了农业标准化生产和规模化经营,带动和培育壮大了农村新型经营主体。至年底,全市共托管土地687公顷,通过开展土地托管,实现了农民增收、供销社增效的目的。由渑池县池底供销社控股的三门峡捷登农业托管有限公司,托管土地368.2公顷,涉及渑池县5个乡镇,深受农民群众欢迎,发展前景良好。

电子商务 把打造网上供销社作为推进综合改革的一个重要抓手,立足传统产业和经营网络优势,大力培育电子商务市场主体,发展电商网络,推进电商项目建设。灵宝市供销社发展"杨家食用菌""阳平永兴"等七家电商平台,并通过"微营销"方式拓宽产品销售渠道,提升消费者认可度,取得了较好的经济效益和社会效益,至年底,已实现电商经营额1400余万元。湖滨区供销社参股成立的星派送电子商务公司是三门峡市首家创新型城乡一体化(O2O)电子商务平台。公司建设的星派送农村电子商务综合服务站建成农村电商运营中心站3个,分站37个。陕州区供销社把菜白轧花厂改建为农村电商园,吸引了被省商务厅认证为电子商务示范企业的天瑞科技公司和天宝食用菌有限公司等企业入驻,5月30日,全省农村电子商务现场会代表到园区现场观摩。

安全生产 着力抓好信访稳定工作。建立健全信访稳定工作责任制,认真开展系统内矛盾纠纷排查化解工作,及时发现和化解矛盾纠纷。2016年共筹措总值25万元的资金物资帮助困难职工和困难退休职工解决生活、医疗、子女就学和再就业问题。市社积极做好系统内病退、到龄退休、低保等申报工作,维护系统和谐稳定局面。着力抓好安全生产工作。严格落实安全生产"一岗双责"和"管行业必须管安全、管业务必须管安全、管生产必须管安全"的责任,全年开展了12次安全大检查,对查出的安全隐患和问题进行跟踪督办、建立台账,限期整改,确保隐患整改责任、措施、资金、时限、预案"五落实",督促各企业及时消除事故隐患,确保全市供销社系统没有发生任何安全责任事故。 (*石安娜*)

盐　业

【概况】 2016年,三门峡市盐业管理局继续深化访销直配网格化管理,积极应对盐业体制改革的新挑战,以改革创新为动力,以强化管理为保障,确保行业健康有序发展。全年完成食盐购进9194000千克,占年计划的102%;完成食盐销售9252000千克,占年计划的103%;保证市场供应碘盐合格率达98%以上;自觉遵守盐业法规,管好辖区市场,案件结案率达100%;完成养老、失业、医疗金统筹额123.5万元。

【取消食盐转代批环节】 2016年,三门峡市盐业管理局坚决全面取消食盐转代批环节是应对盐业体制改革必走的第一步。全市各县(市、区)盐业公司按照市盐业管理局的要求,采取将40多家代批商全部转为零售户的措施,取消其代批资格,食盐由盐业公司直接送到各零售户店中。

【全部片区建立台账】 2016年,三门峡市盐业管理局将全市经营范围划分为118个经营片区,各销售片区建立食盐销售台账,详细记录终端销售商的名称、送货地址、联系方式、月销售量、库存量等,使每个终端客户的销售情况尽在掌握之中。对所辖区域的销售数据进行分析,及时监控市场动态,保证区域内合格碘盐的供应,从而最大限度的缩小私盐和非食用盐进入市场的空隙,将其挤出食盐市场,保证了合格碘盐的正常销售。

【食品安全周宣传活动】 按照《三门峡市人民政府食品安全委员会关于开展2016年全市食品安全宣传周活动的通知》精神,6月21日,三门峡市盐业管理局围绕"尚德守法 共治共享食品安全"的主题,针对群众关心的食盐安全问题,举办普及活动。向群众宣传"吃私盐有害、贩私盐违法、举报私盐有奖"以及"少吃盐、吃好盐"的理念,讲解如何快速辨别真假食盐等群众关心的问题。宣传期间共发放宣传材料500余份,接待群众200人次,展出版面3块,悬挂横幅2副,提升群众对品质高、质量好食盐的正确认识。

【市场检查】 2016年,三门峡市盐业管理局对访销直配执行情况进行检查。为保证盐业市场的稳定及盐业市场的有序发展,市盐业局于5月中旬开始组织全局人员分片分组深入各县(市、区)盐业市场尤其是偏远地区进行检查。共抽查了个60余个乡镇的千余家商户及住户,对其盐的品种、购进渠道、价格,对商户是否有《食盐批发许可证》等情况进行了检查。对检查中发现的访销执行不到位等问题,及时通报当地盐业局,责令其限期整改,以保证全市人民群众吃上放心合格食盐。

(*黄松涛　周　颖*)

粮　食

【概况】 2016年,三门峡市粮食总产66790万千克。其中:夏粮产量331400万千克;秋粮产量33650万千克。当年,国家继续实行小麦最低价收购政策,5个县(市、区)和市直3个库点均启动了小麦最低价收购。全年粮油购销价格基本平稳，没有出现大起大落和断档脱销现象。共收购粮食30500万千克。其中,按最低价收购19000万千克,是2015年同期的240%。全年销售粮食26万吨,确保了粮食供应和市场稳定。当年,粮食部门深入贯彻国家粮食安全战略,落实粮食安全责任制,坚决打好粮食收购“攻坚战”和安全储粮“持久战”,加快实施“粮安工程”,大力发展粮食产业经济，扎实做好粮食购销、宏观调控、粮食监督检查、行业发展、信访稳定等工作,较好地完成了各项工作任务。

【粮食安全】 2016年，三门峡市县粮食局认真履行“抓收购、保供给、管库存”的行业职责,攻坚克难、主动作为,认真践行粮食安全责任制的担当责任，圆满完成了粮食安全责任制考核任务。市县两级都成立了由政府领导任组长,粮食、农业、国土、财政等相关部门为成员的考核工作领导小组,并启用公章，从组织和机制上保证了粮食安全责任制考核工作的顺利进行。出台印发了考核办法、考核方案、考核指标和评分标准解读等一系列文件,明确考核任务目标、责任单位、时间节点等内容，将职责和任务细化分解到相关部门,明确到责任科室、责任人。建立联席会议制度和联络信息报送机制,多次组织召开工作会议,交流探讨考核事项,安排部署考核任务,履行决策职能,推进考核工作稳步向前进行。认真对照粮食安全责任制的考核内容,一项项抓落实。针对存在的短板和不到位的地方,进行补足、补齐、补强,并按照考核时限要求,做好自评打分、资料汇总上报等工作。确保三门峡市粮食安全责任制考核工作圆满完成和粮食安全各项责任落到实处。

【粮食收购】 2016年4月，国家出台《2016年小麦最低收购价执行预案》,河南省等6个小麦主产区的国标三等白小麦、红小麦和混合小麦的最低收购价格均为每市斤1.18元，适用时间为2016年5月21日至9月30日。由于小麦市场价格低于托市收购价，2016年全市托市收购全面启动,5个县(市、区)和市直3个库点启动了小麦最低价收购。在夏粮收购期间,面对因气候灾害造成夏粮小麦品象下降的严峻形势，市县粮食局和各收储企业多措并举,克服种种困难,通过积极汇报沟通，落实收购超标小麦市级财政补贴资金500万元和农发行5亿元贷款规模;在备好仓容24000万千克、做好物资器材准备和人员培训的基础上，组织人员到去年夏粮收购工作开展较好的地市参观学习成功实践和先进经验,拓展新思路;并多次召开夏粮收购座谈会、全市小麦最低收购价工作会议、夏粮收购工作紧急会议等工作会议，对夏粮收购工作进行安排部署；抽调党员干部19人成立了志愿服务队,深入一线提升服务,将国家粮食收购政策落到实处,切实保护了种粮农民的利益,取得了夏粮收购多年来少有的好成绩。至年底，全市共收购粮食30500万千克,其中,共收购夏粮小麦30000万千克，是2015年同期的188%。其中,按最低价收购19万吨,是2015年同期的240%,直接促进农民增收7000多万元，受到了市委市政府和省政府督查组的肯定和赞扬,《中国粮食经济》2016年第8期《情系粮农,迎战2016粮食收储第一仗》一文中也专门对三门峡的夏粮收购工作进行了重点报道。

【粮食宏观调控】 为了确保粮食安全和供应,2016年,粮食部门加大了地方粮食储备管理和粮食保障体系建设。一是重新修订出台了《三门峡市市级储备粮管理办法》和《三门峡市粮食应急预案》，完成省分新增地方储备粮1950万公斤增储任务，保证了储备粮数量充足、质量良好、调用高效,为粮食安全和宏观调控打下了坚实的基础。二是积极探索建立粮食产销合作,分别与广东湛江、山西运城、南阳方城建立了长期稳定的产销合作关系,实现粮食优势互补和互利双赢。三是开展了全社会粮食供需平衡调查，强化了政策性粮食监管和粮食统计工作。四是大力推进“粮安工程”仓储智能化建设。申报“粮安工程”粮库智能化升级改造项目13个,共计申请中央及省级财政补助资金723万元。申报军供网点维修改造项目1个，获批资金10万元。同时,做好军供、救灾和粮食市场供应工作，全年销售粮食26000万千克,促进了粮食市场的繁荣稳定。

【依法管粮】 2016年,粮食部门继续按照《粮食流通管理条例》推进依法管粮。通过执法证、监督证换证,更新粮食库存检查人才库,组建涉粮案件核查应急队伍,创建粮食流通监督检查示范单位,筹建市粮油食品检测中心,完善了粮食依法行政和监督检查工作体系。扩大依法管粮舆论宣传,组织开展普法教育,《粮食流通管理条例》颁布12周年纪念活动以及世界粮食日和爱粮节粮宣传周活动。完成粮食库存检查各项工作任务,准确掌握了粮食库存底数。开展粮食收购资格审核、质量品质测报、军粮供应专项检查、政策性出库检查、夏粮、秋粮收购专项检查等活动,确保国家政策得到有效落实。

【粮食行业发展】 2016年，粮食部门继续加强全市粮食产业发展调查和推进工作,积极主动为企业服务,继续推进主食产业化。累计为4家民营企业争取资金支持145万元。同时,继续组织企业参加各种粮油展交会,加强招商引资,完成卢氏县粮食局引进福建富兴隆食品公司投入省外资金1100万元,建设土特产冷库加工项目;积极推进主食产业化和粮油深加工项目建设,完成了灵宝市为民食品公司年产300万千克馒头项目、卢氏县民兴公司投资年产160万千克食品项目、义马市七若滋西点蛋糕项目、渑池县雪莲面业挂面项目,共计完成投资6400万元。

【安全储粮和安全生产】 2016年,三门峡市粮食库存较为充裕，随着夏粮收购取得新突破，粮食库存数量远远超过以往，给安全储粮带来了空前的困难和挑战。面对前所未有的压力,广大干部职工严格落实安全储粮责任制,密切监控粮食质量动态,保证了所有储粮的安全。全市“四无”粮油率达到98%,储备粮“一符三专四落实”达100%。同时,加强安全生产管理,签订安全目标责任书,强化主体责任。通过开展多项安全生产活动和消防演练,不断加强职工安全生产、防火、防盗、防汛等方面的知识教育,强化安全意识,加强了城市防汛,确保了储粮安全和安全生产无事故。（王　毅）

烟　草

【概况】　2016年,三门峡市烟草专卖局(公司)立足实际抓党建,凝心聚力促发展,烟叶经营突出抓质量、提信誉,卷烟营销突出抓规范、调状态,专卖管理突出抓监管、破网络,企业管理突出抓基层、强基础,各项工作都取得一定成效。全市种植烟叶1.37万公顷,收购烟叶56.6万担,烟农总收入7.1亿元,实现烟叶税1.6亿元。全市烟叶税收超过500万元的乡镇16个,其中超过1000万元的乡镇6个。全年销售卷烟7.95万箱,单箱销售收入24871元。实现税利11.37亿元,同比增长4.74%。全年获得鉴定成果2项、国家授权实用新型专利3项,发表学术论文11篇。

【烟农增收工作】　2016年,三门峡市烟草专卖局(公司)围绕促农增收,持续加大生产投入补贴力度,全年投入资金7465万元,亩均达到365元。大力加强减灾防灾设施建设,全市新建5个防雹增雨作业点,累计达到33个。完善烟叶生产灾害救助机制,烟叶生产灾害保险实现“全覆盖”,全市保费达到872万元,亩均45元。围绕培养会学习、会技术、会经营、会管理、讲文明的“四会一讲”职业烟农队伍,建立健全技术指导和技术推广体系,组织烟农培训425场次,发放各类技术明白纸10万余份,提高烟农的技术能力和生产水平,促进了提质增效。面对烟叶产能充足与计划资源紧缺的突出矛盾,积极向地方政府和广大烟农宣传政策,组织烟农做好不适用烟叶处理,把有限的资源用在多收中部优质烟叶上,保障烟农种烟收益。当年,全市烟农户均收入4.46万元,亩均收入3466.68元。全市种烟贫困户686户,种烟面积429.4公顷,户均收入2.89万元,545户贫困群众通过种植烟叶实现了脱贫致富。去年种烟收入5万元以上的农户达到6700多户,在收购总量同比减少9000担的情况下,仍实现烟农增收1200多万元。积极引导合作社利用现有设施资源进行多元化经营,拓宽烟农增收渠道,卢氏杜关鑫叶烟叶合作社利用10座四联体钢架大棚种植西红柿、黄瓜、西瓜等蔬菜瓜果,创收近40万元。

【现代烟草农业建设】　2016年,三门峡市烟草专卖局(公司)聚焦打造烟叶强市的总体目标,围绕“控总量、严规范、促增收”,突出“稳定规模、优化结构、降本增效、完善体系”,积极推动烟叶生产再上新水平。全市累计建设7个国家级烟叶基地单元,基地种植面积占总面积的68.2%。加强与工业企业对接,协调工业企业和技术依托单位深度介入,持续提升基地单元建设水平。积极培育新型经营主体,全市10亩以上专业户9789户,20亩至50亩职业烟农2114户,50亩以上家庭农场263个。全市新建合作社2个,累计成立综合服务型专业合作社13个,入社烟农达到10492户,基本形成了“种植在户、服务在社”的生产组织方式。合作社育苗服务面积8780公顷、机耕服务面积8380公顷、植保服务面积6993公顷,专业化服务覆盖面进一步扩大,服务能力显著增强。大力推广机械化移栽1220公顷、机械化深耕10353公顷、机械化起垄9500公顷、机械化盖膜5787公顷、机械化中耕培土10700公顷、机械化施肥3960公顷、机械化植保3613公顷,机械化作业水平和覆盖面进一步提高。全年共投入补贴资金1739万元,建设炕房、机耕路、烟水配套等基础设施项目976个。扎实推进水源工程建设,烟草定额援建1.48亿元的灵宝白虎潭水库项目已完成工程量的99%,定额援建1.92亿元的陕州大石涧水库主体工程进度已完成16.1%,累计收到拨付援建资金1.33亿元。统筹美丽乡村建设、合作社建设、技术集成应用、机械化作业等各项工作,全市规划建设了卢氏杜关杜荆百里生态烟叶长廊、灵宝朱阳透山现代烟草农业示范区等7个现代烟草农业示范区,烟叶种植面积达到2120公顷,核心区域1440公顷,基本建成要素集中、功能齐全、效益突出、具有一定综合影响力的烟叶产业集聚区,示范带动作用逐步扩大,有力促进了全市烟叶生产整体水平提升。卢氏杜荆“百里生态烟叶长廊”已成为三门峡烟叶的新名片。

【市场监管】　2016年,三门峡市烟草专卖局(公司)坚持守土有责、守土尽责,注重打防并举、高压严打,努力向专卖管理要市场、要销量。着力推进防控体系试点建设,加强连霍高速沿线的各个专卖稽查队建设,构建全市专卖打假防控体系,把好河南“西大门”;着力推进信息情报体系建设。建立分级分层的立体化信息员库,落实奖励政策兑现,加强对信息进行筛选和甄别,有效利用信息情报实施精准打击。着力推进联合协作体系建设。进一步落实涉烟案件联席会议制度,加强与涉案地市的沟通协调,严格实施包干督导、阶段考核、定期通报排序、年终审核认定等措施的落实。着力推进专销协同工作,通过深化专销协同联席例会反馈重点信息、市场管理月战果汇报分析重点线索,列出问题清单,开展专项核查,根据核查结果,分析原因,制定整改措施,提升监管效率。着力推进“APCD”工作法落地实施,充分运用互联网+等现代信息技术,整合相关线索信息,掌握违法违规活动特征,建立分类精准监管长效机制,提高打击涉烟违法犯罪的精度和准度。加强零售大户监管,严密监控可疑大户的进货渠道和销售去向,适时组织开展专项整治行动,不间断开展市场检查活动,严厉打击涉烟违法行为,持续提升市场净化水平。全年查处各类涉烟违法案件454起,查获违法卷烟687万支,烟叶4480千克。侦破百万元以上涉烟网络案件7起,刑拘36人,逮捕9人，判刑3人。2016年结案的陕州区烟草局"12·25"假冒卷烟网络案件，通过省烟草局认定案值1087.9万元，这是全市首次破获千万元以上涉烟网络案件。在办的城区烟草局"1·05"利用互联网销售假烟案，已抓捕涉案人员3人，案值达到1700余万元，被公安部列为部督案件。渑池县烟草局被省政府法制办评为第二批"河南省服务型行政执法示范单位"，拍摄的微电影《小王的烦恼》获得首届服务型行政执法微电影征集活动二等奖。

（史海平）

医药管理

【概况】 2016年，三门峡市医药总公司结合实际，确定以企业改制、非公有制企业党组织建设和探索"互联网+"促进行业发展为重点工作，继续坚持"抓好改制、确保稳定、服务发展"的工作思路，着力抓好重点工作的推进，切实抓好责任目标落实，全力保证职工的稳定，各项工作进展顺利。全市医药流通企业完成销售额8.56亿元，对居民和社会集团零售额2.91亿元，继续保持稳步增长。完成市直单位养老、失业、医疗保险金统筹额完成542万元，超额目标10%。认真落实安全生产工作要求，常抓不懈，警钟长鸣，年度开展安全生产和消防集中检查4次，消除隐患2起，没有发生安全生产事故。

【"互联网+"】 2016年，三门峡市医药总公司针对全市医药流通企业规模小、品种少、配送能力低的问题，把破解行业发展难题作为重点工作摆在重要位置，在认真分析研究的基础上，拟定通过"互联网+"思路，寻求破解办法。4月，总公司牵线促成三门峡九州药品站与洛阳德尔康药品有限责任公司以B2B模式进行合作，两企业网上库存对接，使九州药品站仅2000万元的库存水平直接提高到2.3亿元（德尔康的库存2亿元）左右，双方在线下通过每天的专门配送，建立起稳定的共赢合作，九州站在山西市场的供应能力随之有了明显提升。6月，组织机关各科室负责人，到重庆猪八戒网络有限公司进行专题学习，作为全国领先的服务众包平台，该公司成功为多家企业及个人提供定制化问题解决方案，通过学习交流，该公司专家就关于互联网促发展的思路进行把脉并提出有益的见解。11月，组织有关人员参加了乌镇的世界互联网大会。

【中药材发展】 2016年，三门峡市医药总公司开展针对性考察调研，先后到山西运城新绛县的北杜坞村和甘肃定西陇西县考察学习，借鉴经验、拓展思路，结合考察学习和三门峡市实际，向三门峡市委提出三门峡市中药材产业发展的思考建议。（侯金成）

石油经营

【概况】 2016年，中国石化销售有限公司河南三门峡石油分公司（以下简称中石化三门峡石油分公司）以提升发展质量和效益为中心，以"稳中求进"为主基调，以做实市、县两级公司为目的，顺利完成市委、市政府下达的目标任务，各项指标完成率均居全省前列。系统企业实现税金2413万元，占市政府下达目标1500万元的161%；成品油纯销量39万吨，占市政府下达目标32万吨的123%；纯销售额20.9亿元，占市政府下达目标20亿元的105%；实现利润1351万元，占市政府下达目标1280万元的106%；市直单位养老、事业、医疗保险金统筹额305万元，占市政府下达目标304.99万元的100%；全年实现安全生产无事故。

【国Ⅴ油品升级置换工作】 2016年，三门峡石油分公司按照国家执行汽油国Ⅴ标准的有关要求，制定油品质量升级置换方案，精心部署，快速启动，协调运作，统筹安排资源出入库，采取逐罐、逐品种置换的方式，做好清罐工作，严格质量管控，提前一个半月圆满完成工作任务。特别在油品置换期间，国Ⅴ油品执行"提质不提价"优惠政策，回报社会和消费者对中石化的厚爱与支持。

【统筹资源配置保供先行】 2016年，三门峡石油分公司统筹资源调运，确保市场供应。紧盯库存资源和市场销售，随时掌握市场需求动态，加强与省公司、炼厂、火车站、湖滨车站等单位的沟通协调，积极争取资源调运及到货时间的合理衔接，资源保供和二次物流配送平稳有序。在湖滨车站运力不足、油库供电线路改造等突发事件及暴雪极端天气情况下，加强与市政府、十一局、湖滨车站等部门的沟通协调，保证油品及时接卸入库。坚持把保重点部门供应作为大事来抓，设置加油专区，优先确保消防、公交、政府等重点部门随到随加，履行国有企业的社会责任，服务地方社会经济发展。

【惠农帮扶】 2016年，"三夏""三秋"期间，公司精选国道上位置关键的加油站作为农机保供服务站，推出多项惠民政策，突出"让利减负惠农"，严格执行惠农价格，延长营业时间，部分站点利用站上的"五小设施"，为农机手提供免费洗衣、免费休息、免费洗澡等多项措施，站上服务台长备藿香正气水、创可贴及部分药品，24小时提供不间断热水服务，免费为农机手发放爱心大礼包。各县分公司团支部成立了青年志愿者小分队，送油到田间地头，无偿帮助困难群众义务收麦，深受广大农民群众欢迎，也受到了社会各界人士高度肯定和一致好评。

【网点建设】 2016年，三门峡石油分公司为优化网点建设，支撑三门峡地方经济发展，公司加强与政府职能部门的协调沟通，确保新建站投营和歇业未营站及时启动，陕县第二加油站、三门峡第二加油站、第十六加油站及时开业，方便了周边群众及过往司机。抢占三门峡市商务中心区成品油销售网络制高点，填补中石化在该区域内销售网络空白点，经省公司现场考查研究同意，公司提前介入，与政府相关部门协商，通过多次沟通协调，6月27日，中石化三门峡公司与三门峡商务中心区签订了《三门峡市商务中心区建设项目投资框架协议书》，为公司长远发展提供了强大的政策支撑。

【安全管理】 2016年，三门峡石油分公司共检测油品2487批次，经检验质量全部合格；顺利完成公司国V油品质量升级，协助政府职能部门抽检油样800余个。开展突击检查和督导30余次，检查加油站139座，校验306条加油枪，盘存461个油罐。制定下发油库、加油(气)站现场应急处置卡，做到人手一卡，使应急处置更具实效性。同时运用视频监控系统，将现场演练与远程随机指令演练相结合，提高应急演练的真实性和实战性。全年开展公司级应急演练6次，站库级演练3339次，进一步增强了员工的应急处置能力。全力推进油库、加油站安全标杆创建工作。借鉴学习中原公司7S试点经验，结合自身实际，突出小革新、小创造，打造了效果明显、可复制推广的顺天加油站和油库安全管理样板，指导全区标杆创建，提升了整体安全管理水平。 (侯文凯)

社会服务业

【概况】 社会服务业属于第三产业，具体可划分为两大类：一是为生产和生活服务的部门：交通运输、仓储和邮政业；信息传输、计算机服务和软件业；批发和零售业；住宿和餐饮业；金融业；房地产业；租赁和商务服务业；居民服务和其他服务业。二是为提高科学文化水平和居民素质服务的部门：教育；卫生、社会保障和社会福利业；文化、体育和娱乐业。

【批发和零售业】 批发零售业是社会化大生产过程中的重要环节，是决定经济运行速度、质量和效益的引导性力量，是市场化程度最高、竞争最为激烈的行业之一。2016年，随着金三角建材物流港、义务商贸城等大型项目的运营进入正轨，为三门峡市批发零售也发展注入了强大动力。同时，三门峡市居民收入水平整体上处于较快上升阶段，三门峡市居民消费无论是从总量上，还是从结构上都有相当大的发展空间，这为批发零售行业的发展提供了良好的环境。年内，全市批发零售业共有各类经营主体60891户，较2015年同比增长10.4%，其中，内资(非私营)企业1224户，私营企业6833户，注册资本总计2696448.8万元；个体工商户53595户，注册资本398874.25万元。

【居民服务业】 2016年，随着经济的发展和人民生活水平的不断提高，三门峡市居民的服务性消费需求明显增加，居民服务业发展势头良好。至2016年12月31日，全市居民服务业共有各类经营主体9778户，年内新增2083户，其中，内资(非私营)企业99户，私营企业729户，注册资本238380.40万元，个体工商户8890户，注册资本60666.81万元。

【住宿和餐饮业】 2016年，三门峡市住宿和餐饮业依然保持较快的发展趋势，“特博会”“黄河旅游节”等大型节会的举办，为三门峡市住宿和餐饮业发展注入了新鲜活力。以个体工商户为带动，内资、私营在住宿和餐饮业均有增长。个体工商户8404户，注册资本91889.78万元；内资(非私营)企业72户，私营企业264户，注册资本142955.46万元。

【租赁和商业服务业】 2016年，全市商务服务业迅速发展，取得了长足的进步，呈现出规模发展快、盈利能力强等特点，形成了以企业管理服务、法律服务、咨询与调查、广告业、职业中介服务、市场管理、旅行社为主导，以其他商务服务为补充的商务服务业体系。商务服务业正成为三门峡市加快产业结构调整和经济增长的重要行业。其中个体工商户587户，注册资本9026.92万元；内资(非私营)企业177户，私营企业1366户，注册资本928289.41万元。 (李 琪)

市场管理

【概况】 2016年，三门峡市工商行政管理部门紧抓人民群众关注的热点和焦点，开展市场专项整治，严厉查处假冒伪劣商品，集中排查非法集资，重拳打击非法传销，维护市场经济秩序的各项工作取得显著成效，执法力度不断加大，执法效能进一步提升，进一步强化市场管理，努力营造安全放心的消费环境和规范有序的市场环境。

【开展市场专项整治】 2016年，三门峡市工商行政管理部门立足职能，按照地方党委政府和省局的安排，主动作为，强化与公安、质监、食药、卫生等相关部门配合，认真开展各项市场专项整治活动。一是积极组织开展以落实“三查三保”活动为内容的市场安全排查工作，集中对全市各大市场开展为期半年的专项整治行动，取得良好效果。二是按照市委市政府和市禁毒委员会的部署，工商局依照职责分工，签订了《三门峡市禁毒委成员单位禁毒工作责任书》，积极开展专项整治活动，认真履行职责。全市工商执法人员积极参与“6·26”国际禁毒日宣传活动，共出动执法人员530人次，出动执法车辆107台次，悬挂横幅31条，宣传栏31块，发放禁毒宣传材料1000多份，摆放警示图片14块，收到了良好的社会效果。三是从7月开始，组织开展了为期5个月的成品油市场专项整治行动。此次行动，共组织成品油质量检测2次，抽查16个加油站，检测结果2个质量不合格，罚没2.1万元有力打击了违法经营行为，净化了市场秩序。

【非法集资排查】 2016年，三门峡市工商行政管理部门积极履行非法集资风险排查牵头职责，多次开会研究行动方案，统一思想认识。在认真总结往年经验基础上，结合实际加以完善，使行动方案既具有指导性，又具有操作性。3月28日，三门峡市在文博城召开非法集资风险排查集中行动动员会。动员会后,7个集中行动组,24台执法车,50名执法人员从会场出发,立即展开排查行动。三门峡日报社、三门峡广播电视台、大河网等新闻媒体跟踪采访和集中报道,形成了良好的舆论氛围。按照市打击和处置非法集资领导小组的统一部署,3月28日至4月1日,用一周时间在全市组织开展了非法集资风险排查集中行动。工商、公安、城管三个部门组成了7个集中行动组,连同14个路长单位,对市区七横八纵15条主干道,及52条路段进行了地毯式排查,共排查企业商户4317户次,签订承诺书2700份,张贴通告1425份,发现涉嫌非法集资8户。集中行动得到市委市政府领导的充分肯定。从2014年开始,已先后两次组织开展地毯式排查,相关非法集资案件呈现大幅减少之势,非法集资蔓延的势头得到有效控制。5月14日,市局组织有关分局在湖滨广场开展防范打击非法集资宣传日活动,现场工作人员针对市民关心的非法集资有关问题作了耐心讲解,并告诫市民远离和抵制非法集资,提高了社会公众对非法集资危害性的认识,增强了群众风险防范意识,营造了防范和打击非法集资的良好舆论氛围。5月23日,市局排查办,开展涉嫌非法集资门头广告招牌清理"回头看"活动。再次协调城管部门对没有拆除的违法广告招牌强制予以拆除,有效降低了非法集资风险,维护了金融和社会稳定,受到市委领导的充分肯定和社会各界的一致好评。

【打击传销】 2016年,三门峡市工商行政管理部门针对当前新型网络传销违法犯罪活动日益突出,影响社会和谐稳定的状况,重点打击依托微信平台,以"微商"等名义实施的传销违法犯罪活动,查办传销案件1件,罚款30万元。联合公安部门查处传销窝点8个,遣散传销人员70余人,解救被骗传销人员6人,受理咨询500余件,利用微信平台发布关于防范网络传销警示800余条;结合三门峡市实际,印发了《三门峡市创建"无传销城市"活动实施方案》。重点对全市的符合要求的社区进行排查(对原有"无传销社区"进行复查,对未创建的社区进行检查达标)。对照省政府下达的《考核办法》逐一进行严格复查,为三门峡市的无传销城市创建工作打下坚实基础;举办"抵制传销、净化校园、共创和谐"大学生万人签名活动。6月12日下午,在三门峡职业技术学院,打击传销领导小组办公室各成员单位负责人,以及工商部门、公安部门、在校大学生1万余人参加了活动仪式。学生代表宣读了"抵制传销、净化校园、共创和谐"倡议书。并和大学生一起在"抵制传销、净化校园、共创和谐"横幅上签名。河南电视台中原红盾栏目组、河南日报、河南人民广播电台、大河报、大河网、映象网、河南法制报、三门峡日报、三门峡广播电视台等新闻媒体对仪式进行了跟踪采访报道。

【开展综合治理】 2016年,三门峡市工商行政管理部门针对市场秩序问题突出的商品、行业和领域,特别是政府关心,社会关注、民生关切的热点焦点,严厉打击限制竞争、商业贿赂等不正当竞争行为,共查处不正当竞争案件16件,其中:限制竞争2件,假冒他人注册商标3件,仿冒知名商品特有的名称、包装2件,虚假表示和虚假宣传5件,不正当有奖销售3件,其他1件。罚款金额60.7万元。印发了《市工商局2016年开展集中整治不正当竞争行为专项执法行动实施方案》,一是突出重点商品。以人民群众日常生活密切相关的农资、家电、食品等商品为重点,严厉打击假冒伪劣等"傍名牌"不正当竞争行为,进一步规范企业经营行为,维护消费者的合法权益;二是突出重点领域和行业,以消费者投诉多,社会反响大的供水、供电等垄断行业,建筑、银行、有线电视等领域为切入点,通过一个案件挖掘出一个行业违法经营的"潜规则",然后集中时间和精力对这类行业开展专项执法行动,一查到底,让消费者清楚了解这类行业的违法本质,达到查处一类案件,规范一个行业的效果;三是自4月开展集中整治公用企业限制竞争和垄断行为专项执法行动以来,高度重视、迅速行动,结合三门峡市实际,对供气、供水、供热、住房置业、通信、商业银行等行业进行了重点整治,共获取线索8条,立案查处公用企业限制竞争案件2起,罚款20.65万元,没收违法所得12.16万元。专项行动取得了阶段性成效。9月1日至9月30日,工商、公安、质监等22个部门,在全市集中开展代号"蓝天行动"的查处取缔无证无照经营专项整治行动。在此次行动中,全市共出动4761人次,责令停业545户,取缔906户,罚款38.9132万元,立案135起。积极与有关部门配合,印发了《2016年专项行动实施方案》,与文化市场整治专项行动相结合,安排部署了4次对10余种政治性非法出版物的查处,组织开展了对邪教宣传品以及走私宗教类出版物、盗版教材教辅读物、军服管理整治、以及非法销售卫星地面设施等的封堵查缴行动,促进了三门峡市文化市场、出版物市场有序、健康、繁荣发展。

【净化广告市场环境】 2016年,三门峡市工商行政管理部门先后组织开展了非法集资广告、涉农广告、印刷品广告、虚假违法医药广告、打击食品、保健品虚假广告、查处旅游市场中虚假广告、治理非法小广告、违背社会良好风尚和不良影响广告、涉及未成年人的违法违规广告、互联网金融广告、含有"特供""专供"国家机关内容广告等专项整治工作。依托市广告监测中心,对市属广播电视台下属4个电视频道、2个广播频率、2个平面媒体实施跟踪监测,增强广告监管工作的主动性,做到早发现、早制止、早处理。当年,市工商局监测广告41125条次,发现涉嫌违法广告19条,限期整改涉嫌违法广告15条,下发停播整改通知书4份。加强广告行政指导,促进广告行业自律意识。通过采取上门指导、行政约谈、以会代训等方式,加强对辖区广告经营者、广告发布者、广告主督导,把预警教育、行政指导、行政告诫融入日常广告监管活动之中。及时向广告经营单位通报目前广告存在的问题,要求相关媒体单位对违法虚假广告进行自查,强化行业自律,共同为净化广告市场做出努力。分别到卢氏县电视台和三门峡电视台指导媒体广告发布,召开座谈会,抽查电视广告播出情况,查阅广告审查制度等相关资料。约谈电视台4次,行政指导4次;约谈户外广告经营单位20次,指导21次。按照市文明办《关于开展2016年度河南省公益广告征集活动的通知》要求,组织广告经营单位制作公益广告作品,参与评选。对各县(市、区)主次干道和城市重要节点的户外广告发布情况进行了检查。重点检查了墙体广告、路牌广告、立柱广告、LED电子显示屏广告等,查看内容是否涉嫌虚假宣传,是否违反《广告法》及相关法律法规。共检查全市各类户外广告1859条,排查出涉嫌违法户外广告23条,下发案件交办书7份,移交辖区分局处理,要求各级工商部门加强对关键区域户外广告的日常监督管理,确保在户外广告发布环节不出问题。 (李 琪)

个体私营经济

【概况】 2016年,三门峡市商事制度改革持续深化,降低企业准入门槛,优化营商环境,在一系列"简政放权、放管结合、优化服务"政策措施的强力推动下,全市大众创业、万众创新热情得到激发,市场主体保持快速增长,产业转型升级稳步推进,重点优势产业和新兴产业发展态势良好,为促进经济平稳较快增长奠定了良好基础。

【私营企业】 2016年,工商系统把深化改革作为转变职能的"先手棋",全面推进工商登记制度系列改革,在稳增长、调结构、促就业、惠民生工作中发挥了重要作用。在"三证合一"改革基础上,国家又深层推进实施"五证合一"工作。为了顺利实施"五证合一"改革,做好各项业务准备工作,在提高服务的准确性和规范性上,充分运用科技化手段提升服务效率。至10月底,全市共发放"五证合一、一照一码"营业执照1661份。落实注册资本认缴登记制,放宽住所条件改革,简化登记手续和登记文件,不断降低创业门槛,至10月底,全市实有企业18472户,同比增长15.8%,实有注册资本总额11205403.51万元,同比增长27.78%,双双创历史新高。全市新发展企业2878户,同比增长67.33%,新增注册资本总额3401052.35万元,同比增长369.79%。全市完成内资各类主体新登记3549户。其中企业3527户(除外资),注册资本2177708.93万元,私营企业3237户,注册资本1449662.93万元。新登记外资企业22户,注册资本5637.39万美元。至2016年12月31日,全市实有企业19058户,同比增长16.11%,其中内资企业18877户,注册资本11773193.37万元。内资企业中包含私营企业15609户,注册资本7567686.72万元;外资企业181户,注册资本109510.98万美元。

2016年4月8日,第十届中国(河南)国际投资贸易洽谈会三门峡市重点项目签约仪式在郑州国际会展中心举行,现场签约15个经济合作项目,签约项目总金额71.75亿元

【农民专业合作社、个体工商户发展情况】 2016年,国家对"三农"问题高度重视,给予各种支持和优惠政策,惠农力度不断加大,提高了农民创业的积极性,至2016年12月31日,全市新登记农民专业合作社539户,同比增长25.14%;注册资本金新增130857.36万元,同比增长46.52%。全市2016年实有农民专业合作社户数2683户,注册资本金总计499985.48万元。至2016年12月31日,全市新登记个体工商户14758户,同比增长24.27%;注册资本金新增163324.75万元,同比增长34.51%。全市2016年实有个体工商户75554户,注册资本金总计660671.60万元。总体来看,三门峡市2016年累计实有各类市场主体97295户,同2015年相比总量增长15.31%。其中个体私营经济资本(含私营企业和个体工商户)规模不断壮大。全市实有个体私营经济主体94612户,同比增长19.91%,占全市市场主体的97.2%,个私经济资本总额745.59亿元,占全市市场主体资本总额的53.8%,个私经济主体和资本规模不断壮大,私营企业和个体工商户已经成为拉动市场主体增长的主力。

(李 琪)

·编辑 张怡杰·

旅游业

综　述

【概况】 2016年,三门峡市旅游部门围绕“黄河三门峡·美丽天鹅城”的城市旅游品牌打造,以强力发展全域旅游为主线,以项目建设、精准营销、融合发展、优化供给、旅游公共服务为重点,不断推进旅游产业转型升级,全市旅游经济保持了持续平稳的增长态势。全年全市接待海内外游客3028.3万人次,旅游收入258.2亿元,较2015年分别同比增长12.7%和14.5%。至年底,全市共有旅游景区27家,其中AAAA级12家(虢国博物馆、豫西大峡谷、函谷关历史文化旅游区、天鹅湖国家城市湿地公园、黄河丹峡、汉山、甘山国家森林公园、双龙湾、黄河公园、灵宝燕子山、灵宝娘娘山、渑池仰韶文化博物馆),AAA级1家(三门峡大坝景区),AA级6家(黄帝铸鼎原、鼎湖湾、上阳苑、清风山、曲村地坑院休闲旅游度假区、八路军渑池兵站纪念馆);旅游星级饭店17家,其中四星级4家(灵宝紫金宫国际大酒店、三门峡金泉大酒店、灵宝宝源大酒店、渑池县聚龙中州饭店),三星级10家,二星级3家;旅行社55家,其中出境社1家,国内社39家,分社15家;旅游直接从业人员近4万人,其中持证导游员560人,基本上形成了集吃、住、行、游、购、娱为一体的旅游服务体系。

【举办第二十二届三门峡国际黄河文化旅游节】 2015年5月25日至29日,三门峡市举办了第二十二届三门峡黄河文化旅游节暨投资贸易洽谈会、第四届特色商品博览交易会。节会成功举办了“黄河旅游目的地城市共建启动仪式”和“黄河水上嘉年华表演”活动,安全有序地指导组织了2016年“中流砥柱”中国(三门峡)黄河大合唱艺术节、第十届全国双胞胎漂流大赛、2016全国山地自行车邀请赛、千人穿越函谷关、渑池首届“魅力仰韶行”活动等主要活动和专题活动,受到中外来宾和社会各界的高度称赞。国家旅游局、省旅游局、世界旅游组织,沿黄九省(区)35家旅游城市旅游局领导及其AAAA级以上景区,全国百事通旅行社代表,旅游媒体记者等嘉宾360余人出席活动,全市旅游景区累计接待国内外游客20.3万人次。在中央、省等主流新闻媒体和门户网站、客户端、微信公众号刊登相关报道1200余篇、图片9000余幅。百度搜索旅游节相关信息达13.5万余条,手机微信转发相关信息浏览量达75万余人次,单条信息浏览量平均达到4000人次以上。旅游节真正成为提升三门峡城市形象,扩大三门峡旅游对外影响的大平台。

（王　丽）

旅游资源开发

【概况】 2016年,三门峡市旅游部门围绕全域旅游建设和旅游产品提档升级,扎实推进重点旅游项目建设。科学整合旅游资源,为三门峡市旅游资源开发和景区建设注入活力,旅游基础设施更趋完善,旅游区(点)的品位得到进一步提升。

【全域旅游发展】 2016年4月25日,召开高规格的全市旅游工作推进会,提出“积极推进全域旅游建设,打好全域旅游创建攻坚战”的目标,吹响三门峡发展全域旅游的新号角;在三门峡日报上开设“全域旅游大家谈”专栏,6个县(市、区)及发改、财政、交通、林业、规划等部门的主要负责人发表署名文章,畅谈三门峡全域旅游发展前景;全面启动全域旅游发展规划编制工作,卢氏县和灵宝市成功入选第二批国家全域旅游示范区创建单位。

【旅游项目建设】 2016年,三门峡市实施了高阳山温泉度假区、陕州地坑院、汉山、黄河丹峡等旅游建设项目。全年旅游重点项目完成投资16.74亿元。三门峡旅游综合服务中心投资2.1亿元,写字楼主体封顶;陕州地坑院投资1.9亿元,完成了民俗文化园、游客中心、休闲广场等配套设施,小吃文化街(百味巷)和百艺苑商业街也相继开业;黄河天鹅湖旅游度假区投资1.5亿元,完成征地拆迁,门区主广场及停车场等基础性工作;汉山景区投资1.8亿元,完成部分栈道和观景台修建,金顶索道和滑雪场项目也已开工建设。大项目带来了旅游设施的大变化,城市品位得到了提升,为三门峡旅游业发展奠定了坚实的基础。

【旅游专项资金】 2016年,三门峡市本着“突出重点、择优扶强、引导激励、带动投资”的原则,采取有力措施,积极争取旅游项目发展资金,取得显著成效。先后为汉山、娘娘山、仰韶大峡谷、旅游厕所项目建设争取到2016年省级高成长服务业项目资金991万元,重点用于景区提档升级和旅游厕所改造;争取到2016年乡村旅游扶贫项目资金500万元。外来资金强势注入,有力促进了全市基础服务设施的进一步完善和市场承载能力的进一步提升。

【乡村旅游】 2016年,三门峡市旅游部门继续采取局领导班子联乡包村的方式,强力推进乡村旅游发展。按照《旅游资源分类、调查与评价》标准,组织相关人员对渑池县段村乡赵沟村开展旅游资源普查,为开发建设赵沟村和实现脱贫致富打下坚实基础;持续推进乡村旅游经营单位评定工作,共评定旅游经营单位22家,其中四星级4家,三星级8家,二星级10家,进一步规范乡村旅游的服务与管理,有效引领带动了三门峡市乡村旅游健康有序发展。

【旅游精准扶贫】 2016年,三门峡市旅游部门认真开展乡村旅游扶贫工程调查摸底,确定了渑池县洪阳镇柳庄村、湖滨区高庙乡位家沟等38个村为乡村旅游扶贫工程贫困村;积极为卢氏县官道口镇新坪村、文峪乡庙沟村、双龙湾镇东虎岭、汤河乡底里坪村、横涧乡淤泥河村5个村争取到乡村旅游扶贫项目资金500万元,为进一步推动乡村旅游发展,带动群众脱贫致富,创造了良好的条件。

【旅游厕所建设】 2016年,三门峡市旅游部门积极开展旅游厕所摸底调查,建立旅游厕所工作数据库。旅游厕所建设范围扩大,除景区内厕所以外,增加了重要交通聚集点、旅游交通线路、乡村旅游点、旅游餐饮、旅游娱乐场所、休闲步行街区等厕所。全年全市共新建旅游厕所51座,改扩建旅游厕所13座;积极争取到省级旅游厕所建设资金191万元。

【“互联网+旅游”建设】 2016年,三门峡市开通运营三门峡旅游官方微信和电子商务平台,优化升级三门峡旅游手机客户端和旅游官方网站,更新维护三门峡旅游微博;“智慧景区”建设获得新进展,陕州地坑院景区获的中国“互联网+旅游”最具成长力景区称号,成为全国唯一一个获得这项殊荣的景区。

【旅游商品开发】 2016年,三门峡市旅游部门大旅游商品开发力度,筛选组织全市7家旅游商品生产销售企业参加“2016中原旅游商品博览会暨‘老家礼物’旅游商品大赛”,三门峡市选送的竹简“道德经”“虢州石砚”和精品土特产等获得“老家礼物”旅游商品大赛银奖,有效推动旅游商品特色化、品牌化建设。 (王 丽)

旅游宣传促销

【概况】 2016年,三门峡市旅游局围绕旅游目的地营销,开展了全方位、多元化、多层次的旅游宣传推介,先后组织了“九省联动·十万游客看黄河”“千架古筝颂黄河”暑期游学欢乐汇、“2016白天鹅旅游季”等旅游营销事件,有效激活了三门峡旅游市场。

【举办“中华根·黄河魂”晋陕豫黄河三角洲旅游推介会】 2016年4月27日,由山西省运城市、陕西省渭南市、河南省三门峡市、济源市共同举办的“2016晋陕豫黄河金三角旅游区域合作暨(西安)旅游推介新闻发布会”在西安成功举行。三省四市旅游局代表集体亮相,发布2016年黄河金三角旅游区域合作的8项具体措施纪要和各自的旅游产品以及本年度工作的重点、亮点。来自西安三十多家主流媒体一同感受晋陕豫黄河金三角地区丰厚的历史文化,秀美的自然山水和独特的风土人情。

【组织晋陕豫黄河金三角(西安)旅游联合推广活动】 2016年5月14日,由运城、渭南、三门峡和济源联合西安市莲湖区共同举办的“2016晋陕豫黄河金三角(西安)旅游联合推广活动”在西安市大唐西市金市广场正式启动。活动现场,三省四市旅游负责人集体亮相,将采集自运城、渭南、三门峡、济源四地市的黄河之水,共同注入地图板块,一同开启“2016晋陕豫黄河金三角(西安)旅游联合推广活动”,象征着四地市合作共赢、共同发展。活动现场共划分为5个特色区域,展位50余个,参展单位60余家,主要旅游景区联手推介旅游产品和优惠政策,共向到场市民免费发放价值100万元的景区门票、代金券。

【组织黄河旅游目的地城市共建启动仪式】 2016年5月26日,由30余个沿黄旅游城市参加的“黄河旅游目的地城市共建启动仪式”在三门峡市国际文博城隆重举行。在启动仪式上,世界旅游组织专家贾云峰作了《大众旅游时代下黄河旅游的创新与发展》的主旨演讲;运城、临汾、渭南、三门峡三省四市发布了“黄河金三角休闲度假旅游线路”;黄河金三角三省四市旅游局局长与旅游百事通(全国)连锁机构签订“九省联动、十万游客游黄河”共建旅游目的地合作协议;沿黄城市旅游局代表共同发布了“黄河旅游目的地城市共建宣言”,进一步推进黄河旅游经济带旅游产业升级和黄河旅游品牌建设与产品落地。

【举办晋陕豫黄河金三角(川渝)旅游推介会】 2016年6月22至23日,山西省运城市、临汾市、陕西省渭南市、韩城市、河南省三门峡市共同主办的“2016晋陕豫黄河金三角旅游区域联合推介会”在成都市、重庆市成功举办。推介会上，三省五市分别做了精彩的城市宣传，联手推介黄河风情旅游产品，重庆海外旅业集团旅游百事通与五地市旅游部门签订了黄河金三角区域自驾车游客输送合作协议，标志着旅游百事通与黄河金三角区域地市共建黄河旅游目的地的工作正逐渐向纵深落地。

【开展“九省联动·十万游客看黄河”首批五千人大团抵峡活动】 7月2日，旅游百事通“九省联动，十万游客看黄河”首批五千人大团暨幸运游客欢迎活动在陕州地坑院景区举行。在活动现场，分别为三门峡市2016年第1500万名和陕州地坑院景区第100万名幸运游客颁发了证书和纪念品，并授予陕州地坑院景区“荣誉员工”称号，终身获得免费游览陕州地坑院的权利。此次首批五千人大团，是三门峡市旅游局和旅游百事通积极落实《“九省联动、十万游客游黄河”合作协议》的结晶。根据《合作协议》，旅游百事通在一年内还将持续为三门峡市输送十万名团队游客，这在全国尚属首次。

【组织“千架古筝颂黄河”暑期游学欢乐汇活动】 2016年7月30日，由市旅游局、北京家有童星游学旅游联盟主办的三门峡“暑期游学欢乐汇”启动仪式在陕州地坑院民俗文化园隆重举行。作为启动仪式的重头戏——“千架古筝颂黄河”大型主题旅游活动精彩上演，来自山西、陕西、河南、河北全国近百家古筝艺术学校的1078名筝手参加了活动。活动从7月30日持续至8月22日。除“千架古筝颂黄河”外，还包括“游陕州地坑院，体验民俗风情”、“童星宝贝秀，全家总动员”大型亲子亲水真人秀、“游天鹅之城，品黄河文化”游学亲子游等内容。

【举办晋陕豫黄河金三角网络旅游节暨新媒体“大咖”走进黄河金三角活动】 2016年9月25日，晋陕豫黄河金三角网络旅游节暨新媒体“大咖”走进黄河金三角活动启动仪式在运城举行。运城、临汾、三门峡、渭南等四地市旅游部门负责人及40家黄河金三角地市新媒体“大咖”等出席了启动仪式。启动仪式后，各地市旅游部门代表及新媒体大咖将以分组交换地域方式进行采风踩线，在网络旅游节活动网站及三省四市旅游部门网站、微信、微博上发布，让网友通过图文并茂的微文，感受新媒体“大咖”旅游体验的时尚气息和时代特点。

【组织白天鹅旅游季暨老年旅游文化周】 2016年12月4日，三门峡白天鹅旅游季暨白天鹅老年文化旅游周启动仪式在三门峡国际文博城大剧院举行，活动现场来自陕、甘、晋、豫四省八市的媒体和1000余名游客欣赏了《天鹅之恋》《我的家乡三门峡》等富有三门峡地方特色的歌曲、舞蹈和朗诵节目；活动以“看黄河、观天鹅、泡温泉、激情滑雪、游览地坑院、品尝特色小吃”为核心，深入打造黄河冬季旅游黄金线路，并借此机会将“九省联动，十万游客看黄河”活动推向新高潮，进而引爆三门峡冬季旅游市场，叫响并做大“黄河三门峡·美丽天鹅城”旅游品牌。

（王　丽）

旅游行业监督管理

【概况】 2016年，三门峡市旅游局围绕旅游服务升级，相继组织开展了服务技能大赛、“文明旅游”和文明旅游志愿服务活动，取得显著成效。加大旅游市场检查力度。全年开展执法检查30次，下发整改通知单58份，责令改正通知书28份。并实现了旅游安全零事故。

【组织导游员（讲解员）电视大赛】 2016年9月30日，三门峡市旅游局、市文明办和三门峡广播电视台联合举办2016年三门峡市陕州地坑院杯“文明旅游我先行”导游员（讲解员）电视大赛。大赛分为个人风采展示、模拟讲解、情景再现、知识问答等环节，共有12名选手闯入了决赛。经过现场激烈角逐，来自黄河公园的讲解员秦晨雪脱颖而出，荣获一等奖。大赛充分彰显了三门峡市旅游行业爱岗敬业、积极向上的良好形象，也进一步弘扬了文明旅游新风。

【开展文明旅游志愿服务活动】 2016年“十一”黄金周期间，三门峡市旅游局联合6个县（市、区）开展了为期3天的文明旅游志愿服务活动。活动通过在高铁站、高速服务区及各个高速公路口设置旅游志愿者服务站，向过往游客发放《中国公民国内旅游文明行为公约》《文明旅游理性消费》《自驾车地图》及《旅游观光地图》等文明旅游宣传材料，积极开展各类便民利民和现场旅游咨询等服务，传递文明旅游正能量。

（王　丽）

主要景区介绍

【函谷关历史文化旅游区】 国家AAAA级景区，河南省重点文物保护单位。位于豫陕晋三省交界，河南省西大门灵宝市境内，距三门峡市区约75千米，距灵宝市区12千米。总面积16.9平方千米，是一处融道家文化和军事文化于一体的人文游览区。函谷关是中国历史上建置最早的雄关要塞之一，也是中国古代伟大的思想家、哲学家老子著述道家学派开山巨著《道德经》的灵谷圣地，以名人（老子）、名著（《道德经》）、名关（函谷关）声播海内外。中国道教协会前会长玉溪道人闵智亭为景区题写“道家之源”匾额。景区分为函谷关和太初宫两大部分。函谷关建于春秋战国之际，“因在谷中，深险如函而得名。东自崤山，西至潼津，通名函谷，号称天险”（《辞海》）。春秋战国以来，历经七雄争霸，楚汉相争，黄巢、李自成农民起义，以及辛亥革命、抗日战争、解放战争，是兵家必争的战略要地。太初宫是春秋末期杰出的思想家、政治家、哲学家和文学家老子著述《道德经》的地方。《道德经》思想博大精深,蕴含丰富,涉及天、地、人各个方面,在政治、经济、军事、艺术、伦理、养生等领域都有独到的见解,是世界文化宝库中的瑰宝。自1992年以来,函谷关每年都要举行老子诞辰纪念活动,届时海内外旅游者前来朝圣。主要景点有关楼、函关古道、太初宫、大道院、道家养生园、藏经楼、瞻紫楼、鸡鸣台、碑林、蜡像馆、博物馆等20余处。2011年,函谷关实施扩建一、二期工程,建设基础设施工程和河道治理工程。主要项目包括老子圣像、南入口广场、游客中心、太极广场、养生园、迎宾广场、道德天书、博物馆、老子文化研究院及函谷山庄等工程。特别是28米高的老子圣像的揭幕面世,引起海内外关注。

【虢国博物馆】 国家AAAA级景区、全国重点文物保护单位,河南十佳人文景观。位于三门峡市区北部,距市中心1.5千米,是依托西周虢国墓地遗址建立的一座集文物陈列、遗址展示、园林景观为一体的遗址性专题博物馆。博物馆始建于1984年,2001年4月21日正式对外开放。占地10万平方米,建筑面积6200平方米,展厅面积4000平方米。从1956年发现以来,探明各类遗址800余处,出土文物3万余件。尤其是20世纪90年代发掘的两座国君大墓,因出土文物数量多、价值高和墓主人级别高,连续两年被评为全国十大考古新发现。同时也入选“20世纪河南10项重大考古新发现”“中国20世纪100项考古大发现”,是全国迄今为止发现的唯一一处规模宏大、等级齐全、排列有序、保存完好的西周、春秋时期大型邦国公墓。它的重大发现,为研究虢国乃至西周的历史、政治、经济、文化、宗教制度及冶金、交通、纺织、古代战争等各个方面都提供了难得的实物资料,具有十分重要的历史价值。其基本陈列分为:《虢宝撷英——虢国墓地出土文物精华展》《梁姬风韵——虢国国君夫人墓出土文物展》《车辚马萧——虢国地下车马军阵遗址群展》《国君觅踪——虢季墓遗址群展》。主要特色是虢国车马坑、虢季大墓及墓地出土的精美文物,其中尤以青铜器、玉器和铁器最为著名。车马坑展厅由为虢季陪葬的一号车马坑、为虢季夫人梁姬陪葬的二号车马坑和为虢太子陪葬的三号车马坑3座车马坑组成,这3座车马坑紧密相连,由南向北按行军队列摆放,开创以军阵随葬的先河,比著名的秦兵马俑军阵早六七百年,形成全国最大的车马坑群,也是最大的地下车马军阵。虢季墓是虢国国君的墓葬,主要向观众展现国君大墓的规模和气势,揭示西周的丧葬和等级制度。在出土的众多国宝重器中有制作精美、惟妙惟肖的仿生玉器,仿成年男子面部器官的缀玉面罩,制作精美、挂于颈部、达于膝下的七璜、五璜组玉佩,被认为是春秋战国“瞑目”的组型;由铁、铜、玉3种材料精制而成的玉柄铜芯铁剑,把中国人工冶铁的历史向前提了近200年,被誉为“中华第一剑”。虢国博物馆建筑造型独特,国宝重器美轮美奂,地下军阵威武壮观。作为世界郭姓的衍源地,海外郭姓后裔也到此寻根祭祖。

【天鹅湖国家城市湿地公园】 国家AAAA级景区。位于三门峡市东西城区之间的生态区,东起209国道三门峡市涧河桥,西到陕州大道与沿黄观光路交叉处,南接陕州大道,北至黄河滩涂,管理面积810公顷(陆地面积410公顷,水面、滩涂400公顷)。景区是在陕州故城遗址及对青龙、苍龙两条涧河的治理改造基础上逐步建设起来的。2007年被建设部批准命名为河南省三门峡市国家城市湿地公园,其核心景区包括双龙湖白天鹅观赏区、陕州故城和沿黄生态林带三部分。由于三门峡黄河库区生态环境的明显改善,每年迎来数以万计的白天鹅到此栖息越冬,洁白美丽的白天鹅、碧波荡漾的黄河水、深沉厚重的黄土高坡融为一体,形成了一幅人与自然和谐相处的美丽画卷。三门峡市也因此被誉为“天鹅之城”,2010年被中国野生动物保护协会授予“中国大天鹅之乡”的美誉,是全国唯一获此殊荣的城市。

【豫西大峡谷】 国家AAAA级风景区。位于三门峡市卢氏县官道口镇东南10千米处东汉村。东连洛宁、栾川,西与陕西省洛南、丹凤、商南三县接壤,南接西峡,北临灵宝,距陇海铁路、连霍高速公路40千米,距卢氏县城45千米,距三门峡市区100千米,209国道纵贯南北,是以瀑布群、潭池群为特色,集游览观光、休闲度假、登山健身等功能于一体的生态型自然风景区。2003年4月重点开发。豫西大峡谷风景区总面积10平方千米,呈东西走向,宽度30米至50米,深度50米至200米,整个景区汇山泉成跌宕起伏的瀑布群,以奇山秀水、飞瀑流泉、浅溪深潭、怪石幽谷而引人入胜。山村风情浓郁,民风淳朴。主要景观大淙潭瀑布,在峡谷中,由于山体出现断层而逐渐形成急坡地段,瀑布飞流直下,泻入深潭,一瀑一潭,潭瀑交错分布。峡谷内几处悬崖绝壁势如刀削,植被丰茂,峰峰相连,步移景换,河道蜿蜒曲折,形成“十步一瀑,五步一潭”的神奇景观。景区先后开发有滑草、滑索、攀岩、漂流等娱乐项目和民俗表演。主要有大淙潭瀑布、濯足池、白龙瀑、挡箭石、潭中井、三叠潭、饮马槽、双龙潭、情人池、水帘瀑、刘秀湖等30余个景点。

【黄河丹峡景区】 国家AAAA级景区。位于晋豫黄河大峡谷小浪底库区中段、渑池县坡头乡境内,距渑池县城40余千米。北临黄河水,南依黛眉山,形成“一河三峡”(黄河,丹峡、韶山峡、神仙峡)旅游格局。黄河,碧波荡漾、水平如镜,高峡平湖、千岛棋布,万羽竞翔、百舸争流,两岸群山连绵,风景旖旎,既有三峡之奇,又有漓江之秀,可静心垂钓,可泛舟冲浪,令人流连忘返。丹峡,丹霞地貌,海底裂变。谷内清凉幽邃,溪流潺潺,古树参天,怪石嶙峋,由黄河文化组成的八大飞瀑和由八仙传说形成的八大神潭,以及天然壁画、一线天、千层岩、天坑地缝等亘古奇观,既是风光游,又是科普游,令人百品不厌。韶山峡,丹霞奇观之绝笔。险峻陡峭的山崖,巍然而立;高悬的栈道,迷离的光晕,淙淙溪流在红褐色的谷底从容穿过,大自然的鬼斧神工神秘莫测！神仙峡，山清水秀、石峰林立、花草簇拥、禽鸟群现，石画长廊，佛教古寺，集古典雕塑与自然风景之大成。黄河丹峡汇集了黄河风情、历史文化、丹霞地貌、峡谷奇观，奇山、怪石、险谷、清溪、深潭、密林等多种奇特的自然景观，是黄河峡谷内一道亮丽的风景。

【汉山风景区】 国家级地质公园、森林公园，国家AAAA级景区。位于豫陕晋三省交界处的灵宝市故县镇境内，距连霍高速15千米，距310国道8千米，距西岳华山60千米，距灵宝市区50千米。属秦岭山系一脉，总面积20平方千米，老鸦岔主峰海拔2413.8米，是"中原第一峰"。景区以汉山为主体，地貌、山势雄奇峻秀，原始林海葱郁莽莽，生态环境完好，动植物资源丰富，被称为"生物资源的天然宝库"，约有144科780属2100种的植物生长在这片沃土，珍稀、濒危的植物秦岭冷杉、杜鹃、红豆杉(国家一级保护植物)、银杏(国家二级保护植物)大面积珍藏在此；27目73科240余种的脊椎动物资源(兽类52种、鸟类158种、爬行类24种、两栖类11种)，生活栖息在汉山景区；珍贵动物有金钱豹、林麝(国家一级保护动物)、红腹锦鸡(国家二级保护动物)等。布袋沟、一线天、通天梯、五乳峰、吊夫崖和汉山石虎等景观，雄奇峻秀，夺人心魄；三皇洞、鸡笼庵、三官洞、玉皇阁，演绎见证汉山"七寺八庵九道观，四十里竹林不见天"的古今美誉。汉山道、儒、佛三教遗迹遍布，文化底蕴深厚，汉山的"王莽撵刘秀传说"被河南省政府首批公布为河南省非物质文化遗产。众多的历史遗存，使汉山景区成为豫西少有的融自然与山水、人文与历史为一体的森林旅游区。

【双龙湾景区】 国家AAAA级景区，位于卢氏县西北部磨沟口乡，距卢氏县城40千米，距209国道25千米，是一处以自然景观为主的山岳峡谷型自然风景区。洛河呈"S"形从景区穿过，构成阴阳八卦图，两岸岩石天成国画。景区内崖险陡峭，壑幽谷深，瀑布飞泻，碧波映天，群峰竞秀，古树繁多，各种野生动物随处可寻，原始生态植被茂盛，是大鲵保护区之一。春天桃花争艳，盛夏清爽宜人，金秋万山红遍，严冬银装素裹。与其连为一体的铜鼓山钟乳溶洞观赏面积1万余平方米，洞内分大佛殿、石林宫、藏秀阁、塔林、玉柱潭等6个区段，附近还有大小溶洞10余处，是北方地区最大的天然溶洞群。溶洞西400米响磺景区，奇石万千，高山之上的高家寨，明末李自成曾在此屯兵驻守，200余年前修建的寨门、寨墙、阎王庙尚存。景区集自然山水、历史人文景观为一体，是旅游观光、避暑度假、考察探险的理想胜地。

【甘山国家森林公园】 国家AAAA级景区，国家级森林公园，位于陕县境内，距三门峡市区28千米，是中国摄影家学会创作基地、三门峡市文明景区、三门峡市爱国主义教育基地。景区总面积43平方千米，最高峰甘露峰海拔1884.64米。有蝴蝶谷景区、红叶观赏区、水上游乐区、森林游憩区、甘山文化区等景点。景区文化底蕴丰厚，神话传说优美动人，动植物资源丰富，森林覆盖率在98%以上，植物种类达2100余种，动物种类110余种，其中国家级保护动物8种。甘山四季自然景色宜人，各具特色。春天百木吐绿，山花烂漫，青翠欲滴；夏天林海如涛，蜂飞蝶舞，溪水潺潺；秋天万紫千红，层林尽染，丹枫流霞；冬天雪压枝头，银装素裹，冰清玉洁。景区还建设有甘山滑雪场、拓展培训中心、生态文明教育基地，是集自然景观、休闲娱乐、时尚运动、避暑、度假、科普教育为一体的豫秦晋金三角地区大型的综合型生态旅游胜地。景区主要景观还有水上游乐、甘山钟楼、甘山瀑布、羊十八岭、召公雕像、天爷庙、千年槲树、杨树王、乾隆界碑、铁罗汉、祖师庙、天爷庙等。景区每年1月举办"甘山滑雪节"，10月举办"甘山红叶节"。景区内有红叶苑、镜湖别墅山庄两处，度假区宾馆、松林红房两处，可同时可接纳300余人培训、住宿就餐。

【黄河公园】 国家AAAA级景区，位于三门峡市区北部，濒临黄河，总面积745公顷，其中陆地面积245公顷，水域面积500公顷。整个公园沿黄河由东向西呈带状分布，东西长约5公里，蓄水期南北宽约1.5公里。是以保护沿黄生态、弘扬黄河文化、提升居住环境为目标，集旅游观光休闲、黄河文化展示、湿地生态保护为一体的城市生态公园。黄河公园是三门峡沿黄半岛景观带的主要景观节点，园区内台地层叠、沟壑散布、悬崖陡峭、洼地连绵，地形变化多、地势落差大，在台地、沟壑和黄河滩地，原生态植被种类丰富多样，植物季相鲜明。多样的地貌变化，形成了丰富多彩、特色各异的黄河沿岸自然景观。充分体现了黄河沿岸黄土塬流域特有的地貌特征。同时这里还是近距离感受黄河的清浊变化的最佳观赏点。特色鲜明的地理地貌和清浊变化的黄河吸引了大量游客。

【燕子山】 国家AAAA级景区，位于河南省灵宝市东南20千米处，占地总面积7.2万亩，其中有林地面积6.8万亩，森林覆盖率高达96%，是黄河沿岸中西部交汇处生态保护较为完好的森林公园之一。园内最低海拔800米，最高海拔1497米，年平均气温10.7℃，属北方暖温带大陆性季风气候区。公园距209国道15千米、310国道17千米，交通条件十分便利。公园内秀峰林立、沟壑纵横，登燕子山主峰观日出、看云海、俯瞰黄河九曲十八弯，领略大自然那磅礴浩荡的气势。公园内林木茂盛、灌丛密布、古木参天、巨藤攀爬。有豫西地区面积最大的刺槐林，居河南省前列，属省内知名景观。有孑遗植物水杉、银杏和粗榧、水曲柳、鹅掌楸等国家级保护植物。高大挺拔、直插云天的人工林和自然扭曲、相互缠绕的次生林形成了独特别致的森林景观。公园内动物种类繁多，有国家级保护动物金钱豹、穿山甲、红腹锦鸡、麝、鹿等。公园内有龙王庙、祖师庙、前后山神庙和西山神庙，祈风调雨顺、生活美好；有刘秀和夫人路过燕子山走马观花踩石上马时留下足印的上马石，虽经千年风雨，足迹仍依稀可见；有肋生双翅、协助武王伐纣、屡立战功的雷震子出生习武之处雷震洞；有抗战时期美国飞行员驾驶的国军飞机被日军击中后坠毁处飞机岭，见证了日军侵华的滔天罪行。燕子山森林公园，一年四季、气候宜人，风雨阴晴、气象万千。春可赏槐花、夏可避酷暑、秋可观红叶、冬可戏瑞雪，是人们观光旅游、休闲度假、远离都市喧嚣、回归大自然、开展森林游憩活动的好去处。

【娘娘山】　国家AAAA级景区，省级地质公园，位于河南省灵宝市西南11千米处，距三门峡市区76千米。该景区属花岗岩地貌，完整保存着距今30亿年至25亿年折离断层构造的地质遗迹。同时，娘娘山小秦岭地质公园也是一座博大的矿石宝库，已探明的矿藏多达38种，是全国第二大黄金生产基地。景区是典型的科迪勒拉型变质核杂岩分布区。核杂岩出露界限清晰，边缘拆离断层系构造带保存完整，尤以东部核杂岩转折端的有序变化和构造岩系列的连续展布较为特殊，是具有很高的科学与美学价值的珍贵地质遗迹资源。西半部是娘娘山燕山期(距今1.2亿年)花岗岩体分布区。花岗岩体原生节理发育，由于地壳隆升中的构造剥蚀作用，逐渐形成雄、险、奇、秀的峰丛地貌。奇峰异谷层峦叠嶂，雄壁伟崖鳞次栉比，岭若鲫背宽不盈尺，谷深千仞绝峭陡立，共同构成奇特的花岗岩构造剥蚀地貌。景区占地28平方千米，主峰海拔1563米，区内石景遍布，潺潺流水在山间回响。景区主要由瀑布峪（百尺瀑）景区、石瀑布景区、娘娘庙景区和黄天墓景区组成，对游客开放的主要是瀑布峪景区和石瀑布景区。

【仰韶文化博物馆】　国家AAAA级景区，位于三门峡市渑池县境内，距三门峡市区70千米。郑州至西安客运专线、陇海铁路、310国道、连霍高速公路都可达景区。是河南省科普教育基地、三门峡市文明景区、三门峡市平安景区、三门峡市爱国主义教育基地，与河南省经济日报携手共建成为“河南省小记者教育实验基地”。仰韶文化博物馆是经国家文物局和河南省政府批准，在仰韶村遗址保护区之外兴建的一座集文物保护、陈列展示和科学研究功能为一体的仰韶文化专题博物馆。博物馆总投资7000万元，占地3.47公顷，建筑面积4700平方米，展厅面积1073平方米。仰韶文化博物馆以馆藏文物、发掘文物陈列展览为基本点，主要展示黄河流域仰韶文化时期出土的珍贵文物，共展出文物263件。

【三门峡大坝风景区】　国家AAA级景区，国家水利风景区，位于三门峡市东北部，距市区14千米，从市区乘旅游专线车可达。是一处依托万里黄河第一坝——三门峡大坝而建成的风景名胜和人造景观相结合的水库观光游憩人文景观。景区峡谷险峻、景色秀美，两侧的山体蜿蜒起伏。景区内的主要景观有黄河展览馆、大禹公园、中流砥柱、张公岛、梳妆台、水晶宫、炼丹炉、黄河古栈道等。三门峡大坝是新中国成立后在黄河上修建的第一座大型水利枢纽，是响应毛主席的“一定要把黄河的事情办好”的伟大号召而于1957年4月开工兴建，1960年10月主体工程完工。大坝控制流域面积68.84万平方千米，占全河流域面积的91.5%。主坝为混凝土重力坝，最大坝高106米，长713.2米，总装机容量41万千瓦，年平均发电量为11亿千瓦时。大坝建成后，在黄河防洪、防凌、灌溉、发电、供水和减少泥沙淤积等方面发挥了显著的作用和效益。三门峡大坝建成后，由于水位随季节不同发生的变化，库区内形成了大片的湿地。春秋两季库区水面碧波荡漾，尽现出一派江南水乡的温柔，大坝泄洪时期浊浪滔天、一泻千里，呈现出黄河奔腾咆哮、桀骜不驯的本色。每年的11月至次年的2月，由西伯利亚飞来大批的白天鹅在三门峡水库越冬，白天鹅嬉戏于蓝天碧水之间，给库区增添了一道亮丽的风景，三门峡市因此被誉为“天鹅之城”。

【鼎湖湾】　国家AA级旅游景区，国家黄河湿地自然保护区。位于河南省三门峡灵宝市西闫乡文东村北，连霍高速公路灵西出口西行2千米，310国道文东村站即达。距三门峡市区约70千米。是一处以水波芦苇荡为主的湿地型自然风景旅游区，有着黄河第一荡——“西部白洋淀”的称号。景区面积约6.5平方千米，有观景亭、鼎湖滑道、荷花观赏池、游船码头、鼎湖渔村、钓鱼台、卧龙潭、四爷泉、黄河晚渡、半崖春燕等16处景点。景区拥有中国北方少有的万亩芦苇荡，湖中芦兰丛生，水道纵横，自然形成一座水中迷宫。这里地下泉水肥涌，水下鱼虾成群，野生禽类长年生存在草丛中。植被区系具有三方交汇、南北混杂的过渡特点。唐代诗人李白曾在此写下“鼎湖流水清且闲”的诗句。区内植物资源丰富，有维管束植物80科160余种及变种，盛产苹果、大枣、花生、棉花、阔莲等。野生动物有36科140余种，其中白天鹅、白冠鸡、黑鱼、大闸蟹、灰鹭等具有保护价值。

【黄帝铸鼎原】　国家AA级景区，全国重点文物保护单位。位于河南省灵宝市西25千米处阳平镇境内，是中华人文始祖轩辕黄帝奠定邦国、铸鼎铭功、驭龙升天的地方。景区内存唐贞元十七年(801)的“轩辕黄帝铸鼎原碑铭”一通，是全国发现的关于记载黄帝功绩最早的也是唯一记载黄帝采铜铸鼎历史的一通碑刻，是研究黄帝文化的稀世珍品。景区修复建设了始祖殿、献殿、阙楼、东西廊房、功德柱、神道等大型建筑，铸就天、地、人三尊巨型铜鼎，象征天神、地神和祖宗，保护加固了黄帝陵冢，总占地面积8万余平方米。在铸鼎原古文化遗址群中，北阳平遗址总面积190万平方米，文化层3米至5米，是全国发现的仰韶时期最大的古文化遗址，素有“十里长街”之称，为全国重点文物保护单位。其中，在西坡遗址发现的仰韶中晚期大型墓葬区、大宫殿基址和人工防护壕沟在国内外引起轰动。特别是在大型墓葬区出土的一大批完整的成套玉器、陶瓷、骨器、石器等文物，为研究人类社会阶级的产生、国家的出现、文明的起源提供了弥足珍贵的实物资料。　（王　丽）

·编辑　张怡杰·

财政·税务

财 政

【概况】 2016年，三门峡市财政部门进一步深化和完善财政改革，依法加强税收征管，狠抓增收节支，强化财政监督，紧紧围绕市委、市政府下达的工作目标，创造性地开展工作，为促进全市经济和社会事业发展做出积极贡献。至年底，三门峡市财政局机关内设26个科室，另外按照有关规定，设立了机关党委和离退休干部工作科。下属5个县级事业单位：三门峡市财经投资公司、三门峡市财经学校、河南三门峡财会培训中心、三门峡市财政国库集中支付（会计核算）中心、三门峡市农业综合开发公司；5个正科级事业单位，管理1个副县级企业。全市7个县(市、区)财政局及产业集聚区财政局，70个乡镇财政所。

财政收入 2016年，全市财政总收入完成1289753万元，较2015年下降0.2%。全市一般公共预算收入完成1001216万元，为年预算的98.5%，较2015年增长7.8%。主要税种情况：国内增值税完成110960万元，为年预算的92.3%，下降11.8%。营业税完成85024万元，为年预算的47.4%，下降20.8%。企业所得税完成43288万元，为年预算的70%，下降23.6%。个人所得税完成13719万元，为年预算的83.4%，下降3.4%。城市维护建设税完成28811万元，为年预算的71.9%，下降15.4%。资源税完成53284万元，为年预算的87.6%，增长2.2%。分部门情况：国税部门完成190027万元，为年目标的68.5%，增长1.9%；地税部门完成493857万元，为年目标的107.6%，增长16.5%；财政及其他部门完成317332万元，为年目标的118%，下降0.5%。其中：市级国税部门完成40619万元，为年目标的61.2%，下降26.2%；地税部门完成25847万元，为年目标的83.4%，下降20.5%；财政及其他部门完成67554万元，为年目标的207.2%，增长22.8%。分级次情况：市级完成134020万元，为年预算的103.1%，下降6%。县(市、区)级完成867196万元，为年预算的99.1%，增长10.2%。收入结构情况：税收收入完成683884万元，为年预算的99.4%，增长12.1%，占一般公共预算收入的比重为68.3%。其中：主体税种完成323710万元，为年预算的77.4%，下降7.8%，占公共预算收入的比重为32.3%；小税种完成360174万元，为年预算的133.3%，增长39%，占公共预算收入的比重为36%；非税收入完成317332万元，为年预算的96.6%，下降0.5%，占公共预算收入的比重为31.7%。

财政支出 2016年，全市一般公共预算支出完成1871132万元，为年预算的99.9%，增长8%。其中：市级完成391953万元，为年预算的100%，增长5.6%。县(市)区级完成1479179万元，为年预算的99.9%，增长8.6%。

基金收支 2016年，全市地方基金收入完成183061万元，为年预算的108.7%，增长25.1%。基金支出完成238817万元，为年预算的89.1%，增长13.6%。

【重点项目和民生投入工作】 2016年，全市财政支出中涉及民生的支出达137.7亿元，占一般公共预算支出比重达73.6%。其中农林水事务支出增长13.4%，教育、科技支出分别增长5.6%和8%。文体传媒支出、医疗卫生支出分别比上年增长2.6%和8.7%，扶贫攻坚、大气污染防治、国企改革、教育、卫生、就业等一批涉及群众切身利益的问题得到了较好解决。同时，市财政部门认真研究各项财政政策，服务重点项目建设。安排使用好地方政府债券资金。积极向上申报争取中央代地方政府债券资金37亿元，其中新增债券11.3亿元，合理提出分配方案，在确保按时置换到期债券的基础上，重点支持基础设施、教育等公益性项目建设。加大争取上级转移支付力度。争取城乡一体化示范区、城镇化建设、农民市民化、新增财力转移支付、黄河金三角示范区规划补助等资金比上年增加2亿元，并加强政策研究,积极争取试点性、奖励性资金。起草《三门峡市关于全面推开营改增试点后市与县(市、区)增值税收入划分过渡方案》《关于规范市级预算支出管理办法》《三门峡市支持经济转型发展专项资金管理办法》《三门峡市市级2017—2019年财政中期规划编制通知》等项政策性、改革性文件。

【财政管理】 2016年,市财政部门进一步深化预算管理制度改革,中期财政规划在市本级全面铺开。对政府债务实行限额管理,构建了规范的政府举债融资机制。全面清理整合专项资金,推进财政资金统筹使用,进一步提高了资金使用效益。综合治税工作稳步推进。深入推进预决算公开,市直86个部门全部公开了部门预算和"三公"经费,公开内容更加细化规范,提高了预算执行的透明度。营改增试点进展顺利,征管工作过渡平稳,企业减税成效明显。市本级国库集中支付电子化改革成功上线运行,三门峡市成为全省财政国库集中支付电子化改革第一个实现直接支付、授权支付、资金清算全业务上线的省辖市,得到了省财政厅的充分肯定。积极推进政府和社会资本合作(PPP)改革,全市纳入省PPP项目意向库25个,其中进入省备选库项目2个、推介库项目3个,进入财政部示范库项目1个。国有资产管理和国有企业改革进一步深化,驻三门峡市央企、省属企业剥离办社会职能"三供一业"分离移交工作顺利推进。出台财政内部控制专项风险防控办法,促进了财政管理更加有序、规范、高效。

【政府债务管理】 2016年,为强化政府债务管理工作,市财政部门采取了以下措施:一是认真贯彻落实《国务院关于加强地方政府性债务管理的意见》,做好政府性债务管理工作,建立债务管理考评制度,切实做好新增政府债券和置换债券的分配工作,及时将债券额度下达县(市、区),及时掌握债券使用进度,并对2017年政府性债券需求进行了汇总上报。二是认真执行政府性债务限额制度。印发了《三门峡市财政局关于对政府债务实行限额管理的实施意见》,对三门峡市政府性债务实行限额管理,为各县(市、区)的债务管理目标明确了方向和目标。三是积极做好全市政府性债务年报统计上报工作。按照财政部统一部署,圆满完成政府性债务年报工作,为政府债务纳入全口径预算管理奠定了坚实基础。

【预算编制与执行管理】 2016年,市财政部门加强对县(市、区)预算管理的指导。研究制定县级预算管理规程,督促县(市、区)财政进一步提高年初预算完整性。加强对县(市、区)预算编制的指导,细化预算审核内容,全面提高县(市、区)财政预算管理水平和规范化程度。全面推开市级财政中期规划编制。在2016年对水利、义务教育、环保等重点领域开展中期财政规划编制试点工作的基础上,市级从编制2017年预算起已全面启动本级2017—2019年中期财政规划编制工作。至年底,已初步完成拟订文件、编制调研、软件定制、业务培训、项目库初审等相关工作。实施深入推进预算绩效管理,努力提高财政资金使用绩效。健全绩效管理规章制度,加强构建绩效评价指标体系,全面推进预算绩效管理。在转发省厅文件的基础上,积极推动三门峡市预算绩效管理工作开展,下达2017年部门预算时,要求各单位报送50万元以上项目必须填写绩效目标和指标。认真核实单位日常性经费。严格按照人事部门批复、支付中心审定工资表以及相关配套政策,逐个单位核定人员开支、公用经费、公车改革经费等费用。细化审核内容,安排项目做到"事必有据"。审核专项预算时严格执行文件要求,单位上报的重大项目必须有市政府会议纪要、发改委批复、市领导签字或者是上级文件明确要求必须配套的项目才能列入预算,减少项目列支的随意性,提高了预算编制的科学性和规范性。在加强执行管理方面,市财政部门一是加快预算执行进度。在日常公文处理时原件报办公室传阅,复印件走发文处理流程,同时利用微信、电子邮件等多种方式同步处理,不积压文件,提高预算执行效率。不断压缩"三公"经费支出。当年,各单位通过加强对会议经费、公务车辆及差旅费的管理、控制公务接待、规范财务管理,"三公经费"只减不增。做好盘活财政存量资金工作。根据盘活存量资金的有关规定和要求,认真开展盘活存量资金工作,对于已收回资金但是仍需要实施的项目,要求项目单位提出实施方案并经过主管部门同意后按照发改委批复内容办理招投标手续等相关手续,预算安排后按照工程进度进行拨付。对于正在实施的项目要求到审计局进行审计并完善竣工验收手续,根据审计金额报请市政府批准后在年度部门预算中予以安排。

【股权债权投资管理】 2016年,市财政部门管理债权投资项目3个,共投资1750万元,分别为三门峡蓝雪包装有限公司、三门峡普瑞玛果醋饮品有限公司及三门峡广益达矿业有限公司。管理股权投资项目7个,包括:龙飞生物公司、国开发展基金有限公司、中原银行、中原农业保险、农发重点建设有限公司等。其中,根据市政府的安排,市农业综合开发公司作为承贷主体,新增管理股权投资项目5个,项目资金总额20485万元。其中由市水利部门申报的三门峡市大石涧水库使用第三批专项建设基金7000万元项目,是由中国农发重点建设基金有限公司以资本金形式入股,并全权委托中国农业发展银行办理。由市林业和园林部门申报的天鹅湖黄河湿地旅游度假区项目使用第四批专项建设基金5000万元项目,由三门峡职业技术学院申报的工学院实训基地使用的专项基金1185万元项目,由三门峡市城市建设投资开发有限公司申报的庙底沟文化旅游产业园使用的专项基金4500万元项目,由河南省三门峡中等专业学校申报的职教园区中专校区专项基金2800万元项目,以上项目资金已全部到位。

【外债项目管理】 2016年，市财政部门大力推进政府外债的科学化、精细化管理，不断提高贷款资金的使用效益。积极做好贷款项目的申报工作。通过召开座谈会、下发文件等多种形式及时向各县(市、区)、市直各单位宣传外国政府贷款信息，尤其是国家清洁能源贷款、亚行发展政策贷款和结果规划贷款。向项目单位提供申报程序、所需资料等方面高效优质的服务，以提高项目申报成功率。对已申报的新项目，自始至终参与项目的前期准备、项目类型的确定、转贷银行的筛选、项目的谈判、签约等过程，为项目单位服好务，把好关。认真做好国外贷款项目的提款报帐、资金回补、息费收交及债务分割落实工作，加强政府外债催收。严格财务管理，把好提款报账和资金拨付关。凡涉及项目报账的，一律严格按照提款报账办法执行，省厅回补的项目资金，都在规定的期限内进行拨付，全年拨付回补资金565万元。做好外债项目管理服务工作，积极推进贷款项目实施。协调县(市)财政部门、项目单位及时报送提款报账资料，推进项目提款报账进度。对项目管理及提款报账提出了具体要求，并通过专项检查来督促项目单位提高提款报账质量和资金使用效率。认真做好三门峡市2015年政府外债项目财务决算报表的编报及地方政府性债务管理系统的更新维护工作。对照项目实际执行情况，认真审核，确保报表数据真实完整；搞好债务、资金等方面的分类统计，加强数据资料的分析、汇总。强化政府外债监督，进一步提高了外债使用效率。

【国库集中收付改革】 2016年，三门峡市制定《三门峡市市级国库集中支付电子化管理改革实施方案》，并于上半年完成了市本级90家一级预算单位的财政专用网络接通工作。同时，积极与代理银行（建行）进行协商，确定了设备采购和资金支付方式，所有硬件设备全部购置到位。经过中科江南和正同两家软件公司的反复测试、试运行，实现了生产环境下财政直接支付的实际应用。此外，市财政部门还积极推进乡镇国库管理改革。在所有县(市、区)建立起乡镇财政国库集中收付制度，有效堵塞了资金安全漏洞，提高了乡镇级财政资金运行效率。灵宝市开创了乡镇财政国库集中支付电子化改革的“灵宝模式”，得到了省财政厅的高度肯定。

【国库集中支付】 2016年，市财政部门认真履行国库集中支付职能，切实推进公务卡改革。加大直接支付比重，提高专项资金使用效率。在对差供单位的经费拨付、工程建设和政府采购支出直接支付时，严把资金支付关，严格按照政府采购目录，认真审核预算单位政府采购计划和采购合同，确保预算单位政府采购事项手续完备，支付合法合规。同时严格审核工程中标通知书、发票和合同，将款项直接支付给供应商和工程承建单位，逐步提高财政直接支付资金比例。当年，支付中心直接支付资金22.81亿元，共12807笔，授权支付资金13.31亿元，共37155笔，直接支付率达63.15%。继续深化市县乡公务卡制度改革。当年，三门峡市公务卡发卡量、用卡率与刷卡金额稳步增长，现金支出逐步下降，公务消费支出管理明显规范，市县乡公务卡制度改革继续深化。市县全年公务卡开卡数22187张，全年刷卡笔数69117笔，现金支付2.24亿元，减少率达45%。加强对支付业务稽核。为确保财政资金支出安全有序，在支付同时加大审核力度，对不合规付款申请在说明理由的情况下给以拒付，全年共填制拒付理由书40份，拒付金额达66.72万元；进一步完善了稽核、纠错等工作流程，设置支付系统资金监控岗，实施动态监控，对50万元以上财政授权支付资金审核把关，全年监控预算资金213笔，金额7.7亿元。

【国有企业改革】 2016年，市财政部门积极采取措施，全力推进国有企业改革工作。一是提高企业财务快报数据准确性。对企业财务快报管理更注重质量管理，严把质量关，确保企业财务快报数据真实可靠、报送及时。二是广泛排查国有“僵尸企业”。对市级“已停产、半停产、连年亏损、资不抵债，主要依靠政府补贴和银行贷款维持经营的企业”进行摸底梳理分类，摸清底子。三是是妥善处理企业改制遗留问题。对市属国有企业存在的不稳定因素和问题进行了“横到边、竖到底”的排查，进一步摸清了不稳定隐患点。四是严厉打击国有企业拖欠农民工工资行为。联合市人社局、市公安局、市住建局、市交通运输局、市水利局、市工商局和市总工会等8部门将集中开展国有企业农民工工资支付情况专项检查，重点检查用人单位按照工资支付有关规定支付农民工工资、遵守最低工资规定及依法支付加班工资情况，企业经营者拖欠农民工工资逃匿的情况，用人单位与农民工签订劳动合同情况。专项检查中对存在拖欠工资问题的用人单位，责令其改正，对拒不改正的，处以罚款。对符合拒不支付劳动报酬罪情形的拖欠农民工工资案件，及时向公安机关移送。对无故拖欠农民工工资数额大、时间长、性质恶劣的用人单位，在依法进行处理的同时，向社会公布。对恶意拖欠、情节严重的，将依法责令停业整顿、降低或取消建筑施工企业资质，直至吊销营业执照。

【行政事业单位资产管理】 2016年，市财政部门继续把规范对外有偿使用作为行政事业单位资产管理的重点，坚持不懈地抓管理促规范。在全市普查的基础上，一是对市机关事务管理局、市住建局管理的国有公房、门面房进行抽查核查，达50%以上。二是加强同公共资源交易中心的联动，确保每一件出租事项全部进场交易，不漏不跑。三是加大对公共资源的管理。市区虢国路进行了改造，虢国路全路段共需设立候车亭28座路名牌52座LED显示屏6座，政府不投资兴建，通过拍卖政府资源的形式，由民营企业购买使用权，共拍卖资金47.9万元。四是对三门峡市的门面房的管理逐步进入统一管理。2016年市委办、市政府办、市人大办、市政协办管理的门面房,已分别移交由市机关事务管理局统一管理。五是开展党政机关办公用房现状及房产出租情况调查。为贯彻落实市委、市政府《关于在全市开展党政机关办公用房现状及房产出租情况调查摸底工作实施方案》,共分成四个小组,对全市各市直单位(含所属二级机构)、各县(市、区)党政机关和事业单位进行了核查,并对地级、县级领导干部的办公面积逐人进行了实地丈量,对发现问题的单位要求单位限期整改。

【清产核资工作】 2016年,根据《行政单位国有资产管理暂行办法》《事业单位国有资产管理暂行办法》和《行政事业单位资产清查核实管理办法》,三门峡市以2015年12月31日为资产清查工作基准日开展了资产清查工作,全面完成了三门峡市资产市的清查核资。至2015年12月31日,三门峡市独立编制机构2078个,独立核算机构1901个,编制人数65730人。为做好此项工作,市财政部门采取了以下措施:一是成立全市资产清查协调领导小组,制定下发《三门峡市2016年行政事业单位国有资产清查实施方案》。各县(市、区)财政局也成立了相应的协调组织机构,主管部门和单位亦建立由资产、财务、纪检、人事、基建、后勤等相关部门组成的资产清查组织机构,负责实施本地区、本部门、本单位的资产清查工作。召开全市行政事业单位资产清查工作动员部署会议,并对各县(市、区)财政部门和市直主管部门及行政事业单位进行业务培训。二是开展全面清查。4月至8月,市直及各各县(市、区)行政事业单位对其占有使用的国有资产进行全面清查,市直主管部门对所属行政事业单位资产清查结果进行审核汇总上报。领导小组办公室对全市行政事业单位资产清查数据进行审核、分析、汇总后,上报省财政厅。资产清查工作基本摸清了三门峡市资产、负债以及资产盘盈、损失和使用等情况。针对清查中发现的问题,在深入分析原因的同时制定了改进措施。

【PPP项目工作】 2016年,市财政部门积极探索,主动作为,认真做好PPP项目申报、培训和指导,全力推进三门峡市PPP工作。选聘咨询机构。从省财政厅PPP中心咨询库中抽取三家有实力的咨询机构(大岳咨询、北京中建政研和北京国金)就咨询机构的资质、业绩、报价、服务承诺和G310改建项目主要内容及PPP有关问题进行竞争性磋商和评分,最终确定北京中建政研信息咨询中心为常年咨询机构,并签订了常年顾问协议。认真申报项目。当年,三门峡市共向上申报PPP项目38个,其中纳入省财政厅PPP项目意向库总计25个,总投资额415.46亿元。进入省财政厅备选库项目2个,投资额124.67亿元;进入省财政厅推介库项目3个,投资额10.47亿元;进入财政部示范库项目2个,投资额7.7亿元。灵宝市第一人民医院,投资额4.5亿元;义马市涧河及石河综合治理项目,投资额3.2亿元。重点项目推进。针对G310线南移工程,市财政部门会同行业主管部门,聘请7名工程技术、金融、项目管理、财政和法律等方面的专家组成专家小组,对G310国道改线项目物有所值评价报告和财政承受能力论证报告进行论证评审。通过评审,专家小组认为G310国道改线项目适宜采用PPP模式。洽谈社会资本。积极与大型央企中铁辰邦洽谈合作政府与社会资本合作(PPP)项目,10月21日,中铁辰邦与市政府签署了《三门峡市PPP项目合作框架协议》,双方将在总投资额约378亿元,涉及交通、地下管廊、海绵城市、智慧城市等方面的9个PPP项目开展合作。超前谋划项目。采取会议和培训的方式,对市县财政及行业部门就PPP知识、PPP开发性基金,邮银豫资“一带一路”和中国政企合作投资基金进行了培训,并积极借鉴省内已落地成功项目的经验,促进各级PPP工作人员项目操作水平的提高。召开两次专题会议,积极开展各行业部门项目搜集、排查和筛选工作。至年底,各单位已筛选出包括“地下综合管廊项目”在内的基本符合PPP项目条件13个,并上报市委、市政府。

【道路交通事故社会救助基金】 2016年,市财政部门按照《河南省道路交通事故社会救助基金管理办法》要求,扎实推进道路救助基金工作开展。救助基金购买服务采取新模式。当年,三门峡省道路交通事故社会救助基金运作管理机制开始实行统一政策、分级筹集、分级管理、分工负责,以政府购买服务的方式运作管理救助基金。由中原农险具体承办救助基金委托业务,依照合同约定,中原农险设立了专门服务机构,三门峡市设立了5个救助基金服务站,启动了道路交通事故受害人救助工作。救助基金使用取得新成效。当年,全市共使用救助基金73.39万元(市区25.66万元、陕县37.33万元、义马10.4万元),救助17起(市区11起、陕县3起、义马3起),占前五年使用资金总量的198%。救助基金运作效率获得新提升。新模式下,救助基金垫付从申请受理到办结平均时间为8.16天(含节假日),审核时间明显缩短。多部门协调配合。道路交通事故受害人救助工作涉及公安、卫计、农机、民政等多个部门的配合,各成员单位加强沟通、积极协调,各司其职、密切配合,形成合力。积极做好资金筹集工作。市级救助基金共筹集救助基金468.6万元,其中小车竞价拍卖收入112.6万元,上级补助收入356万元,并及时对所属各县拨付基金补助,确保事故发生后,各县市有钱可垫。

【小额担保贷款】 2016年,市财政部门认真落实《三门峡市人民政府关于强力推进崤函创业扶持行动的实施意见》精神,加强组织领导,完善政策体系,拓宽创业领域,扩大扶持对象范围。在现有享受小额担保贷款政策的失业人员等六类人群的基础上扩大到城乡所有自主创业人员,并由过去劳动密集型小企业扩大到微型企业和劳动密集型中小企业。提高个人贷款额度。个人贷款额度由原来的5万元提高到10万元。劳动密集型中小企业提高到200万元。加大企业贷款贴息力度。贷款贴息由原来的50%提高到100%。延长贴息贷款年限。在原来享受4年贴息贷款的基础上,可根据企业信誉度等情况给予继续扶持2年,累计不超过6年。这些优惠扶持政策的出台实施,有力地推动了三门峡市个体私营、微型企业与劳动密集型中小企业的进一步发展和壮大。当年,全市发放小额担保贷款6726笔58165万元,其中,城镇失业人员2021笔17683万元,就业困难人员843笔7060万元,高校毕业生219笔2万元,完成年目标5亿元的116.33%。到12月底全市各级财政累计安排担保基金18111万元。自创业担保贷款工作开展以来,累计到期贷款金额346655万元,回收到期贷款346103万元,回收率99.84%。市本级到期贷款133107万元,回收到期贷款132591万元,回收率99.6%。为保证三门峡市创业担保贷款工作的正常开展,积极向省厅争取贴息资金3831万元,并对县(市、区)财政部门、市商业银行和湖滨农村信用联社、中国银行、邮政储蓄银行上报的贴息资金申请进行审核,全年拨付贴息资金3200万元。

【会计人才培养】 2016年,市财政部门多管齐下,大力推进会计人才培养。创新会计人员继续教育方式,对会计人员分层次进行培训。除高级会计人员仍采取面授学习方式外,其他会计人员继续教育均采取网络学习方式,既方便了会计人员,也可以充分利用优质教育资源,使培训质量更有保证。完成高级会计师三门峡辖区的报名和优秀考生的考核工作。及时发布高级会计师资格考试报名公告,并安排专人负责报名工作,严把资格审核关。当年,全市共报名50人,考试成绩合格5人,占报名人数的10%。此外,还有9人通过评审取得了高级会计师资格证书。当年,省财政厅开展了对年度(一个考试周期)中高级资格考试成绩特别优秀的考生进行专门培训并授予"金榜"证书,创新考试后评价制度,开展优秀考生跟踪评价工作,三门峡市义煤集团赵海丽以总分80分名列15名的成绩入围"金榜"。市财政部门及时对赵海丽个人相关信息及业务工作能力进行了核实和考核,向省厅提供了详实资料。认真做好第六批会计领军人才选拔推荐工作。三门峡市范围内,有3人参与了申报。至年底,三门峡市有12人入选河南省会计领军(后备)人才,在全省18个省辖市中名列前茅。

【会计信息化建设】 2016年,市财政部门积极推进会计信息化建设工作,做好新版会计证换发工作。三门峡市全年共新发会计从业资格证书近800本、办理变更200人次、信息采集150人次、档案调转500人次。同时,省市县三级联网的新型会计管理系统极大地方便了广大会计人员,为下一步会计管理系统全国联网奠定了坚实基础。此外,根据省厅换发新版会计从业资格证的要求,市财政部门多措并举:及时向局有关领导做专项汇报,购置了换证专用设备;在《三门峡日报》上发布了换证公告;专门召开了各县(市、区)会计(科)股长会议,就三门峡市换证工作做了具体部署,提出了明确要求;在省厅规定内积极为换证人员提供方便,做到优质服务。至年底,全市共换发新版会计从业资格证书10029本,其中:市直换发4481本,县(市、区)换发5548本,做到了时间、任务双过半。

【财政检查监督】 2016年,市财政部门不断加大对重点行业、重点企业和重点资金的监督检查力度,有效地提升了监督检查的质量和层次。开展会计信息质量检查。根据省厅要求,会计信息质量检查重点为:节能环保、公用事业、教育等行业,地方学校、科研院所等行政事业单位,"小金库"治理日常监管工作。三门峡市重点选取了30家单位,对其2015年度会计资料的真实性、合法性,信息披露的完整性以及会计基础工作规范化进行检查,并在《三门峡日报》进行公示。全市共组织参检人员29人,重点对农业、教育、保障性住房、公用事业、节能环保行业等行政事业单位和企业等30户单位进行检查。全市共查出有违规问题户数28户,违规问题资金759.53万元。至年底,已对3户单位处以罚款2.5万元,处罚责任人1人(罚款1.5万元),补缴税款1户(补缴税款3.37万元),追缴财政资金0.4万元。开展财政资金安全检查。市财政部门部分科室联合成立三门峡市财政资金安全检查工作组,分别对除市本级、义马(省厅抽查)以外的7个县(市、区)财政资金安全工作进行核查。核查工作采取了听取汇报、实地查看、翻阅账薄、文件等相关资料等方式,对在财政资金安全检查中发现的问题,提出了整改建议。各县(市、区)财政局已按照市局的整改意见进行认真的整改。启动财政内部控制建设。及时成立市财政部门内部控制工作领导小组及内部控制工作领导小组办公室。由市财政监督局牵头,各有关科室和单位配合,起草内控制度和办法,出台了《三门峡市财政局内部控制基本制度》(试行)和《三门峡市财政局内部控制专项风险防控办法》(试行)。

【非税征管工作】 2016年,市财政非税部门把抓收入与治乱减负相结合,坚持依法征收。加强非税收入征管,积极组织非税收入。加强非税收入项目管理,按三门峡省行政事业性收费基金目录,对于国家和省取消或暂停征收的行政事业性收费、基金项目和收费基金目录没有列入的收费项目,坚决取消,不纳入非税收入监管系统,不提供收费票据。制定非税收入征收计划,做好报表分析工作,加强对重点执收执罚单位的监控,实行人员分组包片包单位,做到应收尽收。通过到外省考察学习和与兄弟地市交流探讨,积极探索规范国有资源(资产)有偿使用收入管理。当年,市财政非税征管部门组织的市本级非税收入完成5.92亿元,较去年同期的6.15亿元减少3.91%。严格票据管理,实行以票控费。加强票据日常监管,推进票据电子化,规范单位收费行为,实行票据验旧领新、票款同步。市本级全年发放财政票据2924339份(手工票据4235本,机打972箱)。其中,发放非税收入票据842789份,核销票据701745份。做好空白作废票据清理销毁工作,组织将2013年至今共封存的作废票据运到郑州新地印务有限公司集中销毁,总计销毁465箱,其中手工票据14978本,机打票据502353份。加大稽查力度,严肃查处违规违纪行为成立专项稽查领导小组对市住房和城乡建设局、市城市管理综合执法局、市文化广电新闻出版局、市水利局四部门及所属单位2014年至2015年度政府非税收入收缴情况、财政票据使用管理情况、以及国有资产管理情况等进行了稽查。对于稽查中发现的问题,及时向单位反馈,督促整改,至当年底已经催缴资金近300万元。

【政府采购监管】 2016年,市财政部门以扩大政府采购规模为中心,以规范采购行为为重点,不断拓宽采购渠道,规范采购行为,圆满完成各项政府采购任务。当年,全市实际完成采购项目2006个,增加率24.6%;采购预算28.654亿,实际采购规模达到231873万元,节约资金19018.03万元,资金节约率为9.1%;坚持以公开招标为主的采购方式,公开招标率占85%,工程类采购规模较大,占采购总额的80%多。为做好此项工作,市财政部门主要采取了以下措施:一是积极扩大采购规模,努力提高资金使用效益。运用多种形式、现代化通讯手段,短信、微信等,建立各种有关政府采购群3个,在网人员700多人,多种途径开展政府采购法律法规宣传。不断加大政府采购信息的公开力度,使每一个参与政府采购的人员熟知政府采购运作程序和各项具体要求。全年共发送各种材料1740份,受众340多人次。举办《政府采购法实施条例》培训班,提高了采购人和代理机构对《政府采购法实施条例》认识和理解。三门峡市政府采购工作由最初的单一粗放式到精细化、规范化,科学化,协调发展,政府采购资金总量和采购规模逐年保持持续快速增长的态势。二是开展政府采购代理机构的大检查。从各县市区抽调7名政府采购监督人员,对市本级及各县(市、区)(除卢氏县)社会代理机构进行检查,共发现共性问题21项,及时下达整改调整通知。同时,还对政府采购代理机构实施定时和不定时抽查。三是认真做好供应商质疑投诉工作。对供应商的投诉质疑,多方了解,认真调查核实,及时答复。对个别投标供应商的恶意投诉行为予以制止。

【财政科研】 2016年,市财政科研部门紧紧围绕财政工作中的热点难点问题,多次深入县乡开展调查研究,先后撰写了《基于公共财政视角建立传统村落保护机制探析》《农村环保问题分析及财政政策建议》《支持企业自主创新的财税政策研究》等一定深度和参考价值的调研报告和理论研究文章,并有多篇文章在专业刊物发表,在省市级获奖。其中,被全国中文核心期刊《地方财政研究》采用1篇,被《河南财政》采用3篇,被市政府《决策参考》采用1篇。同时有10项调研成果在省、市级获奖。其中,获“河南省社科联优秀调研成果”和“第九届河南省社会科学普及优秀作品”二等奖各一项;获全省财政系统“2016年度优秀调查研究成果”一等奖1项,二等奖和三等奖各2项;获全市“2014年2015年度三门峡市社会科学优秀成果”一等奖、二等奖各一项,获“全市优秀调研报告”二等奖1项。

(李少民　张莎莎)

国家税务

【概况】 2016年,全市国税系统紧紧围绕“强化管理年”工作部署,克难攻坚,奋力拼搏,各项工作保持了良好的发展态势。市委、市政府主要领导先后多次对国税工作做出重要批示,给予了充分肯定。

组织收入　2016年,全市国税系统上下勇于担当,克难奋进,全力备战,在组织收入极度困难的情况下,变被动为主动,采取多种有效措施,向深化分析要收入,向重点税源要收入,向评估稽查要收入,向督导考核要收入。通过挖潜增收,收入不断企稳、回升。全年累计完成税收收入505514万元,同比增收80万元,增长0.02%。其中,地方级完成196948万元,同比增收45067万元,增长29.67%;市及市以下地方级完成186181万元,同比增收42793万元,增长29.84%;市本级完成42875万元,同比增收346万元,增长0.81%。税收总量和各级次收入实现无水分的正增长。

执行政策　深入开展税务行政审批事项改革,严格税收规范性文件审查清理,开展税务重大案件审理和专项执法督察,不断规范税收执法行为。加大税收政策宣传,召开营改增政策辅导、送法上门,开展税收宣传月活动,提升纳税人税法遵从度。

纳税服务　广泛推行“非接触式、线上、远程”办税服务,加大网上办税、移动办税、自助办税的宣传推行力度,为基层采购安装自助办税终端46台,满足纳税人自助办理发票认证、发票发售等业务,全年共受理自助办税业务97.87万笔,有效分流了纳税人。继续简化办税流程,增加即办事项,提升办税效率。落实好首问负责、延时服务、预约服务、承诺服务等制度措施,所有涉税事项实行二维码一次性告知。推行“免填单”,95%的文书不再手工填报,164项涉税业务可以通过网上、手机终端“足不出户”办理。落实各项优惠政策,切实服务企业发展。不折不扣地执行各项税收政策,全年落实优惠政策减免退税43838万元。其中,办理出口退免税21728万元,同比增加8093万元,增长59.24%,增幅全省排名第一;综合资源利用、福利企业退税4801万元,与同期持平;为享受税收优惠政策的13632户小微企业(含个体工商户)减免税8248万元,同比增加2882万元,增长53.71%;落实1.6升以下排量乘用车减半征收车购税政策减税9071万元,达到促进企业发展、惠及民生改善的目的。

税务稽查　围绕“快查、快审、快结、快入库”的目标实现稽查收入、稽查质效、案件查办和税警合作四个突破,全市稽查查补入库10247万元,收入贡献率达 2.03%。强化税警合作，紧盯虚开发票易发区域、易发行业，精准发力，重拳出击，严厉打击虚开骗税违法行为，有力震慑了各类涉税违法行为。

【加强风险防控】 2016 年，全市国税系统紧扣"强征管、防风险、促收入"的目标精准发力，制定工作规划，推广应用风险管理平台，完善工作机制，提升风险分析应对能力。全年共下发 27 批 519 户管理派单，查补税款 2.57 亿元，同比增长 2 倍多，对组织收入贡献率达到 5.43%，位居全省前列。全市 7 个基层单位中，有 4 个单位风险管理成果在 2000 万元以上，4 个单位风险管理收入贡献率超过 3%，6 个单位风险应对总成果同比增长 2 倍以上。

【强化税种管理】 2016 年，全市国税系统规范农产品增值税进项税额核定扣除，推广增值税发票新系统，车辆购置税、卷烟批发环节消费税政策管理进一步强化。抓好所得税预缴、汇算清缴、风险管理，实现所得税管理质效全面提升。全市国税系统所得税风险管理经验在省国税局年中工作会上作了典型发言，受到省国税局领导肯定。认真落实出口退税政策，开展涉农出口退税企业风险核查，有效防范和打击了出口骗税。组建专业化团队，开展大企业风险应对 36 户，入库税款 12641.18 万元。加强反避税管理，反避税成果 4817.9 万元。

【"营改增"改革试点全面推开】 2016 年，全市国税系统围绕"平稳交接、顺畅办税、完善管理、税不流失"的目标，成立 71 个调查小组，对 9844 户试点纳税人逐户上门开展调查确认，实现税源平稳交接。开展政策辅导和业务培训 38 场，参训人员 8000 人次。增加硬件投入，完善各项服务举措和应急管理机制，强化督导检查，四大行业营改增试点纳税人全部实现顺利申报。全市新增四大行业"营改增"累计入库税收 54714 万元，与同期营业税相比减收 45376 万元，下降 45.34%。其中，建筑业、房地产业、金融业、生活服务业分别下降 45.92%、28.17%、25.50%、84.91%。同时原增值税纳税人由于营改增政策扩大抵扣 6555 万元，中央关于营改增全部行业"只降不增"的结构性减税目标在三门峡市全面落实。

【征管体制改革】 2016 年，全市国税系统以义马市国税局为试点，在借鉴、优化"长葛经验"的基础上，以"聚焦主业"为核心，以"行业管理"为主线，突出专业管理，深化信息管税，初步形成了"行业化+专业化+信息化"税源管理方式，特色做法在省国税局专业会议上进行了交流。进一步推进国地税深度合作。以陕州区局为合作示范单位，在联合办税、联合执法、联合宣传、联合开展干部培训及挂职交流、联合推进纳税信用评价工作、联合开展国际税收管理等 9 个重点领域近 20 个合作项目上取得突出成效。先后获得地方政府主要领导表扬性批示 11 次，主流媒体刊发新闻报道 6 篇。"协同实施房地产开发企业税收一体化管理"合作项目被国家税务总局确定为《国地税合作规范(3.0 版)》正式合作项目。

【信息化建设】 2016 年，全市国税系统全面提升金税三期核心征管系统的数据质量。全年系统联调升级 246 次，修正错误数据 26874 条。积极落实"互联网+税务"行动计划。作为纳税人财务明细数据采集分析系统试点开发单位，积极与江苏税软公司开展合作，在全市范围内部署网络版查账软件，第一阶段项目需求编写、风险指标设置等工作顺利完成。大力开展综合治税平台建设，规范第三方数据报送格式和工作流程。推行实名制办税。11 月初在全市范围内统一推行纳税人实名办税，严格税收管理"入口关"，防范税收风险。

【三门峡市税务系统第 25 个全国税收宣传月活动正式启动】 2016 年 4 月 1 日，市国税局与市地税局在三门峡陕州区联合举行全国第 25 个税收宣传月活动启动仪式。市国税、地税、陕州区相关领导，纳税人代表，新闻媒体共 200 余人参加了启动仪式。当天，国地税部门分别发布了 2015 年国税、地税纳税百强排行榜，河南省非物质文化遗产继承人、陕州区南沟剪纸民间艺人进行了现场表演，吸引了各界群众。三门峡日报、三门峡电视台等主流新闻媒体对此次启动仪式进行了全程报道。税收宣传月期间，市国税、地税部门密切合作，紧紧围绕"聚焦营改增试点助力供给侧改革"的宣传月主题，组织开展一些列丰富多彩的宣传活动，主要包括：举行"营改增"专题宣传活动；举行"聚焦营改增试点助力供给侧改革"专题座谈会；举办行风热线；举行"一路一带"(崤函古道)系列宣传活动；开展卡通人物宣税法系列活动；举行百名企业财务人员涉税业务知识竞赛；举办"营改增"宣传走进"蒙华铁路""扶贫搬迁"项目工程活动；开展"创客创业行　税收帮您忙"国地税联合政策宣讲活动、制作"营改增"税收微电影；开展"二维码扫一扫，税收法规送到家"等系列宣传活动。(孙秋亮)

地方税务

【概况】 2016 年，全市地税系统团结一心，改革创新，攻坚克难，圆满完成各项工作任务，成效显著，亮点纷呈，地税事业呈现出百舸争流、行稳致远的良好态势。

组织收入　2016 年，面对极其复杂严峻的税收形势，三门峡严格按照河南省地税局工作要求，全体动员，全力以赴，不断完善组织收入目标管理、促收保收督导服务、风险分析挖潜堵漏、税收收入质量监控等"四项机制"，深入推进地方税"三化"管理专项行动，税收收入持续增长，提前 47 天完成全年目标任务。全年累计组织各项收入 56.39 亿元，其中：税收收入 53.48 亿元；地方级税收 50.5 亿元，同口径增长 32.4%，占省地税局目标 45.5 亿元的 111%，在全省 18 个省辖市中，收入规模排第 8 位，较 2015 年提高 6 个位次，收入增幅、进度、增收额均排第 1 位，均较 2015 年提高 14 个位次。全年累计组织地方财政收入 52.13 亿元，占全市地方财政收入比重为52.1%,为全市经济转型发展提供了坚实的财力支撑，充分发挥了服务经济社会发展的职能作用。

征管体制改革　按照改革思路和“准、新、实、好”改革标准,制定方案,挂图作业,倒排工期,集中攻坚,稳步推进征管体制改革。组织全市征管体制改革现场观摩活动，开展风险管理调研座谈,及时解决问题,推进改革真正落地、真正到位。开展税收风险大分析活动，风险管理理念和水平大幅提升，风险分析识别的精准性不断增强，荣获全省地税系统税收风险大分析活动优秀单位,科研课题分获一、三等奖，案例评选获二等奖,2个指标模型入选建模竞赛一等奖，创建全税种全行业风险指标模型55个，指标120个。改革实施以来,系统运行平稳,业务办理顺畅，利用新系统征收税费34.5亿元,办理业务11.9万笔;利用风险管理系统推送风险纳税人3万户，入库税款2.5亿元。直属分局、灵宝市局荣获全省地税系统改革先锋。开发区局积极化解低、中、高三类风险应对难题,推送完结各类风险573条,上报“三化”风险模型15个;大数据和电子税务分局初步建成涉税信息交换平台,外部信息采集不断扩展,数据质量稳步提高；大企业分局集中力量强化17户大企业、230户集团企业的管理与服务工作,构建“上下联动、左右联合、内外协同”的立体化大企业税收风险防控新体系。

营改增工作　按照“学习好、移交好、支持好、代征好、服务好”的标准，全力以赴做好营改增工作，分3次向国税部门移交全部纳税人信息9844户。代征增值税和代开增值税发票工作顺利实施、平稳运行,累计代征增值税462万元。

资源税改革　积极稳妥做好资源税从价计征改革，累计入库资源税2.13亿元,同比下降27%,减收0.79亿元,资源税改革减负效应明显。

地方税治理　切实加强领导干部学法用法、执法风险防控教育,大力宣传《河南省税收保障办法》,组织“12·4”国家宪法日宣传活动,法治意识进一步增强。开展地方税“法治化、规范化、精细化”管理专项行动,通过对13个税种的精耕细作,挖潜堵漏,发挥了税种管理在促收保收中的重要作用。规范行政处罚裁量权，清理税收规范性文件,开展重大税务案件审理、税收执法专题整改、内部审计、税收执法督察,做好行政复议应诉工作,税收执法行为进一步规范。深化行政审批改革，大力实施简政放权，深入推进服务型行政执法建设、法治税务示范基地建设，推行法律顾问制度、公职律师制度,依法治税水平进一步提升。三门峡税务局先后被表彰为河南省服务型行政执法示范点、全市政府法制工作先进单位。开展重点税源企业税收检查、营改增高风险企业专项稽查，建立警税协作工作机制，强化国地税联合稽查,组织企业自查595户,查处案件26起,查补入库税收1.25亿元。

纳税服务　全面落实《纳税服务规范》,完善首问责任、限时办结、预约办税、延时服务、24小时自助办税、财税库银联网缴税等便民服务机制。推行办税人员实名办税制度，业务平均办理时间缩短至1.6分钟,为全省最快的单位。办税服务厅效能考核多项指标位列全省前位，多次被省局通报表扬。全面推行“一厅式”办结、省域通办、网上审批,充分发挥微信公众号、二维码一次性告知、自助办税终端等便捷载体,最大限度方便纳税人办税。全面加强国地税合作，在办税服务厅互设窗口,实现“进一家门、办两家事,到一扇窗、办所有事”,最大限度满足纳税人合理需求。开展“便民办税春风行动”“税务人走进纳税人”活动,举办纳税人讲堂35期,培训3211人次,实地走访企业700户，召开企业座谈会35次,税收政策发布会18次,收集意见建议459条。依法落实各项税收优惠政策，为301户小微企业减免企业所得税203万元，为8户高新技术企业减免企业所得税567万元，为4.87万户（次）减免其他地方税费1.66亿元。开展“银税互动”,向小微企业发放贷款1045万元;建立“走出去”企业名录库和税企联络机制，为企业提供税收政策咨询服务，助力供给侧结构性改革,推动“一带一路”战略实施。以三门峡市“一节一会”“白天鹅国际摄影大展”等重大活动为契机,全方位提供税收政策支持和后勤服务保障，树立地税部门良好社会形象。

【召开全市地税系统税收征管体制改革动员会】2016年3月31日，召开全市地税系统税收征管体制改革动员会。传达省地税局征管体制改革工作部署和信阳现场会精神，并对征管体制改革工作提出具体要求。市地税局党组书记、局长王彦朝作题为《凝神聚力　敢于担当　全面推进税收征管体制改革》的动员讲话,指出:要提高认识，深刻领会税收征管体制改革的重要意义。税收综合改革是社会经济形势发展的客观要求；是实现税收现代化的客观要求；是税收工作实际的客观要求,更是政治任务和重要工作,要把思想和行动统一到上级精神和要求上来，严格按照省局税收征管体制改革信阳现场会精神，全力以赴推进征管改革。

【财产和行为税统一申报表启用】2016年，三门峡在全省率先完成财产行为税统一申报表启用首期申报工作，首个申报期受理纳税人申报1647户,采集房产土地信息11629条,受到河南省地税局表彰。

【全市地税系统代征增值税和代开增值税发票工作】2016年5月2日,经过全市地税系统持续努力，通过预约纳税人办税，三门峡市行政服务中心和全市7个办税服务厅全部开出增值税完税证和增值税发票，标志着三门峡市地税系统代征增值税和代开增值税发票工作全面顺利完成。

（王　萌）

·编辑　张怡杰·

综　述

【概况】 2016年,三门峡市金融系统以加强银政企合作为抓手,不断加大信贷投放力度,全面提升金融服务水平,努力扩大资本市场融资,进一步强化“两类公司”监管,全市金融业得到平稳较快发展。至12月末,全市各金融机构存款余额1143.23亿元,较2015年同期增长10%,较年初增加105.63亿元,增长10.18%,同比多增10.31亿元;贷款余额701.12亿元,较2015年同期增长4%,较年初增加29.36亿元,增长4.37%,较2015年同期少增55.36亿元。

【超额完成原五年期政银战略合作协议】 2012年2月,三门峡市政府与省农发、工、农、中、建5家国有银行签订了总金额1075亿元的战略合作协议,协议期为5年。至2016年末,累计落实资金1499.97亿元,占总协议金额的139.53%,超额完成年度目标任务;5家国有银行共落实资金263.75亿元,占本年度计划落实资金215亿元的122.67%。加强政银企合作对接,帮助企业解决融资难题。市政府分别于2016年1月19日和农发行河南省分行、2月2日和国开行河南省分行、2月25日和建行河南省分行各签订了500亿元战略合作协议,协议期均为五年,共1500亿元。2016年3月16日,组织举行了“2016年重点项目银企对接会暨贷款项目签约仪式”,10家金融机构与52家项目单位在会上进行了贷款项目签约,达成协议总金额158.58亿元。

【推进金融改革】 2016年末,全市6家农村信用社法人机构中湖滨、渑池、卢氏、义马、陕州5家已成功组建农商行,已开业农商行按照现代银行制度的要求,明晰发展战略,加快转型发展,各项业务稳健发展,公司治理的有效性持续提升。灵宝农信联社在进行进场作业前的业务咨询和各项准备工作,改制组建工作加快推进,2017年将完成改制任务。全市保险机构加大保险资金引进力度,加快发展现代保险服务业。2016年成功引进恒安标准人寿保险公司和华夏人寿保险公司在三门峡市设立分支机构,入驻后全市的保险机构已达25家;至12月末,全市共有保险主体25家,其中财险主体13家,寿险主体12家,分支机构138个,累计实现保费收入26.3亿元(财险保费收入5.03亿元,寿险保费收入21.27亿元),赔付2.14亿元。推进企业在资本市场融资。2016年省办下达全市的资本市场融资任务为62亿元,至12月末,完成资本市场融资62.89亿元。加大企业上市力度,增补调整省定重点上市后备企业。至12月末,三门峡市有27家企业进入省定重点上市后备企业,31家“新三板”挂牌后备企业,2家境内外上市公司,4家“新三板”挂牌企业,13家区域性股权交易市场挂牌企业。

(何千国)

中国人民银行三门峡市中心支行

【概况】 中国人民银行三门峡市中心支行(以下简称“人行三门峡市中支”)是中国人民银行的派出机构,根据中国人民银行的授权,主要履行贯彻执行货币政策、维护金融稳定和提供金融服务三大职能。至2016年末,人行三门峡市中支机关内设16个部门,下辖5个支行,共有职工241人。2016年,人行三门峡市中支坚持党建统领全局,引导干部职工厚植优势、补足短板,以严的精神、实的作风,加强内部管理,提升对外履职,各项工作取得新成效。

【贯彻落实货币政策】 2016年,人行三门峡市中支围绕落实新的发展理念和改革任务要求,着力疏通稳健货币政策传导渠道,引导金融机构优化金融资源配置,推动辖区经济稳增长、调结构。在金融机构层面,综合用好宏观审慎评估、再贷款、再贴现、存款准备金等政策工具,增强金融机构的放贷能力;通过召开会议、实地调研、窗口指导等方式,引导金融机构紧紧围绕实体经济资金需求,创新产品和服务。在政府层面,上报多篇报告反映金融运行形势和金融机构需求,推动政府建立专项奖励基金,完善担保基金、风险补偿基金等6个风险缓释机制,调动金融机构放贷积极性;建议政府在信贷资产保全、不良贷款处置、金融生态环境建设等方面提前谋划,健全金融业服务保障体系,推动金融稳健发展。在企业层面,分层次、分行业举办银企对接会、推进会,多次开展以缓解企业融资难融资贵为主题的政策宣讲、调研帮扶活动,对重点企业引导金融机构设计"一对一"融资方案。全年辖区跨境人民币业务结算量达30.2亿元,是2015年同期的5.7倍,同比增速全省第一;应收账款融资服务平台注册企业用户156户,是2015年的2.08倍,新增融资额16.89亿元,是2015年同期的3.07倍。全市进出口总额11.98亿美元,同比增长123.21%,增速位居全省第一。同时,发挥金融扶贫牵头作用,加强顶层制度设计,建立了市县两级组织机构和工作机制。选择2个贫困村试点开展农户信用信息采集和评级,引导金融机构发放免抵押、免担保的信用贷款,缓解了贫困户抵押担保难题。

【提升金融服务水平】 2016年,人行三门峡市中支提升金融服务水平,推广惠农支付服务主办行制度,开展惠农支付服务创新,持续优化农村支付环境,金融综合服务站建设经验在全省支付结算工作会上作了交流。举办人民币知识(微信)有奖大赛与金融机构从业人员人民币知识和劳动技能竞赛,深入推进人民币"净化工程",金融机构市区各网点对外付出10元及以上券别现金实现全额清分。金融IC卡多应用取得新突破,电子现金交易量居全省各市第一。实现了TBS系统、同城清算系统的虚拟化和TBS的辖区集中,有效解决了系统设备老化、系统不兼容和维护困难等问题,该项工作在全省处于领先。稳步提升经理国库水平,直接支付业务办理区域覆盖全辖各县(市、区),推动全市所有乡镇全面实施财政国库集中支付电子化。制定企业景气调查工作评价激励办法,不断提升月度监测和专题监测质量,承担的2015年全省铝行业监测分析报告得到总行调统司肯定;煤炭行业监测分析成果在郑州中支上半年经济金融形势分析会上作了重点汇报。举办《中华人民共和国反洗钱法》颁布十周年主题演讲比赛,加强反洗钱可疑资金交易监测和分析报告。继续开展"访银行、走企业、下基层"活动,建立"三级联动""四位一体"约谈监测工作机制,有关做法得到省分局肯定。创新财政存款交存管理,督促金融机构补交财政存款2.85亿元,工作经验在郑州中支财务工作会上作了交流。

【维护金融稳定】 2016年,人行三门峡市中支坚持把银、证、保各类机构均纳入监测范围,突出对产能过剩行业等重点领域的动态监测和调查分析,对高风险机构及时通过约谈提示风险,提高了金融风险监测和预判的前瞻性。对银、政、保各1家机构分别开展专项与全面评估,发挥了金融机构稳健性评估的预警作用。制定存款保险档案管理制度,提升了工作标准化水平,得到郑州中支肯定并被全省推广。严格按程序和规定对9家机构开展存款保险现场评级,高标准评级模板得到郑州中支肯定并向总行金融稳定局推荐评优。加强对非法集资的监测排查,开展互联网金融风险整治,推动构建市级层面的金融风险事件应对机制,提高了金融风险处置化解能力。深化行内、行外调研信息协作机制,报送的各类调研信息文章被总行采用12篇,被上级领导和地方党政主要领导批示15篇,其中反映企业高负债方面的调研报告被河南省政府陈润儿省长批示1篇。

【平安央行法治央行建设】 2016年,人行三门峡市中支扎实开展"制度建设年"活动,突出对财务新规等重点制度的学习,通过集体讨论、业务测试、专题培训等形式提高学习效果,全年实现了基础业务零差错、对外服务零投诉。稳步推进辖区4家支行办公楼修缮项目。扎实开展以业绩导向为主的创先争优活动,科学确定全行7项争创目标,制定方案、分解任务、稳步推进。建立全员业绩档案,注重发挥先进典型的示范带动作用,连续3年举办"文明有礼央行人"活动,在全辖营造了见贤思齐的良好氛围。发挥工会工作凝心聚力作用,开展"金点子"建言献策活动,举办形式多样的文体活动9次,"快乐工作、健康生活"理念更加深入人心。创新节能减排,建成全省人民银行系统装机容量最大的光伏发电项目。至年末,全行共有26人次、14个集体在上级支行和政府组织的竞赛、评比中获表彰。加强"两管理、两综合",扎实做好"两随机一公开",准确把握行政处罚裁量标准,依法开展综合及专业执法检查9次,约谈金融机构负责人15次、52人次,进一步规范了金融机构运营管理。组织开展金融知识集中和专项宣传10次,受理咨询和处理投诉33起,提升了金融消费者满意度。以践行"大安全观"为主线,层层落实安全生产责任,通过加强人防、提升技防、夯实物防,提升安全保卫和综治工作成效。至年末,人行三门峡市中支高清监控报警系统在全省领先,办公大院门卫室智能访客登记管理系统在全省各市中支率先建成。持续开展内审项目"回头看"活动,突出对"花钱""用权"等重点领域合法合规性审计,完成审计项目8个,提出整改意见34条,提高了内控治理能力。

【县支行建设】 2016年,人行三门峡市中支党委成员累计到各支行开展帮扶50余次,帮助支行解决了办公楼修缮、公共金融服务大厅建设、经费保障、人员教育管理等实际困难。加强县支行班子队伍建设,配齐配强支行领导班子。继续在人员配置上向县支行倾斜,同时深入开展县支行青年员工职业导航活动,促进支行青年员工尽快成长成材。圆满完成县支行内设机构调整完善工作，指导各支行结合实际制定对外履职清单，明确岗位职责，完善绩效考核办法，理顺工作机制。继续完善对支行的综合考核管理方式，取消不必要的检查、评比、达标、考核等，减轻支行内部管理考核压力，为支行集中精力对外履职创造条件。按照“以业务带队伍、以业务强功能”的思路，在重点与特色工作目标确定、征信查询服务、反洗钱执法检查、农村支付环境优化等方面加强对支行的业务指导，提高支行履职效能。各支行对外履职不断出现新的亮点，义马支行以点带面推动金融IC卡实现了在公交、蔬菜市场等多个领域广泛应用，卢氏支行在辖区率先建成公共金融服务大厅并投入使用，灵宝支行推动乡镇财政国库集中支付电子化走在全省前列，渑池支行创新机制实施金融扶贫“4个+”工程成效明显，陕州支行在内部管理方面取得了新进步。（杨亚琼）

中国银行业监督管理委员会三门峡监管分局

【概况】 2016年，中国银行业监督管理委员会三门峡监管分局（以下简称三门峡银监分局）认真贯彻落实银监会、河南银监局各项工作部署和要求。在传统支柱产业面临“去产能”及复杂多变的宏观形势下，引领辖区内银行业多举措提升服务实体经济质效；在经济下行压力增大及外部风险传导加剧的形势下，守住了银行业风险防控底线；在社会投资意愿减弱的形势下，推动了农合机构改革；在金融市场迅猛发展的形势下，保护了金融消费者合法权益。分局党委获得银监会系统、河南银监系统“先进基层党组织”，分局获得“河南金融五一劳动奖状”“河南金融模范职工之家”等荣誉称号。

【支持实体经济成效显著】 2016年，三门峡银监分局围绕全市经济社会发展大局，督促银行业加大信贷投放，支持全市经济发展稳中向好。全市银行业支持商务中心区建设项目贷款项目17个，落实资金16.18亿元；支持重点建设项目35个，落实资金100.42亿元；战略合作协议签约314.5亿元，落实资金216.96亿元。开展小微企业金融服务“创优提升年”活动，着力解决企业“担保难、成本高”等问题，督促银行业机构创新产品服务，推动实施银税互动。小微企业贷款余额189.41亿元，比年初增加19.46亿元，同比增速11.45%，高于全部贷款同比增速10.49个百分点；贷款户数1.99万户；申贷获得率96.2%，同比提高0.67个百分点。新设乡镇银行业网点3家，全市行政村（含新型社区）金融自助服务点数量339个，银行卡助农取款服务点1870个，ATM机330台，POS机3087台，金穗智付通1489个，商易通130个，其他自助机具64个，基础金融服务“村村通”覆盖率95.2%。涉农贷款余额396.68亿元。建立扶贫小额信贷分片包干责任制，建档立卡贫困户入户调查率100%，各机构共对2698户建档立卡贫困户发放贷款1.52亿元，其中发放扶贫小额贷款1728户7633万元。建立了扶贫示范点，卢氏县各项贷款增速高于全辖区各项贷款增速14.12个百分点。全市银行业重点加大对国家和地方重点领域重大项目、消费领域建设、高新技术产业、节能减排、企业“走出去”、科技创业企业等信贷支持力度，在“去产能”“去库存”和“补短板”方面，发挥银行业助推作用。至12月末，全市煤炭行业贷款余额48.63亿元，比年初减少6.83亿元，房地产贷款余额70.04亿元，比年初增加11.9亿元，其中个人住房按揭贷款余额47.79亿元；发放下岗失业职工贷款12372笔4.79亿元；发放间接带动贫困人口贷款10.05亿元，间接带动贫困户2241户。

【防风险守底线扎实有效】 2016年，三门峡银监分局加大信用风险、流动性风险、声誉风险、操作合规风险管控力度，要求各机构关注传统行业、民营企业、重点区域，完善信用风险防控措施，防范不良贷款集中反弹，加大不良贷款处置力度。通过暗访、现场督导规范揽储行为，加强存款偏离度管理；建立“分局+银行业机构”舆情监测体系。针对重点业务，如同业、投资、票据、押品业务等下发风险提示10份，提出监管建议261条。对辖区内重点领域重点企业在债委会下成立由分局监管科、统计科、银行业协会、各银行业机构风险管理部门人员共同组成风险化解小组，研究风险情况、制定化解方案，报地方政府推动化解。配合法院开展“秋季执行风暴”工作，打击“老赖”行为，全年清收1.03亿元。持续加强公众教育，防范社会金融风险，组织开展“金融知识进万企”政策宣讲，开展“金融知识进万家”“金融知识进校园”及防控非法集资“四进”集中宣传；协助司法部门做好涉嫌非法集资账户资金查询、冻结和扣划。多形式开展员工行为排查专项行动，在组织各机构自查、督导组现场抽查的基础上，充分利用EAST系统，对发现的可疑员工行为提交银行业机构核对自查；利用微信平台推送员工行为测试题，要求各机构组织全面测试，随机抽取全辖各机构不同层级72名人员组织开展集中测试；对村镇银行高管、股东进行培训、考试。

【债委会工作发挥效用】 2016年，三门峡银监分局对符合条件的融资规模1亿元以上及困难企业共54家建立了债委会，依托债委会提供“一揽子”融资计划。支持优质企业30家，贷款合计286.22亿元（较年初新增40亿元），表外敞口合计82.64亿元（较年初新增28亿元）；帮扶困难企业24家，贷款合计20.27亿元（较年初基本持平）；办理无还本续贷3.15亿元，贷款展期1.22亿元。实行领导包干制，每位分局领导至少对口指导一个债委会，2016年分局6位领导共对华宝产业、轩瑞产业、博源产业等11家企业的债委会工作进行了直接参与指导，帮助银行稳定风险资产3.4亿元，收回不良贷款0.71亿元，重整信贷资产1.6亿元。三门峡债委会工作经验被河南省委办公厅《工作交流》刊发。

【保护金融消费者合法权益】 2016年，三门峡银监分局多措施开展消保工作。针对信访投诉增多趋势，要求各银行业机构切实承担起信访投诉处理第一主体责任，共受理消费者投诉157起，分局建立信访接待专区，指定专人负责信访投诉工作，受理消费者投诉18笔。强力推进"双录一区"建设，局长、分管局长、各监管科分小组深入网点，以客户身份体验销售专区管理情况和"双录"效果，对"双录一区"工作进展缓慢的机构约见谈话，于4月和11月分两批对辖区内大型银行、邮储银行、股份制和城商行46个网点进行抽查。至年末辖区内销售理财产品的机构均完成"双录一区"设备安装。针对电信网络诈骗高发情况，配合公安部门做好打击治理电信网络新型违法犯罪活动，辖区内各银行业机构成功堵截103起电信诈骗案，为客户挽回损失659万余元。多形式开展公众教育。针对不同人群、不同需求开展形式多样的教育活动，提高公众对现代金融的认识，创造良好金融环境。"送监管政策进万企"，主管局长为300余家企业代表讲解小微企业等金融服务政策；"送监管政策进基层行"，为银行业基层员工讲解"三十个严禁"、员工行为守则；"送金融知识进校园"，对千余名学生进行校园不良网络借贷风险防范和教育引导；"防范和打击非法集资集中宣传"，利用报刊、电视广播、LED滚动宣传、印刷宣传册、宣传购物袋等方式开展广泛宣传。

【监管能力政治素养持续提升】 2016年，三门峡银监分局联合工信局对全市47家困难企业进行调研，有38家企业与辖区内银行建立信贷合作关系，获得授信79.95亿元，8家企业获得了银行拟新增授信意向；对93家企业开展"暖冬行动"调研，现场解决问题65个，解决融资59.3亿元，拟新解决资金问题10.54亿元。建立供给侧结构性改革按"三去一降一补"(去产能、去库存、去杠杆、降成本、补短板)专题分部门研究机制，对贷款增长缓慢原因进行分析，形成专题向政府报告。

(徐　静)

中国农业发展银行三门峡市分行

【概况】 2016年，中国农业发展银行三门峡市分行(以下简称农发行三门峡市分行)紧紧围绕"抓班子、激活力、打造和谐团队；抓机遇、谋发展、服务国家战略；抓党建、强两基、夯实发展基础"总体工作思路，凝心聚力，破困前行，迎难而进，业务发展成效显著，不良清降取得重大突破，扶贫攻坚取得阶段性成果，从严治行管党水平显著提升。至年末，全行贷款余额195374万元，比年初增加6170万元，增幅3.26%；各项存款余额110230万元，存款日均余额130565万元；全年实现利润218万元，人均利润1.65万元。

【粮食收购再创新高】 2016年，农发行三门峡市分行提前完成企业收购资格评审、收购企业评级授信等基础工作，核定新增授信额度4.9亿元。与中储粮公司、市粮食局成立三方监管领导小组和监管办，制定了"多布点，早启动，早收粮，快收粮，多收粮"的收购方案以及托市收购预案，及时下发做好夏粮收购工作的通知，同时采取多种形式向周边地区宣传2016年夏粮托市收购政策，敞开收粮。至年末，共发放粮食收购贷款5.1亿元，收购小麦2.1亿千克，发放贷款和收购量比2015年同期翻一番，再创历史新高。

【支持地方经济发展】 2016年，农发行三门峡市分行围绕全市重点工程建设项目，突出营销重点，以重点领域、重点客户、重大项目为引领，精准介入棚户区改造、整体城镇化、农村公路、重点水利建设等领域，加大对重点领域重大工程项目的积极支持。2016年，共发放中长期项目贷款4个3.6亿元，支持渑池、灵宝、卢氏、义马等县市基础设施建设；审批待发放棚改、水利等项目6个8.2亿元，调查上报河道治理工程项目1个2亿元；培育储备项目5个预计贷款需求14.3亿元。同时，继续开展农发行重点建设基金投放，全年投放基金项目8个，投资金额2.4亿元，发挥了政策性银行"促投资、稳增长"的逆周期调节作用。

【农发行三门峡市分行扶贫业务部、卢氏县扶贫金融事业部挂牌成立】 2016年4月20日，农发行三门峡市分行扶贫业务部、卢氏县扶贫金融事业部挂牌成立，树立了"金融支持脱贫攻坚主办行"的金字招牌。积极参与卢氏县"十三五"易地扶贫搬迁实施方案和扶贫资金管理办法的制定，推动政银双方建立了定期会商机制。2016年，农发行三门峡市分行在全省53个国定贫困县中率先实现扶贫贷款破题，申报的卢氏农村公路扶贫过桥贷款3亿元获得省分行批准，并实现1亿元投放。该笔贷款是全国农发行系统单笔金额最大的扶贫过桥贷款，是全省首笔扶贫过桥贷款。获批农发行重点建设基金项目5个，投放基金1.49亿元，涉及扶贫搬迁、城市水网、医药物流、养老设施等领域。

【不良清降取得突破】 2016年，农发行三门峡市分行提出了"彻底转变观念，领导奋战一线，集聚全行之力，动用所有资源，穷尽一切手段，实现有效清收"的不良清降总体指导思想，调整充实市分行不良清降领导小组，建立考核机制，分解现金和非现金清收任务，制定挂包考核办法。对已进入执行拍卖环节的不良贷款案件，积极搞好与法院的对接协调。至年末，共处置核销不良贷款1.28亿元，不良贷款率较年初下降7个百分点。

【经营管理绩效趋好】 2016年，农发行三门峡市分行存款组织工作一直保持高位平稳位运行，在省分行2015年度考核中获得第一名。在经济形势日趋下行等不利因素影响下，夯实财务基础管理，促使各项财务指标逆势趋好，灵宝、义马、卢氏、三门峡市分行机关营业用房维修改造全面完工。

(龚　震)

河南省农村信用社联合社三门峡市办公室

【概况】 2016年，河南省农村信用社联合社三门峡市办公室（以下简称市农信办）充分发挥管理、指导、协调、服务职能，指导全市农村信用社（含农商行，下同）秉承服务“三农”、改善民生的企业使命，不断推进体制改革，积极调整发展方式，强力推动规范化管理，着力提高发展质量和经营效益，注重提升金融服务水平，坚持依法合规经营和保持和谐稳定，实现了全市农信社业务稳中有进、管理日益规范、改革成效显著的良好局面。社改行工作纵深推进，全市6家县级法人机构中，义马、渑池、湖滨、卢氏4家已成功组建农商银行，整体运营情况良好；陕州农商银行获准筹建，灵宝农信联社达到农商银行组建标准。至年末，市农信办内设综合科、业务科、稽核科3个科室和信息科技中心、银行卡中心2个中心，下辖4家农商银行、2家农信联社、163个营业机构，共有员工2244人。

【发展趋势总体向好】 2016年，全市农信社各项存款余额273.09亿元，新增存款35.79亿元，完成省联社年度计划30亿元的119.30%；各项贷款余额160.71亿元，考虑不良贷款核销和置换因素（11.62亿元），实际新增21.93亿元，完成省联社年度计划18.26亿元的120.1%；实现经营利润5.8亿元，完成省联社年度计划4.57亿元的126.87%；银行卡业务存款余额80.62亿元，较年初增加21.44亿元，完成省联社年度计划9亿的238.21%；新增网上银行手机银行客户8.94万户，完成省联社年度计划8万户的111.17%；电子银行业务替代率61.78%，完成省联社年度计划58%的106.52%；新增惠农支付服务点223个，完成省联社年度计划211个的105.69%；新增农民金融自助服务点67个，完成省联社年度计划60个的111.66%。

【服务功能明显增强】 2016年，全市农信社突出“支农支小”重点，稳步加大信贷投放。为主动适应不断变化的农业农村经济形势，满足广大农民群众日益丰富的多样化金融服务需求，试点探索以村民委员会为主体的农户评级授信体系，有效解决基层客户经理人员不足、客户经理对村民授信评价不准的难题。创新推出“林权贷”“仓单质押”等新型担保方式，加大新型农业经营主体和农业龙头企业的支持力度。至年末，涉农贷款余额达147.02亿元，占全市金融机构涉农贷款总额的36.07%，“金燕快贷通”小额贷款余额达11.12亿元，惠及农户3.29万户。着力满足小微企业信贷需求，坚持以项目带动为抓手，积极转变服务方式，主动深入企业，了解企业信贷资金需求，采取抱团帮扶的措施，不断加大信贷资金支持力度，帮助辖内符合产业政策、有市场、有效益，但暂时出现资金困难的企业走出困境。至年末，小微企业贷款余额57.11亿元，占全市金融机构小微企业贷款总额的32.05%，高于各项贷款同比增幅8.52个百分点，小微企业贷款户数8180户，同比增加1037户，申贷获得率达100%，有力支持了实体经济发展。

【精准扶贫成效显著】 2016年全市农信社作为小额信贷精准扶贫主办行，为将精准扶贫工作落到实处，结合自身实际制定了2016年度金融扶贫工作计划，积极对接扶贫部门确定建档立卡贫困户，深入了解贫困户家庭基本情况，建立以劳动技能，资产构成，生产生活，就业就学状况，金融需求等为内容的精准扶贫金融服务档案，实行“一户一档”，使信贷资金精准落实到每个贫困户，做到对象准确、期限合理、流程匹配，切实增强金融扶贫工作实效，确保对符合贷款条件的建档立卡贫困户实现信贷投放全覆盖。至年末，对已建档立卡的1282户贫困户发放扶贫小额贷款5634万元。

【科技支撑有效发挥】 2016年全市农信社加快科技创新步伐，促进业务发展。建立历史数据库，为全市农信社经营决策和管理提供有力支持；指导全辖农信社开办了“享档档”业务；积极引导义马农商行开展代收燃气费业务、菜市场POS、饭堂POS项目、公交项目城市一票制、水费代缴业务等；引导渑池农商行开展代收电费中间业务。实施重要信息系统应急演练，确保系统安全运行。模拟网络系统故障、供电系统故障、空调故障、消防报警系统故障、非法入侵、雷击、机房漏水等场景，通过应急演练，检验了重要信息系统应急预案的科学性、有效性、完整性和可操作性，提高科学应对重要信息系统突发事件的能力，确保重要信息系统安全稳定运行。 （段红涛）

中原银行股份有限公司三门峡分行

【概况】 2016年，是中原银行三门峡分行创新机制、夯实基础的一年。中原银行三门峡分行以“完善体系，提升能力，规范管理，严控风险，实现全行持续稳健发展”为统领，按照分行年初制定的“三提升一确保”的经营目标，按照“明确机制，提升能力，加快发展，确保质量，努力实现持续快速健康发展”的经营思路，统筹安排各项工作，努力朝着一流商业银行方向迈进。至年末，中原银行三门峡分行资产总额125.55亿元，贷款新增同业排名持续第一。各项存款余额125.32亿元，较2015年12月31日新增13.8亿元，增幅12.37%；对公存款新增7.7亿元，储蓄存款新增6.1亿元，存量市场占比提升0.3个百分点，存款增量排名第四。

【打造金融服务实体经济新常态】 2016年，经济下行压力依旧较大。中原银行三门峡分行按照总行的安排部署和具体要求，秉承城商行“立足地方、服务小微、服务政府、服务当地经济发展”的定位，积极发挥金融服务在城市转型、产业结构升级中的作用。聚焦重点产业，强化提升服务实体经济力度。

贷款新增全市第一,贷款规模 97.85 亿元,较年初增长 17.38 亿元,新增全辖排名第一, 其中公司贷款 67.22 亿元,较年初新增 24.96 亿元, 个人贷款 20.12 亿元,较年初新增 3.58 亿元;贴现余额 10.51 亿元。负债业务效果显现,存款稳步上升。至年末,全行存款时点 125.32 亿元,较年初增长 13.8 亿元,完成总行目标的 87.43%,新增全辖排名第四。加大信贷投放,积极扶助小微企业。在小微企业金融服务方面,做到精准营销、量身定做、创新产品、惠农下乡。至年末,小微企业信贷投放规模余额 63.25 亿元, 较年初新增 6.83 亿元,申贷获得率达到 96.29%。

【丰富产品服务小微企业渡寒冬】 2016 年, 中原银行三门峡分行为小微企业提供贷款 171.14 亿元(含贴现与转贴现),通过产品创新、信贷投入帮助小微企业共渡难关。针对符合国家产业政策,前景良好,暂时出现经营困难的企业, 中原银行三门峡分行推出"续贷宝", 使企业在贷款到期日无需偿还本金, 通过放款与还款的无缝对接, 实现贷款在原授信到期后延续使用。针对中小微企业融资需求"短、小、频、急"的特点和其所面临的"三难一贵"现实情况,推出"循环贷""农贷 1+N""种子基金""中原秒贷""农户创业贷" 等多款差异化金融产品满足中小企业金融服务需求; 针对小微客户推出"中原微贷蜜蜂卡",满足了客户"一次授信、循环使用、随借随还、自助提款、一秒到账"的融资需求;积极与政府相关部门合作,通过搭建"银政"平台, 探索银政合作模式扶持中小微企业发展, 真正缓解三门峡中小微企业融资面临的"抵押难、担保难、融资难、融资贵"的"三难一贵"难题。

【提升资产质量】 2016 年, 中原银行三门峡分行把资产质量作为各项工作的重中之重, 年初就组建专业团队,引进专业人才, 强化不良资产的清收工作。至年末,通过现金清收、重组核销、资产转让等方法, 共化解问题资产 20.69 亿元, 其中化解问题非标 1.5 亿元。主要措施是落实内控,严防新增,做到新增贷款"抓两头",从"摸清企业家底、压降部分本金、约定分期还款计划、强化担保、强制公证、收益管理"六方面着手做实存量不良资产基数。建队伍,定目标,优化机制建设,打造专业清收团队。精细管理,持续跟进。强化督办,上门督导,"一行一策"。奖罚并重,严格考核。"六定原则",适时优化。风险管理,传导文化理念。

【人才队伍建设】 2016 年, 中原银行三门峡分行通过树机制、建体系,将发展"灵魂"的机制建设完成落地。在绩效考核,资源配置、人力资源方面开展了有益探索,建立了"以人为本　业绩导向"的综合考评体系;同时,建立"六能"人力资源配置机制。实行人员调整动态管理,在干部任用上要"能上能下,能进能出,能高能低",倡导形成"以人为本,业绩导向"的简单文化。全年共提拔青年干部 23 人、团队长 6 人、后备干部 9 人;同时调整、降职 4 名中层干部到合适岗位; 引导优秀柜面员工 38 人向市场营销条线流动, 共招聘优秀毕业生 15 人,外聘优秀人才 10 人,离职人员共 10 余人, 形成人才流入流出的常态化机制。

【打造专业团队】 2016 年, 中原银行三门峡分行通过优布局、完架构,打造团队, 强化专业。成立 6 个公司业务部,3 个零售业务部,设置 11 家综合性支行,形成了"城区+直营+县域"的架构,并增强了县域支行风险控制力量;增设电子银行部、惠农金融部,围绕中原银行"未来银行"和"上网下乡"的战略定位,推动互联网银行业务发展;撤并向阳支行、虢国路支行,改造西市场支行为社区支行,设立万达广场支行,推进分行网点优化布局; 同时实行产品经理制, 选拔设置 11 名产品经理,组织培训和拓展训练, 组织零售条线外拓培训、公司条线"战狼特训营"、风险条线"每周一课",培养内训师团队,打造学习性组织等。

【金融服务最后一公里】 为落实金融"助农、利农、惠农、强农"政策,2016 年中原银行三门峡分行按照总行 "上网下乡"的发展战略,积极推进战略落地。成立了惠农金融部,负责落实惠农金融政策,做好农村金融服务。构筑县域支行、乡镇支行、惠农支付服务点"三位一体"的惠农发展服务体系,为做好普惠金融奠定组织基础。惠农金融部走访 150 余个行政村, 在三门峡市区及五个县域共开设惠农服务点 65 个。通过构建多层次、广覆盖、可持续的农村支付服务体系,把惠农支付服务点打造成为"金融服务站、农民之家、金融便利店", 为农村居民提供基本的支付结算、缴费、财政补贴代发、小额贷款等金融服务, 有效打通农村金融服务的"最后一公里"。

【稳健发展合规建设常态化】 中原银行三门峡分行自成立以来, 着力塑造合规文化体系、推进合规队伍建设、强化风险防范技术支撑、 完善合规运行机制, 在全行形成人人合规、 时时合规、处处合规的氛围、架构和网络,初步构筑起合规发展的基石, 促进各项业务稳步健康发展。2016 年,大力营造合规环境,落实总行"依法合规、从严治行"要求,加大问责处理力度,强化员工对制度、 风险的敬畏之心。在贷款、 消防安全、 财经纪律等方面共处理、处分 84 人次,有效地落实了纪检监察工作考核机制, 有力地维护了中原银行三门峡分行制度的权威。同时全面推行首问责任制, 深入开展风险排查,举行合规知识竞赛等。构建网络化、立体化的宣传体系,大力宣导"稳健、创新、进取、高效"的企业文化理念,开展青年员工演讲比赛、青年员工座谈会等,关心员工生活,保证员工福利,让广大干部员工"快乐工作,幸福生活"。

(李文阁)

中国邮政储蓄银行股份有限公司三门峡市分行

【概况】 2016 年, 中国邮政储蓄银行三门峡分行(以下简称邮储银行三门峡市分行)以"抓稳定、控风险、调结构、促转型"为主线,紧抓发展机遇,突出转型升级,强化风险控制,狠抓队伍能力提升,各项业务健康可持续发展。全年实现收入2.7亿元,实现利润1.03亿元。全行各项存款余额150.59亿元,较年初增加18.01亿元,增幅为13.58%;其中:公司存款余额33.11亿元,较年初增加0.13亿元,增幅为0.39%;居民储蓄存款余额117.48亿元,较年初增加17.88亿元,增幅为17.95%;各项贷款余额34.93亿元,其中,个人贷款余额20.97亿元,公司贷款余额12.55亿元。整体资产质量保持稳定,全行不良贷款为1782万元,不良率为0.51%。

【支持重点企业和项目】 2016年,邮储银行三门峡市分行围绕支持重点企业、重点项目,加大信贷投放力度,促进地方经济发展。全年向义煤集团投放贷款3.6亿元,结余4.6亿元;向大唐火电三期和二期投放贷款1.47亿元,结余7.95亿元。同时,以收益分配、行内银团、自营三种方式开展风电项目授信,全年授信金额28亿元,投放金额5.74亿元。

【支持小微企业】 2016年,邮储银行三门峡市分行为解决小微企业融资难、融资贵的难题,深入开展产品优化活动,积极推动产品创新,大力支持全市小微企业发展。在全市范围内将服务小微企业的商务贷款利率下调至最低利率,有效降低小微企业融资成本。与各县(市、区)人社局联合发放再就业贷款4.39亿元,扶持5008名下岗人员再就业。积极向上级行申报小额贷款产品优化,将小额贷款产品优化到具有竞争力的水平,提高服务小微企业的能力。走访工业园区,梳理全区有开发价值的规模以上的产业集聚区6个,累计为园区内客户发放贷款1.05亿元。

【服务"三农"】 2016年,邮储银行三门峡市分行坚持把服务三农、发展农村经济作为重点工作,不断扩大涉农贷款覆盖面,不断加大对全市农村创业群体的信贷支持力度。至年末,涉农贷款结余11.65亿元。结合各地农户需求,开办了农开公司担保贷款、"惠农贷"小额担保贷款、惠民扶贫贴息小额贷款等产品,有效缓解农户资金短缺问题。支持全市特色农业发展,全年为灵宝苹果购销行业发放贷款2497万元,同比增幅53%。降低涉农类小额贷款利率,加大农村地区市场宣传力度,提升服务"三农"的能力。

【推进金融精准扶贫】 2016年,邮储银行三门峡市分行在陕州区、卢氏县、灵宝市分别开办了扶贫贴息贷款业务,有效降低了客户担保和贷款成本,促进贫困客户生产经营致富。至年末,通过扶贫贴息贷款支持贫困户168户568万元。为做好金融扶贫工作,向上级行申请了扶贫贷款专项额度,不受整体上级行额度管控限制,确保扶贫贷款资金持续、充沛。优化业务流程,充分让利贫困户。简化贷款流程,建立"扶贫贷款审查审批绿色通道",提高业务处理效率。成立扶贫贷款工作小组,负责扶贫贷款业务的营销与推广,保证扶贫贷款措施到位、推广得力。充分保障扶贫户利益,不断压低贷款利率,扶贫贴息贷款利率远低于其他贷款利率执行标准,同时联合扶贫办和财政局利用扶贫贴息政策,给予贫困户贷款利息补贴。为了更好的服务农村地区,特别是一些贫困地区,先后在灵宝市阳平镇、卢氏县五里川镇、陕州区菜园乡和渑池县果园乡设立4个农村信贷营业部,调配信贷员专职从事管辖乡镇的涉农及扶贫贷款发展。

【合规管理】 2016年,邮储银行三门峡市分行紧紧围绕"抓好立规、强化循规、全面合规"的工作思路,以风险防范为本,建立科学有效的合规管理体系。持续开展"合规回头看"问题整改,严抓"十条禁令""三十个严禁"宣贯落实,设置"合规警示教育园地"。深入开展"两加强、两遏制"回头看活动,建立"防范员工参与民间借贷、非法集资"长效机制。持续抓好重点业务、重点岗位风险排查,保持案防高压态势。强化"违规行为处理办法""十条禁令"违规问责,严格落实责任追究。持续抓好反洗钱和消费者权益保护工作。开展"3·15金融消费者权益保护日""金融知识进万家""金融知识普及月""金融知识万里行"等主题宣传活动,组织市分行中层领导开展"我当大堂经理"体验活动。做好法律事务管理工作。全年制作下发基本授权书28份,审查合同140份,按季开展规章制度梳理工作。 (刘瑞莉)

中国工商银行股份有限公司三门峡分行

【概况】 至2016年年底,中国工商银行股份有限公司三门峡分行(以下简称工行三门峡分行)在岗员工685人,营业网点24个,其中分行营业部1个,一级支行10个(县支行4个,市区支行6个),二级支行13个。分行本部内设14个部室,4个直属中心。

【全面提升市场竞争能力】 2016年,工行三门峡分行真正树立"以客户为中心"的发展理念,把客户拓展作为第一要务,把稳存增存作为重中之重,把经营转型作为重要路径,把强化管理作为必要保障,把狠抓落实作为重要抓手,加速渠道阵地建设,实施重点支行突破。持续提升网点竞争力,推动网点从低效向优质、从低级向高级晋位升级,不断提高网点效能。客户拓展速度加快。信用卡新发卡20594张,全省第9位;新开有效对公结算账户780户,任务完成率系统排名第8位,新开结算账户存款余额1.25亿元,现金管理客户完成113户,任务完成率系统排名第9位,e缴费完成9户,任务完成率系统排名第4位,e缴费金额任务数完成1119万元,任务完成率系统排名第3位。重点机构客户拓展工作成绩明显,机构条线以机关事业单位养老体制改革为契机,采取高层走访、上下联动等形式,全力营销相关专户,成功实现市本级机关事业单位养老保险资金财政专户和收入户、渑池财政专户和收入户、义马职业年金专户、卢氏支出户、湖滨区财政专户(涧南)等专户在全行开立,客户提升工作有明显成效,日均1万元以上金融资产机构客户净增8户,完成年度任务的160%。

【着力提升中间业务贡献度】 2016年,工行三门峡分行加快中间业务创新发展,加快推进"大零售"战略,重点推进个人结算、基金理财、私人银行、投资银行、分期付款等潜力业务发展,更多地借力专业团队,实现合力营销,抢占市场份额,提升对全行中间业务收入户(以下简称中收)贡献度。中收增幅连续3个季度系统第一,中收增量同业第一,5月份在三门峡召开了全省系统经验交流现场会,实现了历史新突破。加大中间业务的激励力度,提高中间业务挂钩比例;按季纵横分解细化中收计划,强化缺口管理;加强监测分析,对中间业务及时预测监测和通报,分析中间业务收入同比、同业、系统和计划四个维度分析,找准目标差距,强化分项;加大督导力度,组织专业部门到支行进行督导帮扶。个人金融业务中间业务收入2920.25万元,同比多收293.61万元,增幅达11.2%;国际业务紧盯增收创收目标,通过狠抓大客户、大项目,夯实基础服务,提升增值服务,依靠团队合力,实现中间业务收入737万元,完成全年目标任务的189%,同比增幅113%。

【科学把握贷款投放】 2016年,工行三门峡分行以表内外、综合化金融服务为抓手,加快推进资管业务多元发展和"大资管"战略深入实施,实现以资产业务带动公司存款、中间业务收入的稳步增加。公司贷款优化结构,对重点项目积极营销重点支持。同时根据总行行业信贷政策,适时压缩,有效缓释行业变化带来的贷款风险压力。注重产品互动,通过公司与国际表内外产品的互动,实现对公存款的增长,为优质客户提供多元化金融服务。优化项目储备,精心筛选,密切关注项目进度,待条件成熟及时介入。集全行之力,打好资产质量攻坚战。对新发放贷款,实施更审慎的市场和客户选择、更严格的责任追究、更高的质量标准,实施"集体会商"制度,信贷业务经集体会商通过后,才能上报省行审批,提高信贷决策水平。全年清收处置不良贷款17084.49万元,其中:现金清收9730.34万元,核销1596万元,打包处置5758.16万元,打包处置受偿2115.26万元。同时,实行名单制管理,一户一策,努力做好"潜在风险库、逾期贷款剪刀差库、不良贷款库"三库风险移位工作,累计缓释、化解风险贷款33笔23825万元,主动退出潜在风险15户12218.14万元。

【深化机制体制建设】 2016年,工行三门峡分行在机制建设上,坚持"打基础、利长远"的考核导向,进一步完善行长经营绩效考评、费用配置办法、绩效工资分配办法和干部履职管理办法,严格机制落地,充分发挥各项机制正面、积极、引导的作用。重点突出市场竞争力提升,突出贡献度提升,突出日均、突出效益,用长效机制管事管人管资源,形成良好的运行机制。组建银行卡收单团队、私人银行团队、理财投资团队、贵金属业务团队、银行卡分期付款营销团队等团队,面向全行公开选拔6名产品培训营销人员,作为全行营销队伍的核心团队、营销大项目的排头兵,在众多对外营销活动中逐渐崭露头角。代理上海黄金交易所黄金仓储业务继续实现突破,2016年度办理仓单1000笔,黄金实物出入库达130吨,业务收入连续两年突破200万元,持续保持了黄金仓储业务市场优势地位,荣获全国优质服务仓库和无差错仓库称号。与三门峡市中心医院的银医服务项目6月7日正式启动,至年末,项目带来融资1个亿,新增代发人数600人,月新增代发工资额400万元;黄河三门峡医院和灵宝市第一人民医院的银医服务项目进入科技立项阶段。渠道建设取得新成效,完成智能化服务改造网点12家,完成任务133%,全省排名第三位,便利店改造2家,完成任务100%;客户评价满意度99.7%,全省排名第十二位,大堂经理人员配备到位率100%;渠道二维码网均累计营销笔数115笔,全省排名第九位,援助保障系统使用率100%,网点WIFI网均使用率全省排名第五位。

【坚持从严治行】 2016年末,工行三门峡分行具备各类别信贷资质人员136人,信贷人员达标率90%以上。成功堵截外部欺诈事件137起涉及金额30.26万元,其中:假存单1起金额20万元、电信诈骗8起金额10.26万元、冒名证件开卡等128起,未发生人员、资金、财产的损失。深入开展业务运营风险专项治理活动,活动取得预期效果。在全省业务集中处理质量提升专项活动中,业务集中退回率、单位结算账户开立业务退回率、总行千名较差网点退出率三项重要考核指标均进入全省前三名,被省行评为"业务集中质量先进分行""账户业务质量先进分行""千名末位网点管理先进分行",成为全省三项考核指标均被省行通报表彰的三家二级分行之一。 (张 玫)

中国农业银行股份有限公司三门峡分行

【概况】 2016年,中国农业银行股份有限公司三门峡分行(以下简称农行三门峡分行)面对外部复杂的经济形势和激烈的金融竞争,始终坚持"控风险强管理、拼市场、争位次"的总体工作要求,克服了经济下行、风险蔓延等不利因素影响,强化风险防控,突出有效发展,积极支持城乡经济建设,实现了各项工作的稳健运行。至年末,农行三门峡分行下辖7个县级支行、38个营业机构;各项存款余额达1513674万元,其中:个人存款余额达926825万元;各项贷款余额达646739万元,其中:法人贷款余额达486912万元。

【农行三门峡分行更名为农行三门峡分行陕州支行】 2016年1月27日,农行三门峡分行下发《关于中国农业银行股份有限公司陕县支行更名的通知》，根据河南省农行和三门峡银监分局文件批复，中国农业银行股份有限公司陕县支行更名为中国农业银行股份有限公司三门峡陕州支行。

【支持重点企业建设项目】 2016年，农行三门峡分行紧紧围绕全市经济发展大局，加大贷款有效投放力度，累计发放法人客户贷款35.73亿元，重点支持了蒙华铁路、大唐电力、三门峡市中心医院、三门峡市商务中心区水环境综合治理工程等重点建设项目、重点企业和发展领域。

【拓宽企业融资渠道】 2016年，农行三门峡分行对接重点客户多元化金融服务需求，整合产品资源，充分运用银行承兑汇票、保函、国际国内信用证等金融工具，针对性地度身定制金融服务方案，为企业拓宽融资渠道，全年累计为中原黄金冶炼厂、开曼铝业(三门峡)有限公司等重点客户办理银行承兑汇票13.11亿元、保函3.95亿元，开立国际信用证1.94亿美元、90万欧元，开立国内信用证1.55亿元，保证了企业生产经营资金需要。

【国际业务】 2016年，为满足出口企业金融服务需求，农行三门峡分行在服务支持黄金等传统出口企业客户，拓展产品运用，满足企业需求的同时，抓住香菇、苹果产业链做文章，加大国际结算、结售汇、跨境人民币结算等基础国际业务营销力度，全年累计办理跨境人民币结算业务15.53亿元、国际结算业务499.81万美元、结售汇业务2.81亿元。

【个人贷款】 2016年，农行三门峡分行围绕城乡居民的金融服务需求，主动深入市场、社区、在建楼盘，加大宣传力度，大力营销个人住房按揭贷款、农民进城购房安家贷、个人助业贷款等个人信贷产品，累计发放个人客户贷款3.93亿元，与2015年同比多投放1.33亿元，增幅达51.29%，其中：发放农民安家贷693笔1.62亿元，积极支持城乡居民改善居住条件、农民进城购房、大额消费和个体工商户流动资金需求。

【“三农”金融服务】 2016年，农行三门峡分行以服务“三农”为己任，坚持融资与融通相结合，一方面优先支持特色农业发展，优选特色产业中规模化、市场化、组织化程度较高的专业大户和家庭农场，加大贷款投放力度，累计向新型农业经营主体发放贷款3520万元，大力支持农村产业结构调整；一方面在全市乡镇及以下农村地区设立“金穗惠农通”工程服务点968个，全年累计实现金融性交易10.95万笔3.67亿元，为农民提供足不出村、方便快捷的基础金融服务，有效缓解了农村地区金融服务渠道不足的问题。

（朱春江）

中国银行股份有限公司三门峡分行

【概况】 2016年，中国银行股份有限公司三门峡分行（以下简称中行三门峡分行）不断扩大业务规模，积极支持企业“走出去”、产业转型升级、重点项目建设和小微企业发展，全力服务三门峡市经济社会发展。人民币各项贷款余额79.03亿元，较2015年新增9.85亿元，有力地支持地方经济发展。认真落实与市政府签署的战略合作协议，累计投放公司贷款107.6亿元，完成全年目标任务的107.6%。全年无重大经济、刑事案件和安全责任事故发生，保证安全营运。

【支持实体经济】 2016年，中行三门峡分行认真落实市委、市政府决策部署，深入研究社会需求，不断完善服务功能，着力稳增长保态势，积极推进和服务产业集聚区、战略性新兴产业、传统重点产业发展，全力支持重点企业、重点项目和小微企业发展，累计投放各类贷款110多亿元。加大对三门峡产业集聚区内项目的支持，协调信贷资源，予以重点倾斜。加大对高端装备制造、新材料、新能源、低碳经济为特征的战略性新兴产业的服务力度，“一对一”量身定制服务方案，成熟一个支持一个。对煤炭、贵金属冶炼、氧化铝、火力发电等三门峡当地传统重点产业予以大力支持，全力支持重点项目建设。积极响应国家“一带一路”发展战略，充分发挥外汇和国际贸易结算品牌优势，全力支持企业“走出去”。拓宽融资渠道，通过黄金租赁、承兑汇票、保函、投行多种途径全力解决企业的融资需求。加大个人贷款投放力度，为社会公众提供全方位、多层次的授信服务。

【支持小微企业】 2016年，中行三门峡分行有针对性地筛选一批在当地有特色、有资源优势、有市场、有信用的小微企业进行全力支持。全年支持小微企业授信客户197户，同比增加20户；申贷获得率99.17%；小微企业贷款余额16.16亿元，较年初新增10.16亿元，完成省行计划6103万元的164.78%，同比增速169.23%，基本实现银监局“三个不低于”监管目标。围绕省行及监管部门主推产品，坚持“走基层、送产品”，通过“结算通宝”“科技贷”“税务贷”等多款无抵押担保和利率上浮不超过30%的优质产品，着力解决企业融资难、融资贵难题，受到政府和企业的广泛好评。充分利用自身海内外两大平台优势，与澳州及新西兰中行积极联动，利用视频形式举办“中澳新中小企业跨境投资撮合洽谈会”，组织龙飞生物、闽洋食品、远山果蔬三家企业与境外企业面对面洽谈，助推小微企业走出去，助推三门峡特色产品走出去，携手共谋发展，实现银企共赢。参加总行举办的中小企业对接合作活动，组织龙飞生物、二仙坡绿色果业等公司赴陕西咸阳参加产品技术合作活动，在果品销售渠道推广、管理模式、规模化基地建设、技术合作、生物肥料生产及使用等方面与参会企业形成对接，推动企业之间全面对接，深化合作，优势互补。

【支持困难企业渡过难关】 2016年，

中行三门峡分行认真落实抱团帮扶政策和债权人委员会两项制度，成立领导服务小组，采取多项切实措施，全力帮扶困难企业。针对潜在风险重点客户，主动联系政府部门，牵头金融机构制定化解措施，坚决维护“抱团帮扶”政策。对于中行有授信、他行是主办行的客户，主动配合主办行做好客户维护工作，确保不抽贷，推动企业正常经营。加大对存量客户的支持力度，对中行现有的存量客户，包括因受经济下行影响出现暂时经营困难的存量客户，积极做好项目年审工作，确保企业贷款到期收回后，能够及时续贷，避免企业因偿还贷款出现资金链条断裂而陷入经营困难。同时，加大对47家暂时困难企业支持力度。至年末，三门峡市工信局提供的47家暂时困难企业中中行三门峡分行已经支持的企业有9家，贷款余额共计10.27亿元。

【加强综合治理】 2016年，中行三门峡分行坚持信访受理责任制，强化初信初访核查，开展定期信访评估分析，建立干群沟通平台，提升信访处置能力，全年未发生信访事件，保证了金融秩序的安全性和稳定性。以平安建设和周边治安秩序整治为主，以反破坏、反渗透、反窃密、反恐怖、反邪教为重点，进一步完善突发事件预警措施、自然灾害、挤兑、火灾、营业网点突发事件应急预案等，加强营业网点技防建设，实现技防安装率100%，技防覆盖率100%，为营业网点及周边营造了良好的治安秩序。加强对金库、网点、自助银行、计算机房、办公楼等重点场所及守库押运、枪弹管理、消防安全等重点环节的监督检查，排查治理安全隐患，确保全辖消防安全。建立安保工作逐级督办机制，切实提高工作执行力。全面落实“营业网点安全值班轮值”机制和金库安全管理规定，加强社会化守押监管，确保守库押运安全和运钞正点，服务基层安全高效运营。分行营业部被河南银监局评为省级银行业“平安银行创建示范单位”。

（李　娜）

中国建设银行股份有限公司三门峡分行

【概况】 至2016年底，中国建设银行股份有限公司三门峡分行（以下简称建行三门峡分行）下辖15个支行级单位，25个营业机构网点，在岗员工619人。

以客户为中心，提升市场竞争力。在全行组织开展了学习总行《转型创新发展规划》活动、“创客金点子”征集活动和转型创新案例征集活动，向省分行推荐上报三个转型创新案编入《案例集》。小企业业务实现了“小额化”转型，小企业500万元以下贷款余额占比达46%，户数占比达85%，均超过了省分行“小额化”转型目标。

推进特色业务，打造新的发展优势。黄金业务特色优势得到巩固。以总行在三门峡设立“黄河金三角区域贵金属产品创新工作室”为契机，大力推进黄金业务创新。积存金交易量和收入均居全省第二，黄金租借折合人民币10.4亿元，实现中间业务净收入1847万元。民生领域综合金融服务成效显著。累计向三门峡市中医院等投放贷款6.8亿元，成功发放了政府购买服务贷款5.2亿元。私人银行业务拓展成效显著。2016年共拓展和提升私人银行客户39户，至年底，私人银行客户AUM较年初增长2.25亿元，增幅高达28.65%。

【业务多创四行第一】 至2016年12月底，建行三门峡分行经营效益同业最好。实现账面利润3.13亿元，四行占比达39.25%，位居第一。一般性存款余额达153.57亿元，一般性存款五日均新增14.66亿元，四行占比43.04%；对公存款五日均新增4.05亿元，四行占比65.59%；贷款余额达113.06亿元，四行占比32.21%；新增11.27亿元，四行占比1636.16%，均位居第一。不良贷款率1.43%，四大行中最低。实现中间业务净收入1.63亿元，四行占比36.5%，位居第一。对公有效客户折算后新增1259户，增速13.24%，分别居系统内第5、第6位；对公结算账户总量与新增均为四行第一。个人有效客户新增9.9万户，计划完成率152%，增速16.77%。信用卡7项指标同业继续保持四行第一（累计发卡、新增发卡、交易额、分期、不良率、不良额、中收），信用卡发卡（第4位）、信用卡客户新增（第4位）计划完成率位于系统内前列。省行服务评价得分92.68分，系统内居第8位，比去年提高2个位次。客户平均处理时间、平均等待时间、排队时间小于10分钟客户数占比3项服务效率指标比上年均有提升。在三门峡银行业协会组织的客户满意度达标考核中，连续五年被评为服务行业标兵单位，居四大行首位。业务运行平稳，获得了思想政治工作先进单位、平安建设先进单位、案防工作先进单位等荣誉称号。

【建行三门峡分行陕县支行更名为建行三门峡分行陕州支行】 2016年1月6日，经建行河南省研究，同意中国建设银行股份有限公司陕县支行更名为中国建设银行股份有限公司三门峡陕州支行，同时将原陕县支行下辖的中国建设银行股份有限公司陕县陕州分理处更名为中国建设银行股份有限公司三门峡高阳路分理处，将中国建设银行股份有限公司陕县产业区分理处更名为中国建设银行股份有限公司三门峡产业园分理处。

【三门峡市政府与建行河南省分行签署深化全面战略合作协议】 2016年2月25日，三门峡市人民政府与中国建设银行河南省分行深化全面战略合作协议签约仪式举行。根据协议，建行河南省分行将向三门峡市新型城镇化建设、战略性新兴产业、传统优势产业、产业升级和中小企业发展、保障和改善民生等领域，提供包括信贷、投行、信托、债券、租赁等在内的500亿元的金融支持。

【建行河南省分行“智汇建行、金彩同行”2016对公贵金属暨大宗商品业务推介会在三门峡举行】 2016年2月

26日，建行河南省分行“智汇建行、金彩同行”2016年对公贵金属暨大宗商品业务推介会在三门峡举行。会上成立了黄河金三角区域贵金属产品创新工作室，该工作室的建立能够充分发挥建设银行黄金业务的优势和特点，开展贵金属产品创新研究，对黄金企业实现降本提效、提升核心竞争力起着示范和引领作用，形成典型辐射效应。建设银行将以此次推介会为契机，依托一流的科技优势、人才优势、产品优势，为黄金企业提供全方位的优质服务，助推黄金产业发展壮大，为三门峡市进一步做大做强黄金及有色金属产业、加快转型发展战略实施提供强有力的支撑。（宋粉霞）

中国人民财产保险股份有限公司三门峡市分公司

【概况】 2016年，中国人民财产保险股份有限公司三门峡市分公司（以下简称“人保财险三门峡市分公司”），坚持“以市场为导向、以客户为中心”的经营理念，秉承“风雨同行、至爱至诚”的核心价值观，积极履行优秀企业公民责任，为经济发展、社会稳定、国家强盛、人民幸福提供了强大的保险保障。全年实现保费收入2.36亿元，同比增长9.08%；市场份额35.96%，在全省系统位居第一；实现利润1033万元；累计承担各类保险责任金额971.91亿元，处理各类赔案18302件，赔款金额10929.7万元。上缴国家各类税金1099万元，代收车船税512.68万元。

【保费再上新台阶】 2016年，人保财险三门峡市分公司认真贯彻落实总、省公司2016年工作会议精神，紧紧围绕“三超一优”经营目标，对标市场，主动作为，克服了宏观经济下行带来的巨大压力，顶住了市场竞争加剧带来的严峻挑战，有效地应对了商车费改和“营改增”带来的重大考验。通过采取积极的销售政策、财务政策、激励政策，开展强化布局、优化资源配置，强化经营企划和过程管理，加强渠道和销售团队建设等一系列重点工作，业务发展持续提速，经营效益明显提升，管理基础不断加强，在突破2亿元大关的基础上，公司各项建设全面迈上新台阶。

【服务“三农”】 2016年，人保财险三门峡市分公司高度重视三农保险服务，紧紧围绕合规发展的主旋律，以维护农民利益为核心，坚持政府主导、市场运作，紧紧围绕农业增效、农民增收和农村稳定这一主题，取得了能繁母猪、烟叶、小麦、玉米、林业保险业务的快速发展。全年农险累计实现签单保费收入2062.36万元，同比增速2.85%，承担农业保险责任16.22亿元，为农民朋友们送去了坚实的保障和优质的服务，完成了陕县雏鹰农牧、大地牧业、义马新大、义新等大型规模养殖场和灵宝育肥猪保险的县域统保工作，育肥猪保险业务实现了超常规发展，全面有效拉动业务增长速度。在乡镇建设三农服务部，成立农险协保员队伍，送保险服务到农户身边，为农户提供一揽子风险解决方案。积极参与制定保险“市十条”关于农业保险方面的意见，进一步发挥农业保险的支农惠农作用。规范承保理赔工作，严格贯彻《农业保险条例》及配套制度的相关规定，将“五公开、三到户”的规定严格执行到位，严格按照相关规定进行理赔作业，合规、合理确定理赔金额，合理解决理赔纠纷，维护农村稳定。

【人保财险三门峡市分公司与卢氏县政府签订《保险助推脱贫攻坚战略合作协议》】 2016年8月，人保财险三门峡市分公司与卢氏县政府签订《保险助推脱贫攻坚战略合作协议》，全面助力卢氏县打赢脱贫攻坚战。为解决农户融资难、融资贵等问题，人保财险三门峡市分公司积极推出了“政融保”惠农融资贷款业务，至2016年12月底发放惠农融资贷款260万元，为香菇种植等龙头企业提供资金支持，带动当地贫困人口脱贫致富，全力助推脱贫攻坚大局。

【民生类保险】 2016年，人保财险三门峡市分公司认真贯彻“市十条”，大力发展重点领域责任保险，积极探索创新责任保险发展模式，把关系公众利益密切的民生保障、环境安全、食品安全、医疗安全、生产安全、交通安全、消防安全、校园安全八大领域作为责任保险发展重点。全年实现责任险保费收入1494.24万元，提供风险保障529.9亿元。其中，为卢氏县63134户贫困人员提供560000万元意外伤害风险保障，为卢氏县37万居民提供6000万元自然灾害公众责任和见义勇为救助责任风险保障，为湖滨区16219名低保户人员提供风险保障3224万元，为义马市7436名老年人和残疾人提供74300万元的乘车意外伤害风险保障，为地方经济发展、社会稳定和人民幸福做出积极贡献。

【积极做好理赔服务】 2016年，人保财险三门峡市分公司高度重视提升理赔服务水平，简化理赔手续，提高理赔效率，理赔服务在全省系统居先进行列，连续两年荣获全省理赔技能大赛团体第一名。2016年，陕州区张茅乡、灵宝市阳店镇等地因干旱造成玉米减产、绝收；渑池县陈村乡、陕州区宫前乡、灵宝朱阳镇等地的烟叶因病虫害、雹灾不同程度受灾；卢氏县狮子坪和东湾林场等地的林业因病虫害受灾。为认真做好农险理赔工作，人保财险三门峡市分公司迅速启动应急预案，成立了专门的农险理赔领导小组，从全市系统抽调业务技能强、服务水平高的查勘人员，并由分管理赔和农险工作的主管领导亲自带队分赴各县、市，深入田间地头进行现场查勘定损，切实把政府的支农惠农政策落实到每一位受灾农户。（黄旭东）

中国人寿保险股份有限公司三门峡分公司

【概况】 2016年，中国人寿保险股份有限公司三门峡分公司（以下简称中国人寿三门峡分公司）紧紧围绕“重价值、强队伍、优结构、稳增长、防风险”的经营思路，以业务发展为工作主线，全面提升服务水平，较好地实现了规模与结构、速度与质量、经济效益与社会效益的协调发展。至年末，公司保费总规模达到8.4亿元，同比增长11.35%。其中首年期交保费18270万元，同比增长35.9%；10年以上期交保费9628万元，同比增长33.5%。全年，安排社会再就业1200人，缴纳各项税金310万元，公司职工收入平均提升了15%。2016年，公司被市总工会授予“五一劳动奖状”、职业道德建设“双十佳”荣誉称号；黄河路营销服务部被市总工会授予“工人先锋号”荣誉称号；陕州支公司和灵宝支公司分别被中国人寿河南省分公司授予“青年文明号”荣誉称号；在中国人寿河南省分公司2016年工作会议上，公司分别被授予个险渠道“双领先”贡献单位，个险渠道“军令状”达成单位，银保渠道“军令状”达成单位，灵宝公司被授予“社会聘才”先进单位，一举拿下全省系统五个奖项中的四个。

【保险理赔】 2016年，公司共处理理赔案4934件，赔付金额5132万元。理赔案件五个工作日内结案率达98.25%，排名全省系统第五，案件质量排名全省系统第六，理赔满意度全省系统第四，理赔转账率全省系统第二。

【市场份额居全市第一】 2016年，中国人寿三门峡分公司市场份额32.83%，位居全市第一。其中个险渠道市场份额37.76%，排名第一，银邮渠道新单期交市场份额22.75%，团险渠道意外险市场份额64.69%，市场份额第一。

【客户服务工作】 2016年，中国人寿三门峡分公司在服务上坚持以客户体验为中心，以技术支持为依托，以全面推广综合柜员制为抓手，“自下而上”优化工作流程，提升业务处理效率，不断缩短客户等待时长。全面实施科技国寿战略，使全市市民及时享受科技国寿服务举措，2015年先后推出“E宝账”“微回执、微回访”等服务举措，广大保户利用自己的手机就可以查询保单，办理相关业务，部分险种可以直接在手机上投保。不断提升政策性业务服务水平，围绕“零投诉”目标，完善制度流程、加强系统建设，加强政保专员队伍建设，着力打造15分钟“保险服务圈”，全力推进基本医疗保险和大病保险一体化服务。

【普及保险知识】 2016年，中国人寿三门峡分公司作为国有企业，在自身发展的同时，勇于承担社会责任，积极与各家媒体保持良好合作关系，做好保险知识普及工作。利用市内各大路口LED电子屏、市区公交车候车亭和三门峡电视台等媒体做好保险知识宣传，在3.15(消费者权益保护日)、6.16(国寿客户节)、7.8（保险公众宣传日）等时间点组织进社区、广场宣传咨询活动，不断普及市民保险知识。

【开办惠民小额保险和学生平安保险】 2016年，市政府下发了《农村小额保险推广实施方案》，在此基础上全市五个县市区全部下发文件进行推动，老百姓对此项工作认识明确，参保踊跃，全年小额保险承保人数近20万人。学生平安保险取得了历史性突破，打破了以往不能集中收费的局面，全市5个县区全部由政府下文推动，全市近4万学生享受了保险保障服务。

【大病保险服务】 自2002年起中国人寿三门峡分公司开始承办三门峡市职工大额补充医疗保险，2014年又中标省级统筹新农合大病及城镇居民大病保险业务，承担了三门峡市一市、两县、两区16万职工及190余万城乡居民大病保险保障工作。至年末全市所辖各县、市、区均设立了大病服务网点，建立跨区域、跨部门的合作协查机制。2016年，职工大额补充医疗保险赔付884人次，赔付金额1604.99万元；新农合大病赔付5273人次，赔付金额1426.54万；城镇居民大病赔付2383人次，赔付金额395.16万。

【举办社会监督员座谈会】 为了完善自身管理，接受社会监督，不断提升自身服务。2016年3月15日上午，中国人寿三门峡分公司举办社会监督员座谈会及总经理接待日活动。来自全市各家媒体、保险行业协会、司法等部门的社会监督员和中国人寿的客户代表20余人齐聚中国人寿共同探讨中国人寿三门峡分公司的发展大计。

【组织“要跑700”活动】 2016年10月29日，中国人寿“要跑700”三门峡站5公里徒步、5公里亲子徒步赛在三门峡黄河公园精彩开跑。“要跑700”是由中国人寿与姚明旗下众辉国际体育管理有限公司共同打造的公益活动。活动期间，全国700座城市的参与人员相继为健康跑起来。“要跑700”三门峡站是“要跑700”在河南省的第二站，当天参赛选手500余人。　（董江辉）

中原证券股份有限公司黄河金三角示范区分公司

【概况】 2016年，面对“后股灾”时期以及互联网程度加深的主要挑战，中原证券股份有限公司黄河金三角示范区分公司整体服务于公司A股上市核心目标，积极贯彻落实“六位一体”产业链模式，加快向财富管理驱动转型。2016年12月8日公司正式披露招股书,16日进行A股首次公开发行。

【转型业务深入发展】 2016年，中原证券股份有限公司黄河金三角示范区分公司融资融券累计开户2419户，授信26.8亿元，融资融券余额2.63亿元，额度使用率10%，高于公司平均水平（9.85%），融资融券交易额109亿元，息费收入2295万元；中原E融便利贷新开通权限1786户，同比增长113%，累计开通权限2618户，在途合约74笔，在途融资金额253万元；产品销售方面，包括银行理财、开放式基金、联盟系列等在内的类固定收益产品成为销售亮点，全年累计销售7738万元，炎黄汇利累计签约2657户，日均保有5119万元，呈稳中有升态势；推荐一家企业在四板展示，创收3万元；港股通累计开户354户，其中新开深港通34户，完成公司下达的目标任务。零售业务方面，针对互联网程度不断加深以及本年度三门峡券商营业部再增加2家，以不到27万市区人口承载6家网点，竞争进一步白热化的实际，充分考虑多创收、多创利的经营要求，及时调整竞争导向的佣金策略，以产品、服务和技术推动为载体，有力贯彻落实公司部署的专项业务活动，扩大客户服务覆盖、增强客户服务体验、提高客户粘性，其中："财富中原"宝典管家签约户数进一步提升，"大盘直击"等品牌产品定制612户，服务产品覆盖率71%；各类服务活动举办常态化：全年举办投资学院、股市沙龙活动192场，组织"2016春季投资策略""中期投资策略"报告会及"邀约客户回家"等专项活动；实盘理财竞技大赛累计参赛客户1122人，15名进入大师赛；按照公司"直击份额　砥砺前行"部署安排，结合分公司实际制订"客户赢回"专项方案，四季度持续开展，共实现赢回客户103户，赢回资产588万元；积极开展核心客户上门服务，对"港股通"和网下申购资格加强"一对一"对接，其中港股通总计开通354户，网下投资者资格申请5户，申请率62.5%；高度重视"财升网""财升宝""财富中原微服务"等互联网服务模式的应用推广，微信绑定965户，手机委托交易占比26%，已成为重要服务工具。创新业务方面，贯彻落实公司战略部署安排，努力推进"六位一体"产业链模式。加强地方企业和公司专业部门的协同对接，协助三门峡市金融办、灵宝川口产业集聚区举办资本市场融资大讲堂培训活动；分别和三门峡市产业集聚区、市产业孵化园区、灵宝产业集聚区、卢氏县建立联系，摸底排查推荐优质企业，及时推荐给公司有关部门，争取进入项目储备；协同中鼎开源直投子公司和投行有关部门进一步实地拜访，洽谈合作意向，促成"奥泉农业"四板展示；参加三门峡市金融工作座谈会，向三门峡市进一步建议发展四板市场，完善政府奖补政策，协助卢氏拟订企业挂牌上市有关政策。

【创新运营管理工作】 2016年，中原证券股份有限公司黄河金三角示范区分公司强化区域化管理，竞聘产生了灵宝和运城(筹)营业部负责人，进一步明晰财务、信息技术、柜台、综合事务的集中统一管理，确保下辖营业部持续稳定经营；加强学习型组织建设，建立了周学习例会制度，人人上讲台，结合公司知识大比拼和投顾训练营等活动，切实提高员工专业能力；针对业务队伍规模数量仍然偏少状况，从严招录业务人员6名、证券经纪人4名，补充新鲜血液，逐步形成新老结合、以老带新、相互促进的队伍建设格局。反洗钱连续两年获得人民银行三门峡市中心支行考核评价最高A级。

（范艳红）

·编辑　贾忠杰·

2016年11月3日，中原银行三门峡分行大安街惠农支付点开业

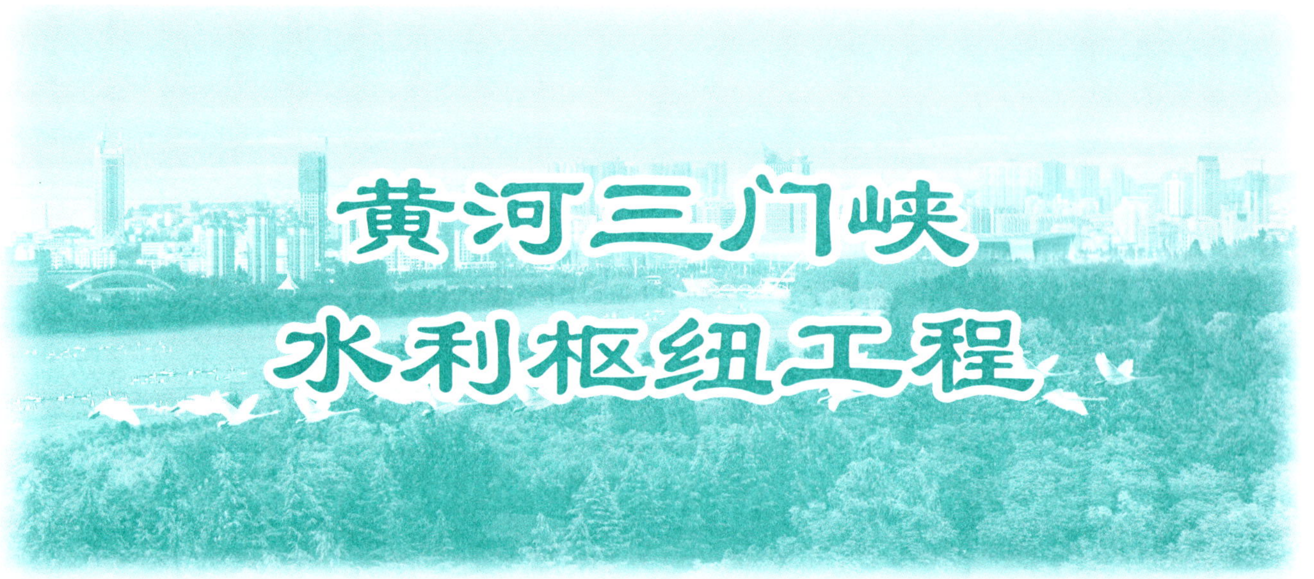

黄河三门峡水利枢纽工程

综　述

【概况】　2016年，三门峡黄河明珠（集团）有限公司（三门峡水利枢纽管理局）（以下简称明珠集团或三门峡枢纽局）主要负责三门峡和故县两座水利枢纽的管理和运行维护，承担着黄河防洪、防凌、灌溉、供水、调水调沙、发电等任务，是以电力生产为支撑，融电站运行管理、水电施工、机电检修、金属冶炼、宾馆旅游、监理咨询、国际贸易、房地产开发为一体的大型企业集团。圆满完成防洪防凌、调水调沙运行及桃汛调度运用等任务，为确保黄河安澜做出了积极贡献；积极探索和优化水库调度运用，扎实做好洪水资源化管理，取得了后汛期水库运用的新突破；稳步推进项目建设，各重点项目进展顺利，积极参与的古贤项目前期工作取得阶段性进展；积极应对不利经济形势，深入挖潜，提质增效，经济运行总体保持平稳态势，除电力生产受来水电影响减少外，其他产业保持了良好发展势头；全面加强企业管理，公司治理体系得到完善。深入开展企业发展重大课题研究，企业改革创新持续推进；扎实开展“两学一做”学习教育，积极落实黄委巡察整改任务，深入推进全面从严治党，精神文明建设、企业文化建设与和谐企业建设蓬勃发展。2016年，明珠集团荣获黄委会“十二五”内部审计工作先进集体、“十二五”普法工作先进集体，河南省直参保企业养老保险工作先进单位、构建和谐劳动关系先进单位、内部治安保卫工作先进集体等多项荣誉称号。　（孙淑兰）

工程效益

【概况】　2016年，三门峡枢纽局坚持“安全第一，常备不懈，以防为主，全力抢险”的方针，扎实开展枢纽备汛工作，修订完善防洪预案和防汛抢险应急预案，加强防汛设施的维修养护，组织开展防汛大检查和库区巡查，圆满完成防凌和桃汛调度运用任务，实现了连续3年无弃水。汛期，认真落实防汛责任制，严格执行黄河防总调度指令，确保了防汛主设备完好率、可调率和调度指令正确执行率达到100%，圆满完成了枢纽防汛任务。积极探索和优化水库调度运用，扎实做好洪水资源化管理，取得了后汛期水库运用的新突破。非汛期先后两次因生态供水应急抬高水位运用，取得了较好的社会效益。　（孙淑兰）

【三门峡水库来水来沙情况】　2016年，三门峡水库潼关以下库区入库水量165.84亿立方米，入库沙量1075.8亿千克。出库水量152.83亿立方米，出库沙量1113.3亿千克。水库冲刷泥沙37.5亿千克。非汛期（1月至6月、11月至12月）入库水量88.19亿立方米，较2015年同期（136.7亿立方米）偏少48.51亿立方米，较多年（1987年至2015年）同期均值132.58亿立方米偏少44.39亿立方米；入库沙量168.5亿千克，出库沙量0亿千克，库区潼关以下淤积168.5亿千克。汛期（7月至10月）潼关站汛期入库水量77.65亿立方米，入库沙量907.3亿千克，分别占年总水量的46.8%、总沙量的84.3%。汛期，黄河潼关站共出现5次洪水过程，最大洪峰流量为2360立方米每秒。在汛期各月水、沙量分配中，水量以7月份最大、10月份最小，水量分别占汛期总水量的28.2%和21.7%；沙量以8月份最大、10月份最小，沙量分别占汛期总沙量的51.1%和5.3%。

【防凌运用】　三门峡水库是黄河下游防凌工程体系的重要组成部分，配合小浪底水库共同承担黄河下游的防凌任务。2016年至2017年度凌汛期，三门峡枢纽局严格执行黄河防总调度指令，认真落实各项防凌措施。三门峡水库凌汛期（2016年11月至2017年3月）没有发生较大凌情，控制库水位不超过318米，平稳控制下泄流量，累计出库水量59.82亿立方米，完成了承担的黄河防凌任务，确保了黄河下游防凌安全。

【桃汛运用】 按照利用并优化桃汛洪水过程冲刷降低潼关高程试验要求，3月上中旬，控制库水位不超过318米；3月24日，库水位缓慢下降至317米，控制库水位平衡运用至25日。24日22时，潼关站桃汛洪水流量上涨至1110立方米每秒，25日2时三门峡水库水位降至最低316.49米，满足了桃汛洪水入库水位对接的要求。25日6时，开启6台机组(3号机正进行改造)运行水库自然回蓄方式进行控制运用，27日8时，库水位蓄至317.76米。桃汛期间，潼关站洪峰流量1870立方米每秒，最大日均流量1760立方米每秒，最大十日水量7.33亿立方米。三门峡站洪峰流量1150立方米每秒，最大日均流量1080立方米每秒，最大十日水量6.84亿立方米。

【调水调沙】 由于汛初黄河上中游水库蓄水严重不足，不能同时满足调水调沙和下游引水需求，且受超强厄尔尼诺事件影响，汛期黄河来水和旱情的不确定性大，中游7月上旬无明显强降雨过程，黄河防总研究决定，首先满足下游用水需求，后期结合中游降雨产流、产沙过程，进行水沙调控，相机实施调水调沙。为确保黄河防汛安全，根据黄河防总调度指令，三门峡水库于7月6日8时前以发电泄流的方式将库水位降至汛限水位。因水量少未实施调水调沙。

【防汛工作】 2016年，三门峡枢纽局及早动手，狠抓落实，通过强化防汛责任制、修订完善防汛预案、开展防汛检查等措施，扎实做好备汛工作。加强三门峡水利枢纽工程管理，做好防汛设施维修养护工作，完成三门峡枢纽1号隧洞检修门大修、450000千克门机主提升电缆更换、315米廊道引张线系统改造等防汛工程项目，确保了汛期正常使用。汛期，三门峡水库发生5次入库洪水过程，潼关站洪峰流量2360立方米每秒(7月20日)。三门峡枢纽泄流工作闸门共启(闭)159次，调度指令正确执行率100%，确保黄河防洪安全，充分发挥了枢纽综合效益。

【洪水泥沙调度】 2016年汛期，黄河中游发生多次移动式分散性局地强降雨，三门峡水库出现5次洪水过程。根据黄河防总调度指令共进行了2次敞泄排沙和1次低水位排沙运用。两次敞泄排沙运用累计历时51小时。汛期入库沙量907.3亿千克，出库沙量1113.3亿千克，潼关以下库区净冲刷206亿千克，排沙比为123%，保持了水库的有效库容。 (贾美平)

【电力生产】 2016年，明珠集团积极应对黄河来水大幅减少的不利局面，科学调度，深入挖潜，不断优化机组运行方式，狠抓节水发电，充分利用了有限的水资源。三门峡水电厂完成发电量12.79亿千瓦时，故县水电厂完成发电量1.11亿千瓦时，银河水电站和沙坡脚水电站完成发电量0.5亿千瓦时。全年明珠集团共完成发电量14.4亿千瓦时。 (孙淑兰)

枢纽管理

【概况】 2016年，明珠集团面对宏观经济下行压力和黄河来水大幅减少等不利形势，团结拼搏，迎难而上，不断加强枢纽工程管理和企业规范化管理，积极推进项目建设，努力促进经济发展，保持了生产经营平稳运行。以“两学一做”学习教育活动为契机，进一步加强党的建设、工团组织建设和精神文明建设，企业面貌得到持续改善。

【工程管理】 2016年，三门峡枢纽局进一步加强枢纽工程管理，三门峡、故县两枢纽大坝顺利通过安全鉴定，先后被评为“一类坝”。认真做好大坝安全监测和地震监测工作，加大重点区域的巡视检查力度，开展大坝水工建筑物及其上下游两岸护坡巡检51次。加强枢纽生态建设和环境治理，完成坝区重点区域绿化完善项目，种植树木1000余棵、灌木8500余棵，枢纽工程面貌和坝区环境得到进一步改观。

【水政、渔政管理】 2016年，黄委三门峡水政监察支队全面推进依法治河管河，不断加强库区河道管理，加大河道巡查密度，对三门峡库区防洪水位335米以下的各类违章建设项目开展了全面普查，充分利用法律手段，规范水事行为，维持三门峡库区良好的水事秩序。黄委故县水库水政监察支队认真开展河道巡查及水行政执法检查，积极做好故县水库饮用水源水质保护工作，加大对生产生活污水排放的整治力度，加强库区上游采砂管理和大坝保护区安全监管工作，维护了故县库区良好的水事秩序，故县水库水质继续保持了地表水二类标准。故县水库渔政管理站充分发挥自身职能，维护了库区渔业资源管理秩序。

【安全生产】 2016年，明珠集团认真落实安全生产主体责任，结合实际，积极推行安全生产网格化管理，深入开展安全检查，落实隐患排查治理，加强安全教育，确保了安全生产形势整体稳定。至2016年12月31日，三门峡水电厂和故县枢纽局分别实现连续安全生产6775天和7647天。

【科技创新】 2016年，明珠集团积极开展科技创新和科技攻关工作，“高强无收缩灌浆料在机组改造中的应用”和“共箱式封闭母线及机压配电设备在三门峡水电站4号机组中的应用研究”2项成果荣获黄委科技进步奖，“重载盖板结构研究及应用”被列入黄委先进实用技术重点推广目录，“三门峡水利枢纽4500KN门式起重机滑轮组发热原因分析与处理”和“箱式绿化生态混凝土新型挡墙在河道防护中的应用”2项成果被认定为三新成果。技能人才队伍建设取得新突破，两人获得“黄委首席技师”称号，张振辉被评选为第二批“全国水利行业首席技师”，张辉当选为“最美黄河人”。张振辉工作室被命名为河南省示范性劳模（技能人才)创新工作室，明珠集团获批建立“水利部第二批首席技师工作室”和

“河南省技能大师工作室”。

【项目建设】　2016年，明珠集团加强重大投资项目的管控，通过建立重大项目经营期目标责任制、创新项目前期审查模式、规范项目招投标管理、开展重点项目督查等一系列措施，努力促进投资项目实现预期目标。三门峡水电厂3号机组增容改造按期完成，5号机组改造进展顺利。云南沙坡脚水电站实现并网发电，各项指标运行正常。三门峡明珠大厦和明珠家园项目一期主体工程完工，郑东新区运河项目完成土地接收和概念性方案设计等。电冶公司白刚玉项目完成厂房建设和设备安装调试，两台冶炼炉进行了试生产。积极支持和参与古贤项目前期工作，明珠集团作为第一大股东，联合黄河设计公司、黄河建工集团、山东黄河工程集团共同出资成立黄河中原水资源开发有限公司，为下一步成立古贤项目公司奠定了基础。同三峡新能源和深圳新能源进行战略合作，联合开展了风电项目前期工作。

【机组改造】　三门峡水电厂3号水轮发电机组改造工程于2015年11月2日开工，2016年11月1日机组并网发电进入试运行。3号机组项目共划分7个分部工程、20个单元工程，改造项目主要包括水轮机及转轮室，发电机定、转子改造部件、监控系统、励磁系统、压油泵系统、调速器测速、自用变、在线监测系统、封闭母线及机压设备等内容。11月2日，三门峡水电厂5号水轮发电机组改造工程正式开工。

【企业管理】　2016年，明珠集团完善公司治理体系，修订了《公司章程》，制订了《董事会议事规则》《监事会议事规则》和《总经理办公会议事规则》。积极推进内控体系建设，拟定了内控体系建设框架，出台了《项目后评价管理办法》《业务接待管理办法》等内控制度，全年修订完善规章制度20余项。积极开展税收筹划，黄委招待所项目原址清算回款免税工作成功获批。强化“三公经费”管理，业务费、办公费、会议费同比实现较大幅度降低。全面加强内部审计监督，全年开展审计项目22项，完成审计金额34.2亿元，有效防控了企业经营风险。不断加强合同审查和法律服务，审查各类合同169项，提出法律审查意见768条，有效维护了企业合法权益。

【党建工作】　2016年，明珠集团落实全面从严治党主体责任和监督责任，扎实开展“两学一做”学习教育，实现了普通党员受教育、领导干部正作风、基层组织强堡垒、改革发展见成效的目标。加强领导班子建设，认真贯彻党的民主集中制原则，严格执行“三重一大”决策制度和重大事项请示报告制度。严格落实党风廉政建设“两个责任”，修订完善党委主体责任清单，通过开展主体责任约谈、廉政提醒谈话等形式，层层传导压力，确保责任落到实处。加强党的组织建设，顺利完成了基层党组织换届工作。机电分公司宁建华同志光荣当选河南省第十次党代会代表。积极配合黄委巡察，扎实推进巡察整改工作，完成25项立行立改任务，22项明确时限整改的任务多数也已完成，9项中长期整改任务扎实推进。认真开展党员组织关系排查和党费自查工作，严格执行党费收缴管理使用规定，完成了党费自查补缴任务。持续推进党风廉政建设。把握运用好“四种形态”，深入开展廉政教育和廉政风险防控工作，完善重点领域、重点环节、重点岗位的制度建设和防控措施。强化执纪问责，对6起违规违纪和责任落实不力问题进行查处和通报。

【和谐企业建设】　2016年，明珠集团进一步重视和加强企业核心价值观教育，大力弘扬汛期发电精神，不断提高职工文明素质和企业文明程度，营造和谐企业氛围。各级工会和共青团组织围绕生产经营中心工作，深入开展劳动竞赛、劳模（技师）工作室创建、基层达标班组建设和青年岗位建功、创新创效、青年活动月等活动，取得明显成效。坚持以文化促和谐，编印了企业文化建设丛书《礼赞明珠》。积极组织举办和参加各类文体活动，并取得优异成绩，进一步丰富职工业余文化生活，促进职工身心健康，增强了企业向心力和凝聚力。

【三门峡水利枢纽通过大坝安全鉴定】2016年12月13日，三门峡水利枢纽通过黄委组织的首次大坝安全鉴定。三门峡大坝安全鉴定委员会认为，三门峡大坝各项性能满足规范要求，无明显安全隐患，运行状况良好。根据《水库大坝安全鉴定办法》和《水库大坝安全评价导则》，三门峡大坝工程质量评价为“合格”，运行管理综合评价为“较好”，防洪安全性评价为“A”级，结构安全性评价为“A”级，渗流安全性评价为“A”级，抗震安全性评价为“A”级，金属结构安全性评价为“A”级，大坝安全类别评定为“一类坝”。按照水利部《水库大坝安全鉴定办法》规定，首次安全鉴定应在竣工验收后5年内进行，以后应每隔6至10年进行一次。由于三门峡大坝特殊的历史原因，一直未进行大坝安全鉴定，此次鉴定是对三门峡水利枢纽运行近60年来进行的一次全面体检，也是对三门峡水利枢纽运行管理成绩的肯定。

【《黄河三门峡水利枢纽志》(1991~2010)出版】　2016年9月28日，三门峡枢纽局编纂委员会编纂的《黄河三门峡水利枢纽志（1991—2010）》由中国大百科全书出版社出版。全志共设15章68节（不含序、凡例、综述、大事记及附录），总字数68.8万字。志书以丰富、详实、准确的史料为基础，按照以类系事、横排纵述的志书体例，忠实记录了1991~2010年的20年间，三门峡水利枢纽管理运用和企业改革发展的历史，鉴往昭来，成为明珠集团“存史、资政、教化”的史鉴宝典和外界了解黄河三门峡的重要媒介。《黄河三门峡水利枢纽志（1991—2010）》为《黄河三门峡水利枢纽志》的续编，先后历经两次启动，第二次启动于2014年11月，编纂出版历时4年。　（孙淑兰）

·编辑　张怡杰·

科技

综 述

【概况】 2016年，全市科技工作以推动高新产业发展为主线，培育企业创新主体，完善各类创新平台载体，推动科技开放合作，不断深化科技改革，促进科技成果转移转化，推动科技与市场、经济、金融的紧密结合，实现了重点关键环节的不断突破，有力地服务了转型发展，开创了全市创新发展的新局面。全市高新产业增加值增速达9.3%，高于规模以上工业增加值增速2个百分点，拉动全市规模以上工业增长1.6个百分点，通过认定的国家级高新技术企业达到45家，三年翻了一番。三门峡科技大市场基本建成，苹果、黄金两个省级产业技术创新战略联盟通过省科技厅验收，正式成立运行，全市各类创新平台达到136个，20项科技成果获得市级科技进步奖，15项科技成果通过市级鉴定，全市万人发明专利拥有量1.1件，保持全省中游水平。全年组织实施各类科技计划项目111个，其中省级以上科技项目16个，专项资金1119万元。三门峡市共与71个高校科研院所开展合作，研发项目81个，转化成果44项，解决技术难题72项，引进高层次人才350人。全年共引进苹果、葡萄、食用菌等新品种66个，筛选、示范和推广20个，推广先进实用技术25项，2家企业通过国家、省“星创天地”备案认定。市科技局完成了对口扶贫村年度扶贫工作任务，荣获全市脱贫攻坚先进单位称号。出台《中共三门峡市委 三门峡市人民政府关于深化科技体制改革推进创新驱动发展若干实施意见》和《三门峡市人民政府关于加快科技服务业发展的实施意见》，全年开展“科普活动周”“科技三下乡”“知识产权日”等大型宣传活动6次，编辑发布《科技信息》8期，进一步营造了创新驱动发展，大众创业、万众创新的政策环境和制度环境。

（裴泽涛　姜兴乾）

科技计划管理

【概况】 2016年，市科技局积极安排部署项目申报工作，上报推荐省级以上科技项目17项，到位各类项目16项，争取资金1119万元。全年新增市级以上各类创新平台11个，全市达到136个。争创国家黄金重点实验室，不断完善三门峡市众创空间条件要素，加快向省级培育。出台《三门峡市科技创新平台建设与管理办法（试行）》，加快以企业为主体、市场为导向的创新体系建设。发布《三门峡市科技创新“十三五”规划》，明确了“十三五”期间全市的科技创新目标，安排部署了构建现代科技创新体系、推进开放式创新、加强重点领域科技创新、激发企业技术创新活力、推动大众创业万众创新等全市科技创新重点工作，要求推进科技管理体制改革、建立技术创新市场导向机制、深化科技成果转化改革等科技改革任务。

【科技项目管理】 2016年，市科技局顺应省科技计划改革方向，做好项目汇报答辩，上报推荐省科技攻关、传播工程、科技惠民、开放合作等省级项目17项，到位省级重大专项、产业化后补助、科技富民强县、科技惠民、开放合作、瞪羚企业、小巨人等各类项目16项，争取资金1119万元。强化项目监督管理，重新制定印发了《三门峡市科技计划项目管理办法（试行）》，98个项目按计划实施，配合完成了2013年至2015年省财政专项9类28个项目的绩效督查工作，35个市级项目通过验收；通过确定指南、下发通知、广泛征集、网上公示，确定2016年市级参评项目82项，经过专家评审、科室研究、讨论酝酿，安排产业技术研究、科技示范与推广、科技惠民、科技对外开放合作、科技专利成果转化、创新体系建设等计划46项，加上省级工程中心、省级联盟组建、高企培育、市众创空间建设以及科技示范乡镇等创新体系建设扶持项目12项，共安排项目58项，资金支持670万元。

【创新体系建设】　2016年，市科技局继续加快以企业为主体、市场为导向的创新体系建设，全年新增市级以上各类创新平台11个，全市达到136个。河南省苹果、黄金两个产业技术创新战略联盟顺利通过省厅验收，均正式成立运行，骏通车辆被认定为省国际科技合作基地，卢氏地勘所被评为省级优秀院士工作站，雏鹰农牧、九龙实业通过国家、省"星创天地"备案认定；科技大市场建设进展顺利，主要设备到位；举办多期企业管理培训班，线上线下点击交流活跃；争创国家黄金重点实验室，并赴省厅作专题汇报；不断完善三门峡市众创空间条件要素，加快向省级培育。出台《三门峡市科技创新平台建设与管理办法（试行）》，三门峡市导电用玻璃工程技术研究中心等6家市级工程技术研究中心通过认定。

【科技改革】　2016年3月11日，市科技局召开全市科技创新大会，对创新驱动发展进行全面部署；围绕解决创新驱动发展的瓶颈难题和各种制约，出台《中共三门峡市委　三门峡市人民政府关于深化科技体制改革推进创新驱动发展若干实施意见》《三门峡市人民政府关于加快科技服务业发展的实施意见》，进一步营造创新驱动发展，大众创业、万众创新的政策环境和制度环境；根据《关于清理规范行政审批中介服务和各类证明的通知》文件精神，以市科技部门权力清单为依托，开展效能革命，对权力事项涉及的审批、中介服务、各类证明和盖章环节进行了规范清理，进一步做好"放管服"工作。（刘　涛）

高新技术及其产业化

【概况】　2016年，高新技术产业发展态势良好，全市高新技术产业增加值104.7亿元，比2015年同期增长9.3%，高新技术产业增加值占规上工业增加值比重为17%，增速比2015年增加3.6个百分点。市科技部门积极进行高新技术企业申报工作，将申报国家高新技术企业工作纳入各县（市、区）科技创新重点任务，实行定点培训培育，对三门峡中达化工、强芯铸造、华新奥建材、朝晖铜业、恒河电气、海峰轴承、纵横超硬材料、卓越线束等8家企业进行重点培育，推荐上报14家企业，通过认定12家，全市高新技术企业达到45家。2016年全市高新技术企业实现销售收入133.4亿元，利税总额11.8亿元，总减免税额2750万元。

【高新技术项目管理】　2016年，市科技局组织完成了河南义腾新能源科技有限公司承担的"锂离子动力电池用耐高温隔膜关键技术研发及产业化"和三门峡蓝雪包装有限公司承担的"新型环保预印包装技术集成创新及产业化"两个河南省重大科技专项的验收工作，拨付验收后补助资金300万元；受市国税局委托组织专家对康耀电子等3家企业15个项目进行鉴定并反馈给有关企业；组织2017年度省级重大科技专项、科技小巨人计划项目培育工作，按照省科技厅要求，做好项目筛选工作，上报省科技小巨人专项6项；征集市级高新项目23项，经过专家评审15项列入市级科技项目；组织专家对3项2014年市级重点项目进行验收。

【科技型企业培育】　2016年，市科技局继续加大对科技创新型企业的培育，灵宝市太灵农化有限责任公司、义马市永安安全器材有限责任公司等8家企业通过省级备案，全市科技型中小企业达到111家；河南仰韶生化工程有限公司被确定为第九批河南省创新型试点企业。经过对照条件筛选，推荐灵宝华鑫铜箔有限公司为省级创新龙头企业；河南义腾新能源科技有限公司被确定为河南省2017年瞪羚企业，补助经费100万元。三门峡中达化工有限公司、三门峡青山磨料制品有限公司、三门峡广宇生物制药有限公司、三门峡中原精密有限公司等6家企业被确定为2017年省级科技小巨人培育企业。

（李选林）

农业及社会发展科技

【概况】　2016年，市科技局加强新品种与新技术的引进与推广，围绕苹果、葡萄、食用菌、中药材等特色产业，共引进新品种66个，通过园区和基地筛选、示范并推广20个，为特色农业品种改良和结构优化奠定了基础。组织全市科技系统100余人参加第二十三届杨凌农业科技高新产业博览会，学习农业科技前沿技术和发展趋势，筛选一批新品种、先进技术和科技成果。通过项目实施强力推进全市农业信息化，三门峡天瑞科技开发有限公司的"豫西特色农产品电子商务建设"项目获省立项支持50万元，项目利用电子商务平台，实现优质特色农产品线上销售，为农民开拓一条新的致富之路。建设特色农产品电子商务平台，采用现货交易+期货交易为主的电子商务交易系统，实现多平台特色农产品交易。培训电商人员4700余人次，全市涉农网店发展到2000多家，农产品交易额约8亿元；项目建设的4个示范点每年节约运行费用100余万元。加强对全市申报的河南省14家"节能减排科技创新示范企业"的强化管理、跟踪服务。积极组织企业申报2016年度河南省节能减排科技创新示范企业，组织河南孟成生物药业股份有限公司和三门峡雏鹰农牧有限公司两家企业申报，三门峡雏鹰农牧有限公司获批认定为省第九批节能减排科技创新示范企业。

【科技示范工程建设】　2016年，市科

技局为推动科技成果转化，依托科技示范乡镇、科技示范基地和园区，狠抓科技创新体系建设，强化科普示范乡镇建设，出台《三门峡市科普传播示范工程实施管理暂行办法》，以中药材和花椒产业培育了渑池县仁村乡、湖滨区高庙乡2个市级科普示范乡镇。湖滨区高庙乡花椒项目和西北农林大学长期合作，初步达成意向建立国家花椒工程技术研究中心三门峡试验站，种植试验600余株，引进品种20余个。组织开展全市科技示范基地和园区现场观摩交流活动，来自各县（市、区）科技局、科技示范基地有关负责人以及农业科技专家围绕全市特色农业发展、新品种、新技术应用以及信息化、集约化、规范化的现代农业技术进行观摩展示和经验交流，参观学习了卢氏、灵宝、陕州区等地的15个科技示范基地，以高山果园、二仙坡绿色果业为代表的优质苹果示范基地，以向阳菌种场、昌盛菌业为代表的食用菌示范基地，以思瑞达农业公司为代表的蔬菜基地成为特色农业发展的新亮点。

【"星创天地"建设】 2016年，根据科技部《发展"星创天地"工作指引》精神，市科技局积极组织三门峡雏鹰农牧有限公司等7家企业申报，三门峡雏鹰农牧有限公司的"雏鹰生态养殖星创天地"和卢氏县九龙实业有限公司的"九龙羊肚菌星创天地"成为科技部第一批备案的"星创天地"，也被省科技厅认定为首批"星创天地"。"雏鹰生态养殖星创天地"重点打造"生态养殖、繁育、饲料加工、屠宰、农产品深加工"等产业链条。"九龙羊肚菌星创天地"以推广人工栽培羊肚菌种植和技术服务为主，开展食用菌菌种研发、大田规模种植、食用菌保健品研发、深加工、销售等。通过"星创天地"建设，旨在激发全市农业农村创新创业活力，优化农村创新创业环境，加快科技成果转移转化，以创业带动就业，加快一二三产业融合发展。

【科技惠民工程实施】 2016年，围绕人口健康、食品安全、节能减排等领域，市科技局积极谋划申报和实施民生科技工程项目，征集、筛选灵宝市海纳菌业、河南奥泉农业科技、天瑞科技开发有限公司等5个项目申报河南省2016年科技惠民计划，其中灵宝市海纳菌业有限公司的"香菇安全生产标准化技术示范与推广"和三门峡天瑞科技开发有限公司的"豫西特色农产品电子商务建设"两个项目获批，分别获得70万元和50万元的资金支持。河南华新奥建材股份有限公司的"烧结多孔砖节能生产综合技术示范与产品应用推广"、三门峡胜源农牧有限公司的"物联网技术在休闲农业上的示范与推广"，均获省科技惠民计划项目立项公示。"河南省远程医学中心三门峡市分中心"建设了现代运营机制中心的远程医疗服务持续发展模式，实现了远程门诊、远程影像会诊、远程心电会诊、远程教学与手术示教室等远程医疗会诊，有效增强了基层医院医疗服务能力，提高了疑难重症救治水平。

【科技项目创新管理】 2016年，市科技局对省重大专项、科技惠民工程、科技特派员、省攻关等10个项目进行监督管理。仰韶生化公司的"高活性食品蛋白酶的研发与应用"省重大科技专项项目、灵宝市海纳菌业有限公司的"香菇安全生产标准化技术示范与推广"和三门峡天瑞科技开发有限公司的"豫西特色农产品电子商务建设"等科技惠民项目以及湖滨区"无公害蔬菜新技术集成与应用"等科技富民强县项目进展顺利。渑池县"视频监控社会资源联网建设"、灵宝市"灵宝市健康服务体系建设和多发病防治技术应用与示范"2个科技惠民项目，陕县"苹果产业化新技术开发及应用"富民强县项目、市林业工作总站的"文冠果中豫1号、中豫2号良种示范推广"成果转化项目等省级项目通过省厅验收。完成2014年市级农业、社发领域项目市直及重大项目共12项的验收工作。共选出农业项目10个，社发项目15个列入2016年市级计划，支持农业社发市级创新平台5个。

【科技脱贫攻坚】 2016年，市科技局发挥科技资源优势，派出科技专家、科技人才深入贫困地区进行技术指导，开展科技扶贫专项行动，协调投入10万元支持分包的渑池县仁村乡红花窝村发展养羊，筹资30万元帮助建设20公顷标准化连翘种植示范基地，计划带动50户贫困户脱贫。申报省市级项目2项，争取资金20万元，帮助红花窝村争取省级土地整理项目，获批资助500万元，实施分布式屋顶光伏发电项目，每户每年可净增收入3000元，完成了对口扶贫村年度扶贫工作任务。 （熊浩琦）

科技成果及推广

【概况】 2016年，市科技局根据河南省科技厅文件精神，对照河南省科技进步奖的推荐条件，结合分配给三门峡市的指标，经考核公示，共推荐申报河南省科技进步奖项目5项，其中一等奖1项，二等奖3项，三等奖1项。组织有关专家15人，对20项成果进行评审，经评委评审和市政府批准，授予20项成果市科技进步奖，其中一等奖3项、二等奖8项、三等奖9项。对符合鉴定条件的15项科技成果，组织专家进行鉴定，达到国际先进水平1项，国内领先水平2项，国内先进水平6项，省内领先水平4项，省内先进水平2项。推荐申报省科技成果登记3项，其中工业项目2项，农业项目1项。 （吕雪雅）

2016年度市科技进步奖项目

表1

项目名称	奖励等级	主要完成人	主要完成单位	推荐单位
锂电池用6微米高强度双面光电解铜箔	一等奖	李应恩、王建智、韩树华、樊斌锋、任　伟、王媛媛、周赞雄、何铁帅、张　欣、郭稳平、李继峰、杨艺博	灵宝华鑫铜箔有限责任公司	灵宝市科学技术局
一种蛋白酶生产工艺	一等奖	常东民、孙利鹏、管　宁、肖东坡、陈晓宇	河南仰韶生化工程有限公司	渑池县科学技术局
自制Y网片在改良腹腔镜阴道骶前固定术的临床应用	一等奖	曲丽霞、权丽丽、祝　莉、张君平、刘自强、张学武、刘彦君、韦贞汁、陈晓霞、喇　慧、绳　娜、王　珂、王　娜、孟江平、邓倩倩	河南省三门峡市中心医院	三门峡市卫生局
新型稳定剂在20万吨/年醋酸装置催化剂体系中的应用	二等奖	程延峰、李惠英、李英伟、陈　丽、张峰涛、梁学博、崔承斌、孙小会、杨　建、郭学会	河南省煤气(集团)有限责任公司义马气化厂	义马市科学技术局
航空发动机叶片抛磨块研究	二等奖	刘志明、王国华、石红卫、赵克强、李志强、陆明勤、郭贯峰、刘志芳、马　啸、张　谦	渑池金华新材料有限公司	渑池县科学技术局
三门峡苹果园主要病害发生动态及无害化治理技术	二等奖	孙雪花、马建霞、王　东、郑立谋、乔建中、张建军、杨　珺、魏向阳、孙苏梅、贾晓丽	三门峡市植物保护植物检疫站	三门峡市农业局
豫西致灾性强降水预报预警技术研究	二等奖	吕作俊、高省莉、效文娟、郭　兰、魏璐璐、张　琪、张玉晖、姜　珊、黄克磊、张潜玉	三门峡市气象台	三门峡市气象局
豫西沿黄区域提升奶牛生产性能集成技术应用研究	二等奖	戚守登、樊玉川、燕海平、白润成、高　晶、赵玉侠、李　洋、彭云峰、李　惠、王　娇	陕县畜牧技术推广中心 三门峡市畜产品质量安全监测中心 陕县畜产品质量安全检测中心 三门峡市奶业协会	陕县科学技术局
2型糖尿病患者尿微量白蛋白与颈动脉内膜中层厚度相关性研究	二等奖	穆雅慧、骆丽娅、董科娜、耿河川、张丽峡、刘　静、张　亮、田云龙	黄河三门峡医院	中国水利水电第十一工程局有限公司
急性等容性血液稀释联合自体血回收与控制性降压用于手术中患者血液的保护	二等奖	秦革平、石小龙、杜　睿、田金元、张应生、李晓展、闫振弘	黄河三门峡医院	中国水利水电第十一工程局有限公司

续表

项目名称	奖励等级	主要完成人	主要完成单位	推荐单位
西地那非联合高频振荡通气治疗新生儿呼吸衰竭合并肺动脉高压临床研究	二等奖	张君平、王晓冰、雷国锋、杨素娥、王 粉、朱晓洁、翟炳辉、董玉红、杨风涛、尤小丽	河南省三门峡市中心医院	三门峡市卫生局
金属矿山盲竖井大口径钻孔通风降耗技术研究与应用	三等奖	晋建平、张帅民、方冠冠、雒彩军、吕周本、饶红斌、田留锁	灵宝金源矿业股份有限公司	灵宝市科学技术局
硫铁矿自燃矿体治理技术研究与应用	三等奖	阴兴敏、杨鑫生、杨景辉、雒彩军、吕周本、董宁宁、冯江伟	灵宝金源矿业股份有限公司	灵宝市科学技术局
大叶海棠组织培养技术研究	三等奖	崔 维、史先元、张红涛、杨 波、王俊娜、赵安丽、柴浩彦	三门峡市园林科学研究所	三门峡市林业和园林局
三门峡地区国槐锈色粒肩天牛发生危害及综合防治技术研究	三等奖	崔 维、史先元、张红涛、陈治华、马安民、王少波、赵雪萍	三门峡市园林科学研究所	三门峡市林业和园林局
核桃林下贵菜栽培应用研究	三等奖	孟昭伟、彭兴龙、博纲纪、加晓波、马安民、巩国洋、贯文玲	三门峡市林业工作总站 三门峡乐天林果有限责任公司 陕县林业局	三门峡市林业和园林局
三门峡地区生猪冬季常见病流行规律及防制措施研究	三等奖	李忠阳、王帅宝、燕海平、党江平、姚亚军、杨 涛、崔康康	国家动物疫情监测网陕县测报站 三门峡市动物疫病预防控制中心 陕县动物疫病预防控制中心 陕县畜产品质量安全检测中心	陕县科学技术局
磁共振成像对乳腺良恶性病变诊断价值研究	三等奖	荆彦平、骆 宾、高峥嵘、张 俊、李景刚、徐新峰、南晓东	黄河三门峡医院	中国水利水电第十一工程局有限公司
经皮单向椎弓根螺钉内固定治疗单节段胸腰椎骨折的临床应用研究	三等奖	贺海怿、朱文辉、李 想、聂福祥、张 凯、张鹏飞、郭 强	河南省三门峡市中心医院	三门峡市卫生局
三门峡市区家蝇抗药性研究及应用	三等奖	吴彦领、武恕星、谷增齐、贯 亮、王 丹、李书建、张玉勤	三门峡市疾病预防控制中心	三门峡市卫生局

（吕雪雅）

科技人才开发与对外合作

【概况】 2016年，市科技局组织申报省科技开放合作项目4项，立项1项；申报争取中科院河南中心科技成果转化项目4项，资金320万元；争取省产业集聚区科研服务平台专项资金1项（高新区高技术创业服务中心），资金50万元；征集市级开放合作项目16项，立项6项。加大招才引智力度，通过企业技术需求对接、组织或参加各种交流活动联络人才，依托项目合作、创新平台建设，吸引高级职称、博士学历以上高层次人才，为三门峡科技创新、转型发展服务。共（柔性）引进高层次人才350人，其中高级职称183人、博士学历127人、硕士学历133人，两院院士17人、院士团队90人。开展创新创意大赛，与三门峡职业技术学院合作，共同举办了“2016全市创新创意大赛”，在20个企业（团体）的42个参赛项目中，对接成功1项。大赛共评选出9个一等奖、11个二等奖、2个优秀组织奖（湖滨区、渑池县）和6个组织奖。

【组织参加对接活动】 2016年，市科技局共组织、参加科技对接活动12次，中科院研究员带队到灵宝黄金股份（黄金股份“黄金湿法冶炼清洁生产”5项关键技术，实现3项工业验证，建立3项工业应用示范，是国内首套示范工程，年创利4000多万元）、孟成生物（孟成“生物发酵生产丁二酸”）进行调研、对接；中科院研究员带队到卢氏向阳食用菌、灵宝昌盛香菇干燥、振宇食品热泵节能、莘源中药材物流园连翘开展技术对接，于2016年12月5日在卢氏举办“食用菌（香菇）干燥技术观摩交流会”，取得了良好效果；中金集团中原矿业与中国地质大学（廖立兵教授冶炼尾矿综合利用）、北京科技大学（王洪江开矿对地下水系的影响和破坏的治理）开展了对接合作；参加与河南科技大学合作谈判、交流、协议起草，上海应用技术大学、上海科技成果转化促进会与三门峡市的对接、交流等活动；组织30家企业、科技管理人员共40余人参加中科院2016郑州成果发布暨对接会，组织30家企业、科技管理人员共50余人参加第五届中国（郑州）产业转移对接会，筹备省政府组织的“开放创新、合作共赢——北上行动”，收集、筛选了2项政府层面拟签约的战略框架协议、3个共建研发机构、3个共建科技园区和基地、9项拟签约合作项目。

【科技金融融合】 2016年，市科技局以解决企业资金需求、引进资本投入为切入点，诊断制约企业发展的关键瓶颈问题，整合资本（金）、人才、技术和市场等战略资源，达到使企业走出困境或转型发展的目的。全年组织开展、参与了6次科技融资活动，其中，和君咨询投资集团到创新创业大赛现场与渑池强芯铸造、天钻晶体材料等对接，亚欧一带一路投资促进会对拟与三门峡市合作建设“一带一路科技大厦”“互联网金融中心”等进行了讨论。组织全市15家企业申请省“科技贷”贷款，起草《三门峡科技成果转化投资子基金设立方案》。

【科技大市场建设】 2016年，市科技局借鉴西安科技大市场经验，结合三门峡市实际，通过建立技术交易有形市场（线下服务大厅）及网络展示平台，建设包括专家库、项目库等动态数据库，搭建产学研战略合作与成果转化服务平台，促进技术供需双方的有效对接，满足三门峡企业对技术创新的需求。经过设备安装及调试，10月8日三门峡科技大市场投入试运营，网站日平均访问量30人次，微信公众号基本功能不断完善。引进了河南领航财务管理有限公司（三门峡分公司）、河南智泉技术服务有限公司2家驻场机构；走访8家企业，采集技术难题6条、设备需求6条、登记采集仪器设备261台套；与西安古德咨询有限公司、郑州联创洪杉企业管理咨询有限公司签订培训协议，每月开展1期创新培训，成功举办1期，接受培训企业达60余家；线上（官方网站、微信公众号）发布科技服务政策56篇。

【技术合同登记】 2016年，市科技局完成技术合同登记4项、总交易额达到4198万元。其中，骏通公司申请登记的引进意大利举升汽车技术合同，按照技术合同登记管理的相关规定，享受减免税优惠政策的对象应为有对外转让技术收入的企业或个人，且在企业注册地一次登记。经过咨询沟通和争取，采用由技术购买方（骏通公司）在属地（三门峡市）代替技术出让方（意大利公司）进行登记，于当年5月成功登记了该涉外技术合同，合同金额约1600万元人民币，使企业享受减免260万元人民币的税收优惠，为三门峡市积极引进国外先进技术开辟了一条新路。（杨占江）

专利和知识产权

【概况】 2016年，三门峡市专利申请量752件，完成省局下达目标的90%，其中发明专利申请量218件，完成目标任务的72.3%，占申请量28.9%；专利授权量439件，其中发明专利授权量50件，占授权量11.3%，有效发明专利249件，万人有效发明专利拥有量达到1.11件，比2015年提高24.7%。市科技局积极开展专利权质押融资工作，组织编印了《知识产权政策汇编》，在各类培训中将专利权质押融资政策和融资流程作为重点内容进行宣讲。

【专利法律法规宣传培训】 2016年，市科技局积极开展知识产权宣传活动。部署安排全市“4·26”世界知识产权日集中宣传活动，要求各县（市、区）制定方案并开展活动。印制了宣传册、宣传袋和宣传扇面5000余份，分发到各县（市、区）。4月26日，组织人员走上街头，开展“4·26”世界知识产权日集中宣传活动，展出版面24块，发放宣传资料1500份。各县（市、区）按照活动方案，开展了多种形式的宣传活动。在三门峡市第四届青年创新创意大赛期间，到三门峡市职业技术学院，开展创新创意大赛作品奖项评审工作。继续做好知识产权培训，先后在渑池县、义马市、陕州区、灵宝市、湖滨区组织五期面向企业、技工学校师生的以知识产权战略和专利申请为主要内容的培训班，共培训310余人次。与教育部门共同开展中小学知识产权普及教育示范基地建设，三门峡市实验中学通过开展知识产权教育示范基地建设，搭建学生创新活动平台，开展知识产权文化教育，组织学生创新创造实践活动，使知识产权从娃娃抓起的理念更好地得以体现和落实，市科技局向省知识产权局申请评审验收，新推荐三门峡市2家中小学申报省知识产权教育示范基地建设，促进中小学知识产权教育活动更广泛地开展。

【知识产权优势区域及企业培育】2016年，市科技局继续加强灵宝市、渑池县、三门峡产业集聚区三个区域的知识产权优势区域培育工作。灵宝市专利申请量、授权量连续双超百件，渑池县专利申请量保持稳定上升；三门峡产业集聚区知识产权服务机制进一步完善，在新建成的科技大市场中设立了知识产权维权援助工作站，形成了专利申请、资助、维权援助一站式服务模式，区内企业专利申请更加便捷，区内工业企业基本实现消除"零"专利。培育知识产权优势企业，灵宝市金源矿业公司经过多年培育，形成了企业知识产权管理机制，专利产出数量质量提升，企业专利拥有量373余件，其中有效发明专利27项，占全市有效发明专利的13%，在多金属资源高效综合利用上形成核心专利技术，专利应用每年为企业新增利税2.8亿元，新增利润1.55亿元；河南中原黄金冶炼厂有限责任公司重视企业知识产权工作，不断完善知识产权管理机制，公司3年内共提交专利申请42项，其中发明专利22项、实用新型专利20项，共有10项发明专利申请、20项实用新型专利申请新获得授权，公司拥有申请并获授权的专利有32项，发明专利12项、实用新型专利20项，公司完成的"金精矿焙烧酸浸渣氨法生产氧化铁的研究及应用""氰化金泥控电氯化精炼技术研究与应用""金精矿焙烧制酸酸泥综合回收技术的研究与应用"项目，利用公司自主专利技术11项，新增利润3677万元/年。2016年，上述两家企业分别被推荐为省知识产权示范企业、优势企业。同时三门峡市的灵宝市华鑫铜箔公司、河南骏通车辆公司、奥科化工、义煤集团等一批骨干企业的有效发明专利拥有量占全市有效专利发明拥有量的66%，全市企业在多金属、煤化工、精细化工、精密量仪、新材料、装备制造等特色领域初步形成了核心专利群，企业的知识产权优势和核心竞争力显著提升。

【知识产权保护与专利行政执法】2016年，市科技局按照《河南省2016年知识产权执法维权"护航"专项行动工作方案》要求，对市区11家大型超市、家电商场和药店进行检查，对检查中发现的18件涉嫌假冒专利商品进行确认，下达整改通知书。4月，市知识产权局在各县(市)科技局人员的配合下，对所辖灵宝市、卢氏县、义马市、渑池县的7家大型零售超市、家电商场、医药超市进行了假冒专利商品专项执法检查活动，共检查出涉嫌假冒专利商品3件，各商场均按照整改通知书的要求进行了整改。（王河生）

科学技术普及

【概况】2016年，市科技局继续以崇尚科学精神，普及科学知识为己任，加大科普宣传力度，充分体现科技惠民、科技为民效果。全年围绕上级下达目标任务，以"创新引领、共享发展"为主题，牵头组织第十六届科技活动周，邀请多家单位在卢氏县洛园广场共同开展启动仪式。参加"科技三下乡""减灾宣传日""安全宣传月""世界禁毒日""全国扶贫日"等大型宣传活动6次，悬挂横幅10条、发放资料5000余份、展出版面50余块。积极承担省级《特色农产品电子商务应用与推广》项目建设，不断拓展科技门户网站的功能性，完善网站安全建设，充分发挥科普的宣传阵地作用。（茹 蔚）

科技信息咨询与服务

【概况】2016年，市科技局大力发展科技创新，积极开展科技情报工作学习培训，实施省级软课题1项，继续为社会各界人士提供高质量的前沿科技信息和决策信息，全年共编辑和印发《科技信息》8期，内容涉及新能源、装备制造业、电子信息、新材料、新能源汽车、生物、节能环保和现代农业等前沿科技领域，同时做好信息库、图书资料室的管理工作，全年接待科技工作人员资料数据查询、国内外期刊查询50余人次，完成了2015年度三门峡市科技大事记及科技年鉴的组稿工作。（裴泽涛 姜兴乾）

地震测报

【概况】2016年，市地震局围绕"震而无灾、大震小灾"的减灾目标，在"防"字上下功夫、"减"字上见成效，持续健全和完善全市防震减灾三大体系建设，不断提升全市减灾社会效能。荣获"2016年度全省防震减灾综合评比优秀单位"称号。强化监测与合作，震情跟踪研判能力不断提升，强化落实三个制度，即观测仪器维护保养、数据报送、异常落实制度；实施一个督查，即地震监测督查；确保三个不变，即观测人员、环境、时间不变。认真做好节日期间震情保障工作，牢固树立震情第一意识，熟悉应急细则，明确工作要求，做好日报告、零报告、周会商；全力实施"一县一台"规划，确保房屋土建、台基制作、环境建设、仪器安装、网试运行等工作落实到位；坚持震情会商，强化群测群防。全年共召开月度地震会商会12次，为市领导提供震情简报12期；综合分析全市及周边的地震形势、前兆观测资料，按时完成《2017年度地震趋势研究报告》；严格执行《三门峡市地震宏观测报点建设和运行管理办法》,坚持零报告制度和重大异常随时报告制度,做到异常不过夜,落实不过天。全年观测数据连续、准确,宏、微观无异常。深化依法减灾,综合震害防御能力明显提高。2016年市地震局持续深化一法(防灾减灾法)一条例(河南省防灾减灾条例),不断加大建设工程抗震设防管理力度,逐步增强全社会抗震设防意识,全市震害防御工作步入法制化管理轨道,抗震设防法制观念初步形成;宣传贯彻和实施第五代《中国地震动参数区划图》国家标准,推进与规划、住建等部门的有效衔接,确保全市新建、扩建、改建建设工程抗震设防要求达到第五代区划图确定的抗震设防标准;进一步优化减灾环境,严格执行国务院清理规范行政审批中介服务事项有关要求;严格落实行政执法责任制,定期组织行政执法人员参加法律知识培训,落实执法人员持证上岗和资格管理制度,严格审查、发放行政执法证件,确保了行政执法主体合法、资格合格;深化防震减灾知识宣传,提升地震应急避险和自救互救能力。

完善应急预案,应急机动适应能力逐步提高。5月12日与运城市地震局签订《震情信息共享和应急联动协作框架协议》,建立完善了应急处置联动等八项机制,深入推动两市合作交流,大力提升了区域防震减灾能力和水平;3月1日至10日市政府应急办联合市地震局对全市防震抗震指挥部10余家成员单位地震应急准备工作进行了检查。按要求及时收集整理了全市6个地震应急避难场基础设施以及有关实景照片等信息资料;升级改造三门峡市防震减灾指挥中心,争取省级项目资金20万元,市级配套22万元,按照相关要求完成项目招投标、设备安装、调式优化,并通过省地震局评审验收;进一步督促完善地震、民政等专业部门的灾情速报队伍建设,强化速报人员业务培训和速报演练;督促和指导部门应急预案完善和演练,贯彻落实国务院《地震应急工作条例》,建立完善市、县、乡三级地震应急预案体系。

【完成国家地震烈度速报与预警工程台站堪选】　2016年,按照河南省地震局的工作要求,市政府应急办和市地震局组织召开全市地震烈度速报与预警工程台站堪选工作会议,研究制定《三门峡市地震烈度速报与预警工程台站堪选实施方案》和《关于明确三门峡市地震烈度速报与预警工程台站堪选工作任务与责任分工的通知》,对技术标准提出了具体意见,安排部署相关工作,并对各单位工作任务进行分解。市地震局与县(市、区)地震部门积极配合,收集基础资料,签订土地使用协议,4月,完成3个基准站、11个基本站、21个一般站及7个预警终端等42个改建、新建站点。工程全面建成后可为快速判断重灾区位置和灾情分布提供支撑,在地震发生时提供预警信息服务,使社会公众提早采取措施避震逃生,显著增强全市地震监测能力,进一步提高全市地震应急反应效能,减少地震损失和人员伤亡。

【应对3·12运城盐湖区4.8级地震】　2016年3月12日11时14分,山西省运城市盐湖区发生4.8级地震。接到省地震局台网中心信息后,市地震局领导班子和主要科室负责人第一时间到岗,及时启动"市外地震及区域联动应急响应",11时26分值班人员电话上报市政府主管领导和应急办,11时26分、13时30分分别编印《震情快报》(一号、二号),并及时报送市委办和市政府应急办。此次地震虽不在三门峡市境内且震级不大,但离三门峡市较近,市区大部分群众有震感,在工作人员的有序配合下,至当日18时全市没有出现地震谣言,未接到人员伤亡及财产损失报告。

【签订震情信息共享和应急联动协作框架协议】　2016年,为加强"晋陕豫黄河金三角区域"震情信息共享和地震应急联动水平,进一步提高两市防震减灾综合能力,最大限度减轻地震灾害损失,切实维护人民生命财产安全,经过三门峡与运城两市地震部门的沟通协商,5月12日《震情信息共享和应急联动协作框架协议》签订仪式在运城市举行。两市市政府、应急、地震、民政、交通、卫计、供电、移动、联通、电信等部门负责人参加签订仪式。框架协议建立完善了定期沟通交流、区域震情资料交换和台站信息共享、联合月度会商、重大震情异常通报和考察、台网信息共享发布、应急通信互通、应急联合培训和演练、应急处置联动等八项机制,深入推动两市合作交流,提升区域防震减灾能力和水平。协议的签订为两地经济社会发展提供了更多的地震安全服务,首开全国跨省域市级地震应急联动之先河,为全国地震系统作出了示范,树立了标杆。

【开展"防震减灾科普知识宣传年"活动】　2016年,市地震局通过在《黄河时报》开辟防震减灾专栏、订购防灾减灾宣传品免费发放、在"5·12"全国防灾减灾日和"科普宣传周"等重要时段集中宣传等形式大力开展宣传活动。把防震减灾知识纳入了全市中小学课堂教学内容,每学期定期开展地震应急演练。为增强群众互动参与性,全年投入3.5万元定制了防震减灾宣传品(水杯、围裙、环保袋、凉扇和防震减灾知识读本等),无限量免费向群众发放,增强了防震减灾宣传的实效性。充分发挥防震减灾宣传志愿者主动性和积极性,组织志愿者参与宣传活动;在做好常规宣传的同时充分发挥新闻媒体和"微"平台作用,大力开展防震减灾知识宣传。深入农村、社区、街道、广场和学校开展宣传;组织科普知识展览、知识竞赛及应急演练;与《黄河时报》签订宣传战略协议,充分利用《黄河(金三角)时报》宣传载体,广泛宣传防震减灾科普知识;突出农村防震减灾科普宣传教育,提高农民群众积极、科学参与防震减灾的主动性。抓好防震减灾科普示范学校和地震安全示范社区创建工作,至年底,全市共创建省级科普示范学校20所、安全示范社区1个,市级科普示范学校24所、安全示范社区1个。全年市地震局共组织防震减灾知识大型宣传活动4次,展出宣传版面120余块,免费发放防震减灾宣传品400余份,发放各类宣传页、宣传册800余份,现场解答群众咨询

问题80余条。 （阴岩峰）

气象工作

【概况】 2016年，三门峡市气象部门紧紧围绕气象现代化重点任务，加强业务能力建设，着力提升气象服务效益，对全年主要气候事件如低温、局地暴雨、冰雹、大风、暴雪、雾和霾等天气，及时进行预报预测，为三门峡市防灾减灾、经济社会发展作出贡献。在农业气象服务方面，拓展基层气象服务内容，编写《春耕春播气象服务专报》《夏收夏种气象服务专报》《农用天气预报》等32期，建立完善苹果、核桃、葡萄、大枣、香梨、花椒、柿子、烟草等主要特色作物气象服务指标体系和周年工作历，联合农业、林业等部门专家，有针对性地为特色农业提供气象服务，编写《特色农业专题气象服务》10期。建立特色农业气象服务指标库，建立完善特色作物气象服务指标体系和工作年历，制作各发育期的服务产品，开展产前、产中、产后的全生育期精细化气象服务。开展特色农业精细化服务。调查全市特色农业种植分布，将苹果区划出最适宜区、适宜区和不适宜区，果农可根据地势及土壤利用情况，优化种植布局，提高农业生产效益。在开展"直通式"气象服务方面，将全市重点企业、专业合作社、种植大户信息纳入短信发布平台，推广气象微博、微信等服务渠道。全年共发布墒情快报100期，农气周报46期，开展雨情服务85次，为农业防灾减灾提供决策依据。在人工影响天气工作方面，进一步加强人影基础设施建设，调整作业点布局，扩大作业覆盖面，提高人影作业效益。当年全市完成7个标准化作业站点建设，完成全市13门37毫米高炮、1门57毫米高炮自动化升级改造工作，改造后在作业效率、作业安全和减少人力投入方面效果明显。全年开展人影作业184门次，共发射火箭弹112枚，三七炮弹4294发，五七炮弹19发，最大限度减轻气象灾害造成的损失。

【天气气候预报预测及气象服务工作】 2016年春运期间，三门峡市气象部门共制作《春运专题预报》45期发送至地方领导、春运领导小组成员及各相关单位；5月20日市气象台制作发布"2016年三门峡市麦收期短期气候趋势预测"专题预报，制作《三夏专题气象服务》30期，报送至市委、市政府等主要领导及有关生产管理部门；高考期间，制作发布《高考专题天气预报》8期，滚动发布精细化的高考专题预报，加强灾害性天气提醒；三门峡国际黄河旅游节期间，制作旅游节专题天气预报7期，为节会提供优质服务；"三秋"期间制作"秋收秋种天气预报"共10期，服务广大农民群体；积极做好森林防火气象服务工作，加强监测预警，做好遥感监测及时通报火点信息，并制作专题气象服务材料，向市委、市政府及相关部门科学防火提供气象依据。 （张 秋）

·编辑 杨灵子·

2016年3月11日，全市科技创新大会召开

教育

综　述

【概况】 2016年，三门峡市共有各级各类学校735所(含成人教育学校),在校生370981人,教职工32342人,其中专任教师27527人；学校占地总面积9255594.04平方米，校舍建筑总面积4426438.96平方米，固定资产347384.43万元。基础教育学校713所,其中普通高中19所、普通初中106所、小学234所(另有教学点447处)、幼儿园349所、特殊教育学校5所,基础教育学校数占全市学校数的97%;在校生340737人,其中普通高中44039人、普通初中72710人、小学149539人、幼儿园73967人、特殊教育482人,基础教育阶段在校生占全市各级各类学校在校生数的91.85%;教职工29504人,其中专任教师25322人。职业教育学校22所,其中高等职业学校1所(三门峡职业技术学院)、普通中等专业学校7所、成人中等专业学校6所、职业高中8所；在校生30244人，教职工2838人,其中专任教师2205人。职业技术培训机构729所,教学班(点)1783个,培训结业学员31.5万人次,注册学生31.5万人;教职工数686人,专任教师327人，其中农村成人技术培训学校713所,培训结业学员29.08万人次,注册学生29.08万人;教职工数524人,专任教师264人。农村成人技术培训学校基本上均附设在农村中小学。民办教育学校265所,其中中等职业学校3所、民办普通中学4所(普通高中1所,九年一贯制学校2所，十二年一贯制学校1所)、小学4所、幼儿园254所,在校生56262人,教职工5625人,其中专任教师3530人。民办幼儿园254所,在校生48507人,教职工5268人,其中专任教师3251人；民办小学4所，在校生4496人,教职工15人;民办普通中学4所,其中九年一贯制学校2所,十二年一贯制学校1所,普通高中1所,不计校数的附设班1个，初中在校生1078人，高中在校生1452人，教职工259人,其中专任教师221人;民办中等职业学校3所,在校生729人,教职工83人,其中专任教师58人。

【教育经费】 2016年，三门峡市教育部门公共财政预算安排的教育经费拨款378266.8万元，比2015年增长7.38%，其中县（市、区）财政拨款335080.3万元,比2015年增长8.53%,市本级财政拨款43186.5万元,比2015年减少0.8%；其中全年共收到教育费附加9438.8万元,比2015年实际收到数减少3106.8万元,减少24.76%。多渠道投入23857.8万元，其中事业收入22644.2万元,捐赠收入83万元,其他教育经费1130.6万元。全市教育经费总支出444581万元,增长9.19%。

【重点工程建设】 2016年,市教育局完成校区改扩建、拆建工程:市外国语小学改扩建工程于12月14日开工建设；市二中拆建工程主体完工、市第二实验小学综合楼项目主体五层封顶。大力发展学前教育,在园幼儿数达到73967人。成人职业技术培训30.2万人(次),市级以上教师培训4992人。义务教育阶段公办学校接收进城务工人员随迁子女7014人，实现应入尽入，符合条件的54名进城购房农民子女全部到湖滨城区公办中小学入学。

【学生资助工作】 2016年，全市各级各类学生共有67601人(次)得到教育资助，共计发放资助资金13056.4万元,其中,资助农村建档立卡贫困家庭学生12937名,发放资助金1172.81万元。大学生生源地信用助学贷款人数为9182人，贷款数额达到7288.67万元,人数增加3857人,贷款数额增加3137.12万元。大学新生入校交通费补助655人,其中省内院校450人,省外院校205人，发放补助金额43万元。特困家庭大学新生资助50名,资助金额20万元。市管辖的15所中等职业学校免除学费学生人数为8863人,免学费资金1285.86万元;享受国家助学金学生为2283人，发放国家助学金338.02万元。18所普通高中44772名在校生中有8346人获得国家助学金资助,发放国家助学金1546.3万元;有3182名学生免除学费,免除学费资金为296.11万元;有2587名学生免除住宿费,免除资金为72.33万元。251所小学、146003名在校生中有14498人获得寄宿生生活费补助,补助资金为725.2万元。343所幼儿园、73816名在园幼儿中有7214名儿童得到生活费补助,补助资金为266.6万元,其中建档立卡贫困家庭儿童有1335名,获得补助资金66.75万元。

【加强安全维稳工作】 2016年,全市各级教育部门自上而下全面建立清单式的安全责任体系,层层签订安全目标责任书,修订了学校安全稳定“50查200看”内容,实行“日巡查”“月排查”和隐患整改复查制度,各级各类学校均建立了安全工作台账。至年底,全市有省级“平安校园”5所、市级“平安校园”98所、县级“平安校园”415所,覆盖率达70.58%。陕州区和湖滨区校车托管模式受到省教育厅的肯定。开展强化预防中小学生溺水专题教育、兵团化消防大检查等专项行动。专项行动期间,全市共出动检查人员370余人次,对全市1家高等学校、16所中专、375所中小学校、343所幼儿园进行检查,发现火灾隐患2301处,督促整改隐患2289处,集中约谈103家,拆除违章彩钢板建筑400平方米,全市学校消防安全向好形势得到进一步稳固。推进中小学章程建设和“依法治校示范校”创建,14所试点学校完成章程建设任务,评选表彰市级“依法治校示范校”17所,联合公、检、法、司等部门深入开展“送法进校园”巡讲、报告会等,通过典型案例、模拟法庭等以案说法,不断增强法治意识和自我保护意识,评选表彰“六五”普法工作先进集体40个、先进个人100名。做好信访工作。局领导班子召开研究信访稳定工作会议12次,安排领导接访、下访35次,组织召开矛盾纠纷化解协调会议9次,协调化解原计划外民办教师、中招落榜生家长、学前教育学生家长、义务教育学段学生家长、中专家属区业主、教育工程款拖欠等群体性事件6起。

（何雪峰）

基础教育

【概况】 2016年,市教育部门持续强化教育管理与改革工作。顶层设计方面,进一步加强德育工作的制度方案完善,先后印发“文明校园创建”“三门峡市依法治校示范校创建”“进一步加强法治教育严密防范校园欺凌事件”和《全市中小学章程建设工作方案》等文件,加强德育工作的针对性和可行性。教科研课题研究方面,基础教育教学研究课题省市级立项236项、上报省教育科学研究优秀成果42个,职业教育教学改革省级立项课题3个,教育信息技术研究立项课题共18个,省教育技术装备和实践教育研究课题立项27个。软硬件设施着力扩充基础教育资源,改善办学条件,继续实施第二期学前教育三年行动计划,完成新建、改扩建幼儿园16所、新增2700个幼儿学位。全市12所项目高中共投入改造资金33248万元,改扩建校舍面积219661平方米,购置仪器设备5888台(套),9所普通高中完成了改造任务。全市“全面改薄”(改造薄弱学校,推进教育均衡)校舍建设项目开工率为86%,排全省第二;竣工率为60%,排全省第三;图书设备采购项目完成率为94%,排全省第一。优化信息化环境方面,全年累计投入2800余万元,建成22个录播教室,购置2100台计算机、370套班班通设备、多媒体210套、2个云计算机教室及网络设备、32间计算机教室。至年底,全市中小学“班班通”普及面达到81%,宽带网络接入率达到73%。在各县(市、区)开展立德树人先进县(市、区)活动,在中小学生中广泛开展“学雷锋”“认星争优”和“亲近自然·快乐成长”2016年青少年书信文化活动,在中职学校中启动开展“我劳动、我光荣”为主要内容的敬业、乐业教育活动,强化社会主义核心价值观教育。2016年评选表彰了10所“文明校园标兵”、40所“文明校园”、10个“文明政教处”、300个“文明班级”、100名“文明教师”、287名“文明学生标兵”、2830名“文明学生之星”、12所“雷锋式学校”、100个“雷锋式班级”、300名“雷锋式青少年”,20名学生被评为第七届三门峡市美德少年,2名学生被表彰为第八届河南省美德少年,49名中职学生分别获省文明风采比赛一、二、三等奖,11名中职学生分获全国文明风采比赛一、二、三等奖。持续开展班主任岗位标兵评选活动,评选表彰班主任岗位标兵259名。

【强化教学管理与改革】 2016年,市教育局领导班子定期到对口联系县(市、区)和学校蹲点调研解决问题、指导教学。举办三门峡市第二届学校特色发展论坛,举行以“书香校园,幸福育才”为主题的直属初中校际交流会等活动,积极引导学校进行课程规划、课程开发、课程整合和课程实施,构建有阶段特色、学校特色的课程体系,增加社会实践方面的课程设置。首次开展高中和义务教育阶段学校质量检测,强化教学质量调控。开展常态课、微型课观评活动,加强日常教学管理、研究与指导,落实“三通一构、三备一突”,推进课堂改革。在抓好必修课、选修课程基础上,扎实推进“阳光体育大课间”“足球进校园”“戏曲进校园”“第五届中小学电脑作品评比”“第四届青少年动漫节”“自制教具、科技小发明、小制作和青少年科技创新活动”等活动,在全市开展“体艺特色示范校”创建活动,促进学生全面健康成长。积极开展学前融合教育试点工作,确定2所省级学前融合教育试点园、5所县(市、区)试点园,联合市残联实施“关爱残障儿童成长项目”,组织人员逐一调查、动员144名儿童以入特殊教育学校、随班就读和送教上门等形式全部入学,切实保障适龄残疾儿童受教育权益。连续举办高中、初中学科精英赛,在发现培养学习苗子的基础上,当年在市外国语高中尝试举办培优班,集中优势资源,突出因材施教,强化了全市高三尖子生培养。

【湖滨区全面实施农村义务教育阶段师生“阳光营养餐”工程】 2016年湖

滨区全面实施农村义务教育阶段师生“阳光营养餐”工程,工程所需资金157万元,其中高庙乡、磁钟乡所需资金由区财政全额拨付,交口乡、会兴街道、崖底街道由区财政、乡财政各50%承担。区教科体局专门成立“阳光营养餐”工程领导小组,各校成立相应管理机构,严格按照相关要求,制定明确的食品验收、保管、发放、饮用管理制度及食品安全应急预案,建立健全岗位责任制和责任追究制,并将“阳光营养餐”工作实施情况纳入学校、校长年度考核的重要指标,采取网上督查和深入学校现场检查指导相结合的方式,重点督查各校“阳光营养餐”资金管理、餐量标准、发放组织等环节,强化对该项目工作的督导检查。

【语言文字规范化示范校创建】 2016年,经学校自评、县市初评、省语委办评估组考核,三门峡市实验中学、三门峡市外国语小学、三门峡市第一小学、三门峡市第二实验小学和渑池实验幼儿园达到河南省语言文字规范化示范校评估标准,被命名为河南省语言文字规范化示范学校。三门峡市拥有国家级语言文字规范化示范校1所,省级语言文字示范校24所,市级语言文字规范化示范校110所。

【三门峡市龙湖小学落成并举行开学典礼】 2016年9月1日上午,三门峡市龙湖小学举行落成仪式暨新学年开学典礼。龙湖小学由市住建局负责建设,于2014年7月奠基动工,2016年6月28日竣工投入使用,校区规划面积2.07公顷,总建筑面积13147平方米,附设有室外运动场,设计规模为24个班,可容纳1080名学生。2016年首批招生一年级学生160余人。

【三门峡市中小学开设网络直播课程应对极端天气】 2016年11月22日,三门峡市普降暴雪,气温陡降,道路冰封。为减少极端暴雪天气对学生安全造成的伤害,当晚市教育局发出紧急通知,市直中小学临时放假一天。22日深夜,在局主管领导组织策划下,市教育局相关科室、卢氏县教研室和市实验中学、外语中学连夜梳理、备课,共建立30余个直播群,为全市中小学生众筹了内容丰富、形式多样的CCtalk(实时互动教育平台)全天网络直播课程,涵盖中小学各个学科。在老师们的有序组织下,各校学生进入CCtalk学习群后,通过手机、平板、电脑等在家里听课,与老师、同学积极互动。

【卢氏县教体局创新思路提升暑期师训质量】 2016年,卢氏县立足校长、中层管理人员、班主任、骨干教师和特岗教师等的不同培训需求,在暑期前后组织实施1354人次参加三个层面、九个项目的培训。从2016年暑假开始,计划用5年时间,围绕教师专业发展的四项核心内容(专业理念、专业知识、专业能力、专业情意)进行培训。高级研修求实效,采取定向培训的原则,根据专业成长需要,安排培训主题,分层培训,重点突破。为克服学校没有培训资源,解决经费紧张和请名师难问题,暑假前,卢氏县积极联系北京怀柔区教委组织10名专家,为全县850名县级以上骨干教师进行为期三天的专业提升培训。暑期中,选派102名优秀特岗教师赴北京怀柔教科研中心,由怀柔区遴选的20余名教研员及专家作课堂教学、心理辅导、专业发展、微课制作、专业听评课等报告。

【灵宝市特殊教育学校接受省教育厅专家组评估】 2016年11月21日,河南省教育厅专家组对灵宝市特殊教育学校创建全省示范性特殊教育学校工作进行考察评估。灵宝市特殊教育学校于2013年启动创建全省示范校工作,学校有9个教学班(聋班3个、语训班1个、培智班4个、盲班1个),在校学生90人。2016年首批河南省示范性特殊教育学校认定名额原则上不超过15个,灵宝市特殊教育学校是全省唯一一所接受评估的县级特殊教育学校。

【三门峡市体艺培养特色化推进会暨一校一品观摩研讨会举行】 2016年10月11日至12日,三门峡市体艺培养特色化推进会暨一校一品观摩研讨会在市实验小学召开。会议主旨是“城乡共进,内涵提升,创建特色,塑造品牌”。各县(市、区)体卫艺股长、体育、艺术专干和全市成建制小学校长共270人参加会议。著名经济学博士,博士生导师,国家督学、云南省人民政府参事罗崇敏教授和河南省中原一校一品研究指导中心秘书长、河南省校足办宣传部部长、《河南一校一品研究》杂志主编常乐做关于学校品牌构建方面的讲座。全市7名校长代表做了学校“体艺培养特色品牌构建”方面的经验交流,专家现场做点评指导,与会人员到市区、陕县、灵宝部分学校参观“多彩阳光大课间”活动。

【三门峡清华园学校项目建设开工】 2016年12月29日,三门峡清华园学校项目建设奠基仪式举行。三门峡清华园学校项目位于湖滨区河堤路与复兴路交叉口,是市重点民生工程。项目由江苏教育集团(香港)公司投资1.2亿元兴建,占地面积5.2公顷。学校建成后包括36个小学班、24个初中班、可容纳学生2400余人,是一所封闭式管理、全寄宿的品牌特色民办学校。清华园学校的设立对于三门峡市优化教育资源配置、满足群众多样化教育需求具有重要意义,对推进教育体制改革、增强办学活力、提升教育质量都会起到积极作用。

【2016年全市普通高考上线率持续攀升】 2016年全市普通类(文、理)报考11745人(不含艺术体育类)。一本上线1687人,上线率为14.36%,上线率比2015年增加1.93%。二本上线4631人,上线率为39.43%,上线率比2015年增加2.44%;三本上线7848人,上线率为66.82%,上线率比2015年增加5.69%。其中,市直高考成绩显著。一本上线679人,比2015年增加100人,上线率为34.40%,上线率比2015年增加6.25%;二本上线1236人,比2015年增加96人,上线率为62.61%,上线率比2015年增加7.19%;三本上线1607人,比2015年增加122人,上线率为81.41%,上线率比2015年增加9.22%。全市理科状元681分,文科状

元 627 分。（何雪峰）

职业教育

【概况】 2016 年三门峡着力构建现代职业教育体系,推进“一本三专”建设。启动完成了全市职业教育资源整合及布局调整工作方案，待省政府批后付诸实施。推进整合市中专、市财校、技校教育资源，三门峡技师学院通过省政府专家组的评审验收。由市中专、市财校、市技校部分专业整合而成的三门峡社会管理学院呈报省政府常务会议,待研究决定。河南科技大学应用工程学院由 2015 年的 4 个专业增加到 2016 年的 7 个专业,本科在校生招生规模由 100 人增加到 250 人。举办 2016 年全市职业技能及素质能力大赛,共 15 大类 45 个比赛项目,有来自全市 12 所学校的 409 名选手同台竞技。

【2016 三门峡市职业教育教学改革研究专题培训暨省厅重点项目开题观摩活动举行】 10 月 20 日,2016 年三门峡市职业教育教学改革研究专题培训暨省厅重点项目开题观摩活动在陕州区中等专业学校进行。2016 年度获得立项的省市项目主持人、主要撰稿人或课题组核心成员 50 余人参加活动。省职教改革规划课题《“一带一路”视域下中等职业教育与区域经济协调发展的研究》项目主持人王雪梅,重点课题《中等职业学校学生职业能力评价体系实践与研究》项目主持人王少泽先后向大会报告课题研究筹备进展情况。全市 2016 年推荐的 13 个项目全部立项，其中 2 项分别获得省厅 1 万元的研究资助,3 项获得申报单位 4 万元的指导性资助。

【三门峡市中等职业学校教师暑期集中培训】 2016 年中职学校电子商务专业和班主任培训 8 月 1 日至 11 日分别在三门峡职业技术学院和金玫瑰大酒店举办,近 150 名教师参加培训。开展班主任培训旨在帮助班主任树立先进的职业教育理念，把握新时期班主任工作的新特点、新要求,提高班主任的工作艺术水平和管理能力。

【2016 年三门峡市中职学校学生技能大赛举行】 9 月 10 日至 12 日,2016 年三门峡市中等职业学校学生技能大赛举行,大赛由义马市职业中专(煤技校)承办。2016 年全市职业技能及素质能力大赛，共设 15 大类 45 个比赛项目。集中比赛包括信息技术、现代制造技术、旅游服务、中华优秀文化与基础、计算机应用、实用英语、快乐校园、走向职场等 8 大类 29 个项目,来自全市 12 所学校经过层层选拔的 409 名选手进行了同台竞技。建筑 CAD、会计电算化、护理技能、中德机电一体化、制冷与空调设备组装与调试等单项比赛同期分别在三门峡中专、卫校、财校、灵宝市职业中专、卢氏县中专进行。（何雪峰）

高等教育

【概况】 2016 年，三门峡职业技术学院占地 93.3 公顷,建筑面积 38 万平方米。设有 11 个教学系(部)、54 个招生专业，其中中央支持的提升专业服务产业发展能力立项建设专业 2 个（旅游管理、汽车检测与维修),省级教学改革试点专业 3 个(供用电技术、室内设计技术、建筑工程技术),省级专业综合改革试点 3 个(会计电算化、物流管理、动漫设计与制作),省级特色专业建设点 6 个(汽车检测与维修技术、供用电技术、旅游管理、机电一体化、生物技术及应用、建筑工程管理);省级教学团队 4 个（汽车检测与维修技术、机电一体化技术、旅游管理、供用电技术),省级精品课程 3 门(单片机实践与仿真技术、机械零部件测绘与 CAD、发酵技术)。校内有各类专业实训基地、实训室 109 个,其中,中央财政支持的职业教育实训基地 2 个（建筑技术、机电一体化实训基地),省级示范性实训基地 7 个(电子商务、电工电子技术、生物技术、机电技术、商务技术、软件技术、自动控制技术),与企业共建校外实习实训基地 121 个,其中，河南省首批高等职业教育示范性综合实训基地 1 个（河南环发工程有限公司校外实训基地),先后搭建 6 个科研平台服务区域经济社会发展,其中纯电动轿车及关键零部件工程实验室和非物质文化研究基地为 2 个省级科研平台，高校酶制剂研究中心和高校节能照明工程研究中心为 2 个厅级科研平台，三门峡市生物重点实验室和三门峡市基础教育发展研究中心为 2 个市级研究平台。图书馆馆藏图书 100 余万册。《三门峡职业技术学院学报》为公开发行刊物,每年发行 4 期,入选全国高职高专核心期刊，被评为“全国高校优秀社科期刊”“河南省一级期刊”,“古都名城研究”栏目被评为“全国高校社科期刊特色栏目”。《三门峡职业技术学院的章程》通过河南省教育厅的核准发布，在完善内部结构,促进学校综合改革等问题上,做了相应的制度创新。至年底,三门峡职业技术学院毕业各类学生 8571 人,其中普通专科学生 4484 人，中职学生 1750 人,成人教育学生 2337 人。报到各类学生 8782 人,其中,本科学生 251 人,普通专科学生 5700 人,中职学生 812 人(五年一贯制学生 409 人,卫校 403 人),成人教育学生 2019 人。在校学生 19728 人,其中本科生 363 人,普通专科生 15473 人，中职生 3892 人。在职教职工 916 人,其中教授、副教授 215 人,博士、硕士 346 人。

【新校区建设】 为实现三门峡市力争在“十三五”期间建成一所独立设置的本科院校的高等教育目标,2016 年 8 月 19 日,市长办公会研究决定建设三门峡职业技术学院新校区，选址在三门峡市教育园区。新校区按照本科院校设置标准进行规划和建设，占地面积 76.2 公顷，总投资约 20 亿元。12 月，三门峡职业技术学院完成了新校区选址、专项资金申报工作。

【课程教学改革】 2016 年，三门峡职业技术学院为了巩固教学改革“三年三步走”的成效,推进“六步四结合”课程教学模式改革的实施，提高人才培养质量，学院开展了“青年教师课堂教学大赛”和“魅力课堂大赛”，逐步完善课程体系构建和课程内容改造，提升课程教学的针对性、可操作性和实效性。学院从314门按照“六步四结合”课程教学模式实施的课程中遴选了26门优秀课程，作为“六步四结合”创新型系列教材，于8月由大象出版社正式出版发行。

【公共实训基地建设】 2016年，三门峡职业技术学院投入资金1600万元，全面完成全民技能振兴工程省级技能人才公共实训鉴定示范基地的中期建设任务，建成电子商务运营及高技能鉴定中心、汽车检测与维修工程训练中心、新能源汽车工程训练中心、互联网与云技术应用中心、建筑信息模型(BIM)应用中心、智能制造工程训练中心等9个公共实训基地。加强对学生各类职业资格证书认定管理，2016届毕业生职业资格通过率达到96%以上。全年共完成800余人的高级工种鉴定，1500余人的初、中级工种鉴定。承办第九届河南省高职院校技能大赛“三维建模数字化设计与制造”项目比赛；学院被河南省卫生厅授予“河南省卫生职业教育工作先进单位”；学院荣获全国职业院校技能大赛高职组河南省选拔赛优秀组织奖。

【省级骨干院校和省级职业教育品牌示范建设通过教育厅验收】 2016年7月，三门峡职业技术学院通过河南省教育厅终期检查验收。三门峡职业技术学院自2013年省级骨干院校和省级职业教育品牌示范校项目立项建设以来，学院按照《建设任务书》和《实施方案》，围绕“深化校企合作、人才培养模式改革、提升基础能力、加快信息化建设、完善管理机制，增强社会服务能力”等方面扎实工作，全面完成建设项目的各项目标任务。

【创业孵化基地建设】 2016年，三门峡市众创空间暨创业孵化基地在三门峡职业技术学院落户，基地由市人力资源与社会保障局、市科技局、市工业和信息化局、市商务局、三门峡职业技术学院和各入驻企业五方共建，占地1.3万平方米，建立了“健康服务创业孵化基地”“电子·物联网创新创业孵化基地”“信息传媒创业孵化基地”“电子商务众创空间暨创业孵化基地”“建筑·信息创业孵化基地”，入驻公司20余家，其中学生创办公司6家。举办大学生创新创意大赛和创业设计大赛；组织GYB培训18期，培训人次达3000余人；8月与北京创大科技有限公司合作举办第一期创大特训营，80名创客结营毕业。

【中高职衔接取得新进展】 2016年6月，三门峡职业技术学院与湖滨区政府合作，依托湖滨区教师进修学校，成立了三门峡职业技术学院教育学院；12月，学院与陕州区政府合作，依托陕州区职业中专，成立了三门峡职业技术学院交通学院。与学院签订联合培养协议的中职学校达到26个，为学生多样化选择、多路径成才搭建“立交桥”。

【科研成果】 2016年，三门峡职业技术学院强化服务地方发展能力。学院与三门峡峡飞仓储物流有限公司联合申报的资源共享项目获得省级财政专项支持资金100万元。学院共有3个省级校区合作项目，获得省财政奖补资金400万元，其中两个项目与企业取得实施合作。成立高校智库，召开三门峡高校智库建设推进会，学院科研团队围绕三门峡“一带一路”“众创空间”“孵化基地”“休闲文化城市建设”“生态文明建设”等重点工作开展研究，学院被评为三门峡市政研工作先进单位。全年科研项目70项，共获得各项科研成果491项，著作成果53部，主编教材27部，参编教材19部，著作5部，学术论文314篇，核心期刊发表26篇，获得专利34项。吴勇军教授主编的《多维视角下的高职教育探索与实践》，李久昌教授主编的《多维视角下的古都名城研究》，宋五好副教授撰写的《中国人伦德育思想变迁研究》获得河南省教育科学研究优秀成果一等奖；李久昌教授主持的《基于“六步四结合”的高职课程教学改革的研究与实践》获得河南省高等教育教学成果一等奖；雷霞讲师主持的《高职院校思想政治教育和就业创业教育的融合性研究》获得河南省大中专毕业生就业创业课题研究成果一等奖。

【招生与就业】 2016年，三门峡职业技术学院共报到各类全日制学生6763人，其中本科学生251人，普通专科学生5700人，五年一贯制学生409人，中专（三门峡市卫生学校）报到403人。全年举办了两次大型毕业生就业双选会和30余场招聘会，共有350余家用人单位来校招聘，为毕业生提供4000余个就业岗位，有700余名学生和用人单位签订了就业意向。毕业生中入伍士官10人、义务兵122人，学院成为河南省征兵工作先进单位。63名学生参加特岗教师考试通过并被录用，428名学生通过专升本考试，专升本上线率为86.99%，毕业生就业率继续保持在96%以上。

【团学工作】 三门峡职业技术学院围绕“学会做人、学会做事、学会学习、学会创新”培养目标，强化全员育人、文化育人、环境育人，强力实施学生综合素质提升工程。2016年共有134名学生获得“省级优秀毕业生”，44名学生获得“省级三好学生”，15名学生获得“省级优秀学生干部”，14个班级获得“省级先进班集体”。“绿动天鹅城”志愿服务项目获得第三届中国青年志愿服务项目大赛“银奖”，“天鹅使者”志愿服务队荣获三门峡市首届“青年志愿服务市长奖”团队奖，被三门峡市精神文明建设指导委员会授予“三门峡市优秀志愿服务项目”。“彩虹之路”家校教育实践团荣获“河南省大中学生暑期‘三下乡’社会实践活动项目竞赛三等奖”，三门峡职业技术学院荣获“河南省大中学生暑期‘三下乡’社会实践活动项目竞赛优秀组织单位”。《科技文化艺术节暨青年创新创意大赛》被确定为河南省第一批高校校园文化建设重点建设项目。机电工程学院团总支被共青团河南省委、河南省人力资源和社会保障厅联合授予“河南省五四红旗团支部”

称号。学院获得河南省大学生“诚信校园行”第二届校园短剧大赛二等奖,被三门峡爱心之家志愿者协会评为“公益活动先进单位”。

【学报工作】 2016年1月,三门峡职业技术学院学报被评为“河南省一级期刊”。5月,学院组织召开“纪念大唐贤相姚崇诞辰1365周年学术研讨会”,并开设《古都名城研究·姚崇专题》研究专栏;10月,开设《古都名城研究·国都位置与全局眼光》研究专栏。全年共有46篇论文被《复印报刊资料》目录索引,占到全年发文量的38%。

【学生资助】 2016年,三门峡职业技术学院为251名学生发放国家助学贷款102.52万元;为6名学生发放国家奖学金4.8万元;为389名学生发放国家励志奖学金194.55万元;为2602名学生发放国家助学金780.6万元;为119名学生发放励志奖学金9.15万元;为家庭经济困难学生联系和安排勤工助学岗位109个,发放勤工助学资金20万余元;为80名应届毕业生发放求职补贴8万元。

【人才引进及培养】 2016年,三门峡职业技术学院通过面向社会公开招聘硕士研究生以上学历教师32人,引进医学博士后研究生1人。学院教师参加国培省培及其他培训450人次,73名教师参加了企业顶岗锻炼。全年晋升职称37人,其中,正高级2人,副高14人,中级21人。25名教师外出攻读博士,2名教师入选河南省高等学校青年骨干教师培养资助计划,1名教师获得河南省思想政治理论课奖励基金,1名教师入选省教育厅优秀教育管理人才,2名教师入选省教育厅学术技术带头人,1名教师被授予“河南省技术标兵”,1名教师获得省高等学校优秀党务工作者,1名教师获“第三届全省高校辅导员年度人物”入围奖,4名教师获得三门峡市有突出贡献的优秀教师,2名教师获得市级有突出贡献的先进教育工作者,28名教师获得市级优秀教师,1名教师被三门峡市人民政府授予“五一劳动奖章”,3名教师被三门峡市卫生局评为“优秀护士”,2名教师被三门峡市教育局评为“教学标兵”,2名教师被评为“班主任标兵”称号,1名教师被评为“管理服务标兵”。

【三门峡社区大学成立】 2016年11月1日,三门峡市全民终身学习活动周开幕暨三门峡社区大学揭牌仪式在三门峡职业技术学院举行,会上同时举行了三门峡社区大学网站上线开通仪式。三门峡社区大学与三门峡市住房城乡建设局联合举办的“迎宾花园社区学院”“德馨园社区学院”两个社区学院挂牌成立。学院开展社区学院送课、送图书、送服务的“三送”活动,举办“养生与健康”等多场专题讲座,培训800余人次,建成小型“社区流动图书馆”;配合国家脱贫攻坚计划,实行精准扶贫,制作农业种养植技术培训、进城务工人员技能培训、手工制作技巧、农村疾病防治等方面知识的培训光盘500余套,在2个乡镇、1个居委会内设置社区教育机构,探索“市县乡村”四级社区教育管理新模式。

【对外合作交流】 2016年,三门峡职业技术学院加强开展中外文化学术合作交流。5月20日,以帕拉用·袁毅为团长的泰国教育部第11教育区暨泰国泰华教育协会代表团一行6人到三门峡职业技术学院进行友好访问。学院院长吴勇军等人会见了到访的泰国代表团,双方签订教育合作交流协议。5月6日,韩国安东科学大学访问团一行6人到学院进行友好访问,双方签订语言学习交换生联合培养协议。5月,韩国安东科学大学学生文化探访与交流代表团一行23人到学院进行为期一周的文化访问交流活动;7月,学院15名学生到泰国进行为期10个月的国际汉语志愿教学工作;9月,学院派出由18人组成的访问团赴韩国安东科学大学开展为期5天的文化探访活动,同时选派3名在校学生赴韩国安东科学大学进行为期6个月的交流学习。

【数字校园建设】 2016年,三门峡职业技术学院根据《数字校园建设规划方案》分期建设任务,完成了数字校园建设一期工程中的网管中心扩建、出口核心设备升级和基础网络改造以及基础平台建设、学习空间等五个项目的建设并投入试运行。完成数字校园建设二期中的无线网络覆盖项目,实现校园无线网络试运行。

【师生获奖】 2016年在职业技能大赛中,三门峡职业技术学院共获得全国二等奖3个、三等奖3个、省级一等奖2个、二等奖13个、三等奖10个,学校荣获全国职业院校技能大赛高职组河南省选拔赛优秀组织奖。其中,在第二届全国建筑类院校“万霆杯”数字化微课比赛中,建筑工程学院教师岳星的《陶艺制作——泥条盘筑技法》、教师张旭升的《水准测量——水准仪的使用》微课作品荣获高职组三等奖。在首届全国高职院校在校生食品营养与安全检测技能大赛上,2014级食品加工技术专业学生张敏获食品营养素检测项目铜奖。在2016年第九届全国高职院校技能大赛中,学院电子商务技能项目获得全国高职院校技能大赛三等奖。学院建筑工程技术专业3名学生在全国高职院校土建工程类专业学生第三届“鲁班杯”建筑工程识图技能竞赛上,取得团体二等奖1个、个人二等奖2个和优秀指导教师3个。学院参加2016年第九届河南省高职院校技能大赛,其中经济管理学院学生熊雨蒙、光永昌、刘文争、王国丞获得电子商务技能项目一等奖;机电工程学院学生潘云飞、梨明秋获得三维建模数字化设计与制造项目一等奖,机电工程学院学生姚孟云、朱金晓、王贺、田聪颖获得会计技能项目二等奖;师范学院学生任凯、教师郑国富获英语口语(非专业组)项目二等奖;信息传媒学院学生王会让、崔彩云获得动漫制作项目二等奖;电气工程学院学生田亚飞、张耀胜、郭超琳获得电子产品设计电子产品芯片级检项目二等奖;电气工程学院学生靳振宇、谢小飞获得检测维修与数据恢复项目二等奖;学生郭警方、吴康康获得现代电气控制系统安装与调试项目二等奖;信息传媒学院学生肖逸飞、齐道明、李冬冬获得计算机网络应用项目二等奖；汽车学院学生姚紫伟、屈晨阳、雷声乐获得汽车检测与维修项目三等奖；学生孔祥辉、宗涣涣获得汽车营销项目三等奖；学生蒋晓芳、牛银宽获得导游服务（普通话）项目三等奖；食品园林学院学生王骞、贾钰获得工业分析检验项目三等奖；信息传媒学院学生常夫荣获得动漫制作项目三等奖；建筑工程学院学生何彦臣、任珂、桑金辉、卢世帆获得测绘项目三等奖。建筑工程学院学生任鹏程作品《磷酸盐、羧酸盐、醇类分别与高效减水剂复掺对水泥的缓凝作用的对比研究》荣获第十二届“挑战杯”河南省大学生课外学术科技作品竞赛三等奖。汽车学院教师田云飞、熊保胜获得晋陕豫黄河金三角职工技能比赛“汽车维修”项目三等奖。机电学院实训教师丁秀英在河南省职工技能“车工组”决赛中获得“河南省优秀选手”称号，被评为三门峡市“高技能人才先进个人”。医护学院河南省中等卫生职业教育护理技能竞赛中获得“团体二等奖”；2014级学生朱佳欣获得个人二等奖，岳晶晶、杨烨获得个人三等奖，教师秦英敏获得优秀指导教师奖；学院4名学生参加首届全国建筑类院校施工技术应用技能大赛获得专科组团体二等奖。

【河南科技大学应用工程学院】　2016年，河南科技大学应用工程学院增加了食品质量安全、会计学、计算机科学与技术3个专业，使学院本科的教育达到7个专业门类，涉及3个学科门类，本科在校生规模达到370人。学院大力探索应用型本科办学模式，成为省教育厅创办应用型本科的试点院校。（王　燕）

师资队伍建设

【概况】　2016年，市教育部门在干部教师队伍管理方面，调整科级干部共20名，其中：调整正科级干部15名，调整副科级干部5名。完成直属学校公开招教工作，面向社会公开招聘中小学幼儿园教师101名。完成1081人的教师资格认定工作。开展中小学教职工“吃空饷”占用编制问题专项治理工作，督促调整、核销了违反规定的3名教师的组织人事、工资关系。市教育部门出台《关于进一步规范中小学校级领导任课及听课、评课的实施意见》，对全市中小学（幼儿园）领导任课、听课、评课做出了量的规定，并检查了直属19所中小学（幼儿园）校级领导任课及听课评课情况，通过制度鼓励校领导积极发挥在教学中的带动和示范引领作用。继续强化教师培训工作，制订《三门峡市乡村教师支持计划（2015–2016年）实施办法》，下发《关于在全市开展教师综合素质测试的指导意见（试行）》。首次组织小学语、数、英教师综合素质测试。通过师德演讲、案例评选等多种途径，提高师德水平。陕州区硖石庙沟教师卢新平入选全省20名“河南最美教师”候选人，2名教师获得省级师德演讲一等奖，市实验幼儿园的师德案例由省教育厅推荐参加教育部评选（全省推荐3篇）。实施国培、省培、市培等教师培训计划，4992名教师参加了置换脱产、送教下乡、乡村教师访名校、村教师主干、薄弱学科项、特岗教师培训、少先队辅导员培训等12个项目培训。开展“直属学校下基层”活动，组织直属义务教育学校校长、骨干教师到灵宝市乡村学校开展为期3天的学习体验活动，体验基层教师工作状态，感悟乡村教师的优秀品质和敬业精神。举办“名师公益大讲堂”、信息技术与学科整合集中培训，邀请北京大学、南京大学和郑州等地教育专家、名师到三门峡讲学作报告。与郑州市二中签订了教育合作框架协议，举办“李涵校长教育思想报告会暨学校课程领导力专题培训”，组织两期赴河南省第二实验中学跟岗研修班，涵盖全市部分中小学校级干部、中层干部、骨干教师三个层面共139人。举行了县级教师培训机构与首届乡村教师优质课评选、2016年信息技术优秀成果评选、第二十届教育信息化大赛、年度“一师一优课、一课一名师”“中小学实验教学优质课赛讲”等活动，着力提高教师专业技能。

【举办2016年河南省第二期幼儿园园长任职资格培训班】　2016年4月8日，河南省第二期幼儿园园长任职资格培训班在市实验小学开班，来自全市的191名幼儿园园长参加培训。培训班采取送培下市的形式举行，按照“十三五”期间任职资格培训的新要求，采用集中面授、网络研修、返岗实践相结合的混合式培训模式，有效缓解了工学矛盾，提升了培训质量。

【三门峡市4885名教师参加综合素质测试】　11月19日上午，三门峡市4885名小学、幼儿园教师参加了2016年教师综合素质测试，测试共设市区、陕州区、渑池县、卢氏县和经济开发区五个考区，其中市直属学校教师627名。参加测试者为具有教师专业技术职务，至测试当年男性年龄55周岁、女性50周岁以下的小学、幼儿园教师、校级领导班子成员。测试学科为小学语文、数学、英语和幼儿教育。测试旨在全面考察全市中小学教师的专业水平，引导广大教师树立学业务、比能力、养成终身学习的习惯，提高实施素质教育的能力和水平，教师素质测试成绩按照优秀、良好、合格等次记入继续教育学时，并作为教师职称评审、岗位聘任、评优奖惩等方面的依据。

（何雪峰）

·编辑　杨灵子·

文化

文化事业

【概况】 2016年，三门峡市文化广播电视新闻出版系统坚持以人民为中心的工作导向，坚持围绕中心服务大局的工作理念，着力推进“项目、品牌、产业、课题”四大带动工程，多项工作走在了全省、乃至全国前列。全市共有世界文化遗产1处，国家级重点文物保护单位10处，省级文物保护单位55处（57个文物点），市级文物保护单位102处，新增19处省级文物保护单位。开展第七批省级文物保护单位和第三批市级文物保护单位“四有”建档工作；完成全市48863件（套）可移动文物普查和信息登记工作，实现了第24个馆（库）藏文物安全年；完成庙底沟遗址公园保护与勘探工作。全年争取到国家、省级非遗项目保护补助及专项资金400余万元；开展全省传统美术抢救工程，系统整理了国家、省、市、县四级非物质文化遗产传统美术类代表性项目及代表性传承人档案资料。三门峡市“扫黄打非”办公室被国家“扫黄打非”办评为“全国‘扫黄打非’工作先进集体”；三门峡市文物局在首届全国考古学大会荣获“金镈奖”（公共考古奖）；三门峡市文化市场综合执法工作受到国家文化部通报表扬，并被国家版权局评为“2015年度查处侵权盗版案件有功单位”，荣获全国三等奖。市局先后获得“全省‘扫黄打非’工作先进集体”“全省文物统计工作先进单位”“全省新闻出版统计工作先进单位”“全省新闻出版广电行政执法案卷制作先进单位”“河南省传统美术抢救工程先进单位”等荣誉；并被市委、市政府表彰为“国道310南移工程前期工作突出贡献单位”等。 （王 瑜）

社会文化

【概况】 2016年，三门峡市文化广电新闻出版局贯彻落实《关于加快构建现代公共文化服务体系的意见》，开展“基层工作加强年”调研工作，推进现代公共文化服务体系建设。文化阵地建设得到进一步巩固提升，投资1.2亿元的渑池县综合文化服务（文化艺术）中心项目，于2016年完成项目部分土建主体工程建设；灵宝市新扩建文化大院25个；开展了全市基层文化服务中心建设基础情况调查摸底，并出台《三门峡市人民政府关于印发三门峡市推进基层综合性文化服务中心建设实施方案的通知》；完成卢氏县8个贫困村的综合文化服务中心达标建设工作。公共文化示范带动作用进一步加强。灵宝市、三门峡印象·天鹅城演艺基地被命名为第二批省级公共文化服务体系示范区、示范项目；陕州区地坑院民俗文化园成功入选第四批河南省公共文化服务示范项目创建名单。公共文化服务效能和水平进一步提升。制定出台《三门峡市构建现代公共文化服务体系的实施意见》《三门峡市关于做好政府向社会力量购买公共文化服务工作的实施意见》等重要文件。继续推进“两馆一站”免费开放工作，完善免费开放长效保障机制。按照《三门峡市公共图书馆、文化馆（站）公共文化服务绩效考核办法（暂行）》，开展了全市公共文化服务单位绩效考核，并对文化站专项资金使用情况进行检查。文化惠民活动深入实施。充分发挥现有文化场所的功能和作用，深入开展“春满中原”“中原文化大舞台”“星光秀”“百城万场”等各类群众文化活动。全年完成了舞台艺术送农民112场、农村公益电影放映16104场、中原文化大舞台44场、政府采购百场戏200场等文化惠民工程。民间文化社团组织管理进一步加强。完成了业务主管的青少年书画协会、中国印文化协会等20余家社团、协会年检审核工作。

【4人入选全省“百佳民间文化能人”名单】 2016年1月，省文化厅公布了2015年至2016年度“百佳民间文化能人”名单，三门峡市有4人入选，分别

是陕州区观音堂镇文化站站长秦百群、义马市人大退休干部邵群成、渑池县城关镇北街村委主任邹玉民、陕州区石永波。4位文化能人通过支持群众文化活动，依托农民艺人、文化带头人，来传承和发扬地方优秀传统文化，不断提升文明素质和文化品位，丰富群众的文化生活。

【春节期间民俗活动丰富多彩】 三门峡市在2016年春节期间开展了丰富多彩的民俗文化活动，市、县两级文化广播电视新闻出版部门组织举办了具有地方特色的秧歌、旱船、高跷、龙灯、舞狮及庙会等民俗活动，开展了剪纸、春联、年画、传统手工艺品的展示交流，蒲剧、皮影戏、木偶戏、扬高戏等多台地方戏展演深受群众欢迎；市文化广电新闻出版局主办的三门峡剪纸艺术精品展、陕州历史文化展，陕州区宣传部主办的民俗文化作品展等十余个展览，吸引群众参与和观赏。元宵节当天，湖滨区、陕州区、灵宝市、卢氏县、渑池县举办了大型社火表演。此外，三门峡群众艺术馆举办的猜灯谜活动、湖滨区举办的“美丽湖滨·东城擂鼓”群众锣鼓大赛、陕州区举办的大型灯展成为群众关注的热点。各县(市、区)还举办了送春联、民间游艺活动等民俗活动，让老百姓在传统节日习俗中过大年。

【2016年春季文化、科技、卫生“三下乡”活动启动】 1月27日，三门峡市2016年文化科技卫生“三下乡”集中服务活动启动仪式在湖滨区交口乡杨家沟村文化大院举行。活动现场，来自三门峡市及湖滨区两级的文化、科技、卫生、农业、妇联等相关部门开展了形式多样的活动，市文广新局和市文联联合组织了“心连心”艺术团文艺演出，活动受到当地群众的欢迎。2016年是“三下乡”活动开展20周年。“三下乡”活动以提高广大农民思想道德、科学文化素质为出发点，围绕推动城乡一体化、提升农村文化科技卫生领域公共服务水平，着力丰富农村精神文化生活，提升农民群众综合素质。活动同时宣读了2015年度文化科技卫生“三下乡”工作先进集体和先进个人表彰名单。

【举办三门峡剪纸艺术精品展】 2016年春节期间，由三门峡市文化广电新闻出版局主办，三门峡市博物馆、三门峡市群众艺术馆、三门峡市非物质文化遗产保护中心承办的“剪刀上的艺术——三门峡剪纸艺术精品展”在三门峡博物馆展出。展览以庆贺猴年新春为主题，邀请三门峡市级以上非物质文化遗产剪纸项目代表性传承人创作作品，共征集到剪纸作品300余幅，展出作品200余幅。参展作者以艺术的形式，生动传神的画面，展现了三门峡浓厚地域特色的传统节日民俗，使观众在了解非物质文化遗产的同时感受着浓浓的“年味”。

【陕州区地坑院民俗文化园入选河南省第四批公共文化服务示范项目】 2016年6月20日，河南省文化厅在河南文化网等媒体发布“第四批河南省公共文化服务体系示范区(项目)”创建资格评审结果。三门峡市陕州区地坑院民俗文化园项目榜上有名。陕州地坑院民俗文化园以陕州区北营村开发保护的22座地坑院为依托，集中展示地坑院营造技艺、剪纸、澄泥砚、锤草印花、锣鼓书、方格土布和人生礼仪、岁时节令以及特色饮食等地方民俗特色的非遗文化保护项目。6月16日至17日，省文化厅组织河南省公共文化服务体系建设专家委员会，对第四批河南省公共文化服务体系示范区(项目)创建资格进行了评审。三门峡陕州区地坑院民俗文化园、郑州市“天中讲坛”等6个示范项目获得创建资格。

【开展“纪念中国共产党建党95周年”系列活动】 2016年，三门峡市庆祝中国共产党建党95周年活动精彩纷呈。市群艺馆分别于6月30日、7月1日，在湖滨广场举办全市艺术教育培训机构少儿专场演出，来自全市35家艺术培训机构的40余个节目参加汇演；6月30日晚，在群艺馆门前广场举办了传统文化之光艺术团颂党文艺演出，用歌声表达对建党95周年的祝福；在馆二楼展厅展出了庆“七一”专场书画作品展，现场展出了三门峡市书画爱好者邵壬午个人创作书画作品85幅。市戏曲研究中心自7月1日晚起，在南山文艺广场连续举办庆祝建党95周年优秀戏曲展演6场。渑池县举办了“永远的旗帜”大型图片展，7月1日，展览在渑池博物馆一楼大厅展出。展览分为“光辉历程”纪念中国共产党建党95周年、“伟大的征程”纪念中国工农红军长征胜利80周年、“楷模”中国优秀共产党员精选、渑池县地方党史4个部分，展出图片290幅，真实反映了渑池人民在党的领导下走过的95年奋斗历程。

【湖滨区金秋舞蹈队参加全省首届艺术广场舞展演活动】 2016年11月8日，由三门峡市文广新局选送、湖滨区金秋舞蹈队排练的《美丽的三门峡》舞蹈参加了“幸福河南”——河南省首届艺术广场舞展演，并最终获得优秀展演奖。展演由河南省委宣传部、河南省文化厅主办，河南省文化馆、河南艺术中心、河南电视台承办，展演自2016年5月启动，从数百个作品中选拔出49个作品参评，最后挑选出郑州市《溱洧踏歌》、三门峡市《美丽的三门峡》等25个作品参加全省展演。通过展演进一步促进了优秀广场舞的交流与推广，培养了艺术广场舞队伍和骨干，为推进公共文化服务体系建设提供有力支撑。

【卢氏县图书馆荣获省文化厅“2016全民阅读”先进单位及优秀组织单位奖】 2016年12月7日，河南省公共图书馆未成年人阅读培训暨“2016全民阅读”系列活动颁奖仪式在郑州举行。卢氏县图书馆在“2016全民阅读”系列活动中荣获“先进单位”，并在“2016全民阅读”系列活动——“我爱我家”读书征文大赛中荣获“优秀组织单位”；卢氏县图书馆王丽萍在“2016全民阅读”系列活动中荣获“优秀组织个人”。卢氏县图书馆选送的征文、绘画、经典诵读作品，获得一等奖2项、二等奖3项、三等奖3项、优秀奖19项、最美创作奖2项、优秀辅导教师奖7项。

【首届“河南文艺采风行”活动在三门峡市举行】 2016年，由文化部、香港特区政府民政事务局、澳门特区政府社会文化司联合主办，河南省文化厅承办的首届“河南文艺采风行”活动于12月25日至28日在河南郑州、洛阳、三门峡举行，采风团由40余位港澳地区优秀青年代表及20位内地优秀青年艺术家组成，活动内容包括文化惠民演出、文艺沙龙、戏曲传习、非遗体验等。12月25日，采风团在湖滨区迎宾社区举办了“港澳情深文化惠民”文艺演出活动，来自香港中乐团、香港舞蹈团、澳门中乐团、澳门蔚青舞蹈团以及东方歌舞团、中国歌剧舞剧院、河南省豫剧院的青年艺术家和三门峡本地演员登台表演。26日至27日，采风团赴陕州区、湖滨区进行非遗考察、戏曲传习，参观虢国博物馆和三门峡水利枢纽，赴湖滨区新兴农民工子弟小学、王官小学进行公益课堂教学，与学生联欢。活动系首次在河南举办，是一项重要文化交流活动，对于促进内地与港澳文化交流、增进和加深华夏同胞血脉情谊有着重要意义。 （王 瑜）

文化遗产

【概况】 2016年，三门峡市文物部门继续加强非物质文化遗产保护工作：积极争取非遗保护专项资金，为国家、省级非遗项目及传承人争取到保护补助及专项资金400余万元；为5个非遗展示馆（传习所）申报2016年度和2017年度河南省非物质文化遗产展示馆（传习所）扶持专项资金228万元。开展全省传统美术抢救工程，完成国家、省、市、县四级非物质文化遗产传统美术类代表性项目及代表性传承人档案资料整理工作；完成33个省级项目保护单位审核、变更工作；采取措施做好“扬高戏”抢救保护工作。开展非遗传承各类活动。组织非遗传承人参加国家、省级非遗技艺培训，提高传承人的技艺水平；组织非遗项目及传承人参加红红火火过大年——非物质文化遗产展演展示、省非物质文化遗产传统工艺（饮食类）项目展示等活动，举办《剪刀上的艺术——三门峡剪纸艺术精品展》，取得了良好的社会效益和经济效益。在第十一个“文化遗产日”期间，组织开展省级非物质文化遗产项目“陕州梆子”展演、三门峡市非物质文化遗产保护成果图片展、三门峡剪纸精品展等宣传活动，展示了非物质文化遗产保护成效，让更多的人了解三门峡的历史和丰富的文化遗产。

【开展“文化遗产日”活动】 2016年6月11日是中国第11个文化遗产日，三门峡市文广新系统围绕“让文化遗产融入现代生活”遗产日主题，结合本地实际，开展了丰富多彩的“文化遗产日”系列宣传活动。为营造全民参与保护非物质文化遗产的氛围，提高全社会的保护意识，加强非物质文化遗产的保护工作，市文广新局策划组织了河南省级非物质文化遗产项目“陕州梆子”展演、全市非物质文化遗产保护成果图片展、剪纸精品展、文化遗产法规咨询、非遗宣传材料发放等宣传活动，向广大市民展现了三门峡市非物质文化遗产资源和保护工作取得的成效，教育和引导人们积极参与到文化遗产的保护工作中。

【三门峡郭氏宗亲祭祖大典在虢国博物馆举行】 2016年4月3日，三门峡市400余名郭氏宗亲在虢国博物馆举行清明节祭祖大典，传承郭氏祖训，弘扬郭氏家风。这是三门峡郭氏宗亲首次举行盛大祭祖活动。祭祖仪式上，郭氏宗亲代表郭东方首先致辞，郭氏宗亲代表郭炎堂担任主祭并宣读祭文，祭拜团长和郭氏青少年代表向郭氏先祖上香祭拜。祭祖大典结束后，郭氏宗亲合影留念并参观了虢国博物馆。通过祭祖寻根，使全体郭姓族人牢记“尊祖、敬宗、事亲、睦族”的祖训，弘扬“崇礼尚德、忠孝治家、友爱互助”的家风，同时也进一步提高了虢国文化知名度。

【三门峡市在首届中国考古学大会上获金镈奖】 2016年5月21日至23日，首届中国考古学大会在郑州举行。国内外400余名专家学者、300余名媒体记者及有关代表参加了会议。大会由中国考古学会主办，河南省文物考古学会承办。大会主题是“走向世界、走向未来的中国考古学”。这是中国考古学诞生以来第一次国际化、开放式的大会，也是中国考古学会自1979年成立以来考古学领域规模最大、覆盖面最广的一次学术盛会。大会颁发了中国考古学会金鼎奖(研究成果奖)11项、金爵奖(青年学者奖)11项、金尊奖(考古资产保护奖)14项、金镈奖(公共考古奖)12项。三门峡市文物局荣获金镈奖，金镈奖的颁发旨在促进中国公共考古学的发展，奖励在公共考古方面作出重要贡献的单位。

【举办“5·18国际博物馆日”活动】 2016年5月18日，是第35个国际博物馆日，主题是“博物馆与文化景观”。三门峡市文物局结合地区优势和馆藏文物特色，计划、开展了一系列的参观、宣传、教育活动。加强对外合作与交流，市博物馆参加“河南博物馆汉文化区域联盟”，联盟主旨为以汉文化为纽带，以藏品资源为支撑，搭建平台，实现馆际业务交流、资源整合、成果共享、集群发展，充分发挥博物馆的公益性和普惠性，更好地为公众服务。市博物馆、渑池八路军兵站、渑池博物馆、仰韶博物馆在5月18日向公众免费开放。各博物馆共免费接待观众1万余人次，讲解300余场。积极开展博物馆“进校园、进社区”活动。市博物馆与三门峡市职业技术学院联合开展“走进博物馆，了解陕州文化”等系列活动，推出《名州望郡——陕州历史文化展》图录；渑池博物馆、仰韶博物馆推出了《范应林个人书画展》；虢国博物馆、灵宝市博物馆、渑池博物馆分别在市中心的街心花园、灵宝市政府、渑池仰韶广场设立宣传场所，将馆藏文物精品制作成图版进行展出，集中宣传《文物保护法》《博物馆条例》等，免费发放宣传册、宣传资料和纪念品。 （王 瑜）

文化产业

【概况】 2016年，市文化广播电视新闻出版系统加大文化体制机制改革创新力度，提前完成公共文化服务体系建设绩效考核工作；制定出台三门峡市公共文化服务实施意见；拟定三门峡市《华夏历史文明传承创新区建设方案》，完成2016年度文化体制改革任务。按照“推进一批、培养一批、储备一批”的“产业带动”思路，以灵宝函谷关文化产业园、渑池仰韶文化产业园、虢国文化产业园等园区建设为抓手，推进文化产业带动工程；增强文化产业领域创新力、生产力，改良创新文化产品的生产和消费模式，促进文化产业提质增效，助力经济转型发展。做好文化产业规划和管理。拟定《三门峡市文化产业总体发展规划》；制定《市文广新局京豫文化产业项目对接方案》，开展项目承接转移工作；配合省文化产业信息平台建设，开展文化产业调查和统计分析工作。加强文化产业人才培训，举办两届全市文化产业管理干部培训班。做好文化企业服务和招商引资工作，为3家文化企业争取到省级文化产业专项扶持资金310万元；加大财政支持力度，指导、帮扶仰韶科技、三人行申报2016年中央文化产业发展专项资金；指导陕州北营地坑院民俗文化产业园申报国家级PPP经营项目工作。推荐虢国文化产业园、黄河三门峡中流砥柱园区、南山休闲文化产业园三个文化产业重大项目引进国开行资金，完成了文化产业招商引资工作任务；组织文化企业参加第十二届中国(深圳)国际文化产业交流博览会、黄河文化旅游节、西部文化产业交流博览会、第九届海峡两岸厦门文博会等会展，开展招商引资及项目推介工作，提升三门峡文化企业知名度，扩大三门峡文化影响力。三门峡市罗门文化产业有限公司成为三门峡市新增的一家省级文化产业示范基地，为全市文化产业的发展起到有力的示范带动作用。

【参加深圳第十二届中国(深圳)国际文化产业交流博览会】 2016年5月12日至16日，市文化广电新闻出版局带领三门峡市文化产业企业代表参加第十二届中国(深圳)国际文化产业交流博览会。文博会主题为“中国工艺世界表达”，文博会在深圳会展中心主会场开幕，三门峡市文化产业企业团队领略了丰富多彩的文化产品和文化产业业态，随后一行人在深圳大学荔园分会场参加海峡两岸大学生文化创意展览开幕式，与深圳大学文化产业研究院领导专家进行文化产业创意座谈，座谈中介绍了三门峡市文化产业发展状况，推介虢国文化产业园、中流砥柱文化产业园区、南山文化产业园建设项目，并听取深大专家学者提出的建议和意见；实地考察参观深圳华侨城文化创意产业园，为三门峡创意文化产业的发展汲取经验。

【参加西部文博会展活动】 2016年9月9日至12日，三门峡、洛阳、济源三地市代表河南省组团参加在西安曲江国际会展中心举办的第八届中国西部文博会。文博会由国家文化部、新闻出版总局、陕西省政府共同主办。河南省三地市共组织13家企业参展，三门峡参展的有虢州石砚、彩陶复仿制品、陕州剪纸、灵宝金石工艺品、义马书画等。三门峡市文化企业利用集中展销机会，举办了各种形式的招商洽谈活动。灵宝市文广新局与西安文化产业促进会进行了文化产业洽谈，灵宝文广新局与深圳泰瑞达投融资公司就设立文化产业专项基金进行对接。同时，三门峡市文广新局组织文化企业骨干参加了由文化部主办的“中小企业融资路演”活动，现场观摩小微企业融资模式和流程。

【举办第二届文化企业负责人培训班】 2016年10月20日至21日，三门峡市举办第二届文化企业负责人培训班。各县(市、区)文广新局负责人、全市省、市级文化产业示范基地(园区)负责人共80余人参加培训。培训班邀请原河南省发展和改革委员会经济研究所所长、现河南省人民政府参事郑泰森教授和中国人民大学经济学博士、北京大学区域经济学博士后申海成两位专家，他们分别以《十三五时期文化产业发展态势和重点领域》《价值链视阈下的文化企业核心竞争力提升》为题进行授课，并结合典型案例、三门峡文化产业发展实际进行讲解，对企业发展有很好的指导作用。 (王　瑜)

市场管理

【概况】 2016年，市文广新局继续加强对文化市场监管导向作用，规范文化市场管理，营造良好的文化市场氛围。市场审批和管理进一步加强。完成全市文化市场基础信息采集和文化市场行政审批工作，完善文化市场技术监管系统服务平台机构、人员信息，补录技术监管与平台应用前的审批事项，并对全市文化市场审批人员进行业务培训指导，全面实现文化市场行政审批网上办理。完成新版许可证换发使用工作；加强民营表演团体管理，做好全市民营艺术表演团体扶持资金申报工作；开展文化市场诚信经营活动，对全市互联网上网服务场所进行信用等级评定，并对评出等级的单位颁发等级证书；开展《艺术品经营管理办法》《互联网上网服务营业场所管理条例》《娱乐场所管理条例》《营业性演出管理条例》等文化市场法规政策宣传培训活动。文化市场监管执法进一步规范。加强对文化、文物、广电、新闻出版市场领域的日常监管和专项检查力度，完善长效监管机制。开展文化市场“闪电”行动、全市宾馆安装并使用地面卫星接收设施专项检查等行动。联合公安、消防、工商等部门开展了“兵团化”大作战活动，对全市娱乐场所消防安全进行大检查。积极探索服务型行政执法的推进方法，践行使用行政指导意见书，对各类未经批准擅自经营的文化经营单位进行规范指导。加大对网络文化信息和非法网站的过滤筛选，确保市民享有安全、稳定、有序的网络环境。在加强市场监管的同时，加大案件的查处力度。全年全市共检查文化市场经营场所3980家次,立案175起,办结169起;参加或组织开展文化执法人员培训13次,提高执法人员办案能力和业务素质。扫黄打非及新闻出版工作有序推进。完成全市印刷企业、出版物批发企业、出版物零售企业年检工作。完成连续性内资和一次性内资审批上报工作。完成新闻出版产业统计和版权保护工作;完成2016年度全市1342个行政村农家书屋补充更新出版物配送工作,推进开展"书香三门峡"活动;召开2016年"扫黄打非"工作会议,开展"扫黄打非"进基层工作、2016年"净网、护苗、清源、秋风"等"扫黄打非"专项整治行动,确保了"两节""两会""中高考""国庆节"等重要时期出版物市场及网络文化环境安全稳定。同时,组织开展侵权盗版及非法出版物集中销毁活动,严厉打击侵权盗版行为,维护出版物市场秩序。开展文化交流工作,市文广新局赴青海省果洛藏族自治州开展文化市场综合执法对口帮扶交流协作工作,并为自治州文化执法部门捐赠了价值7万余元的电脑、执法记录仪等文化市场执法设备。

【举办全市文化市场综合执法机构负责人及业务骨干以案施训培训班】 2016年,为加强全市文化市场综合执法队伍规范化建设,提高工作效率和办案水平,提升文化市场综合执法人员的综合能力和整体素质,11月23日,全市文化市场综合执法机构负责人及业务骨干以案施训培训班在三门峡举办。市县两级文化市场综合执法机构负责人和30余名执法骨干人员参加了培训。培训班为执法业务骨干讲解关于扫黄打非、文物、互联网上网服务营业场所、文化市场技术监管与服务平台执法操作等具体业务内容。在以案施训环节,采用办案单位介绍案情、分组分析案情和评查案卷、现场点评、提问、讨论,最后由案件评查专家进行综合点评的方式进行。通过培训,提升综合执法水平,增强执法者观察、分析、处理问题的能力,提高执法队伍的整体法律素质。

【两起案件被省文化厅评为2016年度全省重大案件】 2016年12月,河南省文化厅表彰2016年度全省文化市场综合执法重大案件办案单位,三门峡市文化广电新闻出版局办理的《三门峡星光汇娱乐有限公司播放的曲目含有禁止内容案》《三门峡市阿咪果酒吧播放的曲目屏幕画面含有禁止内容案》成为入选12起案件中的其中2件。市文化市场综合执法办案人员做好文化市场综合执法重大案件查处工作,对于提升全市文化市场综合执法案件的办案质量和水平,积极探索新领域执法监管,努力构建新型文化市场服务监管体系,切实维护文化市场平安有序起到重大意义。

【开展文化市场冬季消防安全工作】 2016年12月,三门峡市文化市场综合执法支队深入各县(市、区)开展文化市场冬季消防安全工作,旨在有效预防和遏制火灾事故发生,确保全市文化市场安全稳定。市支队抽调业务骨干,研究部署冬季防火安全工作方案,针对冬季天气寒冷、公共场所密封、用电量大的特点,专项检查文化市场经营单位的用电安全等问题。检查期间主要查看文化经营场所内的电路布局是否合理,是否安装触电保护装置,消防设施安全情况,消防器材是否齐全,能否正常使用,应急设施、疏散标志是否明显,人员疏散通道、排气通道是否畅通,报警装置能否正常工作;火灾应急预案和应急救援措施是否健全,以及各种安全制度的建立实行情况。此次共检查经营单位73家,发现隐患19处,个别单位存在消防通道堵塞和消防栓无水的情况,支队要求存在问题的单位限期整改完毕。通过检查进一步提高文化市场经营单位负责人的消防安全意识,切实筑牢冬季消防安全"防护网"。 (王 瑜)

文物博物

【概况】 2016年,三门峡市文物部门继续强化文物遗产保护、修缮和宣传工作;继续实行文物安全目标责任制,各文物单位未发生火灾、被盗和生产性死亡事故;督促古建类文物保护单位做好安全防范,指导市博物馆、虢国博物馆做好消防、安防系统升级改造工程,实现了第24个馆(库)藏文物安全年。做好陕州区丝绸之路世界文化遗产点文物本体保护工作;庙底沟考古遗址公园动工建设;完成北阳平遗址X1标段边坡加固工程和仰韶村遗址旧村修缮及景观工程;《宝轮寺塔文物保护规划》通过国家文物局审批。加大文物古建的维修保护力度,做好灵宝员家大院主院、西偏院的维修工作;开展第七批省保单位和第三批市级文物保护单位"四有"建档工作。全面完成了全市48863件/套可移动文物普查和信息登记工作;完成田野石刻集中保管登记造册、电子档案建立工作。完成全市综合博物馆、纪念馆免费开放及年度考核工作,争取到虢国博物馆基本陈列提升改造工程专项经费160万元、市博物馆通史陈列改造提升项目专项资金200万元;虢国博物馆青铜器和玉石器两个文物保护修复项目通过省文物局专家评审验收;市文物陈列馆完成了车马坑加固修复工程,并于11月20日对外免费开放。组织博物馆讲解员参加全省讲解员大赛;开展"国际博物馆日"、中国文化遗产日的宣传活动,集中展示了可移动文物普查成果、文化遗产保护工作成果,开展博物馆"进校园、进社区""走进博物馆,了解陕州文化"等系列活动,举办陕州故城历史文化专题讲座,使文化遗产保护工作深入人心。服务全市经济建设,做好省、市重点建设项目的文物勘探、考古发掘工作。完成文物勘探、发掘结项20个,申报抢救性发掘项目6个;调查、勘探面积约28.6万平方米;发掘清理古墓葬300余座,出土器物千余件。

【三门峡市新增19处省级文物保护单位】 2016年1月,省政府公布了河南省第七批文物保护单位名单,三门峡市豫鄂陕党政军机关旧址等19处文物古迹晋升为省级文物保护单位。自2014年开展第七批省级文物保护单位申报工作以来，三门峡市文化广电新闻出版局从全市3413处文物点和700余处市县级文物保护单位中，筛选了文化价值较高、保存相对较好、具有典型价值的28处文物古迹申报第七批省级文物保护单位，最终19处文化遗产入选。至年底，全市共有世界文化遗产1处，国家级重点文物保护单位10处，省级文物保护单位55处(57个文物点)，市级文物保护单位102处。

【可移动文物普查】 2016年10月底，历时三年多的三门峡市可移动文物普查工作结束，历经工作准备、普查实施和验收汇总三个阶段，完成国有收藏单位调查、信息采集、数据审核，开展零散石刻集中保管和新增文物鉴定定级，建立全市全行业全参与的文物保护格局。经普查，全市共有19个国有文物收藏单位，其中文物系统内收藏单位11个，文物系统外文物收藏单位8个，普查累计投入资金170余万元，完成了48863件/套文物信息登记工作，其中珍贵文物7751件/套，“新发现”国有文物数量快速增长。通过此次普查，三门峡市首次基本摸清了国有可移动文物家底，初步掌握了全市文博系统和各级党政机关、国有企事业单位可移动文物的数量和分布情况，以及文物的本体特征、基本数据等；一大批有价值的文物被发现和认定，并纳入了国家文物保护管理体系；首次在三门峡市域范围内建立了一套比较全面、准确的国有可移动文物数据档案，进一步健全文物登录备案机制和文物保护体系，使非文博单位学习了文物知识，增强文物管理与保护意识，培养文物保护管理人才队伍；强化藏品管理基础，利用普查成果提升了文物资源服务社会的能力，不断丰富公众的文化生活，有效发挥文物在三门峡市经济、文化和社会发展总体布局中的积极作用。

【庙底沟遗址公园保护与勘探】 庙底沟遗址是三门峡市重要的史前文化遗址，遗址位于三门峡市区青龙涧河南岸、韩庄村以北，距今6000年至4000年之间，总面积36.2万平方米，于2001年6月被国务院公布为第五批全国重点文物保护单位。2016年，三门峡市委、市政府高度重视庙底沟遗址的保护与利用，推动建设庙底沟遗址公园，打造庙底沟文化品牌，提升城市文化品位，加强三门峡市休闲文化城市建设。3月31日，三门峡市召开了庙底沟遗址公园建设专家研讨会，专家就土遗址保护、遗址公园建设、彩陶博物馆展示等方面提出建议。4月22日，市文广新局基本完成了遗址区域内文物遗迹勘探任务，共探明灰坑265个、路土4处、踩踏面1处、烧土坑4个、横贯东西的古壕沟1条。5月6日，三门峡庙底沟遗址公园暨庙底沟博物馆设计方案论证会在北京河南大厦召开，对庙底沟遗址公园设计方案及庙底沟博物馆概念性设计方案进行了专题论证，与会专家一致认为，庙底沟遗址所代表的庙底沟文化是中国史前文明极为重要的阶段，应对其文化内涵、文化价值进行深入发掘和充分展示。

【虢国博物馆文物保护修复项目通过验收】 2016年11月17日，由河南省文物局组织的5名文物修复专家，对虢国博物馆青铜器和玉石器两个文物保护修复项目进行评审验收。经过查看结项报告、现场查验、讨论交流，专家组认为虢国博物馆文物保护修复项目达到预期目的，验收通过，准予结项。虢国博物馆的青铜器和玉石器文物保护修复项目于2015年1月启动，由河南省文物考古研究院负责实施，主要采用传统修复和现代科技相结合的方法，对馆藏102件青铜器、50件(套)玉石器进行修复保护，严格遵循有关规定和行业技术标准，最终达到文物修复“修旧如旧”的标准。特别是玉石器质地文物的修复，在全国范围内都具有较强的探索和示范意义。

【《宝轮寺塔文物保护规划》通过国家文物局审批】 2016年11月，由三门峡市博物馆申报的《宝轮寺塔文物保护规划》通过了国家文物局审批。《规划》严格按照“保护为主、抢救第一、合理利用、加强管理”的文物工作方针，对宝轮寺塔的保护与利用进行科学、合理地统筹规划，把文物保护与城市发展有机结合起来。《规划》涉及文物本体保护、消防安防设施建设、基础设施建设、展示利用等方面内容。《规划》的获批会对全国重点文物保护单位宝轮寺塔的保护提供巨大保障，对城市发展提供文化动力，对文物保护事业的可持续发展起到巨大的推动作用。

【做好经济建设中的考古发掘工作】 2016年3月初，市文物考古研究所建业壹号城邦五期田野考古工地结束。工地古墓葬主要分为两个时期，一是战国晚期至西汉早期墓葬群，均为东西向，大墓道、小墓室，墓道三面有二层台，无葬具，多为侧身曲肢葬，随葬品较少，仅可见少量带钩、陶甗等，多放置于墓室北壁的壁龛内；二是唐代墓葬，均为坐北向南，方向170度至185度，由长方形土坑竖穴墓道和拱顶墓室组成。随葬品较多，出土有铜镜、瓷碗、瓷盒、鎏金铜钗、银钗、铁锅、蚌壳、塔形罐等器物，造型精美，制作精良。建业考古工地的发掘，为研究三门峡市战国晚期至西汉早期以及唐代的历史提供了新的实物资料。

【灵宝市《北阳平遗址保护管理办法》正式出台】 2016年3月，灵宝市人民政府正式出台了《关于印发〈灵宝市北阳平遗址保护管理办法〉的通知》文件，从此北阳平聚落遗址所包含的33处古文化遗址有了一个共同的“管家”。办法于3月8日在灵宝市十三届政府第35次常务会议上审议通过，是灵宝市最全面、最系统的关于古文化遗址保护和管理的地方性规章。办法的出台会在以后文物保护与管理工作中发挥重要作用，对于更好地保护北阳平遗址，提供了重要的地方法规依据，为古遗址保护管理利用走上法制化轨道奠定了坚实的基础。

【参加“大别山杯”全省第七届讲解员讲解大赛】 2016年9月5日至7日，由河南省文物局主办的“大别山杯”河南省第七届讲解员讲解大赛在信阳举行。来自全省20个代表队的103名选手参加了比赛，三门峡市文物局荣获组织奖，代表三门峡市参赛的虢国博物馆讲解员王萌、王晶荣获三等奖，张楠荣获优秀奖，市博物馆刘芳荣获优秀奖。大赛不仅展示了三门峡市文博系统讲解员的专业素养和多元化的讲解风格，还锻炼提升了讲解队伍，为更好地服务社会打下良好的基础。与往届大赛相比，大赛增加了新元素，呈现出了一些新特点，决赛环节采用即兴讲解的方式进行，由主办方设置参赛内容，参赛选手现场组织讲解词进行比赛；组织开展了“河南省首届博物馆青少年教育优秀项目展演”，全省共有11家博物馆参加。 （王 瑜）

广播电影电视

【概况】 2016年，三门峡市广播影视工作重点做好新闻宣传、栏目建设、新媒体发展、队伍建设等。依法加强管理，确保安全播出，加快事业产业发展都取得了明显进展。紧紧围绕国家、省、市中心工作和文化广电新闻出版工作实际，始终坚持正面宣传为主的工作方针，加强对社会主义核心价值观、城市转型发展战略的宣传，通过电视、广播、网络、微信公众号、新闻客户端等多媒体形式传递最新动态信息。全年广播电视新闻共发稿6810条（省台发稿641条；中央台发稿23条），完成黄河文化旅游节、两会、“两学一做”、扶贫攻坚等重点工作重大活动的外宣报道工作，有效凝聚社会发展的正能量。市广播电视台大力宣传三门峡市传统文化和生态文明，做好“庙底沟遗址公园”论证会，“全市首届民间戏曲大赛”“美丽三门峡”“白天鹅”“陕州地坑院”等系列主题宣传报道工作；拍摄的纪录片《大天鹅》荣获第六届中国纪录片学院奖的最佳摄影奖；开展“文化好新闻”评选工作，全市一批优秀新闻稿件被评为“文化好新闻”作品。广电设施建设进一步完善。卢氏县塔子山发射台基础设施项目建设竣工；灵宝市女郎山发射台基础设施建设项目完成发射机房主体工程建设；义马市广播电视台基础设施改扩建项目获批招标建设；涉及市区、灵宝、卢氏3个发射台的“央广覆盖工程”项目完成方案编报和设备招标；渑池县城区有线电视网络数字化整体转换工作基本完成。完成万达影城电影放映许可审批工作。加强广电行业视听节目管理，维护网络传播秩序；开展 “弘扬社会主义核心价值观 共筑中国梦”主题原创网络视听节目征集活动。在全市开展打击治理“黑广播”违法犯罪专项行动，强化安全播出监督检查。

【栏目建设和文化活动】 2016年，全市广电系统以“加大栏目建设力度，倾力打造品牌栏目”为目标，强化广电节目品牌建设，开展“文化好新闻”评选工作，全市一批优秀新闻稿件被评为“文化好新闻”作品。三门峡广播电视台围绕“加快建设网络经济大市”的目标，推出“发展电子商务，推动转型发展”“讲述年轻电商的创业故事”“发展电子商务，展现创业风采”等专栏；围绕文明河南建设，推出“凡人善举”“践行核心价值观”“文明河南，暖暖新年”“欢欢喜喜过个年”等专栏；围绕黄河文化旅游节和特博会，电视开设“美丽三门峡，热情迎嘉宾”专栏；开展手机直播业务，举办“24小时白天鹅3个月”视频直播，以及“直播三门峡天鹅湖”“2016三门峡春晚”“2016三门峡广播电视台春季车展”“中原文化大舞台”“黄河大合唱”“黄河水上嘉年华”“万人帐篷节暨歌伦贝尔音乐狂欢夜”“横渡母亲河”8场图文直播。拍摄的纪录片《大天鹅》荣获第六届中国纪录片学院奖的最佳摄影奖；电视短剧《风筝》荣获河南省电视剧“大河奖”一等奖；栏目《一路畅通》荣获河南省电视节目录制质量奖三等奖；2人在全省广播电视技术能手评选中获得三等奖。

【电影事业】 2016年，市广电系统在电影事业方面稳步推进城市电影工作。完成万达影城电影放映许可审批工作。加强对黄河影城、合鑫横店影院、大地影城、万达影城的业务指导，对其安全、消防等重大事项作为重点项目进行督导。全市数字电影院线已达8家，实现了县级城市全覆盖。加强电影市场监管，对市县区域内的影院违规放映情况进行检查，确保全市电影市场正常放映秩序。

【行业监管】 为加强视听节目管理，2016年市广电系统与各县市局签定《三门峡市互联网等信息网络视听节目管理工作责任书》，维护网络传播秩序；开展“弘扬社会主义核心价值观 共筑中国梦”主题原创网络视听节目征集活动。做好传媒机构管理和广电广告监管工作。完成全市广电传媒机构《播出机构许可证》换发工作；开展广电广告播出、有线电视网络传输秩序及宾馆饭店接收境外卫视节目实地检查，在全市开展打击治理“黑广播”违法犯罪专项行动。强化安全播出监督检查，与各县市和相关播出机构层层签订目标责任书，保障了重要时期、时段广播电视安全播出。

【完成三门峡市2016年农村公益电影放映工程任务】 2016年为做好全市农村公益电影放映工程，市惠农农村电影院线公司积极落实全省农村电影工作会议精神，自筹资金购买更新了放映队投影机和电影银幕，提前做好全市放映队的影片下载和订购工作，并于4月1日全面展开2016年农村公益电影放映工作。三门峡市文化广播电视新闻出版局下发《关于做好2016年农村公益电影放映工程的意见》，与三门峡市惠农农村电影院线公司签订了《电影放映目标管理责任书》及《农村公益数字电影放映协议书》。当年由市惠农农村数字电影院线公司承办全市农村电影放映工程，11月15日全面完成“每一行政村一月一场电影”农村公益放映16104场任务，满足了农民观众的观看需求。

【开展全市广播电视安全播出标准年活动】 2016年，为进一步加强全市广播电视安全播出管理，提升安全播出保障能力和监管水平，市文广新局从3月开始在全市范围内开展2016年全市广播电视安全播出标准年活动。活动按照国家、省关于广播电视安全播出工作要求，以新修订的《广播电视安全播出管理规定》及十个专业实施细则为依据，不断完善技术设备、改进规范安全播出运行维护和日常管理，全面提升安全播出保障能力和监管水平。活动要求，全市各广播电视播出传输系统要对照各自专业安全播出技术标准要求，进一步加强工作硬件提升、体系建设、制度建设和责任制落实，促进全市广播电视系统安全播出硬件建设、促进提高安全播出管理水平、促进安全防范能力提升、促进安全播出制度落实，以达到预防和减少安全播出事故的发生，保障全市广播电视系统安全稳定运行。（王　瑜）

【广播电视台16件作品获河南新闻奖】 2016年，河南省新闻界年度最高奖——河南新闻奖（广播电视类）公布，三门峡广播电视台共有16件作品获奖。其中，广播获奖7件，音乐节目《感恩家乡，回报父母——歌手吉喆和她的歌》（雷晓东、任怀刚、段华）获得一等奖，长消息《风雨中的托举哥》（王星梅、胡文丽、安泉、牛婷）等6件作品分获三等奖；电视获奖9件，微电影《风筝》（李啸、刘莉、李鑫、郭倩、石珂、邓杰、杨子、曾宪鎔）获得一等奖；电视文艺《美丽天鹅城——2015三门峡春节电视文艺晚会》（高振国、焦根根、白凌轩、林志敏、张璐玥、孙林涛）获得二等奖；新闻专题《隐形的翅膀》（杨芳、赵建伟、姚鑫、翟思远）等7件作品分获三等奖。（薛珺晓）

新闻出版

【概况】 2016年，三门峡市文化广电新闻出版系统突出抓好“扫黄打非”和新闻出版监管两项重点工作，促进全市新闻出版业健康发展。在新闻出版单位年检工作方面，完成57家印刷企业、6家出版物批发企业和203家出版物零售企业年检工作。注销5家有违法违规经营行为或经营不规范的印刷企业。完成18家连续性内资准印证上报年审工作，审批通过一次性内资35件。完成新闻出版产业统计和版权保护工作。督促全市3家出版物印刷企业、2家专项制版企业、15家抽样调查印刷复制企业、8家发行单位按时完成新闻出版产业统计报表工作。组织全市印刷复制企业法律法规培训班，针对培训内容组织了考试，并将考试成绩作为年度核验的重要参考指标，成绩合格给予颁发《三门峡市印刷业经营者法规培训合格证书》。企业负责人向新闻出版管理部门递交了《诚信守法经营承诺书》和《安全生产目标管理责任书》。全面完成全市1342个行政村农家书屋补充更新出版物配送，推进“农村书屋”建设。在“扫黄打非”工作方面，市委常委会议专题研究部署了全市“扫黄打非”工作，积极解决“扫黄打非”工作存在的困难和问题，并要求按照全省统一部署，始终保持高压态势，切实维护全市政治安定和社会稳定，为全市经济社会发展营造良好的舆论环境。召开全市“扫黄打非”工作会议，并表彰先进，签订“扫黄打非”工作目标责任书；研究制定《三门峡市2016年度扫黄打非行动方案》，并由市委办、政府办联合下发各县（市、区）；开展专项行动。深入开展查堵违禁出版物专项治理“清源”行动、网络淫秽色情信息专项治理“净网”行动、非法报刊专项治理“秋风”行动、中小学校园周边出版物市场整治“护苗”行动；持续加强日常监管。完善“扫黄打非”基层网络建设，全市72个乡镇（街道）挂牌成立了“扫黄打非”组织机构和工作机构，1335个村（社区）建立了“扫黄打非”工作联络站，基层覆盖率达到95%，群防群治效应初显。继续把查办案件作为推进“扫黄打非”斗争的有力抓手。全市共发放《三门峡市“扫黄打非”举报奖励办法》宣传单2万余份，收到举报线索128件。全年共立案15件，办结15件，其中，国家级督办案2件，省级督办案3件。执法案卷中的《三门峡市黎某某发行侵犯他人著作权的出版物案》荣获全省执法案卷一等奖，《渑池县皮某某发行侵犯他人著作权的出版物案》荣获全省执法案卷三等奖，《灵宝市飞翔文化用品店发行侵犯他人著作权的出版物案》荣获全省文化市场综合执法“十佳案卷”称号。

【举办2016年集中销毁侵权盗版及非法出版物活动】 2016年4月26日，三门峡市举行侵权盗版及非法出版物集中销毁活动。活动现场共销毁侵权盗版及非法图书、音像制品、电子出版物和非法报刊12000余件。打击了各类侵权盗版行为，切实维护著作权人的合法权益，加强对出版物和文化产品生产经营活动的管理，在震慑违法犯罪分子的同时，也为经济社会发展创造良好的舆论氛围和文化环境。

【召开“扫黄打非”工作会议】 2016年9月29日，三门峡市召开全市“扫黄打非”工作会议。会议传达贯彻了省委和市委关于抓好“扫黄打非”工作的各项会议精神和指示要求，总结和安排部署全市“扫黄打非”的工作任务，对全市“扫黄打非”先进集体、先进单位、先进个人进行了表彰。会议要求各地、各部门要充分认识做好新形势下“扫黄打非”工作的重要性，把思想和行动统一到中央、省委和市委的要求上来，进一步增强责任感和使命感，努力维护意识形态安全和文化安全。锁定目标，严厉打击非法出版活动。严厉打击危害国家安全稳定的政治性非法出版物，严厉打击危害青少年健康成长的淫秽色情信息，严厉打击损害新闻传播秩序的违法违规行为。抓住要害，把握关键环节。抓好入境进口、印制销售、运输邮递等关键环节和重要时间节点。打管结合，不断提高工作质量和水平。坚持日常监管和集中行动相结合，坚持个案打击与整体推进相结合，坚持网上与网下斗争相结合。齐抓共管，努力形成工作合力。会上还安排部署了三门峡市“扫黄打非”的工作任务，突出抓好“清源2016”“净网2016”“秋风2016”“护苗2016”专项行动，不断增强力度和成效，确保“扫黄打非”工作再上新台阶。（王　瑜）

三门峡日报

【概况】 2016年，三门峡日报社把握正确舆论导向，弘扬主旋律，传播正能量，认真讲好三门峡故事，传播好三门峡声音，为加快全市转型发展、全面建成小康社会营造了良好的舆论氛围。同时，不断拓宽党媒宣传的主渠道、覆盖面、影响力、传播力，加强报网深度融合，强化全媒体宣传报道的整体合力优势，重点抓实“精品工程”，强化服务理念，坚持时、度、效的统一，积极抢占舆论制高点，确保报社各项事业持续健康发展。2016年，《三门峡日报》荣获河南省第十届报纸综合质量评比全省第五名，四次蝉联河南省“一级报纸”荣誉称号。荣获“2020减贫论坛暨第十届中国国际公益慈善论坛”2016年度扶贫传播奖。获省以上新闻奖21件，一等奖4件，二等奖8件，三等奖9件。获得的市级荣誉有：全市文明河南建设奖、外宣贡献奖、务实宣传奖、第22届三门峡黄河文化旅游节暨投资贸易洽谈会、第四届特色商品博览交易会先进单位、“改善农村人居环境 建设美丽乡村工作”先进单位、职业道德建设十佳单位等。

【策划全市扶贫开发和脱贫攻坚宣传】2016年，《三门峡日报》策划宣传三门峡市扶贫开发和脱贫攻坚工作。一版先后推出“以敢于担当的责任感推动脱贫攻坚”“脱贫攻坚 精彩故事”“振奋精神 担当奉献”“推进效能革命 重锤问效铁腕追责”等四个重点专栏，先后刊发《我市出台脱贫攻坚“总作战图”》《十条硬举措为打赢脱贫攻坚战注入新活力》《“菜篮子”里闯出致富路》等120多篇报道。分别采写报道了优秀党员领导干部、驻村第一书记、村干部和贫困户、致富能手等在脱贫攻坚战中的各种努力和行动，反映出广大党员干部群众为打赢脱贫攻坚战全力以赴的精神风貌，以及扎实肯干的工作实效。8月22日，《三门峡日报》一版开设了“综合施策 稳增长 保态势”栏目。先后刊发《陕州区九个重点项目集中开工》《万达广场施工建设即将完工》《三门峡农特产品缘何走俏国际市场》《河南三门峡市：兴特色产业助外贸腾飞》等50余篇稿件，鼓舞了全市党员干部和人民群众发展经济、促进各项事业发展的信心。《三门峡日报》一版开设了“脱贫攻坚 精彩故事”专栏，刊发稿件20余篇；9月初开设“振奋精神 担当奉献”栏目，刊发各类党员干部的感人事迹近10篇；11月开设“推进效能革命 重锤问效铁腕追责”专栏，刊发日报评论员文章《深入开展效能革命》及各类稿件30余篇。报道现实性、贴近性强，提振了全市党员领导干部干事创业的精气神。

【围绕“一节一会”进行创新报道】2016年的《三门峡日报》对“一节一会”的报道呈现出新的特点：重大活动“重兵”报道，亮点活动骨干报道，专业活动专门报道，县（市、区）活动委托报道。根据不同的活动项目，要求记者或优秀通讯员利用消息、通讯、特写等体裁进行全方位报道。开设“‘一节一会’ 精彩早知道”栏目，推出“节会特刊”——《相聚天鹅城 全民“欢乐颂”》（大合版），围绕三门峡城市建设主题，推出6个整版：三门峡之底蕴篇、人物篇、古迹篇、美景篇、美食篇、闲情篇，受到广大读者欢迎并踊跃收藏。《三门峡日报》记者采写的130多篇稿件，被人民网、新华网、光明网、中国青年网等大型网站转载、转发，增加了党报舆论宣传的影响力。

【策划推出“纪念红军长征胜利80周年”系列报道】2016年，三门峡日报社记者深入卢氏深山“重走红二十五军长征路”，策划采写了14篇报道；到北京或南京“走访红二十五军将士后代”，策划采写11篇报道；10月22日，在纪念红军长征胜利80周年之际，《三门峡日报》策划、加出一期图文并茂的特刊。三门峡日报社还在北京、三门峡举办了“红二十五军长征卢氏突围”座谈会，并推出三个专版报道。

【《西部晨风》推出“路，城市的文化符号”系列报道】道路是城市文化的一种载体，它们或多或少地体现着城市的文化底蕴。从2016年3月23日起，《西部晨风》先后策划刊发了《崤山路——承载厚重的崤函古道文化》《黄河路——见证黄河文化的传承与发展》《虢国路——彰显璀璨的虢国文化》《甘棠路——传承召公文化的精神内涵》《陕州大道——诠释底蕴深厚的陕州文化》5篇报道，从三门峡市区5条主要道路名称入手，讲述道路的历史背景，以及现代过程中的演变。系列报道在一定程度上增加了市民的自豪感和幸福感，充分展示了三门峡厚重的文化底蕴，注重传承和弘扬三门峡历史文化，助力打造休闲文化城市。

【原创报道占领舆论高地】2016年，在各类活动报道中，三门峡日报社新媒体文图、视频、现场直播多措并举，并在“一节一会”现场报道中首次使用航拍手段，通过连接新设备，随时发布航拍大图、视频，供各大媒体采用。在三门峡日报微信、客户端、微博、中国三门峡网、今日头条、河南手机报三门峡版等平台，阅读点击量达数十万人次，吸引国内众网站广泛转发。对所有活动进行网络图文直播，实现了新闻现场同步，《三门峡日报》原创报道保持首发记录，做到全、特、优、奇、快。首发报道占领舆论高地，一篇报道里，含有图文、视频等，形式多样，内容丰富，达到立体宣传效果。如：《三门峡日报》新媒体原创报道——系列视频报道《带你鸟瞰美丽三门峡》《现场视频：2016中国·三门峡横渡母亲河活动掠影》等在人民微视频、凤凰视频、搜狐视频、乐视高清、优酷土豆、腾讯视频等主流视频网站播出，累计播放10万余次，形成了大宣传格局，有力传播了三门峡的风采与魅力。

【全媒体中央控制室投入使用】2016年8月9日，三门峡日报社全媒体中央控制室正式投入使用办公。每天有三名编委、时政记者部、晨风记者部值班记者各一人，新媒体部值班编辑一人，广告监管部值班人员一人，同时在全媒体中央控制度室值班。除做好各部门的当日工作外，还承担着随时与其他部门进行协调和沟通的工作，确保报网融合与联动，并最终实现一次策划、一次采集，多种生成、多种传播，全天滚动、全域覆盖的大宣传格局。加强全媒体建设，推动报网融合联动。

【《三门峡日报》连续四次蝉联河南省“一级报纸”荣誉称号】 2016年2月，河南省第十届报纸综合质量检测结果正式公布，《三门峡日报》连续四次蝉联河南省“一级报纸”荣誉称号，是《三门峡日报》继2013年荣获全省“十佳报纸”称号之后获得的又一殊荣。河南省报纸综合质量检测评比两年一届，由省新闻出版广电局组织新闻出版界权威专家组成评委会，对全省77种报纸的政治质量、依法出版质量、版面综合质量、广告质量等方面，依法依规进行严格评定，成为衡量全省报纸综合质量的重要依据和风向标。经过小组初评、大会复议、评审委员投票，最后结果经省委宣传部、省新闻出版广电局审定后产生：《河南日报》《开封日报》《平顶山日报》《洛阳日报》《三门峡日报》《许昌日报》《焦作日报》《信阳日报》《济源日报》《漯河日报》位列“一级报纸”前10名。《三门峡日报》连续5年开展“编校质量提升年”、学习型组织建设等活动，提高采编人员的政治业务水平，推动报纸编校质量不断提高。

【三门峡日报社荣获“中国国际公益慈善论坛”2016年度扶贫传播奖】 2016年12月24日，由人民日报社《民生周刊》杂志、中国残疾人福利基金会、中华社会救助基金会、民政部SOS儿童村协会等单位共同主办的“2020减贫论坛暨第十届中国国际公益慈善论坛”在人民日报社举行，三门峡日报社荣获2016年度扶贫传播奖。“中国国际公益慈善论坛”是一个定位服务于中国公益慈善组织、企业、公益项目合作的国际性发展平台，是实践与经验共享的专业性、实践性论坛。2007年，首届“国际公益慈善论坛”创办，已连续举办十届。三门峡日报社一直积极宣传报道公益慈善典型人物与集体，策划推出了600余篇感人报道，有力宣传了社会主义核心价值观。当年，三门峡日报社围绕市委、市政府的决策部署，全力做好脱贫攻坚宣传报道工作，日报社全媒体开设了《以敢于担当的责任感推动脱贫攻坚》《脱贫攻坚精彩故事》《振奋精神·担当奉献》《讲述年轻电商的创业故事》等多个专栏，为全市脱贫攻坚工作营造良好的舆论氛围。论坛的主题为“扶贫脱贫·改善民生”。为表彰三门峡日报社在宣传公益慈善、扶贫脱贫等工作中取得的成绩，论坛授予三门峡日报社2016年度扶贫传播奖。

【举办首届三门峡网络春晚】 2016年1月17日晚上，由三门峡日报社主办的三门峡首届网络春晚在三门峡国际文博城大剧院举办，中国三门峡网同步直播。晚会演出呈现出群众性和网络性两大特点，充分展示了全市人民群众积极向上的精神风貌和三门峡丰富的地域文化。（冯　燕）

·编辑　杨灵子·

2016年4月26日，三门峡市举行侵权盗版及非法出版物集中销毁活动

卫生

【概况】 2016年，三门峡市卫生系统以深化医药卫生体制改革和提高医疗服务水平为重点，顺利完成各项工作任务。法定传染病发病率为398/10万，计划免疫“四苗”接种率为96.17%，新农合参保人数占全社会人口比率为71.14%。至年底，全市共有卫生机构453个，其中医院、卫生院128个。政府规划三级医院3家，分别是三门峡市中心医院、黄河三门峡医院和市中医院；二级医院12家，分别是三门峡市第三人民医院、三门峡康复医院、三门峡职工康复医院、卢氏县人民医院、灵宝市第一人民医院、陕县人民医院、义马市人民医院、义煤集团总医院、渑池县人民医院、渑池县中医院、卢氏县中医院、灵宝市中医院；其余为一级医院和未评定等级医院。妇幼保健院、所、站5个，疾病预防控制中心(防疫站)7个，卫生监督检验所7个。卫生机构病床床位13653张，其中医院、卫生院12624张。卫生技术人员19068人，其中，执业医师和执业助理医师5428人，注册护士5534人，疾病预防控制中心(防疫站)卫生技术人员334人，卫生监督检验所卫生技术人员166人。农村乡(镇)卫生院75个，床位2446张，卫生技术人员2454人。

【城市公立医院综合改革工作顺利启动】 2016年5月，三门峡市被确定为第四批全国100个城市公立医院综合改革试点城市。全市成立了以市政府主要领导为组长，以发改委、财政局、人社局、卫生计生委等17个部门主要负责人为成员的三门峡市城市公立医院综合改革领导小组。结合三门峡市实际情况，制定出台《三门峡市城市公立医院综合改革实施方案》，统筹推进城市公立医院综合改革工作，同时下发《城市公立医院药品零差价销售实施方案》《城市公立医院财政投入补贴方案(试行)》《城市公立医院医疗服务价格调整方案(试行)》和《深化医保支付方式改革实施方案(试行)》等5个配套文件。市中心医院、市中医院、市第二人民医院、市第三人民医院、市直机关医院、市康复医院、黄河三门峡医院、湖滨区医院等8所城市公立医院从11月30日24时起正式实施药品零差率销售，全市城市公立医院综合改革正式启动。

【新农合保障】 2016年，市卫生系统进一步完善新农合机制、提升保障水平。一是新农合筹资水平不断提高，保障范围不断扩大。全市参合农民1613357人，全市年度新农合筹资总额8.71亿元。二是农村居民重大疾病保障机制进一步完善。农村参合居民患35种重大疾病，实行按病种限额付费，其医疗费用按新农合规定的补偿比例予以补偿。三是新农合即时结报实现常态化。参合农民在定点医疗机构住院全面实行即时结报，在非跨区域即时结报定点医疗机构和统筹地区内定点医疗机构住院全部实行直补。四是新农合监督管理不断加强。继续开展“新农合政策落实监管年”活动。进一步提高监管能力，强化监管责任，推动落实各项政策，提升参合患者受益水平。

【重大传染病防控】 2016年，市卫生系统做好重大、重点传染病和突发疫情防控工作。一是做好“山东济南非法经营疫苗系列案件”应对处置工作。“山东济南非法经营疫苗系列案件”曝光后，三门峡市按照国家、省卫生计生委要求，及时向市政府分管卫生的领导进行专题汇报，在系统内开展自查自纠，同时配合市、县食品药品监督管理局的检查。经自查，全市疾控中心坚持从省疾控中心主渠道购进二类疫苗逐级下发各接种门诊，严格冷链运转，疫苗管理规范，未发现问题疫苗，也未接到群众举报。二是岗位练兵和大比武工作再创捷报。在全省第四届疾控岗位练兵和大比武活动中，三门峡市获得团体寄生虫病专业二等奖、环境卫生专业三等奖，12名参赛队员中，获得个人特等奖1名，一等奖4名，二等奖2名。三是开展健康中原疾控行活动。三门峡市开展了“健康天鹅城，我们在行动——健康中原疾控行三门峡市主题宣传周”系列活动，省市相关领导及部分医疗卫生机构干部职工、社区群众等2000余人出席了启动仪式。四是做好重大传染病和突发疫情防控工作。1月至10月，共报告法定传染病21种，8217例，死亡病例22例，发病率366.54/10万，与2015年同期相比上升32.06%，上升的主要传染病为手足口病。全市无重大传染病疫情发生，整体疫情形势平稳。五是做好基础免疫工作。1月至11月，完成11次冷链运转，共下发一类疫苗544706剂次，二类疫苗227335剂次。全市所有接种单位实行全程预约接种，接种门诊分别实行了日、周、旬接种，村级接种点实行月运转。每月开展接种率监测、分析与报告，监测覆盖率达100%，1月至11月，全市纳入免疫规划疫苗累计报告接种率均达90%以上，乙肝及时率达95%以上。

【通过省级卫生城市复审考核】 2016年，三门峡市“省级卫生城市”届满复审考核。3月，召开全市省级卫生城市复审工作会议，安排部署各地各部门迎接省级卫生城市复审考核工作。5月20日，召开省级卫生城市复审考核工作动员会，对三门峡市省级卫生城市复审工作进行再动员再部署。市委、市政府调整市创建卫生城市指挥部，印发《关于印发<三门峡市迎接省级卫生城市复审考核工作方案的通知>》，明确工作步骤和目标，细化工作任务。6月21日起，市政府督查室和市创卫办联合对复审考核动员会议精神的落实情况、省级卫生城市复审迎检准备情况、河南省卫生城市建设标准的完成情况等方面进行督导检查。经过省爱卫会资料审核、暗访指查和现场技术评估，三门峡市被重新确认为省级卫生城市。

【河南省医改督导组督导全市县级公立医院改革和绩效考核工作】 2016年5月10日至11日，省医改督导组一行4人对县级公立医院改革和绩效考核工作进行督导。10日下午，市政府召开县级公立医院改革和绩效考核督导汇报会，听取市、县两级政府医改和绩效考核工作的情况汇报。11日上午，督导组又深入陕州区人民医院对库存药品、收费管理系统、医疗服务价格、药品零差率销售、引进新技术、开展新业务、满足群众就医需求等情况详细查看和实地调研。

【召开纪念“5·12”国际护士节表彰大会】 2016年5月10日，全市纪念“5·12”国际护士节表彰大会在市中心医院崤山礼堂隆重举行。各县(市、区)卫计委主管主任、医政、中医科长、开发区、产业集聚区卫生计生部门主管领导、科长，各县(市、区)护士代表共计300余人参加会议。会议分别宣读了市总工会、团市委、市妇联、市卫生计生委对护理战线表现突出的先进单位和先进个人的表彰决定，并为获奖代表颁奖。大会还进行了护理技能展示、授帽仪式和文艺表演。

【全国卫生专业技术资格和护士执业资格考试三门峡考点开考】 2016年5月14日至15日，全国卫生专业技术资格和护士执业资格考试在三门峡职业技术学院拉开帷幕。三门峡考点共有3930人参加。其中，纸笔考试共2357人参加，共35个专业，8127科；人机对话考试共649人参加，共52个专业，2231科；护士执业资格考试共924人参加，共1848科。

(张文青)

体　育

【概况】 2016年，三门峡市体育工作以“发展体育运动，增强人民体质”为宗旨，以“竞技体育创金牌、群众体育创品牌、体育产业创效益”为目标，以建设“体育强市”为契机，以增强人民体质为根本，坚持“讲团结、讲工作、讲大局”的工作原则，围绕中心，服务大局，积极实施“面向省运”的竞技体育精品战略，调动一切体育的积极因素，全面落实市委、市政府的决策部署，深化体育改革，深入推进三门峡市体育工作协调、有序、健康发展，全市体育工作实现新跨越。

【全民健身活动】 2016年春节期间，在全市70多个乡镇700多个行政村社区，举办了河南省第八届万村千乡农民篮球赛三门峡赛区的市、县、乡三级比赛活动，还组织了以元旦登高和春节羽毛球、象棋、围棋、拔河、秧歌等为主的健身活动1000余场次，参与群众35万人次；组队参加河南省“2016年全民健身幸福中原系列活动”十余项，参加人数达100余名，市体育局拨出专项经费十余万元组队参赛，活动均取得了优异成绩；组织举办全民健身日、全民健身月和全民健身节系列活动。5月，在市黄河公园与总工会联合举办了“全民健身活动月暨3510全民健骑活动”启动仪式，1000余名骑行爱好者参加了本次活动，活动已经打造成为市级品牌赛事活动；全民健身活动月期间，共举办以横渡母亲河、健骑、羽毛球等为主比赛项目8项，直接参与人数达1万余人；8月8日在市体育馆组织开展“2016年三门峡市全民健身日活动启动仪式暨首届社会体育指导员技能展示交流活动”，举办了以体育舞蹈、健身气功为主的节目展示活动，参与达1000余人；三门峡市第九届全民健身节，自4月20日开始至9月份结束，市体育局联合市总工会、市直工委、市老体工委、市文明办、市委宣传部共同举办了以篮球、柔力球、太极拳、太极剑、健身操等十几个项目的比赛活动十余项，全市共有60余家机关、企事业单位参与，直接参加比赛活动职工群众达1万余人；成功举办2016中国·三门峡横渡母亲河活动和2016年环中原自行车比赛。“2016中国·三门峡横渡母亲河”活动是第22届中国(三门峡)国际黄河旅游节暨投资贸易洽谈会的四大主题活动之一，国家体育总局给予了批复。“横渡母亲河”活动方案一经发布，得到了全国各地游泳爱好者的热烈响应，来自全国27个省、自治区、直辖市和台湾地区的3000余名游泳爱好者组成133支代表队参赛。横渡母亲河活动观众达5万余人,新华社等一批国家、省、市级媒体对活动给予了跟踪报道,网络发贴、跟贴、转贴量达30余万条。横渡母亲河活动已经成为河南省群众体育活动“六大品牌赛事之一”,被授予2016年全国“精品旅游体育赛事”,为全市体育产业的发展和“大旅游”提供了动力。2016年环中原自行车比赛分专业组、大众组、体验组三个组别,共吸引了来自全国各地1200余名选手参加,观众近5000人,是河南省重点打造的自行车品牌赛事,对三门峡自行车运动的发展起到了积极的推动作用。全市6个县(市、区)的60多个乡镇700多个行政村32个社区都开展了以篮球、健身操舞、秧歌等十余个项目为主的全民健身系列体育活动,其中义马市举办了夏季职工篮球联赛和武术等活动(品牌赛事),渑池举办了仰韶大峡谷漂流活动和全县乒乓球联赛等活动(品牌赛事),湖滨区举办了老年门球赛、群众登山活动和第四套健身秧歌比赛等活动(品牌赛事),陕县在春节期间举办了“山地自行车邀请赛”(品牌赛事)和春节农民篮球比赛等活动;灵宝的“春节农民篮球赛”(品牌赛事)长期以来影响极好,以梁金牛为典型的一批领军人物,受到国家和省级部门及媒体关注;卢氏举办了每年一度的“双胞胎大峡谷漂流大赛”(品牌赛事)更具特色,吸引了全国各地媒体争相报到。2016年全市共组织各级各类体育竞赛和健身活动1700余场次,涉及20余个健身项目(其中组织老年人举办各级、各类赛事20余次,直接参与人数达到5万余人),直接和间接参与体育活动人数达100余万人次,全民健身活动蓬勃开展。

【体育健身设施建设】 2016年,三门峡市体育局全面实施《三门峡市创建河南省全民健身示范城市实施方案》,积极争取国家、省专项资金,加强城市社区、农村体育设施的建设力度,强力推进农民体育健身工程和社区路径工程建设,持续推进“豫西体育走廊”建设。争取国家体育彩票专项扶持资金500余万元,在全市实施新型农民体育健身工程184个,乡镇体育健身工程2个,全民健身路径20条,可拆装式游泳池1个,户外全民健身活动中心1个,多功能运动场5个。全市农民体育健身工程、乡镇体育健身工程和社区健身路径工程实现全覆盖,城区“十分钟健身圈”基本建成。

【竞技体育】 2016年,三门峡市运动员在世界比赛中获得1枚银牌、1枚铜牌;在全国比赛中获3枚金牌,2枚银牌,2枚铜牌,1个第八名;组队参加省级正式比赛21次,取得金牌42枚,银牌32枚,铜牌38枚;射击运动员史梦瑶获得射击世界杯德国站比赛个人第三名,史梦瑶、严晓琦入选国家集训队;三门峡籍运动员入选省队集训23人;完成年度省级注册运动员301人。

【后备人才培养】 2016年,三门峡市体育局组织了全市青少年田径、篮球、乒乓球等单项比赛,共有来自全市各个县(市、区)青少年学生702人参加了比赛;成功举办三门峡市青少年体育夏令营活动,共有76名营员参加活动;市体校2016年招收新生300人,2016届毕业学生73人,参加高考68人,20人被高等院校录取;全年组织参加培训班10次,共培训28人(其中体育教师培训班4次、12人;裁判员培训班3次、10人;教练员培训班2次、4人;管理干部培训班1次、2人),义马东区小学、灵宝市第二小学被河南省体育局、河南省教育厅命名为河南省武术特色学校;全年审批国家二级运动员10人。

【体育组织网络】 2016年,三门峡市新成立网球协会和健身气功协会,成立了民办非企业篮球俱乐部1个;全市6个县(市、区)全部成立了体育总会,全市126个社区、1362个行政村90%以上成立了体育组织;全市共有各单项体育协会19个,民办非企业体育俱乐部31个,全民健身活动站点1705个,社团组织规模不断壮大;社会体育指导员队伍逐步规范,全年共举办2期社会体育指导员培训班,600余人参加社会体育指导员再培训,全市新增各级各类社会体育指导员300余人,全市各级、各类社会体育指导员共5100余人;投资150余万元购置体质监测高端设备,成立了三门峡市国民体质监测中心,投资50余万元成立国民体质监测站1处;全年,全市国民体质监测4500余人,圆满完成监测任务。

【体育社会化和产业化】 2016年,市政府出台《关于加快发展体育产业促进体育消费的实施意见》;上报了渑池县为省级体育产业联系点;全年体育彩票销量继续保持较快增长,全年体育彩票销售任务2.37亿元,实际完成销售总额2.6亿元,超额完成9%;市体育馆进一步拓展运营思路,社会效益和经济效益得到普遍提升,全年举办体育赛事及公益活动22场次,举办社会活动13场次;市体育馆室外游泳馆全年举办青少年游泳培训班3期,培养青少年2250人次。

【举办老年科学健身项目展演活动】 2016年2月24日,“迎新春老年科学健身项目展演活动”在市老年体育活动馆举行,来自湖滨区、陕州区、经济开发区、产业集聚区及市区各健身站点的老年体育爱好者齐聚一堂,以体育活动的形式欢庆猴年新春。广大老年朋友们为现场观众表演了舞蹈、健身秧歌、中华武术表演等11个节目,2016年是深入贯彻落实国家十二部委《关于进一步加强新形势下老年人体育工作的意见》和市委、市政府两办《关于加强老年人体育工作的意见》的关键之年,活动以“科学健身 欢度佳节”为主题,旨在增强广大老年人的健身意识,让老年人形成崇尚健身、追求健康文明的生活方式。

【李佳获全国青年跆拳道锦标赛冠军】 2016年7月8日至11日,全国青年跆拳道锦标赛在鄂尔多斯市体育中心体育馆举行。共有来自全国43支代表队的691名运动员参赛,争夺男女各十个级别的二十块金牌。三门峡市体育运动学校的青年跆拳道运动员李佳,在女子52公斤级的比赛中,连胜5场,勇夺冠军,为河南队取得了比赛的唯一一枚金牌,并被组委会评为“最佳技术奖”。

【“横渡母亲河”活动获评中国体育旅游精品赛事】 2016年9月2日至5日,由国家体育总局、中国奥委会主办的2016中国体育文化·体育旅游博览会(以下简称“两博会”)在新疆维吾尔自治区乌鲁木齐市举办,“2016中国·三门峡横渡母亲河”活动在此次博览会上被评为中国体育旅游精品赛事,这是“中国·三门峡横渡母亲河”活动第四次在“两博会”上获取殊荣。经过7年的培育和打造,中国·三门峡横渡母亲河活动凭借着绝佳的清水黄河优势、独特的地域背景、优质高效的竞赛组织,已成为全国公开水域知名度最高、参与面最广、规模最大的游泳活动,成为宣传展示河南三门峡的重要平台和窗口,成为国内公开水域游泳横渡的标杆、景观体育的典范,体育文化与体育旅游双赢发展的楷模。四获殊荣,为树立和提升中国·三门峡横渡母亲河活动体育旅游品牌形象、推动三门峡体育产业发展、助推三门峡经济转型发展将起到积极的作用。

【三门峡市“体彩·博瑞杯”少儿乒乓球赛举行】 2016年11月18日,由三门峡市体育局主办、三门峡市乒乓球训练中心承办的2016年三门峡市“体彩·博瑞杯”少儿乒乓球赛,在市乒乓球训练馆举行。比赛为期3天,共有来自三门峡各县(市、区)15支代表队149人参加,比赛项目分为男子团体、女子团体、男子单打和女子单打。比赛旨在通过这种全民健身活动,把全民健身实施计划贯彻落实下去,同时培养孩子们顽强拼搏、吃苦耐劳的精神。

【召开全市老年体育工作会议】 2016年11月30日,全市老年体育工作会议在市老年体育活动馆召开,来自各县(市、区)、开发区、产业集聚区分管老年体协的领导及老体协主席、秘书长和相关工作人员共30余人参加会议。会议集中传达了在焦作召开的全省老年体育基层基础工作现场会精神,对于基层基础工作落实较好的“焦作经验”进行了深入学习,对三门峡市的双基工作进行深刻剖析,并提出了下一阶段落实双基工作的措施和要求。组织学习《三门峡市人民政府办公室关于加强新形势下老年人体育工作的实施意见》,印发《三门峡市基层老年体育示范创建标准》。会议要求,下一阶段,全市老体协要学习焦作老年体育活动的组织形式,推进基层老年健身活动常态化,积极打造老年体育健身品牌,创新站点建设和骨干培训,组建老年体育志愿者队伍,推进老年体育基层活动网络和老年体育场地设施建设。各县(市、区)要结合本地实际,以创建老年体育示范村(社区)、明星示范村(社区)和示范乡(镇、街道)活动为载体,深入贯彻落实文件精神,扎实推进老年体育示范村(社区)达标创建活动,在全市掀起加强全市老年体育基层基础工作的高潮。

(张　睿　金小燕)

·编辑　张怡杰·

2016年12月,三门峡中医传统文化宣传周陕州区专场活动在观音堂镇中心卫生院举行

综　述

【概况】 2016年，三门峡市精神文明建设工作以文明河南建设为统领，以形成“做文明人、办文明事”社会风尚为目标，积极培育和践行社会主义核心价值观，坚持围绕中心、服务大局，进一步提高公民文明素质和社会文明程度，为三门峡实施转型发展战略提供强大的精神动力和良好社会环境。

（王群旺　王　琦）

公民道德建设

【概况】 2016年，三门峡市以培育和践行社会主义核心价值观为根本，紧扣文明河南建设和提升三门峡形象两大工作目标，着力在精神文明建设宣传工作上贴近群众工作和生活，突出群众性、思想性和内涵性，在全市积极开展了一系列公民道德宣传教育活动。

【文明河南建设工作】 2016年，三门峡市积极营造“做文明人、办文明事”的浓厚氛围，大力推进文明河南建设。一是开展“文明河南·暖暖新年”系列活动。抓住培育和践行社会主义核心价值观这条主线，围绕推进文明河南建设，在春节、元宵节前后组织开展了丰富多彩的“文明河南·暖暖新年”系列活动。制作“文明过节”倡议书向社会发放，通过“文明出行、平安是福”“不放烟花、洁净是美”“光盘行动、节俭是德”“率先垂范、廉洁是本”传递文明过节的传统美德。春节期间，举办各类文化活动350余场次，全民健身活动覆盖全市60余个乡镇1300余个行政村，参与人数50余万人次。二是积极传播正能量，打造文明旅游新形象。积极做好文明旅游宣传引导活动，确保节日旅游安全、文明、有序。重点对全市旅游企业进行抽查，出动执法人员检查旅游企业13家，下发责令改正通知单5份。通过“行风热线”和“旅游咨询”等渠道积极开展“文明出行”“品质旅游”公益宣传，引导广大游客文明旅游、理性消费，依法维权。各景区继续引导旅游企业加大文明旅游宣传力度，利用电子屏播放文明旅游宣传公益公告及宣传标语，提示游客遵守文明旅游行为规范。三是开展文明交通安全月活动。11月20日，全市文明交通安全月活动在文博城广场启动。活动以保障道路交通安全、畅通、有序、文明、规范为重点，开展“交通违法行为大整治”，加大对酒驾、醉驾、毒驾等违法和不文明交通行为的依法严查严处力度，提高交通意识，摒弃交通陋习，形成文明交通的良好风尚。四是开展“文明诚信市场、文明诚信企业、文明诚信商户”评选表彰活动。全市共表彰文明诚信市场6个、文明诚信企业127个、文明诚信商户154个，强化了市场主体文明经营、诚信经营、合法经营的理念。

【讲文明树新风公益广告刊播】 2016年，三门峡市充分发挥公益广告在传递文明、引领风尚方面的重要作用，围绕培育和践行社会主义核心价值观，文明河南建设等内容，持续加大刊播力度，使公益广告刊播成为一种常态。在报纸、广播、电视、互联网、手机、商业街区、建筑围挡、公园、社区等重要版面、黄金时段、显著位置明确了宣传任务，持续刊播公益广告作品，形成广泛社会影响。刊播社会主义核心价值观公益广告，《三门峡日报》56条共60个整版；三门峡广播电视台新闻综合频道播出79条共7600分钟、公共频道播出50条共3660分钟、电台新闻综合广播89条共72073分钟；新媒体刊播14899次；户外围挡1000块3415米。百分之六十的户外广告牌常年用于社会主义核心价值观公益广告刊播。街道和繁华地段LED大屏、各单位门前电子屏、小区楼宇灯箱、出租车电子屏等常年滚动播放社会主义核心价值观宣传内容。

【“学唱做”活动】 2016年，三门峡市继续以“学唱做”活动为总载体,以道德讲堂为平台,积极开展各种社会实践活动,倡导道德新风,弘扬社会正气。开展“我推荐,我评议”身边好人活动。为切实推动道德模范和身边好人崇高精神进基层,促进社会道德水平和文明程度进一步提升。市文明办充分发挥网络优势,积极发动各级单位和广大群众在日常生活中发现好事、在熟悉的人群中推举好人。三门峡市入围“中国好人榜”候选人12人,上榜2人。持续开展道德讲堂活动。坚持以社会公德、职业道德、家庭美德、个人品德为活动主要内容,采取“身边人讲身边事、身边人讲自己事、身边事教身边人”的形式,坚持用每月一期总堂引领全市道德讲堂活动的开展。各级各单位充分利用这个平台抓好道德模范先进事迹的宣传,让道德模范和身边好人的感人事迹激励人民群众崇德向善、见贤思齐。开展道德模范基层巡讲、巡演、巡展活动。把道德模范基层巡讲、巡演、巡展活动与道德讲堂活动有机结合,不断创新形式。2016年,全市开展道德讲堂活动进广场60场次;各级文明单位进乡村、进社区、进机关、进学校、进企业、进工地开展“三巡”活动4360场次,使道德模范事迹走进了基层,走进了百姓生活。

【道德模范关爱活动】 2016年,三门峡市把开展道德模范评选表彰和宣传活动作为加强公民道德建设的有效途径,融入到社会主义核心价值体系建设和社会主义精神文明建设的全过程,多次引入社会资源,协调相关部门,共同关心关爱全市各级道德模范,对模范精神上给荣誉、政治上给地位、经济上给实惠、生活上给照顾、学习上给帮助,更好地激发他们的模范作用,彰显社会的公平正义,从而在社会上树立“好人有好报”的正确价值导向。省文明办委托三门峡市对生活困难的全国道德模范提名奖获得者刘秋玲,省级道德模范柴书朝、黄克斌、马士友进行慰问,并送慰问金7万元。市文明委共走访慰问生活困难道德模范13人,送慰问金2.6万元。各县(市、区)共走访慰问各级生活困难道德模范和身边好人共232人,送慰问金2.9万元和价值4.6万余元的米面油等生活用品。

【志愿服务活动】 2016年,三门峡市进一步发扬“奉献、友爱、互助、进步”的志愿者精神,把学雷锋志愿服务活动纳入精神文明建设总体规划,建立健全志愿者招募注册记录制度和激励回馈制度,做好社会资源整合,动员聚集各方面的力量,为志愿服务提供有力支撑。一是开展“洁城行动 志愿者服务日”活动。组织市直文明单位及路长单位开展“洁城行动”,共有119家单位2300余名志愿者参加,共清扫城市主次干道、背街小巷近120条,治理居民楼院12处,清除垃圾杂草1000余平方米,清理小广告2600余处,发放“门前三包”宣传单1300余份。二是开展文明交通志愿服务集中活动。在市区主要交通路口设置志愿者文明交通岗,协助交警维护交通秩序、劝阻不文明交通行为。参与活动单位36个,志愿者总计达到109人次,展现了机关干部良好的精神风貌。三是开展“做志愿表率 为党旗增辉”主题集中志愿服务月活动。6月,在全市启动了“做志愿表率 为党旗增辉”主题集中志愿服务月活动,从6月28日到7月底各级各单位按照“志愿参与,无偿服务,乐在奉献”的原则,采取自愿报名的办法,组织党员干部主动进社区、帮扶村参与各类志愿服务活动,全市共有105个党组织,17000余名党员干部参与到本次活动之中。四是积极做好全国第五届“帮好人万里行”活动。8月,与志愿者共同做好中国好人网主办的“帮好人万里行”全国性大型公益活动,重点慰问帮扶保家卫国老兵(特别是抗战老兵、抗美援朝老兵)的慰问帮扶工作,对三门峡市8名老兵进行了慰问,发放慰问金10万元。

【2人入选“中国好人榜”】 2016年,三门峡市共有2人入选“中国好人榜”,分别是:河南万博众和电子商务有限公司总经理、三门峡市博众广告有限公司总经理张东波,卢氏县交通运输局执法中队郭鹏辉。

【3人入选“河南好人榜”】 2016年,三门峡市共有3人入选“河南好人榜”,分别是:三门峡市陕州区国家税务局张茅分局副局长樊晓东、三门峡市消防支队义马市大队人民路中队中队长常猛、三门峡市渑池县公安局刑警大队教导员张帆。

【3个单位入选河南省首批社会主义核心价值观建设示范点】 2016年,三门峡市共有3个单位被省委宣传部、省文明办命名为河南省首批社会主义核心价值观建设示范点,分别是:三门峡市湖滨区涧河街道涧南社区居委会、三门峡市灵宝市故县镇河西村、三门峡市黄河公园。

【第九届三门峡市道德模范】 2016年,全市共有20人被市文明委命名为“第九届三门峡市道德模范”,分别是:卢氏县交通运输局执法中队郭鹏辉、湖滨区金迪日用百货商行闫文智、三门峡市特殊教育学校赵春萍、渑池扶人协会赵书光、三门峡市看守所李法从、渑池县中医院张智红、义马市托举三兄弟(杨红军、杨跃进、张涛)、灵宝市阳店镇中和村李建峰、卢氏县康元大酒店陈建朝、三门峡市看守所南瑞刚、河南中易实业股份有限公司陈晓娜、河南三味奇公司陈选京、原三门峡市公安局高速交警支队史军锋、三门峡市公路局詹菲菲、卢氏县官坡镇第一初级中学王晓奇、三门峡市公路局高超群、三门峡市实验小学王雪红、三门峡市统计局赵葡萄、义马市寿康老年公寓牛爱草、陕州区委巡察办闫遵义。 (王群旺 王 琦)

未成年人思想道德建设

【概况】 2016年,三门峡市深化拓展未成年人思想道德教育活动,社会育人环境进一步优化。市文明办充分发挥学校、家庭、社会“三结合”教育网络作用,加强社会主义核心价值学习教育，开展“中国梦”学习教育，着力培养未成年人社会责任感、创新精神和实践能力，积极教育和引导广大未成年人自觉践行《河南省未成年人文明行为规范》，引导未成年人身体力行“心向党、爱劳动、有礼貌”的价值追求，积极营造良好的社会文化环境，全面加强和改进三门峡市中小学生思想道德建设工作，呈现出积极健康的良好态势，形成了全社会共同关心支持未成年人思想道德建设的良好局面。

【文明校园创建活动】 2016年，三门峡市启动文明校园创建活动，5月16日，在市一高学术报告厅举行三门峡市文明校园创建活动启动仪式。活动围绕立德树人根本任务，部署了全市创建文明校园工作，旨在进一步推动中国特色社会主义和中国梦进校园、进课堂、进头脑，进一步推动社会主义核心价值观在校园落地生根、有影有形，全面提升全市教育系统精神文明建设水平。

【“乡村学校少年宫”建设】 2016年，三门峡市继续对中央和河南省资助的项目严把项目选址、器材采购、场所修缮、运转补贴四个环节，多次对乡村学校少年宫建设和使用管理情况进行督导。同时，引导和鼓励各地自筹资金，因地制宜建设乡村学校少年宫。积极探索城市学校少年宫建设的路径和办法。2016年，三门峡市又争取省彩票公益金支持项目学校3所，中央彩票公益金支持项目学校3所，至年底，三门峡市现有中央、省专项彩票公益金支持乡村学校少年宫项目学校共61所，除2016年受资助的6所学校正在建设之中，其他乡村学校少年宫均投入使用，乡村学校少年宫已成为三门峡市农村中小学生课外活动的主阵地。

【开展主题教育活动】 2016年，围绕立德树人，扎实推进青少年思想道德教育，继续深入组织开展了清明期间“网上祭英烈”、六一期间“学习雷锋、做美德少年”网上签名寄语、七一期间“童心向党”、十一期间“向国旗敬礼”网上签名寄语等活动，通过各种道德实践活动的广泛开展，使全市广大学生对如何做一个有道德的人、如何做一个文明学生、如何做一个对社会有益的人。教育引导了青少年增强道德意识，强化道德养成，培育道德素质，激发爱国情感，增强青少年的民族自信心和自豪感。5月，全市评选表彰了20名第七届“三门峡市美德少年”，充分发挥“美德少年”的模范带头作用。开发区实验小学的张凌宇、渑池县英豪镇中的韩栩泽被评为第八届河南省“美德少年”。

【净化社会文化环境工作】 2016年，三门峡市继续开展违规网吧、淫秽口袋书和有害卡通画、互联网有害信息集中整治行动，社会文化环境明显改善。暑假期间，印发了《关于暑假期间在全市开展文化市场集中整治行动的通知》，积极组织协调各有关职能部门，采取日常管理和集中整治相结合的工作机制不断加强对违规网吧、图书市场、文化娱乐业和互联网有害信息等进行整治，使未成年人成长环境得以净化优化。 （王群旺　王　琦）

城乡创建

【概况】 2016年，全市城乡创建工作以精神文明建设创建活动为抓手，在全市大力开展创建文明单位、文明社区、文明景区、文明行业、文明村镇、文明农户等系列创建活动，涌现出一大批先进单位、先进个人，推动各项工作迈上新台阶。

【省级文明单位标兵】 2016年，全市共有5个单位被省委、省政府命名为省级文明单位标兵，分别是：三门峡市公路局、河南省三门峡监狱、三门峡市中级人民法院、卢氏县财政局、三门峡市审计局。

【省级文明单位】 2016年，全市共有46个单位被省委、省政府命名为省级文明单位，分别是：三门峡市国家税务局、三门峡市发展和改革委员会、三门峡市供销合作社、三门峡市城市管理综合执法局、三门峡市住房和城乡建设局、三门峡市人民政府办公室、三门峡市公共资源交易中心、中华人民共和国三门峡海关、三门峡市教育局、三门峡市卫生和计划生育委员会、三门峡市阳光小学、三门峡市湖滨区国家税务局、三门峡市第二实验幼儿园、黄河水利委员会三门峡库区水文水资源局、三门峡市湖滨区人民政府办公室、三门峡市湖滨区文化旅游局、三门峡市陕州区人民检察院、三门峡市陕州区工商行政和质量技术监督局、河南高速公路发展有限责任公司三门峡分公司、三门峡市陕州区人民政府办公室、三门峡市陕州区交通运输局、义马市工商行政和质量技术监督局、义马市财政局、河南义马农村商业银行股份有限公司、义马市人力资源和社会保障局、渑池县工商行政和质量技术监督局、渑池县财政局、中共渑池县委宣传部、渑池县商务局、河南省交通运输厅高速公路三门峡管理处、灵宝市国土资源局、灵宝市审计局、中共灵宝市委办公室、灵宝市农村信用合作联社、卢氏县国家税务局、卢氏县森林公安局、卢氏县人民政府信访局、卢氏县卫生和计划生育委员会、三门峡产业集聚区管理委员会、三门峡市公安局特殊警务支队、灵宝市财政局、三门峡市湖滨区车站街道办事处迎宾社区、义马市千秋路办事处兴苑社区、三门峡市虢国博物馆、三门峡黄河天鹅湖湿地旅游度假区、三门峡甘山国家森林公园。

【省级文明村镇】 2016年，全市共有10个村镇被省委、省政府命名为省级文明村镇，分别是：三门峡市陕州区西张村镇凡村、三门峡市陕州区西张村镇赵村、义马市新区办事处石门村、渑池县坡头乡、渑池县张村镇、灵宝市阳平镇、灵宝市尹庄镇浊峪村、灵宝市城关镇牛庄村、卢氏县双龙湾镇、卢氏县狮子坪乡毛河村。

【市级文明单位】 2016年，全市共有100个单位被市委、市政府命名为市级文明单位，分别是：三门峡市民政局、三门峡市交通运输局、三门峡市实验小学、三门峡市第四小学、三门峡市外国语小学、湖滨区农业畜牧局、湖滨区国土资源局、三门峡市公安局交通管理支队、三门峡市第三中学、三门峡市涧河管理处、湖滨区黄河河务局、三门峡市第一小学、湖滨区交口乡人民政府机关、三门峡市高级技工学校、三门峡市看守所、三门峡市公安局东城分局、三门峡市公安局犯罪侦查支队、河南三门峡大岭国家粮食储备库、湖滨区卫生和计划生育委员会、三门峡市虢国公园管理处、三门峡市昌通路桥建设有限责任公司、三门峡市公安局崤山分局、三门峡市文物考古研究所、湖滨区残疾人联合会、湖滨区林业局、湖滨区民政局、湖滨区总工会、政协湖滨区委员会办公室、湖滨区机关事务管理局、湖滨区人民政府湖滨街道办事处、三门峡市新华书店有限公司、陕州区环境保护局、陕州区产业集聚区管理委员会、中共三门峡市陕州区委统一战线工作部、中共三门峡市陕州区委政法委员会、中共三门峡市陕州区委群众工作部、陕州区矿业总公司、陕州区司法局、陕州区卫生和计划生育委员会、陕州区机构编制委员会办公室、陕州区大营镇财税所、陕州区残疾人联合会、陕州区观音堂镇财税所、河南省高速公路路政管理总队第一支队连霍高速三门峡路政大队、中共义马市委党校、义马市总工会、中共义马市委政法委员会、中共义马市委老干部局、义马市第一小学、义马市市直幼儿园、义马市第一初级中学、义马市农林和农机局、义马市义煤高级技工学校、义马市烟草专卖局、义马市城乡规划建设局、义马市实验小学、义马市常村路办事处、义马市实验中学、义马市工业和信息化委员会、渑池县社会养老保险中心、渑池县县直幼儿园、渑池县矿产品计量服务中心、中共渑池县委农村工作办公室、渑池县机关事务管理局、渑池县司法局、渑池县职业中等专业学校、中国邮政集团公司河南省渑池县分公司、渑池县烟叶生产服务中心、渑池县煤炭管理办公室、灵宝市烟草专卖局、灵宝市水利局、河南小秦岭国家级自然保护区管理局枣香管理处、灵宝市豫灵镇人民政府机关、灵宝市阳店镇财政所、灵宝市文学艺术界联合会、灵宝市地方税务局故县税务所、灵宝市民政局、灵宝市实验高级中学、灵宝市第一初级中学、灵宝市卫生计生监督所、灵宝市高级技工学校、灵宝市五亩乡财政所、灵宝市国家税务局城关税务分局、国网河南省电力公司灵宝市供电公司五亩供电所、灵宝市尹庄镇财政所、灵宝市函谷关镇财政所、灵宝市档案局、国网河南省电力公司灵宝市供电公司阳店供电所、灵宝市地方税务局尹庄中心税务所、卢氏县农村商业银行股份有限公司、卢氏县烟草专卖局、卢氏县工商行政和质量技术监管局、国家统计局卢氏县调查队、政协卢氏县委员会办公室、卢氏县旅游局、卢氏县编制委员会办公室、卢氏县工商联合会、三门峡市天鹅湖国家城市湿地公园管理处、三门峡市园林科学研究所、河南省豫晋高速公路建设有限公司。

【市级文明乡镇】　2016年，全市共有7个乡镇被市委、市政府命名为市级文明乡镇，分别是：陕州区观音堂镇、渑池县南村乡、灵宝市故县镇、灵宝市朱阳镇、灵宝市城关镇、卢氏县五里川镇、卢氏县沙河乡。

【市级文明村】　2016年，全市共有31个村被市委、市政府命名为市级文明村，分别是：湖滨区磁钟乡寺庄村、湖滨区交口乡卢家店村、陕州区张湾乡蔡白村、陕州区原店镇岔里村、陕州区观音堂镇下潮村、陕州区西张村镇石原村、陕州区西李村乡陡沟村、义马市东区办事处南河村、义马市东区办事处程村村、义马市新区办事处礼召村、义马市新区办事处千秋村、义马市新区办事处马岭村、渑池县仰韶镇甘涧村、渑池县仰韶镇高村村、渑池县天池镇朝阳村、渑池县天池镇藕池村、渑池县天池镇山韭沟村、渑池县陈村乡后河村、渑池县城关镇西关村、灵宝市大王镇后地村、灵宝市阳店镇东水头村、灵宝市大王镇神窝村、灵宝市城关镇北田村、灵宝市川口乡横渠村、灵宝市大王镇沙坡村、灵宝市故县镇城东村、灵宝市函谷关镇坡寨村、卢氏县五里川镇马连村、卢氏县官道口镇郭埝村、卢氏县官道口镇官道口村、卢氏县徐家湾乡松木村。

【农村精神文明创建活动】　2016年，全市农村精神文明建设活动紧紧围绕全面建成小康社会和脱贫攻坚的发展目标，以“美丽乡村·文明家园”为主题，大力推进社会主义核心价值观宣传实践，扎实开展群众性精神文明创建活动。文明单位结对帮扶活动，全市共有406个文明单位帮扶118个行政村。通过项目帮扶、文化帮扶、科技帮扶、产业帮扶等多种措施，统筹推进了城乡协调发展。至年底，全市共有204个美丽乡村示范村，以国道、省道、县道为轴线，打造了6条美丽乡村示范带，建设成效已初步显现。全市共选树各类先进典型5万余名。全市乡、村两级开展道德模范巡讲、巡演、巡展和理论宣讲活动500多场次。新建乡村学校少年宫18所，开展道德实践、文艺支教、科技体验、心理辅导、亲情服务“五进”活动，有力促进了农村青少年健康成长。广泛开展“邻里守望”志愿服务，引导群众践行文明理念，凝聚向上向善的强大正能量。全市累计入选全国文明村镇7个，省级文明村镇12个，市级文明村镇116个，评选“星级文明户”48563户，为农村经济社会发展提供了强大的精神动力。全市建成乡镇综合文化站72个、村文化大院1321个、农村书屋1351个，乡村学校少年宫65个，累计培训各级文艺骨干960余人，基本形成了农村公共文化设施服务网络。全市累计共有46个村获得省文明办资助农村文化墙建设。2016年，各地深入开展“清洁家园行动”，以清理积存垃圾为重点，同时建设环卫设施、建立保洁队伍，多数村庄基本实现了“三无一净一规范”，有力促进了农村环境面貌的改善。

【三门峡市文明社区】　2016年，全市共有10个社区（小区）被市文明委命名为“三门峡市文明社区（小区）”，分别是：湖滨区车站街道建北社区、湖滨区湖滨街道茅津社区、湖滨区前进街道六楼社区、湖滨区涧河街道文一社区、陕州区仁和苑小区、灵宝市涧西区桃林街社区、灵宝市涧东区亚武街社区康馨雅苑小区、卢氏县范里镇范里村社区、开发区向阳街道银湖湾社区、三门峡天鹅湾社区(小区)。

【三门峡市文明服务示范窗口】 2016年,全市共有50个单位被市文明委命名为"三门峡市文明服务示范窗口",分别是:三门峡市公共资源交易中心办事大厅、三门峡明珠宾馆前厅部、三门峡市招生办公室、三门峡邮政分公司建设东路邮政储蓄所、三门峡市劳动人事争议仲裁院、国网陕州供电营业厅、中国移动三门峡分公司义马新市区营业厅、三门峡市募捐办、三门峡市自来水公司中心营业大厅、三门峡市公交出租汽车有限公司、三门峡市行政服务中心城管局窗口、三门峡市行政审批服务中心卫计委窗口、三门峡市工商局湖滨分局前进工商所、三门峡经济开发区国家税务局办税服务厅、中国石油天然气三门峡第六加油站、中国联通三门峡分公司黄河路第二营业厅、中国电信三门峡分公司崤山中路营业厅、三门峡市陕州区地方税务局城关分局、三门峡市湖滨派出所户籍室、董芳芳诊所、三门峡康元餐饮有限公司、三门峡都亭驿酒店有限公司、中国建设银行三门峡六峰路支行、中原银行三门峡开发区支行、三门峡市湖滨区国税局办税服务厅、湖滨区国土资源局窗口、三门峡市陕州区人民医院咨询台、三门峡市陕州区西张村镇财税所、中国人民银行陕州支行金融服务管理科、义马市疾病预防控制中心、义马农村商业银行营业部、中国人民财产保险股份有限公司义马支公司、渑池县食品药品监督管理局城关食药检所、渑池县工商质监局行政服务中心窗口、渑池县妇幼保健院、渑池农村商业银行营业部、灵宝市行政服务中心教体局窗口、灵宝市行政服务中心交通运输局窗口、灵宝市社会养老保险中心、灵宝市公安局行政服务中心、高速公路三门峡管理处朱阳关收费站、高速公路三门峡管理处玉皇山收费站、卢氏县国家税务局办税服务厅、卢氏县财政局国库支付中心、卢氏县行政审批服务中心、开发区地税局办税服务大厅、开发区国家税务局分陕税务分局、三门峡市风范瓷砖(宏博)建材商行、三门峡产业集聚区禹王路街道计生中心、三门峡市中医养生馆。 (王群旺 王 琦)

·编辑 张怡杰·

2016年5月23日,陕州区地坑院民俗文化园举行开园仪式

人口和计划生育

【概况】 2016年，全市人口计生系统坚持计划生育基本国策，稳妥实施两孩政策，推进计划生育服务管理综合改革，全市计划生育工作持续健康发展。至年底，全市人口出生率为10.08‰；出生统计准确率为98.32%，比省定目标（92%）高出6.32个百分点；mis数据库统计准确完整率为98.48%，比省定目标(96%)高出2.48个百分点；多孩生育政策符合率为94.07%，比省定目标(60%)高出34.07个百分点；免费孕前优生健康检查覆盖率为96.5%，比省定目标(80%)高出16.5个百分点；二孩以上已婚育龄妇女长效避孕措施落实率为96.25%，比省定目标(90%)高出6.25个百分点；计划生育奖励扶助政策落实率为100%，比省定目标(95%)高出5个百分点；出生人口性别比为104.05，在正常范围；流动人口计划生育均等化服务覆盖率为90.53%，比省定目标(82%)高出8.53个百分点。

市委、市政府高度重视计划生育工作，将计生工作纳入经济社会发展规划，纳入市委、市政府目标管理，坚持党政一把手亲自抓、负总责，实行党政、部门、计生三线考核。5月24日，市委、市政府召开全市卫生和计划生育工作会议，深入贯彻中央和省计划生育相关政策精神、全省计划生育工作电视电话和全省卫生计生工作会议精神，全面总结2015年和“十二五”时期全市卫生计生工作，表彰先进，分析形势，部署工作，会上市委、市政府对为计划生育工作做出突出贡献的个人和单位给予记功和表彰。市人大常委会还对全面两孩政策落实情况开展专项调研并听取审议了市政府的专项工作报告。

强化目标管理。将计生工作目标纳入各级政府和相关部门目标管理之中，制定了各县(市、区)、市直单位计划生育责任目标及考评办法，与各县(市、区)和市直相关部门签订目标责任书，根据平时掌握、年终检查、科室评议进行综合评估确定考核结果，并依据考核结果落实奖惩。11月，组织人员对各县(市、区)计划生育工作领导重视情况和业务目标执行情况进行了年度考核。

加强宣传教育。充分利用计生宣传月、双节等重大节假日，通过悬挂横幅、展出版面、设立咨询台等方式进行宣传；利用乡村人口学校、人口文化大院等宣传阵地，通过小品、相声等通俗易懂文艺节目进行宣传；利用设置宣传专栏、标语、横幅、大型固定版面进行户外宣传，全年共印制发放宣传折页55000份，展出版面342块，张贴标语800条，张贴协会剪纸画报2000余份，营造了宣传计划生育政策的浓厚氛围。

稳妥实施全面两孩政策。先后组织召开全市卫生计生委主任会议和卫生计生工作会议，安排部署全面两孩政策工作，要求各县(市、区)从1月开始，受理两孩生育申请。3月，在全市范围内开展了生育意愿调查，共调查生育对象1494人，通过调查摸底，对全面两孩目标人群数量、两孩生育水平以及对全市人口发展变化的影响进行预测分析。变审批办证为登记办证，下放办证权限到乡(镇、街道)计生办，通过精简办证资料，简化办理程序，加快信息共享等手段，实行一站式服务、预约服务、延时服务、代理代办、首问责任制、承诺责任制等服务制度，最大限度的快捷办证，方便群众，提高服务管理效率。至年底，全市共登记发放两孩生育证11621张，生育10589人。针对全面两孩政策实施后妇幼保健服务需求增加的问题，成立“母婴安全领导小组”和“母婴安全工作专家组”，开设“二胎生育咨询门诊”；加强危重孕产妇和新生儿救治网络建设，要求各县(市、区)在年底前建立至少1个危重孕产妇救治中心和1个危重新生儿救治中心；合理设置产科儿科床位，新建儿童医院一所，总投资1.265亿元，设置床位500张。健全县、乡、村三级出生监测网络，推进生育登记、孕产期保健、住院分娩、出生医学证明、儿童预防接种等卫生计生信息共享机制，对全面两孩受理、办证和生育情况实时监控，每月统计一次各地受理、办理两孩生育服务证数量和生育两孩情况，以便发现问题及时解决。

综合治理出生人口性别比偏高问题。开展形式多样的以关爱女孩和集中打击“两非”为主题的宣传教育活动，大力倡导社会性别平等的先进理念，组织开展“关爱女孩行动”和“圆梦女孩志愿行动”，印制关爱女孩治理出生人口性别比知识手册1万本，免费下发各县(市、区)；5月12日到22日，市性别比治理办公室组织人员，先后对8个县(市、区)的出生人口性别比综合治理工作开展情况进行了专项督导；各地卫计委联合公安、工商、药监等部门，对各级各类医疗保健、卫生计生服务机构和终止妊娠药品销售、使用单位分别进行了拉网式的清查治理，全市各级共开展打击“两非”专项联合督查10次，召开联席会议11次，清查清理医疗机构、计生机构、零售药店和个体诊所313个，罚款1万余元，处理相关人员10余人。

免费孕前优生健康检查项目落实。三门峡市免费孕前优生健康检查项目目标人群为15915对，全市共进行婚前、孕前夫妇培训16833对，优生筛查15357对，发放叶酸营养素16591人份，发现高风险4199人，全部落实检查、治疗和转诊服务，有效减少了出生缺陷发生。

加强流动人口信息平台管理。至年底，全市录入国家、省流动人口平台80856人，数据300万项，完整无差错。国家、省要求的信息协查率、反馈率、确认率、接受率等12项率值一直稳定在99.8%至100%之间，连续6年稳居全省前列。完成涉及4个县(市、区)13个乡(镇、街道)20个样本点的国家卫计委流动人口动态监测调查任务。推进流动人口基本公共卫生计生服务均等化，制定下发《关于落实“健康中国2030”规划做好流动人口基本公共卫生计生服务促进社会融合的实施意见》，构建“政策统筹、保障有力、信息共享、运转顺畅、服务高效”的流动人口基本公共卫生计生服务均等化运行机制，推动全市流动人口卫生计生服务社会管理创新和公共服务能力的提升。加强区域协作，和周边地区签署区域协作协议28份，协商流动人口均等化服务项目126项。

加大财政投入力度。严格落实“计生事业费的投入增长幅度要高于经常性财政收入增长幅度”的规定，全年全市计生事业费预算为12728万元，其中市本级预算1367万元，达到人均5.01元。对各类计生奖扶对象资格进行复核抽查，确保奖扶对象一个不漏、一个不错。全市符合各类奖励扶助政策38101人，其中60岁以上农村部分计划生育家庭奖励扶助对象14422人、特扶对象687人、城镇奖扶对象12028人、扩大奖扶对象6730人、农村独女户奖扶对象4207户、手术并发症人员27人，各项奖励扶助资金全部发放到位。构建计划生育特殊困难家庭保障体系。提高扶助标准，三门峡市在省规定的基础上，每人每月增加100元的特别扶助金，按照每人每月640元、780元的标准执行，为全市687名特扶对象发放救助资金612.6万元。实施经济资助，制定出台《关于进一步做好计划生育特殊困难家庭扶助工作的意见》，对独生子女死亡未再生育或收养子女的夫妻，女方年满55周岁，一次性发放养老补贴金每人不低于5000元，已为398名符合条件的特扶对象发放一次性补贴。建立帮扶机制，落实责任制，构建经济、生活、养老、医疗、生产、精神“六位一体”的帮扶保障体系，使全市429户计生特殊困难家庭感受到党和政府的关心和温暖。

强化卫生计生队伍素质。采取学历教育、集中培训、以会代训等形式，对各级卫生计生干部进行层层培训，深入学习计划生育政策精神，全面把握其精神实质和具体要求，统一思想，提高业务素质和能力，全年共举办各级培训班90余期，培训人员1600余人次。2016年12月20日至30日，在复旦大学举办了全市卫生计生干部素质能力提升培训班，对十八届六中全会精神解读、健康中国2030规划纲要解读、新医改政策解读、公共卫生应急和医养结合、基层医疗建设、计划生育服务管理改革等6个专题进行系统培训，市县两级卫生计生系统、市深化医药卫生体制改革工作领导小组和市人口和计划生育领导小组成员单位主管领导180余人参加培训。

健全信息共享网络。公安、民政、教育、人社、统计等相关部门与卫生计生部门主动配合，密切协作，按时通报，信息共享，建立联席会议制度，定期对信息交换和共享中存在的问题进行协商解决，保障信息资源通报共享顺利，实现了生育登记、住院分娩、出生医学证明、儿童预防接种、户籍管理、婚姻登记、人口健康、教育、社会保障等信息资源互联互通。

提高信息工作质量。认真开展信息核查工作，每半月通报一次信息核查进展工作情况，确保信息核查工作顺利进行，至年底，全市出生数据应核查2608人，已核查2540人，核查率为97.39%；婚姻数据应核查16519人，已核查16178人，核查率为97.94%；实际居住地数据应核查38274人，已核查37655人，核查率为98.38%；全市户籍人口覆盖率为92.17%，常驻人口覆盖率入库率为94.76%，完整准确率达98.48%，重复率0.13%。 （刘媛媛）

民　政

【概况】 2016年，全市各级民政部门以深化民政领域改革为动力，紧盯目标任务，坚持严谨科学干、把握机遇干、遵章守纪干，担当尽责，精准发力，综合施策，引领三门峡市民政工作取得新成绩、新进展。

【民政兜底脱贫保障】 2016年，三门峡市民政局着眼全市脱贫攻坚大局，结合工作职责，以市委、市政府名义出台了《社会保障脱贫实施方案》和《特殊救助脱贫实施方案》，以市局名义印发了《农村居民低收入家庭经济状况核算办法》和《关于做好当前农村最低生活保障制度与扶贫开发政策有效衔接工作方案》等制度性文件，为三门峡市精准扶贫、精准脱贫提供了政策支持和有力保障。先后两次提高农村低保标准,由过去的2600元提高到3050元,在全省率先实现了农村低保标准和扶贫标准"两线合一"。加强沟通协调,建立了农村低保与扶贫开发信息共享机制,及时将符合条件的建档立卡贫困户纳入农村低保范围,将符合条件的农村低保对象纳入建档立卡范围,做到应保尽保、应扶尽扶。

【基本民生保障】 2016年,三门峡市经过提标,全市农村低保补助水平由每人每月115元提高到不低于132元。市区和各县(市、区)的城市低保标准分别提高到460元和400元,补助水平由每人每月225元提高到不低于240元。农村五保集中和分散供养标准分别提高到每人每年不低于4000元和3000元。社会救助规范化、精细化管理水平不断提高,三门峡市已成为全省首家科学运用信息系统进行低保档案电子化管理的省辖市。有序开展低收入家庭信息比对工作,全年累计比对信息22万余人次。湖滨区采取政府购买服务的方式,委托第三方采集录入低保档案。渑池县率先以政府名义出台了《城乡低保工作责任追究办法》。扎实开展减灾救灾工作,全年共筹措生活补助资金523万元,对全市2.4万余名受灾困难群众的基本生活给予及时救助。

【双拥优抚安置】 2016年,三门峡市民政局扎实开展军民创建活动,加快推进社会化拥军向纵深开展,再次荣获全国双拥模范城荣誉称号,蝉联"五连冠"。持续推进"三访三送三网"建设工作,进一步提升优抚工作服务水平。积极做好烈士褒扬工作,组织开展烈士家属集中外出祭扫和烈士公祭日纪念活动。超额完成了省定优抚对象数据认证核查任务。严格落实退役士兵安置政策,安置率达100%。组织符合参训条件且有参训意愿的526名退役士兵参加了教育培训。扎实做好退役士兵稳定工作,妥善处理复退军人来市到省赴京上访事件。圆满完成了军休人员接收安置和过往部队官兵的军用饮食接待保障任务。

【社会福利养老】 2016年,三门峡市民政局全面落实困难残疾人生活补贴和重度残疾人护理补贴制度。扎实做好孤儿、受艾滋病影响等困难人员的基本生活保障工作。依法开展弃婴安置和收养登记,认真做好流浪乞讨及肇事肇祸精神障碍患者救治工作。多渠道募集慈善款物300余万元,救助困难群众两千余人次。福利彩票销售成效显著,全年共销售1.81亿元,比2015年增长13%,增速位居全省第三位。先后出台一系列文件,进一步加强对全市养老护理人员的教育培训,不断推进养老机构责任保险工作,强化养老机构设立许可管理,建立健全经济困难高龄失能老人补贴制度,为三门峡市养老服务业持续健康发展提供了政策支撑。全面落实床位运营补贴、"以奖代补"资金等系列扶持优惠政策,大力扶持社会办养老机构发展,全年新增养老床位2213张。积极推进"互联网+养老服务",湖滨区12349居家养老服务信息平台已建成并投入运营。

【基层政权社会治理】 2016年,三门峡市民政局有力推进社区减负增效工作,清理社区工作机构牌子17类、台账14项,精简社区会议15次。在城市实行"一征三议两公开"、农村深化"四议两公开"制度,推进基层民主科学决策,较好地保障了基层群众的合法权益。不断深化村(居)务公开,持续做好"村务公开明白纸"的印制发放工作。严把社会组织登记关,实施社会组织登记统一社会信用代码制度,登记合格率达100%。稳步推进行业协会商会与行政机关脱钩工作。认真开展社会组织年检和评估工作,严查非法社会组织和社会组织违法行为,依法办结撤销社会组织27家,督促社会组织依法依规开展活动。

【专项社会事务管理】 2016年,三门峡市民政局完成省定政区地名普查80%的任务,扎实开展不规范地名的清理整治工作。顺利完成行政区域界线联检工作和界桩更换埋设工作。与周边地区签订平安边界创建工作实施方案和睦邻友好协议。婚姻登记管理工作更加规范,登记合格率达100%。按时完成1994年以来婚姻登记历史数据的补录任务。继续推进惠民殡葬改革,积极开展文明祭扫活动,不断提高殡葬服务水平。及时公告合法经营性公墓情况,尽力维护丧属合法权益。认真开展"夏季送清凉、寒冬送温暖"活动,扎实做好流浪乞讨人员救助工作,全年累计救助6369人次。及时开展寻亲服务,对长期滞站流浪乞讨人员进行DNA数据采集。

【安全生产管理】 2016年,三门峡市民政局继续按照"党政同责、一岗双责、失职追责"和"三管三必须"的要求,深入开展了安全隐患大排查大整治活动。为强化责任意识、质量意识和落实意识,在前期成立由市局领导任组长包片督查的基础上,积极联合具有安全管理职能的安监、公安、住建、规划部门,对全市养老服务机构的安全隐患进行了全面排查;组织消防、食监、养老领域专家,对全市51家民政服务机构的安全隐患进行了专项排查。通过排查,进一步健全完善台账,达到层层传导压力、人人压实责任、时时心存忧患的效果。 (赵慧利)

老龄工作

【概况】 2016年,三门峡市老龄工作认真贯彻"党政主导、社会参与、全民关怀"的老龄工作方针,抓基层、抓重点、抓落实,切实维护和保障老年人的合法权益,丰富老年人的精神文化生活,促进了全市养老服务事业的快速发展。三门峡市总人口229.5万,其中60岁以上人口39.7万人,占总人口的比重为17.3%。

【养老服务工作】 2016年,三门峡市制定出台《关于进一步加强养老机构设立许可管理工作的通知》《关于加强全市养老护理人员教育培训工作的通知》,规范民办养老机构设立许可工作,强化监督管理,提高养老机构服务水平，促进全市养老机构服务专业化、规范化和标准化建设。市民政局、三门峡市保险行业协会、三门峡市老龄办联合制定了《关于推进养老机构责任保险工作的意见》，推动养老机构投保，不断提高养老机构风险应对和善后处置能力。市财政局、民政局、老龄办联合制定了《关于建立健全经济困难的高龄 失能老人补贴制度的通知》，市财政局、发展和改革委员会、民政局、老龄办联合制定了《关于做好政府购买养老服务工作的指导意见》，多部门联合共同推动高龄、失能老人补贴及政府购买养老服务工作。

【农村幸福院建设】 2016年，三门峡市在开展“以奖代补”资助农村幸福院建设的基础上，全市下达了农村幸福院建设责任目标，细化任务，促进农村幸福院建设，全市新建农村幸福院60家。同时，不断总结推广三种不同的农村幸福院办院模式：一是集中居住、自主伙食、互助养老的模式；二是集中供养、统一食宿、适当收费、村集体经济补贴的养老模式；三是集中活动、集体娱乐休闲的办院模式。通过以点带面、示范引领，加快推动农村养老服务工作。

【“12349”居家养老服务信息平台建设】 2016年，三门峡市引导和发展养老服务机构或家政公司为有支付能力和服务需求的老年人提供优惠的有偿服务，筹集下拨资金45万元补助“12349”居家养老信息服务平台建设，探索养老服务新模式，充实养老服务内容。大力培育为老志愿者服务队伍，与空巢、生活不能自理等老年人建立“一帮一”志愿服务。

【老年服务中心升级改造工作】 2016年，三门峡市充分发挥三门峡市老年服务中心的引领示范作用，打造养老服务品牌，带动社会办养老机构提升质量和档次。三门峡市筹集资金800万元，对市老年服务中心进行升级改造，将三门峡市康复医院旧址整合并入市老年服务中心，使之规模达到300张床位，项目建成后，中心将整体规划设置休养区、就餐区、文化娱乐活动区、医疗区等生活娱乐区域，进一步完善各项生活设施，提升护理服务标准，努力打造为全市养老服务示范窗口单位，老年人颐养天年的幸福家园。

【社会办养老机构规范发展】 2016年，三门峡市全面落实床位运营补贴、“以奖代补”资金等系列扶持优惠政策，进一步下放养老机构许可权限，大力扶持社会办养老机构发展，至年底，全市拥有各类养老床位10809张，全年新增养老床位2000余张，养老机构得到较快发展。积极倡导养老和医疗相结合，提升养老机构服务能力，全市依托医疗机构建成了三门峡市老年护理院等6家医养结合型养老服务机构，设置床位650张，运营良好，有利于改变养老机构集健康老人到失能老人、临终关怀于一院的状态。

【开展农村留守老人关爱工作】 2016年，三门峡市政协、市妇联、市民政局联合开展了农村“三留守”人员现状调研工作，进一步促进该项工作开展。全市农村留守老人工作已摸清底数，建立台账，掌握留守老人存在的困难。在摸底排查中，三门峡市及时将符合条件的农村留守老人纳入农村低保、医疗救助、临时救助等社会救助保障范围。全市留守老人纳入农村最低生活保障3479人，享受临时救助724人，享受医疗救助982人，享受高龄补贴1051人，有力改善了留守老人的生活。同时，定期或不定期地开展各类爱心救助、志愿活动，并深入留守老人家中，关心关注留守老人的生活和精神状态。

【养老服务体系建设】 2016年，三门峡市市级福利彩票公益金中用于支持发展养老服务体系投入536万元，占可支配公益金的70.6%。同时，每年市财政足额安排床位运营专项补贴和15万元“以奖代补”资金，专项用于扶持社会办养老机构发展。三门峡市民政局安排15万元专项资金用于养老护理员培训，76名养老服务人员取得了养老护理员证书。 （许心远）

人民生活

【概况】 2016年，三门峡市经济社会继续保持健康较快发展，城乡居民生活水平得到进一步提高。全市城镇居民人均可支配收入为25254.1元，同比增长6.0%，人均生活消费支出为18555.5元，同比增长9.5%。农村居民人均可支配收入11982.1元，同比增长8.1%，人均消费支出8639.5元，同比增长8.7%。农村居民家庭恩格尔系数为24.1%，城镇居民家庭恩格尔系数为24.6%。城乡居民居住条件继续改善。城镇居民人均现住房建筑面积达到44.3平方米，农村居民人均现住房建筑面积达到42.2平方米。

【城乡居民收入差距继续缩小】 2016年，三门峡市居民收入保持稳定增长态势，居民人均可支配收入达到18342.5元，同比增长7.0%，扣除物价上涨因素，实际增长5.6%。城镇居民人均可支配收入25254.1元，同比增长6.0%；农村居民人均可支配收入11982.1元，同比增长8.1%；农村居民收入增速高于城镇居民收入增速2.1个百分点，城乡居民收入比（以农村居民收入为1），也从上年的2.15:1下降至2.11:1，城乡居民收入的差距继续缩小。

【城乡居民工资性收入和经营性收入】 2016年，三门峡市居民人均工资性收入10731.0元，占居民人均可支配收入的58.5%；经营净收入4259.5元，占23.2%。其中，城镇居民人均工资性收入18160.2元，占比71.9%，拉动城镇居民可支配收入增长2.7个百分点，对可支配收入的贡献率达45.4%；经营净收入1837.4元，占比7.3%；农村居民人均工资性收入3894.3元，占比32.5%，对可支配收入增长的贡献率达到42.3%，连续多年成为农民增收的主要拉动因素；经营净收入6488.3元，占比54.1%。

【城乡居民财产性净收入大幅增加】 2016年，三门峡市居民人均财产净收入 970.8 元,同比增长 29.4%;其中,城镇居民人均财产性净收入 1850.6 元,同比增长 34.1%,对可支配收入的贡献率达到 33.0%;农村居民人均财产性净收入 161.1 元,同比增长 9.1%。

【城乡居民转移性收入不断提高】 随着新型农村养老保险的推广,城镇离退休人员养老金待遇的逐年提高,全市居民转移性收入稳步增加。2016 年,三门峡市人均转移性净收入 2381.2 元,同比增长 6.6%。

【城乡居民消费支出稳步增长】 2016 年,三门峡市居民人均消费支出 13391.5 元,同比增长 8.5%。在八大类消费支出项目中,食品烟酒、居住、生活用品及服务、交通通信、教育文化娱乐、疗保健、其他用品和服务分别比 2015 年增长 2.5%、18.2%、9.5%、14.0%、1.7%、27.7%、6.2%,衣着消费支出 1389.5 元,同比下降 5.9%,呈现出“七增一降”的态势。

【城乡居民交通通信支出快速增长】 2016 年,三门峡市城镇居民人均交通通信支出 2463.5 元,同比增长 8.3%;全市每百户城镇居民家庭拥有家用汽车 27.7 辆,拥有移动电话 243.1 部,同比分别增长 14.5%和 4.6%。全市农村居民人均交通通信消费支出 1119.8 元,同比增长 31.7%。每百户农村居民家庭拥有家用汽车 16.9 辆,移动电话 256.8 部,其中接入互联网的 132 部。交通和通信工具的增长同步带动相关服务消费的增长。交通工具支出 176.3 元,同比增长 170.2%,交通工具用燃料支出 176.3 元,同比增长 19.5%,通信工具支出 210.3 元,同比增长 26.2%。

【城乡居民教育文化娱乐支出继续增加】 2016 年,三门峡市城镇居民人均用于教育文化娱乐支出 2047.2 元,同比增长 5.8%,其中人均成人教育方面的支出 139.4 元,同比增长 29.1%。全市农村居民人均教育消费 833.6 元,同比增长 16.5%。与此同时,随着农村居民生活消费水平的稳步提高,生活品质的不断改善,农村居民文化娱乐支出也持续增长。游玩景点和公园等文娱活动受到农村居民的喜爱。2016 年三门峡市农村居民景点门票支出增长 2.7 倍。

【网购成为农村居民消费增长热点】 随着农村基础设施的不断完善,家用电脑的逐渐普及和农村居民网络知识日益更新,“网购”消费成为农村居民消费支出的增长热点。2016 年三门峡市农村居民人均通过互联网购买商品和服务的支出为 16.4 元,同比增长 3 倍。同时也带动了农村快递、物流等相关产业的发展,成为农村居民就业、创收的新途径,农村居民人均邮费支出同比增长 1.22 倍。

【财政收支运行平稳】 2016 年,三门峡市财政总收入 128.98 亿元,比 2015 年下降 0.2%。一般公共预算收入 100.12 亿元,同比增长 7.8%,增速列各省辖市第 11 位。其中,税收收入 68.39 亿元,同比增长 12.1%,占一般公共预算收入的比重为 68.3%;非税收入完成 31.73 亿元,同比下降 0.5%,占公共预算收入的比重为 31.7%。全年三门峡市一般公共预算支出完成 187.11 亿元,同比增长 8.0%。 (张 彩)

·编辑 张怡杰·

2016 年 10 月 22 日,2016 梨园春戏迷擂台“万达杯”三门峡选拔赛决赛举行

县(市、区)概貌

义马市

【概况】 义马地处河南西部,1981年建市,是一座新兴的煤炭工业城市,总面积112平方千米,其中耕地面积2700.23公顷;总人口17.09万人,其中乡村人口4.45万人,人口自然增长率为3.93‰。现辖新区、东区、泰山路、千秋路、常村路、朝阳路、新义街7个街道办事处,33个社区居委会,其中2个涉农办事处、20个涉农社区居委会。义马地理位置优越,东距洛阳50千米、郑州180千米,西距三门峡60千米、西安290千米,陇海铁路、310国道、连霍高速公路三大交通动脉横贯东西,是我国东部发达地区和西部资源富庶区的结合部和东西部交汇的桥头堡,是洛阳、三门峡经济隆起带和沿黄河经济带以及豫晋陕黄河金三角经济协作区的重要组成部分。义马资源丰富,素有豫西“百里煤城”之称,是我国重要的能源基地之一,煤炭总储量达7.9亿万千克,境内有国家特大型煤炭企业——义煤集团公司。义马所产煤易于开采利用,适宜造气发电,是优良的动力和煤化工用煤,境内有全国重点工程——河南煤气化工程,即河南煤业化工集团有限责任公司义马气化厂。除煤炭资源外,铝土、玻璃石英砂、火礁岩、重晶石、硫铁矿等矿产资源也很丰富,其中铝土矿已探明储量达0.102亿万千克。2016年,面对严峻的经济环境和繁重的转型任务,在上级党委政府坚强领导下,经济社会发展继续保持了趋稳向好态势,实现了“十三五”良好开局。全年地区生产总值完成136.3亿元,同比下降0.6%,降幅较2015年收窄8.9个百分点;规模以上工业增加值完成79.2亿元,同比下降4.7%,降幅较2015年收窄8.7个百分点;财政一般公共预算收入完成12.7亿元,同比增长10.1%,增速较2015年提高8.3个百分点;固定资产投资完成244.7亿元,同比增长15.1%;城镇居民人均可支配收入完成24719元,同比增长5.7%;涉农居民人均可支配收入完成15189元,同比增长8.3%;粮食产量超额完成上级下达的任务。县域经济综合指标在全省排序较2015年上升9个位次。2016年义马全市60个部门实现与国家、省、三门峡市信访信息系统的联通对接和上线运行。全力防控各类风险挑战,强化严打攻坚,有效整治了一批隐患,杜绝了重大公共安全事故的发生。持续加大煤矿安全监管和危险化学品安全防范力度,落实政府班子成员分包煤矿安全制度,全年未发生较大以上生产安全事故。扎实开展食品药品安全监管,有效保障广大群众用药和饮食安全。严厉打击非法集资,扎实开展金融系统非法集资风险排查,金融市场持续稳定。

【产业结构调整】 2016年,义马市依托煤化工产业集聚区,加快传统产业改造升级,实施了综合物料平衡及节能减排清洁生产技改等一批技改提升项目。产业集聚区主营业务收入完成331亿元,实现税收2.8亿元,全省综合排序较2015年上升11个位次。全市高新技术产业增加值完成34.4亿元,同比增长2.2%,占规模以上工业比重达43.5%,较2015年提高4.4个百分点。全市社会消费品零售总额完成38.7亿元,同比增长10.5%。特色商业区完成固定资产投资12亿元、税收500万元,新增服务业法人44个,新增就业人员1995人,在全省116个特色商业区中综合排序位居第19位。打造省、三门峡市级农业产业化集群各1家,发展农村电商58家,创建农产品品牌6个,新培育专业合作社、家庭农场等新型农业经营组织32家。

【项目建设】 2016年义马全年实施重点项目87个,总投资达205.7亿元,完成年度投资76亿元。其中,列入国家专项建设基金项目9个,争取国家专项建设基金4.45亿元。完成“十三五”规划编制,储备重点项目288个,总投资1847.8亿元。新建项目上,承接北京宝宜总部内迁项目建成投产,开祥化工综合物料平衡及节能减排清洁生产技改项目管道安装全部结束,鸿业化工年产0.15亿千克粗酚精制和0.5亿千克焦油加氢改质项目主装置安装基本结束，义腾新能源新上6条隔膜生产线项目建成试产，通联高科年产2亿千克高温耐火材料项目完成厂房建设，义煤煤炭储配基地项目正在进行钢结构和设备安装。续建项目上，中车重装强力硬岩掘进机技术引进及产业化项目完成第一轮工业性实验，综能公司驰放气发电节能项目正在进行设备安装，义腾新能源年产6000万平方米陶瓷涂覆隔膜项目建成投产，德道电子1亿安时动力及数码类锂离子电芯组装项目二期正在考察设备。前期项目上，瑞能化工年产1亿千克酚醛树脂项目开工建设，北京利尔年产8亿千克高温新材料生产基地项目成功签约，华润集团热力岛4台2.5万千瓦背压机项目正在完善技术方案，综能LNG、气化厂年产1亿千克醋酸加氢制乙醇等项目正在做前期工作。

【城乡融合发展】 2016年义马市涧河及石河生态综合整治、水厂扩建及供水管网改造、第一污水处理厂二期扩建等工程进展顺利；嵩山路、康宁路建成通车，振兴路改造完工，义马、渑池对接张沟桥工程桥梁全线合拢，县乡农村公路规范化建设高标准完成；香山街热力管网改造和东风路、华山路、生态公园亮化工程全部完工。全面开展整治规范，增设“严管街”，义马市区主干道机扫率达42%，垃圾处理率达97.8%。对河口、石门等6个美丽乡村示范村进行完善提升，实施石佛国家级传统村落保护和苗元新农村建设引导点项目，成功创建付村、南河两个省级美丽乡村试点和石佛、程村2个三门峡市级美丽乡村示范村。涉农社区长效保洁实现全覆盖，环境卫生达到标准。

【生态环境】 2016年义马市全面打响大气污染防治攻坚战，完成燃煤锅炉拆改、黄标车及老旧车辆淘汰任务，实施气化厂、环保电力公司等燃煤机组烟气超低排放改造。划定煤场、料场规划区，取缔违法违规煤场13家；划定高污染燃料禁燃区，全面开展“煤改气”试点；划定畜禽限养区和禁养区，涧河两岸养殖企业污染得到有效治理；在建成区禁燃烟花爆竹，秸秆禁烧成效明显，全民环保意识进一步增强，环境质量持续改善。完成林业生态建设8600亩，获“全国绿化模范县(市)”称号。累计完成受铬污染物无害化处置1.16亿千克。

【招商引资】 2016年义马市围绕能源及重大煤化工前期、精细化工、装备制造、电子信息及新能源新材料等主导产业，制定出台《义马市招商引资专项政策》和《义马市招商引资目标考核办法》，充实专职招商队伍，组建产业发展招商小组，全力开展产业招商、以商招商、委托招商、全员招商。组团参加第十届投洽会、第二十二届国际黄河文化旅游节暨第四届特色商品博览会等商业节会，签约项目18个，签约金额达59.2亿元。积极开展“政策落实进万企”活动，建立健全项目准入审核、专家咨询、落地协调等机制，签约的18个项目中，履约项目17个，履约率94.4%；开工项目11个，开工率61%；累计完成投资23.7亿元，资金到位率40%。

【改革创新】 2016年义马市继续深化行政审批制度改革，加快推进行政审批标准化建设，调整取消行政审批项目30项，行政许可项目进厅率达95%。稳步推进国企改革，积极实施财税体制改革，“营改增”全面推开，实现了企业降成本、增动力。全面加快商事制度改革，企业登记“五证合一”和个体工商户“两证合一”全面实施。大胆探索社区管理改革，出台《关于加强城区办事处和城市社区建设的意见》，基层基础进一步夯实。启动城乡统一的居民医疗保险制度，机关事业单位养老保险实现并轨运行。成立不动产登记中心和公共资源交易中心，完成农村集体土地确权调查登记。

【民生发展】 2016年义马市不断加大民生事业投入，全年民生事业支出达8.9亿元，占一般公共财政预算支出的57.5%。采取“金融扶贫”“技术扶贫”和“兜底扶贫”等措施，全面完成年度脱贫任务。全年发放救助资金1707万元，累计为1800余名困难残疾人发放生活补贴和护理补贴，弱势群体总体保障水平居全省前列。大力实施全民技能振兴工程，发放创业小额贴息贷款4331万元，新增就业岗位4410个，为困难企业发放稳岗补贴906万元。卫生室规范化建设实现涉农社区全覆盖，义马市人民医院迁建项目有序推进，成功创建河南省慢性病综合防控示范市。全面落实两孩政策。义马市二中新建教学楼竣工验收，春天幼儿园建成招生，高中招再创佳绩，教育质量持续提高。积极推进文化体制改革和基层文化设施建设，市级、办事处、社区三级公共文化服务体系初步形成。调整优化公交线路，开通农村班线，更新了一批新能源公交车辆，客运中心建成投用，被确定为“全省城乡客运一体化试点县(市)”。金融IC卡闪付业务在公交、医院、超市等民生领域实现全覆盖，普惠金融走在全省前列。全年建成保障住房796套，廉租住房货币化补贴及时足额发放。

【2016“体彩杯”河南省第十二届中原武术大舞台展示活动(义马站)在义马市开幕】 2016年2月19日，2016“体彩杯”河南省第十二届中原武术大舞台展示活动(义马站)在义马市开幕。活动中，来自义马市的武术高手率先登场，为各路武术精英表演了太极拳、少林拳等器械和拳术套路，为广大群众献上丰富的武术文化大餐。此次活动使武术走近大众，弘扬武术文化，引导广大群众科学健身、文明生活的一项重要举措。此次武术展示活动为期3天，共有来自洛阳、偃师、新安、渑池等23支代表队，300余名运动员参加表演，表演竞赛项目有太极拳、少林拳、心意六合拳、查拳等拳种及棍、枪、刀等十八般兵器。中原武术界各路高手同台竞技，各展绝艺，充分展现中原武术的恒久魅力。

【义马市被评为“全国绿化模范县市”】 2016年3月18日，在全国绿化委员会下发的《关于表彰全国绿化模范单位和颁发全国绿化模范奖章的决定》中，义马市被授予“全国绿化模范县市”称号。展示了该市生态建设发展蓬勃向上的良好势头。全国绿化模范单位评选活动是由全国绿化委员会组织,国务院纠风办认可的高规格绿化评比表彰活动,每三年评选一次,是全国造林绿化工作评比表彰中的最高荣誉,评审核验十分严格,涉及9大项42小项考核指标,是一个地区生态环境优良的重要标志。

【义马市举办第八届大樱桃文化活动周】 2016年5月13日至5月17日,第22届三门峡国际黄河文化旅游节义马市第八届大樱桃文化活动周在东区办事处河口社区举行。文艺演出在歌伴舞《欢聚一堂》中拉开了序幕。此次文化活动周期间还举办了豫西青年户外徒步赛、大樱桃风情采摘、黄河奇石巡展、河南自行车越野赛等丰富多彩的特色活动。

【0.2亿千克不定型耐火材料自动化生产线竣工投产】 2016年5月18日,义马宝宜新材料有限公司0.2亿千克不定型耐火材料自动化生产线竣工投产。新建0.2亿千克不定型耐火材料浇注料全自动配料生产系统,总投资1.2亿元。该项目利用公司原有厂房改造,占地面积11266平方米,采用企业自有不定型耐火材料浇注料新型实用配方技术,运用楼式全自动生产线(动态配料),PLC全自动化控制系统。主要设备包括楼式自动配料搅拌包装系统等。该项目建成后,年新增工业总产值46000万元,可实现年净利润4025万元。

【义渑一体化协调座谈会】 2016年6月1日,义渑一体化协调座谈会在义马市召开,三门峡市委常委、副市长杨骁,义马市、渑池县的主要负责人以及国土局、财政局、发改委、城建局等相关单位负责人参加了座谈会。会议指出,义渑两地要充分认识一体化的重要意义,通过城市间要素统筹配置,不断完善城市功能,要抓住同城发展,融合发展的契机,在产业发展、基础设施建设、环境治理等方面形成高度协调的互动机制,实现双方互利共赢。义渑一体化要着眼长远,认真谋划,科学布局。发展规划要相向而行,优势互补,不断推进城市规划、交通和基础设施一体化。

【广东百氏福药业与义马市天汇药业合作协议签约】 2016年7月22日,广东百氏福药业有限公司与河南(义马)天汇药业有限公司战略合作协议(框架)签约仪式在义马市宾馆举行。仪式上,广东百氏福药业有限公司总经理雷琪与河南(义马)天汇药业总经理杜汉林进行了签约,双方企业负责人做了表态发言。义马市对双方成功签约表示祝贺,对在战略合作洽谈中做出的努力表示感谢,希望签约双方精诚合作,强强联合,打造知名品牌,推动企业发展。

【义马市上榜2016全国县域经济百强】 2016年7月23日,工信部中国电子信息产业发展研究院所属赛迪顾问对全国将近3000个县(市)(不包括市辖区)进行综合评估,发布了县域经济100强。在这份百强榜单上,河南有5个县(市)上榜,义马市名列其中。县域经济是全国经济的重要基础,也部分反映出一个地方的经济实力。全国县域经济百强,是衡量各地县域发展的重要参考。河南省有新郑市(全国榜58)、巩义市(全国榜82)、荥阳市(全国榜86)、义马市(全国榜88)和新密市(全国榜95)5个县(市)上榜。据介绍,此份榜单是以经济实力、经济水平、社会民生、经济活力等作为维度,对全国近3000个县市(不包括市辖区)进行综合评估后得出的成果。

【开祥化工公司与世界化工巨头巴斯夫股份公司续签新一轮BDO供货长期合同】 2016年7月28日,开祥化工公司与世界化工巨头巴斯夫股份公司成功续签新一轮BDO(1,4-丁二醇)供货长期合同,这是双方第三次续签合同。开祥化工BDO产品倍受国际化工市场青睐。开祥化工BDO一期装置投产以来,其稳定的产品质量、良好的市场信誉赢得国际化工市场的认可,德国巴斯夫、韩国晓星等国际知名化工企业纷纷与其建立战略合作伙伴关系,长期采购其BDO(1,4-丁二醇)产品。

【义马市不动产登记中心挂牌成立】 2016年8月18日,义马市不动产登记中心挂牌成立。义马市顺利完成了不动产登记局的职责整合和机构组建工作,颁发首本不动产登记证书,这标志着义马市不动产登记职责和机构整合工作已经初步完成,并转入不动产统一登记实质性工作阶段。

【中国石油和化学工业联合会到义马市考察】 2016年11月8日至11月9日,中国石油和化学工业联合会常务副会长兼秘书长赵俊贵一行对义马市煤化工产业建设发展情况进行实地考察。在义腾新能源科技有限公司,赵俊贵一行听取了企业负责人所作的产品介绍,察看了公司的隔膜生产线和研发基地,充分肯定了企业在科技创新方面取得的成绩,希望义腾新能源进一步发挥技术优势,在激烈的市场竞争中站稳脚跟,不断发展壮大。在综能公司、开祥化工、气化厂,赵俊贵认真听取了企业负责人对企业发展情况的汇报,并实地查看了重点项目建设情况。赵俊贵对义马市煤化工产业发展取得的成绩给予了充分肯定,希望义马市煤化工企业加强与科研院所的沟通联系,进一步加快创新发展,同时加大招商引资力度,扩大生产规模,不断完善煤化工产业的链条,打造区域煤化工产业基地。

【省督导组到义马市督导剥离国有企业办社会职能工作】 2016年11月30日,省民政厅副厅长孟令武带领专项督导组到义马市,就三门峡市剥离国有企业办社会职能工作开展情况进行专项督导。三门峡市副市长李琳等出席座谈会。座谈会上,李琳介绍了三门峡市关于剥离国有企业办社会职能工作进展情况。义马市代表汇报了工作进展情况,具体工作将于12月上旬完成,并签订正式分项分离移交和维修改造协议,启动维修改造工程,确保按时完成幼儿教育机构移交等工作。义煤集团、渑池县、陕州区以及三门峡市直各相关部门负责人分别汇报了各自的工作进展情况。听取汇报后,孟令武指出,剥离国有企业办社会职能工作涉及面广,政策性强,关注度高,希望地方各级政府和国有企业齐心协力,共同推动,确保按时间节点完成分离移交任务。

2016年义马市东区、新区办事处基本情况

表2

项　目	新区办事处	东区办事处
党委书记	茹灵午	王海燕(6月离任)
主　任	陈保峰	李小青
总人口(人)	26451	18877
总面积(平方千米)	65	47
耕地面积(公顷)	1036	980
农业总产值(万元)	10486	9163.9
工业总产值(亿元)	43.6	27.73
工业品销售收入(亿元)	43.2	26.83
地方财政收入(万元)	–	–
地方财政支出(万元)	–	–
农民人均纯收入(元)	13241	13546
粮食总产量(千克)	494.9	432.3
油料总产量(万千克)	8.4	33.5
棉花总产量(万千克)	0.5	0.9
肉类总产量(万千克)	433.3	356.8
烟叶总产量(万千克)	4.7	3.2
蔬菜总产量(万千克)	808.4	1113.9
果品总产量(万千克)	43.6	33.7
牛存栏(头)	273	44
猪存栏(头)	24642	55239
羊存栏(只)	4971	2518
禽存栏(只)	54569	58555

(史书现)

渑池县

【概况】 2016年，渑池县以经济转型为主线，以作风为保障深化改革攻坚，以人民为中心发展民生事业，全年地区生产总值完成249.97亿元，增长9%；一般公共预算收入完成22.03亿元，增长6%，总量居全市首位；固定资产投资完成346.3亿元，增长16.2%；社会消费品零售总额完成54亿元，增长10.8%；城镇居民人均可支配收入、农民人均纯收入分别增长6.1%、7.8%；节能减排完成市定目标。坚持把稳增长、保态势作为全局工作的重中之重，实施重点项目94个，完成投资118.8亿元，占年度任务的123%。特别是总投资28.8亿元的华能2×35万千瓦热电联产项目实现“双投”，总投资50.5亿元的垣渑高速主线工程全面开工，实现了大企业合作、大项目带动“双突破”。产业集聚区完成固定资产投资191亿元，实现主营业务收入360亿元、税收8.5亿元，13个基础设施项目全面推进。特色商业区建设步伐加快，“中创·美车城”正式开业，中州石油城市功能综合服务区顺利推进，全年完成固定资产投资5.5亿元，进驻企业达71家、从业6300人。积极争取上级政策支持，3个棚户区改造房项目列入省级盘子，争取专项建设基金1.08亿元。依法打击处置非法集资活动，有效防范金融风险。2016年，渑池县持续开展财税、投融资、教育、医药卫生和社会保障等重点领域改革，新农合支付方式等102个改革事项全面完成。整合资源，成功组建会盟投资有限公司。张村镇被确定为省级经济发达镇行政管理体制改革试点镇。大力实施开放带动战略，开展为期3个月的招商引资集中攻坚活动，出台加强产业招商和选派干部外出招商相关文件，形成了重招商、奖招商的导向；坚持外出对接与邀商洽谈相结合，与中国投资协会签订了战略合作协议，和东方希望达成了战略投资意向，全年共引进投资5000万元以上项目30个，引进省外资金62亿元；实现进出口总额1612万美元，实际利用外资2.18亿美元。坚持依法行政，完善政府运行机制，修订《渑池县人民政府工作规则》共20余项制度，政府运转规范高效。严格落实“一岗双责”“两个责任”，认真贯彻中央八项规定精神，整治懒政怠政、为官不为，政府系统廉政建设取得新成效。加强重要领域、重点工程、重大资金的审计监督，实行终身责任追究和责任倒查机制。开展效能革命，出台一线工作法，建立马上就办机制，工作效率大幅提升。渑池县被命名为2016至2020年度“全国科普示范县”。

【工业发展】 2016年，渑池县规模以上工业增加值完成137.1亿元，增长10.1%，实现利税94.5亿元。落实去降补任务，退出煤炭产能3.6亿千克。围绕做大做强铝工业，东方希望3.0亿千克氧化铝技改项目建成投产，义翔铝业1亿千克氧化铝技改项目稳步推进；鑫恒齐特种催化剂、丰顺耐材建成投产。围绕发展装备制造和电子信息产业，建成了金地实业液压油缸、佳鹏停车智能设备、康耀电子年产360万片光学玻璃等项目。围绕壮大食品加工业，建成了金海纳、大福乐等4个食品加工项目。鼓励企业自主创新，实施市级以上科技项目16项。开展政银企合作和“政策落实进万企”活动，为全县77家企业落实贷款44.6亿元；帮助企业解决难题30余项。

【“三农”事业】 2016年，渑池县全面落实粮食安全县长责任制，全年粮食总产达1.8亿千克。新增特色农业产业基地2333.33公顷。雪莲面业跻身省级农业产业化集群序列，柳庄农业入选省级农业产业化龙头企业名单。渑池丹参申报国家农产品地理标志。借力“互联网+”，大力发展农村电子商务，上线产品达到1600余种，实现交易额473.6万元。成功申报2017年省级美丽乡村试点村4个。治理水土流失面积21.3平方千米，完成林业生态建设7266.67公顷，郑西高铁、连霍高速沿线绿化工作全面启动。农村各项改革持续深化，农村土地承包经营权确权颁证工作接近尾声。

【文化旅游】 2016年，渑池县大力发展全域旅游，编制完成了全县旅游发展总规(修编)。黄河丹峡景区与山西经贸投资集团联手起航，AAAAA级旅游景点创建加速推进；仰韶大峡谷景区提档升级工作有序实施；洪阳柳庄被评为2016年“全国生态文化村”，仁村乡雪白村等7个行政村被列为全国乡村旅游扶贫重点村。启动仰韶村国家遗址考古公园规划工作，全县以仰韶文化命名的品牌达20余个。金融保险、健康医疗、电子商务等新兴业态蓄势待发，第三产业占比逐年增加。

【城乡面貌】 2016年，渑池县开展新一轮城市总规修编，启动地下管廊专项规划和海绵城市专项规划编制。韶州路即将全线贯通，绿化工程一期完成；国道310南移项目开工，黄河路东伸西延和城南快速通道前期工作有序推进；投资9216万元，建成渑义一体化供暖管网改造一期、城区燃气管网铺设、城镇供水一期等一大批城建重点项目。持续深化“四城联创”(即创建省级文明城市、省级园林城市、省级卫生城市和省级环保模范城市)，深入开展“洁城行动”，投资990万元，购置12台多功能清扫除尘设备，对重点路段实行全天候保洁，城区机扫率达到50%以上；加强市政设施整修维护，主要街区人行道提升改造工程全面完成。

【社会事业】 2016年，渑池县脱贫攻坚完成年度任务，5个省级贫困村顺利摘帽，5292名贫困人口如期脱贫。就业形势持续稳定，新增城镇就业9375人，农村劳动力转移就业5325人，失业人员再就业3565人。社会保障持续加强，新农合和城镇居民医保补助、城乡低保月人均补助、农村特困人员集中和分散供养标准全面提升，累计发放城乡低保金3376万元；住房保障持续巩固，建成棚户区改造住房830套，完成农村危房改造652户。义务教育“全面改薄”(全面改善贫困地区义务教育薄弱学校基本办学条件)工作稳步实施，仰韶小学、尚德幼儿园正式投用，仰韶高中、韶州中学进展顺利，建档立卡贫困学生资助政策实现全覆盖。医疗卫生服务水平持续提升,妇幼保健院新址投入使用,中医院迁建主体顺利推进;全面二孩政策稳妥实施,计生奖扶政策全面落实。加快现代公共文化服务体系建设,县综合文化服务中心有序推进。城区有线电视数字化改造全面完成,促成县广电传媒中心与省广播电视的战略合作。大气污染防治攻坚战首战告捷,重污染天气应对有力,全年城区空气优良天数达252天以上。成立了渑池县应急联动指挥中心,最大限度地回应群众诉求。平安建设不断提升,信访形势保持稳定,安全生产总体平稳,社会大局更加和谐。

【渑池县两单位进入河南省第七批文物保护单位名单】 2016年2月6日,河南省政府印发《关于公布河南省第七批文物保护单位名单的通知》。第七批文物单位共329处,其中近现代重要史迹及代表性建筑59处,石窟寺及石刻8处,古建筑149处,古遗址86处。渑池县段村乡赵沟村"清朝传统民居"和仰韶镇苏门村"明朝曹端墓"被列入河南省文物保护单位。

【刘少奇长女刘爱琴等老一辈革命家后代"重走父辈路,红色中原行"来到渑池】 2016年3月25日,刘少奇长女刘爱琴、原北京卫戍区副司令员黄伯诚少将、原武警部队黄金指挥部主任彭水朋少将、原中共中央文献研究室二部主任黄铮等老一辈革命家后代,开展"重走父辈路,红色中原行"缅怀之旅活动来到渑池。刘爱琴一行参观了刘少奇旧居,并捐赠《我的父亲刘少奇》和黄铮的《风雨无悔——对话王光美》等书籍。

【渑池县举办"都市健康行"爱心公益活动】 2016年4月24日,河南电视台都市频道携手郑州人民医院到县体育场举办"都市健康行"爱心公益活动。"都市健康行"是由河南电视台都市频道与郑州人民医院联合在全省范围内举办的公益活动,渑池是此次活动的第一站,其目的是方便基层人民群众在家门口接受教授专家诊治看病就医,增强人民群众的保健意识,传播和践行社会正能量。活动现场还进行了互动游戏和抽奖活动,当天有近千人接受专家的诊治和检查。

【三门峡市首本不动产权证书在渑池县颁发】 2016年5月30日,三门峡市首本不动产权证书在渑池县颁发,省不动产登记局局长蔡辉、三门峡副市长杨晓,三门峡市国土资源局局长朱豫锋,渑池县委副书记、县长杨跃民出席仪式。仪式上省不动产登记局局长蔡辉、三门峡副市长杨晓等分别向5位不动产权利人代表颁发首批不动产权利证书,要求相关职能部门要顾大局、识大体,密切配合、形成合力,及时协调解决工作中出现的各种问题,认真抓好组织实施,合力推进不动产统一登记工作有序开展。

【《曹端还乡》参加河南曲剧90周年优秀剧目展演】 2016年6月17日,由县曲剧团排演的大型原创历史戏剧《曹端还乡》在省人民会堂参加2016年文化遗产日河南曲剧90周年优秀剧目展演。此次活动在省会郑州和曲剧发源地汝州两地举办,共有省内40个曲剧院团的1200余名演职员参加演出。

【渑池县南村乡历史文化展览馆开馆】 2016年7月10日,为庆祝中国共产党建党95周年,中共渑池县委党史地方史志办公室协助南村乡政府文化项目建设,安排专人撰稿,成功布展了南村历史文化展览馆。展览由南村乡政府和仰韶文化传媒有限公司联合举办。展览分12个部分,共展出南村历史文化展版21块、历史老照片120多幅和民俗实物270多件,充分展示南村乡的县北要津、黄河漕运、独特民俗和移民文化等特色,全面体现了南村重要的历史地位、浓郁的黄河风情和丰富的旅游资源。

【渑池县洪阳镇柳庄村荣获2016年"全国生态文化村"】 2016年8月4日,中国生态文化协会公布了2016年"全国生态文化村"名单,全国获此称号的村庄共122个,其中河南省6个,渑池县洪阳镇柳庄村名列其中。近年来,该村立足自身自然和资源优势,探索新型农业产业化经营模式,全力建设高效生态农业示范园区,栽植特色林果333.33公顷、各类绿化观赏树木45万株,种植各类草皮1万余平方米,建设生态景观点30余个。

【垣渑高速公路绿地南村黄河大桥开工】 2016年8月6日,垣渑高速公路绿地南村黄河大桥开工典礼在县南村乡举行,标志着垣渑高速公路项目的全面启动。垣渑高速公路绿地南村黄河大桥是河南渑池至山西垣曲高速公路的控制性工程,大桥位于三门峡水库大坝和小浪底水库大坝之间,总投资7.7亿元,全长1757米,宽33米,采用双向6车道标准,工期为3年,2019年7月竣工,桥梁主体结构为混凝土箱梁连续钢构结构。

【三门峡市中级法院执行局渑池分局挂牌成立】 2016年9月8日,三门峡市中级人民法院执行局渑池分局挂牌成立。三门峡市中级人民法院执行局渑池分局挂牌成立后,将依托执行指挥系统,在全省执行工作"一盘棋"的大格局中,把法院执行工作纳入全省三级法院统一领导、统一管理、统一指挥和统一协调的范畴,服从中级法院统一管理辖区执行案件,打破行政区划设立执行分局的管理体制,把执行权和执行力量集中起来,最大限度提高执行质效。

【渑池县在仰韶文化博物馆举行瑞典友好人士史料捐赠仪式】 2016年10月11日,在仰韶文化博物馆举行的瑞典友好人士史料捐赠仪式上,83岁瑞典老人裴如意追忆儿时在渑池县的记忆,并把有关史料捐献给仰韶文化博物馆。三门峡市政府办副秘书长、外侨办主任张武民,渑池县有关领导出席捐赠仪式。裴如意因20世纪初其父母在中国开展慈善事业的缘故,出生在渑池县,12岁时才回瑞典。捐赠仪式上,张晓红向裴如意女士颁发了"渑池县荣誉市民"聘书。裴如意老人还向仰韶文化博物馆捐赠了70年前其父母记载有渑池县历史的书信和20幅老照片。

【渑池县举办“2016·仰韶秋韵”晋陕豫黄河金三角摄影家走进渑池大型摄影采风活动】 2016年10月14日至15日,渑池县举办了“2016·仰韶秋韵”晋陕豫黄河金三角摄影家走进渑池大型摄影采风活动。此次活动为期两天,活动中,晋陕豫黄河金三角摄影家协会主席团成员,运城、临汾、渭南、三门峡四市分会和晋陕豫黄河金三角手机摄影协会的部分会员共计30余人,深入渑池县坡头乡黄河丹峡、段村乡赵沟古村,通过摄影家独特的视角,生动展现黄河丹峡景区红叶满山、层林尽染的秀美风光,精心描绘赵沟古村独具特色、引人入胜的醇厚民风和人文景观。

【水利部到渑池县对“国家水土保持生态文明清洁小流域建设工程”评审验收】 2016年10月17日,国家水利部水土保持司原司长刘震带队对渑池县洪阳镇柳庄村“国家水土保持生态文明清洁小流域建设工程”评审验收,县领导周建文、石线伟陪同检查。刘震一行现场察看了柳庄小流域梯田经果林建设情况、河道治理工程、谷坊工程建设及村民文化和生态建设情况。通过观看专题片、听取汇报、反复质询等形式,专家们一致认为,渑池县达到了国家水土保持生态文明清洁小流域建设工程评定标准,同意通过评审。

【渑池县召开职工运动会】 2016年11月18日至22日,渑池县职工运动会在县体育中心召开。此次运动会主题为“团结、文明、创新、拼搏”。会期5天,全县70家单位、54个代表队、2500余人将角逐篮球、乒乓球、羽毛球、4×100米接力、拔河、双升扑克、象棋、军棋等8个比赛项目,产生团体、个人名次188个。

【《人民日报》前副总编梁衡到渑池县考察地域文化】 2016年11月18日至19日,《人民日报》前副总编、著名作家、学者梁衡到渑池县考察地域文化。县宣传部门,三门峡日报社以及县文化、旅游部门负责人等陪同考察。梁衡先后到南村乡、段村乡考察山底村周柏和赵沟古村,并到仰韶文化博物馆、曹端祠、刘少奇旧居等处观光考察。考察中,梁衡对渑池淳朴的民风、优美的风光以及深厚的历史文化底蕴很感兴趣,给予高度评价,并希望渑池深挖地域历史文化资源,充分发挥历史文化遗存优势,不断提高地域文化核心影响力,还就人文历史资源的挖掘提炼、研究开发和文化产业的长足发展提出了很好的意见和建议。

【副省长王铁、三门峡市委书记刘南昌对张东堂事迹批示】 2016年12月20日,河南日报农村版头版以《张东堂:让生命化作道道山脉》为题,整版刊发了张东堂作为一名共产党员勇于奉献的真实与伟大。2016年12月24日,副省长王铁做出重要批示:感人的事迹,顽强的毅力,基层一线的好带头人,可作跟踪宣传。中共三门峡市委书记刘南昌做出重要批示:张东堂的事迹感人至深,是新时期带领群众脱贫致富的典型,要深入总结、系统发掘,广泛宣传,形成品牌。同时,对这样的群众带头人,组织上要多关心支持,实实在在为他们排忧解难,病有所医、老有所养。各级领导对张东堂事迹的批示,既是对张东堂精神的肯定,也是一种时代的呼唤,呼唤各行各业涌现出更多的张东堂,让张东堂精神释放更大的正能量。

【华能渑池热电厂全面建成投产】 2016年12月25日17时,随着华能渑池热电厂2号机组顺利通过168小时满负荷试运行,三门峡市首个超净排放的热电联产电厂全面建成投产。华能渑池热电2号机组通过168小时负荷试运,实现了集团、股份公司确定的年内“双投”目标。试运期间,保护投入率、自动投入率、主要仪表投入利率均为100%,试运指标优良,经济指标均达到设计值,将彻底取代当地126台分散供热小锅炉。

【央视十套《文明密码》栏目摄制组到渑池县拍摄《东西南北过大年》】 2016年12月26日,央视十套《文明密码》栏目摄制组到渑池县,围绕“仰韶源头闹新春”主题拍摄《东西南北过大年》。通过对全县社火、高跷等独具特色的仰韶文化、民风民俗、饮食文化的拍摄,集中宣传展示仰韶文化圣地新形象。《文明密码——东西南北过大年》栏目在央视十套春节期间播出。

2016年10月15日,渑池县举办“2016·仰韶秋韵”晋陕豫黄河金三角摄影家走进渑池大型摄影采风活动

2016年渑池县各乡镇基本情况

表3

乡镇	总人口(人)	粮食总产量(万千克)	油料总产量(万千克)	肉类总产量(万千克)	烟叶总产量(万千克)	蔬菜总产量(万千克)	水果总产量(万千克)	牛年末存栏(头)	猪年末存栏(头)	山绵羊年末存栏(只)	农业总产值(万元)	规模以上工业增加值(万元)	规模以上工业利润(万元)	乡镇固定投资(万元)	地方财政收入(万元)	党委书记	乡镇长
城关镇	72952	772.80	56.50	97.70	0	508.20	79.00	1027	7053	2230	8194	80499	29381	212347	19179	赵忠民	—
英豪镇	35894	2158.10	247.40	484.30	33.60	1547.50	415.70	6169	32925	6954	47996	76509	35799	353506	7857	闫昭伟	段炜
张村镇	23049	1116.50	132.30	278.90	20.10	1408.00	567.50	9495	16408	7631	25163	168261	62413	518687	14065	陈丛勤	张争先
洪阳镇	22222	1101.50	86.90	451.40	29.00	2090.60	727.70	8824	33789	14729	21853	138244	47642	160147	7028	董润海	范关群
天池镇	43693	2653.80	275.60	534.60	310.70	2882.20	1824.2	8158	26700	22084	53168	87143	48250	154502	10517	张光华	王关锁
仰韶镇	38670	1894.30	175.60	650.60	65.20	1593.10	90.10	3069	37199	10940	54016	217168	116230	850986	16864	马万智	贺玲
仁村乡	17622	1191.30	46.70	144.60	18.20	793.60	160.70	7174	10470	10350	12978	46638	19964	190007	10950	程洪海	马强
果园乡	40660	2724.10	283.00	325.80	136.00	2117.00	143.10	1419	16503	8933	28715	125685	58296	221770	17036	赵正华	赵渊
陈村乡	34239	1977.10	212.30	376.60	37.00	959.60	74.00	21200	26450	20340	35923	106904	57509	220121	17862	周勇	荆治强
坡头乡	15977	991.90	179.80	103.00	72.50	323.20	36.70	862	4769	5027	30075	60870	23376	283326	8859	张涛	任鹏武
段村乡	9085	866.40	179.40	263.30	26.10	1452.30	103.20	3790	12069	23390	28713	76672	31211	116285	1320	袁立东	史俊杰
南村乡	5781	507.00	179.20	191.80	22.50	626.30	379.50	4027	5186	18204	13552	64275	25325	144948	1320	闫保伟	张海伟

(张丽敏)

湖滨区

【概况】　2016年，湖滨区全力以赴稳增长、保态势、惠民生，实现了“十三五”良好开局。地区生产总值完成94.3亿元，增长10.2%；第三产业增加值完成58亿元，增长10.5%；规模以上工业增加值完成20.9亿元，增长11.6%；固定资产投资完成131.8亿元，增长19.6%；社会消费品零售总额完成87.7亿元，增长11.5%；一般公共预算收入完成7.5亿元，增长15%；城乡居民人均可支配收入分别达到2.6万元、1.3万元，增长7.2%、8.5%，主要经济指标增速均名列三门峡市前茅。规模以上工业企业实现利润6.5亿元、增长9.7%，万元工业增加值能耗降低率15.1%。工业投资完成32.4亿元，辉润光伏项目并网发电，风电基桩项目建成投产。高新技术企业达11家，增加值完成7.7亿元、增长22.2%。46家企业与大专院校、科研院所建立合作关系，引入技术合作项目30项。深入实施文化惠民工程，区文化馆被评为“河南省先进文化馆”；圆满举办“书香湖滨”第二届读书文化节、第十二届中国(三门峡)楹联论坛等活动，成功承办第三届中国(三门峡)黄河大合唱艺术节和中国流动科技馆湖滨区站活动。铁腕治理大气污染，空气质量优良天数达到199天，PM2.5指标超额完成省定目标。大力拓展绿色空间，植树造林466.67公顷，森林抚育666.67公顷，高标准农田道路绿化25千米。维护社会稳定。依法维护群众合法权益，社会矛盾纠纷有效化解。严格落实安全主体责任、监管责任和属地管理责任，妥善处置食品安全事件，生产安全、消防安全形势持续平稳。脱贫攻坚、大气污染防治、安全生产“三大攻坚战”成效显著，先后被评为“全市2016年度脱贫攻坚工作先进区”“全市大气污染防治攻坚战优秀区”“全省2016年度安全生产先进单位”。特色商业区继跨入全省服务业“两区”十强后，又获“2016年度全省先进服务业‘两区’”称号，晋升2星级服务业“两区”。

【招商引资】　2016年，湖滨区组建5个产业专项招商组，广开门路，实效招商。引进各类项目89个，计划总投资近百亿元。实际利用省外资金34.6亿元、境外资金6420万美元，分别增长7.5%、5.4%。扩大项目投资。完善区级领导分包、“首席服务官”评价等机制，压实责任，强力推进。实施重点项目47个，完成投资88亿元，列入省、三门峡市重点督导项目均超额完成年度投资任务。万达广场、明珠白刚玉、鑫地农业生态园等11个项目相继建成。特色商业区累计完成固定资产投资近60亿元，建成面积215万平方米，规模以上企业达93家，实现“争先晋星”目标。工业园区基础设施建设是全市首个落地的PPP项目，完成投资6100万元。园区累计建成面积5.9平方千米，入驻企业92家，达到省级产业集聚区建设标准。

【生态农业】　2016年，湖滨区城郊特色农业加快发展，蔬菜总产量5000万千克，水果总产量4700万千克，畜产品总产量1700万千克，新发展特色经济林约266.67公顷，高庙花椒、贾庄核桃基地成为市级科技示范园。新型农业经营主体达百余家。泰禾农业成为三门峡市首家进入资本市场的农业企业。

【现代服务业】　2016年，湖滨区重点服务业企业实现营业收入25亿元，增长44.8%。万达广场满铺开业，106个品牌首次进驻三门峡市，成为辐射带动三门峡及周边区域的消费新高地。颐高电商产业园、红星美凯龙全面开工。电子商务年交易额1.8亿元，网络零售额6800万元，32家电商企业获省级电子商务认定。成功举办花椒采摘节、葵花观赏节、葡萄采摘节等特色旅游活动，接待游客30万人次。高庙乡、位家沟村分别被评为全省特色景观旅游名镇、名村。

【城乡建设】　2016年，湖滨区推进棚户区改造。上村二期、崖底村、梁家渠村等区域改造顺利推进，完成投资近10亿元，拆迁面积96.3万平方米，搬迁群众1458户。上村改造安置房开工建设13栋，其中5栋主体封顶；家王庄紫薇天枢小区安置房分房工作全部结束。完善基础设施。城区背街小巷改造工程全面完成，整修道路面积4万平方米，沿路排水、照明、绿化等配套设施同步升级。向青路、会纺路等5条“断头路”全部打通。城区5个农贸市场新建工程顺利启动。新增、恢复农田水利灌溉面积约800公顷。提升城乡面貌。顺利通过省级卫生城市复审验收。扎实推进“洁城行动”，区管道路实现清扫机械化，洁净程度大幅提高。大力开展店外经营、农贸市场等专项整治，市容秩序有效改善。省级“美丽乡村”试点村建设有序推进，创建市级“美丽乡村”示范村4个。

【民生社会事业】　2016年，湖滨区市一小改扩建工程全面完成；“阳光营养餐”惠及全部农村中小学师生；在三门峡市率先实现城乡中小学和幼儿园供暖全覆盖；教师进修学校与三门峡职业技术学院合作开办教育学院。积极扩大就业，设立“义乌商贸城创业孵化示范基地”，入驻各类经营主体500余户；举办大型人力资源招聘会5期，实现就业6000余人。强化社会保障，在全市率先为城乡低保群众购买人身保险，为农业人口购买财产保险；各类救助、优抚惠民政策全面落实；开通“12349智慧养老服务平台”，建成日间照料中心3个。提升医疗卫生服务水平，公立医院综合改革全面启动，药品零差率销售落实到位；“新农合”连续5年实现农民免费参合。

【湖滨区精准扶贫】　2016年湖滨区发展围绕“转、扶、搬、保、救”五项重点，整合涉农资金1.9亿元，实施扶贫项目124个。扎实推进转移就业扶贫，新增贫困人口就业1523人。建设易地搬迁安置点4个，268户、996人搬入新居。创新金融扶贫模式，发放“双免”小额贷款151.3万元。深入开展“精准扶贫·圆梦校园”等教育扶贫活动，资助困难学生2300余人。磁钟乡寺庄村、赵后村和交口乡南梁村退出省级贫困村序列，全区427户、1510人顺利脱贫。

【企业服务活动】 2016年，湖滨区开展企业服务活动，发挥"企业联系人"作用，帮助企业解决问题86件，办结率90%以上。扩大中小企业信用风险担保基金规模，累计为31家企业提供担保贷款7320万元。大力实施"企业家素质提升工程"，联合西安交通大学举办企业家研修培训班8期，培训近千人次。

【政府自身建设】 2016年，湖滨区推进"效能革命"。实行主管领导终结制，推行承诺服务、限时办结、首问负责等制度，政府执行力和公信力明显提升。深化改革，取消、调整和合并减少行政审批项目18项，具有审批性质的管理事项全部取消。推进依法行政。在三门峡市率先推行区、乡、村三级法律顾问制度，实现法律顾问全覆盖。严格"三重一大"(重大问题决策、重要干部任免、重大项目投资决策、大额资金使用)事项集体决策，科学决策水平不断提高。自觉接受人大及其常委会的法律监督和政协的民主监督，办理人大代表议案49件、政协委员提案104件，办复率100%。推进作风建设。政府采购、财务管理、公务消费、公务用车、办公用房等更加规范，"三公"经费实现零增长。认真落实党风廉政建设责任制和"一岗双责"，廉政建设实现长效化、常态化。

【河南省考核组考核湖滨机电制造业园区升级工作】 2016年3月11日，由河南省发改委、河南省住房和建设厅、河南省国土资源厅、河南省环境保护厅相关负责人组成的考核组深入湖滨区考核湖滨机电制造业园区升级工作。考核组分别深入中原量仪、中兴量仪、三味奇食品、天赐铸造、三星智能、等企业实地考核，并实地查看湖滨机电制造业园区交口片区和会兴片区的基础设施建设。

【湖滨区庆祝建区30周年书画展在三门峡国际文博城开展】 2016年4月29日，湖滨区庆祝建区30周年书画展在三门峡国际文博城开展。此次书画展共展出120余幅作品，来自三门峡市老年书画协会、三门峡市文化艺术院、山西省平陆县老年书画协会以及三门峡市各县(市、区)老年书画协会的老人们，以生动活泼的艺术形式，歌颂了湖滨区建区30年辉煌成就，庆祝湖滨区建区30周年。三门峡市老年书画协会领导昝武健等出席开展仪式。

【大黄鸭亮相三门峡】 2016年5月25日，以"童心、欢乐、共享"为主题的"大黄鸭亮相三门峡"活动在三门峡文化公园启动。荷兰艺术家霍夫曼的代表、上海光频传媒文化公司董事长晋龙，台湾昆山商会会长谢敏雄等嘉宾出席。市领导安伟等出席启动仪式。

【河南三建建设集团有限公司和湖滨区政府签订项目】 2016年6月17日，河南三建建设集团有限公司与湖滨区政府正式签订总投资1.73亿元的湖滨机电制造业园区基础设施建设(PPP模式)一期项目。河南三建建设集团有限公司、湖滨区领导及北京中建政研信息资讯中心PPP咨询总监苏勇参加签约仪式。

【三门峡泰禾农业开发有限公司挂牌上市】 2016年7月7日，在郑州中原股权交易中心的授牌大厅，三门峡泰禾农业开发有限公司（企业代码：200402)正式登陆中原股权交易中心，成功挂牌上市。

【三门峡市建筑施工扬尘治理攻坚战动员暨现场观摩会在湖滨区上村举行】 2016年7月18日，三门峡市建筑施工扬尘治理攻坚战动员暨现场观摩会在湖滨区上村佳苑项目现场举行。会议宣读《三门峡市建设施工扬尘污染整治攻坚战实施方案》。会上，水电十一局上村佳苑项目负责人就施工现场扬尘治理作经验介绍；三门峡天鸿市政工程有限公司、三门峡黄河明珠置业有限公司负责人分别作表态发言；各县(市、区)住建局、市住建系统有关部门向市住建局递交《建筑施工扬尘治理承诺书》《建筑施工扬尘治理责任目标书》。市住房和城乡建设局主要负责人出席会议。

【河南省卫计委督导组对湖滨区消除疟疾工作进行督导】 2016年8月9日，河南省卫计委督导组对湖滨区消除疟疾工作进行督导。督导组重点查看湖滨区消除疟疾工作组织领导机制建设、行政部门对消除疟疾工作的支持和管理、经费预算及执行、实施方案和工作计划的制定与落实、消除疟疾各项措施执行进度和执行质量等情况，查看资料整理、归档与管理，并对疟原虫镜检、疟疾防治知识进行现场考核，抽查辖区部分医疗机构镜检站。

2016年4月29日，湖滨区庆祝建区30周年书画展在三门峡国际文博城开展

【河南省服务业统计工作规范化现场观摩会在湖滨区召开】 2016年8月31日，河南省服务业统计工作规范化现场观摩会在湖滨区召开。会后，与会人员深入区统计局查阅2014年到2016年的统计资料和企业的规范化资料，到涧河街道查阅规范化工作资料。

【第十二届中国(三门峡)楹联论坛理论研讨会在湖滨区举行】 2016年9月21日至22日，第十二届中国(三门峡)楹联论坛暨“把楹联写在党旗上”理论研讨会在湖滨区举行。来自北京、上海、天津、重庆、河南、河北、湖北、甘肃、新疆等20余个省(市)楹联学会的代表，晋陕豫黄河金三角楹联文化联席会三省四市代表参加活动。活动期间，与会人员开展“把楹联写在党旗上”主题理论研讨，出席“相聚天鹅城·国学经典吟诵会”，召开黄河金三角楹联文化联席会第五次会议，举行“中国楹联教育基地”授牌仪式，观摩三门峡市楹联文化建设成果和廉政教育基地。此次活动由中国楹联学会、市委宣传部、市文联主办，市楹联学会、区纪委、区委宣传部承办。中国楹联学会会长蒋有泉，副会长叶子彤、刘太品，中共三门峡市委副书记郭绍伟等出席活动。

【三门峡万达广场开业】 2016年10月21日，三门峡万达广场开业。三门峡市、湖滨区两级领导，以及万达商业管理有限公司负责人出席庆典。中共三门峡市委副书记、市长安伟等共同为三门峡万达广场开业剪彩；安伟为象征红红火火的舞狮点睛。

【湖滨区参加2016中国(郑州)产业转移系列对接活动】 2016年11月7日至8日，2016中国(郑州)产业转移系列对接活动在郑州国际会展中心举行。湖滨区参加活动，发布招商项目20个，签约项目3个，总投资8.59亿元。该活动由工业和信息化部、中国工程院以及河南、河北、山西、内蒙古、安徽、江西、湖北、湖南、陕西9省(区)政府共同主办，国家17个行业协会和7所重点理工大学参与协办。在此次活动中，湖滨区还参加中国工程院院长周济所作的中国制造2025与供给侧结构性改革报告会以及国际产能和装备制造合作专题对接会、军民融合发展专题对接会、冷链食品产业专题对接会、先进技术转移专题对接会、新型节能环保产业专题对接会、中印经贸合作对接会等11个专题对接会。

2016年9月21日，第十二届中国(三门峡)楹联论坛暨“把楹联写在党旗上”理论研讨会开幕

2016年湖滨区各乡和涉农街道办事处基本情况

表4

指　　标	单　位	会兴街道	崖底街道	交口乡	磁钟乡	高庙乡
总人口	人	14323	25323	21099	9259	12081
粮食总产量	万千克	117.20	72.20	529.50	432.70	714.20
油料总产量	万千克	63.10	0.90	15.90	12.60	61.40
蔬菜总产量	万千克	655.90	604.30	4862.40	1344.60	1051.50
水果总产量	万千克	952.70	166.90	1507.60	1481.20	588.20
棉花总产量	万千克	0.50	0.40	0.10	0.20	0.90
猪肉总产量	万千克	65.70	50.50	148.40	109.90	65.90
牛存栏	头	451	—	613	970	599
猪存栏	头	4680	4562	15306	9489	8913
羊存栏	只	3611	569	1241	2382	4860
农林牧渔业总产值(现价)	万元	17157	4868	29997	30510	12067
农业总产值	万元	8056	3173	23940	24735	7385
工业企业个数(规模以上)	个	7	3	4	4	2
工业产品营业利润(规模以上)	万元	3655	280	933	703	478
地方财政收入	万元	3970	5576	4445	2981	2511
地方财政支出	万元	3970	5576	4445	2981	2511
党(工)委书记	—	吕宏伟(7月离任) 赵宏章(7月任)	莫极端(6月离任) 杜元华(7月任)	董兴连(5月离任) 张永星(5月任)	李伟	高苏星
乡长(街道办主任)	—	卫清波	杜元华	张永星(5月离任) 王建强(5月任)	张洪波(6月离任) 吉　鹏(6月任)	卫兵(5月离任) 彭宝玲(6月任)

(马红丽)

陕州区

【概况】 2016年,陕州区68个重点建设项目,已建成30个,在建33个,前期5个,累计完成投资92.4亿元,占年计划投资的105%。2016年,全区地区生产总值完成176.3亿元,增长9.3%;固定资产投资完成317.8亿元,增长15.3%;规模以上工业增加值完成63.3亿元,增长10.6%;一般公共预算收入完成14.28亿元,增长10.1%;社会消费品零售总额完成46亿元,增长10.6%;城镇居民可支配收入24054.5元,增长6.2%;农村居民人均可支配收入10856.3元,增长8.1%。转型发展的步伐更加坚实,产业结构更趋合理,第一、第二、第三产业比重由2015年的12.6∶47.4∶40调整为2016年的11.4∶46.4∶42.2。坚定不移实施脱贫攻坚、大气污染防治、安全生产"三大攻坚战"。推进观音堂镇经济发达镇试点工作,167项区级经济社会管理行政职权已下放。深化商事制度改革,持续落实工商税务"三证合一"(指工商营业执照、组织机构代码证和税务登记证)登记制度,全区新增市场主体1831家。机关事业单位养老保险改革有效推进。营改增试点进展顺利,预算管理制度改革不断深化。农村改革不断加快,农村土地承包经营权颁证工作扎实推进,陕州区被农业部认定为第三批全国农村集体"三资"管理(农村集体资金、资产、资源)示范县。水利体制改革深入推进,陕州区被列为全省6个农田水利设施产权制度改革和创新运行管护机制试点县之一。农村信用社筹建农商行获省银监局批复。扩大开放合作,围绕专用汽车(装备制造)、化工、有色金属深加工、铝精深加工、矿温泉开发等主导产业,瞄准央企、国内500强、上市企业等进行点对点招商;与中国化工协会、中国汽车协会等商协会开展委托招商、精准招商。全年签约项目41个,总投资130亿元,履约率87.8%、开工率73.1%;对外贸易不断深化,合同利用外资2942.6万美元,实际利用外资1.68亿美元,引进省外资金68亿元,出口创汇2046万美元。总部经济实现税收4.6亿元,其中区级税收3.18亿元。大气污染防治有力有效,空气优良天数、PM2.5、PM10指标超额完成市定目标。安全生产形势持续稳定,没有发生重特大安全事故。中科院北京中科数遥信息技术有限公司投资的中西部首个高光谱卫星遥感数据存储与分发中心落户陕州区,拉开了陕州区卫星大数据应用产业的序幕。化工物流港铁路专用线获郑州铁路局批复,欧亚大陆桥上多了一个陕州化工陆路港。二仙坡绿色果业有限公司入围2016中国果业龙头百强企业。"二仙坡"品牌荣获"中国驰名商标"。创新社会治理,预防和化解社会矛盾,排查处置非法集资风险,信访形势总体保持稳定,人民群众的安全感指数排名全省第九、三门峡市第一。此外,审计、统计、金融、供销等各项事业都取得了长足发展。

【现代农业】 2016年坚守粮食安全底线,粮食总产1.16亿千克,粮经比例为12:88。不断壮大"果、牧、菜、烟、菌、林"6大特色支柱产业,比例分别占43.8%、26%、3.4%、1.8%、4.2%、2.2%。果品总产5.6亿千克,农民人均产出近2000千克,陕州区被评为全国现代苹果产业20强;新发展各类规模养殖场15个;以"菜篮子"工程建设为重点,积极探索蔬菜产业发展新模式,蔬菜产量4亿千克;完成烟叶收购230万千克;食用菌产量达5000万千克;生态林营造5066.67公顷。新增土地流转面积1333.3公顷,新增省级农民专业合作社示范社5家,新发展家庭农场30家。大力发展农业电子商务,建成"农村淘宝"服务站34个,益农社服务站259个,电子商务覆盖人群近10万人,交易额达2.1亿元。加快农业基础设施建设,投资2045万元,实施了"五小水利"工程,新发展灌溉面积713.33公顷;完成大石涧水库134户群众搬迁安置任务;张家坡水库。完成投资7998.8万元,新建、扩建农村公路项目72个125千米;省道313西线石原至西站26千米提升改造工程全线竣工,省道245改扩建工程完成放线、附属物清点。

【工业经济】 2016年陕州区先后帮助企业协调贷款37.4亿元,引导骏通公司等企业实施技术改造项目16个,累计完成投资4亿元。新增规模以上工业企业11家,全区总数达55家。全区规模以上工业总产值完成341.7亿元,增长7.9%;利润3.4亿元,增长31.5%。铝及铝加工、化工、装备制造、冶金、黄金五大支柱产业产值分别占工业总产值的49.8%、10.7%、8.9%、5.9%、2.7%。化工园区方面,污水处理厂、供水工程投入运行。新招引项目18个,总投资48亿元。积极承接民生银行贷款1亿元,帮助企业渡过难关。全年园区完成固定资产投资75亿元、实现工业增加值24亿元、主营业务收入75亿元、税收5亿元。专用汽车(装备制造)产业园区方面,年产1万辆起重举升专用车生产线正在安装调试;年产5000辆冷链运输专用车、年产5000辆铝合金专用车项目主体已建成;富通物流园项目已开工建设;全年园区固定资产投资完成10.5亿元,主导产业工业总产值完成38.5亿元。

【陕州地坑院景区开园】 2016年陕州区投资5.8亿元的陕州地坑院文化旅游区,5月23日建成开园,全网曝光量突破10亿人次,网络点击量超过4亿人次,先后吸引中央电视台、《人民日报》《光明日报》等海内外媒体报刊报道近40次。在陕州地坑院文化旅游带动下,拉动了矿温泉等三产服务业的快速壮大,实现了跨越式发展。全区共接待国内外游客337.8万人次,增长15.7%;实现旅游收入27.2亿元,增长17.7%,拉动第三产业比重增加了2.2个百分点。2016年底,特色商业区固定资产投资23.3亿元;税收收入7951.3万元,限上企业个数达50个,从业人员达4073人;服务业增加值达5亿元以上,达到省级一星级特色商业区标准。春节期间全区共接待游客11.66万人次,同比增长12%,实现旅游收入515.2万元,同比增长19.5%。

【城乡建设】 2016年年初确定的38项城建重点工程,累计完成投资3.37亿元。卧龙街等5条道路竣工通车,高阳路等7条道路完成提升改造,城市路网更加畅通;甘棠公园水系工程全面完工;和美嘉园等11个房地产项目顺利推进;辛店村棚户区改造项目争取上级资金6340万元;观音堂副中心城区建设步伐加快，基础设施更加完善。全区城镇化率达45.2%。美丽乡村建设全面提速，完成投资1.5亿元,新增市级示范村14个;5个省级示范村有序建设。

【民生事业】 2016年全年财政用于民生支出17.7亿元，占公共预算支出的87.3%。全面推进"双创"工作,统筹推进返乡农民工、就业困难群体实现就业，发放担保贷款9194万元，帮助1066人实现创业,带动3198人实现就业,新增城镇就业8513人,城镇登记失业率2.7%。社会保险制度体系不断完善，发放各项社会保险金3.6亿元;新农合参合率达99.3%，受益农民达62.3万人次,补偿金额1.4亿元。购置25台纯电动城市公交车，对老旧陕州1路车进行更新，纯电动客车比例达45%，全市比例最高。发展社会事业，义务教育发展基本均衡县通过国家评估认定，陕州职专与三门峡职业技术学院合作办学,成立"三门峡职业技术学院交通学院"大专班,陕州一高与郸城一高协作共建学校已揭牌。顺利通过省级卫生城市评审验收，公立医院改革、分级诊疗工作有序推进。积极稳妥实施全面二孩政策。深入开展文化惠民活动，完成公益电影放映3072场,送戏下乡303场。2016年陕州区实施脱贫攻坚全面完成了贫困人口"回头看"和"再复核"工作,精准识别全区贫困人口10382户31914人,2016年8395人顺利脱贫，超额完成三门峡市定目标。

【陕州区电子商务产业园建成运营】 2016年,陕州区电子商务产业园建成运营。开辟了农业电子商务的新路径,培育了一批诸如"山果演义""山生有杏""老醋男"等知名电商品牌;金秋果业在淘宝、天猫等平台上,苹果的销售额位居全国同行前5名,实现了线上线下销售"两旺";全省农业电商发展现场会在陕州区召开。

【陕州区正式挂牌成立】 2016年1月6日，三门峡市陕州区正式挂牌成立。省民政厅党组成员、巡视员张克强,中共三门峡市委副书记、代市长安伟等出席揭牌仪式。张克强宣读了《河南省人民政府关于调整三门峡市部分行政区划的通知》。根据2015年2月16日《国务院关于同意河南省调整三门峡市部分行政区划的批复》，撤销陕县，设立三门峡市陕州区，以原陕县的行政区域为陕州区的行政区域。市、县主要领导共同为陕州区揭牌。区划调整后，三门峡市区由219平方千米增大到1840平方千米，人口由30万增加到65万，将极大地拓展城市发展空间，促进资源优化配置和产业优化布局,增强城市综合承载能力,形成区域核心竞争力，有力推动三门峡市成为黄河金三角区域中心城市。

【陕州化工产业集聚区承接京津冀产业转移对接恳谈会】 2016年1月15日，陕州化工产业集聚区承接京津冀产业转移对接恳谈会在天津市成功召开,三门峡市政协副主席、市工商联主席孙继伟等参加会议。对接会上,陕州化工产业集聚区共与4家企业签约，分别是天津万贝集团，投资10亿元、年产12亿千克芳烃项目;石家庄金玺矿业有限公司,投资5亿元、年产1000万千克环保型提金剂项目；新鑫源科技有限公司,投资2.5亿元、年产100万千克尼文酸和50万千克双甲脒项目;天津大通投资集团有限公司,投资5亿元的医学化工综合生产线项目。总投资达22.5亿元。国家及京津冀地区相关行业协会及部分企业代表90余人参加了会议。

【熊耳山20兆瓦光伏发电一期工程建成并网发电】 2016年1月,三门峡鹏辉新能源有限公司投资建设的熊耳山20兆瓦光伏发电项目一期工程建成并网发电。该项目位于陕州区西李村乡，是河南省首家荒坡地面光伏发电项目。该项目计划总投资11亿元,占地约266公顷,于2014年10月10日开工建设，全部建成后年可发电1.27亿度,年产值1.28亿元,年可增加地方税收2100万元。该项目是西李村乡招商引资的成果，也是国家鼓励发展的新能源和可再生能源建设项目。项目充分利用熊耳山丰富的荒坡资源，既增加乡村集体收入，同时又可带动当地就业及相关产业发展。

【陕州区民间艺人朱秀云被评为"2015年河南省民间文化人才"】 2016年2月19日，中共河南省委宣传部对"2015年河南省民间文化人才"人选名单进行了公示，陕州区西张村镇人马寨村民间艺人朱秀云名列其中。朱秀云,1950年11月生,擅长剪纸、绘画、面塑、刺绣和布艺制作,她的剪纸作品多次获国家、省、市级大奖,并荣获河南省剪纸艺术最奖项"金鼎奖",在全国廉政文化剪纸大赛中连续两届荣获"金剪子奖"和特等奖。民族服饰刺绣获国家级个人贡献奖金;布老虎、大香包荣获国家级金奖,2012年她曾被河南省文化厅评为优秀代表性传承人。

【陕州区中专与河南省东方领航教育事业机构合作办学签字仪式】 2016年4月1日，陕州区中等专业学校与河南省东方领航教育事业机构在区中专举行合作办学签字仪式,航空服务、飞机维修和城市轨道交通运营管理三个专业落户该校。河南省东方领航教育事业机构董事长苏科与该校校长刘博共同在合作协议上签字。

【省教育督导组对陕州区义务教育均衡发展情况进行督导评估】 2016年5月12日，省督学评估检查验收组组长彭燕等一行13人来到陕州区,对陕州区义务教育均衡发展工作情况进行督导评估。督导组充分肯定了陕州区推进义务教育均衡发展工作所取得的成绩，并要求陕州区要充分认识推进义务教育均衡发展的重要性和长期性,强化责任意识,履行政府职责,加大义务教育经费保障力度，加强教师队伍建设，持续推进义务教育均衡发展。随后,督导组还深入陕州区实验小学、原店小学、菜园小学等12所被抽查学校进行实地察看。

【三门峡"一节一会"陕州区签约经济合作项目18个】 2016年5月26日，

百名客商三门峡行暨经济合作项目签约仪式在国际文博城举行。省政协副主席、省工商联主席梁静,市领导安伟等出席签约仪式。此次共签约项目18个,涉及新能源化工、农业、文化教育、文化旅游、装备制造、基础设施等多个领域。会上签约项目14个,分别是:投资10亿元的产业集聚区供排水、中水回用、固废处置及基础设施建设综合项目;投资10亿元的黄河金三角绿色能源生态农业科技创新示范区项目;投资8亿元的100MW农光互补光能发电项目;投资5亿元的年产5000辆高空作业车建设项目;投资1.8亿元的陕县三教地19.8MW光伏项目;投资1亿元的金山现代果业示范园项目;投资1.2亿元的3D打印(增材制造)三门峡示范中心建设项目;投资2.5亿元的年产150万千克1-4酸钠盐50万千克尼文酸10万千克双甲脒200万千克甲酸乙酯与丙酸乙酯项目;投资2亿元的100万千克/年叶酸30万千克/年五氟苯酚200万千克/年2,6-二氯嘧啶生产项目;投资1.5亿元的20MW农光伏发电项目;投资2.8亿元的三门峡清净谷度假村项项目;投资2.5亿元的陕州生态农业养生基地项目;投资0.8亿元的年周转0.5亿千克果蔬冷链物流中心及电子商务交易平台项目;投资4.8亿元的神州长城新能源60MW光伏发电项目。会后又签约项目4个,分别是环境综合治理项目、三门峡培文学校经营项目、国家电投集团(甘山)新能源培训基地项目和266.67公顷核桃及林下种植油用牡丹项目。

【"一亿网友游河南"活动在陕州地坑院启动】 2016年5月28日,由腾讯大豫网联合腾讯13个地方网站发起的"1亿网友游河南"嘉年华活动,在陕州地坑院景区启动。首批160名网友和QQ公仔一起畅游全国规模最大的奇特民居景区——陕州地坑院民俗文化园。游览过程中,景区的免费wifi、微信游园、语音讲解等功能引来了许多年轻网友的关注,大家纷纷拿出手机现场扫码体验,感受中国首个"互联网+"智慧乡村游的便捷与趣味。

【国家"一带一路"民间文化探源工程考察团到陕州区考察】 2016年7月23日,国家"一带一路"民间文化探源工程专家组莅临陕州区,对世界文化遗产古丝绸之路——崤函古道石壕段遗址进行考察。该专家组由中国民间文艺家协会副主席、河南省民间文艺家协会主席程建军带队,中国民间文艺家协会党组成员、副秘书长张志学,北京大学中文系教授陈连山,中央民族大学教授林继富等随同考察。专家组肯定了陕州区厚重的历史文化和对文化遗产的传承保护所做的的工作,希望陕州区能在"一带一路"民间文化探源工程中,推出一批有分量的学术研究成果,为传承和弘扬中华民间文化发挥应有的作用。随后,专家组还来到陕州地坑院景区和西张村镇人马寨村、南沟村考察民俗澄泥砚、捶草印花、剪纸和锣鼓书表演等。

【中央主流媒体到陕州区开展集中采访活动】 2016年9月21日,《人民日报》《人民日报海外版》《经济日报》《农民日报》《中国能源报》《节能环保》杂志、《民生周刊》杂志、人民网、光明网、中国经济网和中国科技网等11家中央主流媒体到陕州区开展集中采访,这也是本次中央主流媒体走进"天鹅之城"集中采访活动的第一站。中共三门峡市委常委、宣传部部长吕挺琳;区领导高永瑞等陪同。采访团一行30余人,先后走进AAAA级甘山国家森林公园、二仙坡绿色果业有限公司、空相寺、崤函古道、金秋果业有限公司、陕州地坑院景区,就产业、生态、旅游、文化等方面进行实地采访。采访团对陕州区良好的发展势头一致表示肯定,并表示,要认真挖掘陕州区在生态保护、特色旅游产业等方面的工作亮点,充分利用各自新闻媒体平台优势,大力宣传报道陕州区的创新做法和成效,让更多人了解关注陕州,为陕州区的经济社会发展提供积极的舆论支持。

【三门峡市烈士纪念日公祭活动在陕州区举行】 2016年9月30日,三门峡市烈士公祭活动在陕州区烈士陵园隆重举行。刘南昌等市四大班子领导,市双拥工作成员单位代表,区委书记高永瑞等区四大班子领导及各乡镇党委书记、乡镇长,区直各部门负责人,军烈属、老战士、少先队员代表、驻陕解放军和武警官兵代表参加活动。公祭活动由中共三门峡市委副书记、市长安伟主持。

【《舌尖上的陕州·大营麻花》获国家级大奖】 2016年10月,第四届全国市县电视台推优活动颁奖典礼开幕式暨全国市县电视台长高峰论坛在江苏昆山举行,陕州广播电视台推荐的3件作品获奖,其中电视专题片《舌尖上的陕州·大营麻花》荣获一等奖。全国市县电视台推优活动是由中国电视艺术家协会主办的全国性评比活动。本届活动共有全国239家有影响力的电视台参加,报送各类作品916件,评选奖项有电视栏目类、电视专题、电视文艺晚会等类型。陕州广播电视台选送的电视专题片《舌尖上的陕州·大营麻花》获电视专题类一等奖,《陕州新闻联播》获电视栏目类二等奖,《丝路崤函》获综艺晚会类二等奖。

【陕州区与中国投资协会城投委举行战略合作签约仪式】 2016年12月9日,中国投资协会城镇化投资专业委员会与陕州区人民政府举行了战略合作签约仪式。中国投资协会城投委副会长刘慧勇等,区领导骆玉峰等出席签约活动。参加活动人员还一起观看了陕州区城市宣传专题片。

【央视财经频道聚焦陕州区东部矿山】 2016年12月14日,央视财经频道上海中心站到陕州区采访,报道陕州区在矿山开采中坚持可持续发展战略,既要金山银山,又要绿水青山的做法。位于陕州区境内的中铝香草洼铝矿积极做好采矿区的复耕回填的做法经当地媒体报道后,《中国铝业报》跟踪报道,央视财经频道成为这次采访的重点。

2016年陕州区各乡镇基本情况

表5

乡镇	户籍总人口（人）	粮食总产量(万千克)	油料总产量(万千克)	棉花总产量(万千克)	肉类总产量(万千克)	烟叶总产量(万千克)	水果总产量(万千克)	大牲畜存栏（头）	生猪存栏（头）	山绵羊存栏（只）	耕地（公顷）	公共财政预算收入（万元）	公共财政预算支出（万元）	农民人均纯收入（元）	党委书记	乡镇长
大营镇	27374	417.00	9.60	4.10	49.70	0	3127.10	655	5589	3880	806.46	9636.41	5491.40	12960	蔡跃斌	贺　锋
原店镇	21184	20.90	2.40	0.10	3.30	0	226.70	129	216	176	1320	8118	5656	11671	孙丽松	张海东
西张村镇	55065	1012.00	0	0	637.00	17.70	16000.00	2243	44486	9953	4985.8	3021	6389	12000	赵　勇	张冬冬
观音堂镇	36252	1473.00	40.90	0	358.60	45.00	10.00	15436	732512	20135	3456	8504	10262	10299	贺清平	王居明
张汴乡	12072	900.90	13.10	1.70	50.90	5.00	9821.10	207	5565	1634	1665	2411	4090	9515	韩　锋	孙艺平
张湾乡	27425	722.30	39.10	0.80	120.70	0	7892.20	684	12770	4786	2704.85	2996.38	4982.48	11323	孟繁昌	介自东
菜园乡	36975	1407.80	3.10	0	339.40	88.80	12986.00	3340	10253	5723	3358	2823	5300	9632	薛吉冰	张智华
张茅乡	20253	860.00	11.50	0.10	215.00	16.00	300.00	7796	41947	13076	2446	5520	5520	12131	王兆海	成晓峰
王家后乡	18784	320.00	3.60	0	197.40	0	0	5798	4271	182620	1631	20000	20000	11586	贠育红	高碧波
硖石乡	11182	407.10	29.60	0	151.10	0	64.30	291	3559	2825	919	4330	4434	10340	段　晶	朱晓博
西李村乡	24573	1689.70	108.00	6.00	714.40	88.50	79.50	12623	82417	13858	5200	3373	3373	11136	刘　阳	王跃泽
宫前乡	13106	1386.80	60.90	0	142.80	75.30	583.60	5764	5365	9677	3102.3	2906	4974	9960	刘茂民	刘　锋
店子乡	3985	112.00	6.10	0	137.00	13.00	85.00	8900	20397	14040	116.73	2070.25	2070.25	10190	卫旭辉	郭　磊

（张素娥　薛欣欣）

灵宝市

【概况】 2016年，灵宝市适应把握经济发展新常态，锐意进取，统筹推进稳增长、促改革、调结构、控风险、惠民生各项工作，圆满完成了灵宝市十三届人大确定的各项目标任务，县域经济社会发展保持了稳中有进、稳中有升的良好态势，实现了"十三五"良好开局。全年全市地区生产总值达493.9亿元，增长8.6%；公共财政预算收入完成19.8亿元，增长12.9%；固定资产投资完成400.9亿元，增长14%；社会消费品零售总额完成155.2亿元，增长12.4%。城镇居民人均可支配收入达25547.5元，增长8.4%；农村居民人均可支配收入达13797.3元，增长11.3%；全市规模以上工业增加值达266.1亿元，增长10.5%。2016年8月，《2016年中国工业百强县(市)发展报告》发布了2016年全国工业百强县(市)排行榜单，灵宝市位列全国工业百强县市第64位，比上年提高了8位。"灵宝苹果"获"2016中国果品区域公用品牌价值榜10强"和"2016中国最有影响力的十大苹果区域公用品牌"称号。灵宝市被中国食用菌协会授予"全国优秀香菇出口基地市"称号。

【工业经济】 2016年，灵宝市完成投资106.3亿元，累计实施重大工业项目126个，其中亿元以上项目58个。谋划实施了总投资54亿元的金城黄金冶炼项目，传统黄金产业转型升级取得新突破。顺利推进0.4亿千克锂电铜箔项目，相继建成投产华鑫铜箔万吨技改、朝辉压延铜箔一期等项目，铜产业规模不断壮大，产业链条不断完善，成为转型发展的新亮点。建成投产汇源果汁杜仲饮料项目一期，建成投用二期厂房；建成新希望六和饲料项目主体；国人酒业、昌盛香菇综合生产等项目建成投产；新引进食用菌加工出口企业3家，实现全市食用菌出口创汇2000余万美元，产业集群规模效益显著提升。宝一讯电子厂扩建、九晟建材二期项目加快推进，年处理3×20万吨磷石膏资源再利用项目联动试车，万达石材加工及产业园项目累计完成投资4.3亿元，第1条生产线调试生产。

【农村经济】 2016年，灵宝市全面加快果品产业提质增效步伐，改造更新乔化果园333.33公顷，发展现代矮砧苹果203.33公顷。累计核桃、大枣、蔬菜、中药材总面积分别达到23333.33公顷、8666.7公顷、8400公顷、6733.33公顷；合同种植烟叶3800公顷，实现税收4932万元；食用菌生产总规模达到1.17亿袋，总产量达11.6万吨，产值达12亿元，规模优势日益凸显。鼓励多种形式适度规模经营，全年新增土地流转面积1333.33公顷，总面积达到14666.67公顷。大力发展各类农民专业合作组织，新增家庭农场20家、农民专业合作社80家，总数分别达到120家、480家；全市农业龙头企业稳定在65家以上。加大林业生态建设力度，完成林业生态建设工程营造林8793.33公顷，绿化精品示范路段44千米。稳固品牌建设成效，"灵宝苹果"品牌价值再创新高，品牌价值达183.4亿元，继续稳居全国县级第一位。"灵宝香菇"品牌被农业部确定为"2016年农产品地理标志示范样板"，成为全国唯一一个食用菌地标示范品牌。加强农业基础设施建设，实施弘农涧河城区至函谷关段河道治理工程，完成白虎潭水库配套饮水灌溉续建工程，实现城区日供水量2万吨。投资1.0315亿元，继续实施大中型水库移民避险解困试点项目，豫灵镇完成建设任务，朱阳镇分房到户498户。

【城乡建设】 2016年，灵宝市按照城乡一体、产城融合的思路，突出"规划、建设、管理"并重，统筹推进"东区拓展空间、北区填平补齐、南部改造提升、西部稳步开发"，城市建成区面积达到23平方公里，人口达到20万人，城镇化率达到41.37%，基本形成中等城市规模。城市总体规划启动修编，城市集中供热、地下综合管线、水系等各专项规划同步编制。第三污水处理厂加快建设，鼎湖路等道路工程基本建成。中心城区排水管网改扩建工程有序实施，断密涧河以东五龙路至污水处理厂段排水管网工程建成投用。棚户区改造项目开工建设11个，豫西轴承新家园、金都蓝湾等2个棚改项目拆迁安置工作全面启动。灵宝市第一人民医院新院址完成年度建设任务，中航星城商业综合体项目一期工程全面建成交付使用，东区成为城市建设新的主战场。强力实施"百日洁城"行动，深入开展"以克论净·深度清洁""城区餐饮夜市经营秩序""道南环境卫生专项整治"等活动，不断净化城区环境卫生，城市管理日益规范；实施太阳能果皮箱安装工程，完成函谷生活垃圾处理场废气发电工程，取缔弘农路北段沿街水果批零市场，市容秩序显著改观，城市品位不断提升。城市西区商住楼建设顺利实施，中海油新海能源油气综合项目基本建成，承载服务功能持续完善。抢抓豫灵镇被列入省级经济发达镇行政管理体制改革试点镇机遇，依托310国道沿线、蒙华铁路、省际交界等边缘优势，带动各中心城镇提升规划、建设和管理水平，不断增强节点支撑作用。加强美丽乡村示范村和农村人居环境达标村、示范村建设，成功创建三门峡市级达标村127个，美丽乡村示范村53个，其中国家级2个、省级6个。扎实开展农村人居环境专项整治，全市重点地段村庄和主干道两侧实现了"三无一规范一眼净"(村内及周边无垃圾堆放、无污水横流、无杂物挡道、日常生产生活物品堆放规范有序，主次干道两侧环境干净)的目标，美丽乡村示范带建设雏形凸显。

【现代服务业】 2016年，灵宝市树立全域旅游的理念，积极引入战略合作伙伴，集中签约总投资20.1亿元的黄河水上综合开发等项目6个。积极与央视新闻媒体合作，先后诚邀央视《长城内外》《乡约》等节目来灵宝取景录制，旅游宣传推介成效显著。以函谷关景区改造提升工程为龙头带动，实施亚武山、娘娘山、燕子山等提升工程，汉山景区金顶客运索道开工建设，红亭驿民俗文化村项目进展顺利，函谷关天长地久薰衣草庄园投入运营。新建、续建投资3000万元以上重点商贸流通项目17个，完成投资13.8亿元，建成运营点点商城电商平台项目等6个。农村电子商务发展迅猛，阿里巴巴“农村淘宝”项目深入推进，第二批农村淘宝服务站启动建设。成功引进中国网库集团、美团公司等知名电商平台，建成运营京东商城灵宝运营中心、灵宝苏宁易购体验店等。制定出台《关于解决房地产历史遗留问题的若干意见》，集中解决房地产历史遗留问题，继续用活用好房地产新政，鼓励住房消费，加快库存消化，进一步激活房地产市场。

【民生保障及社会事业】 2016年，灵宝市加大财政民生投入，积极实施省、三门峡市及灵宝市确定的为群众办实事项目，一批事关民生的重点难点问题得到妥善解决。全年财政用于人民群众生活直接相关的科教文卫、社保就业、“三农”领域、环境保护等方面的支出达25.44亿元，占公共财政预算支出比重的70%。新增城镇就业人员14527人、再就业6188人，城镇医保、社会低保、城乡居民社会养老保险等各项保险覆盖面不断扩大，社会保障体系不断健全，惠民政策全面落实。坚持优先发展教育事业，顺利推进灵宝市第一幼儿园建设，建成投用灵宝市第四小学改扩建工程，全面完成47所寄宿制和薄弱学校改扩建工程主体建设，城乡义务教育发展更趋平衡。深入推进文化惠农工程，完成送戏下乡328场、农村公益电影放映工程5136场。深入推进全民健身示范市创建工作，在全省率先实现农民体育健身工程行政村全覆盖。顺利通过省级卫生城市初评验收，竣工投用焦村、豫灵镇卫生院建设项目，成功与河南中医药大学、河南太龙医药股份有限公司达成战略合作协议，医药产业发展迈进入新阶段。大力实施蓝天、碧水工程，扎实开展环保违法违规建设项目清理整改工作，全面落实“六控(控煤、控尘、控排、控车、控油、控烧)”措施，全力攻坚大气污染防治，积极实施水流域综合整治行动，严厉打击违法排污行为，全市生态环境质量持续优化。全年共关停违法违规项目39家、整改102家、完善25家，完成燃煤锅炉拆改177台，淘汰治理黄标车、老旧车11805辆，城市环境空气质量优良天数累计达到286天。

【社会安全稳定】 2016年，灵宝市坚持预防为主、打击为辅，不断健全社会治安打防管控体系，积极推进平安灵宝建设。加强食品药品安全监管，积极推进食药监管基层所建设，10个基层所全部达到“八室一厅”建设标准，扎实开展重点时段、重点行业食品安全专项整治和药品、医疗器械专项检查，严厉查处打击食品药品违法行为。全面开展安全隐患排查整治工作，加大对矿山、危险化学品、道路交通、消防等重点行业、重点部位的安全治理，严厉打击非法违法安全生产行为，加强安全标准化建设，保持了安全生产形势稳定。不断深化社会管理创新，全面落实信访、维稳、综治等各项制度，群众安全感和满意度不断提高，全市社会大局持续平稳。

【函谷关景区被确定为“河南省对台交流基地”】 2016年3月23日，河南省对台交流基地授牌仪式在灵宝市函谷关历史文化旅游区举行。河南省台办授予函谷关历史文化旅游区“河南省对台交流基地”牌匾，这是三门峡市首个挂牌成立的“河南省对台交流基地”。

【年产0.4亿千克动力锂电池负极专用铜箔项目开工】 2016年3月29日，宝鑫电子科技有限公司年产0.4亿千克动力锂电池负极专用铜箔项目开工仪式在灵宝市城东产业园区举行。该项目是继金城黄金冶炼项目之后，推动全市工业转型升级的又一个里程碑式项目，对于进一步培育壮大铜精深加工产业集群，加快工业结构优化调整，推动资源型城市转型升级，具有十分重要的意义。

【金城冶金与中国恩菲举行项目签约仪式】 2016年3月30日，灵宝市金城冶金有限责任公司与中国恩菲工程技术有限公司举行项目总承包合同签约仪式，由中国恩菲工程技术有限公司对灵宝市金城冶金有限责任公司项目技术核心区域火法熔炼区进行EPC总承包。灵宝市金城冶金有限责任公司日处理200亿千克复杂难处理金精矿多金属综合回收项目由中国恩菲工程技术有限公司总设计，采用同期国际先进的“富氧底吹造锍捕金自热熔炼技术”，不但可回收传统黄金冶炼中能回收的金、银、铜、硫4种元素，还可以有效回收铂、钯、铼、硒、碲、铋、锌、铅、镍等10余种有价元素，金、银、铜的回收率可达98%以上，有第五代捕金技术之称。项目计划总投资51.7亿元。项目建成投产后，年处理复杂金精矿6.6亿千克，实现产值近100亿元，利税可达10亿元以上，同时还可以增加1200余个就业岗位。该项目建设期为18个月，计划2017年7月建成投产。

【广东温氏畜禽养殖一体化项目落户灵宝市】 2016年3月31日，灵宝市与广东温氏食品集团股份公司成功签约，标志着畜禽养殖一体化项目正式落户灵宝市。广东温氏食品集团股份有限公司是一家以畜禽养殖为主、跨地区发展的现代农牧企业集团，市值超千亿元。该公司在灵宝市投资建设畜禽一体化养殖项目，总投资1亿余元。该项目采取温氏首创的“公司+基地+标准家庭农场”的紧密型合作养殖模式，实行全产业链严密监督管理，公司负责种苗生产、饲料原料采购及加工、技术服务配套、畜禽回收销售，家庭农场主负责畜禽饲养。项目建成后，年可上市肉鸡1500万只，年产值可达4亿元以上。

【校企“联姻”发展循环特色农业】2016年3月25日,灵宝市朝阳生物科技有限公司和郑州大学能源与化工学院签订技术合作协议,同时,朝阳生物科技有限公司被确定为郑大研究生教学实验基地。近年来,灵宝市食用菌产业的迅猛发展,产生了大量的废弃菌棒,给生态环境带来沉重压力,成为困扰食用菌产业持续健康发展的难题。为有效解决这一问题,灵宝市朝阳生物科技有限公司利用郑州大学化工与能源学院王岩教授的农林废弃物资源化利用与有机肥开发科研成果,实施建设年产1.0亿千克生物有机肥项目。该项目建成后,年可消化利用废弃香菇棒0.3亿千克、畜禽粪便0.4亿千克,年产值可达1.2亿元利税2600万元。

【央视《远方的家》走进灵宝】 2016年4月12日至18日,中央电视台国际频道《远方的家·长城内外》栏目摄制组在灵宝市录制的《风雨函谷关》专期节目。栏目组以灵宝市国家AAAA级旅游景区函谷关古文化旅游区为切入点,同时对具有灵宝特色的大王镇明清古枣林、黄金采选冶炼等都进行详细地了解和拍摄,全面展示了灵宝市的特色文化和风土人情。《风雨函谷关》专期节目于5月20日在中央电视台4套中文国际频道首播,时长45分钟。

【灵宝市名列河南省即将建设的8个副中心城市】 2016年6月15日,河南省社会科学院发布《河南城市发展报告(2016)》(又称《城市蓝皮书》)。《报告》提出,到2020年全省要完成900万农村人口转移成市民户口的目标,达到56%的常住人口城镇化率。为实现这一目标,全省将以加快产业集群和人口集聚为重点,建设以郑州为中心的组合型大都市地区,把巩义、林州、永城、项城、灵宝、固始、潢川、邓州等8个城市打造成市域范围内的副中心城市,与市域中心城市共同承担带动和辐射区域发展的职能。

【灵宝特色产品亮相北京展销会】2016年9月14日至19日,北京市对口支援地区特色产品展销会在北京展览馆举办。由灵宝市发改委、园艺局推荐的三门峡源丰果业有限公司(灵宝故县)、灵宝市永辉果业有限责任公司生产的灵宝苹果、灵宝大枣、果蔬系列罐头12个品种产品在展销会上展出,并受到北京市民的喜好。现场销售2.1万元;达成代理意向25万元;签订销售意向300多万元。

【中央媒体到灵宝市开展集中采风活动】 2016年9月20日,《人民日报》《人民日报》海外版、《民生周刊》、新华社、《经济时报》《中国旅游报》《农民日报》《中国节能环保报》、人民网、光明网、《中国经济报》、科技日报网等12家中央媒体和重点新闻门户网站组成的采风团应邀来到灵宝市,以绿色发展引领经济转型为主题开展集中采风活动。采风团先后到函谷关历史文化旅游区、荆山黄帝铸鼎原、华鑫铜箔有限公司、尹庄镇前店村昌盛香菇基地等地参观。此次集中采风活动对不断提高灵宝的知名度和美誉度,扩大灵宝的对外影响力,具有十分重要的意义。

【灵宝市政府启动河南·灵宝“金苹果工程”仪式】 2016年11月2日,灵宝市政府举行河南·灵宝“金苹果工程”启动仪式。“金苹果工程”包括构建全网营销体系,通过电商、经销商、批发市场和专卖店销售体系的整合升级等,推动“政校企”三方合作,开创高校知识青年支农、助农新方式,进一步健全产品体系,实施品牌推介,搭建媒体发布平台,推动主题传播升级,通过新华网、人民网等100家以上的网络媒体,发布灵宝苹果新闻信息,推介发布不同节点的活动。

【灵宝市获全国优秀香菇出口基地县荣誉称号】 2016年11月26日,在“2016中国食用菌行业秋季博览会暨西峡香菇国际品牌推介会”上,灵宝市与西峡县、庆元县、古田县、平泉县等11个县(市)被中国食用菌协会授予“全国优秀食用菌出口基地县”荣誉称号。

【灵宝市被评为“2016年度中国最具投资潜力中小城市百强县市”】 2016年11月,由中国城市经济学会中小城市经济发展委员会、中小城市发展战略研究会等单位联合主办的《2016中国中小城市科学发展指数研究报告》发布,灵宝市入围“2016年度中国最具投资潜力中小城市百强县市”,排名第44位;豫灵镇上榜“2016年全国综合实力千强镇”,排名第999位。

【灵宝市国资公司与北京矿冶研究总院、灵宝市达仁先进制造业股权投资基金签订合作协议】 2016年12月30日,市国资公司与北京矿冶研究总院、灵宝市达仁先进制造业股权投资基金签订合作协议,灵宝的资源优势和产业基础与北京矿冶总院和深圳达仁资管公司的技术资金优势强强联合,对助推灵宝市达仁先进制造业股权投资基金做大做强,加快推进金城黄金冶炼项目建设进程有着十分重要的意义。此次签约创造了两个第一:一是北京矿冶研究总院是三门峡提出“央地合作”后第一家落地的央企;二是灵宝市达仁先进制造业股权投资基金是第一批落户三门峡的基金。双方合作可谓珠联璧合,体现了三门峡提倡的“立行立干,马上就办”的精神,是“央地合作”的典范。

【“函谷关号”客运专线投入运营】2016年12月26日,灵宝市举行“函谷关号”客运专线市区至灵宝西高铁站开通发车仪式。“函谷关号”客运专线投入6台纯电动客车,车辆统一配置GPS实时动态监控设施、LED显示屏、投币箱等,采用无人售票投币“直达”方式运营,每天发车22个班(次),全程运行时间1小时。 (李少茹)

2016年灵宝市各乡镇基本情况

表 6

乡镇	总人口数(人)	粮食总产量(万千克)	棉花总产量(万千克)	油料总产量(万千克)	烟叶总产量(万千克)	肉类总产量(万千克)	水果总产量(万千克)	大牲畜存栏(头)	生猪存栏(头)	山绵羊存栏(只)	农业总产值(万元)	农村工业总产值(万元)	乡级财政收入(万元)	农民人均纯收入(元)	党委书记	乡镇长
城关镇	8758	189.20	0	0	0	20.20	502.00	250	2339	939	12210	1036412	2598	14690	袁 峰	张博博
尹庄镇	45038	970.10	9.00	14.90	0	381.30	6152.00	2114	21667	9277	39400	586800	4143	14770	张金科	杭战刚
朱阳镇	44335	2367.40	0	2.40	512.40	252.00	9800.00	20312	12149	19773	81700	349000	3442	14590	王先层	王 骁
阳平镇	73376	2757.40	6.10	105.70	4.10	526.30	15721.60	10683	28635	11371	96000	3255000	1636	14630	陈 伟	屈跃民
故县镇	40427	1920.30	7.30	71.60	25.70	686.30	9399.60	2279	36168	4128	33500	1170640	1604	12659	郭振水	杨晓波
豫灵镇	57847	2310.80	10.80	99.70	0	131.60	9952.10	5663	9941	8686	54000	3680000	14100	14000	许志忠	杜继英
大王镇	44481	2258.20	9.20	100.10	0	171.20	7845.90	2289	12956	9813	115500	110425	601	13599	秦剑波	张建科
阳店镇	58473	1916.10	9.30	21.10	0	640.50	13056.00	1424	21620	3890	57000	137000	1024	11203	王晓东	杨强强
函谷关镇	25026	844.80	1.60	23.00	0	240.80	8924.00	1451	15546	7144	32000	46000	709	13407	樊志刚	王金洲
焦村镇	52524	1233.10	9.70	204.50	0	127.90	15184.00	454	26670	895	104211	275963	692	14180	索 磊	张琳凡
川口乡	30405	1194.20	5.00	22.50	19.80	100.84	5907.40	1957	8649	6720	40615	15600	940	12755	王 伟	李朝博
寺河乡	7039	193.20	0	0	0	673.00	11139.00	6746	2685	2995	54000	67000	781	11495	张建霞	张玉峰
苏村乡	26701	1282.00	2.30	0	183.40	195.70	16088.20	12843	8058	18500	14000	39799	1614	11753	杨 娟	段建强
五亩乡	35648	1088.10	3.00	19.40	256.50	124.10	12910.00	11876	6690	19413	37900	619300	2938	12800	杜华卫	任晓飞
西阎乡	54496	1562.60	32.90	151.50	0	217.20	12683.60	1306	1017	12608	53000	197000	576	12610	王宏伟	毋润芳
涧东区	8727	16.60	0	0	0	7.10	68.50	0	706	0					倪卫波	
涧西区	11621	38.80	0	0	0	0.60	34.80	0	1830	510					李建华	

(赵 阳)

卢氏县

【概况】 2016年,卢氏县委、县政府深入贯彻中共十八大及十八届历次全会精神,主动适应经济新常态,深入践行创新、协调、绿色、开放、共享五大发展理念,持续抓好招商引资,加快项目建设,优化发展环境,突出以脱贫攻坚为重点的各项经济工作,全力稳增长保态势、调结构促转型、补短板惠民生,全县经济社会保持良好发展态势,圆满完成各项目标任务。全县生产总值85.5亿元,同比增长8.2%;一般公共预算收入5.54亿元,同比增长12.7%;社会消费品零售总额40.8亿元,同比增长11.8%;全社会固定资产投资127.1亿元,同比增长15%;城镇居民人均可支配收入22560.7元,同比增长6%;农村居民人均可支配收入8016.1元,同比增长8.2%。建成城区科技防控工程,深入开展"平安创建"活动,全县公众安全感位居全省158个县(市、区)中第22名,政法机关执法满意度位居全省第80名。在深化改革方面,2016年卢氏县共承接省市下放行政审批事项40项,取消行政审批事项70项,合并减少行政审批事项13项。深化简政放权便民服务,取消前置审批条件67个,减少审批环节82个。财税体制改革、商事制度改革和金融机构改革取得新突破,国库集中支付制度进一步完善。全面落实安全生产责任制,集中开展打非治违专项行动,安全生产事故起数、死亡人数实现"双降",县内无较大及以上安全事故发生。卢氏县被省政府授予"全省计划生育先进县""全省国土资源节约集约模范县"称号。在"2016中国百佳深呼吸小城"联盟系列活动中,卢氏县以独特的地理区位、丰富的森林等自然资源入选"中国深呼吸小城"。在2016中国食用菌行业博览会上,卢氏县被中国食用菌协会授予"全国优秀香菇出口基地县(市、区)"称号。

【现代农业】 2016年,卢氏县新栽植核桃733.33公顷,累计建成核桃示范基地57个,核桃总面积达到35333.33公顷;发展特色水果3333.33公顷,林果业产值逾5亿元;引进雏鹰农牧、昊豫实业等养殖项目,带动全县养殖业快速发展,家畜饲养量35万余头(只),家禽饲养量220万余只,畜牧业产值5亿元以上;烟叶面积稳定在6666.67公顷左右,税收7000万元以上;引进羊肚菌、蛹虫草等食用菌新品种6个,食用菌生产稳定在1亿袋以上,产值8亿元以上;累计发展连翘种植1666.67公顷,野生中药材抚育666.67公顷;建成1000亩以上中药材示范基地7个、珍稀名贵中药材种源保护及驯化基地5个;扶持成立中药材专业合作社67个。商标持有量328件,其中省级著名商标7个、注册地理标志证明商标2件,卢氏县成为河南省地理标志产品最多的县之一。全县农业龙头企业44家,农业出口型企业7家,专业合作社472家,家庭农场9家。完成土地流转面积6166.67公顷。农村集体土地使用权、承包经营权、果树经济林确权登记颁证改革取得阶段性成效。

【工业经济】 2016年,卢氏县累计实施亿元以上工业项目27个,总投资184.2亿元;规模以上工业企业达到46家,工业总产值60.7亿元。投资40亿元的中金集团中原矿业公司夜长坪钼矿开发、投资19.3亿元的三门峡莘原制药有限公司异地扩建及中药物流园等重点项目加速推进。夜长坪矿区钼钨固体废弃物综合利用、钼钨综合回收选矿实验等科研项目实现突破,钼回收率由50.15%提高至70.17%。产业集聚区华夏路、扁鹊路、熊耳路等7条共7.4千米的道路投用,建成区面积3.05平方千米,累计入驻项目39个,建成投产33个,规模以上企业达到21个,完成固定资产投资42亿元,实现营业收入40亿元,税收1亿元。中金集团、锦江集团、陕西秦华天然气等战略投资者落户卢氏。

【旅游及服务业】 2016年,卢氏县《卢氏县旅游业发展总体规划》完成,24个村入选全国乡村旅游扶贫重点村。熊耳山、大鲵湾、红石谷·樱桃沟等景区开发建设顺利推进。横涧淤泥河桑葚采摘园、东明凤凰山猕猴桃观光园等高效农业休闲观光园建成。成功举办豫西大峡谷全国双胞胎漂流大赛等节庆赛事活动,旅游影响力显著提升,"自由山水、清清卢氏"旅游品牌初步形成,成为"国家全域旅游示范区创建单位"。全年接待游客63.3万人(次),实现旅游总收入2.85亿元。商贸物流业迅速发展,全县实有各类市场主体12444户,物流业达到9家;电子商务发展迅速,共发展电商企业和合作社62家、个体网店1064个、电商实体企业35个,交易额累计达5.24亿元,被确定为全国第二批电子商务进农村综合示范县。

【卢氏县脱贫攻坚】 2016年,卢氏县深入落实扶贫措施,强化扶贫政策衔接。贫困村公共基础设施条件进一步改善,自来水普及率提高到82%,通电率提高到100%,通水泥路普及率提高到91%。编制的《脱贫攻坚项目库》收录项目3062个。依托"阳光工程""雨露计划",培训贫困劳动力2.25万人(次),年输出劳动力7.5万人(次);积极落实生态补偿政策,发放生态补偿金8850万元;对符合社会兜底的贫困户全部予以社会兜底。健全驻村帮扶和社会扶贫机制,中央、省、市56个单位定点帮扶卢氏,累计落实帮扶资金3265万元。11个贫困村有序退出、脱贫12047人,贫困发生率下降到15.5%;大力实施易地搬迁,累计建设安置点56个,当年规划建设的14个易地扶贫搬迁集中安置点全部主体完工。被评为"2016年度全市脱贫攻坚工作先进县"。卢氏县瓦窑沟乡观沟村村民杨树春被评为"2016河南十大年度扶贫人物"。

【基础设施建设】 2016年,卢氏县蒙西至华中铁路卢氏段全线开工,三淅、郑卢高速公路卢氏段通车,栾(川)卢(氏)、卢(氏)洛(南)高速公路列入全省公路网规划。国道209线城区段、国道209线县城至五里川段改建工程完成,国道344线河口至官坡至豫陕界改建工程稳步推进。城区洛河大桥建成投用。城西客运站正在建设,城市公交开通。258个行政村通班车,全县通车总里程3243千米,公路密度达每百平方千米75.3千米,初步实现所有行政村通水泥路。加大电网工程建设力度,新建改造35千伏变电站3座。新建4G基站504个,全县19个乡镇政府所在地、国省道沿线及景区移动信号基本覆盖。

【特色城镇发展】 2016年,卢氏县先后完成卢园广场、鸿泰梧桐郡、金色华庭、第二污水处理厂等一批城市建设项目,城区面积扩大到9平方千米,城镇化率提高到35.75%。总投资16.9亿元的特色商业区综合开发项目顺利实施。"三城联创"活动扎实开展,开展"整洁卢氏、清洁家园"、文明志愿者服务、市容秩序整治等系列活动,全县整体面貌得到提升,省级卫生县城通过复审验收并授牌,省级文明县城提名城市通过考评验收并命名,全国休闲农业与乡村旅游示范县创建工作稳步推进。与河南豫资公司签署21亿元的城市投融资项目。抓好安居工程建设,累计完成危房改造7944户,完成棚户区改造806套,建成公租房1419套,城镇住房困难群体居住条件明显改善。不动产统一登记制度改革启动,实现土地、房产、林地资源共享。

【美丽乡村建设】 2016年,卢氏县成功创建9个省级生态乡镇、35个省级生态村,跻身国家主体功能区试点示范县,荣获"全国百佳深呼吸小城"。抓好生态林建设,累计造林52200公顷,森林覆盖率达到69.3%。推进洛河、淇河、杜荆河等重点流域水污染整治,洛河大桥、老灌河朱阳关断面水质达到三类水质标准,城市集中饮用水源地取水水质达标率100%;搞好大气污染防治,环境空气质量优良天数平均342天。统筹推进美丽乡村建设,建成省市级美丽乡村示范村52个,文峪乡庙沟村入选全国"美丽乡村"创建试点,62%以上的行政村基本达到人居环境达标村,被评为"全省改善农村人居环境建设美丽乡村工作先进县"。

【社会事业】 2016年,卢氏县城乡居民基本医疗保险参保率99%,城乡居民基本养老保险参保率85.1%。新增城镇就业39235人,失业人员再就业6250人,开发公益性岗位1449个。发放岗位补贴991.2万元、社保补贴675.3万元。发放创业担保贷款37854万元,财政贴息2569万元,扶持5483人创业,带动20467人就业。新建、改建敬老院14个,建成29个农村幸福院,实施19个乡镇敬老院的"温暖工程"。义务教育均衡县创建工作全面启动;教育教学质量持续提高,中招成绩连续五年位于全市前列,高招录取和考入名校人数逐年攀升;总投资5000万元的西城小学及幼儿园项目于2017年竣工;总投资5000余万元的城东小学及幼儿园项目开工建设。9所乡镇卫生院改扩建、177个标准化村卫生室等重点项目建成;全面落实二孩政策,被国家卫计委评为"全国计划生育优质服务先进单位"。县级公立医院改革启动,乡村两级全面实施国家基本药物零利率销售。新建14个乡镇文化站、352个农家书屋,实现乡乡有文化站、村村有农家书屋;投资970万元的31个村基层综合文化服务中心达到"七个一"标准;城隍庙成功申报国家级文物保护单位,争取维修资金1019万元;官道口史家大院、木桐乡豫鄂陕党政军机关旧址、县城北关清真上寺、横涧乡刘家岭遗址4个省级文物保护单位获批;智慧卢氏手机台建成开播。与中科院地质与地球物理研究所合作成立的矿产资源领域院地合作科研示范基地暨院士工作站,在矿产资源综合利用、地热资源开发、主要矿区成矿规律研究方面取得实质性进展。

【总投资7.35亿元的4个项目集中开工】 2016年3月18日,卢氏县举行一季度重点项目集中开工仪式,总投资7.35亿元的4个项目集中开工,分别是:总投资6.1亿元的三门峡莘原制药中药物流园项目、总投资3500万元的横涧乡梅苑新村异地扶贫搬迁项目、总投资5000万元的凤凰山猕猴桃农业生态观光园项目和总投资4000万元的潘河乡海鑫铜板厂项目。

【副省长王铁到卢氏调研农业电子商务暨脱贫攻坚工作】 2016年5月5日,河南省副省长王铁深入卢氏县东明镇江渠村卫飞舟电商培训基地,了解身残志坚的卫飞舟的电子商务创业历程,与参训电商个体户交流网上销售等情况,并通过驻村第一书记了解贫困户数、产业发展及驻村帮扶情况;到电子商务示范街马氏蜂业、香盛轩核桃专业合作社、百瑞蚕茶有限公司及电商创业园进行实地调研,详细了解企业发展情况和网上销售情况。调研结束后,王铁主持召开座谈会,与国家、省、市驻卢氏负责人交谈,了解驻村扶贫帮扶工作开展情况。王铁对卢氏县农业电子商务发展情况给予肯定,他强调:一要学习习总书记系列讲话再深入;二要落实省委部署再抓实;三要精准扶贫再精准;四要保护生态再引领。

【清清卢氏"靖华杯"全国征文大赛启动】 2016年5月29日,由中国散文学会、中国诗赋学会、中共卢氏县委宣传部联合主办,县旅游局、县文广新局和县文联共同承办的清清卢氏"靖华杯"全国征文大赛,在豫西大峡谷景区正式启动。此次征文大赛面向全国征稿,2017年5月29日截稿。中国散文学会名誉会长、著名作家、编审周明,著名作家、诗人、全国散文诗歌大赛组委会秘书长贾梁出席启动仪式。2016年7月22日至25日,由卢氏县委宣传部、县文广新局、县旅游局联合举行清清卢氏"靖华杯"全国征文大赛作家采风活动。河南省作家协会副主席冯杰,著名诗人、作家、全国散文诗歌大赛组委会秘书长贾梁,全国著名诗人、散文作家、中国文联编审洪烛,全国著名诗人、歌词作家阿紫共20余位作家参加采风活动。作家们听取卢氏旅游资源和文化资源介绍,先后到横涧乡碾盘村,汤河乡低里坪村、汤河村,五里川镇曹靖华故居、教泽碑与尊师亭,双槐树乡九龙山,官坡镇红25军军部旧址,玉皇山天然氧吧,朱阳关镇杜店村古村落,双龙湾景区,横涧乡淤泥河村等地进行实地采风。

【中部八省自驾旅游高峰论坛暨“中部最佳特色漂流景区”评比活动在豫西大峡谷举行】 2016年7月2日,中部八省自驾旅游高峰论坛暨“中部八大最佳特色漂流景区”评比活动在卢氏县豫西大峡谷风景区举办,来自湖北、陕西、山西、河南、山东、安徽、河北、江苏8个省的自驾旅游协会和来自全国各地40多家著名自驾车俱乐部参加论坛。论坛对各省漂流景区进行综合评比,河南豫西大峡谷漂流以特色明显、安全系数高、漂流河道设计科学、服务设施完善的优势,获得“中部八省最佳特色漂流第一名”。

【大型文献纪录片《长征》摄制组到卢氏县取景拍摄】 2016年7月11日至12日,由中宣部、国家广电总局、中央电视台联合推出的大型文献纪录片《长征》摄制组到卢氏县取景拍摄。该片共8集,每集50分钟,10月在中央电视台一套黄金时间播出,并被确定为纪念中国工农红军长征胜利80周年唯一核心宣传项目。摄制组以货郎陈廷贤带领红二十五军突出重围的这段佳话为原型,以卢氏县编排的舞台剧《红货郎》为切入点,以纪实的手法着重展现革命历史、长征精神在卢氏县的弘扬和传承情况。

【“重走长征路 共铸中国心”医疗公益活动走进卢氏】 2016年8月13日,由“同心·共铸中国心”组委会主办,官坡镇承办,全市11家医疗单位10余个科室的47位医疗专家组成的志愿者服务队共同参与的“重走长征路 共铸中国心”医疗公益活动在官坡镇兰草村正式启动。医疗专家们为该村的贫困户送上食用油、挂面等慰问品,参观红二十五军军部旧址,并为群众600余名群众义诊。“同心·共铸中国心”公益活动是以关爱、帮扶、救助老少边穷地区贫困人群为核心的大规模定点、定向主题公益活动,由北京医务专家在2008年汶川特大地震之后发起。截至2016年,活动覆盖四川、宁夏、内蒙古、甘肃、青海、西藏等地,累计组织3万余名志愿者奉献爱心,30多万名贫困群众直接受益。

【河南鹏鑫集团灌河湾水上乐园漂流项目签约】 2016年8月24日,卢氏县参加在渭南市大荔县召开的第四届黄河金三角投资合作交流会,及资本之约——黄河金三角区域深度融入“一带一路”政企对话峰会暨重大项目集中签约仪式。签约仪式上,朱阳关镇政府与河南鹏鑫集团签署灌河湾水上乐园漂流项目,签约金额1.2亿元。

【2016级“思源·佑华教育移民班”举行开学典礼】 2016年9月7日,卢氏县2016级“思源·佑华教育移民班”在育英中学举行开学典礼。省政协副主席、民建省委主委龚立群,省人大常委、民建省委专职副主委张晓林出席开学典礼,向“思源·佑华教育移民班”的50名贫困学生赠送服装和体育用品,实地察看育英中学的餐厅、宿舍等基础设施建设情况。“思源教育移民计划”旨在通过教育扶贫和移民扶贫相结合,帮助偏远山区品学兼优、家庭贫困的学生接受规范、完整的基础教育,最终实现农村人口的移民就业和脱贫致富。

【卢氏秦华天然气有限公司加气站开业】 2016年10月18日,卢氏秦华天然气有限公司加气站正式开业运营。该项目计划总投资2.58亿元,一期累计投资7500余万元。一期建设项目中的LNG气化站及L-CNG加气站建成,城区天然气输送管网工程完成中压管网建设13.52千米,完成用户建设2152户。

【卢氏县代表三门峡市签订总值3.2亿元的购销合同与协议】 2016年11月5日至8日,在国家农业部和云南省人民政府共同主办的第十四届中国国际农产品交易会上,卢氏县农牧局组织三门峡市多家企业的地理标志和有机农副产品参会展销,现场销售额40多万元,并代表三门峡市多家企业与外地客商签订了总值为3.2亿元的购销合同与协议,其中卢氏县签订1.6亿元。此届展销会是三门峡市近年来参展规模最大、规格较高的一次,省政府副秘书长胡向阳参观了三门峡市展馆。

【卢氏九龙实业羊肚菌基地跻身全国首批“星创天地”】 2016年11月18日,国家科技部公布第一批星创天地名单,河南卢氏九龙实业有限公司(羊肚菌基地)名列其中,成为首批国家级备案的“星创天地”,被纳入国家级科技企业孵化器的管理和服务体系,是河南省唯一一家以羊肚菌为主题、通过国家级认定的星创空间,全国以食用菌为主题的星创天地仅有8家。

【庆祝红军长征胜利80周年暨红二十五军入卢氏纪念日重走长征路活动】 2016年12月4日,红二十五军长征入卢纪念日当天,卢氏县举办庆祝红军长征胜利80周年暨红二十五军入卢氏纪念日重走长征路活动。中国开国元勋文化促进会副会长、著名军旅作家、党史军史专家王晓建,促进会常务理事、陈先瑞将军之女陈然,促进会常务理事、徐光友将军之子徐抗及部分开国将军后代,及部分三门峡市、卢氏县领导出席启动仪式。仪式上,向卢氏的青年代表赠授了红二十五军军旗。随后,由卢氏县委宣传部、县老促会和县党史办组织的100余名志愿者,身着红军服装,在红二十五军军旗引领下,沿着当年红二十五军在卢氏的行军路线重走长征路。队伍到卢氏官坡镇兰草村参观了红二十五军军部旧址,在红军广场为群众表演了文艺节目。开国元勋文化促进会向红军小学赠送了电脑。

2016年卢氏县各乡镇基本情况

表7

乡镇	粮食总产量(万千克)	油料总产量(万千克)	烟叶总产量(万千克)	水果总产量(万千克)	肉类总产量(万千克)	大牲畜存栏(头)	生猪存栏(头)	山绵羊存栏(只)	总人口(人)	农业总产值(万元)	农民人均纯收入(元)	乡级财政收入(万元)	党委书记	乡镇长
城关镇	24.10	—	—	91.80	14.60	220	810	520	37678	2502	12247	9853	杜元恒(6月离任) 彭海峰(10月任)	卫军强(5月离任) 彭海峰(5月任,10月离任) 朱金峰(10月任)
杜关镇	821.10		289.90	2572.90	90.40	8461	3021	5923	18616	20963	8779	1466	薛黎辉	张　攀
五里川镇	509.30	—	12.30	2179.60	42.30	2102	2537	2006	20261	23647	7920	1400	石卢江	陈海涛(5月离任) 姚振波(5月任)
官道口镇	1292.50	9.10	235.20	520.60	208.30	7353	14836	1055	6998	21318	8889	2450	郝建生(5月离任) 薛红军(5月任)	张海军(5月离任) 陈海涛(5月任)
朱阳关镇	386.50	—	—	56.30	21.80	201	891	965	5723	18063	6991	657	呼延向阳	段怀成(5月离任) 刘富军(5月任)
官坡镇	620.20	—	148.10	433.40	33.50	1573	1894	1332	8399	22531	7627	917	马俊峰(5月离任) 常　勇(5月任)	常　勇(5月离任) 李向荣(5月任)
范里镇	1473.80	30.60	216.30	1951.40	43.90	5087	1556	5729	12295	30684	8480	1833	樊卫星	赵双亮
东明镇	974.10	13.80	219.20	1069.70	70.90	1086	1157	2290	11320	23338	9385	5602	李　新(5月离任) 段怀成(5月任)	田　雨
文峪乡	899.20	7.00	—	1296.60	50.40	873	773	1352	10511	21014	7377	1382	彭光华(5月离任) 卫军强(5月任)	王　峰(1月离任) 秦雪枫(10月任)
横涧乡	952.90	—	221.40	316.70	64.40	4668	2609	6353	10593	21102	7461	1286	郭军文(5月离任) 李敏霞(5月任)	李敏霞(5月离任) 任丰良(5月任)
双龙湾镇	368.70	11.00	27.70	172.0	46.00	1542	2025	2249	4668	14343	7992	1291	张锐锋(5月离任) 李清东(5月任)	赵建波(5月离任) 钱建波(5月任)
双槐树乡	286.20	—	37.10	442.20	19.10	101	1296	745	4548	17080	7058	1039	马建东	谌建峰(5月离任) 卢青生(5月任)
汤河乡	374.80	—	4.00	554.10	52.10	1741	2259	2068	3802	18185	6943	460	薛红军(5月离任) 周靖峰(5月任)	周靖峰(5月离任) 范媛媛(5月任)
瓦窑沟乡	280.60	6.90	6.40	267.60	24.10	420	1257	533	5194	20553	7447	526	程　远(5月离任) 李润方(5月任)	李润方(5月离任) 李青波(5月任)
狮子坪乡	465.90	—	31.90	293.80	40.80	237	1837	360	3553	23588	7494	422	轩辕军(5月离任) 陈文周(5月任)	陈文周(5月离任) 茹生龙(5月任)
沙河乡	777.60	—	269.80	916.40	34.10	2800	2038	1782	5046	20982	8059	1453	陈东旺	张　磊(12月离任) 彭光锐(12月任)
徐家湾乡	478.60	0.20	18.80	174.40	38.10	618	1022	1306	2995	15537	6951	315	方勇(5月离任) 胡琪(5月任,12月离任)张磊(12月任)	李栋梁(5月离任) 吕海波(5月任)
潘河乡	631.80	8.80	76.90	302.80	67.00	1576	1442	2957	4808	17284	7337	2424	陈潮源	张东阳
木桐乡	357.30	—	71.70	26.00	39.30	4374	1167	3140	2981	14701	6929	1577	胡琪(5月离任) 魏海峰(5月任)	魏海峰(5月离任) 张建忠(5月任)

(常琳静　王欢欢)

·编辑　赵玉丽·

人物

新任领导

刘南昌 中共三门峡市委书记。汉族，1963年10月生，湖南隆回人，1987年7月参加工作，1985年4月加入中国共产党，研究生文化程度，经济学博士。

1981年9月至1985年7月，在湖南财经学院贸易经济系商业经济专业学习；1985年9月至1987年7月，为中国人民大学贸易经济系商业经济专业研究生，获经济学硕士学位；1987年7月至1993年6月，任国家信息中心经济信息部助理经济师、经济师（其间：1988年9月至1989年7月参加中央讲师团在河北唐山支教）；1993年6月至8月，为国家经贸委综合司干部；1993年8月至1994年4月，任国家经贸委综合司主任科员；1994年4月至1997年11月，任国家经贸委综合司分析处副处长；1997年11月至1998年7月，任国家经贸委综合司分析处处长；1998年7月至2000年4月，任国家经贸委综合司分析预测处处长；2000年4月至2002年10月，任国家经贸委综合司调控政策处处长；2002年10月至2003年3月，任国家经贸委综合司副司长；2003年3月至5月，任国务院国资委业绩考核局副局级干部；2003年5月至2008年9月，任国务院国资委业绩考核局副局长（2001年9月至2006年1月在中国人民大学公共管理学院国民经济管理系国民经济学专业在职研究生学习，获经济学博士学位）；2008年9月至2009年2月，任国务院国资委业绩考核局副局长（主持工作）；2009年2月至4月，任国务院国资委综合局副局长（主持工作）；2009年4月至2016年7月，任国务院国资委综合局局长；2016年8月，任河南省三门峡市委书记。

安　伟 中共三门峡市委副书记、市长。汉族，1966年5月出生，河南镇平人，1988年5月加入中国共产党，1991年6月参加工作，历史学硕士，在职经济学博士。

1984年9月至1988年7月，在河南大学政治系学习；1988年7月至1991年6月，为兰州大学马克思主义科学系世界近现代史专业研究生；1991年6月至2009年6月，在河南省委政策研究室工作，历任财贸处副主任干事，财贸处、综合处主任干事，综合处助理调研员、副处长、处长，省委政策研究室副主任（其间：1991年6月至1992年7月，在鄢陵县彭店乡锻炼；2001年2月至6月在河南省委党校第二期青干班学习；2008年12月，获华中科技大学经济学博士学位）；2009年6月至2013年4月，任河南省委副秘书长；2013年4月至2015年4月，任河南省委农村工作办公室常务副主任（正厅级）；2015年4月至7月，任新乡市委副书记；7月至11月，任新乡市委副书记、市委党校校长；11月至12月，任河南省三门峡市委副书记，提名为三门峡市人民政府市长候选人，代理市长。2016年3月，任三门峡市委副书记、市长。

范付中 三门峡市委常委、组织部部长。1970年8月出生，汉族，河南杞县人，1991年4月参加工作，1994年1月加入中国共产党，工商管理硕士。

1988年9月至1990年7月在河南大学财会系财会专业学习；1990年7月至1991年4月在河南省杞县纪委帮助工作；1991年4月至12月为河南省杞县纪委干部；1991年12月至1993年8月为河南省杞县财政局干

部;1993年8月至1995年3月为河南省杞县西寨乡财政所干部;1995年3月至1998年4月任河南省杞县供销社纪委书记,党委副书记;1998年4月至1999年1月任河南省杞县供销社党委书记、理事会副主任;1999年1月至2001年9月任河南省杞县圉镇镇党委书记(其间:2000年9月至12月在河南省开封市委党校第十九期中青班学习);2001年9月至2003年4月任河南省杞县圉镇镇党委书记(副县级);2003年4月至2004年3月任河南省开封市团委副书记、党组副书记(2001年9月至2003年7月在首都经济贸易大学在职研究生班经济法专业学习);2004年3月至2008年5月任河南省开封市团委书记、党组书记(2003年9月至2006年6月在河南省委党校在职研究生班经济管理专业学习);2008年5月至2009年4月任河南省开封市鼓楼区委副书记、区长;2009年4月至2011年9月任河南省尉氏县委副书记、县长;2011年9月至12月任河南省尉氏县委书记、县长(2009年9月至2012年7月在河南大学工商管理专业研究生学习,获工商管理硕士学位);2011年12月至2014年2月任河南省尉氏县委书记;2014年2月至2015年4月任河南省开封市城乡一体化示范区党工委书记(副市厅级);2015年4月至2016年9月任河南省开封市委常委,市城乡一体化示范区党工委书记;2016年9月任河南省三门峡市委常委、组织部部长。

宋万轩 三门峡市人大常委会副主任、党组成员。汉族,1959年11月生,河南孟津人,1976年3月参加工作,1983年9月加入中国共产党,中央党校大学文化程度。

1976年3月至1980年10月,河南省孟津县送庄乡凤凰台村民师;1980年10月至1982年7月,豫西师范学校语文专业学习;1982年7月至1982年11月,河南省义马市高中教师;1982年11月至1983年12月,河南渑池县洪阳公社工作;1983年12月至1986年12月,在河南渑池县委组织部工作,1984年12任干事,1986年11月任副部长;1986年12月至1992年3月,在河南省三门峡市委组织部工作,1987年7月任干部科副科长,1989年11月任正科级组织员; 1992年3月至1994年6月,任河南省三门峡市纪委干部室主任(副县级)(1989年9月至1992年7月,在河南省委党校政治专业函授大专学习);1994年6月至1997年2月,任河南省陕县县委常委、纪委书记;1997年2月至2002年10月,任河南省三门峡市纪委副书记(其间:1997年8月至1999年12月,在中央党校函授学院本科班经济管理专业学习);2002年10月至12月,任河南省三门峡市纪委副书记,陕县县委副书记、县长;2002年12月至2007年2月,任河南省陕县县委副书记、县长;2007年2月至3月,任河南省陕县县委书记、县长;2007年3月至6月,任河南省陕县县委书记;2007年6月至2008年7月,任河南省济源市委常委、组织部部长;2008年7月至2012年5月,任河南省济源市委常委、组织部部长;2012年5月至8月,任河南省济源市政协主席、党组副书记,济源市委常委、组织部部长;2012年8月至12月,任河南省济源市政协主席、党组书记,济源市委常委、组织部部长;2012年12月至2016年2月,河南省济源市政协主席、党组书记;2016年2月至3月,任河南省三门峡市人大常委会副主任候选人、党组成员;2016年3月,任河南省三门峡市人大常委会副主任、党组成员。

赵予辉 政协三门峡市委员会主席、党组书记,河南省第九次党代会代表、第十二届人大代表。汉族,1956年10月生,河南林州人,1972年6月参加工作,1977年8月加入中国共产党,中央党校大学学历、经济学硕士学位。

1990年2月至2002年7月,历任河南省获嘉县委常委、办公室主任,新乡市委办公室主任,新乡市委副秘书长,长垣县委书记;2002年7月至2009年6月,历任许昌市委常委、统战部部长、宣传部部长;2009年6月至2016年2月,任三门峡市委常委、组织部部长;2016年3月,任三门峡市政协主席候选人、党组书记,三门峡市委常委、组织部部长。3月23日,当选政协三门峡市第六届委员会主席。

李俊江 政协三门峡市第六届委员会副主席、党组副书记,六届三门峡市委委员。汉族,1960年7月生,河南偃师人,1981年9月参加工作,1984年10月加入中国共产党,中央党校大学文化程度。

1979年11月至1981年9月,河南省郑州农业机械化学校农机化专业学生;1981年9月至1982年9月,河南省义马市机电局工作;1982年9月至1985年4月,河南省义马市食品厂团支部书记、车间主任、副厂长;1985年4月至1988年9月,河南省义马市劳动人事局劳动安全监察科副科长、科长;1988年9月至1991年4月,河南省义马市常村乡党委委员,1989年11月任副书记;1991年4月至1994年3月,河南省义马市委组织部副部长;1994年3月至1997年1月,河南省义马市委组织部副部长(正科级)(1993年3月至1995年6月在洛阳师范高等专科学校经营管理专业实用人才大专函授班学习);1997年1月至1999年4月,河南省三门峡市湖滨区委常委、组织部长;1999年4月至2004年10月,河南省三门峡市湖滨区委副书记(其间:2002年6月至2004年9月在中国政法大学法学院研究生课程进修班法学专业学习);2004年10月至2006年12月,河南省三门峡市委副秘书长，市委、市政府信访局局长、党组书记；2006 年 12 月至 2008 年 10 月，河南省三门峡市委副秘书长，市纪委副书记，市委、市政府信访局局长、党组书记；2008 年 10 月至 2010 年 1 月，河南省三门峡市纪律检查委员会副书记（2007 年 8 月至 2009 年 12 月在中央党校函授学院本科班经济管理专业学习）；2010 年 1 月至 2012 年 4 月，河南省三门峡市纪律检查委员会副书记，市监察局局长，2010 年 5 月任市政府党组成员；2012 年 4 月，政协三门峡市第六届委员会副主席候选人，三门峡市纪律检查委员会副书记，市监察局局长，市政府党组成员。2012 年 5 月，河南省三门峡市政协副主席；2012 年 6 月，河南省三门峡市政协党组成员。2016 年 6 月任三门峡市政协党组副书记。

高永瑞　六届三门峡市委委员，政协三门峡市第六届委员会副主席。汉族，1962 年 8 月生，河南灵宝人，1981 年 10 月参加工作，1985 年 8 月加入中国共产党，高级政工师，中央党校大学文化程度。

1981 年 10 月至 1994 年 4 月，先后在河南省卢氏县人民医院、卢氏团县委、灵宝市人民法院、灵宝市委组织部工作；1994 年 4 月至 1997 年 12 月，历任河南省灵宝市朱阳镇党委副书记、纪委书记，桐沟金矿党支部副书记、副矿长，灵化集团公司党委委员，桐沟金矿党总支副书记、矿长；1997 年 12 月至 1999 年 4 月，任河南省灵宝市委常委，桐沟金矿党总支副书记、矿长；1999 年 4 月至 2001 年 11 月，河南省灵宝市委常委、市政府副市长、党组副书记；2001 年 11 月至 2006 年 5 月，河南省灵宝市委副书记、市政府副市长、党组副书记；2006 年 5 月至 2010 年 7 月，河南省灵宝市委常委、市政府副市长、党组副书记(正县级)；2010 年 7 月至 2012 年 7 月，河南省陕县县委副书记、县政府县长，2012 年 2 月兼任三门峡新区管委会副主任；2012 年 7 月至 2016 年 1 月，河南省陕县县委书记、三门峡新区管委会副主任；2016 年 1 月至 2 月，三门峡市陕州区委书记、三门峡新区管委会副主任；2016 年 3 月，三门峡市政协副主席候选人、党组成员，三门峡市陕州区委书记、三门峡新区管委会副主任；3 月 23 日，当选政协三门峡市第六届委员会副主席。

康健民　河南省三门峡市人民检察院检察长、党组书记。汉族，1962 年 9 月生，河南封丘人，1985 年 8 月参加工作，1984 年 6 月加入中国共产党，省委党校研究生文化程度。

1981 年 9 月至 1985 年 7 月，西北政法学院法律专业学习；1985 年 7 月至 1985 年 8 月毕业待分配；1985 年 8 月至 1989 年 4 月，河南省检察院监所处干部、书记员；1989 年 4 月至 1991 年 9 月，任河南省检察院监所处副科级助检员；1991 年 9 月至 1996 年 11 月，任河南省检察院监所处正科级助检员（其间：1992 年 11 月至 1994 年 1 月在郾城县人民检察院挂职锻炼，任党组成员、副检察长）；1996 年 11 月至 1997 年 5 月，任河南省检察院监所处副处级检察员；1997 年 5 月至 2001 年 11 月，任河南省检察院监所处副处长、检察员；2001 年 11 月至 2009 年 7 月，任河南省检察院监所检察处副处长、正处级检察员（2000 年 9 月至 2003 年 6 月河南省委党校行政管理专业学习）；2009 年 7 月至 2013 年 5 月，任　河南省检察院监所处处长、正处级检察员；2013 年 5 月至 2015 年 7 月，任河南省检察院监所处处长、检委会委员、正处级检察员；2015 年 7 月至 2016 年 1 月，任河南省检察院公诉一处处长、检委会委员、正处级检察员。2016 年 1 月至 3 月，任河南省三门峡市检察院党组书记、检察长候选人；3 月任河南省三门峡市检察院党组书记、检察长。

全国“五一劳动奖章”获得者

段茜红　全国“五一劳动奖章”获得者。汉族，1972 年 2 月生，河南省灵宝人，中原银行股份有限公司三门峡分行文化路支行职工，1992 年 9 月参加工作。

多年来从事在金融工作第一线，始终兢兢业业，勇挑重担，思路开阔，在学习和实践中锻炼自己，带动他人。针对重点、难点工作，她选准突破口和切入点，虽然在基层岗位，但积极促进该行文明规范服务体系建设，推进网点服务转型。在日常工作中面对任务，制定明确的目标和完成时限，对于岗位工作深入思考，优化业务流程，强化风险管理，在业务发展、服务质量、盈利能力等方面发挥先锋模范作用，带领支行取得了 2016 年中原银行三门峡分行业绩第一名。在业务开展过程中，积极承担很多与民生相关的业务，连续三年主动承揽全市旧城区和城中村改造征地补偿款的资金发放工作，从前期整理发放到后期跟踪服务，得到群众、领导的一致认可。2012 年 3 月段茜红被三门峡市总工会授予“三门峡市五一巾帼奖”称号和“五一劳动奖章”，2016 年被授予河南省“五一劳动奖章”“全国五一劳动奖章”。

正高级职称人员

苏建方　杜适普　王少泽　杨海青
陈艳婷　朱龙金　马相民　胡艳东

何书丽 孙　燕 杜振香 雷晓东
黄世谋 宋五好 温松江 张晓峰
胡邦霞

全国性荣誉称号获得者

全国公安警卫十大忠诚卫士
柴卫艳

全国公安交警系统执法标兵
刘　佳

全国刑侦情报研判能手
吴　仲

全国公安机关爆炸物品安全监管业务技能大比武成绩突出个人
陈雁峰

全国公安机关朱爱民式警务保障好民警
高慧森

全国技术能手
刘成祥

九三学社中央先进组工干部
楼晓红

全国集邮先进工作者
杨志国

全国“五星投递员”
冯艳平 毋保玉 姜　波

省部级及条线表彰的先进个人

河南省“五一劳动奖章”获得者
张大海 李柯仪 杨建光 王宏涛
张俊丽 张治军 王江辉 王　锁
耿少鹏 段　彬 张晓丽

2016年度河南省教育厅学术技术带头人
杜瑞丽 王晓理 任艾玲 宋伊利
杨亚丽 贾海红 杨　洁 建增录
申翠香 高插军 朱桂丽 裴丽锋
张娜娜

全省维护妇女儿童权益先进工作者
李引苗

2016年度全省机构编制工作先进个人
韩迎春

全省优秀党务工作者
张国红

河南省2015年全国1%人口抽样调查工作先进个人
张亚珂

九三学社河南省委宣传工作先进个人
楼晓红

九三学社河南省委先进工作个人
焦立群 王巧玲

九三学社河南省委参政议政工作先进个人
张晓明

河南省调查研究先进个人
焦晓君

全省春运工作先进个人
霍王勇

全省保护水资源专项执法行动先进个人
李　兵

全省卷烟打假工作成绩突出个人
王占华

全省公安机关“五会一能”先进个人
员　红 张建勇 辛毅伟

全省公安系统优秀实战教官
杜克俊 陈海鹏

“猎狐2015”专项行动成绩突出个人
张亚娟 郭朱婕

全省公安机关社区警务工作标兵
张则标

全省公安机关社区警务工作能手
张春伟 孙红飞

全省治安交警消防系统大练兵比武成绩突出个人
陈　茜

全省公安机关优秀基层法制员
王晓博

全省公安监管系统成绩突出个人
李建新 王伟辰 宁印虎 赵晓飞

全省信访工作先进个人
胡建华

驻京信访工作成绩突出个人
王保刚
周建虎

市级荣誉称号获得者

三门峡市“五一劳动奖章”获得者
魏红阳 焦　涛 陈　亮 许　珂
崔晓波 郑东劼 付　石 杨保国
刘书贤 李崇阳 张晓勇 王朋国
张玉峰 王刘富 段靖世 武红涛
马双燕 李劲松 王学民 张宏超
陈保峡 魏　巍 员仲伟 姜　平
吴胜男 杨鲜果 邓淑敏 上官冰涛
温广亮 卢艳艳 朱信明 徐书强
肖贺峰 刘　志 张新庄 王福东
王胜杰 张晓辉 苏　辉 陈晓林
王　勇 李琳琳 侯晓晶 李久禄
李伟伟 李　钊 吴春潮 何　强
王　辉 刘卢丽 郭卫娜 张　英
南占峡 马站固 孙晓旭 熊泽文
张　海 赵鹏飞 王国良 申　林
杜克强 孙亚林 刘江伟 李　权
赵锁刚 蔡跃斌 尚　捷 余　莉
刘德虎 陈永让 赵建朝 姚　杰
阮琨峰 景宏祥 张志闯 刘建华
马万智 张智红 杨　永 徐志强
刘春喜 王华利 潘克韶 田红方

马宏江　滑海宁　李　峰　程朝辉
王应田　兰宏林　杜元华　张　琼
马德斌　阴高松　黄宝林　邢焕荣
李　黎　申善俊　张　帆

第三届三门峡市十佳政法干警

杨松丽　彭江波　董　阳　王娟芳
邵中革　韩若雪　李　剑　王　鹏
赵利莉　王荣国

2016年度三门峡市职工职业技能竞赛第一名获得者

王　飞　三门峡市公路局湖滨分局
(公路系统干线公路养护工竞赛第一名)
蔡曦萌　中国建设银行股份有限公司三门峡分行陕州支行
(人民币知识与劳动竞赛第一名)
赵秋云　三门峡市中医院
(卫生系统中医药医疗组(临床)竞赛第一名)
张　恒　三门峡市中医院
(卫生系统中医药护理竞赛第一名)
郭锐姣　灵宝市疾病预防控制中心
(卫生系统环境卫生专业第一名)
张晓丽　义马市疾病预防控制中心
(卫生系统寄生虫病防治专业第一名)
段克龙　三门峡市卫生计生监督局
(卫生系统公共卫生监督专业第一名)
李怿恒　中国移动通信集团河南有限公司三门峡分公司
(网络与信息安全专业(信息通信业务员)第一名)
任玄玄　中国移动通信集团河南有限公司三门峡分公司
(LTE优化专业（移动通信机务员)第一名)
王俊红　义马市第一初级中学
(教育系统初中英语第一名)
兀　磊　三门峡市实验中学
(教育系统初中化学第一名)
黄艳丽　三门峡市阳光中学
(教育系统初中语文第一名)
王金蕊　三门峡市育才中学
(教育系统电教初中生物第一名)
伊　娜　灵宝市第二小学
(教育系统电教小学数学第一名)
胡少革　灵宝市公安局
(公安系统技能竞赛危爆物品安全监管第一名)
赵智新　三门峡市公安局特殊警务支队
(公安系统职业技能竞赛特警五项第一名)
李永劳　三门峡市公安局产业聚集区分局
(公安系统职业技能竞赛刑事案件现场痕迹物证提取第一名)
张雪峰　三门峡市陕州区公安局
(公安系统技能竞赛交通违法查处第一名)
夏自刚　三门峡市公安局产业聚集区分局
(公安系统技能竞赛管交通事故处理第一名)
张则标　三门峡市公安局崤山分局
(公安系统技能竞赛社区警务工作第一名)
王晓龙　国网河南省电力公司三门峡供电公司
(变电运维专业技能竞赛第一名)
刘俊辉　国网河南省电力公司三门峡供电公司
(变输电线路技能竞赛第一名)
王书亭　国网河南省电力公司三门峡供电公司
(农配网勘察设计技能竞赛第一名)
齐清清　国网河南省电力公司三门峡供电公司
(输电线路引流线压接技能竞赛第一名)
黄战军　国网河南省电力公司三门峡供电公司
(配网抢修技能竞赛第一名)
刘亚飞　国网河南省电力公司三门峡供电公司
(用电检查技能竞赛第一名)
师启源　国网河南省电力公司三门峡供电公司
(用电信息采集系统竞赛第一名)
周振宇　三门峡华阳发电有限责任公司
(电力系统用集控运行值班员竞赛300WM第一名)

三门峡市重点工程建设项目劳动竞赛先进个人

程光军　武明伟　骆　宾　王继伟
尚亚男

三门峡市重点企业节能减排竞赛先进个人

卫阿娜　贺升阳　李乃东　徐樊超
闫　博

三门峡市“安康杯”竞赛优秀组织个人

司军望　冯文博　楚恒义　任海林
詹　顺

三门峡市职业道德建设十佳职工

张伟东　宁民红　韩　伟　王爱国
张　鹏　刘俊娜　曲　军　张红俭
张鹏博　赵国平

三门峡市五一巾帼奖章获得者

任苏娟　王红梅　陈　媛　翟燕燕
张菁华　刘　慧　范新华　焦文婷
李小红　景亚男

三门峡市2015–2016学年度优秀教师

范云霞　谢朝阳　秦　冲　孟昭阳
吉仙芝　刘小强　仲　惟　聂建峡
马志强　胡三宁　胡　佳　刘春阳
王振龙　栾　莺　黄蓓蓓　郑媛媛
刘丰年　姚永峰　杨　丽　宋晋豫
卢克斌　刘建超　席仁义　林　博
马　锐　刘韶芳　焦莎莎　李江娜
付新建　韩春丽　朱丽媛　赵　伟
李瑞梅　温明明　上官俊乐　赵铁丁
陈　松　戚　云　葛沛沛　赵建平
武兴峰　范卢艳　张妙珍　王艳龙
张国强　范国华　茹伟民　卢　晶
韩　伟　孟　岩　王永红　黄永涛
黄战威　师建民　陈春燕　王建娥
王浩萍　邓艳丽　侯明亮　闫涛峰
负雪梅　苏辉平　陈　静　孙俊峰
杜娜娜　刘婕妤　张艳娥　薛艳梅
左汴层　刘会荣　陈永芝　王艳花
张　丹　邢艳丽　聂建荣　侯　晶
吴家琴　孙丽丽　苏　甜　王晓莉
丹　丽　魏　巍　张　毅　王朝红
楚巧荣　宋彩霞　曹苗苗　贾　娣
宋　苗　董玉萍　焦娜娜　赵琳琳
王晓静　王晓晶　赵红娟　尚东义
窦秋珍　王煜炜　苗朝晖　刘思勉

胡瑞利　马明草　张培莉　张建池
杨　君　李菊苹　徐华森　冯金梗
申翠香　王瑞江　安召轩　彭二莲
王　琳　王晓晓　范晓辉　冯金金
张丽华　张辽杰　蔡俊林　侯艳亮
李　莲　李　娜　高秀军　赵轩正
薛丽峡　石宏安　张红梅　张琳琳
贾晓辉　何　奕　张　华　李玉信
曼　霞　郭秋红　金　玲　张　丽
刘群红　张晓丽　赵　芸　陈　琪
岳国华　董万春　张武花　孟青燕
吴宏利　西书红　席凤梅　翟义生
赵　静　李亚丽　刘玲玲　梁春雁
王惠珍　代红岩　刘伟霞　马学霞
王秀红　艾　凤　李　雪　赵　鹏
姚丰硕　赵乐乐　贾乃峡　史艳丽
张文娜　赵　煌　曹腊英　王中芳
张丹梅　茹红梅　侯新峡　陈　莉
曹　伟　张旭东　卫来义　张桂霞
兀冬梅　贺晓丽　张晓玉　刘建功
曹书鱼　朱志新　聂亚芬　赵　丽
张娟丽　李耀峰　高丽平　刘淑娜
何　艺　杜　江　任秋丽　赵英东
贺　征　张现方　张飞霞　李智云
杨晓冬　贾耀耀　张翠梅　高江辉
李　娜　杨江平　张地久　张新会
刘如意　卢　山　李赞革　吴志欣
张珍珍　徐小珂　杜宝红　贠欣元
邵秀敏　赵卫强　王韵婷　张天军
张秋梅　赵宝亮　董淑瑞　周恩波
何锐琴　唐晓艳　仝艳红　郑红娜
刘永辉　宋泽民　王晓桦　建云娜
侯晓庆　纪会霞　杜艳琴　卫　钊
薛艳红　王凤妮　王静宜　刘　涛
熊小琴　赵明丽　王瑞萍　薛艳云
李灵云　王战辉　张会琴　任田菊
王伟伟　楚小红　唐书军　高彩贞
何瑞锋　周亚芹　李大治　许永恒
段新军　冀宁波　焦会芳　庞忠法
张晓辉　杨英梅　廖文星　杨淑会
李巧妮　王　辉　尚春妮　孟转梅
王小丽　胥青霞　王彦龙　秦明华
秦辉辉　杜俊桃　符东升　万　丽
潘　磊　乔安平　陈　歌　杨丽冬
范红玲　冯高丽　范荷丽　郭　芳
常晓娟　张雪萍　王　娟　吴　锋
陈桂桦　宋凤敏　李　黎　万红钰
张留岗　相石录　李玉芳　刘世杰
刘亚丽　翟　丽　徐慧丽　郭　辉
韩建新　王　燕　赵新平　李　娜

三门峡市有突出贡献的优秀教师

杜照军　左晓虹　任晶洁　陈敏昭
李淑萍　陈　琳　郭军华　茹凤云
张高锋　田洪卫　来拉拉　张卷伟
尚　雯　杨　景　裴丽杰　赵福智
李晓娟　索志良　姚松梅　周红民
李卫红　王　静　高素娟　张俊丽
倪　博　常　鸿　郭　莉　孙红星
方　彤　杜铁立　李春峡　张娟莹
张迎夏　张　鹏　樊　抒　张柳辉
李　红　王　宏　孔丽君　王鸿平
王振生　吉剑英　刘宏敏　王　瑞
王媛媛　曹　刚　孟保祥　何　力
韩秀丽　汤雪红　郑延平　钱夏梦
陈　慧　刘菊峰　张　丽　崔　赟
张贵峰　董建军　李林华　董丙伟
上官六梅　聂亚红　杨　杰　刘艳芳
岳丽涛　毛红芳　艾　群　杨彦芳
闫仁伟　王卫平　古红亮　史红艳
张卫红　李淑娟　李承明　王素平
张　辉　范跃武　侯娟平　刘红兵
杨忠慧　赵治磊　李　菲　李长荣
李郑娇　胡　波　郭春丽　王志敏
刘晓丹　李晓海　傅延玉　张冬梅
张丽芳　薛彩云　杜克勤　李红波
闫润霞　王　伟　梁飞鸿　李　刚
陈玉梅　余德涛　安东辉　左惠真
何少飞　王洁琼　彭江力　王丽君
陈跃学　张引茹　李珍珍　张晓刚
杨英娥　李锦红　张高辉　刘雪峰
董国辉　郭国华　许清亮　李随项
赵博辉　贾艳芳　侯胜波　师彩锋
刘宝平　杨彬锋　杨晓辉　王福平
翟勇红　严小红　李贯华　郝丽英
王晓奇　靳军峰　李　杰　马海花
李俊玲　吕爱芹　魏银娜　强　蕾
王　晶　王建合　秦　伟　张秀英
张成林　卢学良　张海宾　杜　琼
张　娜　张　楠

三门峡市有突出贡献的先进教育工作者

黄振虎　聂月仙　蒋志松　王振平
曾顺利　张秀群　骆晓峰　杨晓宇
王巧芬　王转刚　任军峰　马　红
颜永明　高金平　徐新华　李勇谋
刘剑峰　张春丽　王玉珍　贺红霞
杨五英　赵安贵　狄青伟　刘建平
张向阳　张　静　温玉华　王锋让
褚宝琴　康秀丽　任淑霞　马丽娜
李伟丽　王占刚　刘经泉　张　欣
卫元斌　张　莹　刘松涛　苏自烈
庞跃华　杨云武　严乐乐　高卫斌
马　燕　马海峰　刘林朋　张欣波
权曹磊　胡留波

·编辑　周　箐·

2016 年三门峡市主要文件目录

中共三门峡市委主要文件目录

1 月 6 日　中共三门峡市委关于实施农村基层党建“百村示范千村提升”工程的意见

2 月 3 日　中共三门峡市委关于印发《谢伏瞻同志在参加省十二届人大五次会议三门峡代表团审议时的讲话》的通知

4 月 7 日　中共三门峡市委　三门峡市人民政府关于落实发展新理念加快农业现代化实现全面小康目标的实施意见

3 月 17 日　中共三门峡市委关于 2016 年度县处级以上党委(党组)中心组分专题集体学习的安排意见

4 月 9 日　中共三门峡市委　三门峡市人民政府关于打赢脱贫攻坚战的实施意见

5 月 13 日　中共三门峡市委　三门峡市人民政府关于印发《第二十二届三门峡黄河文化旅游节暨投资贸易洽谈会和第四届特色商品博览交易会总体方案》的通知

5 月 30 日　中共三门峡市委　三门峡市人民政府关于深化科技体制改革推进创新驱动发展若干实施意见

6 月 15 日　中共三门峡市委关于加强县乡人大工作和建设的实施意见

7 月 10 日　中共三门峡市委　三门峡市人民政府关于打赢大气污染防治攻坚战的实施意见

10 月 10 日　关于加强新一届市委班子思想政治建设的意见

9 月 30 日　中共三门峡市委关于印发《中国共产党三门峡市委员会工作规则》《中共三门峡市委常委会议事决策规则》的通知

10 月 9 日　中共三门峡市委关于印发中国共产党三门峡市第七次代表大会报告的通知

10 月 18 日　中共三门峡市委关于繁荣发展社会主义文艺的实施意见

10 月 20 日　中共三门峡市委　三门峡市人民政府关于印发《三门峡市市属国有企业负责人薪酬制度改革实施意见》的通知

11 月 17 日　中共三门峡市委　三门峡市人民政府关于构建和谐劳动关系的实施意见

11 月 24 日　中共三门峡市委关于认真学习宣传贯彻省十次党代会精神的通知

11月26日 中共三门峡市委印发《关于进一步改进作风的若干规定》的通知

11月26日 中共三门峡市委关于全面从严加强基层干部队伍建设的意见

11月24日 中共三门峡市委转发《中共三门峡市人大常委会党组关于做好全市县乡两级人民代表大会换届选举工作的意见》的通知

11月29日 中共三门峡市委 三门峡市人民政府转发《市委宣传部、市司法局关于在全市公民中开展法治宣传教育的第七个五年规划(2016—2020年)》的通知

12月6日 中共三门峡市委 三门峡市人民政府关于成立三门峡市城乡一体化示范区管理机构的意见

12月10日 中共三门峡市委关于加强和改进新形势下党校工作的实施意见

12月20日 中共三门峡市委 三门峡市人民政府关于深化供销合作社综合改革的实施意见

12月30日 中共三门峡市委关于全面推进依法治市的实施意见

(市委办)

三门峡市人民政府主要文件目录

1月13日 三政〔2016〕1号 三门峡市人民政府关于表彰2013-2014年度农田水利基本建设"红旗渠精神杯"竞赛和"四荒"治理先进单位先进个人的决定

1月22日 三政〔2016〕2号 三门峡市人民政府关于禁止燃放烟花爆竹的决定

2月5日 三政〔2016〕3号 三门峡市人民政府关于支持农民进城购房促进住房消费的实施意见

3月2日 三政〔2016〕4号 三门峡市人民政府关于对市烟草专卖局(公司)予以嘉奖的决定

3月15日 三政〔2016〕5号 三门峡市人民政府关于为在全市维护稳定社会治安工作中作出突出成绩的同志予以记功的决定

3月15日 三政〔2016〕6号 三门峡市人民政府关于加快科技服务业发展的实施意见

3月17日 三政〔2016〕7号 三门峡市人民政府关于印发三门峡市市级储备粮管理办法的通知

3月30日 三政〔2016〕8号 三门峡市人民政府关于设立工业转型发展专项资金的实施意见

3月30日 三政〔2016〕9号 三门峡市人民政府关于表彰2015年度工业企业10强和10快的决定

4月5日 三政〔2016〕10号 三门峡市人民政府关于印发三门峡市2016年主要污染物总量减排实施方案的通知

4月11日 三政〔2016〕11号 三门峡市人民政府关于印发三门峡市碧水工程行动计划(水污染防治工作方案)的通知

4月14日 三政〔2016〕12号 三门峡市人民政府关于印发三门峡市机关事业单位工作人员养老保险制度改革实施方案的通知

4月22日 三政〔2016〕13号 三门峡市人民政府关于印发三门峡市转型发展四年行动方案(2016—2019年)的通知

5月17日 三政〔2016〕14号 三门峡市人民政府关于为全市人口和计划生育工作贡献突出的同志予以记功的决定

5月27日 三政〔2016〕15号 三门峡市人民政府关于印发三门峡市2016年防汛抗旱工作方案的通知

5月30日 三政〔2016〕16号 三门峡市人民政府关于表彰2015年度消防工作先进单位的决定

6月13日 三政〔2016〕17号 三门峡市人民政府关于印发三门峡市支持经济转型发展专项资金管理办法的通知

6月13日 三政〔2016〕18号 三门峡市人民政府关于印发三门峡市国民经济和社会发展第十三个五年规划纲要的通知

6月13日	三政〔2016〕19号	三门峡市人民政府关于印发三门峡市2016年度法治政府建设工作安排的通知
6月25日	三政〔2016〕20号	三门峡市人民政府关于对市区户外广告实行统一管理依法有偿使用的通知
6月25日	三政〔2016〕21号	三门峡市人民政府关于授权陕州区人民政府在三门峡市城市规划区范围以外行使县级人民政府土地管理权限的通知
7月1日	三政〔2016〕22号	三门峡市人民政府关于印发2016年度经济社会发展目标的通知
7月1日	三政〔2016〕23号	三门峡市人民政府关于加快推进残疾人小康进程的实施意见
7月1日	三政〔2016〕24号	三门峡市人民政府关于取消21项中央指定地方实施行政审批事项的决定
7月8日	三政〔2016〕25号	三门峡市人民政府关于进一步做好新形势下就业创业工作的实施意见
7月15日	三政〔2016〕26号	三门峡市人民政府关于推动三个转变建设质量强市的实施意见
7月15日	三政〔2016〕27号	三门峡市人民政府关于加快发展体育产业促进体育消费的实施意见
7月27日	三政〔2016〕28号	三门峡市人民政府　三门峡军分区关于表彰2015年度征兵工作先进单位和先进个人的通报
8月18日	三政〔2016〕29号	三门峡市人民政府关于对国道310南移工程前期工作中贡献突出的单位和个人予以表彰的决定
9月2日	三政〔2016〕31号	三门峡市人民政府关于对全市教育系统予以嘉奖的决定
9月2日	三政〔2016〕32号	三门峡市人民政府关于对三门峡市湖滨区人民政府予以嘉奖的决定
9月2日	三政〔2016〕33号	三门峡市人民政府关于表彰有突出贡献的优秀教师和先进教育工作者的决定
9月13日	三政〔2016〕34号	三门峡市人民政府关于表彰2015年度全市对外开放工作先进单位和先进个人的决定
9月28日	三政〔2016〕35号	三门峡市人民政府关于印发全面推开营改增试点后市与县(市、区)增值税收入划分过渡方案的通知
10月10日	三政〔2016〕36号	三门峡市人民政府关于印发三门峡市煤炭行业化解过剩产能实现脱困发展总体方案的通知
10月21日	三政〔2016〕37号	三门峡市人民政府关于对全市城管环卫系统予以嘉奖的决定
10月21日	三政〔2016〕38号	三门峡市人民政府关于表彰全市城市市容环境管理行业先进集体和先进个人的决定
11月1日	三政〔2016〕39号	三门峡市人民政府关于印发三门峡市重污染天气应急预案的通知
11月27日	三政〔2016〕40号	三门峡市人民政府关于第一批取消调整行政审批中介服务和证明事项的决定
12月15日	三政〔2016〕41号	三门峡市人民政府关于印发三门峡市全民健身实施计划(2016–2020年)的通知
12月23日	三政〔2016〕42号	三门峡市人民政府关于印发三门峡市加快剥离国有企业办社会职能工作实施方案的通知
12月23日	三政〔2016〕43号	三门峡市人民政府关于印发三门峡市整合建立全市统一公共资源交易平台实施方案的通知
12月24日	三政〔2016〕44号	三门峡市人民政府关于加强城市建筑垃圾管理促进资源化利用的实施意见
12月24日	三政〔2016〕45号	三门峡市人民政府关于为卢氏县公安消防大队和璩龙年等四位同志记功的决定
12月28日	三政〔2016〕46号	三门峡市人民政府关于印发三门峡市困难残疾人生活补贴和重度残疾人护理补贴实施方案的通知

（市政府办）

统 计 资 料

分县市农林牧渔业总产值

(2016 年,按当年价计算)

单位:万元

指 标	全 市	湖滨区	义马市	渑池县	陕 县	灵宝市	卢氏县	开发区
农林牧渔业总产值	2146103	94600	350217	22761	360346	948675	367414	3840
农业产值	1641902	67290	247250	8060	192054	821626	303571	2409
谷物及其他作物	305822	5621	46226	2646	84474	86685	80400	629
谷物	112510	3234	18675	1631	29735	38632	19408	48
薯类	24419	567	4187	259	10197	5578	3608	24
油料	19483	850	1733	238	11238	4904	485	6
豆类	22039	535	2774	81	7001	6168	5368	46
棉花	3101	86	281	119	240	2368		
烟草	110063		15765	199	19442	25273	49383	
其他农作物	14207	349	2811	119	6621	3762	2148	505
蔬菜、食用菌及花卉盆景园艺	500721	40267	50996	3746	32919	222829	147077	493
#蔬菜	226439	16819	33833	3395	31030	126391	13371	103
食用菌	267402	19397	14628	351	1814	96192	133586	
花卉	3570	2191	1301		20	26	32	300
水果、坚果(含果用瓜)	800055	21002	148888	1398	61841	505708	61554	1287
#苹果	591844	11680	128209	48	24906	422717	3684	585
中药材	35304	400	1140	270	12820	6404	14540	
林业产值	36907	1301	4556	676	5764	8544	15441	
林木的培育和种植	20838	1123	2487	676	3714	6021	6837	
竹木采运	2962	78	829		360	1023	670	
林产品	13107	100	1240		1690	1500	7934	
牧业产值	431289	23214	93296	13619	154800	101684	44884	948
牲畜饲养	164215	6786	45868	1362	56786	29042	26391	135
猪的饲养	205290	11519	35503	11021	70677	59976	13451	463
家禽饲养	50485	4704	7490	1126	22767	10626	3491	49
肉禽	11411	846	1501	470	3895	3804	825	31
禽蛋	39074	3858	5989	656	18872	6822	2666	18
狩猎和捕捉动物	715		45		300	150	220	
其他畜牧业	10584	205	4390	110	4270	1890	1331	301
渔业产值	23927	2170	4015	171	6180	9622	2357	273
农林牧渔服务业产值	12078	625	1100	235	1548	7199	1161	210

主要年份国民经济主要指标

指 标	计量单位	1978 年	1985 年	2005 年	2010 年	2015 年	2016 年
一、人口							
年底总人口	万人	166.41	178.42	221.81	224.70	228.53	229.49
#女性人口	万人	80.02	85.67	108.22	109.18	111.75	111.68
#男性人口	万人	86.39	92.75	113.59	115.52	116.77	117.82
二、年底从业人员	万人	63.6	81.3	123.29	129.56	139.33	139.66
#职工人数	万人	13.01	19.13	23.8	23.38	26.4	23.95
三、工农业总产值	万元	81972	165236	6606088	23642132	37980302	40172254
四、生产总值	万元	53690	129087	3344489	8731076	12510383	13258631
第一产业	万元	17817	35981	328951	696277	1184690	1235007
第二产业	万元	27667	55538	2013063	5943740	7279038	7489299
第三产业	万元	8206	37568	1002475	2091059	4046655	4534325
人均生产总值	元	324	729	15092	39117	55681	58894
五、农林牧渔业							
年底耕地面积	千公顷	189.7	183.1	162.37	162.25	161.5	161.18
农林牧渔业总产值	万元	26981	52860	565515	1204182	2054637	2146103
主要农产品产量							
粮食	吨	428400	402335	488147	632486	715667	667853
棉花	吨	9077	4270	1795	2000	1106	1410
油料	吨	1577	14540	29588	31808	36138	35193
烟叶	吨	1342	28595	34562	35663	41687	43641
水果	吨	65582	87400	1110789	1750125	2282967	2360618
年末大牲畜头数	万头	16.96	28.14	49.39	41.39	30.38	24.67
年末山绵羊只数	万只	45.2	6.06	54.97	32.91	45.01	44.03
年末生猪头数	万头	33.74	32.58	65.37	64.72	72.40	74.30
肉类总产量	吨	12989	14405	67914	78793	108173	113125
#猪牛羊肉产量	吨	12750	14140	63045	72200	99582	103395
六、工业							
工业总产值	万元	54991	112376	6040573	22437950	35925665	38026151
工业增加值	万元			1881723	5624404	6531592	6690870

续表 1

指　标	计量单位	1978 年	1985 年	2005 年	2010 年	2015 年	2016 年
主要产品产量							
纱	吨	9103	8790	9331	14223	20428	20694
原煤	万吨	628	1028	2328	1968	1124	926
发电量	万千瓦小时	78097	115189	1096333	1357695	1320682	1228117
化肥(折纯)	吨		15048	116669	173583	138639	95912
合成氨	吨	12094	22150	150024	162516	225232	166779
原铝(电解铝)	吨	5812	8691	179155	374473	217819	176907
氧化铝	吨			27460	4209172	6007984	6324003
水泥	万吨	9.13	13.61	164	418	570.81	574.62
中成药	吨		219	2149	2643	8397	8654
七、建筑业							
建筑业总产值	万元			262487	824395	1166299	1339847
房屋施工面积	万平方米	24.32	40.14	150.83	362.97	433.53	606.08
房屋竣工面积	万平方米	10.44	22.22	65.56	180.22	98.84	99.68
八、运输、邮电							
公路货运量	万吨	620	667	3742	3225	4463	5014
公路货物周转量	万吨公里	2883	14270	180426	638899	1498051	1513854
公路客运量	万人		1086	6001	3790	3230	2335
公路旅客周转量	万人公里		33077	194081	182994	161635	116845
邮电业务总量	万元	149	289	94936	179410	299607	479803
电话交换机总容量	门	9092	14367	677037	453886	378112	187232
九、全社会固定资产投资	万元		25469	1792441	6094889	15489718	17829693
#国有经济单位投资	万元	7675	17535	879672	1805328	3919987	5080591
民间投资	万元			709284	4540261	11491270	12373403
#固定资产投资	万元			1549691	5708320	15387698	17731244
农户投资	万元		5748	61416	106583	102020	98449
#第一产业	万元			53390	352020	1588588	1189574
第二产业	万元			1318448	3748112	7720421	9902546
第三产业	万元			420603	2674770	6180709	6737573

注:从 2011 年开始,固定资产投资包括城镇固定资产投资和农村非农户固定资产投资。

续表 2

指　标	计量单位	1978 年	1985 年	2005 年	2010 年	2015 年	2016 年
十、批发零售贸易餐饮业							
社会消费品零售总额	万元	17974	47546	871067	2026150	3968605	4411336
十一、对外贸易和国际旅游							
出口创汇(海关口径)	万美元			13859	10355	17539	26262
合同利用外资	万美元			7008	24945	29688	10522
实际直接利用外资	万美元			7208	39849	100817	106296
接待旅游外宾人数	人次			17940	51081	97350	102765
十二、财政金融							
财政收入	万元	6359	9192	180765	663984	1075504	1184280
财政支出	万元	3724	9808	339269	1129943	1943041	2115752
银行各项存款余额	万元	11410	41633	1907276	3612336	4793327	5077284
银行各项贷款余额	万元	23310	71472	1186500	1706492	3457867	3475467
十三、人民生活							
全部职工工资总额	万元	8581	20971	315121	701412	1172807	1108273
在岗职工平均工资	元	664	1132	13649	30446	44573	46479
#国有经济单位	元	677	1190	13526	30301	50775	56647
城镇居民人均可支配收入	元			8071.4	14720	23824.6	25254.1
城镇居民人均消费性支出	元			5762.1	11192.9	16942.1	18555.5
农村居民人均可支配收入	元				5858.5	11084.2	11982.1
农民人均生活消费支出	元		250.7	2030	4125.6	7946.4	8639.5
城乡居民储蓄存款余额	万元	3376	20211	1990380	3928245	6553077	7383996
十四、教育、卫生							
中等专业学校在校学生	人	674	1115	8011	28787	15203	11135
普通中学在校学生	万人	13.6	10.09	18.27	14.68	11.99	11.67
小学在校学生	万人	27.06	21.57	19.80	18.00	14.60	14.95
卫生机构	个	230	276	592	408	451	453
卫生技术人员	人	3292	5854	7913	9657	14000	14330
病床床位	张	3542	5508	6382	8709	13418	13653
十五、物价指数(以上年为 100)							
居民消费价格指数	%			101.9	103.7	101.5	101.3
商品零售价格指数	%			101.5	103.6	100.0	100.8
十六、婚姻							
准予登记结婚	对		13542	12057	19666	20506	18714
准予登记离婚	对		548	1285	2503	4802	4968

注:1.本表价值量指标除邮电业务总量自 1990 年起按 1990 年不变价格计算外,其它价值量指标均按当年价格计算(下同)。
2.1995 年始财政收入为地方财政收入(下同)。
3.银行各项存款贷款从 2002 年起口径调整为国有商业银行。
4.在岗职工工资 1998 年及以前年度为职工口径(下同)。

全部在岗职工人数与工资
(2016年)

分　类	在岗职工(人)	平均人数(人)	工资总额(万元)	平均工资(元)
总　计	239537	238446	1108273	46479
市　直	21868	21689	154345	71163
开发区	8299	7991	40367	50516
湖滨区	34184	32903	181712	55227
义马市	62988	65972	229581	34800
渑池县	22382	21840	108968	49894
陕　县	19342	18751	94227	50252
灵宝市	56715	55868	231306	41402
卢氏县	13759	13432	67767	50452
按登记注册类型分组				
国有单位	96407	94026	532629	56647
城镇集体	19466	19153	78601	41039
其他单位	123664	125267	497043	39679
按企事业机关分组				
企业	166198	166759	711289	42654
事业	46508	45337	246237	54313
机关	26831	26350	150747	57209
按国民经济行业分组				
农、林、牧、渔业	709	701	3018	43057
采矿业	69280	72086	242825	33685
制造业	37926	37164	150485	40492
电力、热力、燃气及水生产和供应业	6020	5967	43224	72439
建筑业	16346	15622	70124	44888
批发和零售业	8147	7986	44424	55627
交通运输、仓储和邮政业	8108	7981	32049	40156
住宿和餐饮业	1962	1842	5743	31176
信息传输、软件和信息技术服务业	2492	2503	14603	58340
金融业	6943	6859	65564	95588
房地产业	1919	1834	8282	45159
租赁和商务服务业	3414	3377	12422	36783
科学研究、技术服务业	2032	1983	10751	54218
水利、环境和公共设施管理业	2198	2163	10591	48966
居民服务、修理和其他服务业	623	604	2104	34831
教育	26495	25892	142145	54899
卫生和社会工作	14033	13631	82802	60745
文化、体育和娱乐业	1831	1721	7036	40882
公共管理、社会保障和社会组织	29059	28530	160081	56110

注:2012年起,在岗职工人数、工资总额含劳务派遣人数和工资。

分县市规模以上工业总产值

（2016年，当年价）

单位：万元

指 标	全 市	市 直	湖滨区	义马市	渑池县
总 计	36075267	3089618	972571	3427978	6794008
按轻重工业分					
轻工业	2233675	9661	293930	301889	937083
重工业	33841592	3079957	678642	3126089	5856925
按登记注册类型分					
国有企业	2092481	390453		189168	35372
集体企业	10118551		40504	46696	27386
股份制企业	19069838	2699165	787924	2960676	5245856
外商和港澳台商投资企业	2226905		138224		545481
其他	2567491		5920	231438	939913
按是否公有制分					
公有制	18534126	3080803	54461	1376088	812292
非公有制	17541142	8814	918111	2051890	5981716
按企业规模分					
大型企业	7897192	2820304		1094257	1717082
中型企业	12509631	261595	229172	1168194	2135806
小微企业	15668444	7719	743399	1165527	2941121
在总计中：高技术产业	467213		102903	96286	48899
在总计中：农村工业	4471564	93546	601938	1127038	1259856
在总计中：国有控股企业	8324858	3080803		1329393	784906

续表 1

指　标	陕县区	灵宝市	卢氏县	开发区	三门峡产业集聚区
总　　计	3417515	17480394	606551	132222	154410
按轻重工业分					
轻工业	98979	367093	122789	38383	63869
重工业	3318536	17113301	483762	93839	90540
按登记注册类型分					
国有企业	26110	1432299	19079		
集体企业		9998022	5943		
股份制企业	1866820	4662479	577745	132222	136951
外商和港澳台商投资企业	1523335	2407			17459
其他	1250	1385186	3784		
按是否公有制分					
公有制	309309	12812939	34340	20329	33565
非公有制	3108207	4667455	572211	111893	120845
按企业规模分					
大型企业		2265549			
中型企业	2597364	5778303	280068		59129
小微企业	820152	9436541	326483	132222	95280
在总计中:高技术产业	13163	103096	50843	31109	20915
在总计中:农村工业	458760	661343	74663	114988	79433
在总计中:国有控股企业	273706	2794089	28397		33565

续表2

指　标	全　市	市　直	湖滨区	义马市	渑池县
在总计中:					
内资企业	33848362	3089618	834348	3427978	6248527
国有企业	2092481	390453		189168	35372
集体企业	10118551		40504	46696	27386
有限责任公司	7790898	2679622	429980	490016	1631379
国有独资公司	195386	28608		141015	
其他有限责任公司	7595512	2651015	429980	349001	1631379
股份有限公司	1808837	19542	2966	953242	84587
私营企业	12037595		360898	1748857	4469803
私营独资企业	2500489		5920	186894	917456
私营合伙企业	67002			44545	22458
私营有限责任公司	9387451		354978	1517418	3519652
私营股份有限公司	82652				10238
其他企业					
港、澳、台商投资企业	216898				
合资经营企业(港澳台资)	199439				
港澳台商独资经营企业	17459				
港澳台商投资股份有限公司					
外商投资企业	2010007		138224		545481
中外合资经营企业	665067				545481
中外合作经营企业					
外资企业	1344941		138224		
外商投资股份有限公司					

续表 3

指　标	陕县区	灵宝市	卢氏县	开发区	三门峡产业集聚区
在总计中：					
内资企业	1894180	17477987	606551	132222	136951
国有企业	26110	1432299	19079		
集体企业		9998022	5943		
有限责任公司	1011447	1327306	123388	37564	60196
国有独资公司	11477	14286			
其他有限责任公司	999970	1313020	123388	37564	60196
股份有限公司	7006	710835	24950		5709
私营企业	849618	4009524	433190	94658	71046
私营独资企业	1250	1385186	3784		
私营合伙企业					
私营有限责任公司	848368	2617857	419682	38450	71046
私营股份有限公司		6481	9724	56208	
其他企业					
港、澳、台商投资企业	199439				17459
合资经营企业(港澳台资)	199439				
港澳台商独资经营企业					17459
港澳台商投资股份有限公司					
外商投资企业	1323896	2407			
中外合资经营企业	119586				
中外合作经营企业					
外资企业	1204310	2407			
外商投资股份有限公司					

续表 4

指 标	全 市	市 直	湖滨区	义马市	渑池县
按国民经济行业分					
煤炭开采和洗选业	997957			557501	237233
黑色金属矿采选业	309728				114755
有色金属矿采选业	14549539	19542	3681		1310378
非金属矿采选业	971816				865674
农副食品加工业	386765		4437	26795	240633
食品制造业	534531		10247	96136	309538
酒、饮料和精制茶制造业	422081		178245		90076
烟草制品业	5132	5132			
纺织业	133024		50048	244	71325
纺织服装、服饰业	11324			179	
木材加工和木、竹、藤、棕、草制品业	480523		252938	89340	
家具制造业	89522				79948
造纸和纸制品业	24684				
印刷和记录媒介复制业	5989			288	
文教、工美、体育和娱乐用品制造业	50167				16602
石油加工、炼焦和核燃料加工业	64211			64211	
化学原料和化学制品制造业	1518908	5909	21413	555725	598038
医药制造业	314624		47203	87906	6042
化学纤维制造业	21141				
橡胶和塑料制品业	287882			228453	33530
非金属矿物制品业	2424611	6687	53509	375914	1255147
黑色金属冶炼和压延加工业	225092	1882	5772	84507	106488
有色金属冶炼和压延加工业	8391499	2343057	189008	100676	934955
金属制品业	471141	129		168713	212132
通用设备制造业	325136	985	50040	61814	
专用设备制造业	1051286	5862	28437	726344	128240
汽车制造业	459747	86569	7385	1780	
电气机械和器材制造业	169619		14508	22531	85108
计算机、通信和其他电子设备制造业	76061		8639		42857
仪器仪表制造业	58407		47061		
废弃资源综合利用业	4479			40	
金属制品、机械和设备修理业	616			616	
电力、热力生产和供应业	1137638	609335		113285	40156
燃气生产和供应业	66315			50589	
水的生产和供应业	34073	4529		14389	15155

续表 5

指　标	陕县区	灵宝市	卢氏县	开发区	三门峡产业集聚区
按国民经济行业分					
煤炭开采和洗选业	203222				
黑色金属矿采选业		50333	144640		
有色金属矿采选业	199054	12823088	193795		
非金属矿采选业	1022	71261	33859		
农副食品加工业		48305	58638		7958
食品制造业		93433	13308		11868
酒、饮料和精制茶制造业	42405	100876			10479
烟草制品业					
纺织业				11408	
纺织服装、服饰业		11145			
木材加工和木、竹、藤、棕、草制品业		135528	2717		
家具制造业		9574			
造纸和纸制品业	15767	8917			
印刷和记录媒介复制业	5701				
文教、工美、体育和娱乐用品制造业					33565
石油加工、炼焦和核燃料加工业					
化学原料和化学制品制造业	226299	94066			17459
医药制造业	13163	92233	50843	17234	
化学纤维制造业	21141				
橡胶和塑料制品业		18152			7747
非金属矿物制品业	501854	164640	50653		16207
黑色金属冶炼和压延加工业	2425	24019			
有色金属冶炼和压延加工业	1529573	3261529	32702		
金属制品业		74887		8526	6754
通用设备制造业	41393	158820			12083
专用设备制造业	75523	64337		13168	9376
汽车制造业	299439	8364		56208	
电气机械和器材制造业		25928		21545	
计算机、通信和其他电子设备制造业		10863			13703
仪器仪表制造业				4134	7213
废弃资源综合利用业	4438				
金属制品、机械和设备修理业					
电力、热力生产和供应业	221679	127786	25396		
燃气生产和供应业	13417	2309			
水的生产和供应业					

专 文

关于三门峡市2016年国民经济和社会发展计划执行情况与2017年计划(草案)的报告

——2017年6月13日在三门峡市第七届人民代表大会第一次会议上

三门峡市发展和改革委员会党组书记、主任 刘会林

一、2016年国民经济和社会发展计划执行情况

2016年是“十三五”规划的开局之年,也是我市经济社会在复杂宏观形势下蓄势崛起的关键一年。在市委的正确领导下,在市人大、市政协的监督、支持、帮助下,我市认真落实市委的各项决策部署,围绕“省际中心城市”建设目标,坚持新发展理念,以推进供给侧结构性改革为主线,适度扩大总需求,坚定推进改革,妥善应对风险挑战,经济社会发展的各项指标企稳回升,较好地完成了市六届人大六次会议确定的各项任务。全市生产总值完成1348.6亿元,增长7.7%,比2015年底回升4.2个百分点,其中:第一产业实现增加值123.5亿元,增长4.7%;第二产业实现增加值773.64亿元,增长7.3%;第三产业实现增加值451.4亿元,增长9.1%;规模以上工业实现增加值616亿元,增长7.3%。全市财政一般公共预算收入完成100.1亿元,增长7.8%;固定资产投资完成1773.1亿元,增长15.2%;社会消费品零售总额完成441.1亿元,增长11.2%;城镇居民人均可支配收入25254元,农村居民人均可支配收入11982元,分别增长6%、8.1%;节能减排完成省定目标。

(一)狠抓经济运行,稳增长保态势工作有效开展。坚持把稳增长保态势作为全局工作的重中之重,抓好政策落实和运行调控,有效促进了主要经济指标企稳回升。一是调节调控持续发力。按月、按季度召开经济运行和数据分析联席会议,及时掌握经济运行中的苗头性、倾向性问题。针对经济运行中存在的突出问题,及时研究提出了做好每季度经济工作的举措,认真贯彻落实省稳增长保态势20项政策,积极开展稳增长保态势8大行动,并进行了专项督查,形势分析能力和政策研究能力、执行力进一步提升。二是有效投资不断扩大。20个省重点项目和242个市级重点项目,分别完成年度投资147.1亿元、652.7亿元,占年度投资目标的122.2%、118.9%,万达广场等81个项目竣工;国家专项建设基金成效显著,共为全市七批69个项目争取基金67.3亿元,居全省第3位;纳入全省“1816”投资促进计划的376个项目,累计完成投资838.9亿元。总投资311.78亿元的22个项目列入省PPP项目库。三是企业服务进一步深化。认真开展“政策落实进万企”活动,规上企业首席服务员覆盖率达91%。广泛开展“精准服务企业 助力转型发展”活动。先后与省农发行、国开行、建行签订总金额1500亿元的战略合作协议,协调金融机构为121个项目贷款321亿元,金融对实体经济的支持力度进一步增强。

(二)狠抓供给侧结构性改革,经济质量效益显著提高。牢牢抓住转型发展这一主线,不断深化供给侧结构性改革,扎实做好“去降补”各项工作,经济增长的质量效益不断提升。一是“去降补”任务全面落实。强力去产能,关停煤炭过剩产能36万吨。着力去库存,全市商品房库存面积229.6万平方米,比年初库存量减少了77.7万平方米。积极去杠杆,整合市属投融资公司,提高融资能力,降低融资风险。大幅降成本,制定了降成本专项行动实施意见,9家企业进入省电力交易平台,为企业降低用电成本1540万元。全力补短板,脱贫攻坚稳步推进,精准脱贫34075人,超额完成省定目标,易地扶贫搬迁19484人,贫困村退出35个,在全省2016年度脱贫工作成效考核中,我市在十八个省辖市中位列第一。蒙华铁路、310国道南移等一批基础设施项目进展顺利,市级以上各类科技创新平台达到136个。二是工业经济提质增效。53个亿元以上工业转型项目完成投资272.8亿元,宝鑫电子年产4万吨动力锂电池负极专用铜箔、义腾新能源年产2.6亿平方米高性能动力锂离子电池隔膜等项目进展顺利,东方希望年产30万吨氧化铝技改等14个项目建成投产。速达10万辆纯电动车项目成功通过国家发改委生产资质审批,成为全国首批、我省首家获批的项目,也是国家批准的唯一一家三厢纯电动乘用轿车项目。全市装备制造业增长11%,高新技术产业增长9.3%,两者占规上工业增加值的比重达到24%。三是服务业扩量提质。出台了《三门峡市服务业发展考核办法》和《三门峡市2016年加

快服务业发展工作方案》，着力发展高成长服务业，三产占GDP的比重达到33.5%。第22届三门峡黄河文化旅游节暨投资贸易洽谈会、第4届特色商品博览交易会成功举办，万达广场开业运营，陕州地坑院民俗文化园累计接待游客超过200万人次。观看白天鹅、泡矿温泉、逛地坑院成为全省乃至整个晋陕豫黄河金三角地区新的旅游热点线路。全市接待海内外游客3028万人次，旅游收入258.2亿元，分别增长12.7%和14.5%。锦江集团大宗商品物流园、卢氏莘原中药材物流园项目有序推进。三门峡电子商务产业园、跨境电商产业园投入运营，电商交易额达到40亿元。四是特色农业持续壮大。果品、食用菌、烟叶等特色产业规模和效益持续提升。规模以上龙头企业发展到218家，运行良好的农民专业合作社达到1400家。123家涉农企业的产品实现质量安全溯源。全市涉农网店2100余个，年内交易额突破10亿元。五是环境治理和节能减排成效显著。强力实施蓝天工程，提标治理169台非电行业燃煤锅炉、工业炉窑、砖瓦炉窑、水泥粉磨站，全部实现7台统调燃煤发电机组和9台地方燃煤机组超低排放，共淘汰黄标车9521辆、老旧车13812辆，车用汽柴油升级为国五标准。全部按期完成省政府确定的5个碧水工程项目和45个减排项目，超额完成省定的全年万元GDP能耗、碳排放目标。

（三）狠抓科学发展载体建设，带动能力不断提升。不断强化产业集聚区、商务中心区、特色商业区建设，提升科学发展承载能力。一是产业集聚区加快建设。全市7个产业集聚区完成规上工业增加值279.8亿元，占全市规上工业的45.4%；完成固定资产投资788亿元，占全市的44.5%，其中工业投资增长22.6%。产业集聚区建成区面积达到53.45平方公里，入驻企业1536家，从业人员达到18.9万人。二是服务业“两区”初具规模。服务业“两区”建成区面积达5.82平方公里，累计完成项目投资220亿元，已建成运营项目15个，在建项目39个，入驻各类企业1014家，从业人员达到5.7万人。三是城乡一体化示范区正式成立。城乡一体化示范区揭牌成立，城乡一体化机制体制逐步建立。

（四）狠抓基础设施建设，发展优势愈加凸显。站位全局、聚焦关键，凝心聚力推进重大基础设施建设。一是区域交通枢纽地位逐步确立。蒙华铁路三门峡段、黄河公铁两用桥及崤山隧道等控制性工程全线开工建设。310国道南移工程勘界清点即将完成。三洋铁路三禹段项目招标工作已完成，有望2017年上半年开工建设。陇海铁路三门峡市区段取直改线工程正在积极开展前期工作。运三高铁已得到上级有关部门初步认可，可行性研究报告已上报国家发改委待批。垣渑高速渑池段、三淅高速豫晋省界至灵宝段、245省道三门峡至寺河段改建工程进展顺利，244省道三门峡大坝至市区段改造工程、313省道陕县石原至三门峡西站改造工程已建成通车。三门峡“双高中心”和客、货运中心格局加快形成，全国重要区域性交通枢纽地位逐步确立。二是能源设施更加完备。陕县众合新能源19.8MW分布式光伏发电项目、国电投陕县盘陀山风电场项目、大唐三期建成投产。中国风电杨家湾风电场、灵宝生物质发电、英利新能源光伏发电、2016年农网升级改造等项目进展顺利。三是水利工程顺利实施。灵宝白虎潭水库及饮水灌溉工程建成投用，黄河潼关至三门峡大坝段河道治理工程基本完工。大石涧水库、陕县张家坡水库等项目开工建设。新建大中型沼气工程3处，建设小型农田水利灌溉工程36处，发展灌溉面积4.5万亩。

（五）狠抓城乡统筹发展，新型城镇化科学推进。城乡规划更加完善，《海绵城市建设规划》等3项规划编制完成。中心城区基础设施进一步完善，新增供热面积50万平方米，打通了7条断头路、升级改造了4条路、加固了7座桥梁。上村、崖底村、梁家渠等旧城区和城中村改造项目进展顺利。大力实施青龙涧河景观带改造提升、淄阳河河道综合治理等项目，城市品位进一步提升。新型智慧城市建设走在全省前列，顶层设计通过评审，云计算平台、大数据中心准备启动招标采购，城市运营指挥中心确定选址，移动协同办公系统、互联网+政务服务、智慧城管应用方案已经明确。新启动美丽乡村示范村66个，打造美丽乡村示范带6条。深入开展农村环境全域整治工作，88%行政村实现“三无一规范一眼净”。农村公路“三年行动计划”圆满收官，完成改建公路303公里。

（六）狠抓改革开放创新，动力活力不断增强。一批具有标志性、关键性的重大改革方案出台实施，重要领域和关键环节改革取得突破性进展，开放型经济发展水平不断提升。一是“放管服”改革逐步深化。我市作为全省两个个体工商户登记制度改革试点之一，工商注册制度便利化、落实事中事后监管等工作成效受到国务院表彰，企业年报公示在全省排名第一，“智慧工商”大数据工作经验在全省得到推广。

“放管服”平台逐步建立，市社会信用信息平台建设前期工作有序开展；各县(市、区)、市直15个联审职能部门通过在线审批监管平台办理业务，实现投资项目网上受理、公开透明；制定了《整合建立全市统一公共资源交易平台实施方案》，5个县(市、区)的公共资源交易平台通过审核验收。二是其他各项改革加快推进。推进国企改革，积极剥离国有企业办社会职能。深化投融资改革，建立完善全市基础设施PPP项目库，启动市属投融资平台整合工作，投资集团公司正式揭牌成立，将形成近期超千亿、远期超5000亿元的融资平台。开展电力体制改革，积极推进电力直接交易；深化价格改革，积极稳妥推进电、水、天然气等资源型产品价格改革。加快商事制度改革，推动工商注册便利化和落实事中事后监管等工作获得国务院激励表扬。深化医药卫生体制改革，城镇居民医疗保险制度与新农合制度顺利整合，三门峡被列为国家第四批城市公立医院综合改革试点城市，2016年11月30日24时按时启动实施了药品零差率销售。公车改革阶段性完成，市直参改人员公务交通补贴发放到位。三是央企合作和招商引资力度加大。采取“专人专班”的推进机制实施精准对接，18个央企投资项目成功签约，5个央企战略合作协议顺利签署，14个央企合作意向正在积极跟进。成功举办“百名客商三门峡行”活动，全市共签约招商项目142个，总投资607.1亿元。全市实际到位省外资金352.2亿元，增长7.6%；实际利用外资10.6亿美元，增长5.4%。四是开放平台建设加快进程。积极推进三门峡铜精矿指定口岸申建工作，中原黄金冶炼厂保税仓库获批，三门峡铁路口岸列入省“十三五”规划并上报国家“十三五”口岸发展规划。五是区域交流合作不断深化。晋陕豫黄河金三角区域基础设施互联互通和公共服务一体化加快推进。对口协作顺利开展，成功组织华阳食品、二仙坡、三味奇、仰韶酒业等14家企业参加北京对口支援地区特色产品展销会。与华侨城集团签订战略合作框架协议，中国旅游业第一品牌首次进驻河南。

(七)狠抓民生实事，人民福祉大幅增进。坚持把保障和改善民生作为发展的出发点和落脚点，不断增进民生福祉。一是民生工程顺利实施。民生投入不断加大。“十项重点民生工程”持续推进，城市交通、农田水利等一大批民生项目建成投用。二是就业创业扎实推进。深入实施大众创业万众创新，认真落实稳岗扶持政策，全市城镇新增就业6万人，完成省定目标任务的162%；失业人员再就业2.3万人，完成目标任务的126.1%，城镇登记失业率2.8%，低于省定4.5%的控制指标。三是社会保障稳步提升。争取中央资金1.78亿元支持保障性住房配套基础设施建设，新开工保障性住房1118套，建成2000套，货币化安置率达到60.2%。城乡低保年补助标准分别上调600元和450元，城镇居民医保年人均补助标准提高到420元，城镇居民大病保险制度、农村居民重大疾病保障机制进一步完善。企业和机关事业单位退休人员基本养老金调整到位。四是价格调控和管理工作成效显著。上报价格监测表224份，监测信息采集和预测预警水平逐步提高。在清理整顿涉企收费的基础上，整理编制《三门峡市政府定价涉企经营服务性收费目录清单》等4项目录清单并予以公示。开展了涉农、涉企、旅游景点、医药、停车场、房地产等领域专项价格检查。五是社会事业全面进步。“全面改薄”、城镇义务教育资源扩充计划、第二期学前教育三年行动计划扎实推进，清华园学校项目开工建设。三门峡技师学院、三门峡社会管理学院成功获批。公共卫生保障不断完善，市中医院被国家卫计委授予全国三级甲等中医院。《文化三门峡》丛书完成初稿编撰，“2016中国·三门峡横渡母亲河”活动被授予中国“体育旅游精品赛事”称号。六是积极维护社会稳定。预防和化解社会矛盾，全面排查处置非法集资风险，信访形势总体平稳。持续加强安全生产和食品安全监管，平安三门峡、法治三门峡建设扎实推进，群众安全感持续提升。荣获全国双拥模范城“五连冠”，军政军民团结更加巩固。

各位代表，在2016年经济形势错综复杂、工作任务十分艰巨的情况下，取得这样的成绩实属不易。这是市委坚强领导、市人大、市政协监督支持和全市上下团结一致、共同奋斗的结果。同时，我们也清醒的认识到，面对经济新常态，我市经济社会发展中还存在不少矛盾和问题：一是结构性矛盾仍然突出。虽然第三产业对经济的拉动能力不断增强，但二产独大的局面仍未根本转变，产业链条较短，终端产品、高品质消费品较少，经济发展的速度的快慢仍然受制于资源型产品价格的高低，我市依然没有从根本上摆脱资源依赖。二是发展动能转换依然较慢。传统产业支撑力减弱，新材料、新能源、电子商务等新兴产业刚刚起步，一些具有战略影响的项目尚未发力，难以对经济增长形成有力支撑。三是重大项目建设进展缓慢。投资增长后劲不足，发展载体的项目推进缓慢，特别是一些基础设施项目和民生项目进度较慢。对于这些问题，还需要在今后工作中，采取得力措施，切实加以解决。

二、2017年国民经济和社会发展主要预期目标及重点工作安排

2017年是供给侧结构性改革的深化之年，也是贯彻落实市委七次党代会精神的起步之年。综合判断，2017年世界经济仍在深度调整，不确定性、不稳定性仍然较大。国内实体经济结构性供需失衡；经济下行对就业、收入、消费的滞后影响开始显现；部分行业分化调整的影响可能沿产业链传导。在此形势下，我市加快结构调整，防范经济风险的任务依然艰巨，但随着我市诸多政策和战略的深入实施，一批打基础、增后劲的重大项目持续推进，我市经济将迎来新的增长机遇期。做好2017年的经济工作，必须全面贯彻落实省委十次党代会和省、市经济工作会议精神，既保持战略定力，又做好预警分析，牢牢把握经济工作主动权。

根据市委经济工作会议部署，今年经济社会发展的主要预期目标是：生产总值增长8%以上，财政一般公共预算收入增长8%，全社会固定资产投资增长12%左右，社会消费品零售总额增长11%左右，进出口总值保持稳定，城乡居民人均可支配收入分别增长8%和9%左右；节能减排、环境保护等约束性指标完成省定任务，发展质量和效益明显提高，供给侧结构性改革取得实质性进展。

为实现以上目标，要着力做好九个方面重点工作：

(一)着力稳增长保态势，保持经济平稳增长。加强政策的预研储备和统筹协调，综合施策，因势调控，保持经济平稳健康发展。一是加强经济形势监测分析。发挥好全市经济运行和数据分析联席会议的预警监测作用，强化横向协调和纵向联动，坚持多时点、多层次、多渠道分析研判经济形势，密切跟踪分析企业经营、民间投资、工业投资、房地产市场、企业债务和金融风险、物价、就业等重点领域运行情况，及时提出科学有效的政策建议。二是精准加力有效投资。强化重点项目建设，抓好19个省重点项目和240个市重点项目建设，确保分别完成年度投资117.8亿元和580亿元，持续推进河南能化集团汽车零部件产业园、三门峡大宗商品物流园等在建项目进度，尽可能形成更多有效投资。加快纳入2017年省“5818”扩大有效投资行动的244个项目的实施进度。同时，加强项目储备，积极争取更多资金支持，筛选一批对民营企业有吸引力的项目，向社会集中推介。三是深化企业服务。建立完善的企业和项目服务保障机制，优化企业发展和项目建设软环境。以产业集聚区、服务业“两区”为重点，主动协调解决企业融资、用工、生产、市场等各方面难题，引导优势企业扩大产能产量，帮助困难企业脱困转型。四是做好要素保障。持续推动“双百”融资行动计划，引导金融机构加大对省市重点项目和优质骨干企业、高成长企业的资金投放。加强煤电油气运等要素保障，全力确保重点地区、重点企业和居民生产生活需求。做好煤电互保工作，适时启动电煤供应应急预案，确保电力可靠稳定供应。五是加强价格监管。加强价格监测分析，密切关注生活必需品价格波动，跟踪分析煤炭等大宗商品价格走势，及时发现苗头性、潜在性、倾向性问题，及早提出应对价格波动风险的政策建议。强化价格市场监管，切实解决群众反映突出的价格问题。六是切实防范化解各类风险。切实做好投资类企业风险排查整治，积极妥善化解风险隐患。加强油气输送管道安全监管和信访稳定工作。

(二)着力推进供给侧结构性改革，提高经济发展质量效益。以“三去一降一补”五大任务为抓手，继续深化供给侧结构性改革，大力发展新经济、培育新动能、增加新供给。一是坚决“去”。在去产能上，用市场、法治的办法谋划好14个煤矿，240万吨煤炭过剩产能的退出工作，妥善处置企业债务，做好人员安置工作；在去库存上，提高教育、医疗等公共服务水平，增强对农业转移人口的吸引力，加大对灵宝、卢氏等房地产库存水平高、消化周期长的县(市、区)的指导力度；在去杠杆上，抓好政府债务转化、国有资产运营、僵尸企业处置三项工作，增加市场的开放性，使资源配置真正由市场决定。二是大幅“降”。降费方面，要进一步减少审批环节，清理规范中介服务，降低中介评估费用；继续开展涉企乱收费专项整治，严肃查处违规收费行为。降要素成本方面，重点推进电力等领域体制改革，利用市场化手段降低企业用能成本。三是强力“补”。结合实施“十三五”规划确定的重大工程项目，重点在脱贫攻坚、产业转型升级、增强公共服务能力和创新能力、基础设施薄弱环节、生态环境保护等方面，实施一批补短板项目。

(三)着力推动产业转型发展，打造省际中心城市。始终坚持“做大增量、优化存量、主动减量”这一转型发展根本路径，壮大优势产能、改造低效产能、淘汰落后产能、培育崭新

动能，奋力打赢转型发展攻坚战。一是加快推进新型工业化大市建设。强化传统优势产业升级、接续替代产业培育“双轮驱动”，加强与中金集团、大唐电力、河南能化等大企业合作，重点打造黄金、铝工业、煤及煤化工三大全产业链。重点抓好中金金银饰品加工、锦江集团汽车轻量化项目和开祥化工综合物料平衡及节能减排清洁生产技改等项目建设。着力培育战略性新兴产业，做大做强装备制造、铜精深加工、食品、生物医药等新兴工业集群，打造经济增长新引擎。重点抓好康耀电子年产 300 万片导电玻璃、乐氏同仁药业中药产业园等项目建设。不断增强产业集群竞争力，确保全市产业集聚区规上工业主营业务收入增长 10%以上，规上工业增加值增长 10%以上，固定资产投资增长 13.5%以上。二是加快推进高成长服务业大市建设。坚持“全区域规划、分层次开发、大企业牵引、差异化竞争”，进一步加强与华侨城集团等大企业合作，提升各景区景点配套设施和服务水平。依托自然资源优势和陕州高阳山、翡翠丽池温泉等品牌，积极发展大健康产业。充分利用文博城良好的会展基础，积极引入国家级、专业性展会，提升全市展会质量和水平。坚持以现代物流理念和技术改造提升传统物流，积极推动连锁经营、物流配送、电子商务等新型流通方式发展，大力发展现代物流业，努力打造黄河金三角区域物流中心。加快服务业“两区”建设，突出特色定位，强化招商引资，推动业态创新，加快形成城市新中心。三是加快推进特色农业强市建设。聚焦现代农业，把增加绿色优质农产品供给放在突出位置，重点发展优质果品、畜禽、烟叶、食用菌、小麦、中药材等“六优”产品，进行区域化布局、规模化经营、标准化生产、“互联网+”发展。推动农村一二三产业融合发展，促进观光农业、加工农业、体验农业、乡村旅游等有机融合发展，推动农业转型升级。优化农业经营体系，走规模化、产业化发展道路。四是加快推进网络经济大市建设。加快实施“智慧三门峡”，进一步完善信息基础设施，推动“三网融合”发展。加快实施“互联网+”行动，坚持引进龙头电商和培育本土特色电商并举。加快推进商务中心区电商大厦、颐高集团电商产业园等项目，抓好市电子商务创业园、市众创空间暨创业孵化基地等各类园区运营发展，推动电子商务进农村、进社区、进企业。

（四）着力建设“三地五中心”，培育转型发展新优势。依托区位交通、自然资源、文化旅游等方面的比较优势，着力打造“三地五中心”，为建设省际中心城市提供有力支撑。一是加快打造先进制造业基地。加快推进与中国黄金、河南能化集团、杭州锦江集团、德国凯斯曼铸造集团合作，抓好中金集团黄金产业园二期、戴卡轮毂汽车零部件产业园、同人铝业年产 60 万吨铝合金铸造及深加工、汽车轻量化等项目。加快骏通车辆 1 万辆举升专用车、1 万辆多轮驱动车等项目。整合优质资源，推进速达电动汽车项目生产车间建设，尽快形成量化生产，为及早通过国家工信部生产一致性审核做好充分准备。二是加快打造物流基地。积极深化与杭州锦江集团合作，加快推进中欧大宗商品物流产业园项目，大力引进互联网物流企业，积极推动冷链、保税、电子商务等行业物流园区建设。三是加快打造旅游目的地。积极与深圳华侨城、旅游百事通等国内大型旅游集团合作，着力扩大天鹅湖、陕州地坑院、豫西大峡谷、函谷关等核心景点的全国知名度和影响力，打造精品线路，发展智慧旅游，推进全域旅游。四是加快打造行业数据中心。按照省政府部署，推动数据资源整合、开展大数据创新应用、引进和培育大数据龙头企业，启动并加快三门峡大数据园区建设，构建具有三门峡特色的大数据产业发展体系。与知名互联网企业进行深度合作，努力打造全国有影响的特色农产品、黄金行业数据中心。积极培育发展智能装备、信息感知、移动终端、新型显示、智能应用等大数据端产品产业。五是加快打造黄金珠宝加工中心。推进城乡一体化示范区黄金珠宝加工中心建设，打造特色黄金小镇，完善黄金全产业链，建设中西部有影响力的黄金珠宝加工交易中心。六是加快打造大健康中心。着力提升陕州高阳山、翡翠丽池温泉和地坑院的品牌影响力，打造全省乃至全国重要的休闲养老度假中心。推动市中心医院、黄河医院、中医院做优做强重点专科，加快建设妇幼保健院和儿童医院建设。七是加快打造客运中心。积极推进运十高铁、运三高速、渑垣高速等项目建设，加快形成高铁、高速“双高”交汇格局；抢抓我市进入《全国民用运输机场布局规划》机遇，谋划推进三门峡民用、通用机场和通用航空产业园等项目，努力打造黄河金三角地区客运中心。八是加快打造职教中心。依托三门峡职业技术学院，积极创建国家优质高职院校，进一步扩大河南科技大学应用工程学院招生规模，力争今年突破 400 人；深化与中国黄金合作，推动黄金工业学校升格为三门峡黄金学院；整合中等职业教育资源，做大做优中等职业教育。加强职教园区建设。

（五）着力统筹城乡建设，科学推进新型城镇化。按照市委经济工作会议和城市工作会议精神，科学推进新型城镇化。一是突出规划引领。加快编制中心城区城市设计,促进湖滨区、陕州区、城乡一体化示范区、商务中心区一体化发展,结合310国道南移和陇海线取直,促进湖滨区和商务中心区融合发展,完成海绵城市等14项城市专项规划的修改完善,完成停车设施等4项规划的编制和评审。二是进一步完善城市功能。打通北环路(上村段)等城市断头路5条,升级改造、专项维护虢国西路(甘棠路-209国道)、茅津北路等城市道路12条。继续推进供热管网建设,老城区新增供热面积100万平方米,陕州区、商务中心区和产业集聚区新增供热面积100万平方米。启动商务中心区庙底沟遗址公园、青龙谷公园建设工程,新建高速南路等商务中心区道路10条。继续抓好上村、崖底、梁家渠等棚户区改造项目。三是加快城乡一体化示范区建设步伐。进一步健全管理机构,探索建立符合城乡发展一体化的行政管理体制,统筹考虑与陕州区、产业集聚区、灵宝市总体规划衔接,编制完善控制性详规,启动一批基础设施和公共服务设施建设,实现“一年开好头、三年见成效、五年成样板”。四是不断提高城市管理水平。推进环卫市场化改革,打造省内一流的洁净城市。建设城市运营指挥中心,建成智慧城管系统,城区重点区域、路段实现免费无线WiFi全覆盖。五是改造提升县城和中心镇承载能力。以灵宝市、义马市为重点,深入实施全省百城建设提质工程,着力抓好培育主导产业、提高综合承载能力、改善公共服务水平、建设生态宜居环境、提升城乡治理能力五大工程,逐步提高县域城镇化水平和质量。六是强化美丽乡村建设。巩固提升美丽乡村示范村水平,新建美丽乡村示范村20个。

(六)着力加强基础设施建设,提升发展支撑能力。坚持突出重点、弥补短板、强化弱项,加强基础设施互联互通互融,夯实发展支撑。一是加快构建现代综合交通系统。做好蒙华铁路的征地拆迁和建设协调工作,确保黄河公铁两用桥公路南引桥、南引线项目实质性开工,加快渑垣高速(渑池段)、三淅高速豫晋省界至灵宝段、国道310南迁等项目建设,做好国道209、国道344等规划项目的升级改造,以及三洋铁路、运三高铁三门峡段、省道312、省道246等改建工程等项目的前期准备工作,争取早日开工建设。二是加快构建现代能源支撑系统。淘汰落后小火电机组,继续关停单机10万千瓦及以下纯凝燃煤发电机组,加快现役煤电机组节能减排升级改造,推进城乡配电网建设,实施农村电网升级改造工程。大力发展可再生能源,力争赵庄等风电场和英利光伏电站等太阳能发电项目建成投产,争取狮子坪等风电场和垃圾焚烧发电项目开工建设。三是加快构建现代水利支撑系统。加快大石涧水库、陕县张家坡水库、池芦水库、义马石河及涧河综合治理等项目建设进度,推动卢氏洛河城区段综合治理和产业集聚区缁阳河治理项目开工建设,推进卢氏鸡湾水库、渑池东石门水库、槐扒提水二期等项目前期工作。

(七)着力深化改革开放,激发经济发展活力。深入推进各项改革,积极主动对外开放,不断激发经济发展活力和动能。改革方面:一是持续深化放管服改革。争取各部门审批系统与在线审批监管平台并网运行,真正发挥平台作用。启动社会信用体系建设,确保各县(市区)公共信用信息平台年底前全部建成投用。加快公共资源交易体制改革,确保交易项目应进必进。完善“12358”价格监管平台功能,引导社会广泛参与。深化商事制度改革,做好个体工商户登记制度改革试点工作。二是加快推进投融资体制改革。充分发挥三门峡投资集团公司功能,包装谋划一批重点基础设施和产业升级项目,设立投资基金,有效吸引社会资本参与。三是全面推进电力体制改革。加快售电侧改革,支持产业集聚区、服务业“两区”以区为单位组建售电公司参与市场交易。推动产业集聚区和服务业“两区”内10千伏电压及以上的工商业用户,区外年用电量1000万千瓦时以上的10千伏电压及以上工商业用户,以及电能替代用户参与省电力市场交易。四是纵深推进价格改革。按照国家部署,推进输配电价、农业水价、医疗服务等领域价格改革;进一步落实好利用价格政策鼓励特许经营的措施,引导社会资本参与基础设施和公用事业建设运营。同时,持续打好国企改革攻坚战,深入推进金融、科技、教育、户籍、医药卫生、盐业体制改革。对外开放方面:一是抓好开放招商。围绕打造装备制造产业园、黄金珠宝加工中心、德国中小企业合作园等重点项目,继续推行产业招商、专业招商、高层招商、网络招商、驻点招商、委托招商等,形成三次产业齐头并进态势。签约落地重点项目实行“五个一”落地推进机制,提高签约项目“三率”。二是加快对外开放平台建设。积极推进三门峡铜精矿指定口岸申建工作和河南中原黄金冶炼厂保税仓库建设工作。积极引进和培育出口型项目,争取省级食用菌出口基地获批。三是推动黄河金三角区域合作。按照《关于明确河南省晋陕豫黄河金三角区域合作规划实施方案重点工作责任单位的通知》,强化任务落实。进一步推动区域合作协调机制的建立,加强区域基础设施对接和产业合作对接,推进公共服务一体化,积极推进跨省医保报销、职业教育合作、楹联文化合作、社会治安联防。四是加强豫京战略合作。加强与北京的合作交流,围绕信息、装备制造、健康养老等八大领域做好承接产业转移和产业合作。提升卢氏县产业园区承接能力,推动开展洽谈合作。争取我市特色农产品生产商与北京超市达成合作意向。五是做好央企合作。加快与电建、中建、国新控股、中国核建、武钢等现有央企合作项目建设进度,做好黄河三门峡商务中心区医院、三门峡职业技术学院新校区建设等41个省政府认定的央企合作项目集中签约工作,强化与招商局集团、航天科工集团、中国储备粮管理总公司、中国兵器、中国节能环保集团等央企对接洽谈力度,加快函谷关景区、无人机项目、灵宝市环境综合治理等7个前期洽谈项目对接力度,争取谋划出更多的大项目、好项目向央企推介。

(八)着力开展环境保护,营造生态宜居的良好环境。实施最严格的环境保护制度,构建政府、企业、社会共治的环境治理体系。一是持续开展环境污染防治攻坚。继续开展大气污染、水污染、土壤污染防治攻坚战,实施城市环境质量提升、工业企业污染防治、大气污染防治三大工程。严格落实扬尘污染防治长效机制,全面推进建筑施工、交通运输、城市清扫等扬尘治理工作,确保全市优良天数达到203天以上,PM2.5、PM10浓度明显下降。加强水污染防治,开展阳平河等5个重度污染水体环境整治攻坚工程、涧河渑池段等3个中轻度污染水体水质提升攻坚工程、洛河卢氏段等2个达标水体巩固攻坚工程、三门峡水库三门峡段等2个跨界水体风险防控攻坚工程。二是深入推进节能减排。完善节能减排市场化机制,引导和鼓励民营企业积极参与节能减排,探索建立主要终端用能产品能效"领跑者"制度。鼓励和引导节能服务公司以合同能源管理方式为企业实施节能改造。三是加强资源综合利用。组织实施一批园区循环化改造、大宗工业固废综合利用、农业秸秆规模化利用、畜禽粪便资源化利用等示范项目,新增再生资源回收利用能力10万吨、工业固废利用能力30万吨、秸秆综合利用能力20万吨。四是推进重大生态工程和制度建设。突出抓好森林、湿地、流域、农田、城市"五大生态"建设,实施高铁、高速、国道两侧通道绿化提升工程,开展小秦岭、黄河湿地治理。完成造林35万亩,森林抚育和改造31万亩,建成国家及省级造林精品示范点12个。

(九)着力加强社会建设,持续保障和改善民生。围绕"保基本、兜底线、促公平",全力推进精准脱贫,集中力量办好一批群众急需又看得见摸得着的民心工程。一是扎实有力推进脱贫攻坚。围绕5万人脱贫、3.9万人易地搬迁脱贫、91个贫困村退出的年度目标,通过产业扶贫、搬迁扶贫、转移就业等措施开展精准扶贫,确保按时完成目标任务。二是做好民生实事。扩大民生投入,办好省、市十项重点民生实事,抓好安居保障、城市畅通、教育扩容、公厕建设、智慧城市、菜篮子等民心工程。三是积极推进社会事业发展。扎实推进"第三期学前教育三年行动计划""全面改薄"工作,加快清华园学校、外国语小学新建、改扩建等项目建设进度,确保清华园学校实现秋季招生。做好公共文化服务体系建设,积极推进重大文化工程,发展壮大文化产业。加大广播电视、文化遗产保护、社会福利、残疾人等服务设施建设力度,加强公共体育服务体系建设,积极开展全民健身活动。扎实推进"健康三门峡"建设,支持三门峡市中心医院、黄河三门峡医院、三门峡市中医院等具有较强综合实力的医院加快发展,建设区域医疗中心。加快建立和完善地方病、慢性病、传染病防治体系。坚持计划生育基本国策,完善人口发展战略,全面实施一对夫妇可生育两个孩子政策。四是做好就业和社会保障工作。完善就业托底保障机制,鼓励大众创业创新,加快创业孵化园和创业基地建设。妥善解决好化解过剩产能行业下岗分流职工再就业问题。做好棚户区改造工作,今年新开工28868套,基本建成5500套,货币化安置率达到70%以上。五是推进社会治理创新。抓好安全、信访、重大项目社会稳定风险评估、网络舆情管理、综合治理工作,确保社会大局和谐稳定。同时,做好国防动员、国防教育和国防后备力量建设。继续推动双拥共建工作,巩固军民团结。

各位代表,完成2017年的经济社会发展工作,任务艰巨、使命光荣。我们将认真贯彻落实省委、市委全会和市委经济工作会议精神,全面推进经济社会转型发展,更加注重供给侧结构性改革,培育经济增长新动能,努力促进经济社会平稳健康持续发展,确保"十三五"规划和全面建成小康社会目标稳步推进,为打造省际中心城市,发力"三次创业"做出新的更大贡献!

关于三门峡市2016年财政决算和2017年上半年财政预算执行情况的报告

——2017年8月10日在市七届人大常委会第二次会议上

三门峡市财政局局长　宋　东

一、关于2016年财政决算情况

各级人代会批准的2016年全市一般公共收入预算合计1016710万元,执行中部分县(市、区)调整了收入预算,调整后收入预算合计1025643万元,实际完成1001216万元,为预算的97.6%,增长7.8%。全市一般公共支出预算合计1296698万元,执行中因上级补助、发行政府债券等因素,支出预算调整为1869835万元,实际完成1868141万元,为调整预算的99.9%,增长7.8%。

市六届人大六次会议批准的2016年市级一般公共收入预算139000万元,实际完成134020万元,为预算的96.4%,下降6%。主要是市级部分重点企业税收下降较多。市级一般公共支出预算为269000万元,执行中因上级补助、发行政府债券、补助县(市、区)等因素,市级支出预算调整为392277万元,实际完成392210万元,为调整预算的100%,增长5.6%。

各级人代会批准的2016年全市政府性基金收入预算合计168450万元,实际完成183064万元,为预算的108.7%,增长25.1%;全市政府性基金支出预算合计158448万元,执行中因上级补助、发行政府债券等因素,支出预算调整为270816万元,实际完成247611万元,为调整预算的91.4%,增长17.7%。

市六届人大六次会议批准的2016年市级政府性基金收入预算为103690万元,经市六届人大常委会第33次会议批准,调整增加债务收入21300万元,调整后为124990万元,其中市级政府性基金收入仍为103690万元,实际完成93677万元,为预算的90.3%,增长119.9%。市级基金收入增长较多的主要原因是土地使用权出让收入大幅度增长。市六届人大六次会议批准的2016年市级政府性基金支出预算为97332万元,经市六届人大常委会第33次会议批准,增加债券支出21300万元,扣除国有土地出让金转移市辖区支出和调出资金36765万元,调整后的支出预算为81867万元,实际完成79187万元,为预算的96.7%,增长52.5%。

市六届人大六次会议批准的2016年市级国有资本经营收入预算为3500万元,实际完成3501万元,为预算的100%。根据年初预算安排,调入一般公共预算统筹使用。

各级人代会批准的2016年全市社会保险基金收入预算为387565万元,支出预算为383783万元。2016年全市社会保险基金收入实际完成448398万元,为预算的118%,增长17%;支出实际完成407533万元,为预算的108.1%,增长12%。

经市六届人大六次会议批准,2016年市级社会保险基金收入预算为258424万元,支出预算为273705元。2016年市级社会保险基金收入实际完成324651元,为预算的125.6%,增长21.6%;支出预算实际完成293892万元,为预算的107.4%,增长10%。

截至2016年底,市级政府性债务541501.73万元。主要是:中央、省转贷地政府债券294519.71万元,其中,中央代地方政府发行政府债券40982万元,省政府代发政府债券253537.71万元;化解金融风险贷款613.19万元;亚行、世行等外债7642.48万元;平台公司借款232338.41万元,其中,市财经投资公司企业债券223936.55万元,市城市建设投资开发有限公司8401.86万元。部门单位借款2585.05万元;公益类借款3802.89万元。

全市和市级决算详细情况已在决算草案中说明。

2016年,我市财政经济经历了十分严峻的考验,组织财政收入的难度空前加大。煤炭、氧化铝、电解铝、黄金等主要产品价格持续波动,全年大部分时间处于低位,煤炭、火力发电、氧化铝等行业因限排、降耗、淘汰落后产能等因素影响,相关企业经营困难。2016年全市工业税收35.1亿元,同比下降20.2%。财政管理方面仍存在一些问题:理财观念需要进一步更新,财政预算管理还需要进一步加强,财政资金统筹整合力度需要进一步加大,“两个责任”的压力传导还需要进一步深入等等。我们要高度重视这些问题,采取有力措施加以解决。

总体看,2016年财政工作在市委的正确领导下,在市人大及其常委会的监督指导下,各级财政主动适应经济发展新常态,认真落实积极的财政政策,统筹安排资金,创新理财机制,有力地促进了经济社会平稳发展。

1、积极推动供给侧结构性改革,促进了结构调整和转型升级。围绕经济运行面临的突出矛盾和问题,统筹整合资金,明确支持重点,提高经济发展质量和效益。降低企业职工基本养老保险和失业保险单位缴费比例,减轻企业负担5700万元。安排资金894万元用于农民进城购房补贴,大力推进棚改货币化安置,有效化解房地产库存。加大涉企收费清理工作检查力度,确保清费政策落到实处。国有资产管理和国有企业改革进一步深化,驻我市央企、省属企业剥离办社会职能“四供一业”分离移交工作按照省政府要求的时间节点顺利推进。市投资集团等公司积极与中国国家开发投资公司、中国国新投资公司、中央企业贫困地区产业投资基金、中国投资担保集团等央企，以及香港世成(国际)集团有限公司、深圳投资控股有限公司、深圳特区建展集团、华侨城等大型企业集团沟通衔接，加强合作，大力促进经济结构调整和产业转型升级。

2、认真落实积极的财政政策，有力促进了经济平稳健康发展。针对经济社会发展的关键环节，加大投入力度，创新支持方式，不断培育经济发展新动能。争取省代理发行政府债券 370954 万元，其中仅置换债券每年即可节约政府财务成本 9000 万元。筹措基本建设资金 67719 万元，支持了干线公路等一大批基础设施和公共服务设施等重点工程建设，有效拉动了投资增长。建立健全结转结余资金清理长效机制，统筹用于经济社会发展亟需支出。加快推进新型城镇化建设，争取上级新型城镇化转移支付 10750 万元、城乡一体化示范区补助 3550 万元，有力支持了市县城市基础设施建设。认真落实促进产业集聚区持续健康发展的财政扶持政策，争取产业集聚区奖补资金 5955 万元，进一步调动了支持科学发展载体建设的积极性。支持生态保护和节能减排，筹措资金 6850 万元，积极支持大气污染防治攻坚战、水污染防治和水土保持，进一步改善生态环境。

3、落实强农富农惠农政策，大力推进农业农村实现更好发展。大力支持粮食生产。及时足额兑付农业支持保护补贴 20064 万元、农机购置补贴 6850 万元，有效调动了农民种粮的积极性。筹措保费补贴 2317 万元，提高各险种赔偿标准，增加风险保障能力。创新财政支农方式，建立“政银担保投”联动支农机制，撬动金融和社会资本投向农业。研究制定支持农业供给侧结构性改革的若干财政政策，统筹整合财政支农资金，优化支农投入结构，保障农业供给侧结构性改革顺利推进。继续实施农村公路“三年行动计划”，统筹安排资金 7715 万元支持农村公路建设，切实改善农民出行条件。投入资金 6058 万元实施 4 个美丽乡村项目，安排资金 1474 万元支持建制镇示范试点、国家传统村落保护、一事一议等项目建设，进一步改善农村人居环境。及时下达农村危房改造资金 3541 万元，改造危房 3910 户。

4、积极服务保障和改善民生，促进了社会事业加快发展。2016 年全市财政支出中涉及民生的支出达 1375200 万元，占一般公共预算支出比重达 73.6%。全市统筹整合各级各类财政涉农资金 30580 万元，为脱贫攻坚提供了有力保障。城市、农村最低生活保障月人均补助水平分别提高到不低于 240 元、132 元。农村五保对象年集中供养、分散供养标准分别提高到每年不低于 4000 元、3000 元。统一城乡义务教育“两免一补”政策和生均公用经费基准定额，普通高中教育经费保障机制进一步完善。城乡居民基本医疗保险、基本公共卫生服务均等化、公立医院综合改革、基层医疗机构实施国家基本药物制度等各项医改工作稳步推进。深入实施文化惠民工程，继续推动博物馆、纪念馆、公共图书馆、文化馆(站)免费开放。扶持艺术、戏曲创作，支持“五个一”精品创作，开展舞台艺术送农民送基层。深化政法经费保障机制改革，大力支持信访稳定和社会治安综合治理，加强弱势群体法律援助、社区矫正和司法救助工作。

5、财税体制改革进一步深化，推进建立现代财政制度。积极推进税制改革，营改增试点全面推开，全年共为企业减税 2.8 亿元。将资源税和矿产资源补偿费合并统一征收，清理不合理不合规收费，税费平移改革目标得到全面落实。调整完善市与县(市、区)财政体制，保障了各县(市、区)财政平稳运行。加强政府债务管理，全市政府债务规模在财政厅下达的限额范围内，总体规模得到有效控制。完成市级 2017 至 2019 年中期财政规划编制工作，将未来三年市委市政府重大项目支出纳入财力保障范围，提高了财政政策的前瞻性、有效性和可持续性。继续加大专项资金的取消、调整、统筹归并力度，2016 年市级专项资金数量又压减 305 项。市级国库集中支付电子化改革成功上线运行，成为全省财政国库集中支付电子化改革第一个实现直接支付、授权支付、资金清算全业务上线的省辖市，得到了省财政厅的充分肯定。深化投融资体制改革，继续推进 PPP 模式推广应用，全市纳入省 PPP 意向库项目 25 个，其中进入省备选库项目 2 个、推介库项目 3 个，进入财政部示范库项目 1 个。加强财政监督检查，先后组织开展了扶贫资金专项检查、财政资金安全检查重点核查、财政预决算公开情况专项检查等 11 项监督检查，及时发现和纠正了一批存在的问题，促进了财政资金的规范管理使用。积极探索“互联网+政府采购”的新形态，建立健全财政内部控制制度，加强乡镇财政资金监管，基层财政规范化管理水平进一步提高。

对于市级 2016 年财政预算执行和其他财政收支情况，市审计局认真进行了审计，审计发现的主要问题有：年初预算安排需进一步科学化；个别预算部门未按规定时限、规定内容向社会公开预决算；预算支出进度不平衡；财政直接支付占比需进一步提高；公务卡支付比率仍需提高等等。市政府已要求有关部门和各县(市、区)按照审计意见，采取切实有效措施认真进行整改。在审计过程中，市财政局对部分问题已经进行了整改，出台了《三门峡市预决算操作规程》，进一步规范部门预决算公开工作；印发了《三门峡市财政局关于深化预算管理改革推进财政资金统筹使用的通知》，促进年初预算进一步规范化、科学化。下一阶段，市财政局将进一步完善体制机制建设，建立健全有关规章制度，进一步增强预算编制的科学性、准确性和执行的规范性,强化支出预算的硬约束,进一步完善财政存量资金清理和政府债务资金管理,不断提高财政管理水平。

二、2017年地方政府债务限额管理情况

为全面贯彻《中华人民共和国预算法》,进一步规范政府债务管理,更好发挥政府债务促进经济社会发展的积极作用,防范和化解财政金融风险,根据河南省人民政府关于加强政府性债务管理的意见(豫政?〔2016〕11号)和《河南省财政厅关于对市县政府债务实行限额管理的实施意见》(豫财预〔2016〕170号)精神,市财政局印发了《关于对政府债务实行限额管理的实施意见》,将政府债务分类纳入预算管理。一般债务纳入一般公共预算管理,专项债务纳入政府性基金预算管理。

经省政府批准,省财政厅核定我市2017年末政府债务限额1303431万元。其中,一般债务1043031万元,专项债务260400万元。市级债务限额656302万元,其中,一般债务584556万元,专项债务71746万元。

2017年,省财政转贷我市市级新增地方政府债券37300万元。其中,一般债券7300万元,专项债券30000万元。加上今年新增债券,减去2017年1–6月卫生、教育部门已偿还1845.76万元,截至2017年6月底,市级政府债务余额为576955.97万元。其中,一般债务515355.97万元,专项债务61600万元,在省下达的债务限额内。

三、2017年上半年预算执行情况及下半年重点工作

(一)上半年预算执行情况

1.一般公共预算执行情况

各级人代会批准的2017年全市一般公共收入预算合计1053303万元,1–6月完成589514万元,为预算的56%,增长10.7%。各级人代会批准的一般公共支出预算合计1484036万元,执行中加上上级追加等安排支出,截止6月底,调整后支出预算为1729796万元,实际完成1200504万元,为调整预算的69.4%,增长17.9%。

市七届人大一次会议批准的2017年市级一般公共收入预算142500万元,1–6月完成52549万元,为预算的36.9%,下降15.5%。今年减收的原因,一是由于煤炭价格上涨、发电计划不足,大唐、华阳两家发电企业出现亏损,上半年两家电厂仅入库税收2246万元,下降85.1%;二是上年4–5月份营改增前夕集中入库的营业税较多;三是上年同期非税收入有部分一次性收入。市级一般公共支出预算262500万元,执行中加上上级追加等安排支出,减去追加县(市、区)支出,截止6月底,调整后支出预算288426万元,实际完成184746万元,为调整预算的64.1%,增长1.8%。

2、政府性基金预算执行情况

各级人代会批准的2017年全市政府性基金收入预算合计188177万元,1–6月完成53865万元,为预算的28.6%,下降35.3%。各级人代会批准的2017年全市政府性基金支出预算合计?215412?万元,执行中加上上级追加等因素,截止6月底调整为236446万元,1–6月实际完成50214万元,为预算的21.2%,下降25.1%。

市七届人大一次会议批准的2017年市级政府性基金收入预算90130万元,1–6月完成22585万元,为预算的25.1%,下降45.5%。市级政府性基金支出预算?90130?万元,执行中加上上级追加等因素,截止6月底调整为72077万元,1–6月完成16153万元,为预算的22.4%,增长18%。

全市基金收支和市级基金收入出现下降,主要是出让土地比上年同期减少,导致国有土地使用权出让收支下降较多。

3、国有资本经营预算执行情况

市七届人大一次会议批准的2017年市级国有资本经营收入预算为1000万元,1–6月没有实现收入。

4、社会保险基金预算执行情况

市七届人大一次会议批准的2017年市级社会保险基金收入预算为599927万元,支出预算为627354万元。1–6月份市级社会保险基金收入完成180983万元,为预算的30.2?%,比上年同期下降33.8%,主要原因一是社保费率降低,二是城乡居民医保合并,上级补助到位晚;支出完成202732万元,为预算的32.3%,下降25.6%。

(二)上半年财政预算执行的主要特点

1、经济指标稳步回升,带动财政收入平稳增长。今年以来,受主要工业产品价格上涨等因素影响,我市经济结构出现积极变化,主要指标好于预期。在经济回升拉动下,全市一般公共预算收入增长10.7%,增速较上月提升1.2个百分点。其中6月份当月完成162244万元,创近年来单月完成额新高,较上年同月增长14%。我市收入增速列全省11位,较全省增速10.2%高0.5个百分点。

2、煤、铝等主要工业产品价格回升,工业税收全面增收。今年以来,氧化铝、电解铝、煤炭等主要工业产品价格迅速回升,主要工业行业税收出现较快增长。上半年,全市工业税收完成223628万元,增长56.7%,增收77692万元。其中有色金属冶炼行业完成税收137258万元,增长85.8%,主要是受产品价格提升带动,氧化铝企业效益普遍好转。煤炭行业完成税收24309万元,增长200.2%,主要是煤炭价格上涨带动煤炭企业税收增收。

3、多种因素共同作用,资源税收入增收较多。我市资源税收入规模较大,2016年占全省资源税收入的19%。上半年全市资源税累计完成36799万元,增长25.8%,增收7548

万元。增收原因有：首先是资源税政策去年7月起调整，由“从量计征”改为“从价计征”。其次是矿产品价格提升，煤炭、氧化铝价格分别比上年同期上涨了45%和40%。第三是矿产品产量增长。上半年煤炭产量达496万吨，增长17.5%；氧化铝产量320.5万吨，增长0.8%。

4、增值税和企业所得税增收，县级收入快速增长。全市县级收入完成536965万元，增长14.2%。县级收入增长的主动力来自于增值税和企业所得税。县级增值税完成95122万元，增长77.9%；企业所得税完成22431万元，增长56.8%。分县区看，卢氏县、陕州区、义马市、渑池县的增值税增速在50%以上，是县级增收的主导力量。

5、受上年营业税集中入库影响，改征增值税收入大幅下降。全市改征增值税完成35987万元，同口径下降35.8%，主要是上年4–5月份营改增全面实施初期，营业税收入入库较为集中。分行业看，建筑业增值税完成10252万元，同口径下降54.1%；金融业增值税完成7867万元，同口径下降24.2%；房地产业增值税完成13765万元，同口径下降33.2%。随着时间的推移，上年营业税集中入库造成的影响会逐步减小，预计下半年改征增值税降幅将逐步收窄。

6、财政支出平稳增长，民生等重点支出保障较好。各级财政着力稳增长、促改革、惠民生，积极保障各项民生实事的落实，涉及民生的支出增长较快，教育、社保、医疗卫生和节能环保等支出增速都在15%以上。

(三)下半年重点工作

总体看，今年宏观经济环境依然严峻复杂，各项财政减收增支因素十分集中，下半年的财政工作面临的压力更大。一是小秦岭环境综合整治导致部分黄金企业生产停顿，环境污染治理对重点企业税收构成不利影响。二是中央持续推进“放管服”改革，今年以来已取消50项行政事业性收费，对地方非税收入影响较大。三是工业产品价格持续波动，给相关行业生产经营带来极大不确定性。我们将严格按照市七届人大一次会议及本次会议有关决议，进一步深化各项财税改革，全面加强财政收支管理，确保全年预算任务圆满完成。重点做好以下工作：

1、继续推进综合治税，促进收入稳定增长。切实抓紧抓细抓实收入。认真研究收入形势，及早细化分解收入计划，一级抓一级，层层抓落实。继续推进涉税信息共享和综合治税工作，大力开展税收政策宣传活动，进一步强化全社会依法纳税意识，为全年收入目标的实现打下坚实基础。

2、抓好支出预算执行，切实保障重点支出。密切关注预算支出进度情况，建立支出分析反馈机制，及时分析重点支出进度，发现问题，及时解决。严格执行《预算法》，严控?“三公”经费预算，对超预算使用经费的，财政部门原则上不予拨付。

3、着力促进招商引资，积极培植后续财源。将支持招商引资作为培植财源的首要任务来抓，在财政政策许可的范围内为招商引资创造便利条件。积极筹措财政资金，为招商引资工作提供财力保障。帮助招商引资企业向上争取财政扶持项目和各类贴息技改资金，落实兑现各项财税优惠政策，促进企业健康发展。

4、盘活财政沉淀资金，清理预算单位账户。按照省厅的统一部署，开展盘活财政沉淀资金工作，明确部门结转资金支付进度时限要求，建立部门结转资金与预算安排挂钩机制。按照市七次党代会要求，继续开展单位银行账户清理工作，撤销单位特设账户和其他违规开设账户。开展预算单位账户清理情况检查，确保账户清理整顿工作取得实效。

5、加强政府债务管理，化解防范债务风险。全面加强政府债务管理各项工作，不断规范政府举债担保行为，以化解债务风险和存量债务置换为重点，不断提升政府债务管理水平，避免各种违法违规问题发生。继续通过增加财政收入、推广应用PPP模式等方式化解存量债务，杜绝出现政府违法违规举债担保行为，进一步规范债务管理，防范债务风险。

6、推进产业基金设立，引领产业转型升级。积极推进涉企资金基金化改革，在加快推进特色农产品发展、新材料两只基金落地的基础上，积极做好产业发展基金前期工作，拟定基金设立方案，并积极与有关金融机构对接，尽快形成初步意向。积极谋划PPP模式实施工作，采取多种方式推进PPP项目落地，支持我市经济社会建设。

7、提升要素供给效率，加快土地出让进度。做好土地供给工作，对存量土地及时组织整理和拍卖，增量土地尽快进入土地出让市场，把握供地进度和时序，规范土地招拍挂市场。同时强化对各县(市、区)的协调督促，加快土地出让收入的入库进度，保证完成全年基金收入预算。

8、强化财政监督管理，进一步严肃财经纪律。严格执行预算法和财政违法行为处罚处分条例等法律法规，建立健全嵌入预算执行流程、覆盖财政资金运行全过程的监管机制，加大对违反财经纪律行为惩戒力度，确保各项财税政策有效落实和财政资金安全运行。

主任、各位副主任、秘书长、各位委员，深入推进财政改革发展，全面完成2017年财政预算，对促进全市经济社会发展具有重要意义。我们将在市人大及其常委会的监督和指导下，扎实做好各项工作，确保2017年财政预算和财政改革发展任务圆满完成，为全市经济社会发展做出新的贡献！

·编辑 张怡杰·

索 引

说 明

一、本索引采用主题分析法编制,按主题词首汉语拼音顺序排列,同音字按声调排列,声调相同按笔画排列,笔画相同按下一字的音序排列。

二、特载、大事记、附录3个类目的具体内容未作索引,仅以其类目名称标引。

三、类目用黑体字标引,参见用宋体字标引。索引款目后的阿拉伯数字表示内容所在的页码,数字后的拉丁字母(a、b、c)分别表示从左到右的第一、二、三栏。

四、内容交叉的款目,在索引中重复使用,以便参见。

A

B

C

D

E

F

G

H

J

K

L

M

N

T

W

X

Y

Z

封面设计：多彩设计公司

花椒栽培管理技术

科技扶贫·系列农村实用技术培训教材（之五）

HUAJIAO ZAIPEI

科技扶贫·系列农村实用技术培训教材（之五）

HUAJIAOZAIPEI

花椒栽培管理技术手册

主编 翟玉洛 石景尚 曹德宽

三门峡市农业科学研究院

封面设计：多彩设计公司

科技扶贫·系列农村实用技术培训教材（之九）

创建平安农机

确保安全生产

封面设计：多彩设计公司

科技扶贫·系列农村实用技术培训教材（之九）

创建平安农机

确保安全生产

封面设计：多彩设计公司

花椒栽培管理技术

科技扶贫·系列农村实用技术培训教材（之五）

HUAJIAO ZAIPEI

科技扶贫·系列农村实用技术培训教材（之五）

HUAJIAOZAIPEI

花椒栽培管理技术手册

主编 翟玉洛 石景尚 曹德宽

三门峡市农业科学研究院

封面设计：多彩设计公司

科技扶贫·系列农村实用技术培训教材（之九）

创建平安农机

确保安全生产

封面设计：多彩设计公司

科技扶贫·系列农村实用技术培训教材（之九）

创建平安农机

确保安全生产